2018 年江苏省社会科学基金重点项目（编号 18YSA003）
2021 年江苏高校"青蓝工程"中青年学术带头人资助项目
江苏高校优势学科建设工程资助项目（PAPD）
南京艺术学院学术著作出版资助项目

新媒体艺术史

马晓翔　著

东南大学出版社
SOUTHEAST UNIVERSITY PRESS
·南京·

内 容 提 要

新媒体艺术发端至今所涉及的概念十分繁多,也各有界定;新媒体艺术的分类在发展中呈现各类新的样式;新媒体艺术与科技的关系在科技介入媒体、科技介入艺术、科技与媒体艺术的融合中得以体现。

新媒体艺术的审美观念在传统审美理论的式微中生发;其审美范畴是在中西文化碰撞中产生的;其审美经验来源于当代经验主义审美的嬗变。

新媒体艺术形式的演变各从其类;其主客体关系体现在主体的创作、客体的参与和身份的替换中;新媒体艺术的创造涉及研发、展陈、科研和会议。

《新媒体艺术史》作为一本有关新媒体艺术发展脉络的学术专著,涉足范畴相当广泛,论著方式有叙有议,具有一定的历史价值和文献意义。对于新媒体艺术、当代艺术、艺术设计的学生、从业人员有着良好的理论指导作用,也对新媒体艺术美学、媒体艺术传播学、媒体艺术社会学、媒体艺术人类学、计算机艺术领域研究人员有所裨益。

图书在版编目(CIP)数据

新媒体艺术史/马晓翔著.—南京:东南大学出版社,2022.1(2023.1重印)

ISBN 978-7-5641-9869-5

Ⅰ.①新… Ⅱ.①马… Ⅲ.①媒体-艺术-研究 Ⅳ.①G206.2

中国版本图书馆 CIP 数据核字(2021)第 254276 号

责任编辑:宋华莉　责任校对:子雪莲　封面设计:伊玟　责任印制:周荣虎

新媒体艺术史
Xinmeiti Yishushi

著　　者:马晓翔
出版发行:东南大学出版社
社　　址:南京四牌楼 2 号
邮　　编:210096
电　　话:025-83793330
网　　址:http://www.seupress.com
电子邮件:press@seupress.com
经　　销:全国各地新华书店
印　　刷:南京玉河印刷厂
开　　本:889mm×1 194mm　1/16
印　　张:24.75
字　　数:732 千字
版　　次:2022 年 1 月第 1 版
印　　次:2023 年 1 月第 2 次印刷
书　　号:ISBN 978-7-5641-9869-5
定　　价:98.00 元

本社图书若有印装质量问题,请直接与营销部联系。电话:025-83791830。

序　言

《新媒体艺术史》构想由来已久，从最初的主题拟定、草稿成型和全文的撰写历时八年，从原本单薄的理论框架到现在丰富的理论议述，期间的艰辛只有笔者心知肚明。

新媒体艺术自西方发端以来，便一直是国际艺坛理论与实践的焦点，人们除了关注其发展的面貌和状态外，还常常探究其艺术的"新"义。新媒体艺术究竟有哪些令人费解的概念、其艺术类型是如何分类的、与科技有着怎样的关系、审美观念是如何进步的、审美范畴是如何拓展的、审美经验是如何转变的、艺术形式是如何演变的、新媒体艺术中的主客体关系如何以及其探研之路又是如何进程的，这些焦点成为贯穿本书的核心路径，统领着各样丰富的作品作为各论题的参照。

进入 21 世纪，新媒体艺术已然呈现成熟、繁盛的景象，丰富多样的艺术形态不仅为艺术实践增添了新的契机，也为理论研究提供了有力的论据，观望新媒体艺术的发展走向成为相关领域重要的理论积淀和言论发展的必要根据。新媒体艺术，这一跨世纪并跨界的艺术领域，是当下艺术的主流与代表，必然成为未来媒体艺术的风向标。

马晓翔

2021 年 10 月 21 日于金陵

目　录

- 绪论 ·· 1
  - 第一节　问题的提出 ··· 1
  - 第二节　选题的意义与价值 ·· 1
  - 第三节　本书所研究课题的历史与现状 ·· 2
  - 第四节　本书课题研究的设想 ·· 3
- 第一章　新媒体艺术概念的发展 ·· 5
  - 第一节　前新媒体时期的概念期 ··· 5
  - 第二节　新媒体时期的概念转变期 ··· 9
  - 第三节　后新媒体时期的概念争议期 ·· 16
- 第二章　新媒体艺术分类的衍生 ·· 29
  - 第一节　综合媒介的类型 ··· 29
  - 第二节　多媒体艺术的类型 ·· 33
  - 第三节　数字媒体艺术的类型 ··· 36
  - 第四节　新媒体艺术的类型 ·· 40
- 第三章　新媒体艺术与科技关系的延展 ··· 78
  - 第一节　科技与媒体 ··· 78
  - 第二节　科技与艺术 ··· 82
  - 第三节　科技与媒体艺术的融合 ··· 91
- 第四章　新媒体艺术审美理念的生发 ··· 123
  - 第一节　艺术观的演变 ·· 123
  - 第二节　传统理论的危机 ··· 133
  - 第三节　媒体审美的本体理论 ··· 139
  - 第四节　新媒体艺术的审美应用：跨界融合 ······································· 150
- 第五章　新媒体艺术审美范畴的拓展 ··· 165
  - 第一节　审美范畴的蜕变 ··· 165
  - 第二节　认知审美 ·· 177

第三节　维度审美 ··· 184
　　第四节　技术审美 ··· 188
　　第五节　机械审美 ··· 190
　　第六节　信息审美 ··· 195
　　第七节　沉浸审美 ··· 204
　　第八节　肢体审美 ··· 208
　　第九节　生物审美 ··· 210

第六章　新媒体艺术审美经验的转变 ··· 215
　　第一节　当代经验主义审美的嬗变 ··· 215
　　第二节　审美事件 ··· 231
　　第三节　审美行为 ··· 234
　　第四节　审美互动 ··· 241

第七章　新媒体艺术形式的演变 ··· 263
　　第一节　数字拟像形式 ·· 263
　　第二节　数字嫁接形式 ·· 269
　　第三节　虚拟情境形式 ·· 274
　　第四节　非物质再现形式 ·· 280
　　第五节　科技平台的艺术形式 ··· 287

第八章　新媒体艺术主客体的争论 ··· 293
　　第一节　主体的创作 ··· 293
　　第二节　客体的参与 ··· 296
　　第三节　身份的替换 ··· 299

第九章　新媒体艺术创造的探研 ··· 307
　　第一节　科技与艺术的研发之路 ··· 307
　　第二节　艺术空间与艺术展览的展陈之路 ··· 313
　　第三节　教育机构的科研之路 ··· 368
　　第四节　学术期刊与研究会议的探研之路 ··· 370

附录 ·· 374
参考文献 ··· 378
结论 ·· 385
致谢 ·· 387
后记 ·· 388
作者简介 ··· 389

绪 论

第一节 问题的提出

一、问题的界定

正如在《艺术的故事》中，英国艺术史家恩斯特·贡布里希（Ernst hans josef Gombrich，1909—2001）所说，"整个艺术发展史不是技术熟练程度的发展史，而是观念和要求的变化史"。中外艺术史学家对美术史中有关观念的理论逐一整理论述，从这些艺术史研究的理论精华来看，我们获知美术史是基于视觉方式的脉络得以发展，美术史的视觉方式与观念紧密不可分。新媒体艺术作为艺术的存在方式，其范畴远比美术的领域更为宽广，它的视觉方式基于跨学科的综合范式，不仅包含传统的绘画、雕塑、音乐，还包括设计艺术、计算机图形图像技术、编程语言、传媒硬件材料等各类学科，甚至包括生物学、物理知识，是一门依赖技术、重视观念、强调实验、追求应用的综合艺术。新媒体艺术这门新兴的艺术，伴随着科技的进步和艺术理念的更新而不断完善，于是在新媒体艺术的范畴内，涌现出许多与传统艺术观念大相径庭的新的观念。新媒体艺术的兴起也使得艺术范畴的学术环境和思维有所转变，新兴艺术理论的研究者主张将当下的社会环境、知识语境以及艺术史研究结合起来。

笔者以为新媒体艺术之所以能够持续发展并融入文化的主流，乃是因为其万变不离其宗的观念之造化。如果说因为新媒体及其技术的发展还有长足的空间，对新媒体艺术史的论断尚未见分晓，那么当下新媒体艺术的盛期已出现的诸多成熟的新媒体艺术作品的背后已凸显出有关新媒体艺术概念、分类、关系、审美理念、审美范畴、审美经验、形式、主客体、创造的观念脉络。

本书中"新媒体艺术观念"是指对新媒体艺术发展起决定作用的思维方式，是一种决定这一新兴艺术学贯东西的意识形态，也是其自身不断完善、不断提升的理论文脉。本书中的"史"则是对新媒体艺术自生发到成熟的过程的记录，其中不乏概念的进步、分类的统筹、关系的拟定、审美理念的确立、审美范畴的规划、审美经验的获取、主客体的异位以及创造的过程。

二、问题缘由

"虽然新媒体艺术已被相关史料接纳，但是它所处的历史变革期以及'新媒体'中'新'概念的不确定性带给研究者诸多疑惑：这段历史的核心是什么？主导的观念是什么？未来的发展会怎样？"这一系列的问题是本书所研究课题的根本。

本书研究课题的拟定基于以下三个缘由：

（1）时至今日，亟须拟定新媒体艺术是怎样的观念和要求下的变化史；

（2）新媒体艺术是科技与艺术结合的必然产物，但其核心却是模糊不清的；

（3）新媒体艺术的长足发展需要厘清先前历史的诸多头绪。

第二节 选题的意义与价值

一、课题性质与创新点

本书研究的课题是自选课题，旨在研究新媒体艺术观念的发展线索，是对这一新兴艺术思维方式、思想内容和观念内涵的总体梳理，有着秉承前人、后托未来之意。

本书的创新点在于"新媒体艺术观念史"，通过对新媒体艺术发展中艺术观念的脉络研究，总结出学界尚未关注的新媒体艺术的观念流变史，并以另一种区别于近代、现代和当代的思想史分期方案来架构该观念史。同时，本书以对新媒体艺术九大范畴的讨论谋篇布局，整理并分析了以下内容：概念（第一章）、分类（第二章）、关系（第三章）、审美理念（第四章）、审美范畴（第五章）、审美经验（第六章）、形式（第七章）、主客体（第八章）、创造（第九章）。全书以史为文脉，梳理新媒体艺术发展的核心价值观，包括概念、分类、关系、审美理念、审美范畴、审美经验、形式演变、主客体争论、创造探研方面的历史线索，这在以往有关新媒体艺术的著作中是不多见的。本书共9章，另有绪论和结论。全书叙述问题与史料结合，以史料分析为经，以问题讨论为纬，行文富于哲学思辨，有理论深度，逻辑清晰。对于新媒体艺术从业者与爱好者具有良好的借鉴价值，同时可作为本科与研究生的科研读物以供参考。

二、意义与价值

本书通过新媒体艺术发展史中西媒体艺术观念差异的比较研究，总结出学界尚未关注的新媒体艺术的观念流变史，并以另一种区别于近代、现代和当代的思想史分期方案来架构该观念史。此外，通过类比的方法，突破了以代表人物或著作为分析依据的思想史研究的局限，开启了以媒介应用为中心的观念史研究新方法，使研究结果成为可验证的文献史料。

本书根据讨论的九大基本观念，整理出新媒体艺术重要的专业术语和意义演变论述。可以说，本书既是新媒体艺术研究领域意义重大的研究著述，也是十分有用的参考工具书。

第三节 本书所研究课题的历史与现状

一、国外研究现状

国外有关"新媒体艺术"的研究成果有：马诺维奇（L. Minovich）的《新媒体语言》（*The Language of New Media*）（MIT Press，2002），总结了新媒体的语言特征；迈克（Michael Rush）的《（世界）艺术中的新媒体》[*New Media in Art（World of Art）*]（Thames & Hudson；2nd，2005）阐述了新技术发展带来的艺术变革；马克和瑞纳（Mark Tribe、Reena Jana）的《新媒体艺术》（*New Media Art*）（Taschen，2006）阐述了新媒体艺术作为艺术运动和样式类型的内容；兰博等人（Lambert M. Surhone、Mariam T. Tennoe、Susan F. Henssonow）的《新媒体艺术》（*New Media Art*）（Betascript Publishing，2010），介绍了新媒体艺术家的各类新媒体作品；由塔（Uta Grosenick）的《新媒体艺术》（*New Media Art*）（Taschen Amer LLC，2009），对新媒体艺术进行了全面而又系统的介绍；弗朗西斯科（Francisco J. Ricardo）的《深入批评：通过批评体验新媒体艺术》（*The Engagement Aesthetic：Experiencing New Media At Thoigh Critique*）（Continuum Publishing Corporation，2013），侧重艺术批评，从批评的角度带人们体验新媒体艺术；罗波（Rober W. Sweeny）的《新媒体艺术教育中的权利分散与失调》（*Decentralizaiion and Dysfundion in New Media At Educaiion*）（Intellect LTD，2014），介绍了新媒体艺术教育中出现的问题；斯蒂芬（Steven HighAEdward Little^Thi Ry Duong）的《回顾大众暴力：口述历史、新媒体与行为》（*Remembering Mass Violence：Oral Histo，New Media and Pefrrmance*）（University of Toronto Press，2014），从媒介传播的角度阐述了新媒体对大众的影响；理查德和琼（Richard Rinehart、Jon Ippolito）的《再集合：艺术、新媒体和社会记忆》（*Re-collection：Art，New Media，and Social Memory*）（The MIT Press；Illustrated，2014）回顾了近二十年数字时代的数字变革；斯蒂芬（Steve Dixon）的《数字行为：一个剧院新媒体、表演艺术和装置的历史》（*Digital Performance：A History of New Media in Theater，Dance，Performance Art，and Installation*）（The MIT Press；Reprint，2015）阐述了表演艺术的新媒体特性；詹姆斯（James J. Hodge）的《历史感：动画与新媒体艺术》（*Sensations of History：Animation and New Media Art*）（Univ Of Minnesota Press；1st，2019）分析了数字技术背景下，动画与新媒体艺术融合的历史；利津和松阳（Leejin Kim、Soyoung Park）的《后人类：新媒体艺术》（*Posthuman：New Media Art 2020*）（CICA Press，2020）分析了媒体和文化作为年轻文化艺术创作者的精神诉求。

以上这些论著是从媒介运用、艺术样式、艺术批评、艺术教育和大众传媒的角度论证新媒体艺术的现状，对社会学、艺术学和教育学的研究起了重要的作用，其中涉及"新媒体艺术史"的论著尚不多见。

二、国内研究现状

国内有关"新媒体艺术"的论著大多将新媒体艺术作为一种新兴艺术样式现象分析,主要有:童芳编著的《新媒体艺术&当代艺术设计丛书》(东南大学出版社,2006),回顾和研究了全球范围的新媒体艺术家及其成果;陈玲著的《新媒体艺术史纲》(清华大学出版社,2007),以纲要的形式从科学技术、文化、艺术、社会等层面简要论述了新媒体艺术的发展及未来发展趋势;马晓翔著的《新媒体艺术透视》(南京大学出版社,2008)从新媒体艺术的视觉革命、艺术类别、审美特征、基金模式梳理早期新媒体艺术的发端与流变,从而透视新媒体艺术纵深交错的内涵与外延以顺应时代的必然趋势;王荔主编的《新媒体艺术发展综述》(同济大学出版社,2009),通过对新媒体艺术作品的生动演绎,介绍了新媒体艺术的特征;同济新媒体艺术国际中心《大型展示中的新媒体艺术》(同济大学出版社,2010),介绍了新媒体艺术应用于展示领域的成就;张燕翔《新媒体艺术》(第二版)(科学出版社,2011),从科学技术的应用分类谈新媒体艺术作为科学艺术的若干类型;江河、王大根《新媒体艺术鉴赏》(合肥工业大学出版社,2011),介绍了新媒体艺术的概念、产生、发展以及应用;林迅《新媒体艺术》(上海交通大学出版社,2011),引进各种先进科学的成果,借鉴发展"边缘科学"的新经验;陈小清编著的《新媒体艺术设计概论》(广东高等教育出版社,2013),对新媒体艺术设计的形式种类、作品创作方法和作品设计策划等三部分内容进行了理论上的梳理和实践经验的总结;马晓翔著的《新媒体装置艺术》(南京大学出版社,2013)根据对新媒体装置艺术的历史渊源回顾,综述了新媒体装置艺术的本质与特征、理论渊源、观念源头、视觉源头、实践源头、装置艺术的公共化过程,并界定了新媒体装置艺术的发源和实践范畴;宫林《新媒体艺术》(清华大学出版社,2015)探讨了新媒体艺术的定义和特性、新媒体艺术的类型和范畴、新媒体艺术的语言表达方式、新媒体艺术和当代艺术的关系、新媒体艺术在社会生活中的作用和意义等重要问题;金江波《当代新媒体艺术特征》(清华大学出版社,2016)从新媒体艺术的欣赏方式、传授模式、创作目的、艺术媒介及空间与运作机制等诸多方面展开全面的论述;马晓翔著的《新媒体艺术研究范式的创新与转换》(东南大学出版社,2016)着眼于六大内容的研究:新媒体艺术的研究范式、研究方法、问题领域、理论标准;新媒体艺术研究范式的现况,对实证研究范式的探讨;新媒体艺术研究范式的创新,对诠释研究范式的探讨;新媒体艺术研究范式的创新,对批判研究范式的探讨;新媒体艺术研究范式的转换,对本体性研究的探讨;新媒体艺术研究范式的转换,对外延性研究的探讨。滕锐的《消失的边界——新媒体艺术"亚审美性"研究》(人民出版社,2020)分析了新媒体艺术的审美特性;许鹏主编的《中国新媒体艺术简史》(北京大学出版社,2020)以不同门类新媒体艺术为纬,以历史发展线索为经,系统梳理中国新媒体艺术产生与发展的历史背景、文化环境和社会条件,梳理中国新媒体艺术产生和发展的基本过程和总体走向,探索新媒体艺术在中国的发展规律;陈媛媛的《公共空间的新媒体艺术》(同济大学出版社,2020)从传播学、建筑学、环境科学、社会学、艺术学等多维角度,以相关理论研究数字环境中的公共空间内涵及形式呈现,结合新媒体艺术的概念内涵,以互动的视角分析两者相互融合所体现的特性、构成体系和模式,研究公共空间新媒体艺术的具体生成、应用和实践方法,总结其实施策略,并对其未来发展趋向进行评估。

以上这些论著推动了新媒体艺术研究的进程,在新媒体艺术出现的前十年,为其概念界定、特点归纳、类型分类、技术应用、传播方式、创作规律等方面的研究提供了可供借鉴的依据,但涉及世界范畴内的"新媒体艺术史"的研究专著尚不多见。

第四节 本书课题研究的设想

一、课题研究的方法

以新媒体艺术发展的观念内容为内涵的脉络与核心,新媒体艺术观念的类别为外延,将史料的甄别与史学的研究进行对应,研究新媒体艺术的概念、分类、关系、理念、范畴、经验、演变、争论、探研方面的历史线索,对新媒体艺术所涉路径及领域进行材料的划分、结构的拟定、解释与推论、可能的反思性论题的思考。主要方法:文献回顾与选题、定性研究法、历史性研究法、阐释研究法、逻辑论证法、个案与综合研究法。

实施方案

(1) 文献回顾与选题:研究中外新媒体艺术的论著;研究国家社科基金与教育部人文社科项目的文件和材料;研究省内外的课题与论著。

(2) 定性研究法:实地实物考察,客观主义观察;旁观者视角;现象研究分析,本质语言模式;审视过程,整体归纳。

(3) 历史性研究法:现存文献与实物证据、记忆性证据及推理性证据、多重证据与理论评价。

(4) 阐释研究法:表象与内核分析、内涵与外延评价、多角度演绎、综合结论。

(5) 逻辑论证法:演绎与归纳、类比与假说、证明与反驳。

(6) 个案与综合研究法:阐述性案例分析、结构性案例分析、探索性案例分析、案例综合与方法综合、多重案例整合研究、多种方法整合研究。

二、写作思路与框架

本书以对新媒体艺术九大范畴的讨论谋篇布局,整理并分析了以下内容:第一章《新媒体艺术概念的发展》,阐述了前新媒体时期、新媒体时期、后新媒体时期的概念发展;第二章《新媒体艺术分类的衍生》,阐述了综合媒介、多媒体艺术、数字媒体艺术、新媒体艺术的类型;第三章《新媒体艺术与科技关系的延展》,阐述了科技与媒体、科技与艺术、科技与媒体艺术的关系;第四章《新媒体艺术审美理念的生发》,阐述了艺术观的演变、传统理论的危机、媒体审美的本体理论、跨界融合的审美理念;第五章《新媒体艺术审美范畴的拓展》,阐述了因审美范畴蜕变而引发的诸多范畴之审美;第六章《新媒体艺术审美经验的转变》,阐述了当代经验主义审美的嬗变所引发的审美事件、审美行为与审美互动;第七章《新媒体艺术形式的演变》,阐述了数字拟像、数字嫁接、虚拟情境、非物质形式再现、科技平台的艺术形式;第八章《新媒体艺术主客体的争论》,阐述了主体创作、客体参与、身份替换;第九章《新媒体艺术创造的探研》。全文以史为文脉,梳理新媒体艺术发展的核心价值观,包括概念、分类、关系、审美理念、审美范畴、审美经验、形式演变、主客体争论、创造探研方面的历史线索,这在以往有关新媒体艺术的著作中是不多见的。全书共九章,另有绪论和结论。

全书叙述问题与史料结合,以史料分析为经,以问题讨论为纬,行文富于哲学思辨,有理论深度,逻辑清晰。

三、规避的问题

本书的研究是对新媒体艺术发展脉络的梳理,是对新媒体艺术流向与发展趋势的探研,也是对新媒体艺术成就的记述,基本论据均来源于可靠的史料与文献。

首先,由于关于历史的记述须臾不可偏离客观的史实,而国内外的新媒体艺术作品、展览与事件繁多,不能在此文中一一提及,所以选择相应的有代表性、有重要意义和起关键作用的新媒体艺术作品、展览与事件进行论述成为本书的研究诉求。其二,"新媒体艺术史"是在"新媒体艺术观念史"基础上拓展而来,作为"观念"的理解可以说是仁者见仁,智者见智,每个人会有不同的认识与理解;而对于"史"来说,必须十分客观,鲜有十分主观的论断,因而"新媒体艺术史"是客观历史的反映。笔者以为新媒体艺术观念史就是新媒体艺术发展的脉络,是其路径中的成果精华,新媒体艺术史则更准确地表达新媒体艺术家个人、新媒体艺术作品、新媒体艺术展览及新媒体艺术事件之间的关系与创作意识的成熟过程,这个过程不仅需要更贴切的主观能动力量,而且需要客观事实。其三,正如在《艺术的故事》中,英国艺术史家恩斯特·贡布里希所说,"整个艺术发展史不是技术熟练程度的发展史,而是观念和要求的变化史"。新媒体艺术这门新兴的艺术,伴随着科技的进步和艺术观念的更新而不断完善自己,于是在新媒体艺术的范畴内,涌现出许多与传统艺术观念大相径庭的新的观念。新媒体艺术的兴起也使得艺术范畴的学术环境和观念有所转变,新兴艺术理论的研究者主张将当下的社会环境、知识语境以及艺术史研究结合起来。如果说因为新媒体及其技术的发展还有长足的空间,对新媒体艺术史的论断尚未见分晓,那么当下新媒体艺术的盛期所出现的诸多成熟的新媒体艺术作品的背后已显现了有关新媒体艺术概念、分类、关系、审美理念、审美范畴、审美经验、形式、主客体、创造的观念脉络。"新媒体艺术观念史"并非是对客观史实的忽略,而是为今日之"新媒体艺术史"提供了思想的源泉。

第一章
新媒体艺术概念的发展

肖永亮先生在《新媒体装置艺术》的前言中写道:"由于'新媒体艺术'在学理上难以界定,甚至被认为是一个伪命题……"这里,我们即将要进行的是新媒体艺术史的研究,在对新媒体艺术各类概念进行界定之前,我们必须明确"新媒体"是一个相对的概念,在不同的时期有着不同的内涵,其所对应的媒体形式是在不同时期被称为新媒介的形式,并在媒介的不断更新、替换中产生。

新媒体艺术发生至今,其所涉及的概念繁多,也各有界定。人们往往被新媒体的各种新名词弄得摸不着头脑,基于这个原因,以时间为轴线,梳理一下新媒体艺术的概念史成为首要解决的问题。纵观新媒体艺术的发展史,新媒体艺术所涉概念可分为三个阶段:前新媒体时期的概念期;新媒体时期的概念转变期;后新媒体时期的概念争议期。新媒体艺术概念发展的三个阶段须臾不可脱离相关艺术语境而独立存在,前新媒体时期是在现代艺术的发展中孕育而生,新媒体时期在后现代艺术的思潮中积淀而来,而后新媒体时期则在当代艺术的蓬勃中得以繁荣。从时间上看,"现代艺术"大约在20世纪初开始发生,"后现代艺术"则始于二战后的哲学和建筑学领域,"当代艺术"广义上指当下进行的艺术思潮和艺术实践,狭义上则是指全球化趋势下社会格局中正在产生的艺术形式。

第一节 前新媒体时期的概念期

前新媒体时期主要指艺术创作基于综合媒介的时期,也是新媒体艺术的启蒙期。一方面,基于综合材料的各种艺术创作逐渐成熟,形成的艺术流派有动态雕塑、观念艺术、激浪艺术、偶发艺术、行为艺术、大地艺术;另一方面,20世纪60年代至80年代是新媒体艺术发展的萌芽期,早期的计算机图像与动画是在实验室内制作的,科学家们是它们的创作者,当时他们的创作受到计算机设备的限制,图像还比较单一。

一、前新媒体时期的现代艺术语境

前新媒体时期的现代艺术语境是媒介应用于艺术之新旧交替时期的产物,是对西方现代主义艺术承上启下之感悟的自觉。现代艺术的创新更多的是对媒介的实验性拓展,具有较大的想象空间与探索意义。

(一)动态雕塑

20世纪50年代末至60年代末,以亚克夫·阿格曼(Yaacov Agam,1928—,以色列)、保罗·波里(Pol Bury,1922—2005,法国)为代表的艺术家创作了由手、空气或马达引动的活动零件所组合的雕塑,被称为动态雕塑。它的灵感来源于1913年马塞尔·杜尚在凳子上加装了可动的脚踏板的作品。动态雕塑不拘泥于一种风格,但是却具有一种根本的灵感特征,即20世纪对科技的迷恋。动态雕塑艺术家还尝试用现代机械作为实验的硬件,如激光和电脑,虽然这些高科技作品在技术上属于动态雕塑,但它终究被认为是与"艺术与科技"运动有关的。例如,著名的马克·包林(Mark Pauline)与《生还研究实验室》(*Survival Research Laboratoy*),这群旧金山艺术家创作的不和谐的且恐怖的艺术景象颇令人费解,其中有着低技术含量的机器设备作为主角相互争斗的情景,让人联想到科技战争和大都市丛林中人们所面临的严酷现实和生活现状。动态雕塑是前媒体时期艺术家对传统雕塑的改良与突破,虽然有着诸多的不成熟与不完善,但它的出现给雕塑创作的本身拓宽了实验的道路。

(二)观念艺术

20世纪60~70年代末期,在世界范围内兴起了名为观念艺术的艺术流派,"观念艺术"这个名词取自极少主义艺术家索尔·勒维尔于1967年夏天在《艺术论坛》上发表的《观念艺术短评》。类似的观点在亨利·弗林特(Henry Flint,1796—1877)与爱德华·凯因霍尔兹(Edward Kienholz,1927—1994)的著作中也有所陈述。所谓观念艺术,是指艺术家对"艺术"一词所蕴含的内容和意义在理论上的审查,并企图提出更新的关于"艺术"概念界定的一种现代艺术形态。观念艺术又称"概念艺术"。在观念艺术家看来,艺术技巧中心论,只是19世纪及其以前艺术家的主要观念和行为。艺术发展的历史,不全是对艺术技巧进行把玩的历史。故而,应树立全面的艺术观念。观念艺术是插图的一个子类,"插图"是一种传达说明的艺术,有很多美术作品属于插图一类。任何讲述了一个故事和描述了一个物体的图像都是说明性的,无论它是复杂的还是简单的。观念艺术是在前新媒体时期,艺术家对概念与理念的物质化转换,是对物质媒介运用的新的方式。

(三)激浪派

激浪派于20世纪60年代起源于德国,并很快传到美国纽约、加州及北欧国家和日本,在世界范围内发展起来。1961年"激浪派"首次出现在乔治·马西欧纳斯(George Maciunas,1931—)在纽约A/G画廊的系列讲演的邀请函上(图1-1)。它在许多语言中暗示了一种流变和变化的语义,代表了一种心灵的状态。激浪派被认为是一个从音乐精神中诞生的前卫艺术。马西欧纳斯被认为是激浪派的开创者。马西欧纳斯主要是一个组织者、活动者,而不是一个精神领袖般的人物。他自己并不是艺术家,而是常常进行出版物的设计,因此他在出版方面很在行,激浪派这个组织最初就是他从出版物上发起的。1960年10月,他打算办一本综合性的文化杂志,探讨美国、欧洲和日本的一些最新的艺术活动,他给这个杂志起名为《激浪派》(Fluxus)。如若要涉及技术最新的创作领域,单靠杂志很难体现得充分周全,因此,他通过这个杂志又开展了音乐会、艺术展览等活动。这样一来,激浪派就拓展成一个从事先锋派艺术活动的组织。这个组织在欧美以及日本从事艺术活动,出售他们的刊物及其他的艺术作品,举办巡回展览等等。这个组织从1960年代一直存在至今。激浪派是前新媒体时期前卫艺术的真实体现。

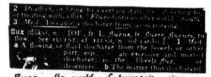

图1-1 乔治·马西欧纳斯(George Maciunas),《激浪的宣言》(Fluxus Manifesto),1963

图片来源:https://en.wikipedia.org/wiki/Fluxus,2016-2-24

(四)偶发艺术

偶发艺术(Happening Art)是由艺术家用行为构造一个特别的环境和氛围,同时让观众参与其中的艺术方式。它是盛行于20世纪80年代的纽约的美术流派。1959年艾伦·卡普罗(Allan Kaprow,1927—2006)用"Happening"一词描述一种艺术创作状态,在纽约的鲁本(Reuben)画廊之首展"六幕十八项偶发事件"上使用了这个名词。在三个房间内,一出严谨的多媒体事件被演出,表演者冷漠地念着一段台词:"昨天我本来要说一项你们最熟悉的事——艺术……但我无法开始。"表演者还装出一副滑稽可笑的模样,在画布上作画、拉小提琴、吹笛子、弹四弦琴。在整个表演中,观众从一个房间走到另一个房间,成为偶发事件的一部分。请柬上提示"解读这些不连贯的事件成为观众的工作"。卡普罗提醒参与者:"就艺术家而言,这些行动一点意义都没有。"偶发艺术是在前新媒体时期以偶发性的事件或不期而至的机遇为手段,重现人的行动过程。

(五) 行为艺术

20世纪50年代晚期至70年代中期,在欧洲产生了名为"行为艺术"的思潮。对于行动主义者而言,艺术家即演员,"抽象表现主义"与欧洲孪生体"无形式艺术"自然展延是与其相关的艺术过程。将绘画视为艺术家面对画面的记录,启发了某些艺术家将他们的艺术作品以行动的方式来呈现。行为艺术家关注的议题极广,从精神、美学到社会与政治,各个层面皆有包容。1960年左右,伊夫·克莱因(Yves Klein,1928—1962)开始运用真实的"笔触"来创作绘画,即以裸女的身体沾满颜料,再贴印到画布上(图1-2)。皮耶罗·曼佐尼(Piero Manzoni,1933—1963)则在许多人身上签名,将他们转变为活生生的雕塑。70年代初期,约瑟夫·博伊斯(Joseph Beuys,1921—1986)创立了自由大学——一个由多重专门学科联络而成的资讯中心,他称之为"社会雕塑"。行为艺术是前新媒体时期艺术家对行为表演的艺术应用。

(六) 大地艺术

大地艺术(Earth Art)发端于20世纪60年代中期至70年代末的北欧与美国,又称"地景艺术""土方工程",它是指艺术家以大自然作为创造媒体,把艺术与大自然有机地结合创造出的一种富有艺术整体性情景的视觉化艺术形式。这是20世纪60年代末出现于欧美的艺术思潮,由极少主义艺术的简单、无细节形式发展而来。大地艺术家普遍厌倦现代都市生活和高度标准化的工业文明,主张返回自然,对曾经热恋过的极少主义艺术表示强烈的不满,以之为现代文明堕落的标志,并认为埃及的金字塔、史前的巨石建筑、美洲的古墓、禅宗石寺塔才是人类文明的精华,才具有人与自然亲密无间的联系。大地艺术家们以大地作为艺术创作的对象,如在沙漠上挖坑造型,或移山湮海、垒筑堤岸,或泼溅颜料遍染荒山,故又有土方工程、地景艺术之称。早期大地艺术多现场施工、现场完成,其作品无意给观者欣赏。1968年,德万画廊将大地艺术的一些图片及部分实物进行展览,故后期的大地艺术家很少大规模挖掘工程,更多借助摄影完成①(图1-3)。大地艺术是前新媒体时期艺术家对土地、风景、地理环境的物质媒介的综合运用。

动态雕塑、观念艺术、激浪艺术、偶发艺术、行为艺术、大地艺术极尽能事地发展了传统艺术以外的媒介创作方法,使得现代艺术对雕塑、观

图1-2 IKB以及行为艺术就成为法国艺术家伊夫·克莱因(Yves Klein)短暂的艺术生涯中让世人侧目的标志。他是身体艺术的首创者,1960年3月9日找了三个女子,裸露着躺在画布上滚动,号称anthropométries作画方式。1957年,在米兰画展上展出了八幅同样大小、涂满近似群青色颜料的画板——"克莱因蓝"正式亮相于世人眼前,从此,这种色彩被正式命名为"国际克莱因蓝"。(International Klein Blue,简称IKB)

图片来源:http://site.douban.com/142941/widget/notes/6930576/note/201964274/,2016-2-21

---

① 钱来忠.图说西方当代艺术(现代艺术特刊)[M].成都:现代艺术杂志社,2001:65.

图1-3 克里斯托(Christo),《包裹柏林国会大厦》,135.7米×96米×32.2米,高42.5米,1971—1995
图片来源:《图说西方当代艺术》,现代艺术杂志社

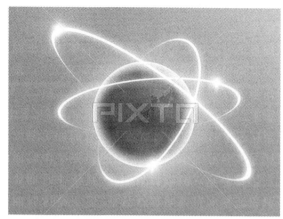
图1-4 《土、土地、球体》,计算机图形图像
图片来源:http://pixtastock.com,2016-1-16

念、音乐、行为、自然的媒介运用达到了顶峰。

二、前新媒体时期新媒体艺术的启蒙与概念

1960—1980年,这一时期是前新媒体时期的启蒙期,在现代艺术的媒介运用达到顶峰时,计算机图形图像的研究极大地推进了前新媒体艺术的技术可行性。计算机编程对于该时期电脑的艺术创作至关重要。大多数的电脑图像是在实验室内制作的。20世纪50~60年代,计算机产生的动画与图像仍然处于开发阶段的技术水平。早期的前新媒体作品风格受到计算机的设备影响,自身存在许多限制,缺乏能够表现复杂图像的计算机程序。20世纪70年代是对开发计算机图像与三维计算机动画十分有意义的时期。许多基本的图像与透视技术逐渐形成,出现了电脑绘画软件,图像与三维的技术更加成熟。越来越多的艺术家开始使用计算机进行创作,媒体艺术也因此得到了全面的发展(图1-4)。计算机动画与图像系统比1960年代具有更好的交互性,计算机动画与电影特技开始出现在娱乐电影市场。

前新媒体时期的概念包括计算机图形图像、计算机动画、三维技术、电影特技。

(一)计算机图形图像

计算机图形图像主要是以数学为基础的高等数学、概率、统计学习、工程矩阵的研究,包括数字信号处理、模式识别、数字图像处理、数字视频处理等等。图像在编程处理的时候就被看作一个矩阵或者是一个一维数组,对其做一些相应的运算,而比较复杂的算法涉及概率统计等知识。

(二)计算机动画

所谓动画也就是使若干图像"动"起来的过程。使用动画可以清楚地表现出一个事件的过程,或是展现一个活灵活现的故事画面。动画的产生,是利用人的视觉暂留特点,将胶片以一定的速率放映体现出来的,是一门通过在连续多格的胶片上拍摄一系列单个画面,从而产生动态视觉的技术和艺术。

计算机动画是指借助于编程或动画制作软件生成一系列的景物画面,主要采用的是图形与图像的处理技术。计算机动画采用连续播放静止图像的方法,进而产生物体运动的动画效果。

计算机动画分为二维动画和三维动画。

计算机二维动画主要指二维平面上的动画画面。无论画面是否有立体感,最终在二维空间模拟真实三维空间效果,用纸张、照片或计算机屏幕显示。

计算机三维动画指画中的景物有正面、侧面和反面的多维效果。调整三维空间的视点,能够看到不同的内容,是在多维空间内的立体画面呈现。

(三)三维技术

三维是在二维系平面中又加入了一个方向量构成的空间系。三维是指x轴、y轴、z轴三个坐标轴,其中x表示左右空间,y表示上下空间,z表示前后空间,通过三个轴的同时呈现,就形成了人的视觉立体感。三维动画就是由三维制作软件制

作出来的立体动画,有着更多的可塑造与可发展的空间。

所谓的三维空间是指人们所处的立体空间,可以理解为有前后、上下、左右的三个面。如果把时间当作一种物质存在的话,在三维空间内再加上时间就是四维空间了。物理上的三维一般指长、宽、高,第四维即是爱因斯坦提出的时间维度。

(四) 电影特技

电影特技指的是利用特殊的拍摄制作技巧完成特殊效果的电影画面。各种不同题材的影片摄制过程中,会遇到一些成本很高、难度大、费时多、危险性大的摄制任务或现实生活中并不存在的被摄对象和现象,这时就需要电影特技。由此可见,电影特技即难于用一般摄制技术完成的摄制技术,以及完成电影画面时所需要用的拍摄特技。

第二节 新媒体时期的概念转变期

在技术发展和后现代主义思潮的影响下,传统艺术走入了低谷,与媒介技术有关的视觉艺术迎来崛起的契机,并开启了一个广阔的文化艺术空间。

新媒体时期是多媒体发展与成熟期,在20世纪80年代至90年代这一期间软件从无到有,功能也日趋复杂。许多非编程背景的艺术家开始参与大量的艺术作品创作。绘图软件在这时期进展飞快(图1-5),三维动画与虚拟环境的设计能力也大大提高(图1-6)。与计算机配套的扫描仪、数字绘图笔、彩色喷墨打印机、胶片记录仪等也陆续被研制出来,这些设备有力地促进了多媒体时期的媒体艺术发展。

一、新媒体时期的后现代艺术语境

新媒体时期在某种程度上与后现代艺术语境有所呼应。新媒体时期的科技进步为后现代艺术的蓬勃发展提供了平台,艺术为生活中的实验提供了契机。"易读"成为1980年代后现代主义的重要主旨。

(一) 叙事艺术

20世纪,叙事学诞生于法国。法文"叙事学"由拉丁文词根Narrato(叙述、叙事)加上希腊文词尾Logie(科学)构成。[1]

1966年,《交流》杂志第8期以"符号学研究——叙事作品结构分析"为标题的论述为叙事学的诞生铺路。而托多罗夫(Tordolphin)[2]则是最早提出"叙事学"的学者。他在1969年发表的《〈十日谈〉语法》中写道:"……这部著作属于一门尚未存在的科学,我们暂且将这门科学取名为叙事学,即关于叙事作品的科学。"[3] 叙事学的理论设

图1-5 计算机手绘插图

图片来源:http://image.baidu.com,2016-1-24

图1-6 bluethink三维全景,2014

图片来源:http://image.baidu.com,2016-1-16

---

[1] 见百度百科"叙事学"词条。
[2] 托多罗夫(Tordolphin),原籍保加利亚的法国著名文学理论家、历史学家,当代著名结构主义符号学家、文艺理论家,现为法国社会科学研究中心研究员。
[3] 见百度百科"叙事学"词条。

想和理论框架实际在1969年前已相当完整。叙事学的产生深受结构主义和俄国形式主义双重影响，从构成事物整体各要素的关联上去考察事物和把握事物要义，尤其是索绪尔（Saussure，1857—1913）①的结构主义在语言的内在结构上强调语言学的共时性角度，剔除了历时性角度以及从历史的演变中去考察语言。俄罗斯形式主义重视艺术语言形式的重要性，反对俄国革命前处理叙述材料的传统方式，转而认为文学之所以为文学是在于它的文学性，而文学性存在于形式之中，即语言形式。

20世纪60年代以来，叙事艺术传播到欧洲与美国，大量有关"叙事学"的结构分析论著开始出现。如罗兰·巴特（Roland barthes，1915—1980）的著作《叙事作品结构分析导论》为以后的叙事学研究提供了纲领式的理论设想。另有阿尔及达·朱利安·格雷马斯（Algirdas Julien Greimas，1917—1992）的著作《结构语义学》于1966年问世，他的研究旨在关注话语里的组织以及符号学方阵等基本构成模式，进一步深入研究了叙述结构和话语结构。

在绘画领域内，埃及时代与文艺复兴时期丰富的有关圣经和古典题材的"历史绘画"，以一种宏大叙事的方式获得了崇高的美誉。到了20世纪，叙事的过程，即一种"绘画的文学性"被现代艺术嗤之以鼻。60年代的现代主义者坚持抽象艺术的实践，导致了反叙述性的禁忌，波普艺术与新写实主义绘画的具象表现使得作品中的叙事内容可以被轻易地解读。20世纪晚期，基于新媒体技术的艺术作品在其互动元素的表象下对"叙事学"进行了新的探究。

（二）录像艺术

录像艺术最早源于美国，是一项将新兴媒介应用于艺术实践的艺术门类。纯粹以录像作为艺术表现媒材的历史可追溯到1965年，当韩裔美籍影像家白南准（NamJune Paik，1932—2006）把他的便携式摄像机用于罗马教皇的实时记录的时候，他或许没有意识到他的这种艺术理念最终导致了一个新的艺术类型的产生。此后，录像艺术便以星火燎原之势在世界范围内得到了迅猛的发展。录像艺术的创作方法是通过录影来创作视频作品，视频作品本身的媒体性质被消解，它的属性被转移为当代视频技术和表现方法而得以运用，以此来表达创作者的艺术意念。许多观念艺术、装置艺术、身体艺术、地景艺术等创作者，都曾借助录像艺术传达他们的心身和宿愿。

这一艺术实践产生于早期的"游击录像"和反商业化的艺术电视。②录像艺术又被称为录影艺术或视频艺术，是通过直接摄取对象并利用视频技术创造性地制作可以在电视屏幕上观看的影像的一种艺术形式。录像艺术被赋予了"20世纪60年代中期兴起的前卫艺术表现形式"之称谓，直至20世纪90年代这一表现形式仍然是世界许多美术家所热衷的方式。20世纪下半叶，录像艺术已经成为一种十分受欢迎的艺术形式，在后现代艺术中尤其受到推崇（图1-7）。

图1-7 比尔·维奥拉（Bill Viola），《宁静的大山》（*Silent Mountain*）录像，2001

图片来源：马晓翔《新媒体艺术透视》，南京大学出版社，2008

（三）声音艺术

声音艺术是"Sound Art"的中文译文，主要指广义声音中传统意义上的噪音与乐音，它们成为

---

① 索绪尔（Saussure），索绪尔语言学也称为"索绪尔主义"，就是以语言和言语的区分为基础，认为语言学只能"就语言而研究语言"，排除任何非语言因素（如社会的、物理的、言语的……）的干扰；而就语言来说，必须区分共时和历时，语言学只研究共时的语言系统，排除任何历时因素的干扰；而就共时的语言系统的研究来说，只研究形式，不研究实质，"语言是形式，不是实质"的论断就是这一思想的集中体现。索绪尔语言学是现代语言学及结构主义语言学之开山之作，现代语言学的许多理论基础都来源于此。

② 雅昌艺术网.VIDEO ART 的发展与收藏[EB/OL].http://topic.artron.net/topic/100730/，2000-2-1.

新媒体创作的主要媒介。声音艺术以尊重声音本体、重视主动聆听为根本创作原理,以此区别于原态"音乐创作",成为另一种艺术类别。声音艺术与"前卫音乐""实验音乐""电子音乐""计算机音乐"多有交集,既与后者在创作理念上有所区别,又与后者在注重听者内心情绪的共鸣上有所区别。广义的声音艺术指一切诉诸听力的艺术形式,而狭义的声音艺术包括音乐、音效和音响。其中以反听力美学干扰人类听力的,是相对于悦耳的,讲求极端音量和挑战人类听力极限的噪音艺术,是一种讲究概念性的听觉艺术形式。录音设备中的麦克风、MD录音机、DAT数字录音机、硬盘及闪存录音机等,电脑中的音频软件及剪辑与处理,硬件效果器及采样器、黑胶唱盘、传统乐器,以及其他可发声物件等成为声音艺术创作者常用的创作工具。

20世纪60年代,声音艺术开始与视觉艺术相结合以求新的发展,在固态视觉艺术的表征中融入声音的元素形成了所谓的声音雕塑,这种尝试逐渐成为一种概念艺术的形式,并与其他概念艺术形式一样在70年代达到了高峰。布鲁斯·诺曼(Bruce Nauman,1941—)和吉尔·斯科特(Gil Scott,1949—2011)不仅将声音作为耳朵延伸之媒介,还运用录像与装置进行实验创作,于是声音被广泛地运用在创作者的作品中。

今天的艺术创作中,声音成为重要的因素被运用在各种艺术形式中,包括劳里·安德森(Laurie Anderson,1947—)在剧场中运用的流行音乐。布莱恩·艾诺(Blaine Aino)、道格·霍利斯(Doug Hollis)与马克斯·纽浩斯(Marx Neuhaus,1939—2009)创造了奇特的声音环境,霍利斯将风的声音运用在户外作品里。后来在行业内,"声音艺术"指一种专供听觉的环境。

(四)高科技艺术

1970年后兴起于美国的高科技艺术,被看作是一种艺术趋势,泛指运用计算机、激光、传真机、影印拷贝、卫星传播等高科技创造的现当代美术作品。人们通常认为尖端科技可创造想象并成为架构世界的工具,它们可以用来模拟真实世界,创作幻想的神秘境界,改变人类对艺术、科学及周遭世界的认知,诸如计算机艺术、激光艺术等作品。

高科技艺术在本质上并非一项艺术运动,但它在理念上却是运用复杂科技进行后现代艺术创作的流派。这里的高科技包括计算机、激光、全息图、影印、传真机、卫星传输等。高科技艺术形式多样,不仅有索尼亚·谢里丹(Sonia Sheridan)的影印印刷,还有密尔顿·科米沙(Milton Comisha)的电脑绘图,更有趣的还有与科技有关的题材,或是运用特定科技来协助意念表达的作品。

文艺复兴时期的科技繁荣须臾离不开解剖学绘图、透视学绘稿、比例图表和实物摹写等所提供的真实数据。分道扬镳多年之后,科技与艺术又一次重逢,科学技术的高度发达在促进人类生活水平不断提高的前提下,为后现代艺术的进化提供了新的可能。

(五)装置艺术

"装置艺术"是艺术家利用特定的时空环境,有效选取、利用、组合和改造人类生活中的物质消费品与文化实体,创造具有人类共通精神文化内涵的艺术形态。装置艺术是空间场地、物质材料与人类情感的综合反映。①

作为一种艺术,它与60~70年代的"波普艺术""极少主义""观念艺术"等后现代艺术流派有一定的关联。在短短几十年中,装置艺术已经成为后现代艺术中的主流,许多画家、雕塑家都给自己增添了"装置艺术家"的头衔以体现自己位于先锋与主流的境地。

装置艺术是后现代世界范围内前卫艺术中的一种艺术样式。装置艺术存在的意义在于对传统艺术的逾越与拓展。主要表现为:

(1)对主客体艺术融合的尝试;

(2)对观众与艺术对立互补的消解;

(3)对创作者构想、观众参与、作品完善活动的统一;

(4)对有限生活与阐释的逾越;

(5)对多义意象传达的意愿;

(6)对参与、反思与批判的体谅。

装置艺术因多使用生活用品、工业品或一些废弃的材料等,而与大众生活息息相关。以它对创作客体的考量与对创作主体的认同,超越普通

---

① 马晓翔.新媒体装置艺术[M].南京:南京大学出版社,2013:14.

大众和小众的双重物格,杜绝肤浅,摆脱大众消费的可能,装置艺术有着走向深沉与文化性的诸多取向(图1-8)。

图1-8 毛里奇奥·卡特兰(Maurizio Cattelan)《第九个小时》(*La Nona Oralso*),1999,蜡、布、聚酯纤维、树脂金属粉、火山石、地毯、玻璃(2001威尼斯双年展装置作品)

图片来源:http://christinepalma.com,2011-8-7

(六)媒体艺术

"媒体"在此指的不是实质上构成艺术的媒材,而是一种可以载承意向的非物质介质,它不是亚克力颜料或铜等用于造型艺术的材料,而是专指大众媒体的一个概念。这里的媒体艺术呈现出各种资讯形式,诸如报纸、电视、广告、海报与告示板等。媒体艺术促进了概念艺术的发展,而真正推动媒体艺术发展的是波普艺术和通俗文化。

早期媒体艺术好似广告插画家,运用小型画报上的电影明星与灾难照片作为丝网印刷的创意元素。大部分的媒体艺术家都对公众人物和蓄意操纵舆论导向的手法持有批判的态度。有些媒体艺术家意图表现出大众媒体的创作意识。而这恰恰证明了"媒体艺术"是区别于"多媒体艺术"和"新媒体艺术"的内容。

(七)政治艺术

通常而言,只要对社会关系提出直接或间接观点的艺术作品便具有一定的政治性。如:安迪·沃霍尔(Andy Warhol,1928—1987)的丝网版画《坎贝尔浓汤罐头》,体现出一种对消费文化的称颂而不是抨击这种社会的浮夸趋势。杰克逊·波洛克(Jackson Pollock,1912—1956)的点彩抽象作品宣告了艺术家以自由创作者而自居,已无需受任何可辨视图之约束和阻扰。在现代主义之前,已有具"政治"倾向的作品存在,它们作为作品的一种阐述可以轻易地被解读出来,如国王或教皇的肖像,这样的符号明确地宣告了他们作为社会权力象征的存在。

随着现代主义向后现代主义的转型,政治艺术有了自己特有的称谓和定义。政治艺术特指运用明确的政治性题材,来表达对艺术形态陈述的艺术作品,同时夹带着批评与评论观点。作品在顾及内容分布、展览环境及与观众是否产生共鸣的关系问题时十分注重艺术的功能,也就是说政治艺术的功效十分重要。有些政治艺术家的创作转向了概念艺术的表达,或通过制作并张贴海报的方式表达诉求,以此方式把握作品的分布与对外宣传的情况。政治艺术作为后现代主义时期艺术的一种表达,对媒体艺术的现实作用意义深远。

(八)波普艺术

波普艺术是流行艺术(Popular Art)的简称,因为波普艺术的POP通常被视为"流行的、时髦的"一词(Popular)的缩写,于是波普艺术本意代表着一种流行文化或是一种文化趋势。波普艺术在20世纪50年代初萌发于英国,50年代中期至60年代鼎盛于美国,是英美传统文化式微、现代主义蔓延、经济高速发展下的必然产物。

波普艺术是一个社会流行文化和以消费主义为基础的艺术运动,它试图摆脱抽象表现艺术的清规戒律,并转向符号、商标等大众文化的创作主题。波普艺术有着极强的商业化特征,在文化符号、产品商标、流行服饰、消费主张方面进行一种对商业热衷情绪的表达,当作品一旦触及具体形象时,便自然而然地带上了商业的标签,于是自身就具备了西方文化的现实意义。

波普艺术的另外一面呈现了对战后消费主义的称颂,一种对抽象表现主义的反动之意跃然于作品之上。波普艺术家们忽视了抽象表现主义中艺术家的个人英雄主义、始终强调的绘画精神和持久的内心冲动。波普作品常体现出一种对生活戏谑与嘲讽的表现手法，它所影响的通俗文化逐渐转型为后现代主义、新几何以及挪用艺术的思想根基，并同时根植于通俗文化、大众媒体和符号解说之中（图1-9）。

图1-9 安迪·沃霍尔，《玛丽莲·梦露》，1962，丝网版画，450厘米×450厘米

图片来源：http://image.baidu.com，2016-1-12

（九）公共艺术

公共艺术发端于20世纪60年代晚期的美国，在世界范围内至今仍有很大的社会影响。公共艺术自发端到成熟，长久以来受到大众广泛的关注。与公共艺术密切相关的另一个名词是"公共领域"，近年来它成为英语国家建筑学界常用的一个概念。公共领域是一种具有开放、公开特质的，由公众自由参与和认同的公共性空间，而公共艺术所指的便是这种开放的公共领域中的艺术创作与相应的环境设计。

人类的公共环境像一个舞台，供各个社会群体以部落为单位进行形象化的活动，公共艺术则是一个与地貌、人种、文脉、生态有着千丝万缕联系的人类生存的艺术环境。从艺术的角度来考虑和对待公共艺术，是人类优化生存状态、优化自身境况的一个重要方面。如果我们回溯社会历史的进程，我们可以读到一部关于环境艺术和公共艺术的发展历程。公共艺术的存在为后来的新媒体艺术提供了实时的互动环境，也为互动艺术的发展提供了可供参考的空间概念与公众参与理念。

（十）编导式摄影

20世纪70年代中期美国与西欧出现了编导式摄影的思潮，编导式摄影经过30年的发展，至今留存着自身的能量。编导式摄影是安置摄影（Set-up Photography）或舞台式摄影（Staged Photography）的分支。这类摄影包括安置摄影中的形态作品，亦包括舞台式摄影中的人或动物，将此作为照片的主角（图1-10）。例如，辛迪·舍曼（Cindy Sherman，1954—）[①]将其狗装扮成摄影对象之后拍摄的照片。这一拍摄方式手法新颖，摒弃了传统的常见题材，转而偏好戏剧性的或虚假的拟人拟物题材。

编导式摄影揭示了一个自我示意的世界，如果他是她，抑或她是他，那么一切将会怎样？这一摄影思潮给予之后的媒体艺术更多的想象空间与创作空间。

（十一）矫饰摄影

20世纪70年代在欧洲与美国出现了矫饰摄影的运动，这一运动带给当时的摄影界无限的热忱与契机。20世纪初，一些摄影师将手绘的方式加入照片的拍摄中，在照片上手绘上色，模仿版画中的蚀版画，这样的创作方式逐渐演变为所谓的矫饰摄影。今天的矫饰摄影意图颠覆"直接摄影者"（Straight Photographer），更关注媒材的记录功能，与编导式摄影的虚假题材有着异曲同工之处，希冀创作出具有绘画效果的照片及画面来。

当代的"矫饰摄影家"常将各种拍摄素材装饰成奇异的物件后加以拍摄，创造出一种奇妙、诡谲的影像（图1-11）。这种预先设定好被摄物的创作方式常见于后现代摄影艺术中，摄影家们不再到现实中去寻找摄影素材，而是关起门来闭门造车，摄影过程摒弃了以往截取现实生活的"照相"模式，使摄影成为当今艺术界从事创作的重要手段，并演变为艺术家创造内心世界之影像的"造相"。

[①] 辛迪·舍曼（Cindy Sherman）是一位相当知名的美国女摄影师与艺术家，也是一位电影导演，出生于新泽西州的克雷瑞芝，以自己出演所有摄影作品中的主角为特点且闻名于世，她常被女性主义一起当作讨论议题，但不自称为女性主义者。

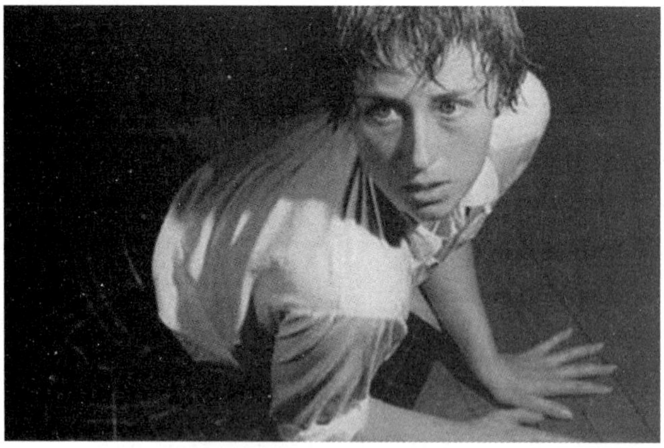

图 1-10　辛迪·舍曼(Cindy Sherman),《自拍像》,1981
图片来源:http://image.baidu.com,2016-1-25

图 1-11　卢卡斯·萨玛拉斯,《鞋盒》,1965,木质结构、羊毛、鞋、钢钉、棉花和涂料,26.7 厘米×39.4 厘米×28 厘米
图片来源:《图说西方当代艺术》,现代艺术杂志社

(十二) 时尚美学

20 世纪 60 年代晚期的美国与欧洲产生了时尚美学的思潮。"时尚美学"或"流行感"的概念并不专指因广告而拍的商业作品,即那些流行服饰的摄影,而是指"艺术"照片中运用流行摄影且妩媚动人的风格,这些时尚的、光鲜的风格作品也被展示于画廊墙上而颇受正统人士的诟病。流行服饰照片后来囊括了时尚人物的样式,即发展至今的时尚美学肖像或人物研究,仰赖大胆而简单的设计以及一种格调与性感。理查·艾凡顿(Richard Avedon,1923—)①的一些 20 世纪 70 年代的艺术摄影,就是对流行服饰照片实质的揭示,对流行元素之动态的执迷表现。

70 年代,爱尔文·彭(Alvin Penn,1917—2009)②更直率地将时尚美学运用在垃圾与烟蒂的拍摄中,赋予平常、卑微题材一种优雅的美感。80 年代,大部分的摄影家用时尚美学来定位自己,定义摄影(图 1-12)。著名的摄影家布鲁斯·韦伯(Bruce Weber,1946—)③则将同性恋的色情意识融入时尚与艺术的摄影。这些作品在无意间成了当前与历史双向的时尚摄影,通过电脑剧照与广告宣传开拓了市场。

至今时尚美学仍以其跳动的时代感运用在各类新兴艺术的创作中,影响着新媒体艺术的发展。

(十三) 快拍美学

快拍美学作为一个艺术思潮出现在 20 世纪 50 年代晚期至 60 年代的美国。20 世纪的摄影范畴已不再是专业行家的天地,新闻摄影图像不是独特的,也不是唯一的,新闻爱好者拍的图像也成为被认可的内容。于是一种名为"快拍"的摄影方式在非专业人员中流行起来。非专业者的"快拍"依循的是照相机本身设定的传统方式,即如同新闻图片拍摄一样进行瞬间的取景与成像,与一般人对摄影的普遍观念迥异,是最不具有自我意识

---

① 理查·艾凡顿(Richard Avedon),生于纽约,是从事时尚摄影的摄影师,拍过许多名人和模特。但他并没有因为自己的工作而忘记自己的职责:关于人的拍摄。他不仅拍知名人士,更拍普通人、认识的人以及在街上碰到的人。他不仅在工作室里工作,更把时尚摄影搬到了户外,包括对政治生活的关注(例如 1976 年的美国大选),他甚至还在街头拍东西(例如 1989 年勃兰登堡门的新年前夜)。

② 爱尔文·彭(Irving Penn),生于美国新泽西,是 20 世纪非常伟大的摄影师之一。1943 年,他开始为时尚杂志工作,拍摄过超过 150 张封面以及不计其数的时装大片,是名副其实的将商业摄影和艺术相结合的典范。在爱尔文·彭的私人肖像拍摄项目中,他近乎刻意地不使用任何辅助工具,只使用最简单的照明条件,巧妙地利用自然光和背景,赋予照片一种令人叹为观止的微妙质感。

③ 布鲁斯·韦伯(Bruce Weber)出生在美国宾夕法尼亚州格林斯堡的郊区,于 20 世纪 80 年代成为时尚界的优秀摄影师,目前已经是全球最富盛名和最有影响力的摄影师。韦伯先生最初在美国俄亥俄州丹尼森大学学习戏剧,后来转到纽约大学学习电影制作。由于戴安·阿勃丝(Diane Arbus)的引荐,他于 20 世纪 60 年代在社会研究新学院师从莉赛特·莫德尔(Lisette Model)女士。1973 年,他首次参加摄影浮动基金会(The Floating Foundation of Photography)的联合展,并于一年后在纽约 Razor Gallery 首次举办个人展。20 世纪 70 年代末,韦伯先生开始为 Raplph Lauren 和 Calvin Klein 拍摄广告和商业照片。从此,他的摄影作品出现在 *Vanity Fair*、*American Vogue*、*Interview*、*Italian Vogue* 和 *GQ* 等杂志上。

图1-12 爱尔文·彭,《巴布罗·毕加索》,1957,凝胶银盐感光照片,34.1厘米×34.1厘米

图片来源:《图说西方当代艺术》,现代艺术杂志社

或修饰的摄影手法。"快拍"几乎都是以人物和风景为主,在视线的高低、远近的距离和自然或刻意的光线中体现拍摄的主体。如果让摄影过程处理的主体出现在画面的中央,可以流露出完整而又清晰的特征,这种特征是最真实的。这种瞬间即拍的方式是非计划的,赋予了快拍复杂性与真实感,是体现人性的真实意境,而摄影中所呈现的美学境地只有具有专业技术的摄影师才能做到。

这种率真且有力的手法,对摄影领域产生了巨大的影响。快拍美学的返璞归真与超然于世的特质,使得它与当时的波普艺术成为同类的艺术思潮。两者都以世事为原貌进行摄影手法的直接创作。

快拍美学的创作方法为后来新媒体艺术的即兴创作提供了可供参照的线索,而快拍美学所具有的审美倾向成为后来新媒体艺术审美方式的源头之一。

二、新媒体时期新媒体艺术的发展与概念

上世纪八九十年代是新媒体的发展期,也被称为多媒体时期,是新媒体时期的概念转变期,即由"计算机图形图像"转变为"计算机艺术"、"计算机动画""录像艺术""声音艺术"与"三维技术"转变为"多媒体艺术",同时出现了"虚拟情境"艺术。新媒体时期出现了计算机艺术、多媒体艺术、虚拟环境、数字绘画、CD-ROM艺术的称谓。

(一)计算机艺术

计算机艺术是指利用计算机辅助艺术创作的结果,以及计算机以定性和定量方法对艺术进行分析研究。

从计算机信息处理的角度看,艺术创作可被看作是对视、听、触觉等模拟信号或数字信息的一种艺术性加工处理过程。其中包括创作者重复、和谐、相称、规律等性质的大量烦琐的技巧性脑力劳动和一些非创造性体力劳动,计算机技术应用得得心应手,可使创作者集中精力更好地发挥创作才能。

计算机艺术是在计算机图形学的应用发展下产生的,并对图形学周边艺术创作起了巨大的影响与作用。1960年代中期,计算机显示和绘制图形技术已然兴起,有人尝试用计算机绘制复杂造型的艺术性图案、绘画等,产生了良好的视觉效果;但用计算机绘画需要掌握相关数学、计算机编程等知识和技巧,设计绘画程序也需要花费较长的时间,在此过程中调试修改也费力费时,因此发展缓慢。后来,在图形显示技术中广泛采用了计算机光笔技术,使计算机具有人—机交互功能,可以对图形图像信息的处理过程进行实时的人工干预和修改,即时得到处理的结果。这使得非计算机专业创作者可以很方便地运用计算机,于是促进了计算机在动画、音乐、舞蹈等艺术领域的应用。

到目前为止,计算机艺术尚未形成一个完整的学科体系。它在造型艺术中被用于绘画和雕刻;在综合艺术中被用于动画、影像、装置艺术、交互艺术;在表演艺术中被用于音乐和舞蹈等边缘领域。

(二)多媒体艺术

多媒体艺术是20世纪诞生的艺术形式,主要包括以计算机、数码技术、录像和胶片技术相结合完成的艺术作品,它既是纯艺术创作的主要手段,也是电影、电视、广告和音乐画面的常用方法之一。20世纪80年代在世界各个领域,以数码技术为基点,兼容摄影、录像、视频、声音、装置、互动等综合手段进行创作的"多媒体艺术"迅速发展起来,并备受社会以及艺术界的关注,同时在教育界也得到了广泛应用。多媒体艺术利用了电

影、电视、摄影、网络等技术，形成自己独特的艺术场域，相对于传统艺术而言，其创作手段有着重要的弥补作用，而现代科技的进步又积极推动了多媒体艺术的发展，其所具有的后现代性和时效性是不言而喻的。

多媒体艺术是一个能够使人产生许多联想的艺术形式，它多元而又新颖，建立了一个亲密接近艺术和技术的人性化环境和态度，意味着我们可以把艺术创作者看作是网络的传输人和探索者。

（三）虚拟环境

"虚拟环境"来源于 ShadoWin[①]虚拟软件所实现的场景与交互动能。ShadoWin 的工作原理是以实时动态程序的行为修饰与模拟算法，直接利用本机的操作系统，模拟出与本机操作系统相容的虚拟机（Vista 下可模拟 Vista、XP，Windows 7 下则可模拟 Windows 7、Vista、XP），也称为"虚拟情境"。

（四）数字绘画

数字绘画一般来讲就是用电脑绘画，通过运用相应的电脑软件和数字绘图工具在电脑上进行创作。数字绘画运用电脑上的绘图板、主机、键盘、鼠标和显示器以及相应的软件进行绘画，作品面貌是数字化了的图形，数字绘画成型之后，存储自如，可以复制，操作便捷。种类繁多的绘制工具，使得数字绘画造型精准、色彩丰富，所有这些都为数字艺术创作提供了便利条件。随着电脑、软件以及相关绘图工具的普及与发展，利用人工与智能的电脑绘画和数字绘画不断为人们所认识和掌握。

（五）CD-ROM 艺术

CD-ROM（Compact Disc Read-Only Memory）是一种在电脑上应用、读取的数据碟，即人们常说的只读光盘。只读光盘上刻录的数据可以通过一次写入或反复擦写而成。刻录于光盘上的数据信息可通过电脑的光盘驱动器解读出来。CD-ROM的格式最初是为音乐的存储和回放设计的，后来发展成为既存储音乐又存储计算机数据的一种介质，音乐数据与信息数据兼容的 CD-ROM 可以通过播放器播放，同时被计算机读取。1985 年，由 SONY 和飞利浦制定的黄皮书定义了一个标准，即这种格式能够适应各种二进制数据。

第三节　后新媒体时期的概念争议期

计算机技术突飞猛进的时期，互联网的出现是当时最突出的科技贡献。互联网的民用过程与多媒体技术的成熟为后新媒体时期增添了色彩。这一时期，数字媒体艺术不仅形式多样，在内容与表现力上也独占鳌头。先锋艺术家与先锋导演开始运用数字媒体技术进行创作。技术与艺术的人才匮乏与市场的需求，使得传统艺术高校纷纷开设数字媒体艺术专业。互联网的交互技术与虚拟现实艺术开始出现，打破了传统艺术的学科壁垒，降低了公众从事艺术创作的门槛。

1990 年代之后，数字媒体艺术开始被商业化，开始应用于广告、商业插图、工业外观设计等实际领域。数字媒体艺术逐渐地普及与深入，对社会公众产生了巨大的影响。"桌面出版"使得印刷、设计、出版率先实现了计算机辅助设计和半自动的流程控制。数字媒体艺术的图像技术逐渐开始介入设计、绘图、展览、展示、广告、包装印刷等领域。计算机三维技术则逐渐进入工业造型外观设计、环境设计、建筑设计、房地产广告制作，以及装潢设计等领域。

与此同时，90 年代后期也是数字媒体艺术与传统艺术相互渗透的时期。传统的写实主义绘画、超现实主义绘画、表现主义绘画和抽象主义绘画与计算机发生了联系。计算机拼贴与合成艺术开始流行，出现了大量的计算机超现实主义绘画、表现主义绘画和抽象表现主义绘画。随着数码摄影、数字视频和计算机处理技术的完善与普及，传统的绘画、摄影、动画、录像艺术与计算机完美地联系在一起。大量传统艺术家对后新媒体时期艺术创作的参与，使得数字媒体艺术表现力和影响力得到了空前的扩大。

[①] ShadoWin 虚拟技术平台是一种可将用户的 Environment（电脑环境）、Application（应用程序）以及 Data（相关文档）进行整合存储，并在其他电脑上一键重现的创新技术产品。

一、后新媒体时期的当代艺术语境

当代艺术被定义为在当下社会生活中的艺术和正在被创作的艺术，换句话说就是当今时代的艺术。现代艺术始于1880年的印象主义直至20世纪60至70年代的艺术运动。20世纪60至70年代之所以是一个重要的转折点，首先是因为20世纪70年代是后现代与后现代主义兴起阶段，艺术世界因此而进入了一个艺术后现代的时期。其次，20世纪70年代也是一个最容易区分与归类现代艺术与当代艺术范畴的时期，然而当代艺术并不像现代艺术那样总是有着瞩目的艺术运动与明确的称谓，与其说当代艺术内容是模糊的和不清晰的，不如说当代艺术家更为个体，其表现的主题更为多变，表现手法更为多元。正因为此，当代艺术家不会十人一群地聚居在一起，掀起一个持久而又深远的艺术运动。更值得注意的是当代艺术家比现代艺术家更为关注社会，更有对社会审视与思考的忧国忧民意识。在近三十年的当代艺术作品中，与女性主义、多元文化、全球化进程、生物机械和疾病等密切相关的作品屡见不鲜。

当代艺术的背景下，艺术现象的层次结构逐渐明了，艺术内容中令人费解或令人震惊的迹象很快为另一个新的迹象所取代，艺术的内容包含了世界中的万象，成为可以从感官上体会的一切事物。艺术的生态环境越来越需要全球性的力量作为护卫，以及应对各种变化的坚实基础。在正确的发展方向下，社会正义、文化认同和生态屏障成为各类文化艺术运动的关键，因而，艺术在当代社会中的地位与价值体现在"世界新秩序"的全球化连接中，当代艺术语境包容了广域的移动通信、地方政治与文化符号的关系、全球文化交流的差异、无线漫游的全球体验、新的全球协作性共赢、美学概念与象征意义的转化、怀旧与创新的空间、区域经济与文化艺术的关系。当代艺术成为基于空间和时间的文化现象，需要在快节奏的现代生活中放慢时间的脚步，将多愁善感的梦想掺入其中。艺术不再只需一种方位，它需要更多的有关虚构经验、传播对象和时间事件的本体内容。

时至今日，当代艺术成为一种表征，包括了一系列关于社会反思的艺术态度、艺术行为、艺术观念和艺术事件。时间、结构、影像与现象是这些系列中延绵不断的元素，表明了立足于本土的与社会结构、文化内容相对应的跨界艺术特征。当代艺术有着丰富的艺术表现样式与传达方式，其中后新媒体时期的媒体艺术是其中不可或缺的部分。新媒体的"新"是个不断发展和变化的概念，是一种永远相对于过去的新的概念，正因为如此，后新媒体时期的媒体艺术作为当代艺术的一个分支，有着与当代艺术的"当下性"更为紧密的关系。

这一时期，新媒体艺术是基于众多后新媒体技术的艺术创作，它在当代艺术的洪流中不断发展和提升着自身的技术内容与艺术内容。与其他当代艺术内容不同的是，后新媒体时期的媒体艺术基本远离旧媒体（传统绘画和雕塑）的庇护，走着自己的后新媒体技术创作之路。后新媒体时期的媒体艺术所涉及的电信、传媒和数字媒体交互艺术在实践创作上体现在由概念到虚拟的艺术、由观念到视觉的艺术、由行为到装置的艺术的演变。[①]

（一）混合媒体艺术

美国马萨诸塞州理工大学的I.浦尔（I.Pool）教授最先提出"混合媒体"（Media Convergence）概念，其本意是指各种媒介呈现多功能一体化的趋势，这种关于媒体混合的想法更多地集中于将电视、报刊等传统媒体融合在一起。美国新闻学会媒介研究中心主任安卓·纳西森（Andrew Nachison）将"混合媒体"定义为"印刷的、音频的、视频的、互动性数字媒体组织之间的战略的、操作的、文化的联盟"，他强调的"混合媒体"更多是指各个媒介之间的合作和联盟[②]（图1-13）。

[①] 马晓翔.新媒体装置艺术[M].南京:南京大学出版社,2013:48-49.
[②] 许玲玲.新媒体艺术创作中的"身份性"介入——混合媒介艺术个案研究[D].上海:华东师范大学艺术学院,2010.

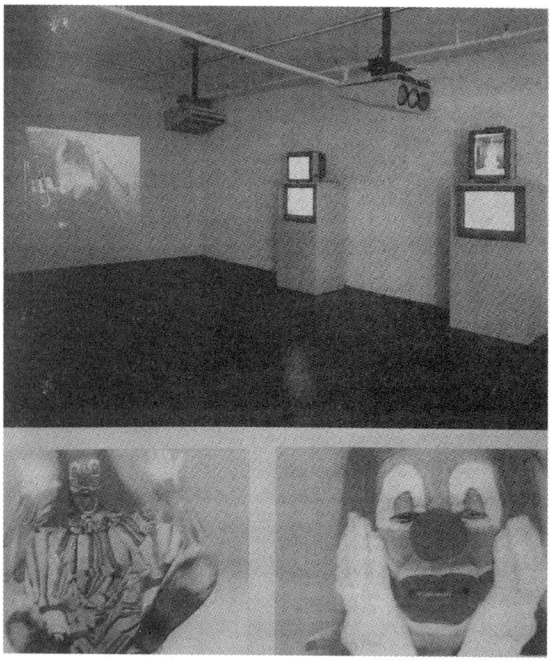

图 1-13 布鲁斯·诺曼,《小丑的痛苦(伴随着笑声的暴风雨之夜)》,1987,
混合媒体装置:2 个彩色监视器、4 个扬声器、2 个放映机、4 盘录像带,彩色有声,不同尺寸

图片来源:《图说西方当代艺术》,现代艺术杂志社

(二)跨媒体艺术

跨媒体也是跨媒介(Cross-Media)、跨媒体娱乐(Cross-Media Entertainment)、跨媒体通信(Cross-Media Communication)、跨媒体(Transmedia)的代名词,是一个有关媒体属性、媒体服务、媒体历史和媒体经验的概念。跨媒体形态分布在采用多种媒体形式的跨界平台上。它更指跨设备的行程与联系,通过各类形式体现在品牌娱乐、广告、游戏以及诉诸于形式的更换现实等内容,那里有一系列置于设备之间的媒体或碎片之间的依赖关系,主要涉及四个类别及水平式跨媒体:

1. 跨媒体 1.0——推广

相同或微小变化的内容被设置或推广到不同形式的不同平台上。例如:一个来源于电视节目的微型再编辑音频用于网站上的播客或脚本,这一简单形式的相同内容被发布在移动、电视和宽带网络等多重平台上,其用户可以通过它们来创建他们自己的跨媒体联系。这一联系并不具有很强的跨媒体触发特性,但有助于推广不同平台上的相同内容与信息。世界上第一个应用此方式的好例子即在忽略原有规则的前提下,一个短小的形式以每周一次的方式被戏剧性地同时发布在电视、宽带网和 3G 移动平台上。

2. 跨媒体 2.0——临时演员

这个内容产生了一个主要产品,并将主要产品发布在不同的平台上。这一"临时"跨媒体内容因其主体属性和无需依赖的特点,有着不同于以往的天然特性:暂时的或可编辑的。例如它可以是一个电影场景中抓拍的手机影像,注定发布在移动手机的分类栏中;它也可以是一个闪客游戏,根植于一个广播剧或一本书的故事中,通过火车站的海报公布于世。最明显的是它"无处不在"的特征,可以通过视频门户网站发布。最近的一个很好的例子是它"无处不在"这一属性的多样变换,其成果被称为"星期四的小说"(Thursday's fictions)。一开始作为一个生产阶段,先是进行图书出版,然后改编成一个超现实主义的舞蹈电影,还有网络游戏《第二人生》(Second Life)的呈现也产生了效应。每一个版本的成果都发挥了各自平台的优势,它们相互独立,不依赖于其他内容或源于用户角度的使用。

3. 跨媒体 3.0——桥梁

最真实的跨媒体形式可以包容观众所热衷的故事情节或需要的媒体平台系统,通过媒体设备继续旅程。基于其他平台的内容是至关重要的,它可以与体验相联系,以叙事的桥梁引人进入调查或移至另一个媒体形式和平台。最显著的例子包括电视节目在结束时会迅速发一个 URL 的链接地址供人们打开浏览。它也可以是一条短信,吸引并引导人们进入一个城市广场音乐会,音乐会引领人们进入一个电视秀,然后由播客开始订阅邮件。触发器成为桥梁,在推动跨媒体的作用中是关键的组成部分。最有力的实例是片长 30 秒的"超级碗"[①]三十八集电视广告(Mitsubishi Super Bowl XXXVIII TV ad),播放了在被尾随的赛车前扔抛物体的情形,这成为一个避免事故的

---

① 超级碗(Super Bowl):NFL 职业橄榄球大联盟的年度冠军赛,胜者被称为"世界冠军"。超级碗一般在每年 1 月最后一个或 2 月第一个星期天举行,那一天被称为超级碗星期天(Super Bowl Sunday)。

测试。广告停在一个扣人心弦的时刻,邀请观众上网站(What Happens.com)继续观看,数以百万计的人都照着做了。

4. 跨媒体 4.0——经验

三个层次的聚集同样是以非线性方式的内容分布在多个平台上,因制片人的"放手"从而创造了一个环境,更像是一款游戏,参与者生活在里面,沿着他们自己的路各自前行,因此有了个性化的体验。跨媒体 4.0 的属性是共同创造,通过许多设备实现观众的互动合作,这演变和发展了它自己的生命。故事环境是这个混合物的核心,在设备驱动中实现居民的"体验"或围绕叙事片段(无论是软文广告、娱乐或戏剧)的进展。尽管这些撰写似乎触及了跨媒体的触发器,观众作为桥梁邀请自己体验过程成为其中的一部分。有一极好的例子是更换现实游戏(Alternate Reality Games),它包括前三个层次的因素,但却是动态的,生产商必须不断搭桥建立观众在互动中的反馈信息。

5. 跨媒体传播——介质

跨媒体传播是一种通信方式,故事情节将邀请受众从一个介质跨越到另一个。这使得从一维的通信(发送者→接收者)向多维的通信(发送者们→ 接收者们)的转变成为可能。好的跨媒体通信将提升通信的价值:信息的水平与深度被包容其中,将更为个人,进而更为关联和强大。其优势有:(1)经济收益方面,可以通过相等的或降低成本获取相同或更好的通信效果,技术手段方面,则是单媒体通信,这将从发送者到接收者为通信转移成本,如果故事对于接收者具有足够的吸引力,那么彼此之间就会产生互动。(2)在通信的若干层级上,故事叙述者和接收者之间建立了深层的关系,如波普偶像、大兄弟、明星的竞争对手(Pop Idol, Big Brother, Popstars the Rivals)等一些涉及跨媒体领域的内容。在权力平衡转变中的发送者—媒介—接收者,为了通信而开始了角色的转变:发送者(前身为大众),发送通讯给接收者(前身为观众),接收者对此给予反馈,与之互动,参与共同创作信息(故事),再呈现给发送者。于是接收者变为发送者,发送者成为接收者。

(三)湿媒体艺术

"湿媒体"(Moistmedia)的概念源于罗伊·阿斯科特(Roy Ascott,1934—)[①],他认为媒体的多元化进程导致一种以硅晶和电子为基础的媒体与生物学系统以及分子科学和基因学的融合,而这一融合直接影响了一个新的概念的产生。最新颖的新媒体艺术乃是"干性"硅晶计算机科技以及与生命系统相关的"湿性"生物学的结合。这正在崛起的新媒体艺术被他称为"湿媒体"[②]。

湿媒体是一种潜在的媒体内容,意味着它有一天将超越我们视线中的艺术,并且我们可以理解这样的变化,如果我们看到它们具有文化喻义转变的意义,那么就如向另一个宇宙提供一种"虫孔"。这个比喻是恰当的,人们可以预见巨大的文化变化就在于湿媒体给艺术带来的改变。新的宇宙大爆炸在酝酿中已经创造了宇宙起源的隐喻延伸。这是种新兴的大爆炸,使得新媒体的宇宙被如此命名,反映了神经元和基因原子结合在一起,在各种各样的关系中,湿媒体在我们的艺术和建筑中产生巨大的作用,甚至还涉及工具和产品等。

这种媒体大爆炸意味着后媒体时期将过渡到一个更复杂、更为多元的层次,迫使人们深入地关注什么是生活在网络的边缘:一半在网络空间、一半在外部世界,越来越多地将纳米工程融入媒体本体。有关宇宙自然的观念被看作一套已经失去效用的陈旧的隐喻,对现实的表现,无论是诗歌或散文,都已失去了人们的关注和其自身的吸引力。自然不再是远距离的一种被动客观存在的客体,也不被外来侵略所滥用或成为梦幻般情感的依托,湿媒体已成为自然的一部分,人们希望能有意识地参与到与自然的共同进化中,这是人类自己的定义和在自然重建中所思考的内容。在这个意

---

① 罗伊·阿斯科特(Roy Ascott),新媒体艺术的先驱,1960 年代以来他就以艺术家和理论家的双重身份活跃在互动多媒体艺术领域。他创造性地将控制论、电信学引用到多媒体艺术创作中,对英国乃至欧洲的多媒体艺术的发展产生了重大影响。自 80 年代以来,他开拓了国际互联网在艺术领域的应用,并成为艺术应用信息通信技术的领导人物。罗伊早年学习绘画,受教于维克多·帕斯莫尔(Victor Pasmore)和理查德·汉密尔顿(Richard Hamilton)。他在 1960 年代举办的展览"绘画的革命与模拟结构(Change-Paintings and Analogue Structures)"引起伦敦乃至欧洲美术界的广泛关注。

② 视觉中国.关于新媒体艺术的一段对话[EB/OL].http://shijue.me,2013-1-21.

图 1-14　阿克拉·纳卡亚素(Akira Nakayasu),《植物》(Plant),2010

图片来源:Repair sind wir noch zu retten ARS ELECTRONICA HATJECANTZ, 2010
(汉那斯·理奥普西德、克莉丝汀·肖普夫、杰弗莱德·斯托科《修复:我们还有待拯救》,2010 电子艺术节)

义上,技术经常被描绘成自然的敌人,却会让人们对之趋之若鹜。湿媒体技术将是一个全新性质并重新排列的后生物学内容,它将成为艺术家的研究领域,也是现实构建的领域。

在过去的 20 世纪的下半叶里,艺术行为、创造行为都是观念传统,作为艺术基础的过程是艺术家的当下的行为和潜在的现状。面对许多技术、道德和审美的挑战,人们必须解决一个重要的问题,在网络上平衡生命的可能性,处理新形式和人类遗传的融合以及分子和纳米技术工程所提供的新的形式和关系。

人们可以看到以一个以湿媒体为根本的文化智慧在世界中蔓延,其恩惠充满世界的每一个角落、每一种环境、每一个工具、每一个产品。人工智能的普遍存在和无处不在,是不可阻挡的。同时,人们也应认识到,整个自然世界都在某种意义上得到了重生。在寻求创造人工生命和人工智能的过程中,我们需要理解生物意识渗透到地球的每一个部分。此外,湿媒体的生物多样性和丰富性,不必受到技术的威胁,而技术当服务于艺术的创造力。湿媒体应该被看作是一个挑战,与网络的多样性并存,艺术家们转型为虚拟世界和物质世界之间的空隙艺术家。这自然空间是对自然和人工过程融合的产物,是湿媒体的域。

因为人类使用新技术来研究物质和它的关系,所以越发相信人类将越来越多地使用一个古老的技术来导航意识和超越的物质状态。这个古老的技术,已经被巫师使用了几千年,是植物的技术,特别是植物的精神,都是湿媒体的原型。相信随着它变得更加广泛将获得更多的理解和经验,这种植物技术将加入计算机技术,以人类的方式来影响人们的生活。植物技术与计算机技术两者结合起来,可以产生显著的维度本体,植物与计算机也将成为工程的本体。为了推进这一混合技术的发展,人们需要对三分之一个元素的二进制原则进行确定,或平行定位,虚拟和实际已存在于我们的文化之中。我们要理清这三个问题:虚拟现实、现实和验证现实的植物(图 1-14)。

二、后新媒体时期新媒体艺术的成熟与概念

20 世纪 90 年代至今是后新媒体时期,这一时期是数字技术的繁荣期,也是生物技术开始介入媒体艺术的时期。这个阶段被界定为数字媒体、新材料媒介、生物科技媒介并存的新媒体艺术共融期。所涉概念存在许多的争议,包括软件艺术、网络艺术、虚拟现实、人机界面艺术、互动艺术、新媒体装置艺术、机器人艺术、生物科技艺术。关于这些概念的争议主要表现在概念的准确界定上。

(一)后媒体

非利克斯·瓜特瑞(Félix Guattari,1930—1992)[①]在他 20 世纪 80 年代的著作中提到:"概念化并置的计算机网络、技术小型化与个性化发展,涉及教育方式还有少数派群体,将会把我们带到一个'后媒体时代',大众媒体被剥夺了它们自身

---

① 非利克斯·瓜特瑞是法国激进分子,一个心理治疗师、哲学家和记号学家;最出名的是他与吉尔·德勒兹的合作,编撰了《一千年高原》(1980)以及《资本主义和精神分裂症》的两卷。

的霸权。"

后媒体时代是相对现代媒体时代而言的,21世纪以前的社会,被认为是现代媒体时代,而从本世纪开始,社会进入后媒体时代。如同时间上,后现代在现代之后,当然称为后现代,后媒体的"后",是一个借用的前缀概念。现代是结构的,后现代则是解构的,意义支离破碎,逻辑分崩离析,充斥着矛盾与冲突,后现代指的是一种情绪、一种心灵状态,是对现代的一种颠覆和反叛。后现代是一种碎片式的呈现,后媒体时代亦然。仅以互联网为例,网络内容的制造呈现出支离破碎的状态,博客的信息与微博的内容,无不是一种对内容的解构、颠覆。后媒体时代的重要标志是新媒体丛生与繁荣。继报纸、广播、电视之后的网络媒体即为第四媒体,就是新媒体。新媒体的蓬勃生长和持续高速发展,不仅给传统传媒业带来重大影响,而且加速了后媒体时代的到来。后媒体时代是区别于现代媒体时代的一个称谓。

后媒体时代的典型特征在于：媒介渠道中心化,媒介内容去中心化。在后媒体时期,媒体的灵魂不是好记者、好编辑、好策划之类的内容人才,而是资本运作高手、融资高手等资源整合人才。整合出渠道的人,就是驾驭媒体的第一人,所以在后媒体时期,媒体公司将制造内容转变成把控渠道。

（二）非叙事

整个20世纪的叙事内容以不同形式与艺术相伴随,直到现在,"叙事"似乎成为文化研究中一个无法逾越的鸿沟。在20世纪80年代中期,叙事学遭遇后结构主义者对其科学化的走向和傲慢的权威性的质疑,并且他们宣布叙事已经寿终正寝。非叙事乃是相对于叙事的一种结构,经历了古典时期宏大叙事的渐行渐远、近代时期悲情叙事的相背而行、现代时期淡泊叙事的形同陌路、后现代时期青春叙事的渐渐远去,交互式媒体中的非叙事俨然成为一种新的格局。

"非叙事"是关于非叙事理论的研究,与叙事相比没有既定的系统可言。"非叙事"作为研究非叙事形式和非叙事结构的内容在20世纪末21世纪初初现端倪,并以研究非叙事的方法独树一帜。

非叙事讲求在既定的交互空间内设定多个具有层级性质的节点,在非预设的关系中实现节点与节点的关联,从而产生语义学上的价值。这种非限定的格局是不确定的,是一种参与身份置换的样式,也是主客体异位、合作的结果。非叙事的关键在于：

（1）主客体异位下的自由视角；
（2）身份转换下的破碎结构；
（3）意图的模仿、比拟与反讽；
（4）图示语言的交流与狂欢。

（三）软件艺术

软件艺术是软件研发、软件概念拟定的一个艺术过程,艺术家的工作在软件研发过程中扮演着重要的角色,例如艺术家研发的软件应用程序以及由软件延伸为艺术作品的程序等。20世纪90年代以来,软件艺术作为一种艺术学科获得越来越多的关注。它与互联网密切相关又常依赖于互联网,因此与网络艺术也关系密切。软件艺术也常应用于艺术作品的传播和批评讨论中。每年在圣保罗举办的国际电子语言艺术节,柏林举办的超媒体艺术节,林茨举办的电子艺术节以及莫斯科、赫尔辛基、奥尔胡斯、多特蒙德举办的"读我"艺术活动,给予软件艺术大量的关注,通过这些活动,软件艺术获得了理论家和学者的认同,也获得了广泛的受众群。

软件艺术作为正在不断被研发的技术艺术综合体有着以下几个特征：

（1）风格一致的交互界面；
（2）导航系统的完善与应用；
（3）可被阅读的交互体系；
（4）交互功能的不断开发；
（5）软件系统的兼容与性能。

（四）网络艺术

网络艺术,也翻译为网路艺术,英文的表达有Internet Art, Online Art, Web Art, Net Art或Art Online,该艺术形式横跨"网络"与"艺术"两个领域。网络艺术必须是在网络上呈现的数字作品,如此才能最大限度地发挥能量。技术与人文不同的是它始终处于不断的提高与发展的过程中,极其忠实地遵循事物的进化论。在网络艺术尚不发达的地区,网络艺术家对技术的乐趣十分着迷,这便导致艺术家热衷于与技术博弈,沉溺于新技术的玩味,制造出种种虚拟的艺术。

网络艺术的特征表现在以下几个方面：

1. 媒体的整合性

科技的日新月异使得艺术创作在传播媒体上呈现多元化的态势,也体现了多种门类新兴艺术的整合。这种整合性将使网络发展成一门新的艺术。网络媒体包罗万象,有着巨大的包容性。电脑、电视、电信三者最终将融为一体。传统艺术也将发生变化,以适应信息时代的新规范。这些由多媒体整合的艺术样式,将使得网络艺术更加多姿多彩。

2. 现实与虚拟性

网络世界是一个区别于现实世界的环境,可以模拟出许多虚拟情境。网络技术能够创造出现实生活中完全不存在的逼真景象,而数字影像的逼真程度早已远远超越绘画和摄影。网络艺术是人类运用艺术与科技手段来模拟现实的又一次的超越。透过网络艺术,人们可以在现实与虚拟中游走,在虚拟世界的此岸与彼岸摆渡。

3. 共生性

网络艺术家可利用网络艺术的多媒体互补性进行创作,同时可因时因地地向受众传送艺术信息。不仅网络作品创作者依赖网络,受众群的参与行为也必须经由网络进行联系,作品与观众成为不可分离的共生体。网络艺术的共生性使得艺术创作者与受众成为过程中相互作用的两个角色,它对传统艺术的冲击与整合即将加速进行。

4. 开放与互动性

开放与互动这两项因素,完全凸显以受众为主体的精神,展现了后现代主义不重视理性而偏重解构的感性特点。1967年,法国文学家罗兰·巴特(Roland Barthes,1915—1980)提出了"作者已死"的学说,认为作者的影响力在作品完成时就不存在了,取而代之的是文本自身的结构与符号,以及受众通过自身经验所阅读到的符号。因此作品给人的感受因人而异,阅读的同时也正是写作的同时。"作者已死"的论点,非常符合网络艺术中受众的"非线性"集体创作特质。作品因受众的参与而改变了艺术结果,从而也变得更加完整。

5. 游戏化的娱乐世界

网络艺术存在高度的娱乐性,作品充满了趣味和游戏,能吸引广泛的大众参与和关注。网络博客、微博等透过志同道合的社群,可以为某个共同的议题聚集大量的网友,会因为一次有趣的实验而广泛参与,超越时空、随处可见的网络艺术透过信息时代的视像艺术,把人们带入一个游戏于彼岸与此岸的自由世界。信息世界的视像艺术强调游戏化的娱乐方式。人们通过种种新奇的消费性视听方式寻求着自我创作,透过网络来达成自我实现的游戏乐趣。

(五)虚拟现实

Virtual Reality,简称VR,又译作灵境、幻真,是近年来出现的高新技术。虚拟现实是一项综合集成技术,涉及计算机图形学、人机交互技术、传感技术、人工智能等领域,主要用计算机生成逼真的三维视、听、嗅觉等感觉,使人作为参与者通过适当穿戴式装置,自然地体验虚拟世界里的交互艺术。虚拟现实主要有三层含义:第一,虚拟现实是借助计算机生成逼真的虚拟环境,"环境"是对于人的视、听、触、嗅等感觉而言的;第二,用户可以通过人的互动和传感技术与这个环境交互,互动技能是指能够传输人头部转动、眼部动作及手势等其他人体动作等交互事件的技术;第三,利用三维设备和传感设备来完成交互操作是虚拟现实的重要组成部分。近年来,虚拟现实已逐渐从实验室的研究项目走向实际应用。目前虚拟现实在军事、航天、建筑、旅游、医疗和文化娱乐及教育方面得到不少应用。在国内,有关虚拟现实的项目已经列入计划,相关的研究和应用正在全面展开。

作为成熟的新媒体艺术类别,虚拟现实具有以下几个特征:

1. 多感知的官能语言

虚拟现实在很大程度上扩展了多媒体交互特性带给受众的感官体验,超越了一般计算机技术所具备的视觉和听觉两种感官认知,增添了触觉、力觉、运动等多种感知。理想的虚拟现实技术应该具有一切人所具有的感知功能,甚至包括味觉感知、嗅觉感知、触觉感知等。另外虚拟现实交互过程中所产生的实时性、临场感以及构想性都是传统交互形式中前所未有的。

2. 浸没于虚拟的真实

虚拟现实带给受众的浸没感(Immersion),又可称为临场感,即受众感到作为主角存在于模拟环境中的真实程度。当受众置身于逼真的虚拟场景之中,理想的模拟环境会使受众难以分辨真假,从而全身心地投入到计算机创建的三维虚拟环境中。在这个环境中,一切视觉效果都是那么真实,音效、交互的动态,也是如此,甚至闻起来、尝起来等一切感觉都使人身临其境,如同在现实世界中的感觉一样。

3. "触摸"式交互

交互(Interactivity)是受众对模拟环境内物体的可操作程度和从环境得到反馈的自然程度(包括实时性)。受众可以用手去直接抓取模拟环境中虚拟的物体,这时手获得了握着东西的感觉,并可以感觉物体的重量,视野中被抓的物体也能立刻随着手的移动而移动。这种体验使得交互与"触摸"的界线渐渐模糊。

互动过程可以导航虚拟世界,它给予受众变更环境的力量。移动的感知和沉醉于运动的自由本身并不能确保环境与受众之间的互动关系,受众可以从对该领域的游历中获得完全的满足感,他可以有效地沉浸在虚拟世界中,但其行为也会导致任何结果。在一个真正的交互系统中,虚拟世界必然回应受众的行为。

4. 构想的自由空间

构想(Imagination)是虚拟现实技术具备的独特能力,营造广阔的可想象空间,可拓宽人类认知范围,不仅可再现真实存在的环境,也可以随意构想客观不存在的甚至是不可能发生的环境。

人类构想的巨大空间成为虚拟现实呈现多种事物的基石,虚拟的网络展览馆改变了传统展览模式、地点的固定化,人们可以足不出户,欣赏展览中的各种艺术品。虚拟旅行给予人们在构想空间内的知觉体验,避免了真实旅游带给人们疲乏的生理反应。对未知世界的构想和模拟也是虚拟现实技术强大功能的体现。模拟火星的地理生存环境、仿效海底世界的复杂多变,无疑对科学家的研究工作起了至关重要的作用。

5. 现实的可能和交互界面

将现实中的种种可能与幻想呈现在虚拟的真实之中,交互界面的形成是至关重要的。多感互动的虚拟现实作品给予受众的交互界面远远超越了传统视听技术带给多媒体、网页和无处不在的计算机的交互内涵。多感交互构思的形成建立在对于涉及具有潜能的新技术的调查,合成的、常见的交互界面都是相当复杂的,但这仍然需要一个可行性的设计理论来支撑。这样,有关这个问题已出现了三个主题:首先是一个基于受众交互界面设计的理论,即审视人类电脑交互形式的心理背景,利用心理学的理论知识来架构交互作品的潜在形式。如若设计者想通过交互界面突出虚拟现实作品的某个交互特性,就应设身处地地从受众的心理状态看预期效果的可行性。可行性越高,说明其项目的设计越人性化,也越贴近受众的承受心理。其次,多媒体交互界面设计能够为多媒体作品的呈现和对话展示一种模式、原理和设计的过程,将对心理因素的考虑运用在界面设计中,可以起到吸引受众的注意力,转换媒体选择为信息并且阻止信息过多下载的作用。多媒体文件同样可以检验受众的体验程度,如设计的审美看法和设计吸引力的原理,以及迷人的交互界面。与众不同、独具魅力,这些都是交互作品希望留给受众的印象,要想在众多的互动作品中脱颖而出,具有无可挑剔的吸引力,交互界面的形式与色彩承担了重任。再次,虚拟现实同样是激发设计和导航的方法,涉及虚拟主体呈现形式的设计、虚拟社会、虚拟环境和受众支持方式。至于对于多感交互界面的评估方式和技术则可检验从受众角度观察出现的主要错误。交互形式与状态的体现同样离不开交互界面的支撑,同样的一个后台程序特效被嵌置在不同的前台界面中,其最终的交互形式将会是天壤之别。因此,将现实中的种种可能与假想通过虚拟现实的技术可以一蹴而就,然而使其独树一帜则需多方考虑。①

(六)人机界面艺术

人机界面(Human Computer Interface,简称HCI)设计是指通过一定的策划与设计方式对用户界面有目标和有计划的一种创作活动。人机界面大部分为商业所用,少部分为艺术创作所用。人机界面通常也称为用户界面,人机界面设计主要包括三个方面:软件设计构件之间的接口、模块设计与其他信息生产者和消费者的界面、设计人或用户和计算机间的界面。

人机界面是计算机科学和认知心理学两大学科相结合的产物,同时也兼具语言学、人机工程学和社会学等学科的研究成果。经过几十年的发

---

① 马晓翔.从现实的可能到虚拟的真实——论虚拟现实技术的交互特性[J].美术大观,2006(11):54-55.

展,人机界面设计已经成为一门以研究用户及其与计算机的关系为特征的工业主流学科之一。近年来,人机界面的设计理论已经更为广泛地应用到人—机—环境系统工程等领域,工程技术设计专为受众的身体行为特点而设计,从而使人能够高效、舒适地工作与生活。①

(七)互动艺术

互动艺术是一种由观众进入并通过作品完成目标的艺术形式。相当一部分的互动装置作品是通过让受众进入作品内部或是周边区域从而实现创作目标的,另有一些参观者更希望达到与创作者交流的目的,成为作品的一部分。

这类艺术作品经常采用计算机和传感器来组织运动、热、气象变化或其他类型的数据输入,决策者对它们进行编程。网络艺术、虚拟现实和其他数字艺术的大多数例子是高度互动的。有时,浏览者能够浏览超文本环境,一些作品接受文本或视觉输入,有时观众会影响其作品的性能,甚至可以参与其中。

虽然最早的一些互动艺术的例子可以追溯到20世纪20年代,但大多数互动艺术并没有能够正式进入艺术的世界。直到20世纪90年代末,因为首个数字的博物馆和场地的安排,越来越多的适应数字和互动艺术的作品得以产生。这种艺术流派的萌芽正在通过互联网的社会亚文化以及大规模的城市设施以某种方式快速发展。

1. 概念的界定

(1)互动媒体

互动媒体的概念往往用于宏观和广义的互动的关系,具有描述作品的受众与作品之间的交叉联系,其中包括互动装置、互动戏剧、互动电影等涉及组成要素较广的互动艺术。

(2)交互式媒体

交互式媒体指狭义的交互概念,具有较小的交互关系,指代界面的交互内容与人机关系,是描述交互的细节内容,其中包括交互式界面、交互式动画、交互式网页等人与屏幕交互的联系。

2. 互动(媒体)艺术和交互式媒体艺术

如果说互动(媒体)艺术是宏观的、广义的,那交互式媒体艺术则是微观的,狭义的,两者在世纪之交呈现融合态势。1998年,利用跨界功能,艺术家在东京的NTT通信中心地面上创作了互动投影。互动艺术是一种艺术形式,作品通过提供一个数据输入方式来决定结果,从而为观众提供某种参与方式进行彼此的互动。在传统艺术形式的互动中,观众与作品的互动只是一种精神活动,而互动艺术的互动性允许各种类型的导航、装置或链接的艺术品,超出了纯粹的心理活动,是受众与作品的肢体参与活动。互动装置艺术一般是以计算机为基础的,依赖于传感器、控制器和执行器,感应装置周边因素的变化,如温度、运动、距离和其他气象现象,用编程的软硬件方式引起装置在反应基础上的受众参与行动。在互动艺术作品中,受众和机器都在对话中为每个受众的互动产生一个完全独特的作品。然而,并非所有的受众都在想象相同的画面,在互动的过程中,每一个受众都会对艺术品做出自己的诠释,而这很可能与其他受众的观点完全不同。

互动艺术完全区别于生成性的艺术,其作品构成了作品和受众之间的对话,在一种无意识的方式下,以行动的过程产生互动。通常情况下,一个互动装置可以被定义为一个由建筑师和设计师创建的有响应的环境。

3. 互动艺术的发展

根据新媒体艺术家和理论家所记载,第一件互动艺术的作品是由毛里斯·贝纳永(Maurice Benayoun,1957—)②在艺术大赛工作期间对宙克西斯·普林尼(Zeuxis Pliny)的描述。在公元前5世纪,当宙克西斯试图揭开画帘,其工作的意义便从宙克西斯和其姿态中产生了。宙克西斯与其姿态成为毛里斯工作的一部分。这表明,互动艺术的特异性驻留在计算机中,对计算机使用的频率往往低于互动作品所提出的"情境"和"他人"的意义建构及其过程中的参与内涵。然而计算机和实时计算的任务更容易促成虚拟领域可能出现的合作,即促进了预先写好的程序与当代艺术关系紧密的发展。

---

① 见百度百科"人机界面设计"词条。
② 毛里斯·贝纳永(Maurice Benayoun)生于阿尔及利亚马斯卡拉,是法国先锋新媒体艺术家和理论家,生活与工作在巴黎和中国香港。他的工作涉及领域广泛,包括影像、沉浸式虚拟现实、网络、无线技术、行为、大范围的环境装置艺术和互动展览。

互动艺术最早的一些例子产生于20世纪20年代。例如，其中一个例子就是杜尚命名为"旋转的玻璃板"[Rotary Glass Plates (Precision Optics)]的作品。该作品要求观众打开机器，站在一米的距离，以便看到一个光学错觉。在20世纪60年代，互动艺术的思想开始蓬勃发展，部分是由于政治上的原因。在当时，许多人发现在艺术家的作品中有些因素是不恰当的。那些持这种观点的艺术家们想给观众自己的一部分，便将"互动"这个创意过程纳入创作中。还有一个早期的例子是在上世纪60年代，在早期"换画"（change-paintings）中的罗伊·阿斯科特（Roy Ascott），"弗兰克·波普尔（Frank Popper，1918—）写道：阿斯科特是第一个创造了参与方式的艺术家"。除了"政治"的观点，当前互动的智慧和参与的过程在创作中起到积极的作用。

在20世纪70年代，艺术家开始使用新的技术，通过直接播放的视频和音频进行创作，如视频、卫星实验、现场表演和互动。20世纪90年代，随着计算机互动技术的出现，伴随着这一新的艺术体验，互动艺术成为一个广泛的现象。受众和机器更容易地结合在一起，为每个受众设置的对话产生一个独特的艺术品。在上世纪90年代末，博物馆和画廊开始越来越多地关注有表演的艺术形式，有的甚至把整个展览变成了互动的场所。这是不断扩大数字媒体和增加通信技术的结果。

在过去的20世纪最后的10年中，一个混合的新兴学科吸引了相当的艺术家和建筑师，并涉及他们的共同利益，这一新兴学科创造了15年（1990—2005）之久的艺术辉煌。这一学科界限模糊，显示着数量众多的建筑师和互动设计师的创造，定制专业的设计接口和技术的演变成果，设定获得用户输入的方式（如搜狗的视觉、替代传感器、声音分析等），形式和工具的信息显示（如视频投影、激光、机器人和机电一体化执行器、照明等），为人类和人机通信的模式（通过互联网和其他电信网络），以及发展社会环境的互动系统（如有用的工具、正式实验、游戏和娱乐，社会批判和政治解放）。

4. 互动艺术的形式

互动艺术有许多不同的形式，诸如互动舞蹈、互动音乐、互动戏剧等，这些形式包括众多新技术，主要是计算机系统和计算机技术，这些技术反过来也催生出一系列新的互动艺术形式。比如，互动艺术中的装置艺术、互动的建筑和互动电影等。

5. 互动艺术的影响

互动艺术的审美影响比预期的更为深刻。更多的"传统"当代艺术的推崇者看到，在使用计算机时，有一种艺术平衡上的缺陷，一些人认为应该否认此类艺术的正式形式，但在设计的规则中，根据对话的质量，互动艺术却被确定了艺术发展趋势的演变。

6. 互动艺术活动和场所

目前已有一定数量的全球性的互动艺术节和互动媒体艺术展览。电子艺术大奖是一个重要的年度比赛和展览，给优秀的技术驱动的互动艺术一个良好的契机。其中有美国图形图像协会（SIGGRAPH）的会议、荷兰电子艺术节（DEAF）、德国跨媒体艺术，"文件"（FILE）——巴西电子语言国际艺术节和英格兰AV节，以及其他活动。

1994年，阿斯科特首先在威尔士大学建立了互动艺术研究中心（CaiiA）。在互动艺术高级查询中心，"新港"即后来的2003行星协会，成为第一个专门研究互动艺术领域的博士和博士后研究中心。

互动建筑也有了建筑立面的装置，部分在门厅、博物馆和大型公共场所，包括机场，在全球许多城市一些主要的博物馆，例如，英国国家美术馆、泰特美术馆、伦敦维多利亚和艾伯特博物馆及科学博物馆，它们是伦敦互动技术领域的早期引领者，紧接着又投资于教育资源，后来在互动项目中进行吸引游客的创造性使用。2004年的维多利亚和艾伯特博物馆馆长露西·布里温特（Lucy Bullivant）女士委托作者编写了反应环境，于2006年首次公布。互动设计师经常受博物馆展览委托，为一个数字媒体活动从事可穿戴计算。

（八）新媒体装置艺术

"装置艺术"是指艺术家在一定的时间与空间环境内，对人类日常生活中的物质与文化实体通过有效选择、利用、改造、组合，演绎具有个人精神倾向的综合艺术形态。确切地说，装置艺术是在一个场地里的有着某种情感的综合材料艺术。

基于装置艺术的"新媒体艺术"是个多层面的

范畴,泛新媒体艺术层面主要指新媒体(数字)艺术中一切具有艺术性(审美功能)的内容,广义新媒体艺术层面是指用新媒体方式复制传统的艺术作品,狭义新媒体艺术层面则是指数字化环境下创作的作品或用非数字方式的新技术、新材质创作的作品,是以数字多媒体及互联网技术为支撑的或以基因技术、生物技术、新材质为技术支持的,在创作、承载、传播接收与批评等艺术行为方式上全面出新,进而在艺术审美的感觉、体验和思维等方面产生深刻变革的新型艺术范畴。

"新媒体装置艺术"是一种基于新媒体技术的特制的、多维的艺术作品,也可是一种变换的、观众感知的空间。它可以是临时或永久的,可以安装在展览空间,如博物馆和画廊以及公众和私人空间。其运用的媒介包含了极其广泛地使用于日常生活的天然材料,还有新媒体技术,如数字影像、数字声音、虚拟现实和互联网等。新媒体装置艺术是一种动态合作的范畴,涉及众多样式,除了一些作品利用一些影像实时捕捉技术扩大观众的感性认知外,还有许多作品利用虚拟现实技术创造一种沉浸式环境,另外新媒体技术的不断发展使得新媒体装置作品的技术手段将更为新颖与多元。①

(九) 机器人艺术

机器人作为艺术主要是指有关机器人形式与智能科技应用的艺术作品。机器人的艺术有许多分支,其中一类是机器人装置艺术,这种装置艺术被编程后通过计算机、传感器和执行器与观众互动。此类装置的未来行为通过输入来自艺术家或参与者的信息而改变,这是区分这类作品与其他类型艺术的标志。

1. 机器人表演艺术

机器人表演艺术是由机器人操控行为进行的戏剧演出与表演。早在1970—1974年,机器人艺术家爱德华·依娜沃兹(Edward Ihnatowicz, 1926—1988)创造了《赛斯特》(The Senster),在荷兰展出。它运用了传感器和水力学对周边人们的声音与运动做出反应。这样的展示常常是经过大型规划并精心制作而成的。瑞士雕塑家让·汤格利(Jean Tinguely, 1925—1991)创作的动力学雕塑(Kinetic sculptures)来源于工业垃圾。它们是幻觉般和神话般的机器,执行着不可预知的命令,直到它们不可避免地遇到悲惨的命运,才导致自我毁灭的结局。他的《向纽约致敬》(Homage to New York),一个23英尺(7米)高和27英尺(8.2米)长的机器由拆除的自行车和乐器构成,1960年陈列在纽约现代艺术博物馆的雕塑花园内,在围观的人群前它戏剧性地着火并燃烧殆尽。因为许多变量和随着这种生产带来的弊端,它们在历史上一直仅仅以"地下"事件的名义被官方认可。美国旧金山湾生存研究实验室(San Francisco's Survival Research Laboratories)被看作地下机器人艺术"奇观"形式的先驱。两个基于旧金山湾行为的合作是弗兰克·加维(Frank Garvey)的《全方位的马戏团》(Omnicircus)和奇科·马克穆瑞(Chico MacMurtrie)的《无定形的机器人作品》(Amorphic Robot Works),是综合机器人音乐戏剧演出的第一次表演,伴随着人类演员、舞者和音乐家的参与。机器人集成的《全方位的马戏团》是一个机器人的红灯区,是机械的乞丐、妓女、吸毒者和街头传教士的生活模拟,它们出现在《全方位的马戏团》舞台表演、电影和从事机器人游击战区的城市街道上。旧金山湾地区成为机器表演的发源地和集中地,包括肯·瑞纳多(Ken Rinaldo)的大型机器人艺术装置、玛特·海科(Matt Heckert)的机械声音乐团、大卫·卡拉夫(David Karave)的《彻底》(Seemen),以及阿兰·拉色(Alan Rath)、卡尔·斯百莱特(Kal Spelletich)、卡尔·披萨图罗(Carl Pisaturo)等在旧金山湾地区进行创作的机器人艺术家们。

艺术品《机器人和火》,是一个电子剧场表演,以宣传和平主题为宗旨。这件机器人艺术作品创作时间长达3年,创作人员为美国和加拿大的30名艺术家。该项目已在美国各地展开,作品在田纳西博纳罗艺术节(Tennessee Bonnaroo festival)上和"这样·N·这样"(Such N Such)的艺术一起展出。

德国艺术家群体机器人实验室(RobotLab)和工业顾家家居机器人(KUKA Robots)在公共空间合作,探讨了机器装置与行为人之间的关系。其

---

① 马晓翔.新媒体装置艺术[M].南京:南京大学出版社,2013:14-15.

中一件名为《自动机器人》(Juke Bots)的作品中,两个机器人手臂可以操纵转盘记录创建的音乐。

简·万斯(Jay Vance)创作的是机器人旅行带LED,伴随着几个电子乐队。万斯的音乐制作机器人通过气动驱动和三个完整的计算机系统完成。最终的目标是创作一个现场经历,模糊了观众和其硬摇滚之间的界线,成为水手式的机器人。

2. 机器人艺术展

自从2002年,ArtBots① 就开始筹办来自世界各地艺术家的机器人艺术展览。

每次展览的参与者都是从开放式工作中挑选而来的,所选的作品体现了广泛而包容的领域,即艺术创作与机器人活动的跨界合作。

先后参与机器人艺术展的机器人艺术家有燃烧的莲花女孩(Flaming Lotus Girls, 2000—)、亚瑟·甘森(Arthur Ganson, 1955—)、弗兰克·卡维&欧尼瑟克斯(Frank Garvey & Omnicircus)、肯·金博(Ken Goldberg, 1961—)、金科·古兰(Genco Gulan, 1969—)、奈末·古德(Nemo Gould, 1975—)、西克·马克莫斯(Chico MacMurtrie, 1961—)、雷欧奈尔·莫拉(Leonel Moura, 1948—)、扎文·帕蕾(Zaven Paré)、马克·保罗琳&生存研究实验室(Mark Pauline and Survival Research Laboratories)、艾瑞克·保罗斯(Eric Paulos, 1969—)、西门·佩妮(Simon Penny, 1955—)、肯·瑞纳多(Ken Rinaldo 1958—)、克里斯丁·瑞斯图(Christian Ristow 1970—)、斯特拉克(Stelarc, 1946—)、品得·万·阿曼(Pindar Van Arman, 1917—)、简·万斯(Jay Vance)、杰夫·韦伯(Jeff Weber, 1984—)、诺曼·怀特(Norman White)。

(十)生物科技艺术

生物科技艺术是在生物学数据可视化的基础上发展而来的。生物学数据可视化(Biology Data Visualization)是生物信息学的一个分支,关注计算机图形学、科学可视化、信息可视化在生命科学不同领域的应用。它包括可视化的序列、基因组、比对、系统发育、生物大分子的结构、系统生物学、显微镜和磁共振成像数据等。它将软件工具用于可视化的生物数据范畴,从简单的独立程序到复杂的集成系统。

1. 生物科技艺术状态和视角

今天我们正在经历着生物数据在数量和多样性方面的快速增长,这给生物学家带来越来越大的挑战。了解和学习这些数据的一个关键步骤是可视化。因此,出现了生物数据可视化在系统数量和多样性方面的相应增加。一个新兴的趋势是在三维结构和原子分辨率的可视化之间模糊界限,将低温电子显微镜下较大的复合物进行可视化,并将蛋白质的显示位置和整个细胞与组织的复合物可视化。第二个新兴趋势是增加源于系统生物学的可用性和时间分辨数据的重要性,实现电子显微镜、细胞及组织成像。相反的,可视化的轨迹一直是分子动力学的突出部分。最后,当数据集在大小、复杂性和互连性方面得以增加,生物可视化系统同时在可用性、数据集成化和标准化方面也获得提高。

2. 生物科技可视化系统列表

大量的软件系统可用于生物数据的可视化。图1-15、图1-16体现了生物列表系统和散点图的三维应用领域。

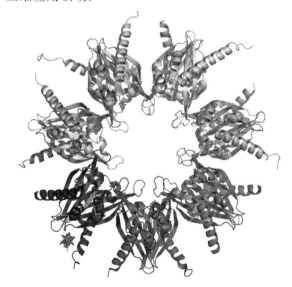

图 1-15　分子动力学分子图形,2016

图来源:http://en.wikipedia.org/wiki/Biological_data_visualization, 2016-1-10

---

① Artbots:机器人艺术与艺术制造的国际艺术展。首次展览展出于2002年的布鲁克林,此后又在世界各地巡展。该展览邀请来自世界各地的设计师,每一个版本的应用程序都被公开出版。2015年的活动是由timelab Gent组织,与美国artbots、Ugent和Foam合作。在2011年的artbots中,timelab推出围绕机器人技术的新赛季。

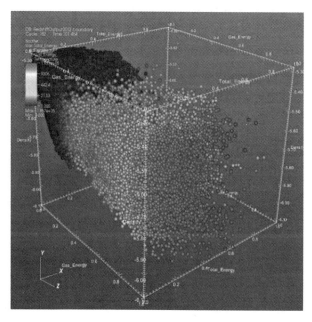

图 1-16　散点图（三维），2016

图片来源：https://en.wikipedia.org/wiki/Data_Presentation_Architecture，2016-1-10

（十一）人工智能艺术

人工智能（Artificial Intelligence），英文缩写为 AI。它是研究、开发用于模拟、延伸和扩展人的智能的理论、方法、技术及应用系统的一门新的技术科学。①

进入 21 世纪，人工智能正悄悄地渗透人类生活的各个领域，包括艺术创作。作者计算机科学的一个分支，它在了解智能实质，生产新的能以人类智能相似方式做出反应的智能机器方面逐渐成熟，其涉及艺术创作的领域包括机器人、语言识别、图像识别，自然语言处理和专家系统等，在人工智能改占了知识表示、自动推理和搜索方法、机器学习和知识获取，知识处理系统、自然语言理解、计算机视觉、智能机器人、自动程序设计等领域后，它正朝着觊觎已久的艺术领地进军。

---

① 见百度百科"人工智能"词条。

第二章
新媒体艺术分类的衍生

新媒体艺术的分类经过了漫长的起始期、过渡期和发展期，分类的角度也随着科技媒介的不断发展而呈现新的样式。在这一章里，我们将游历新媒体艺术分类的衍生内容，对新媒体艺术的类别有更好的理解。

第一节 综合媒介的类型

一、"综合媒介"的历史

综合媒介又被称为混合媒介，本义上是指视觉艺术，是艺术创作过程中对一种以上的多个媒材的综合运用。在"综合媒介"艺术和"多媒体"艺术之间有着重要的区分：综合媒介艺术是一种视觉艺术，它综合了许多传统的有着显著特征的视觉媒介，例如，布上绘画若综合了油彩、墨水和拼贴便被称为"综合媒介作品"，但不是"多媒体艺术"；多媒体艺术预示着比综合媒介艺术更广的范畴与边界，包括伴随着视觉艺术的非视觉艺术，例如录制的声音等，或者包括了艺术的其他因素，例如文学、戏剧舞蹈、动态图像、音乐或是交互的内容。当一幅绘画或是照片图像作品运用混合媒介时，最重要的是选择图层的细节，留有足够的时间用于吹干画面，在图层之间的转换中确保最后的作品能有完整的结构。如果许多不同的媒介被运用于作品，就必须选择一个坚实的基础施加于不同的层，这便是至关重要的。常用于形容混合媒介关系的一句话是"多过于简"（Fat over lean）[①]，另一句是"不要用油画颜料开始作画，而要计划使它们成为最后的层（Don't start with oil paints. Plan to make them the final layer）"。

综合媒介可以产生许多效果，拾得物（Found Objects）可以与传统的艺术家媒体一起使用，以获得广泛的自我表达。一些儿童的图画书也可用来进行混合媒介的传达。

综合媒介的发展可以追溯到巴布罗·毕加索。毕加索于1912年与乔治·波拉克一同创作了首件贴有金属片的集合艺术品"吉他"：这件作品比达达艺术家马塞尔·杜尚用脚踏车所作的"现成物"还早三年出现。

1961年现代美术馆展览策划人彼得·塞尔兹（Peter Selz，1915—）与威廉·塞兹（William Seitz）筹办了一个名为"集合艺术"的展览，于是集合艺术的称谓逐渐知名。"集合艺术"原被理解为"物体的"，乃"拼贴"的立体对等物，也是典型的综合媒介艺术。综合媒介的定义首先是指用实物拼凑而成；其次指由未经加工处理的工业材料、实物片断等——即以往人们认定的非艺术材料——构成。综合媒介的创作手法是，经由胶粘与焊接等拼合与组构的技术，将非艺术物体与材料转变为雕塑。这种激进且崭新的雕塑创作方法，与传统的石块雕塑或制作模型再转铸铜的过程相背离。因而其技艺也有着独特且出色的特点，其所构造的雕塑样式是与传统雕塑的一种互补。

二、综合媒介的分类

（一）综合媒介艺术家

综合媒介的艺术家众多，他们把综合媒介作为创作的手段，不断推陈出新，在作品中通过综合媒介寻找不同的艺术语言、效果样式与自我表达。西方的综合艺术家主要有阿尔曼（Arman，1928—2005）、罗曼·比尔登（Romare Bearden，1911—1988）、克里斯丁·波坦斯基（Christian Boltanski，1944—）、凯特·博切丁（Kate Borcherding）、乔

[①] From Wikipedia, the free encyclopedia. Talk. Fat over lean [EB/OL]. https://en.wikipedia.org/wiki/Fat_over_lean，2015-4-1.

治·布拉克(Georges Braque,1882—1963)、瑞·卡密(Rhea Carmi,1942—)、彼得·陈(Peter I. Chang)、约瑟夫·科内尔(Joseph Cornell,1903—1972)、约翰·德发兹(John DeFazio)、爱德加·德加(Edgar Degas,1834—1917)、吉姆·丁(Jim Dine,1935—)、乎贝·杜拉(Hubert Duprat,1957—)、马歇尔·杜尚(Marcel Duchamp,1887—1968)、马克思·恩斯特(Max Ernst,1891—1976)阿布达拉·法耶(Abdala Faye)、艾玛·费瑞拉(Emma Ferreira)、加寇·亚历山大·费盖罗(Jacob Alexander Figueroa)、简·弗兰克(Jane Frank,1918—1986)、简·格里斯(Juan Gris,1887—1927)、瑞德·格鲁(Red Grooms,1937—)、简寇·古兰(Genco Gulan,1969—)、伊萨梅尔·谷丽(Ismail Gulgee,1926—2007)、迪克·希金(Dick Higgin,1938—1998)、罗伯特·哈德森(Robert H. Hudson,1938—)、贾斯贝·约翰(Jasper Johns,1930—)、爱德华·凯霍兹(Edward Kienholz,1927—1994)、保罗·克里(Paul Klee,1879—1940)、伊芙·克莱因(Yves Klein,1928—1962)、阿里森·诺尔(Alison Knowles,1933—)、马瑞塔·留里阿·(Marita Liulia,1957—)、雷尼·李(Lennie Lee,1958—)、肯拉·玛卡·瑞里(Conrad Marca-Relli,1913—2000)、吉姆·麦克尼特(Jim McNitt)、克里斯提娜·麦克费(Christina McPhee)、安奈特·梅塞基(Annette Messager,1943—)、克里斯塔·孟布尔特(Christa Membrandt,1953—2014)、阿梅·奥古(Ahmet Ögüt,1981—)、克拉·欧登博(Claes Oldenburg,1929—)、美瑞·欧本汉姆(Méret Oppenheim,1913—1985)、帕崔西亚·皮西妮妮(Patricia Piccinini,1965—)、弗朗西斯·比卡比亚(Francis Picabia,1879—1953)、巴布罗·毕加索(Pablo Picasso,1881—1973)、白南准(NamJune Paik,1932—2006)、洛儿·布鲁沃斯特(Laure Prouvost,1978—)、肯姆·普瑞素(Kim Prisu,1962—)、芭芭拉·拉普(Barbara Rapp)、曼·瑞(Man Ray,1890—1976)、罗伯特·劳森伯格(Robert Rauschenberg,1925—2008)、马提欧·罗密欧(Mateo Romero,1966—)、安·瑞(Anne Ryan,1889—1954)、波布·波斯(Bob Ross,1942—1995)、科特·斯威特(Kurt Schwitters,1887—1948)、杰克·史密斯(Jack Smith,1895—1972)、朱利安·施纳贝尔(Julian Schnabel,1951—)、丹尼尔·思博瑞(Daniel Spoerri,1930—)、品客·迪尔瑞(PINK De Thierry)、让·庭格雷(Jean Tinguely,1925—1991)、达明·瓦拉洛(Damien Valero,1965—)、沃尔夫·沃斯特尔(Wolf Vostell,1932—)、比尔·维奥拉(Bill Viola,1951—)、汤姆·维塞曼(Tom Wesselmann,1931—2004)。

(二)综合媒介类别

1. 修改之书

"修改之书"(Altered Book)是混合媒介艺术作品的一种形式,也被称为"艺术家的书",它改变了书籍原有的单一形式,将书的样式转变为多种形式,不仅改变了其外观而且改变了其意义。想要进行"修改之书"的创作,艺术家必须选用一本旧的、新的、回收的或是符合条件的书,对其进行削减、撕扯、燃烧、褶皱、拼贴、演练、螺栓、用胶水粘、用油漆涂抹、增加页面、重新绑定、金叶子粘贴、创造流行图形、橡皮图章、胶带粘贴等修改。艺术家可以用口袋和宠物、标签、石块或其他三维物体进行创作。用复合的多本书籍在一件"修改之书"中进行艺术创作,一些书籍的外形也被修改(图2-1)。

图2-1 魏瑞娜·施福内(Verena Schiffner),《一本修改的书:猫的轮廓》,2015

图片来源:https://en.wikipedia.org/wiki/Altered_book,2016-1-11

"修改之书"可以通过增加绘图、文字或页面变得十分简洁,或是通过创造一个复杂的书籍雕塑而变得十分丰富。古董或维多利亚时代的艺术常常被使用于其中,其原因可能是可以轻易地避免侵权的问题。"修改之书"最终在艺术画廊或网上展示与出售。

2009年,一个由当代艺术家创作的,以展示"修改之书"为内容,主题为"图书借阅者"(The Book Borrowers)的展览在百乐威美术馆(Bellevue Arts Museum)展出,展览包括31件作品,书籍被转换为雕塑的作品样式。2010年约翰·迈克·科勒艺术中心(John Michael Kohler Arts Center)也展出了此类展览。

有个有趣的例子是像"修改之书"的雕塑书籍可以在大不列颠的各种文化机构中的古老纸张雕塑中寻到足迹,如苏格兰诗歌图书馆和苏格兰国家图书馆等。回收废旧的书籍,可以把它们当作艺术新闻,同时使它们作为艺术期刊,成为流行的时尚或是一些艺术博客和支持者的喜好。一些书籍爱好者可能会反对使用这种方式,一些"修改之书"艺术家已经用媒介来质疑这些书被改变后的性质及其作为一个物理对象的重要性。

2. 艺术家交易卡

艺术家的交易卡(ATCs)是小型的艺术作品,与现代棒球交易卡的大小一致,大约$2\frac{1}{2}$乘以$3\frac{1}{2}$英寸(64 mm × 89 mm),其尺寸足够小,可以适应标准卡包、袖口或床单的内部放置。艺术家的交易卡运动源自瑞士,并发展出邮件艺术运动。交易卡由各种媒介的创作而来,包括干媒介中的铅笔、钢笔、标记,湿媒介中的水彩、丙烯材料,纸媒介中的拼贴形式、纸张裁剪、拾得物等,甚至还有金属和纤维(图2-2)。交易卡常被用于贸易或交换,当其被出售之后,它们通常被称为艺术卡版本和原件(ACEOs)。

图2-2 九个一组的ATCs艺术家交易卡,2014
图片来源:https://en.wikipedia.org/wiki/Artist_trading_cards,2016-1-24

图2-3 罗伯特·劳森伯格(Robert Rauschenberg),《会标》(*Monogram*, b. 1925),1955-1959,独立式的结合,106.6厘米×160.6厘米×163.8厘米,现代艺术博物馆(斯德哥尔摩)
图片来源:http://arthistory.about.com/od/glossary/g/a_assemblage.htm,2016-1-8

图 2-4　库尔特·斯威特(Kurt Schwitters),《非画面》(*Das Undbild*),斯图加特,1919

图片来源:https://en.wikipedia.org/wiki/Collage,2016-1-26

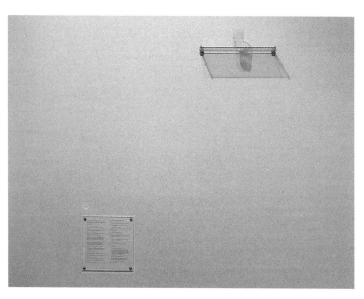

图 2-5　安迈克尔·克雷格·马丁(Michael Craig-Martin),《橡木树》(*An Oak Tree*),1973

图片来源:https://en.wikipedia.org/wiki/Found_art,2016-1-25

3. 集合艺术

集合是一种艺术形式或媒介,通常是在一个定义的基底上创建的,包括从基底或从基板上延伸的三维元素。集合与二维媒介的拼贴有类似的地方,集合是视觉艺术的一部分,常常用典型的拾得物,并且不限于任何形式的材料。

4. 拼贴

拼贴一词源自法语的"Coller",译为"用胶水贴",是艺术作品的一种创作技术,主要用于视觉艺术。艺术作品用拼贴的方式可以促成多样形式的集合,创造全新的艺术形式。拼贴有时包括杂志、报纸的剪报、缎带、油漆、着色或手工剪纸、其他艺术作品或文本部分、照片和其他拾得物,将其粘贴在一张纸或画布上。拼贴的源头可追溯到几百年前,但这一技术作为一种艺术创新的形式戏剧性地出现在 20 世纪早期。20 世纪初,拼贴被乔治·布拉克和巴布洛·毕加索应用于创作中,成为现代艺术的一种与众不同的部分劳森伯格的拼贴作品在艺术史上也有着重要的地位(图 2-3)。

5. 解拼贴(Décollage)

解拼贴在艺术中是指与拼贴相反的过程,它不是由所有或部分的图像建立起来,它是通过切割、撕去或以其他方式去除一张原始图像。法语单词"解拼贴"(Décollage)翻译成英文为"起飞"或"成为脱胶"或"成为不粘的"。解拼贴的实例包括变小、变窄的和切割技术。一种类似的技术是撕碎的海报,一张张海报被叠置在另一个或其他基底之上,顶部的海报或之上的海报已经被撕碎,揭开了一个更大或较小撕裂程度的海报或底层海报(图 2-4)。

6. 拾得物

一件拾得物是一件既存的物品,即一件世俗的产品被赋予了一定的新的定义,使其成为一件艺术品或是艺术品的一部分。拾得物的灵感来源于马塞尔·杜尚,乔治·布拉克和巴布罗·毕加索在 1912 年至 1915 年期间,也运用了拾得物的非艺术材料进行拼贴和集合的创作。1913 年杜尚实验用现成物——一个尿壶、一把铲子转换成现成物的雕塑,其目的在于强调艺术的知性本质,并在创作中让注意力偏离制造过程中的物理行为或公艺性。艺术家们在作品中挖掘拾得物的怀旧潜能以及较少的知性元素(图 2-5)。

三、综合媒介的特征

综合媒介作为传统的艺术创作媒材有着以下的特征:

(一) 媒介的物质性

综合媒介因其媒介的可修改、可集合、可拼

贴、可解拼贴、可拾得等属性而具有物质性的特征，即其媒材是由物理原子构成，与后来的多媒体、数字媒体有着本质的差别。综合媒介的物质性艺术创作方式为后来的非物质性创作提供了创作理念上的甄别与借鉴。

（二）媒介的无限定性

综合媒介的媒材是源于生活、应用于生活的各类材料，其材料的物质性是多元的和无限定的。从"修改之书"、集合艺术、拼贴等艺术类别来看，其媒介载体有纸类、油画颜料、水粉颜料、金属和纤维等，其物质性的媒材运用不会受外在因素的限制，具有创作的随意性。

（三）媒介的无时序性

综合媒介的作品创作没有时间维度的限制，这也是其与后来的多媒体、数字媒体的差别之一，它是二维或三维实体的概念作品，因而其创作的方法不受时序的限制，体现了作品创作的无时序性。

（四）媒介的立体空间性

既然综合媒介的作品是物质性的、二维或三维的实体艺术，那么它必然具备立体空间的特性。无论是书籍、集合体、拼贴、解拼贴还是拾得物雕塑，都离不开对三维立体空间的占用，这是综合媒介仍然属于传统艺术形式的重要原因之一。

第二节 多媒体艺术的类型

多媒体特指不同媒体形式内容的集合，这里的媒体包括用电脑显示文本、传统的印刷或是手工材料等。多媒体则包括文本、静态图像、音频、动画、视频或交互性的内容形式。多媒体通常是记录和播放、显示或访问信息的内容，计算机和电子设备等加工设备也扮演着极其重要的角色。多媒体设备也是一种电子媒体设备，用于存储和积累多媒体内容。多媒体区别于混合媒体艺术，例如音频，它有着更广泛的范围。"富媒体"是交互式多媒体的同义词，"超媒体"可以被认为是一个特定的多媒体应用程序。

一、"多媒体"的历史

多媒体这个术语是由歌手和艺术家鲍勃·戈尔茨坦（Bobb Goldsteinn）为了促进1966年7月在南安普顿开幕的"在奥维辛的光作品（The Light Works in L'Oursin）"展览而提出的。在长岛，戈尔茨坦已经意识到一个叫迪克·希金斯（Dick Higgins，1938—1998）的英国艺术家，曾用两年的时间讨论艺术创作的一个新方法，他称为"媒介物（intermedia）"。1966年8月10日，理查·阿尔巴瑞诺（Richard Albarino）借用了这个术语，并报告说是鲍勃·戈尔茨坦的创意使得华盛顿广场的"光作品"成为最新的多媒体音乐暨影像，开启了"迪斯科"的时代。两年之后的1968年，"多媒体"术语被用来形容政治顾问的说辞，大卫·索耶（David Sawyer，1936—1995），一个在奥维辛戈尔茨坦的生产商也使用了这个术语。1988年，多媒体（多图像）被用于福特汽车新车发布会。1987年8月，则被用于密歇根州底特律。在过去的数十年中，这个词有着不同的意义。20世纪70年代后期，这个术语是指由多台投影机、幻灯片与定时音频轨道的同时显示。到了20世纪90年代，"多媒体"才有了目前的意义。

1993年McGraw-Hill出版社的第一版多媒体刊物发行了《多媒体：使之工作》（*Multimedia: Making It Work*），作者泰沃恩（Tay Vaughan）宣布："多媒体是文字、图像、声音、动画和影像的任意组合，由计算机传输完成信息的发布。当你允许用户——项目观看者任意时间、任意地点或任意方式传输控制元素，这就是交互式多媒体。当你提供一个链接元素架构的传输，通过它用户可以进行导航浏览，交互式多媒体就成为超媒体。"①

德国语言协会（Gesellschaft Für Deutsche Sprache）决定授予"多媒体"术语一项"年度词汇"的称号。1995年到20世纪90年代末，这个词的意义和普遍性已经十分明了。有研究总结了相关理论并进行基础性说明，"'多媒体'已成为美妙的新媒体世界的一个中心词"。

在普遍的用法中，多媒体是指电子传递的媒体组合，包括视频、静态图像、音频、文字，这是一种可以交互的方式。网上有数以百万计的关于此术语的定义与理解。20世纪90年代的电脑在市场上被称为"多媒体"电脑，因为此时的电脑包括

---

① Tay Vaughan.Multimedia Making It Work [M] Eighth Edition. New York: McGraw-Hill Osborne Media, 2010: 23.

了一个光盘驱动器,它可以进行几百兆字节的视频、图像和音频数据的传递。在那个时代,也有许多教育类多媒体光盘的产品。

(一)"多媒体"的用法与内涵

因为媒体是多元化的媒介,"多媒体"是用来描述多种集合,例如媒体音频 CD 等只有一种形式的多个实例。为何该词是如此重要?正是因为它专门描述了多种媒体的形式与内容。术语"多媒体"也是模棱两可的。静态的内容,如书页也可以是多媒体的,当用户可以通过翻页的交互方式阅读图片与文字的时候,这本书就是交互的。图书也可以是非线性的,如果书页是非顺序访问的,它就是非线性的。术语"视频"不仅仅用于描述动态的图像,其意义在多媒体的概念里也是模棱两可的。视频通常是用来描述文件格式、传送格式或演示格式,而不是"镜头",是用来区分与"动画"相去甚远的动态摄影中的运动图像。信息内容的多种形式经常不被认为是现代的展示内容,如音频或视频的形式。同样,在信息处理方法与信息内容单一的形式中,如非交互式的音频,通常被称为多媒体,主要为了区分静态媒体与动态媒体之间的差别。

在美术方面,丽达·卢斯·卢肯(Leda Luss Luyken,1952—)的模块艺术(ModulArt),将音乐创作与电影两个重要元素带入了绘画的世界——产生了变换的主题与运动的图像,使得模块艺术成为一种交互式的多媒体艺术形式。表演艺术也可以是多媒体的,因为演员与道具都可以在形式与内容上呈现多媒体的样貌。

德国语言协会选取了"多媒体"这个词作为 1995 年度德语世界的词。

(二)建构一个多媒体形式的信息

多媒体将文本、图片、视频和声音的集合整合为一个个单一的媒体形式。多媒体和互联网的力量在于将信息的方式链接在一起。多媒体与互联网需要一个全新的写作方式。写作的风格在于为在线世界适当寻找一个高度优化和设计的内容,能够被读者快速扫描浏览。好的站点必须被建设成具有特定目的、有良好交互功能和新技术的站点,这将有助于吸引访问者。站点必须是有吸引力的,在设计方面有创新的,在目的性上是多功能的、易于浏览的、常常更新的,并可以快速下载的。当用户查看网页时,他们一次只能看一页,因此多媒体用户必须创建一个"心理模型的信息结构"。

二、多媒体艺术的分类

多媒体可以分为线性与非线性两种。线性多媒体的演示没有导航的控制,像电影播放一样。非线性多媒体常用交互的程序进行控制,例如游戏视频和自学训练所用电脑等。超媒体是一个非线性的例子。多媒体艺术的演示是实时的或是记录的。记录的演示方式有着导航系统的交互过程,而多媒体实时演示方式则让演示者或表演者进行交互。

(一)数字混合媒体

数字混合媒体是基于比特字节的数字信号与传统混合媒介的融合产物,具有跨媒介的属性与性质,在艺术创作方面有着兼容并蓄的综合优势。在实际应用方面,数字混合媒体是综合媒介与多媒体的合成,是内容媒体创作的新的形式,也是指密集型综合内容与跨平台内容,例如印刷、音频、网络、电影、现场活动等。它包括传统的内容、品牌、品牌内容、故事陈述、广告、产品包装以及更多内容。混合媒体的内容与产品可以用于公司与个人的品牌推广,其目的在于产品推广、信息传输的时间表、公司或个人整体开发的跨平台的研发与生产。

生于 1974 年的丹·荀曼(Dan Goldman,1974—)是一位居住在巴西圣保罗的美国作家、艺术家和设计师,他因长期致力于数字混合媒体的先锋事迹而闻名,他创作在线的戏剧,在数字漫画和在线发行上做了许多工作。

(二)跨媒体

1. 跨媒体的特征

在上文中,我们对跨媒体的技术内涵有所了解,这里我们要对其艺术属性进行阐释。跨媒体是一个术语,由 20 世纪 60 年代激浪(Fluxus)艺术家迪克·希金(Dick Higgins,1938—1998)用来形容 1960 年代各种流派间的艺术活动。至此,一些素描、诗歌、绘画与剧院也被称为跨媒体艺术,随着这些艺术的发展,这些新的流派和艺术活动也有了自己的名字,例如视觉诗歌或行为艺术等。希金描述了他认为是最有趣和最优秀的新艺术,包括跨边界的公认的媒体,甚至融合了艺术的界限,还有那些原本没有被视为艺术形式的计算机艺术。

之所以杜尚的艺术对象是迷人的,而毕加索的绘画声音逐渐衰落,其部分原因是,杜尚作品是雕塑和其他事物之间的真正媒介融合的艺术,而毕加索的作品很容易被归类为彩绘装饰。同样,在拼贴和摄影之间,德国约翰·哈德菲尔德(John Heartfield)创造了本世纪最伟大的图形。[①]

性格谦和的希金经常提到塞缪尔·泰勒·柯勒律治(Samuel Taylor Coleridge,1772—1834)是最初使用的这一术语的人。金·杨布拉德(Gene Youngblood,1942—)同样描述了跨媒体,从1967洛杉矶自由新闻开始,他在"跨媒体"栏目中将一个全球性的网络多媒体作为"拓展意识"的跨媒介网络作品,通过此过程将所有参与的人变成了艺术家。他从由巴哥敏斯特·富勒(Buckminster Fuller,1895—1983)于1970年撰写的著作《电影的扩展》的导论开始,在这个系列内收集了扩展的思想。

2. 跨媒体的学术背景

1968年,汉斯·布莱德(Hans Breder,1935—2017)找到了美国第一所有M.F.A.的跨媒体硕士专业的大学——爱荷华大学(The University of Iowa),从这里毕业的学生有阿娜·蒙塔达(Ana Mendieta,1948—1985)和查尔斯·瑞(Charles Ray,1953—)。另外,该专业还提供了访问学者的课程,培养了迪克·希金(Dick Higgins)、维托·阿孔西(Vito Acconci,1940—2017)、阿兰·卡普罗(Allan Kaprow,1927—2006)、卡伦·芬里(Karen Finley,1956—)、罗伯特·威尔森(Robert Wilson,1941—)等许多位有建树的艺术家,还有一些专做跨媒体创作的学生。

许多年之后,特别是在爱荷华大学的校园,跨媒体伴随着多媒体的发展而不断地变换着其中的内容。然而,近期的学术术语则更多是"电子媒体"和"流行文化"的跨媒体价值,在于学科之间的关联,术语"跨媒体"则成为跨学科的实践的首要选择。

另有两个重要的大学教程也聚焦跨媒体的学习,它们是亚利桑那州国家大学(Arizona State University)的跨媒体专业和由激浪派学者和作家欧文·史密斯(Owen Smith,1970—)创立的缅因大学(University of Maine)跨媒体M.F.A.。

另外,南加州大学(University of Southern California)的洛斯基(Roski,1938—)美术学院将跨媒体定位于学士与硕士课程。在蒙特利尔的康戈迪亚大学,QC提供跨媒体和网络艺术(Cyberarts)的硕士专业。印第安纳大学赫伦艺术设计学院(Herron School of Art and Design,Indiana University)和印第安纳波利斯普渡大学(Purdue University)提供摄影与跨媒体的M.F.A.艺术硕士课程。俄勒冈大学(University of Oregon)提供音乐技术领域的音乐跨媒体硕士课程。英国爱丁堡大学的爱丁堡艺术学院(University of Edinburgh,Edinburgh College of Art)有跨媒体艺术课程,同时有跨媒体艺术硕士课程。

(三)模块艺术

模块化的艺术是由标准化的单元(模块)连接在一起而形成的艺术,有着更大、更复杂的组成部分。在一些作品中,这些单位可以随时移动、删除和添加,这是以调制为基础的,以创建一个新的艺术作品为目标的,不同于原来的或随后的配置模块内容。

从历史的角度看,艺术的可变对象自文艺复兴以来就存在,例如希罗尼穆斯·博斯(Hieronymus Bosch,1450—1516)的三联油画《"快乐"的花园》(*The Garden of Earthly Delights*)就被称为"可变的祭坛"(alterable altarpieces);再如马蒂亚斯·格律内瓦尔德(Matthias Grünewald,1470—1528)的《内瓦尔德的祭坛画》(*Isenheim Altarpiece*)或阿尔布雷特·丢勒(Albrecht Dürer,1471—1528)的《伯母加登的祭坛》(*Paumgartner Altarpiece*),其不断变化的图案可能根据教会年历的主题而修订,为了符合主题而进行之后的变化。

20世纪的前半叶刚开始,一些当代艺术家就试图将动力学技术纳入他们的工作,以此改变他们所设定的作为主要的静态性质的艺术。亚历山大·考尔德(Alexander Calder,1898—1976)的动态雕塑是在视觉艺术中最广泛的物理活力的演示,其中形式不断地变化,有时甚至没有借助人类手的帮

[①] Dick Higgins.Intermedia:vol 34[M]. Cambridge:Leonardo,1966:49.

助而进行了永恒的运动。让·汤格利（Jean Tinguely，1925—1991）经过努力创造了一个自我解构的艺术机器系统，或许是艺术易变性的最终体现，在这种情况下，彻底根除了多余的形式并得以表达成为艺术的宗旨。维克多·瓦萨利（Victor Vasarely，1906—1997）为1955年在巴黎的"黄色示威"（Manifest Jaune）提供了艺术作品，根据其功能不断重复其性能，产生了系列作品。最近，人们认为视觉艺术不需要从永久固定的物体中而来，应具有美德的品质和短暂的性能，其所包含的模块化内容是隐含在行为和装置中的艺术。这些艺术创作无不来源于对模块艺术创作原理的思考。

三、多媒体艺术的特征

（一）多媒体演示文稿可以通过舞台上的人、投影、传播或在本地媒体播放器观看

多媒体的展示空间十分灵活，随着多媒体技术的不断发展，多媒体内容的呈现方式也十分多样。在作品的展示过程中，多媒体演示的主题可因人而异、因地而异、因技而异。

（二）多媒体广播则是一个直播或录播的多媒体形式

广播和录音可以是模拟制式，也可是数字制式。数字网络多媒体可被下载，或是流式播放。流式多媒体可以是实时的，也可根据受众需求点击播放。多媒体游戏和模拟制式可用于有一定特效的物理环境，受众可以与多个用户在线或本地离线进行电脑游戏系统的模拟。多种技术或数字多媒体的各种格式可以提升用户的体验，可以更容易、更快地传达信息，在娱乐与艺术中，超越了日常的经验，通过结合多种形式的媒体内容提高交互的水平。

（三）在线多媒体正日益成为主流引导和数据驱动的媒介，使应用程序与协作终端在多种形式的创新和用户个性化内容中独占鳌头

这个多媒体范围主要包括从拥有相片画廊的网站图片到多种形式的文本标题，模拟了事件、插图、动画或视频调整等工作，允许多媒体"体验"在没有更新的情况下保持不变。另外视听、触觉技术使虚拟成像艺术更为发达。沉浸式技术使得幻想中的味觉和嗅觉得到了满足，也增强了多媒体体验。

第三节　数字媒体艺术的类型

数字媒体一词是指在一个电子或数字格式中的任何类型的媒体，它通过数字格式的便捷应用和消费者那里的娱乐体验得到体现。它包含了所有音频呈现（声音）或视频呈现（视觉）的形式，这些形式可以被看到或听到。例如音乐文件里的MP3、MIDI、WMA，今天互联网极为流行的文件格式视频，动画FLASH或平面设计与图像常常能创建一个交互式网站和游戏。数字媒体文件通常使用复杂的电子设备，包含数字接收机或处理器。这些设备可以包括电脑、移动设备、影像游戏机、投影、电视和收音机。消费者访问这些文件大多因为娱乐和教育的价值，而其他的则用于操作转化为其他形式的媒体，如电影、音乐专辑或网站。音频与音乐的文件常常需要数字媒体播放器，例如MP3播放器或音乐设备，它们也可以在网站上因共享而被下载。由于数字音乐文件很容易被找到、下载、存储，这些文件很受音乐爱好者的欢迎。这些文件同样容易在消费者中共享，相对于购买大型画册或收藏的音乐永久存储磁带、CD、录音，它们成本较低。数字视频与影像媒体因其快速的娱乐价值也变成在共享图像与信息方面最流行的媒体。影像与平面图像媒体不仅适合数字图像和视频的普通消费者（他们创建影像并编辑设备和软件），而且也是许多商业活动常用的媒体。这些文件提供有趣和刺激的内容，它们已经被用于促进观念、传输信息，并迎合公共娱乐等方面的需求。20世纪80年代，自第一个视频游戏问世，游戏的数字介质便被不断研发出来。过去，这一直是年轻人的追求，但伴随着移动游戏系统和家庭式影像游戏的出现，这个爱好成为一个亮点，成为许多家庭成员及所有年龄层消费者的乐趣与享受。游戏介质是最常被发现的一个数字格式，它必须在视频游戏的零售商那里购买，或在网上找到更方便的下载方式。

数字媒体是一个可读机器的格式编码，适用于任何媒体。数字媒体在电脑上的分布，可以被创建、查看、修改和保存。计算机程序和软件、数字图像、数字视频、网页和网站，包括社交媒体、数据和数据库、数字音频、电子书等，都是数字媒体的内容。数字媒体经常与印刷媒体，如印刷书籍、报纸和杂志，以及其他传统或模拟媒体，如图片、电影或录音带交叉运作。

与互联网和个人电脑相结合，数字媒体在出版、新闻、娱乐、教育、商业和政治方面都造成了媒介的融合。数字媒体也对版权和知识产权法律提出了新的挑战，促进一个开放内容的形成，内容创造者在他们的工作中自愿放弃一些或全部的合法权利。数字媒体及其对社会的影响无处不在，这表明了人类在工业史上的一个新时代的开始，所谓的信息时代可能导致一个无纸化的社会的产生，所有的媒体都在电脑上生产和消费。然而，对于数字化的过渡期仍然存在诸多问题，包括版权的法律、审查、数字鸿沟和数字复制使得旧的媒体不得不访问新的或升级的信息系统。数字媒体的意义则在于对社会和文化的广泛而复杂的影响。

一、"数字媒体"的历史

（一）媒介电子化之前

可读机器的媒体在互联网上和现代电脑、电子产品同时发展。首先将机器读码信息概念化的是查尔斯·巴贝奇（Charles Babbage，1791—1871），于19世纪早期进行的。巴贝奇设想，这些代码将为他的差分机和分析引擎做出指令，他解决了计算中的误差问题。在1822年和1823年期间，阿达·拉伍莱斯（Ada Lovelace，1815—1852），一个数学家，写出了第一个计算巴贝奇的发动机号码的指令。拉伍莱斯的指令现在被看作第一个计算机程序。

尽管当时机器只是被设计用来执行分析任务，拉伍莱斯还是预期计算机和编程具有潜在的社会影响，他写道："这样的一个分布并结合事实与分析的公式，使它们成为最容易和快速地进行发动的机械组合，这一关系和科学的本质必然面临光辉的前程和更深刻的研究……除了已达到的主要目标，它们将扩展人类的力量或增加人类的知识，以及各种各样的附带影响。"其他早期的可读机器介质还包括对钢琴和提花织机的指令。

（二）数字计算机

巴贝奇的引擎、钢琴、提花织机和许多早期计算机，它们本身是模拟计算机，有着物理的机械零件。第一个真正的数字媒体是随着数字计算机的兴起而产生的。数字计算机使用二进制码和布尔逻辑（Boolean Logic）来存储和处理信息，允许一台机器在一个配置中执行许多不同的任务。第一个现代、可编程的数字计算机，是独立发明于1948年和1949年之间的曼彻斯特马克1（Manchester Mark 1）和EDSAC。它们在许多方面不同于现代的计算机，这些机器有数字软件控制逻辑运算。它们是二进制编码，一个1和0的比特字节结合产生数百个字符的系统。0和1的二进制决定了"数字"的数字媒体。

（三）《正如我们所想》

数字媒体在20世纪50年代早期成为常见的媒体内容，数字媒体概念的创建要追溯到科学家和工程师瓦内瓦·布什（Vannevar Bush，1890—1974）和他著名的论文《正如我们所想》（*As We May Think*），其于1945年《大西洋月刊》（*Atlantic Monthly*）出版。布什设想了一种设备，是一个可以用来帮助科学家、医生、历史学家和其他人的系统，用于存储、分析和沟通信息。他称这假想的装置为"记忆扩展器"（Memex）。布什写道：

> "记忆扩展器的主人，让我们看见了弓箭的起源和性质以及对之产生的兴趣。特别是他研究为什么土耳其短弓明显优于十字军战斗用的英国长弓。他在记忆扩展器中有几十项相关的书籍和文章。他首先通过百科，发现一个有趣的、粗略的文章，发布出来。下一步，在历史的轨迹中找到了另一个相关的项目，并将两者联系在一起。他就这样继续研究，建立了许多课题。偶尔，他插入一个自己的评论，无论是连接到主线索，或加入到一个特定项目的边缘。当它变得明显，可用材料的丰富内容有很大的作用，他通过书本的内容和课题的物理常数进行了分支规划。他插入一个网页的自我分析。因此，他建立了一个他感兴趣的线索，通过复杂材料提供信息。"

布什希望这个记忆扩展器的建立成为二战后的科学家的工作重点。虽然文章是早几年有关数字电脑的，但《正如我们所想》预期将为数字媒体的潜在的社会影响和知识效益以及数字学术研究提供概念框架，万维网、维基百科甚至社会媒体都将受之影响。《正如我们所想》被确认为一个重要的工作，甚至有必要及时公布于众。

二、数字媒体艺术的分类

数字媒体可以指涉计算机上的声音与视频文件，或者指涉用于数据传输的数字存储设备。通常情况下，当电脑用户提到数字媒体时，会刻意指涉视听媒体的多种样式。数字媒体技术的多样性包括数字音频和视频的录制技术、数字媒体播放设备和数字媒体编辑软件。康柏CD、数字视频CD、数字磁盘、DVD和用于电视的数字有线电视盒是常用的家用型数字媒体技术类型。其他的普通设备包括立体声CD或计算机音频文件功能、数字电视、用于查看数字视频信号的计算机视频卡的监视器等。许多数字媒体设备可以简单播放媒体文件供用户观看。数字媒体包括硬件和软件。数字媒体的硬件常常含有独立的音频和视频播放器以及具有数字媒体技术能力的多功能手持设备，如iPhone和安卓手机。许多数字媒体的用户使用计算机桌面和笔记本电脑进行文件的管理、编辑，并播放媒体文件。因为视频游戏也是一种媒体，视频游戏机和游戏本身形式就是数字媒体技术。媒体的文件格式包括图像、音频和视频文件。数字媒体与模拟媒体有着较大的差别，因为模拟媒体运用的是流式信息，而数字媒体则是由数据分解成数字的信息。模拟媒体包括磁带和录音，数字数据用二进制代码表示，计算机语言的特点是0和1的字符串，即比特字节。数字媒体的类型文件包括电影专家小组第三层音频的mp3文件，联合摄影专家组的jpeg文件和音频视频交错的avi文件。计算机用户指涉数据存储设备作为数字媒体技术是不太常见的，它通常发生在对计算机内存的问题讨论中。在大多数情况下，存储设备可能被称为数字计算机媒体，是便携式和可移动的，像相机里的数据卡或U盘，用于将数据从一台计算机移动到另一台计算机。

虽然它显示不同类别的媒体，数字媒体的媒体单位如CD和DVD仍适合这种类别的媒体技术。

（一）数字视频光盘

数字视频光盘即DVD光碟（Digital Video Disc）。这个继vhs、vcd、ld之后的最新一代影音存储媒介，最初诞生于电影行业，它是由哥伦比亚电影公司等美国八大电影公司所组成的，以好莱坞数字影视建议集团（Hollywood Digital Video Advisory Group）提出的格式为标准，讨论一种新的数字视频光盘的产生。

（二）数字电视

数字电视（Digital TV）又称为数码电视或数位电视，是指从演播室到发射、传输、接收的所有环节都使用数字电视信号或对数字电视信号进行处理和调制的全新电视系统。该系统所有的信号传播都是通过由0、1数字串所构成的二进制数字流来传播的。其信号损失小，接收效果好。①

（三）数字音乐

数字音乐（Digital Music）是用数字格式存储的，可以通过网络来传输的音乐。无论被下载、复制、播放多少遍，其品质都不会发生变化。目前，数字音乐产业已经确立了它在数字内容产业中的重要地位，传统音乐产业、电信运营企业和数字技术新贵们争相进入这一领域，一批具有一定规模、拥有各自竞争优势的代表性企业相继涌现，对在创意市场条件下发展数字音乐产业进行了大量的探索和尝试。②

（四）网络媒体

网络媒体（Web Media）依赖IT设备开发商们提供的网络技术和网络设备来传输、存储和处理音视频信号，与传统的音视频设备采用的工作方式完全不同。最流行的传统的SDI（串型数字）传输方式，具有真正意义上的网络交换特性，这促使视频行业中的网络媒体技术应运而生。利用SDI创建类似以太网和IP（因特网协议）所提供的部分网络功能最终促进了网络媒体的空前繁荣。

（五）数字游戏

数字游戏是以数字化设备为平台实施的各种游戏。"数字游戏"（Digital Game）被称为"第九艺

---

① 见百度百科"数字电视"词条。
② 见百度百科"数字音乐"词条。

术",即以数字技术、数字平台和数字传输为手段设计开发实施的各种游戏。该词第一次出现于2003年"数字游戏研究协会"(DiGRA, Digital Game Research Association)。数字游戏学家吉尔斯贝·珠儿(Jesper Juul, 1970—)在"数字游戏研究协会"大会上指出,"数字游戏"的概念相对于传统游戏,具有跨媒介特性和历史发展性等优势;而学者艾斯本·阿塞斯(Espen Arseth)也在《游戏研究》(Games Studies)杂志的创刊号上撰文指出,数字游戏的称谓具有兼容性,是许多种不同媒介的集合。①

三、数字媒体艺术的主要特征

(一) 数字革命

在第一台数字计算机发明之后,计算机的计算能力和存储容量成倍增加。数十亿人手中的个人电脑和智能手机的应用能力也迅速提升,访问、修改、存储和共享数字媒体成为可能。许多电子设备,从数码相机到无人机的创造、发射、查看体现了数字媒体的力量。与互联网相结合,数字媒体又一次改变了21世纪的社会发展方式,繁荣了文化,促进了经济和提升了社会影响,变革了印刷出版社的行业发展。数字媒体的变化已经如此迅速,如此广泛,它已经推出了从工业经济到信息化经济的经济转型,创造了一个新的时期,在人类历史上被称为信息时代或数字革命。

这一转变造成了一些不确定的定义:数字媒体、新媒体、多媒体和类似的词条都与工程创新和数字媒体文化有着密切的关系和影响,与其他媒体的数字化融合,与社会文化因素并进,有时大于数字媒体的概念被称为"新媒体或新媒介"。同样,数字媒体似乎需要一套新的沟通方法和技巧以实现媒介融入、媒介素养或数字素养。这些技能不仅包括读和写等传统识字方式,还包括浏览互联网的能力,评价资源的能力和创造数字内容的能力。依据这个想法,人们正在朝着一个完全的数字时代和"无纸化"的社会迈进,旧的媒体不得不与时俱进,访问现代设备或使用现代方法进行研究。数字媒体的意义在于对社会、经济、文化、文明的广泛而复杂的影响。

(二) 转型的工业

与平面媒体、大众媒体和其他模拟技术相比,数字媒体易于复制、存储、共享和修改。数字媒体的这种性质已导致许多行业,特别是新闻、出版、教育、娱乐和音乐业务的重大变化。这些变化的总体影响是如此深远,难以量化。例如,在电影制作中,从模拟胶片相机到数码相机的过渡几乎是完整的。这一转变为好莱坞带来很高的经济利益,使发行更容易,同时也有可能为电影添加高质量的数字特效。好莱坞的模拟特技、动画产业等,对小型电影院造成了巨大冲击,使之成为转型工业的替换代价,其中一些没有或将无法过渡到数字媒体时代。数字媒体对其他媒体行业的影响同样是彻底的、复杂的。

新闻、数字媒体和民众新闻广泛地运用了LED,这对印刷媒体和许多主要报纸工业产生巨大影响,导致巨大的损失甚至破产。当然数字报业的兴起同时也创造了新的工作和产业。电子书和自出版形式改变了图书行业、数字教科书和其他媒体融合的课程,也改变了小学和中学的教育方式。在学术界,数字媒体成为一种新的研究趋势,被称为数字媒体的理论学派和新的研究领域,如数字人文、数字历史密切相关。它还改变了图书馆在社会中的应用方式和作用,各大媒体、传播方式和学术界都面临着一个与数字媒体相关的转型期和不确定性。

(三) 个体作为内容的创造者

数字媒体还给予个人在内容创作上更为活跃的空间。任何有接触电脑和互联网的人都可以参加社交媒体,将自己的作品、艺术、视频、摄影和评论进行发布,以及在网上进行商务活动。这一系列的网上活动被称为公民新闻(citizen journalism)。随着互联网的发展,用户创建的内容以及用户与媒体互动的方式也得到了提升。移动设备的进步也使所有媒体的传播更为方便,访问更加快速。许多媒体制作工具,目前只免费地提供给少数人,但十分易用。现在,个人拥有多个数字设备正在成为标准,使互联网访问设备成本下降。这些因素都对民众的政治参与有着显著影响。在西方,数字媒体被许多学者视为"阿拉伯之

---

① 见百度百科"数字游戏"词条。

春(Arab Spring)"，数字社交媒体领域被政府日益普遍关注和强烈压制。许多政府限制访问数字媒体的人数，既可以防止淫秽内容传播，又可在一个更广泛的范围内进行政治审查。

互联网用户生成的内容引发了隐私、信誉、文化礼仪、补偿的问题，也在智力和艺术方面有一定的贡献。数字媒体的传播以及有效地使用，使得它获得广泛的文化和通信技能，加深了数字媒体和那些不喜欢数字媒体的人之间的数字鸿沟。

（四）网络新闻

随着互联网的普及，越来越多的公司开始通过互联网发布内容。在2012年的美国，对于新闻媒体来说，黄金时段的观众已经下降了23%，但这原来是世界上最大的广播频道。与观众的损失相应的便是收入的损失，但并不像预期的那样坏。美元金额下降了约2%，整体电缆收入增长了5%，比预期缓慢增长。思科公司（Cisco Inc）2014年发布了其最新的预测，这些数字都体现了互联网新闻继续增长的速度，它将在2018年呈现四倍的增长。

截至2012年，世界上最大的互联网媒体公司是一个年轻的土耳其团队，平均每天750 000用户，并正在继续增长，目前拥有超过20亿的关注，覆盖了所有土耳其年轻人的关注渠道，其中包括世界新闻、体育、电影评论、大学的重点内容和圆桌讨论频道。

（五）版权挑战

数字媒体带来了对现行版权和知识产权法的许多挑战。由于发布、修改和共享的便利，数字媒体版权执法面临挑战，而版权法被广泛视为过时的内容。例如，现行著作版权法规定，常见的网络语言在很多国家之间分享是非法的。对于许多常见的网络活动，合法权益是模糊的，比如创建一个与别人的社交媒体账户同名的账户，覆盖在视频网站（YouTube）上，其署名值得质疑。

为了解决这些问题，内容创作者可以自愿采取开放或拷贝许可证，放弃一些他们的合法权利，或者他们可以释放工作中的公共领域。最常见的开放式许可是知识之间的共享许可协议和自由文档许可证（GNU），这些都使用在维基百科中。开放许可证是一个更广泛的开放内容的一部分，减少或取消了软件、数据和其他数字媒体的版权限制。

数字媒体是数字、网络化和交互式系统的链接和数据库，使我们能够从一个比特的内容或网页导航链接到另一个内容。

数字媒体的一种正式形式是数字杂志。什么是数字杂志？由于数字杂志具有重要的经济价值，2011年3月美国审计局在最新报告中给予了这一媒介一个定义：数字杂志涉及电子杂志内容的分布；它可能是一个复制品。但这是过时的定义，那么现在数字杂志是什么？数字杂志，事实上，是一个PDF印刷杂志的副本，如近年来常见的杂志出版内容。它在本质上应该是一本杂志。数字杂志是从白手起家到数字平台的互动和创造，是互联网、手机、私人网络、iPad或其他装置的融合使用。数字杂志的发行门槛大大降低，同时，数字化平台正在扩大范围，如网站和智能手机上的数字杂志等。改进的平板电脑和数字杂志成为视觉上最具吸引力和可读性的杂志，它其实是一件图形艺术。

第四节　新媒体艺术的类型

新媒体最常见的是指通过互联网可按需提供的内容，可在任何数字设备上访问的内容，通常包含交互式用户反馈和创造性参与。新媒体的常见例子包括在线报纸、博客、网站或视频游戏以及社交媒体。新媒体定义的一个特点是"对话"。新媒体通过链接和会话传送内容。它使世界各地的人们分享、评论，并讨论各种各样的主题。与以往任何一种技术不同，新媒体都是以一个互动社区为基础的。

大多数被描述为"新媒体"的技术被数字化，普遍具有可操作、网络密集的特点，还具有压缩和互动性能。新媒体的例子包括互联网、网站、多媒体、视频游戏、虚拟现实、增强现实、混合现实、光盘和DVD。新媒体不包括电视节目（只有模拟广播）、专题片、杂志、书籍或纸质出版物，除非它们包含新媒体技术，使数字化的媒体得以互动。维基百科（Wikipedia），是一个在线百科全书，就是一个实在的新媒体例子，结合互联网可访问的数字文本、图像、视频与网络链接，创造性参与的编辑者为信息的诠释做出了贡献，用户的互动反馈和形成对社区参与者或非社区读者而言有着巨大的利益。脸书(FaceBook)是社会媒体模式的一个例子,其中大多数用户都是参与者。维基丢特(Wikitude)①是增强现实的一个例子。它显示的信息是基于移动摄像机的视图,包括图像识别,三维建模和基于位置的方法,是一个真正的增强现实的用户的环境。

一、"新媒体"的历史

在20世纪60年代,计算机和激进艺术之间的联系开始变得更加密切。直到上世纪80年代,艾兰·凯(Alan Kay,1961—)②和他的同事开始在艾克罗斯中心(Xerox PARC)给个人计算机增加可计算性的个体特征,而非负责这个组织。然而,在20世纪80年代末和90年代初,人们似乎见证了社会变迁与计算机设计两个不同类型事物的平行发展关系。虽然与概念的因果关系无关,但它是有道理的,冷战和网页设计的发展出现在完全相同的时间段。

作家和哲学家如麦克卢汉(Marshall McLuhan,1911—1980)在媒介理论发展的时期具有理论引导作用。1964年,他在有关媒体的著作《理解媒体:人的延伸》(*Understanding Media: The Extensions of Man*)中宣称"媒介是信息",引起了人们对媒体和技术的关注,这句话的分量远远超越了他著作的"内容",对人类的世界和社会的体验有着广泛的影响。

直到20世纪80年代,媒体如电视和广播,开始依靠印刷和模拟广播模型。在过去的25年里,在使用数字技术如互联网和电子游戏的基础上,人们已经看到了媒体的快速转变。然而,这些例子只是新媒体的部分代表。如数字电视和在线出版物的出现所倡导的,数字电视的使用已经改变了剩下的"旧"的媒体。即使是传统的媒体形式,如印刷机也通过诸如图像处理软件 Adobe PS 和桌面出版工具技术的应用得以转化。

1999年,安得烈·L.夏皮罗(Andrew L. Shapiro)认为"新媒体的出现使得数字技术信号进行了一个潜在的根本转变,是谁在控制信息、经验和资源?"③1991年,W.罗素·纽曼(W. Russell Neuman)指出,"虽然'新媒体'将技术能力拉向一个方向,但经济和社会力量则拉向相反的方向"。据纽曼的意思,"我们正在见证一个通用互联网络音频和视频的发展,电子文本通信之间的区别变得模糊,人际传播、公共交流和私人之间的沟通也消弭了界限"④。纽曼认为,新媒体将:

(1)改变地理距离的意义;
(2)允许通信量的激增;
(3)有着提高通信速度的可能性;
(4)提供互动交流的机会;
(5)允许通信以前分开的重叠和互连形式。

这一直是学者如道格拉斯·凯尔纳(Douglas Kellner,1943—)和杰姆斯·博曼(James Bohman)研究的重点,新媒体的竞争,特别是互联网,提供一个民主的后现代公共领域的潜力,在公民参与沟通,关于他们的社会结构非等级的争论方面有诸多关注。一些积极的评价新媒体潜在社会影响力的学者如赫尔曼(Ed Herman,1980—)和罗伯特·麦克切斯尼(Robert McChesney,1952—)曾建议,在新媒体的转型期少数强大的跨国电信企业达到一级的全球影响力,这是无法想象的。

2003年学者李斯特等人(Lister, et al)突出了新媒体技术的积极和消极的潜在影响,这表明一些早期纳入新的媒体研究的工作是归于技术决定论的,即媒体的影响是由技术本身决定的,而不是通过追查、管理、发展、资助、实施和发展的任何技术的复杂的社会网络而确定的。

据说,人们只有将有限的时间花在不同的媒体消费中,才是媒体消费的现状。位移理论认为,观众或一个特定的读者群导致了个人消费时间的减少。如引进互联网这样的新媒体,减少了个人在现有的"旧"的媒体上的花销,这可能最终导致传统媒体的结束,必须将之重叠和互连才可能存在可挽回的希望。

---

① Wikitude drive:世界上第一个增强现实导航软件。
② 艾兰·凯(Alan Kay),天才计算机大师,Smalltalk 面向对象编程环境语言的发明人之一,也是面向对象编程思想的创始人之一,还是笔记本电脑最早的构想者和现代 Windows GUI 的最初尝试者。
③ Andrew L. Shapiro. Shapiro cited in Croteau and Hoynes[M]. Providence: Brown Alumni, 2003:322.
④ W. Russell Neuman. Neuman cited in Croteau and Hoynes[M]. Providence: Brown Alumni, 2003:322.

(一) 定义

虽然可以用几种方式来描述新媒体,雷列维·马诺维奇(Lev Manovich,1960—)[①]在《新媒体的读者》(*The New Media Reader*)的导言中向读者介绍了新媒体,拟定新媒体的八个命题:

1. 新媒体相对于网络文化

网络文化是与互联网和网络通信相关的,诸如博客、在线多人游戏的各种社会现象;而新媒体更多关注文化主题和范式,诸如数字模拟电视、iPhone等。

2. 新媒体作为计算机技术运用于传播平台

新媒体是利用数字计算机技术进行发行和展览的文化对象。至少现在,互联网、网站、计算机多媒体、蓝光光盘等问题都是新媒体的内涵,而这样的定义必须每隔几年修订一次。"新媒体"一词不再是"新的",因为大多数形式的文化都将通过计算机分配。

3. 新媒体作为数字数据被软件所控制

新媒体的语言是基于这样的假设,事实上,所有的文化对象,依靠数字呈现和以计算机传输,分享一些共同的信息量。新媒体被简约至数字数据,可以被软件所操纵作为任何其他数据。现在媒体操作可以创建同一对象的几个版本。一个例子是矩阵的数据可以根据附加的算法实现存储图像,以及操纵和改变图像,如颜色反转、灰色区域、锐化、栅格化等等。

4. 新媒体是现有的文化传统和软件系统的混合物

今天的新媒体可以理解为是数据表示、访问和操作以及对较新的数据呈现、访问、操作和传统文化之间的混合物。"旧"数据是视觉现实和人类经验的再现,而"新"数据是数字数据。计算机被排除在关键的"创造性"环节决定之外,却被委派了一个由技术员承担的工作。在电影中,软件常在某些生产领域内被使用,而其他人则使用计算机进行动画制作。

5. 新媒体作为美学,伴随着早期的每一个新的现代媒体和通信技术的发展

思想领域确实是在不断重现,并定期定义了许多美学策略,这种情形可能出现两次或三次……为了使这种方法确实有用,将简单名称理解为对学术词语的策略、修辞和记录进行观念的记录。相反,我们必须制订一个更全面的分析,将技术的历史、社会、政治、经济与现代时期等同视之。

6. 新媒体比以前的人工执行算法有更快地与其他技术合作的执行力

计算机有着一个巨大的速度,比起以前的手工技术,计算器极大地加快了执行力,使以前不可能也不存在的具有代表性的技术发挥热量。这也使得许多新的媒体艺术形式出现,如促使互动多媒体和视频游戏成为可能。在某一个层面上,现代数字计算机只是一个更快的计算机,但我们不应忽视它的另一个身份:控制论的控制装置。

7. 新媒体作为现代主义先锋的编码,新媒体作为元媒体(METAMEDIA)

马诺维奇指出20世纪20年代是新媒体比其他任何时期更重要的时期。元媒体与后现代主义返回了以前的旧式工作而不是创造新的工作。新媒体的先锋是关于访问和操纵信息的新方式,如超媒体、数据库、搜索引擎等。元媒体是一个例子,数量可以转化为质量作为新的媒体技术和操作技术,也可以被理解为一个非同寻常的现代主义美学的后现代美学。

8. 新媒体在二战后产生的艺术与现代计算是相似思想的平行衔接

二战后的艺术或"组合"是通过系统地改变一个参数创建图像相似的想法,并平行关联。这导致了图像和空间结构非常相似。这说明算法是新媒体的重要组成部分,不依赖于技术,但人可以执行。

(二) 全球化与新媒体

新媒体的崛起,增加了世界各地的人们之间的交流和互连。它允许人们通过博客、网站、视频、图片和其他用户生成的媒体来表达自己。

2002年夫鲁(Flew)指出,"由于新媒体技术的发展,全球化进程正在发生演变"。全球化一般被称为"其扩张活动超过边界外的特定的国家"。通

[①] 雷列维·马诺维奇,是一位新媒体理论书籍的作者,美国纽约城市大学研究生中心计算机科学教授,瑞士欧洲研究生院访问学者,其研究和教学关注数字化人类学、社会计算、新媒体艺术和理论、软件研发等。

过电子通信,全球化缩短了世界各地的人们之间的距离。1998年凯恩·克罗斯(Cairncross)表示这一杰出的发展预示着"距离的死亡"。新媒体从根本上打破连接之间的物理位置和社会地位,使人们在物理位置上的社会关系变得尤为重要。

然而,新媒体环境的变化,导致了一系列"公共领域"概念的紧张关系。根据英格丽·沃尔梅(Ingrid Volkmer)[①]的说法,"公共领域"定义为一个过程,大众传播成为重组关系和部分关系,脱离了国家的政治制度和文化制度。这种全球化的公共领域的发展趋势不仅是一个地理扩张形成世界范围内的国家,而且是公众、媒体和政府之间的变化关系。

"虚拟社区"正在建立在线和超越地域的边界,消除了社会限制。2000年,霍华德·雷格(Howard Rheingold,1947—)描述这些全球化的社会是一个自我定义的网络,这个网络类似于我们在现实生活中做的一切。在虚拟社区中将使用的词语在屏幕上分享、交流和争论的人,也从事知识话语、网络贸易、制订计划、集思广益、八卦、世仇或相爱的活动,创建一个小小的纯艺术和交流话语的空间。[②] 对于舍利·特克(Sherry Turkle,1948—)而言,"使计算机进入一个自我,发现机器中的一个灵魂,能替代人的关系"[③]。新媒体在全球范围内方便志同道合的人相互联系。

虽然这一观点表明,技术驱动因此成为一个决定性因素,在全球化的过程中,涉及技术决定论的争论一般是不赞成主流媒体研究的。相反,学者专注于技术的多样性,研究和生产,并形成了反馈,使用的技术往往服务于他们的用户,然后指导他们的未来发展。

正如评论家卡斯特(Manuel Castells,1942—)所倡导的"柔性决定论",他们认为"技术不能确定社会。社会的属性未必在技术变革的过程中得以发展,由于许多因素,包括个人的创造性和创业精神、介入科学发现的过程、技术创新和社会应用,最后的结果取决于一个复杂的互动模式。的确,技术决定论的困境可能是一个伪命题,因为技术是社会的,没有技术工具社会将不能被理解"[④]。但是,仍然有区别于技术发展推动社会进步的说法,这使人们回想起麦克卢汉的文章。

马诺维奇和卡斯特认为,大众传媒与工业社会大众的逻辑相呼应,是个性价值观的整合。新媒体遵循后工业的逻辑和全球化社会的规则,每个公民都可以构建自己的定制生活方式,从大量的备选材料中选择自己的思想。而不是对同一对象进行大众营销,却成为试图针对每个人个性化的定制。

女性博客的许多形式以女性主义媒介的方式已存在了几十年,但女性的博客始于20世纪90年代"女性主义"这个词的出现,如巴内特(Barnett)在她的文章中提到的"赛博女性主义(cyberfeminist)的媒体和活动"。女性主义是一种与性别、思想描述、交叉的新技术相关的提倡性别、身体和社会平等的运动。女性博客是在女性主义理念下创建和发展的想法,新的技术可以表征社会的变化,有助于妇女获得平等的希望。有成千上万的女性博客讨论的话题涉及政治和健康问题的流行文化的范围。其中的一些人极受欢迎,是全球知名的;还有些人仍然在开发女性博客,他们拥有相同的目的。众多的女权主义博客都致力于增加女性主义视角观察社会中的某些问题,并为女性们举办一个讨论各种主题的平台。最受欢迎的女性博客网站有 blogher.com 和 thefbomb.org。

BlogHer 是当今互联网上最受欢迎的女性博客网站,BlogHer 的基本任务是激发女性的热情,把她们的激情转化为声音并在博客和社区的内容中发声叙述。BlogHer 的最初想法是举办一个女性博客大会,但其后来的想法演变为创建更大规模的博客与社区。三名创始成员女性有着非常不同的背景,但她们有着单一的共同的目标,就是2005年相见于硅谷,她们的目标是给女性博客一

---

① 英格丽·沃尔梅(Ingrid Volkmer):澳大利亚墨尔本大学媒体与传播系副教授,作为博士研究课题,他反复思考"全球媒体时代的公共领域"的概念。
② Howard Rheingold. The Virtual Community[M]. Massachusetts:MIT Press,2000:91.
③ Holmes. "Telecommunity" in Communication Theory:Media, Technology and Society[M].Cambridge:Polity,2005:184.
④ Manuel Castells. Rise of the Network Society. The Information Age:Economy, Society and Culture volume 1[M]. Massachusetts:Blackwell Publishing,1996:5.

个平台,同时有所收益。这三位女性是丽莎·斯通(Lisa Stone)、艾莉莎·坎玛霍(Elisa Camahort)和乔瑞·D.雅丹(Jory des Jardins)。她们在硅谷见面后,为当地女性召集了一个会议,当时会议的入场券被卖光了,有三百名与会者。在这个新奇的地方,有着有趣的投票和兴奋话题,女性被召集在一起讨论各种主题。这三位女性就这样为女性同胞们搭建了一个平台,这样的活动持续了整整一年,于是创建一个网站的想法便自然产生。虽然大多数博客网站的话题讨论有特定类型的制约,BlogHer却没有任何内容的限制,其主题的范围从父母、性别、政治、饮食到娱乐无所不及。BlogHer平台不仅为女性讨论某些话题提供了平台,其中还涉及讨论感恩节的菜谱,从而能够让女性借此获得收益。BlogHer作为网络作品还有一定的收入分成的模式,如果一个女性在该博客上获得一个多月的关注或一百万的点击量,则可以收入广告收益的百分之六十;如果在博客上得到小于一百万的点击量,那么收入份额将是百分之五十。由于这个收入分享系统的激励机制,在一些女性的单日博客生活中就有大量的每日访客数,而其他人无法影响到她们从事这一工作。不管女性是否将写博客作为一份全职工作,这仍然有着生活的补充收入,同时使社会听到了她们的心声。由于其他社交媒体平台有着广泛的受众群,如Facebook等,许多博客主开始担心BlogHer是否会失去浏览者,但不知何故,事实上网站一直保持着相当的受众和可观的利润。其实是很多因素促成了网站的成功。其中的一个因素是,网站的商业模式投资和管理,具有广泛的博客主,也具有不同的受众规模。另一个因素是,该网站是新媒体和新媒体运营模式的混合物,而不仅仅解决了网站的建设问题,BlogHer继续要面对面接触的沟通方式,通过不同的会议整合话题元素。自2005年以来,网站一直保持着数据的持续增长。尽管传统媒体的编辑人和硅谷的职员告诉丽莎:"女人不会上网。"但这三位女性证明他们错了,BlogHer的首席执行官将一组数据公布于众,该博客网站已成功地获得了76 000个注册博客和每月20 000 000个独立访客。

另一个非常受欢迎的博客网站叫作FBomb。由朱莉·泽林格(Julie Zeilinger)创建,始于她的高中二年级暑假。她在中学时开始对女权主义产生了兴趣,当她得知世界上发生的可怕的暴行之时,她作了一个研究生演讲。这使她受到鼓舞,激发了她对女权主义和女权运动的热情。她浏览了很多女性博客,如BlogHer和Feministing,但她意识到,没有一个主要针对高中和大学年龄的女性的博客,所以她决定创建一个。FBomb的主题涵盖范围广泛,使女孩的话题充斥着有意和无意的内涵,女孩的婚姻和爱恨情仇、在媒体关系中的女孩,无不涉及。根据FBomb的数据,其主要任务是创建一个社区和年轻女性之间的讨论平台,这就是为什么每个人都可以不受限制地被接纳进入平台。虽然很多人都质疑这个博客的标题,泽林格声称"在这种情况下,'F炸弹'代表'女权主义'。事实上'F炸弹'通常是指流行文化中的一定誓言,这似乎也不是什么巧合。FBomb.org是响亮的、骄傲的、讽刺的……是今天一切十几岁的女权主义者的心声"。博客的标题是重要的,因为世界上很多人将"女权主义"作为一个贬义词,而标题只是强调,如今长期的女权主义是如此低调。这是一种女人可以自豪地再译的名词。

以FBomb、BlogHer作为实例,可见互联网和其他通信技术具有支持女性的社会权力的潜力,并在其平台上促进了性别平等。博客给了女性一个强有力的支持,让那些不同的观点说出来。在特里什·威尔逊(Trish Wilson)的文章《博客中的女性》(Women in the Blogosphere)中,她提出面对博客的女性,如同面对一种挑战。她指出,虽然博客有这样一个巨大的潜力,但仍然有许多问题已经出现,由于对博客的个性化的呼吁十分强烈,人们倾向于将有女性博客的标签作为"日志"或"个人日记",这将导致博客被过于重视,其反面结果则是不言而喻的。不论这些挑战多么严酷,女权主义博客仍继续增长并繁荣着,它们是至关重要的,在公开的写作中有关女权主义和社会正义的文章比比皆是。在博客中争取两性平等的斗争是非常有利的,因为它们有强大的对话工具,有可能赢得广泛的受众。这些平台允许通过故事分享、鼓励、教育和积极的形象来传递信息。这是非常重要的,因为在主流媒体中工作的女性人数较低。由国际联合会2001年的报告发现,只有百分之三十八的媒体记者是女性。在社会中正如广告中的女性化一样，受众的调查信息不断地暴露出外貌的美和高不可攀的压力已成为一种标准，也是一种特定的限制，而女性博客的目的是让受影响的人每天都能针对重要问题提出个人的见解。博客的良好的社会影响和社会信息化取代了各种变化，满足了社会中的性别平等的需求，创造了一个机遇。博客已经为争取男女平等、社会变革和社会公正创造了一种媒介平台。女权主义者们也确实通过博客向人们展示了什么是女权主义，这几乎创造了一种全新的女性主义者和革命的意识形态。考特尼·马丁（Courtney Martin），一位 Feministing 共同编辑者，一位著名的女权主义的博客主，她说道，"在爱荷华州中部的十几岁的女孩收到的邮件，使我无意中发现你的网站，它实现了女权主义，不是关于与男人对立的表达。它实际上是一种很酷的、反文化的行为"。这些女权主义者的博客大大促进了女权运动在多年来进一步取得女权主义的成绩。女权主义正在不断地改变，但它始终是争取平等的斗争：女人、孩子，是的，还有男人。在贝尔·胡克（Bell Hook）的书中，女权主义是为每个人而存在的，她认为女权主义是一个斗争，每个人都应该战斗。她认为女权主义需要被听到，所以她说："让我们拥有 T 恤、保险杠贴纸、明信片和嘻哈音乐，电视和广播，广告和广告牌，以及所有的印刷材料，用它们告诉世界有关女权运动。我们可以分享女权主义的信息力量，女权主义是一个结束于压力的运动。让我们从那里开始。让运动重新开始。"所有这些女权主义者的博客都在满足她的建议，并且对世界人民的影响是巨大的，其影响每天都在不断地增长。人们正在学习女权主义的真正含义，并给出了一个平台，以继续推进革命，使他们的声音被众人听见。

（三）作为社会变革的工具

社会媒体的发展有着丰富而传奇的历史，在极快的速度下新媒体开始被广泛使用了。墨西哥恰帕斯的国家萨帕塔民族解放军（Zapatista Army of National Liberation of Chiapas），在 1994 年成为第一个对媒体进行广泛认可并对新媒体有效利用和组织策划的组织。之后，新媒体就被广泛运用于社会运动、教育、组织、信息分享、文化产品的交流、联盟的建立，以及更多的方面。1999 年世贸组织部长级会议的一次抗议活动利用了另一个标志性的媒体，即让新媒体作为一种工具，推动社会变革。WTO 的抗议活动用媒体来组织原有的行动，沟通和教育了参与者，并设置一种可供选择的媒体来源。独立媒体运动也发展出这一行动，并已经在信息民主化期间成为杰出的工具，这是另一个被广泛讨论的新媒体运动。一些学者甚至认为这种民主化可作为"一个激进创作的标志，在社会的技术范式中挑战其主导地位，新自由主义和技术决定论模型决定了信息和通信技术"。沿着同样的思路有了更激进的观点：人们正在利用互联网制造一个全球化草根环境，一个反新自由主义和以人为中心而不再是资本流动。当然，也有人怀疑在社会运动中新媒体的作用。不少学者指出获得新媒体作为广泛的运动障碍是不平等的，有时甚至压迫一些运动的动力。其他关于民主的或有用的，甚至对于那些访问的社会运动，人们常常对之持怀疑态度。

新媒体还发现了一种较少激进特性的社会运动方式，如自由拥抱运动（Free Hugs Campaign），它使用网站、博客和在线视频来演示运动本身的有效性。随着这个实例的发展，高容量博客已经允许更多意见和更广泛沟通的使用，从而获得更多的公众关注。而另一个社会变化源自新媒体时尚趋势和文化趋向，如：文字拼写、赛博朋克的出现和各种各样的人在新媒体中的作用。

在时尚和文字的流行趋势下，新媒体也为"时尚"带来了应对社会变化发展的方式。"冰桶挑战"（Ice Bucket Challenge）是最近的一个例子。ALS（肌萎缩侧索硬化症，又称葛雷克氏症）以筹集资金为名，通过朋友在脸书（Facebook）上的招募，参与者用一桶冰水浇透自己，将募捐的款项捐赠给 ALS 基金会。这成为一个巨大的趋势，通过脸书的标记工具，提名人允许被标记在其中。视频中出现了更多的人的捐助，并有迅速蔓延的趋势。这一趋势带来了 100 000 000 多美元的善款，增加了原有捐款的 3 500%。

（四）国家安全

最近新媒体也成为全球间谍活动的焦点，因为它采用了方便的电子数据库格式，可以快速检索和由国家政府进行反向引擎活动。特别是脸书（Facebook）和推特（Twitter），它们是政府特别感兴趣的两个间谍社区，如果在这两个社区随意泄露个人信息，就可以通过筛选和存档被感兴趣的人和普通公民拣选成自动生成的文件。

新媒体也被作为国家和机构的一个重要工具，用来促进其利益和价值观（这样的相关内容根据不同的目的可能会有所不同）。一些社区将其看作一种"和平演变"的方式，认为其可能会侵蚀自己国家的价值体系，最终损害国家安全。

（五）新媒体工业

新媒体产业与许多市场领域有着开放性的关联，比如软件、视频游戏设计、电视、广播、移动媒体，特别是电影、广告和市场营销，通过该行业寻求与消费者进行双向对话的优势，主要体现在互联网上。作为一个设备来源的考量，一般公众的概念和知识产权也在其中，在电视行业内已经使用了新的媒体和互联网，以扩大其资源的来源和编程内容的新颖。广告业还利用大型机构的新媒体进行推广，以此运行数百万美元的互动广告子公司。网站和信息源已经成为流行。在一些情况下，广告公司还设立了新的部门来研究新媒体。公共关系公司也利用新媒体的契机，进行互动公关实践。互动公关的做法包括使用社交媒体，以达到在线社交网络用户激增的目的。

新媒体行业被指为炫酷、创造性和平等主义的媒体工业，工作环境宽松并充斥着非等级的思想。正如电视节目和电影中描绘的，新媒体的标准比喻是用来显示如何在来自不同背景的情况下发展创意。新媒体人通常生活在城市里，就像总部位于美国纽约的HBO电视网、位于美国加利福尼亚北部旧金山湾区的硅谷一样，员工们来自不同的民族，具有不同的教育背景，他们大都是人见人爱的可爱性格类型。这一领域的压力和性别的不平等，是经常被新闻描写或被忽视的。大多数员工的工作并不稳定，这个行业充满了年轻人并以白人男性居多。

随着互联网的兴起，出现了许多新的职业道路。在产业数据上涨之前，许多技术工作者被视为书呆子。互联网导致了创造性工作的产生，并被视为在性别、种族和性取向上持有不同看法的职业。网页设计、游戏设计、播客、博客和动画都是创造性的职业并伴随着产业的发展而上升。乍一看来，新媒体领域似乎有点"节点""酷""创意"和"轻松"，但许多人不了解的是，这一领域的工作是令人厌烦的，这一领域员工的工作往往不够稳定。但这方面的工作已成为项目的基础。个人工作项目将投标为不同的公司项目。大多数人不仅在一个项目里工作，而往往同时为多个项目工作。这可能看起来像是一个来源于生活之外的无忧无虑的生活。

作为一个平等和自由的环境，新媒体事业是一个被神话的意识形态。这是一个网络信息和游戏蓬勃发展的领域，只要你行就可以。虽然这种职业路径有着较强的随意性和灵活性，但这一领域仍然存在着一定的不平等。在这个行业中，许多公司已经出现或转型，以适应新媒体提供的快速变动的令人兴奋的机会。下列公司是其机构有着不断变化的宏伟图景的例子，它们添加或更改相应的服务以适应新媒体服务：品牌新媒体（Brand New Media）；阿德克创意（Adcore Creative）；七西传媒（Seven West Media）。

二、新媒体艺术的分类

进入新媒体时期，艺术创作手段不仅更为丰富，在新媒体艺术形态上也有着与之前的艺术样式大相径庭的地方。根据其本质，新媒体艺术可以被分为九类，主要有：计算机艺术、新材料艺术、影像艺术、网络艺术、互动艺术、虚拟现实艺术、物理化学&媒体艺术、行为&媒体艺术、生物&媒体艺术。

（一）计算机艺术（Computer Art）

电脑艺术是计算机在制作或展示艺术品的过程中起到作用的任何一种艺术。这种艺术可以是一个图像、声音、动画、视频、光盘、DVD、游戏、网站、算法、性能和画廊的装置。因为许多传统的学科正在整合数字技术，因此，传统的艺术作品和使用计算机的新媒体作品之间的界限已逐渐模糊。例如，一个艺术家可以将传统绘画与算法艺术和其他数字技术相结合，其结果是，通过它的最终作品定义计算机技术是很难的。计算机艺术是由它的本质进化而来的，因为在技术和软件的变化过程中会直接影响未来的可能。在这个领域成绩显著的艺术家包括曼弗雷德·摩尔（Manfred Mohr，1938—）、罗纳德·戴维斯（Ronald Davis，1956—2008）、哈罗德·科恩（Harold Cohen，1928—

2016)、约瑟夫·内什瓦塔尔(Joseph Nechvatal, 1951—)、乔治·格赖埃(George Grie, 1962—)、奥尔加·基斯勒瓦(Olga Kisseleva, 1965—)、约翰·兰斯荡(John Lansdown)和让·彼埃尔·贺伯特(Jean-Pierre Hébert)。

计算机艺术的历史可以追溯到1958年,那可能是电脑屏幕上的第一个人类形象的生成,该项目是有关乔治的一个小小的启发引起了女孩在SAGE防空设施中的行为。1960年德斯蒙德·保罗·亨利(Desmond Paul Henry, 1921—2004)①发明了亨利绘画机,他的作品于1962年在伦敦的瑞德画廊(Reid Gallery)展出,之后他因其机器生成的艺术赢得了个人展览的特权。

在上世纪60年代中期,大多数从事计算机艺术创作的实际上是工程师和科学家,因为他们获得了高校和科研实验室唯一可用的计算资源。许多艺术家开始探索新兴的计算技术,将其作为一个创造性的工具。在1962的夏天,A.迈克尔·诺尔(A. Michael Noll)在默里山的贝尔实验室(Bell Telephone Laboratories in Murray Hill)研制出数字计算机的程序,新泽西(New Jersey)因此产生完全用于艺术目的的视觉模式。他后来的计算模式模拟了皮尔·蒙德里安(Piet Mondrian, 1872—1944)和布丽姬·赖利(Bridget Riley, 1931—)的画而成为经典。诺尔还于1962年利用模式探讨了20世纪70年代的审美趋势,因而他用机器生成的艺术赢得了个人展览的特权。

有关电脑艺术的两场早期展览于1965年面向世人:1965年2月,在德国的斯图加特(Technische Hochschule),计算机图形(computergrafik)产生;1965年4月,在纽约的霍华德睿智画廊(Howard Wise Gallery),计算机生成了图片。斯图加特展览展出了格奥尔·内斯(Georg Nees, 1947—)的作品;纽约的展览则展出了贝拉·桔斯(Bela Julesz)和A.迈克尔·诺尔具有特色的作品,被视为艺术的纽约时报。第三场展览是1965年11月德国斯图加特的温德林·尼德里克(Wendelin Niedlich)画廊展出的,展示作品由弗里德·内科(Frieder Nake, 1938—)和格奥尔·内斯所创作。1965年底,研制模拟计算机艺术的莫恩·梅森(Maughan Mason)在诺尔计算机数字艺术展于秋季(AFIPS Fall)在拉斯维加斯展出的同时,参与了联合计算机会议。

1968年,当代艺术研究院(ICA)在伦敦举办了一场早期的、有关计算机艺术的、最具影响力的展览,叫作"控制论的意外"(Cybernetic Serendipity)。参与展览的有许多人,他们往往被视为第一批真正的数字艺术家,如白南准(Nam June Paik, 1932—2006)、弗里德·内科(Fred Neck)、莱斯利·梅采氏(Leslie Mezei)、格奥尔·内斯(Geor Ness)、A.迈克尔·诺尔(A. Michael Noll, 1939—)、约翰·惠特尼(John Whitney, 1917—1995)、查尔斯·绥瑞(Charles Csuri, 1922—)。一年后,电脑美术协会在伦敦成立。

在展览"控制论的意外"开放期间,1968年8月,一个座谈会在南斯拉夫萨格勒布举行,座谈会的主题为"计算机视觉研究"。它谈论了欧洲艺术家运动的新趋势,并孕育了1961年、1963年、1965年在萨格勒布开展的三场展览,旨在发展和推广的艺术,包括OP(光效应)艺术和观念艺术。因为新趋势的影响,展览更名为"趋势"(Tendencies),并在1973年前不间断地开展了更多的研讨会、展览、比赛和国际期刊。

凯瑟琳·纳什(Katherine Nash)和李察·威廉姆斯(Richard Williams, 1933—)为艺术家们出版了计算机程序,这是1970年的艺术样貌。

20世纪70年代施乐公司(Xerox Corporation)的帕罗·阿尔托(Palo Alto)研究中心(PARC)设计了第一个图形用户界面(GUI)。1984年第一台苹果机系统电脑正式发布,从那以后图形用户界面开始走红。许多平面设计师很快就接受了这个工具,并将其作为自身的一种创新能力。

1. ASCII艺术

ASCII艺术是一种利用计算机演示的图形设计技术,包括早期计算机的印刷模式。从1963年

---

① 德斯蒙德·保罗·亨利(Desmond Paul Henry)是曼彻斯特大学的哲学讲师(1949—1982)。他是第一批运用计算机进行试验的英国艺术家之一,致力于60年代时的全球新兴计算机艺术运动的视觉效果。亨利机器所产生的效果类似于抽象复杂的图形,曲线图形伴随着微软的Windows媒体播放器。亨利机器所产生的影响可能因此被称为代表计算机图形学的早期例子:"线图,借助于计算机和绘图机"的制作。

以来,图片拼合便定义了字符的 ASCII 标准以及 ASCII 兼容的字符集与专有的扩展字符(超出标准的 128 位 ASCII 字符)。这个术语也被广泛用来指涉基于文本的视觉艺术。ASCII 艺术可以用任何文本编辑器创建,并常用于自由形式的语言。大部分的 ASCII 艺术的例子需要固定宽度的字体(非比例字体,如在传统打字机中)作为邮件的介绍样式(图 2-6)。

图 2-6　《ascii 码转换》,600 Pixel×337 Pixel, 2013
图片来源:http://image.baidu.com/,2016-1-3

最古老的 ASCII 艺术是 1966 年左右电脑艺术先锋肯·诺尔顿(Kenneth Knowlton)在贝尔实验室工作期间所创作的。自 1966 年开始,"研究感知"便成为肯·诺尔顿和列昂·哈蒙(Leon Harmon, 1922—1983)的研究主题,早年提供的例子,就是早期的 ASCII 艺术。

ASCII 艺术产生的主要缘由是早期的打印机往往缺乏图形能力,这样的字符被用来在图形标志的地方进行标记。同时,对来自不同用户的不同标记打印工作之间的差异,大部分打印机常用 ASCII 艺术字符打印大型横幅,使分工更容易,以此便于计算机操作人员或职员的分工。当图像无法嵌入时,ASCII 艺术也用于早期的电子邮件。另外,ASCII 艺术也可以用于排版的缩写。

2. 数字诗

数字诗歌是一种电子文献的形式,在诗歌中表现出多样的方法,在使用计算机方面具有突出的和重要的特征。数字诗歌可以以光盘形式或 DVD 作为媒介,以艺术画廊的装置作为形式,在某些情况下,也以数字视频、电影、数字全息图、互联网作为记录方式。

数字诗是当前出版物的一个重要部分,只有在线或通过一些在线和离线出版物的组合方可使用。数字诗有许多类型,如超文本、动力诗学、计算机生成的动画、数字视觉诗歌、互动诗歌、编码诗、全息诗(holopoetry)、实验影像诗、利用计算机的可编程性创造的诗,还有使用或组合生成方法来创建文本,或涉及声音的诗歌,或利用诸如邮件列表、博客,以及其他形式的网络沟通创造协同写作出版的社区,如维基百科的"与诗同行"。

数字计算机给予艺术创造的机会,跨越不同的媒体——文本、图像、声音和互动程序进行创作。当代诗歌也因此采取这一优势向综合艺术和多媒体作品的创作进军。无论作品是诗歌、视觉艺术、音乐、编程或是界限模糊的类型,人们都期望在诗歌语言中激烈交战。随机文本是 1959 年在德国数学家西奥·卢茨(Theo Lutz)的创作中间接产生的,通过克拉·祖斯(Konrad Zuse, 1910—)的编程,Z22 创作的诗歌是第一首由计算机生成的诗。

3. 跨数字艺术

艺术家兼老师的朱迪思·蒙克瑞福(Judith Moncrieff)首先创造了这个术语。在上世纪 90 年代早期,作为太平洋西北艺术学院的讲师,蒙克瑞福发明并研究了新的数字媒介,称之为"跨数字艺术"(Tradigital)。学校在蒙克瑞福的学生之间举行了竞赛,学生们可以通过数字媒介用所有在服装表演、舞蹈中录像的剧照进行创作。大约在同一时期蒙克瑞福将她的业务实体(原名"蒙克瑞福工作室")更名为"跨数字成像"(Tradigital Imagin)。

蒙克瑞福是数字艺术集合"独特的版本"(Unique Editions)的五个创始成员之一。另四位艺术家分别是海伦·金(Helen Golden)、伯尼·洛特卡(Bonny Lhotka)、多萝西·克劳斯(Dorothy Krause)和凯特·斯米克(Karin Schminke, 1951—),他们结合自己在传统媒体的经验和数字成像技术工作室的技术专业创作原创的美术和出版物。他们于 1994 年 6 月汇聚在"超越的数字印刷"(Beyond the Digital Print)工作坊,这是由波士顿马萨诸塞州艺术和设计学院的克劳斯举办的研讨会。艺术家们在他们的混合媒体的方法中,使用计算机作为一种艺术制作工具,使得他们不同的专业背景成为显而易见的特色。虽然每一个图像的构思和执行至少部分是在计算机上,但工作范围包括绘画的种类、拼贴画、偏振片、图像传输，使用画布、手工纸等各种材料的印刷，压花金属等。蒙克瑞福使用"跨数字媒体"这一术语来形容这一融合了传统和数字工具的工作，"跨数字媒体"这一新兴名词便成为一项运动。"独特的版本"也作为一个研究和公共关系实体的探索技术，促进了数字艺术的发展。该工作坊的工作与硬件、软件开发人员的努力和从艺术家的角度对他们的产品提供反馈意见分不开。它作为一个艺术家的工作室有着在艺术世界中的数字技术的示范作用。"独特的版本"成为活跃在1997年，然而却是在海伦·金和朱迪思·蒙克瑞福持续工作的名义下的"跨数字美术"（Tradigital Fine Art）。

在20世纪90年代初，艺术家丽莎·瑞（Lisa Wray）独立地发展了一种纯艺术风格，她称之为"文艺复兴时期的形而上的意象"（Renaissance of Metaphysical Imagery）。其原型是从彩色复印、绘画艺术制作的彩色照片或底片暗室中引发的每项工作。1990年，她参观了美国仅有的两个专有计算机系统组装原型的地方：休斯敦得克萨斯的拉斐尔数字胶片厂（Raphael Digital Transparencies in Houston Texas）和拥有第一个原型的华盛顿道奇颜色实验室（Dodge Color Laboratories in Washington D.C.）。道奇颜色实验室的一个超集的机器最初是由国防部开发并组装的，拨开了酝酿生活的幻象。最后艺术被存档，其成就为"1"的磁带，然后输出为"11×14"有透明度的色膜。丽莎发现朱迪思·蒙克瑞福和她的努力开拓了"独特的版本"和"跨数字美术"，在20世纪90年代早期，"跨数字"这个术语的产生，也可用来形容她自己的工作。

4. 传真艺术

传真艺术是一门专属设计的艺术，是由一台传真机发送或传输的。"传真艺术"是指被接收的"传真"，它也被称为电信艺术（Telecommunications Art）或远程艺术（Telematic Art）。据艺术史学家安玛丽·香德勒（Annmarie Chandler）和诺利·纽马克（Norie Neumark）的认识，传真艺术的另一种手段是调节距离。传真艺术首次产生于1980年，但直到1985年才有文献记录。在1985年1月12日，约瑟夫·博伊斯（Joseph Beuys，1888—1958）连同安迪·沃霍尔（Andy Warhol，1928—1987）和日本画家东山魁夷（Kaii Higashiyama，1908—1999）参与"全球艺术融合"项目。这是一个传真的艺术项目，由概念艺术家友利·伏羲（Ueli Fuchser）发起，用传真将参加的三个艺术家的绘画作品在32分钟内发送至世界各地，从杜塞尔多夫（德国）经纽约（美国）到东京（日本），最终在列支敦士登现代艺术博物馆维也纳宫殿收到传真作品。这个传真作品象征着1980年代冷战期间的和平年代。最早的有学术记载的传真艺术史归功于1990年凯伦·欧洛克（Karen O'Rourke）的文献。

5. 生成艺术

生成艺术指的是其全部或部分的艺术是在使用了一个独立的系统后产生的。在这种情况下，一般是一个非人工的独立的系统，可以独立确定的艺术品，否则需要由艺术家直接决定其部分。在某些情况下，人类的创造者可以声称：生成系统代表自己的艺术理念，并在其他系统承担着创造者的作用。

"生成艺术"经常被用来指通过计算机算法确定产生的作品。但生成艺术也可以使用化学、生物、机械、机器人、智能材料、随机化手工、数学、数据映射、对称、瓷砖和更多的系统。

"生成性"一词常在艺术讨论中运用，贯穿于整个文学创作中，使用的时间已很久远。

人工核酸（Artificial DNA）的应用定义了一种艺术的生成方法，专注于构建一个能够产生不可预测的事件的系统，所有这些都具有一个可识别的共同特征。

自治系统的使用，需要一些当代的定义，重点是一种生成的方法，它可以使其控制的能量急剧减少。这种方法也被命名为"紧急"（Emergent），目前还不清楚这个词是何时出现的并在何时第一次使用。虽然在20世纪60年代的广阔背景下，博登（Boden）和埃德蒙（Edmonds）运用术语"生成艺术"描述自动化的计算机图形，但以展示艺术作品为目的则是由格奥尔·内斯（Georg Nees，1927—）和内克（Nake）在1965开始的。

现在的每一天，术语"生成艺术"和"计算机技术"已应用于各种串联，并与更多或更少的术语互换使用。

1965年2月的第一个展览显示了内斯所做的

工作，其中有些工作内容被称为"生成计算机图形"（Generative Computergrafik）。而内斯也许并不记得，这是他的博士论文发表几年后的事。第一个展览和其目录的正确名称是"计算机图形"。"生成艺术"的相关术语常用于描述早期的计算机艺术家如曼弗雷·德摩尔（Manfred Mohr，1938—）在这段时间的工作。如果"生成艺术"术语有动态艺术品系统的含义，那么能够产生几个作品事件的意义，显然1998年米兰会议上第一次使用了"生成艺术"这个术语。

这个词也被用来描述几何抽象的艺术，简单的元素是重复的、转化的或变化的，以此产生更复杂的形式。因此定义"生成艺术"是在20世纪60年代末受到阿根廷艺术家爱德多·麦恩太（Eduardo McEntyre，1929—）和米格尔·安琪儿·维达尔（Miguel Ángel Vidal）艺术实践的影响。1972年，保罗·诺（Paul Neagu，1938—2004）创造了英国的生成艺术组。这个小组后来完全由保罗·诺使用的别名进行宣传，如"哈氏·贝母"（Hunsy Belmood）和"爱德华·拉若施"（Edward Larsocchi）。1972年保罗·诺在女王大学（Queen's University）贝尔法斯特艺术节（Belfast Festival）作了一次演讲，题为"生成艺术形式"（Generative Art Forms）。

1970年芝加哥艺术学院（School of the Art Institute of Chicago）创建了一个名为"生成系统"的系科，由索尼亚·兰迪·谢里丹（Sonia Landy Sheridan）重点介绍了捕捉新的技术、机器间传输、图像打印和传输以及在图像信息的转换时间方面对艺术实践的探索。

1988年克劳泽（Clauser）自制识别系统作为生成艺术的一个关键因素被广泛关注：

这应该是显而易见的，上面描述的进化过程（或结构）和变化（或转换）是其最明确的功能，这些功能和长期的"生成"意味着动态的发展和运动。……（结果）不是艺术家创造的，而是生成过程的产物：一种自我沉淀的结构。

1989年克里斯蒂诺·索杜（Celestino Soddu）定义了生成的设计方法，在他的书《异食癖的阿里妥瑞》（Citta' Aleatorie）中研究了"生成艺术"如何运用在建筑和城镇设计中。

在1989年弗兰卡（Franke）提出了"生成的数学"作为"适用于产生艺术图像的数学运算的研究"成果。

从20世纪90年代中期开始，布瑞恩·艾诺（Brian Eno，1948—）推广音乐生成和生成系统，使之连接了泰瑞·瑞丽（Terry Riley，1935—）、史提夫·瑞（Steve Reich，1936—）和菲利普·格莱斯（Philip Glass，1937—）早期的实验音乐。

20世纪末，社会中的艺术家、设计师、音乐家和理论家开始相遇，形成跨学科的视角进行进一步的合作。1998年关于生成艺术的第一次会面出现了，那是意大利米兰理工大学首届国际生成艺术大会。1999年在澳大利亚的会议上，讨论了紧随迭代生成系统的电子艺术。1999年后期在线集中讨论了欧盟基因的邮件列表问题，举办了许多有争论领域的研讨会。2005年"生成X"会议在柏林启动。2012年在新杂志 GASATHJ 中，有专栏谈论"生成艺术科技"和技术硬件新闻，这个杂志是由克里斯蒂诺·索杜和恩丽卡·考拉贝拉（Enrica Colabella）创办的，在编委会成立时加入了若干个生成艺术家和科学家。

有人认为，由于这一跨学科、跨边界的参与行为，社会中已经融合形成一个具有共同意义的术语。正如博登（Boaden）和埃德蒙（Edmund）在2011年写道：

今天，"生成艺术"这个术语仍然是目前艺术界中的相关焦点。自1998年以来，一系列的会议在米兰召开，标题为"generativeart.com"，布瑞恩·艾诺已经在促进和利用生成艺术方法中有所影响。现在，在音乐和视觉艺术中，这个术语的使用已经融合在一套规则中，并产生了激活工作的体系，艺术家让计算机系统接管部分的决策，当然，还是由艺术家决定规则。

1998年，在米兰生成艺术会议的反馈中，克里斯蒂诺·索杜（Celestino Soddu）对"生成艺术"下了定义：

生成艺术是以人为事件的遗传密码意识再现，作为动态复杂系统的构建，能够产生无休止的变化。每一个生成的项目就是一个软件概念，作品产生独特的和不可重复的事件，如音乐或三维物体，作为可能的和流形表达所产生的想法，其强烈地识别属性归于一个艺术家、设计师、音乐家、建筑师和数学家。

关于欧盟基因邮件列表的讨论框架由阿德里安·沃德（Adrian Ward，1976—）于1999年提出：

生成艺术是一个长期的工作，它来源于专注制作艺术品的意愿，通常通过自动化的机器、计算机或使用数学又务实的指令来定义规则，这样的作品才有可能被执行。

菲利普·加兰特也提出了类似的定义：

生成艺术指的是任何艺术实践中，艺术家创造的一个过程，如一组自然语言规则、计算机程序、机器或其他程序性的发明，然后设置为具有一定自主性的运动过程，有助于完成或导致一个完整的艺术作品的呈现。

6. 故障艺术

故障艺术（Glitch art）是数字或模拟错误的审美化产物，如数字线路中的"障碍"和其他数字错误（bugs），由错误的数字代码、数据或通过物理操纵电子设备而产生，例如电路弯曲。

在技术层面上的故障是事故的意外结果。第一次记录是在1962年英美太空计划中，由约翰·格伦（John Glenn，1921—2016）描述了问题所在，格伦解释说，"从字面上看，故障是电流尖峰或电压变化而致"。

用于媒体艺术的早期故障艺术例子包括由杰米·芬顿（Jamie Fenton，1949—）和劳尔·咋瑞斯基（Raul Zaritsky）创建的数字电视晚餐（Digital TV Dinner，1978），迪克·安斯沃思（Dick Ainsworth）做的故障音频，这段视频是通过操纵巴利视频游戏（Bally Video Game）和录像带上所记录的结果而做成的，她介绍了她的故障研究宣言。罗萨·芒克曼（Rosa Menkman，1983—）于1935年提到由勒·蕾（Len Lye）做的颜色框（A Colour Box），以及由白南准（Nam June Paik，1932—2006）于1965年创作的马格尼特TV（MagnetTV）和由科丽·阿灿格（Cory Arcangel，1978—）所做的松下 TH-42PWD8UK 等离子燃烧屏幕（Panasonic TH-42PWD8UK Plasma Screen Burn），这些都可作为视觉艺术中的机械噪声和数字故障的例子，也是故障艺术的先例。

故障是用来描述这些类型的错误发生在软件、游戏、图片、视频、音频和其他形式的数据中的情形。故障艺术的术语是随着1990年代中期的音乐发展而产生的，用以描述一类实验的、噪音的、与电子相关的故障音乐。不久后，作为电视主持人和其他视觉艺术家的口语，"故障"开始成为数字时代的艺术审美，故障艺术成为将视觉艺术进行整体组装的艺术。

2002年1月，"主板"——一个科技先进集体，在挪威奥斯陆举行了一个研讨会，主题是"汇集国际艺术家，在一个较短的时间内与公众以及彼此分享他们的工作、学者的思想和实践者的其他问题"。

迈克尔·贝当古（Michael Betancourt，1971—）是一名运用故障影像的技术制作动画的艺术家。

2010年9月29日至10月3日，芝加哥主办了第一届故障技术研讨会，这是一个在芝加哥由尼克·布理斯（Nick Briz）、埃文·米内（Evan Meaney）、罗萨·芒克曼（Rosa Menkman，1983—）和乔恩·萨特龙（Jon Satrom）组织召开的为期五天的会议，包括研讨会、讲座、表演、装置和放映。2011年11月，第二次会议开幕，会址从芝加哥迁往阿姆斯特丹，最后到达英国伯明翰。会议包括研讨会、放映、讲座、小组讨论和展示，在画廊中展出了三个城市的七天会议内容。

7. 黑客行为

黑客行为（Hacktivism）或者黑客行动（Hactivism）是利用计算机和计算机网络来推动颠覆性政治议程的使用。在黑客文化和黑客伦理的根源，其目的往往关系到自由言论、人权或信息自由。

这个术语是1994年一个名为"Ω"的邮件组织对邪教的"死牛（CDC）"成员的称谓。由于其词根的语义变化，黑客行为有时是模糊的，其含义存在着很大的分歧，包括各种活动的目的、恐怖主义行为以及其他运用科技的黑客，其用途将影响艺术和改变社会。

8. 信息艺术

信息艺术，即"数据艺术"（Data Art）或"信息主义"（Informatism），是一个新兴的领域，综合了计算机科学、信息技术、艺术和古典形式，包括表演艺术、视觉艺术、新媒体艺术和观念艺术。信息艺术通常包括与计算机产生的、基于大量的数据处理的、互动的艺术内容。

1970年由凯纳斯顿·麦克·夏恩（Kynaston McShine，1935—2018）组织举办的名为"信息"

(informatism)的展览之后,"信息主义"便自然而生。在纽约现代艺术博物馆展示的信息艺术正式确立了观念艺术在美国成为主导趋势的可能。1966年观念艺术已经出现在美国,并有着几十个重要的国际发展活动。同时出现的活动还有实验艺术和被称为E.A.T的科学技术。

9. 运动图形

运动图形是由数字视频和动画技术创建的带有运动或旋转错觉的图形,常使用在与音频相结合的多媒体项目中。运动图形通常通过电子媒体技术所呈现,也可以通过手动技术显示,如西洋镜、费纳奇镜、频闪、活动视镜、翻转书等显示技术。这个术语用来区分图形与图形的外观转换是有用的,它可以区分随着时间的推移而不超过指定形式的图形。

运动图形超出了最常用的逐帧方法和动画。它是计算机所能计算的随机变化的意象图形创造运动与转化的错觉。计算机动画可以使用更少空间(内存)的信息、通过自动的方式制作补间动画,一个图像渲染的关键变化在于指定时间或计算过程。这些关键帧或普通帧被称为关键帧或低帧频的。Adobe Flash可以使用电脑制作的补间动画、逐帧动画和视频帧动画。

由于没有公认的运动图形的定义,其何时成为正式的艺术形式是有争议的。有介绍说,早在19世纪就有运动图形的使用。迈克尔·贝当古(Michael Betancourt,1971—)是第一个有历史调查的使用运动图形的人,他创建了视觉音乐的根基,由瓦尔特·如特曼(Walther Ruttmann,1887—1941)、汉斯·李希特(Hans Richter,1843—1916)、维京·爱格林(Viking Eggeling,1880—1925)和奥斯卡·费钦格(Oskar Fischinger,1900—)开启了20世纪30年代抽象电影年代的历史。

其中"运动图形"的术语是由动画师约翰·惠特尼(John Whitney,1917—1995)首次使用,他在1960年成立了一家名为动画公司的企业。

撒·巴斯(Saul Bass)是电影标题序列的特征发展的一个主要的先锋人物。他的作品包括热门电影的标题序列,如"男子与金手臂"(The Man With The Golden Arm,1955)、"眩晕"(Vertigo,1958)、"谋杀案剖析"(Anatomy of a Murder,1959)、"西北之北"(North by Northwest,1959)、"心理"(Psycho,1960)、"建议和同意"(Advise & Consent,1962)。他的设计很简单,但有效地传达了这些电影的基调。

10. 软件艺术

软件艺术是一种艺术作品,从软件的创作或通过软件的概念发挥重要作用,例如将艺术家和艺术作品的目的作为艺术品的软件应用程序。自20世纪90年代末以来,作为一门艺术学科分支的软件艺术已经越来越受到重视,它与网络艺术密切相关,由于其往往依赖于互联网,因而最引人注目的是万维网、有着传播和批判意识的作品。世界范围的艺术节、国际音乐节,如圣保罗国际电子文件的语言艺术节(FILE Electronic Language International Festival),柏林跨媒体艺术节(Transmediale),林茨电子艺术大奖(Prix Ars Electronica)和莫斯科、赫尔辛基、奥胡斯、多特蒙德"自述"艺术活动(Readme)已经对软件艺术投入了相当的关注。媒体的宣传,促进了软件艺术得到更为广泛的关注,获得诸如理论家与学者一样的受众。

11. 远程通信艺术

远程通信艺术是一种使用计算机的艺术项目,以电信网络为媒介、具有描述性的介质导向艺术。远程通信艺术挑战观看者的主动和被动的关系,在艺术对象中创造超越传统的互动关系,在行为参与的背景中遭遇远程审美。远程通信技术最早是由西蒙·诺拉(Simon Nora)和阿兰·明科(Alain Minc)在《信息化社会》(*The Computerization of Society*)中提出。罗伊·阿斯科特(Roy Ascott)看到远程通信艺术的形式是为观众创造的,在整个时间过程中,作品的结果是以积极参与者的转变而变化的。阿斯科特自1978年起,在网上首次了解到远程信息技术的前沿理论和实践内容,于是组织了许多不同的在线协作项目。

虽然阿斯科特是命名此现象的第一人,但第一个使用电信的艺术家,应是1922年匈牙利的结构主义艺术家L.莫霍利·纳吉(László Moholy-Nagy,1895—1946),当时他正在制作工作电话图片,于是出现了一个艺术媒体,即通信媒介。这项工作体现了孤立的个人艺术家和独特的艺术对象之间的想法。1932年贝特德·布莱希特(Bertold

Brecht，1898—1956）强调电信媒介之思想，在他的文章《无线电作为通信设备》（*The Radio as an Apparatus of Communication*）中提到了其艺术价值。在这篇文章中所提倡的双向无线电通信，体现了布莱希特指出的公众代表权力和远离传媒公司控制的意愿。艺术史学家爱德华·A.尚肯（Edward A. Shanken，1964—）撰写了几个有关远程艺术的历史记录，其中包括"从控制论信息到远程通信：艺术、教育学、理论和罗伊·阿斯科特"。

1977年由凯特·加洛韦（Kit Galloway）和谢莉·拉比诺维茨（Sherrie Rabinowitz）推进的卫星艺术项目，其主旨在于用卫星连接了美国东、西海岸的艺术家。这是艺术家第一次被一个远程的方式连接在一起。在美国航空航天局的支持下，艺术家们制作了参与者的复合图像，在不同的表演者之间实现了一个互动的舞蹈演唱会。估计有25 000名观众观看了海岸两边的互动：关于新技术对艺术的影响讨论，与此同时，即兴的、互动的舞蹈和音乐表演实时在屏幕上显示。这些远程通信的卫星作品强调艺术展示的过程，仍然具有远程艺术实践理论的中心地位。

阿斯科特第一次用远程信息处理进行创作是1978年，他组织了一个计算机会议项目，将美国和英国作为终端，在其间进行艺术之间的第一次互动。这个项目他使用了贾可·瓦尔利（Jacques Vallée，1939—）的信息媒体记事本系统，使其得以检索并添加了存储在计算机内存中的用户信息。这使该项目能够与一群人做"遇见审美视角的更多参与、多元文化的相互作用和层次丰富的意义"。阿斯科特非常喜欢这个项目，就像1982年罗伯特·阿德里安（Robert Adrian，1931—）的"24小时的世界的一部分"中的十个翅膀，有着更多的类似项目。阿斯科特最重要的远程艺术品是1983年的"文本的皱褶"（*La Plissure du Texte*）。这个项目给阿斯科特和其他艺术家一个集体参与的机会，利用计算机网络创造一个新兴的文本故事。这种参与被称为"分布式作者"（distributed authorship），但最重要的特点在于这个项目的互动性作品和方式打破了时间和空间的障碍。在20世纪80年代末的研究趣味中，这种使用计算机网络的扩展，特别是在早期的世界范围内的互联网发布的项目十分有趣。

12. 系统艺术

系统艺术是受控制论和系统论影响的，反映在自然系统、社会系统和社会标志的艺术世界本身。系统艺术成为20世纪60和70年代观念艺术第一浪潮一部分的延伸。与之密切相关和重叠的内容是反形式艺术运动，控制论、系统生成的过程，艺术、审美艺术系统和系统的绘画雕塑。

（1）反形式运动

到了20世纪60年代，极简主义已经成为一种抽象的艺术运动，在马列维奇（Lev Malevich）、包豪斯（Bauhaus）① 和蒙德里安（Mondrian，1872—1944）的几何抽象影响下，产生了反关系的思想，主观的抽象表现主义绘画、表面的复杂性和情感的时代精神和论战行动绘画在艺术的舞台上得以呈现。极简主义在主张极简的前提下，捕捉到了所有艺术需求的崇高表现。系统艺术的术语是1966年劳伦斯·阿洛韦（Lawrence Alloway，1926—1990）长期创造的描述方法，涉及的艺术家有肯尼斯·诺兰（Kenneth Noland，1897—1980）、阿尔·海德（Al Held，1928—2005）、弗兰克·斯特拉（Frank Stella，1936—），他们用这种方式创作抽象画。

与画家斯特拉相关的，极简主义绘画相对于其他地区，是一个现代主义运动。根据其语境，极简主义可以被看作是后现代运动的先驱。根据一些作家的角度来看，有时是把它归为一种后现代运动的，早期的极简主义开始作为一个现代主义运动所产生的前卫作品，但这个项目被部分放弃时，一些艺术家改变了对反形式运动的青睐。

在20世纪60年代末期，后极简主义最初是罗伯特·平克斯·W（Robert Pincus-Witten，1935—2018）用来形容极简艺术所衍生的内容和背景色彩，以此拒绝极简主义思潮，并将其理念运用到伊娃·黑塞（Eva Hesse，1936—1970）、基思·索尼尔（Keith Sonnier，1941—）的工作中，理查·塞拉

---

① 包豪斯（Bauhaus）：1919年4月1日建立于德意志联邦共和国魏玛市的国立包豪斯学校，后改称"设计学院"，在两德统一后更名魏玛包豪斯大学。其成立标志着现代设计的诞生，对世界现代设计的发展产生了深远的影响。

（Richard Serra，1938—）和罗伯特·史密森（Robert Smithson，1938—1973）等前极简主义者，罗伯特·莫里斯（Robert Morris，1932—2011）、布鲁斯·诺曼（Bruce Nauman，1941—）、索尔·勒维特（Sol LeWitt，1928—2007）、巴里·乐·V（Barry Le Va，1941—）的新工作也与之有关。极简主义者如唐纳德·贾德（Donald Judd，1928—1994）、丹·芙拉文（Dan Flavin，1933—1996）、卡尔·安德烈（Carl Andre，1935—）、艾格尼丝·马丁（Agnes Martin，1912—2004）、约翰·M.克瑞肯（John McCracken）和其他人继续为他们的职业生涯的后半生创作晚期现代主义绘画和雕塑，并为系统艺术奠基了思想。

（2）控制论艺术

音频反馈、磁带循环使用、声音合成和计算机生成的作品反映了控制论的信息意识、系统和循环。这种技术在20世纪60年代的音乐产业中广泛流行。在20世纪60年代末，当视频设备第一次进入消费市场，电子反馈的视觉效果成为了艺术研究的一个焦点。例如施泰纳（Steina，1940—）和伍德·瓦苏拉（Woody Vasulka，1937—）所运用的方式："所有音频和视频信号组合的方式，应用在各自相应的媒介中并产生电子反馈。"

随着爱德华·因那托斯（Edward Ihnatowicz，1926—1988）相关工作的进程，文英·赛（Wen-Ying Tsai）和控制论专家戈登·帕斯克（Gordon Pask，1928—1996）以及万物有灵论动力学家罗伯特·布雷尔（Robert Breer，1926—）、让·汤格利（Jean Tinguely，1925—1991）于20世纪60年代生产了可变的机械艺术，他们十分关注在生活和技术之间的共享电路。20世纪60年代后期一些电子艺术理论也相应出现。作家乔纳森·本厚（Jonathan Benthall，1941—）和基·杨·布拉德（Gene Youngblood）研究了控制学和控制论。这其中最重要的因素是英国艺术家和理论家罗伊·阿斯科特1966年左右在杂志《控制论》（Cybernetica）发表的一篇文章《行为主义艺术论的视野》，以及美国的批评家和理论家杰克·伯翰（Jack Burnham，1931—）的理论。1968年伯翰发展了超越现代雕塑建构的一个广泛的理论，控制论艺术的中心艺术驱动模式最终重现了生活。同样是1968年，杰西亚·赖卡特（Jasia Reichardt，1933—）在伦敦当代艺术学院举办了具有里程碑意义的展览"控制意外"。

（3）生成系统

生成系统与生成艺术紧密关联，2004年约瑟夫·内什瓦塔尔（Joseph Nechvatal，1951—）创作了《狂欢的屠宰场：丙烯酸辅助的电脑机器人》（Orgiastic abattOir: a computer-robotic assisted acrylic）（图2-7）。

图2-7　约瑟夫·内什瓦塔尔，《狂欢的屠宰场：丙烯酸辅助的电脑机器人》，2004

图片来源：https://en.wikipedia.org/wiki/Joseph_Nechvatal#/media/File:BOtv2002.jpg, 2016-6-3

生成系统是一种艺术，由计算机软件的算法、相似数学、机械原理或随机自治过程中所定义的使用系统所组合、构造而产生。索尼亚·兰迪·谢里丹（Sonia Landy Sheridan）建立生成系统，那是1970年在芝加哥艺术学院创造的一个程序，用来作为电脑机器人通信革命的社会变化的部分响应。该程序使艺术家和科学家的工作合在一起，是一种努力把艺术家的被动角色改为主动角色，并促进了当代科学技术体系，提升了艺术与生活调查科学性的活动。不同于复印的艺术，这是一个简单的商业事物，生成系统实际上是优雅而又简单的系统参与开发活动，适用于一般人群的创造性使用。生成系统的艺术家试图弥合精英和新手沟通之间的差距，促进两者之间的沟通，从而绕过企业家将更多的信息带给更多的人。

（4）过程艺术

过程艺术是一种艺术运动，和创造性的情感、世界观、艺术产品、工艺品有着共同的特征，这是艺术品,而不是主要的焦点。过程艺术的"过程"是指艺术的形成过程:收集、分类、整理、联系和模式。过程艺术与实际的制作有关,艺术则成为一种仪式、仪式过程和表演。过程艺术需要内在动机、理由与意向性。因此,艺术被看作是一个创造性的方式或过程,而不是一个可交付成果的最终产品。

正如杰克逊·波洛克(Jackson Pollock)艺术工作的话语中暗含着许多前因后果,在过程艺术中有一个意外就会对应相应的艺术标记数据。变化和无常是过程艺术的运动主题。古根海姆博物馆(The Guggenheim Museum)的罗伯特·莫里斯(Robert Morris)在1968年有一个开创性的展览,并以文章定义了该运动,在博物馆的网站上宣称"过程艺术家涉及随之而来的身体问题、随机事件、即兴创作和各种材质,包括传统的材料,如冰、蜡和乳胶。使用这些,他们创造了不规则的形式,在不稳定或不规则的安排中使用切割、悬挂、下降、有机过程,让材料生长、冷凝、冻结或分解"。

(5)系统艺术

1965年肯尼思·诺兰(Kenneth Noland,1897—1980)创作了"横贯东西"(Trans West)。

据2004年奇尔弗斯(Chilvers)所说:"1966年初英国艺术评论家劳伦斯·阿洛韦(Lawrence Alloway,1926—1990)曾经创造了'系统性的艺术',来描述一种抽象的且具简单形式的规范化的艺术,它通常是几何特征,无论是一个单一的集中图像或将一个清晰可见的组织在系统中反复变化。他认为,肯尼思·诺兰(Kenneth Noland)雪佛龙画作就是系统艺术的例子,并认为这是一支极少主义艺术的分支"。[1]

约翰·哈里斯(John G. Harries)认为20世纪的艺术,如系列艺术、系统艺术、结构主义和动态艺术,其共同基础是艺术发展的观念系统。这种艺术往往不直接观测事物外部的自然环境与可见光,而是从形态观察和描述它们之间的关系。对哈里斯而言,系统艺术是艺术家蓄意发展的一个更加灵活的参考框架。作为一种模式被模拟,而不是作为一个认知系统,其框架的风格,只会导致强加模型的制度化。但是在一个结构系统中,将图像的意思转移到系统的位置上,不需要定义系统的本质要素:如果没有定义,就不知道如何构建系统。

13. 机器人艺术

上文中我们谈到机器人艺术的概念与内涵,这里我们谈一下机器人艺术的溯源。机器人艺术是采用了某种形式的机器人或自动化技术而产生的艺术品。机器人艺术有许多分支,其中一类是机器人装置艺术,通过计算机、传感器和执行器,使得被编程的装置可以与观众响应并进行互动。这样的装置有着未来的行为,因此接收到来自艺术家或参与者的输入数据,这也是区分其他类型艺术品的动态艺术。

早期的机器人艺术例子和中国汉代(公元前第3世纪)的戏剧十分相似,伴随着机械乐团的发展,其他设备如机械玩具也应运而生,包括飞行机器人、机械化的鸽子和鱼、天使与龙、自动杯体等。发明全液压驱动的工程师以及工匠名字大多随着帝王的享乐而隐匿于历史的长河中,然而,始祖黄帝创造了战车,奚仲对战车进行了改造。有报道说,唐朝的人们看到中国古代工程师创造的机械鸟、机械水獭会吞食鱼,而机械僧侣则会祈求姑娘一起唱歌。

在西方也有早期的发明者,即英雄亚历山大(公元10—公元70年),他曾写道"自动剧院、气动和力学",据说当时已经建立了完全自动化的戏剧作品集(Automated Theatrical Set-pieces),展示了当时天工开物的奇迹。

在13世纪,巴迪·拉扎兹(Badi Al-Zaman'Isma'il, Al-Razzaz Al-Jazari)是穆斯林发明家,他致力于机械工程。像英雄一样,他尝试用水钟和其他液压机制进行创造。拉扎兹的工作最终被收集在一本他称之为精巧机械装置知识的书内,并于公元1206年完成,后来被简单地称为《自动机》(Automata)。在欧洲,也是13世纪,维拉德·德·奥尼寇(Villard de Honnecourt)是知名的发明家,他为法国法院建成机械天使。15世纪的约翰·穆勒(Johannes Muller,1801—1858)同时发明了一个机械鹰和一只机械苍蝇。

---

[1] Systems art.Anti-form movement[EB/OL].https://en.wikipedia.org/wiki/Anti-form_movement#Anti-form_movement,2016-6-3.

布拉格的天文钟,坐落于布拉格的老城广场,其特点是有四个电子数字分别代表虚荣、贪婪、死亡和娱乐。钟建于 1410 年,第一个指针指向死亡,一直持续到 1490 年。在 15、16 世纪,列奥纳多·达芬奇(Leonardo da Vinci,1452—1519)发明了几种戏剧性的自动机器,包括舞台上行走的狮子(a lion which walked onstage)、从胸前送花(delivered flowers from its breast)和运动的盔甲(a moving suit of armour)。

魔术师艾萨克·福克斯(Isaac Fawkes)于 1722 年创造了一个时钟,可以用风琴演奏出各种曲调,与长笛和小鸟一起唱歌;还有一种叫作"艺术殿堂"的机器,伴随着机械音乐家、轮船和鸭子的运动。福克斯也创造了一个机器苹果树,其树在观众面前会成长、开花、结出丰硕的果实。这棵树后来成为电影中的魔术师橙树幻觉的启示。在同一时期,一位瑞士钟表匠彼埃尔·雅凯·德罗兹(Pierre Jaquet-Droz,1721—1790)制造了一些高度复杂的成熟的自动机器,包括"作者"(6 000 件),"音乐家"(2 500 件)和"绘图员"(2 000 件)。这些设备是机械模拟计算机,现在仍然可以在瑞士纳沙泰尔(Neuchâtel)艺术与历史博物馆内工作。幸存至今的还有一个机械的剧院,于 1748 年到 1752 年建造在海尔布朗(hellbrun)的园林区,在奥地利萨尔茨堡附近。在 18 世纪的宫殿里的有一个横截面,上面显示了 141 个液压显示的数字,代表了各行各业的人,可以去了解他们的日常活动。

如今在机器创新方面的探索是工程团队创建的机器人。在 1893 年,乔治·摩尔(George Moore,1852—1933)教授创建仿人型"蒸汽人",动力机制由锅炉组成,随即在纽约展出。受到水平垂直柱子的支撑,它能够以四或五英里的速度在一个圆周上行走,据说,两个人也无法阻挡其行走。在 1898 年,物理学家兼工程师尼古拉·特斯拉(Nikola Tesla,1856—1943)利用一个特制的室内水池演示了曾在麦迪逊广场花园内展出的遥控船。这个装置被认定为世界上第一个无线电控制的容器。特斯拉把它描述为"一个借来的想法",并设想了一个由五十个或一百个潜艇或任何其他类型的车辆组成的舰队,可以根据一个或几个控制者的命令前行。

机器人现在成了艺术家面对基本问题的表达模式,也是艺术家将机械矛盾的对抗体转为先进的工业文化的特例。

(二)新材料艺术

新材料是指区别于传统艺术创作材料的新的合成物,新媒体之新的媒介特征也包括了非数字媒介的新材料媒介,它的出现为艺术创作提供了许多新的可能性和新的契机。

1. 新材料绘画

新材料绘画是一种在新型材质上作画的艺术方式,由于传统的油画、国画、水彩画、水粉画、丙烯画的画面效果是既定的,对于新媒体艺术家而言,其绘画语言有所限制,运用新的材质作为绘画媒介成为一种潮流,如有机玻璃、亚克力、锡纸、铁片等,另有使用特殊材料与颜料共同作画的,如蜡、金属碎末、霓虹灯等。

2. 新材料摄影

新材料摄影主要指在照片呈像时使用特殊的材质作为图像媒介的展示方法。其中蓝晒(Cyanotype)印相工艺是比较典型的图像制作方法。约翰·赫谢尔(John Herschel)爵士于 1841—1842 年发现许多铁化合物能够感光。蓝晒法是这一发现中派生出来的图片晒印法。蓝晒法又叫作铁氰酸盐(铁-普鲁士蓝)印相法,最常用的叫法是蓝图晒印法。它受到人们的普遍欢迎,因为它的化学成分和处理方法非常简单,并且有多方面的用途。这种基本的印相法能产生一种带有蓝色中间色调的白色影像和阴影部位。同时,其他颜色也可以随之而产生,包括在白色背景上产生蓝色影像,并且可以用负片、透明正片在相纸、用淀粉浆洗的布上,或者其他材料上制作出照片。

除此之外,棕晒印相、印相工艺负片制作方法、碳素明胶印相工艺、蛋白法银盐工艺、溴化银印相工艺、彩色奶酪印相工艺、化学制图成像法、铜凹版印相工艺、彩色树胶印相工艺、明胶蚀刻工艺、感光树脂凹版工艺、铂/钯金印相工艺、盐纸印相工艺、铁银印相工艺、日光法工艺、湿版火棉胶工艺等都是古典摄影工艺的延伸,亦即新研发的工艺方法。

20 世纪后期,古典工艺开始复苏,许多工艺得到了衍生。进入 21 世纪,艺术家把影像制作在金属、玻璃材料上,并运用数字技术制作图像。摄影的内涵与外延被不断的拓展。

3. 新材料装置

材料科学的跨学科领域,也称为材料科学和工程,是设计和发现新材料,特别是固体材料的领域。材料科学的知识起源于启蒙运动,当时研究人员开始使用化学、物理学和工程学的分析思维来理解冶金和矿物学中古老的现象。材料科学仍然包含物理学、化学和工程学的元素。因此,该领域长期以来被学术机构视为相关领域的一个子领域。从20世纪40年代开始,材料科学作为一个特殊而独特的科学和工程领域开始得到更广泛的认可,世界上主要的科技大学都创建了专门的材料学科。材料科学是一门融合了冶金、陶瓷、固态物理和化学的综合学科,这是第一个由融合而非裂变产生的新学科。

材料科学是一个非常活跃的研究领域。材料科学系与物理系、化学系和其他许多学科的工程系一起参与跨界材料研究。材料研究涵盖了广泛的主题,如纳米材料、生物材料、电子、光学、磁性、负指数超材料、半导体、计算材料科学与工程等。

新材料装置是基于新型材料的装置艺术创作。新材料装置艺术家强调了解材料的历史、加工以及结构,从而认知所影响的材料性能。对加工结构与性能关系的理解被称为"材料范式"。这种范式被用来促进对各种研究领域的理解,包括纳米技术、生物材料和冶金。新材料装置的创作还涉及对材料、产品、结构或部件的调查,这些材料、产品、结构或部件的组合可以产生全新的材料装置作品。

随着计算能力的不断提高,模拟材料的行为已经成为可能。这使得新材料装置艺术家能够理解行为和机制,根据新材料解释其装置的材料性质,围绕集成计算材料工程的发展,集中于将计算方法与实验相结合,实现优化材料性能在时间和空间上的尝试。这涉及密度函数理论、分子动力学、蒙特卡罗动力学、有限元等模拟材料。

(三)影像艺术

任何一件通过摄像机拍摄出的作品都被归为这一范畴的"艺术家的影像"。它们或许代表了某种行为的文献记录,现实的情绪化版本和图像无限集合的电子化结果。在20世纪80年代,影像艺术被明确地定义为电子图像的实验性研究,实验的趋势区别于对影像的商业利用和为会展艺术节而创作的作品,一些艺术家也成为独立的新媒体艺术创作群体,进而成为评论家和策展人的关注对象。[1]

1. 静态影像

静态图像为摄影提供了良好的技术支持。静态影像与传统摄影的图片有着相近的艺术内涵,它们所产生的结果是相同的,差异在于静态影像对于传统平面媒介而言有着独立的技术支撑。静态影像与摄影之间的最大差异在于印刷图片,静态影像自身的印刷数据是一种新型而又适宜的渠道与工具,另外静态影像可以设置各种质地的效果,也是超越传统的新技术。

2. 动态影像

动态影像是图像经过混合编辑的一个过程。动态影像包括摄像机和宣泄的感觉,一方面记录了一段影片和敏感的灯光,另一方面记录了一段数据,将色彩的信息集中起来服务于特殊的视角。由于不同的记录方式,静态影像可能会抵消各种互惠的因素,从而在图像的同一部分复制和延伸,对效果产生负面的影响;但动态影像可以确定记录数据,延续片段外的内容,避免图片外延的杂质。

3. 流式影像

流式影像又称为流媒体(Streaming Media),是一种网络传输分析技术,采用包含网络流量下的基于影像大小的流量传输方式。所谓流媒体是指采用流式传输的方式在因特网上播放的媒体格式。商家用一个视频传送服务器把节目当成数据包发出,传送到网络上;用户通过解压设备对这些数据进行解压后,节目就会像发送前那样显示出来。

流媒体是一边传输一边播放的媒体,也是多媒体的一种。一边传输一边播放是指媒体提供商在网络上传输媒体的"同时",用户不断地接收并观看或收听被传输的媒体。"流"媒体的"流"指的是这种媒体的传输方式(流的方式),而并不是指

---

[1] 马晓翔.新媒体艺术透视[M].南京:南京大学出版社,2008:58.

媒体本身。①

4. 视频游戏

视频游戏是一种电子游戏，包括人机交互的用户界面和用以产生视觉反馈的视频设备，如电视屏幕或电脑显示器。视频游戏中的"视频"传统上指一个光栅显示设备，但它现在意味着任何类型的显示设备，也可以产生二维或三维图像。

用于玩电子游戏的电子系统被称为平台，个人电脑和视频游戏机是最好的例子。这些平台包括各种大型主机以及小型手持计算设备。在20世纪80年代，专门的视频游戏十分普遍，家庭中使用视频游戏设备（例如，PlayStation 4和Xbox One）、视频游戏台式电脑、笔记本电脑和智能手机也越来越广泛。

游戏、游戏控制器、跨平台的输入设备中，常见的是控制器，包括游戏手柄、鼠标、键盘、操纵杆和按钮、移动设备的触摸屏。除了视频和音频反馈，在大多数情况下，游戏还支持触觉、振动或力反馈外围设备。

视频游戏已经成为一种艺术形式和一个行业。尤其是在新兴的亚洲市场和移动游戏市场的增长与推动下，视频游戏产业正日益受到商业的重视。截至2015年，平均每年全球的视频游戏销售额为740亿美元，并在美国娱乐市场形成第三大产业，仅次于广播和有线电视。

视频游戏艺术是以电子游戏为媒介的计算机艺术的一种特殊形式。视频游戏艺术经常需要打补丁或修改、更新现有的游戏或游戏使用结构，但它依赖于一个广泛的艺术技巧和艺术修饰产生的结果，包括绘画、雕塑、拨款、游戏中的干预和性能、采样等，也包括游戏的艺术创作，从开始到通过修改现有的游戏。视频游戏艺术著名的例子，包括科里·阿肯吉尔（Cory Arcangel，1978—）的"超级玛丽云"（Super Mario Clouds）和"我射击安迪沃霍尔"（I Shot Andy Warhol）；约瑟夫·德拉贝（Joseph Delappe，1963—）的项目"死于伊拉克"（Dead in Iraq）和"食盐进军在线：'第二人生'之甘地进军丹迪"（Salt Satyagraha Online: Gandhi's March to Dandi in Second Life）。2004—2005年，根茎网（Rhizome）招募"关于游戏的主题"，帕欧罗·培德次尼（Paolo Pedercini）的"款体工业"（Molleindustria）如"无名的"和"每一天，同一个梦想"，和伊恩·波欧斯特（Ian Bogost）的"牛之歌"（cowclicker）脱颖而出。

通过使用关卡编辑器，经常出现的艺术修改成为可能。一些艺术家利用机械应用中的非交互式动画作品结合艺术修饰进行创作，作品成为艺术修饰的代名词。虽然有一些艺术有许多相似之处，但机械还是不同于艺术修饰，依赖于不同的工具。

对视频游戏及艺术游戏的修改通常是互动的，可以允许单人或多人游戏体验。多人游戏的环境是利用网络环境开发的新的交互和协同艺术生产的。

5. 影像装置

关于影像装置的解读可以从媒体信息中有所了解：

他说在手术室的前厅里有一个互动影像装置。

——《泰晤士报》《星期日泰晤士报》(2007)

经过一个多小时的反复播放，这部电影的内容可以像一个影像装置一样，重复播放同样的动作。

——《泰晤士报》《星期日泰晤士报》(2010)

这是一个包括死亡和意识的普遍主题的影像装置。

——《泰晤士报》《星期日泰晤士报》(2012)

具有冥想、神秘力量的影像装置。

——《泰晤士报》《星期日泰晤士报》(2012)

它作为一个不协调的邀请，带人们进入一个房间内部，从一个新的戏剧摘录中呈现一个循环影像装置的面貌。

——《泰晤士报文学副刊》(2013)

通过旧报纸的文本和当代的影像装置，艺术家赋予诗人生命。

——《泰晤士报文学副刊》(2015)

这些示例是自动选择的，可能包含敏感内容。需要阅读更多……

隔壁的影像装置实在令人费解。

---

① 见百度百科"流媒体"词条。

——《泰晤士报》《星期日泰晤士报》(2016)

我发现雕塑比室内的影像装置等物体更容易被发现。

在里面，有照片、拼贴和影像装置，由未来艺术家创作。

——《泰晤士报》《星期日泰晤士报》(2017)

在这个巨大的影像、装置、表演和雕塑的混合体中，观众被鼓励去思考悲伤、焦虑和社交媒体。

——《泰晤士报》《星期日泰晤士报》((2018)

影像装置是将影像技术与装置艺术相结合，利用周围环境的因素影响观众观看体验的当代艺术形式。若追根溯源，可以回到20世纪70年代影像艺术的诞生，随着数字影像技术和影视后期技术的迅猛发展，影像艺术越来越受欢迎。如今影像设备无处不在，在一系列环境中都可以看到，从画廊和博物馆到一些扩展的领域，包括都市环境、工业景观和特定工作场地等，比比皆是。

影像装置艺术家使用的主要策略之一是将空间作为叙事结构中的一个关键元素。通过这种方式，著名的线性电影叙事被传播到整个视听空间，并创造出一个沉浸式的多维环境。在这种情况下，观众通过视听空间中的叙事序列创造并扮演着积极的观看角色。有时，在互动影像装置中，"参与性观众"的概念被进一步拓展和延伸，由于互动因素的存在，影像的展示方式使"参与性观众"成为电影情节的一部分。

美籍韩裔艺术家白南准（Nam June Paik）是影像装置的先驱，他在20世纪60年代中期的作品中使用了多个电视监视器进行影像雕塑的布置。后来，白南准继续使用影像墙和投影仪来创建大型沉浸式环境。沃尔夫·沃斯特尔（Wolf Vostell，1932—1998）是另一个影像装置的先驱。1963年，他在纽约的斯莫林画廊（Smolin Gallery）展示了他的6台解拼贴影像装置。其他影像装置的践行者有：比尔·维奥拉（Bill Viola，1951—）、加里·希尔（Gary Hill，1951—）和托尼·奥斯勒（Tony Oursler，1957—）。比尔·维奥拉被认为是一个新媒体大师。1997年他在纽约惠特尼博物馆进行的调研，和1994年至1995年由西雅图亨利美术馆（Henry Art Gallery）创建的加里·希尔的研究，以及他前往费城、纽约、洛杉矶和堪萨斯城的旅行，构成了影像装置艺术史上的一个分水岭，标志着影像装置艺术第一代艺术家时期和下一代艺术家时期的区分。另一位新媒体大师加里·希尔用离壳的显示器、投影和一系列媒体技术（从激光磁盘到DVD和新的数字设备）的组合创建了相当复杂且具创新意义的影像装置，以便观众可以与作品互动。例如，1992年在简·霍特（Jan Hoet，1936—）策展的第九届卡塞尔文献展（Documenta 9）中，观众进入了一个黑暗大厅的空间，可以看见坐着的人像的影像像幽灵般地投射在墙上。观众的靠近使得坐着的人像站起来，朝着观众走近，营造了一种阴间死者的怪异效果，暗示着在奥德赛，奥德修斯堕落到阴间。托尼·奥斯勒的作品利用了20世纪90年代早期发展起来的一种技术，这一技术可以将非常小的影像投影仪内置到雕塑的结构中，还可以提高图像亮度，使图像能够放置在平面显示器以外的表面上。1972年，大卫·霍尔（David Hall，1937—2014）和托尼·辛登（Tony Sinden）在伦敦美术馆展出了英国第一台多屏电视机。随后，英国的影像装置发展出自己独特的模式，继1975年在伦敦蛇形画廊（Serpentine Gallery）举办了具有开创性意义的国际影像展之后，利物浦、赫尔和牛津现代艺术博物馆（Museum of Modern Art, Oxford）等公共画廊便定期举办艺术节，并定期展出这些作品。山姆·泰勒伍德（Sam Taylor-Wood，1967—）早期的装置作品就是一个很好的例子，其作品拍摄的元素是以一系列连环投影的形式表现出来的。

（四）网络艺术

网络艺术是一种通过互联网发布数字作品的艺术形式。这种艺术形式规避了画廊和博物馆系统的传统优势，通过互联网提供审美经验。在许多情况下，观众被设定为某种与艺术作品互动的关系。艺术家以这种方式工作，常被称为网络艺术家。

当艺术家在其外部使用特定的社会或文化的互联网时，网络艺术可以在互联网的技术结构之外展开。网络艺术往往不总是互动性、参与性和基于多媒体的。网络艺术可以用来传播一个信息，无论是政治的还是社会的，均利用人的互动。

网络艺术通常并不指艺术已完全数字化并上传到互联网上的可视文件。这可以通过一个网络浏览器，如图片上传在一个在线画廊。这种类型的依赖本质上是因为互联网的存在，利用这样的平台作为一个互动的接口，连接到多个社会、经济实体和微观文化。它指的是互联网作为一个整体，不只是以网络为基础的作品。

2002年，理论家和策展人乔恩（Jon）定义了"神话"的互联网艺术。他引用上述定义，确定它不同于商业网站设计的特点，探讨问题的持久性、归档和流体介质的集合。

1. 超文本

超文本是显示在计算机显示器或其他电子设备的具有超链接的参考文本。通过超链接到其他的文本，读者可以立即访问，或在文字间即可了解其多层次细节，也叫拓展文本（Stretchtext）。超文本页面之间通过超链接，用鼠标点击便可激活按键序列或触摸屏。除了文本，超文本有时也用来描述表格、图片等表象形式的内容与超链接。超文本是定义万维网基本概念的结构，经常使用的是超文本标记语言，即HTML页面。它是一个易于使用并具有灵活链接的在互联网上共享的信息。

1941年，乔治·路易斯·博尔赫斯（Jorge Luis Borges，1899—1986）创造了"小径分岔的花园"，一个简短的故事，通常被认为是超文本的灵感概念来源。1945年，万尼瓦·布什（Vannevar Bush，1890—1974）写了一篇名为"正如我们可能认为"的文章，发表于《大西洋月刊》（*The Atlantic Monthly*），文章关于一个未来的原始文本设备，叫作梅麦克斯（memex），这是一个缩微胶片，它停止的位置具有指示意义，但没有一个标点符号，也不是一个标准的网络文件。Standard.enables，它是易于使用和灵活的、在互联网上链接并共享信息的网站。

1963年，泰特·内尔森（Ted Nelson，1937—）创造了术语"超文本"和"超媒体"，通过其模型开发了用于创建和使用链接的内容，这一消息首次公布1965年。后来1967年，在布朗大学（Brown University）他与安德瑞·万·丹姆（Andries van Dam，1938—）开发了超文本编辑系统，即文字编辑工具。泰特·内尔森在上世纪60年代说，他构思一个超文本系统，他的理论是通过对项目"世外桃源"的实施得以拓展，但他的第一个不完全公开的成果发行于1998年。

道格拉斯·英格巴（Douglas Engelbart，1925—2013）于1962年开始在斯坦福研究院独立构建他的NLS系统，虽然曾获得资金，但由于人员和设备的延迟，其系统的主要功能并没有完成，直到1968年才得以结束。同年的12月，英格巴第一次演示了"超文本"（编辑器）的公共接口，这被称为"所有演示之原型"（The Mother of All Demos）。于是文字处理器便诞生了。

第一个超媒体应用程序是在1977年公布的白杨树镇电影地图（Aspen Movie Map）。它提供用户各种选择，即在一个虚拟的城市景观中开车的尝试。

1980年提姆·伯纳斯·李（Tim Berners-Lee，1955—）创建查询系统（ENQUIRE），早期的超文本数据库系统有点像维基但无超文本标点，直到1987年才被发明出来。20世纪80年代初人们看到了一些实验性的"超文本编辑器"（hyperediting）这些文字处理器和超媒体程序的功能类似于万维网，它们的许多特点和术语后来被定义在万维网的范畴内。个人电脑的第一个重要的超文本系统，是1982年在彼得·布朗（Peter J. Brown）的引导下，研制出的富余水深计算方法（UKC）。

1980年罗伯托·布萨（Roberto Busa，1913—2011），一位意大利耶稣会教士、一个在计算机语言和文学分析方面的先驱，发表了托马斯著作索引（*Index Thomisticus*），作为在阿奎那进行文本搜索的工具，搜索了大量阿奎那（Saint Thomas Aquinas，1225—1274）的作品。由IBM创始人托马斯·J·华生（Thomas J. Watson，1874—1956）赞助，项目历时约30年（1949—1980），并最终产生了56册的阿奎那著作索引。这是第一个重要的超文本工作，是有关圣·托马斯·阿奎那圣书和一些相关作者的记载。

1983年本·谢德曼（Ben Shneiderman，1947—）在马里兰大学人类-计算机交互实验室（University of Maryland Human-Computer Interaction Lab）研发了一组开发系统，这是科内提克斯（cognetics）公司的商业化项目。超文本项目是用来创建ACM通讯（Communications of the ACM）的，1988年7月作为一个超文本文件，成为第一个商业电子图书文本的助手（*Hypertext Hands-On*）。

1987年8月，苹果电脑在"马克世界"

(Macworld)大会上发布了用于 Mac 生产线的超级卡(HyperCard),它具有深远的影响。结合彼得·J·布朗(Peter J. Brown)的兴趣的导向,以猫头鹰(OWL)品牌和早些年发布的电脑卡为例,对于布朗大学而言便是跨媒体,引发了人们对数据库和新媒体广泛的兴趣和热情。第一个超文本(超文本编辑器和数据库)学术会议于 1987 年 11 月在教堂山的会议中心(Chapel Hill NC)展开,另有很多其他的应用,包括分支的文学写作软件"故事空间"(Storyspace)也成为见证。

同时,在过去的 20 年里,纳尔逊一直在倡导他的"世外桃源"系统,超级卡的成功上市,激发了他的革命思想,即对"自动桌面"(Autodesk)的投资。该项目继续在"自动桌面"上花了四年,但没有产品发布。

1989,提姆·伯纳斯·李一个在欧洲核子研究中心(CERN)工作的科学家,最后提出了一个新的超文本项目原型,以此响应一个简单的、直接的、信息共享的设施的请求,它是物理学家在欧洲核子研究中心等学术机构工作中的成果。他称该项目为"万维网"(World Wide Web)。

2. 交互式媒体

交互式媒体通常是指以数字为基础的系统产品和服务,通过呈现内容,如文本、移动图像、动画、视频、音频、游戏等,以满足用户的行动。

交互式媒体是一种传播的方法,它的输出既来自媒体也来自用户的输入。交互式媒体可以让用户与媒体一起返回,也可以让他们一起参与。媒体仍然具有相同的目的,但用户的输入增加了互动,并带来有趣的功能,以更好地享受系统。

飞利浦公司开发的模拟光盘,是交互式媒体的开创性技术。此外,有几个因素,鼓励发展交互式媒体,包括以下内容:

(1)激光光盘技术首次在 1958 年得以发明。它能够使用户在计算机屏幕上访问高质量的模拟图像。这增强了交互式视频系统的能力。

(2)图形用户界面(GUI),是发达国家在 20 世纪 70 年代通过苹果电脑普及的概念。公司研发的界面基本上是关于视觉隐喻、直观的感受和对虚拟桌面共享的信息。其唯一的额外能量是将信息移动到多媒体。

(3)硬件成本的急剧下降以及计算机速度和内存前所未有的提高,将个人电脑转变为一个高效能的机器,具有将音频和视频的颜色合成的先进方法。

(4)1990 年,由微软发布的 Windows 3 进入 IBM 克隆机的主流世界,推动了图形用户界面成为小型计算机系统通信的标准机制。

(5)1979 年飞利浦公司的光学数字技术带来了光盘(CD)的发展,这又是另一个主要因素。在交互式媒体的发展中提出了发展交互式媒体的问题。此前的所有元素为主要硬件和软件的发展并用于交互式媒体系统做出了贡献。

3. 交互式动画

交互式动画是指在动画作品播放时支持事件响应和交互功能的一种动画,也就是说,动画播放时可以接受某种控制。这种控制可以是动画播放者的某种操作,也可以是在动画制作时预先准备的操作。

交互式动画的交互性提供了观众参与和控制动画播放内容的手段,使观众由被动接受变为主动选择。最典型的交互式动画就是 FLASH 动画。观看者可以用 AS 程序预设鼠标或键盘对动画的播放进行控制。另外,随着三维动画技术日趋成熟,三维动画应用领域已从三维游戏逐渐走向了电影、建筑、文物古迹复原,城市道路桥梁规划产品演示动画,虚拟动画如虚拟演播室、虚拟舞台、虚拟电影场景等,也从传统的被动观看转向更具控制性的交互式三维动画。[①]

交互式动画伴随着 Adobe 公司的 FLASH 发展不断地呈现出完整、成熟的控件特征。Adobe Flash,以前称为 Macromedia Flash 和 Shockwave Flash,是一个多媒体软件,用于创建矢量图形、动画、网页游戏平台,有着丰富的互联网应用功能,是一款桌面应用程序、移动应用和手机游戏的应用程序。FLASH 显示文字、矢量和栅格图形,提供动画、视频游戏和应用程序。它允许音频和视频流的播放,并可以捕捉鼠标、键盘、麦克风和摄像头输入的可控事件,将其输入数据转化为可控的动作,产生交互式动画。

---

① 见百度百科"交互式动画"词条。

4. 网页游戏

网页游戏又称 Web 游戏，是一种无需安装的网游，简称页游。它是基于网络浏览器的网络在线多人互动游戏，大部分无需下载客户端，不存在机器配置不够的问题，最重要的是关闭或者切换极其方便。网页游戏，这种基于 Web 浏览器的网络在线多人游戏，从诞生发展至今，大概分为三种类型：一是基于网络浏览器，使用 PHP/ASP/Perl 等解释语言建设的虚拟社区；二是基于网络浏览器，使用 Flash/JAVA 技术制作的游戏；三是需要下载客户端并连接专用服务器运行的游戏。

在网络泡沫经济高速扩张的年代，大量网民涌入网络空间，MUD 已经逐渐衰退而网络游戏又尚未兴起的年代，网页游戏这种全新的游戏被推出，无疑产生了巨大的反响。只要通过简单注册，便可以边玩游戏边参与论坛。尽管只有简陋的游戏界面、些许文字、几张图片，游戏方式也不过是刷新页面而已，网页游戏却带来了无限的乐趣和遐想。

5. 网站与网页

网站设计在万维网的空间内建设供浏览者随时访问的站点，站点要能充分吸引访问者的注意力，让访问者产生视觉上的愉悦感。网站设计其实是网站的整体设计与网页设计紧密结合起来的共同体。网站设计包括网站的策划、网站的主题模式，以及网站的艺术表现手段。简单来说，网站设计涉及大量的信息，如文字、图片（GIFs、JPEGs、PNGs）、表格等较为简单的信息，都可以通过使用超文件标示语言、可扩展超文本标记语言等标示语言放置到网站页面上；而更复杂的信息如矢量图形、动画、视频、音频等多媒体档案则需要插件程序来运行，同样地它们亦需要使用标示语言移植在网站内。网站是由域名（俗称网址）、网站源程序和网站空间三部分构成。其中域名是用于识别和定位互联网上计算机的层次结构式字符标识，与该计算机的互联网协议（IP）地址相对应。而网站设计是设计师通过像 Frontpage、Dreamweaver 或 HTML5 等工具来对网站进行编辑。

网页设计是设计过程的前端，通常用于描述一个网站，包括写标记，装饰灰色地带，考虑覆盖了网络的制式问题。网页设计是一个把软件需求转换成用软件表示的过程，如在因特网上，根据一定的规则，使用网页三剑客等工具制作的用于展示特定内容的相关网页的集合。简单地说，网站是一种通信工具，就像布告栏一样，人们可以通过网站来发布自己想要公开的资讯（信息），或者利用网站来提供相关的网络服务。人们可以通过网页浏览器来访问网站，获取自己需要的资讯（信息）或者享受网络服务。

网页设计一般分为三类：功能型网页设计（服务网站＆B/S 软件用户端）、形象型网页设计（品牌形象站）、信息型网页设计（门户站）。根据设计网页的不同目的，应选择不同的网页策划与设计方案。

网页设计的工作目标，是通过使用更合理的颜色、字体、图片、样式进行页面设计美化，在功能限定的情况下，尽可能给予用户完美的视觉体验。高级的网页设计甚至会考虑到通过声光、交互等来实现更好的视听感受。网页设计常用的工具包括 AI、PS、FL、FW、DW、CDR、HS 等。

6. 网络装置

任何类型的"动态网页"和"Web 应用程序"之间的一般区别尚不清楚。被称为"Web 应用程序"的网站是那些具有类似于桌面软件应用程序或移动应用程序功能的网站。HTML 5 引入了显式语言支持，使应用程序可以作为网页加载，还可以在本地存储数据，并在脱机时继续运行。单页应用程序更像是应用程序，因为它们拒绝在具有不同 URL 的不同页面之间移动，是更典型的 Web 模式。单页框架可用于加快移动平台上此类 Web 应用程序的开发速度。

1995 年，Netscape 引入了一种客户端脚本语言 JavaScript，允许程序员在客户端运行的用户界面中添加一些动态元素。因此，下载页面的嵌入脚本可以执行各种任务，例如输入验证或显示/隐藏页面的部分，而不是将数据发送到服务器以生成整个 Web 页面。1996 年，Macromedia 推出的 Flash Player，这是一款矢量动画播放器，可以作为插件添加到浏览器中，以便在网页上嵌入动画。它允许使用脚本语言在客户端编程交互，而无需与服务器通信。1999 年，Servlet 规范版本 2.2 中 Java 语言引入了"Web 应用程序"概念。那时 JavaScript 和 XML 都已经开发出来了，但是 Ajax 还没有出现，XMLHttp Request 才开始作为

ActiveX 对象出现在 Internet Explorer 5 上。2005 年,Ajax 这个词被创造出来,像 G-mail 这样的应用程序开始让它们的客户端变得越来越具有交互性。网页脚本可以联系服务器存储/检索数据,而无需下载整个网页。在 2011 年,HTML 5 已经完成,它提供了图形和多媒体功能,而不需要客户端插件。HTML 5 也丰富了文档的语义内容。API 和文档对象模型(document object model, DOM)不再是后续的内容,而是 HTML 5 规范的基本组成部分。WebGL API 为基于 HTML 5 框架和 JavaScript 语言的高级 3D 图形铺平了道路。这些对于创建真正独立于平台和浏览器的丰富 Web 应用程序具有重要意义。

网络装置则是基于网络交互技术的装置艺术创作,它的视觉呈现是在装置的架构上运用网络技术进行信息的传输,即网络应用程序。网络应用程序使用以标准格式(如 HTML 和 JavaScript)编写的 Web 文档,这些格式由各种网络浏览器支持。网络应用程序可以被视为客户机/服务器软件的一种特定变体,在访问相关网络页面时,使用 HTTP 等标准过程将客户机软件下载到客户机上。每次访问网页时都可能发生客户端网络软件更新。在会话期间,网络浏览器解释和显示页面,并充当任何网络应用程序的通用客户端。

7. 赛博表演

赛博表演指生动的文艺演出,远程参与者能够协同工作,实时通过网络介质,采用如聊天或专用的应用程序,以及多用户技术,实时协同软件[例如,抢戏、参观工作室、水车的水龙头、姆斯(MOOs)和其他平台]等进行协同演出。赛博行为也被称为在线行为、网络行为、远程信息处理的行为和数字影院,目前对该术语还没有达成共识,但赛博行为的特点是凝聚力强。例如,在人们普遍采用的顶级平台上,用户可以指定一个在网络艺术环境中的特殊类型的表演艺术活动。

赛博表演可以被创造并被呈现于完全在线、分布式网络受众和参与互联网连接的电脑上,在世界任何地方,观众都可以要求一个近端的观看(如在一个物理的剧院或画廊场地),通过互联网与一些或所有的演员见面;也可以是混合的两种方法,具有远端和近端的观众或表演。

赛博表演是一个合成词,是"网络"与"表演"混合而生,是由纯艺术家兼策展人海伦·瓦利·贾米森(Helen Varley Jamieson)提出。2000 年,她说"这个词的发明并不容易,因为需要找到一个词既避免了虚拟与真实的极化,又是新时期所需要的一个新型词,而不仅仅是'在线'或'虚拟剧场'"。贾米森回顾了赛博表演的历史,追溯到 1977 年的卫星艺术项目(Satellite Arts Project),互动艺术先锋艺术家凯特·加洛韦(Kit Galloway)和谢莉·拉比诺维茨(Sherrie Rabinowitz)使用混合视频创造他们所谓的"一个没有地理边界"的表现空间。

赛博表演有不少在虚拟环境中进行,自 20 世纪 80 年代出现以来,包括多用户虚拟环境称为玛德斯(MUDs)和姆斯(MOOs)在 20 世纪 70 年代得以运用,网上聊天的空间(例如互联网中继聊天或 IRC)在 20 世纪 80 年代,图形聊天室(Palace graphical chatroom)在 20 世纪 90 年代,在前台和访客工作室,以及"第二人生"、水车的水龙头和其他平台得到了综合应用。值得注意的赛博表演组和项目到目前为止,包括:

(1)哈姆尼特(Hamnet)的表演。由斯图尔特·哈里斯(Stuart Harris, 1931—)创建,他们最早的表现是"哈姆尼特",于 1993 年在 IRC 进行。

(2)明文的表演者。由安托瓦内特·拉法基(Antoinette LaFarge)创立,在姆斯和混合现实空间内执行,其最早的表现是 1994 年的"圣诞节"。

(3)"Parkbench"。1994 年由妮娜·索贝尔(Nina Sobell)和艾米丽·哈兹艾尔(Emily Hartzell)创建,这是一个有协作性能的、用视频和网络浏览器界面写作的绘制空间。

(4)桌面剧场(Desktop Theater)。由阿德瑞尼·杰尼克(Adriene Jenik)和丽莎·布瑞内斯(Lisa Brenneis)创立,这组在皇宫演出的工作例子是 1997 年的"waitingforgodot.COM"。

(5)阿凡达的身体碰撞。海伦·瓦利·贾米森、卡拉·皮塔克(Karla Ptacek)、维姬·史密斯(Vicki Smith)和丽娜·萨里宁(Leena Saarinen)在 2002 年创立,这个网上表演是一出集体抢戏,其运用网络软件进行赛博表演的目的是获得新西兰政府的支持。

(6)Aether 9。由欧洲、美国南北的共 2007 位艺术家发起的一个合作的艺术项目,旨在探索实时视频传输的领域。

（7）阿凡达乐团虚拟实境（AOM）。在虚拟的网络环境中"第二人生"形成（SL）,探索了与角色互动的可能性。

（8）第二前沿。在线先锋表演艺术团,基于虚拟现实的第二人生。

（9）低调生活。一个基于表演的国际性艺术节,通过互联网传输,以实时传输为基础的作品,并实时投影在世界各地多个地点。

（五）互动艺术

互动艺术是一种涉及观众参与方式,使艺术达到其目的艺术形式。一些互动装置艺术通过让观察者或参观者"走"入其中,或是在其周围参观,使得艺术家或观众成为艺术品的一部分。

这类艺术作品经常采用计算机、接口和传感器来响应运动、热、气象变化或其他类型的输入,信息输入的制造者对它们进行编程。虚拟的网络艺术和电子艺术的大多数例子是高度互动的。有时,浏览者能够浏览超文本环境,一些作品接受文本或视觉输入,有时观众的反馈会影响其性能,甚至观众可以参与其中。一些其他类型的互动艺术被认为是创造了身临其境的互动环境,涉及周围所有的频谱反馈。像由毛里斯·贝纳永（Maurice Benayoun, 1957—）和杰夫瑞·肖（Jeffrey Shaw, 1944—）创造的虚拟现实环境,是高度互动的作品,毛里斯·贝纳永称它们为"游客"作品,焦·戴维斯（Char Davies, 1954—）的沉浸式互动,是一种全感知的互动领域。

虽然一些最早的互动艺术的例子可以追溯到20世纪20年代,但直到20世纪90年代末,大部分的数字艺术并没有成为正式进入世界的艺术,正是从这时开始,博物馆和美术馆越来越多地逐渐为数字和互动艺术作品开放。这种艺术流派的萌芽正在以某种方式快速发展,通过互联网社会的亚文化,以及通过大规模的城市设施发展起来。

根据新媒体艺术家兼理论家毛里斯·贝纳永的看法,第一件互动艺术应该是由普林尼（Pliny）描述的他在宙克西斯（Zeuxis）工作期间的作品,在公元前5世纪,宙克西斯试图揭开画布的帷幔。其工作的意义来自于宙克西斯的姿态,没有他其意义也不存在。宙克西斯的姿态（Zeuxis' gesture）,成为帕哈休斯（Parrhasius）工作的一部分。这表明,互动艺术的特异性来源于对计算机的使用,其质量与效果听从于"情境"和"他人"意义建构的过程与参与。然而,计算机和实时计算的任务更容易挖掘虚拟的领域,以及可能出现的意外,虽然这是为未来预先写好的,那就是当代艺术。

一些互动艺术的早期的例子是在20世纪20年代。一个典型的例子是马塞尔·杜尚（Marcel Duchamp, 1887—1968)命名为"旋转的玻璃板"的作品。该作品要求观众打开机器,站在一米的距离,便能看到一个光学错觉。

在20世纪60年代,互动艺术的思想开始蓬勃发展,部分是由于政治上的原因。当时,许多人发现在他们的作品中,仅强调创意过程是不恰当的。那些持这种观点的艺术家们想展示给观众自己创作过程的一部分内容。一个较早的例子是20世纪60年代早期罗伊·阿斯科特的"换画",弗兰克·波普尔（Frank Popper）写道:"阿斯科特是第一个让观众参与艺术的艺术家。"除了一些"政治"的观点,这是当前互动和参与的智慧在创作过程中起到积极作用的原因。[①]

20世纪90年代,随着计算机交互技术的出现,伴随着这一新的艺术体验,互动艺术成为一个广泛的现象。观众和机器能够更容易地结合在一起,作品为每个观众设置对话从而产生一个独特的艺术品。在20世纪90年代末,博物馆和画廊开始越来越多地接受这种有表演成分的艺术形式,有的甚至将其策划成一个展览。这是今天通过增加交流继而扩大互动艺术的发展空间。

20世纪最后的10年,一个混合并跨界的新兴学科吸引了特定的艺术家和建筑师群体,在21世纪初15年的发展中,他们创作了共同利益,学科界限开始模糊。数量激增的建筑师和互动设计师在创造新的、定制设计接口和演变技术时,获得用户参与的多样式作品,其数据输入包括机器狗的视觉、替代传感器、声音分析等。形式和工具的信息显示包括了如视频投影、激光、机器人、机电一体化执行器和照明等。其模式为人类和人机通信,

---

① Frank Popper.the free encyclopedia[EB/OL]https://en.wikipedia.org/wiki/Frank_Popper, 2016-6-3

即通过互联网或其他电信网络。与此同时,发展社会环境的互动系统,如功利的工具、正式的实验、游戏的娱乐、社会的批判和政治的解放等。

互动艺术有许多不同的形式。互动舞蹈、音乐、戏剧等形式的范围,包括新技术,主要是计算机系统和计算机技术,产生了新的互动艺术形式。这类互动艺术的例子是互动装置,互动建筑和互动电影。

互动艺术的审美影响比预期的更为深刻。更多"传统"的当代艺术的支持者看到,使用计算机会使艺术在平衡上有所缺陷,有些人认为,艺术是不是不再是正式的工作形式,而是遵守设计规则,确定形状演变,根据质量确认的对话。

1. 互动电视

互动电视,在英国也被称为独立电视台,是一种媒体融合的形式,在传统电视技术上添加数据服务。回顾它的历史,包括按需交付的内容以及新的用途,如网上购物、网上银行等。互动电视是一个具体的例子,新的信息技术可以集成到垂直的服务体系,即既定的技术和商业结构,而不是横向创造的新的生产机会,如现有的商业结构以外的万维网。

互动电视代表一个连续从低(电视开关、音量、不断变化的频道)向中度的互动性(简单的电影点播、无需播放器控制),再向高度互动性发展的过程。其中,观众可以选择希望观看的节目。最明显的例子是,在屏幕上可以进行任何一种实时投票,一切由观众投票决定,投票结果决定了节目是否继续。此时,一个具有返回路径功能的程序是没有必要的,只需要一个互动程序的经验。一旦观众下载了一部电影,那么控件可能都是本地的。下载程序需要链接,一旦观众进入频道,文本和软件可以在机顶盒或局部执行器(综合接收解码器)中自动发生作用。

第一个互动电视的专利于1994年在美国注册,1995年在美国实行。它清楚地揭示了这一新的互动技术通过全球网络进行内容反馈的历程。通过用户识别允许互动和购买。

2. 互动电影

互动电影通常是指一种用于混合交互、线性电影或视频的技术。自2005年以来,互动电影增加了网上的在线播放,其中包括一些因素:

(1)访问互联网的宽带高速在线用户数字上升;

(2)添加视频媒体播放器作为一个类型媒体。

因为用户通常不愿意为网上观看付费,不足为奇的是许多新的在线互动视频是赞助广告内容或部分。这些作品中有一批是获奖作品。一些互动电影技术已在过去的几年中得以迅速发展,利用一种新的编码方式,互联网允许用户添加可点击的热点视频。

3. 互动装置

互动装置是一种具有互动审美的装置艺术形式,它以装置艺术的交互形式达到吸引观众的目的。一些互动装置艺术通过让受众走近、进入、交互和环绕其作品来实现互动的意义。另一些则要求艺术家或受众成为装置作品的一部分。

这类作品经常以计算机、接口、传感器、控制器作为技术平台,将相应的运动、热量、温度、移动变化或其他信息输入系统,再通过编程让执行器做出反应。基于网络的虚拟艺术和数字艺术都是高度互动的。有时,受众可以在超文本环境的装置中导航,接受来自外部的文本或视觉信息输入并使装置做出反应;有时,受众可以影响装置的展示过程,甚至可以参与展示之中。另一些互动装置作品被认为是沉浸式的,因为互动的范畴涉及周围所有交互性能。

尽管互动艺术的最早例子可以追溯到20世纪20年代,但大多数数字艺术直到20世纪90年代末才正式进入艺术界。自互动艺术首次亮相以来,越来越多的博物馆和美术馆开始关注其发展态势,并将数字的互动艺术融入其展出的作品中。这种萌芽式的艺术内容通过互联网的社会亚文化以及大规模的城市设施得到快速的发展与演变。

互动艺术可以区别于生成艺术,因为它构成了艺术作品和参与者之间的对话。具体地说,参与者具有对互动作品采取行动的机遇或能力,即使是无意的,也可被邀请在互动作品的上下文语境中进行互动。通常情况下,互动装置的创作者需要考虑来访者的意图、心理和感悟。在设定具有反应性的互动环境时,特别需要由架构师和设计师合作创建。相比之下,生成艺术可能是互动的,但本身不具备反应机制,它往往是独立的内容,可能会在观众面前改变或发展,但受众不被邀请参与其中,仅仅作为观者欣赏其内容。

(六)虚拟现实艺术

虚拟现实(VR),它可以被称为身临其境的多媒体或计算机模拟的生活,复制的环境,模拟物理存在的地方,是现实世界中的虚拟世界,让用户在这个虚拟的世界中互动。虚拟现实还为人类创造感官体验,包括视觉、听觉、触觉和嗅觉等。

最新的虚拟现实环境既可以在一个计算机屏幕上显示也可以于特殊立体屏幕上显示。一些模拟项目包括额外的感官信息,专注于通过扬声器传输的真实声音或针对耳机的声音,构成虚拟现实用户的体验。一些先进的触觉系统包括触觉信息,一般在医疗游戏和军事应用中被称为反馈力量。此外,虚拟现实技术包括远程通信环境中提供用户虚拟存在与临场感、通信存在感或通过标准的输入设备的虚拟物品概念(VA),如键盘和鼠标的使用,或通过多种设备,如有线手套或全向跑步机获取临场经验。模拟的环境可以与现实世界十分相似,用以创造一个栩栩如生的环境体验,例如,模拟飞行员、作战训练或与现实不同的场景,虚拟现实游戏等。

1938 年,安东宁·阿尔托(Antonin Artaud)描述人物对象在剧场里的(la réalité virtuelle)虚幻性质的作品《剧场与其双剧场》(*Le Théâtre et son double*)。这本书的英译本,于 1958 年出版,这是最早出版的使用"虚拟现实"术语的书籍。

"人工现实"的术语,是由马龙·克鲁格(Myron Krueger)拟定的,自 20 世纪 70 年代以来已经被使用。术语"虚拟现实"在《犹大·曼荼罗》(*The Judas Mandala*)中被使用,这是 1982 年达米安·布罗德里克(Damien Broderick,1944—)写的一部科幻小说。《牛津英语词典》于 1987 年提及一篇"虚拟现实"的文章,但这篇文章并不是关于虚拟现实技术的。虚拟现实是一个现代的技术,佳龙·拉尼尔(Jaron Lanier,1960—)公司的 VPL 研究,使虚拟现实技术得以流行。VPL 研究在 1980 年代中期拥有许多 VR 专利,他们开发了第一个广泛使用的 HMD:眼圈和触觉输入数据手套,虚拟现实的概念是由电影如"头脑风暴"(Brainstorm)和"割草机的人"(The Lawnmower Man)在大众媒体上推广的。20 世纪 90 年代的虚拟现实研究的热潮是伴随着霍华德·瑞古德(Howard Rheingold,1947—)的非小说类图书中的虚拟现实于 1991 年的畅销而掀起的。这本书的内容有关神秘的学科,使它更接近非技术的研究者和爱好者。

《多媒体:从瓦格纳到虚拟现实》(*Multimedia: from Wagner to Virtual Reality*),由兰达尔·帕克(Randall Packer,1945—)和肯·约旦(Ken Jordan)编辑,并首次出版于 2001 年,开启了一个术语探索和历史的前卫角度甄别。

1. 虚拟漫游

虚拟漫游,是虚拟现实(VR)技术的重要分支,虚拟现实的沉浸感、交互性和构想性特性,使其运用了固定漫游路径等手段在旅游、游戏、建筑、航空航天、医学等方面得到广泛的应用。虚拟漫游的一个代表性内容是虚拟建筑场景漫游或称建筑场景虚拟漫游,归功于虚拟建筑场景建模技术和虚拟漫游动画技术的结合。虚拟建筑场景建模技术是基础,虚拟漫游动画技术是系统运行方法。

虚拟漫游的最大特点:漫游的对象是真实存在的名胜古迹或实境实地,而漫游形式与路径则是取决于创作者的编撰。与此同时,虚拟漫游的对象制作取决于对象的真实数据。在多维度的信息空间内创建一个虚拟信息环境,利用虚拟现实的沉浸式体验,能使用户具有身临其境的浸没感,加上与环境相应的交互功能,对于创作者而言有着十分宽泛的创作空间。虚拟漫游已不仅仅应用于计算机图像领域,它还涉及其他的领域,如网络技术、分布计算技术、电视会议、分布式虚拟现实发展。虚拟漫游已成为场景设计开发的重要手段。

(1)名胜古迹的虚拟漫游

名胜古迹的虚拟漫游可以让游客足不出户便游历世界各地名胜和风光。这类虚拟漫游的对象包括久负盛名的名胜、宏伟建筑群、被虚拟漫游检查的纵横管道、复杂车间和厂房。因而,此类虚拟漫游的对象对真实数据的测量精确度要求很高。

目前,我国有关名胜古迹的虚拟漫游系统开发已卓有成效:敦煌莫高窟博物馆参观系统、北京故宫以及西湖风光虚拟游览系统等都是典型的精品虚拟漫游系统。

(2)实境实地的虚拟漫游

实境实地的虚拟漫游同样需要采集真实的数据,是基于真实数据的实境实地虚拟漫游,但其获取真实景物数据的方式和传感器与前者不同。

实境实地虚拟漫游在军事上十分有用。其沉浸感、交互性和构想性的特性是传统军用沙盘或电子沙盘无法达到的。目前此类虚拟漫游多为特定作战或重点保护区域的视景形式的漫游，是真实地景、地物的再现。其制作过程包括两方面：首先通过卫星或航空拍摄对高程数据进行筛查，制作某一战区的地形视景，对其局部可精确到河流、山脉、桥梁、房屋、机场的呈现；其次根据航拍素材的各种地形贴上材质纹理，进而增强实境实地的视觉真实感。如其场面过大，场景还要进行无缝拼接。

这种实境实地的虚拟漫游，已成为当今军队备战、驾驶员实训、指挥模拟实训等方面不可缺少的先进手段。

2. 虚拟现实装置

虚拟现实是一种模拟的体验，它可以类似于现实世界，也可以完全不同于现实世界。虚拟现实的应用可以包括娱乐（即电子游戏）和教育（即医疗或军事训练）。其他不同类型的虚拟现实技术包括增强现实和混合现实。

目前，标准的虚拟现实系统使用虚拟现实头盔或多投影环境来生成真实的图像、声音和其他感官体验，模拟用户在虚拟环境中的物理存在。使用虚拟现实设备的人能够环视人造世界，并在其中移动，更可以与虚拟现实项目进行交互。这种效果通常是由虚拟现实眼镜产生的（这种眼镜由一个头戴式显示屏组成，显示屏置于眼前，是一个小屏幕）；也可以通过专门设计的拥有多个大屏幕的房间产生。虚拟现实通常包含听觉和视觉反馈，同时可以通过触觉技术实现其他类型的感觉和受力的反馈。

虚拟现实装置是基于虚拟现实技术的装置艺术，它是博物馆发展的一大趋势。博物馆使用虚拟现实装置的最好例子是费城的富兰克林学院（Franklin Institute），它们在2016年推出了一系列虚拟现实体验装置。作为该虚拟现实装置的一部分，游客可以使用虚拟现实技术前往海洋深处、外层空间的遥远边缘甚至人体内部。这项技术让人们完全沉浸在互动的冒险中。富兰克林学院声称这些展览将改变游客对世界的看法。显然，虚拟现实技术在现代博物馆体验中起着巨大的作用。富兰克林学院在2016年推出虚拟现实体验并非巧合，这一年是虚拟现实和增强现实大行其道的一年。有关此内容的媒体报道不断激增。很多人把2016年叫作"虚拟现实年"。即使是技术意识最差的人也不会错过同年推出的AR游戏Pokemon Go。

博物馆的目标是将收藏引入生活，而虚拟现实装置是一个很好的工具。它提供了一种不同的体验：在展览中完全再现的体验。世界各地的大量博物馆已经接受了虚拟现实装置的潜力。简单地说，虚拟现实装置将用户置于一种体验之中，使其可以与装置进行交互，甚至可以采取360度视频形式。虚拟现实技术正被用于创建博物馆参观，使展品互动，并将场景带入生活。它可以帮助策展人将物品放在虚拟的环境中，并显示其真实比例。

美国洛杉矶彼得森汽车博物馆（Peterson Automotive Museum）于2017年与微软（Microsoft）合办了一个新展览。这是一个令人兴奋的虚拟现实体验，参观者可以与一款经典的美国跑车福特GT40互动。展览的目的是通过将真实空间和虚拟空间融合在一起来讲述一个故事。通过添加音频或环绕声，进一步吸引用户进入体验中。在了解赛车历史的同时，用户还可以听到引擎的轰鸣声和轮胎在赛道上奔跑的声音。位于赫尔辛基的芬兰国家博物馆于2018年推出了一个新的虚拟现实展览。游客可以回到1863年，他们可以探索艾克曼（R. W. Ekman）的绘画和1863年亚历山大二世饮食节的开幕活动。在英国，伦敦的泰特现代美术馆（Tate Modern）也一直在追逐虚拟现实的潮流。除了2017年和2018年的莫迪里阿尼（Modigliani）回顾展，它们还制作了一个迷人的虚拟现实展览。参观者可以完全沉浸在艺术家巴黎工作室的3D模型中。2018年，巴黎国家自然历史博物馆首次举办永久性虚拟现实展览。作为博物馆更广范围的一部分，这个虚拟现实展览涉及进化论的意义。当用户进入"虚拟现实橱柜"并戴上虚拟现实头盔时，他们会完全沉浸在探索之旅中。他们可以探索物种之间的联系，近距离观察各种各样的生物。博物馆转向虚拟技术来帮助用户更好地了解这些收藏品。它旨在使其背后的概念更容易理解，其目标是在未来进一步发展博物馆的永久虚拟现实收藏。2018年，伦敦自然历史博物馆与天空广播公司合作，为世界举办了一次虚拟现实教育体验，让用户与大卫·阿滕伯勒爵士（David Attenborough）面对面交流。互动体验带用户参观伦敦自然历史博物馆，让人们接触到一些世界著名收藏品中的珍稀标本，让用户处理和调整物品的大小，而阿滕伯勒爵士则教用户如何生活、进食、呼吸等重要事宜。2019 年 10 月，法国巴黎卢浮宫推出了《蒙娜丽莎：超越玻璃》（Mona Lisa: Beyond the Glass）。这是一个虚拟现实体验，探索文艺复兴时期的绘画，展示达·芬奇（Leonardo da Vinci）作品的一部分，通过声音、动画、图像和互动设计，用户可以发现关于这幅画的细节，比如它的木板纹理以及时间的流逝如何改变了它的外观。这一系统提供五种语言版本，用户可以在卢浮宫直接预订体验四个月，并可在虚拟现实应用商店 VIVEPORT 和 iOS、Android 系统的手机应用商店下载。

随着虚拟现实技术的拓展，继虚拟现实之后又出现了增强现实（AR）和混合现实（MR），它们在技术提升和艺术扩展上提供了更为多元的手段。

（七）物理化学 & 媒体艺术

物理化学的媒体艺术是指利用物理原理与化学原理进行媒体艺术创作的艺术作品。物理的媒体艺术包括：身体、生物体的物理结构；人体，人体的物理结构；身体在物理学、心理学、哲学、神秘主义和宗教方面的体现；物理变化，不涉及任何改变物质的化学性质的变化；物理学，宏观的原子和分子的研究，在物理定律和术语概念中的化学体系中颗粒现象；物理宇宙学，是天文学的一个分支，研究宇宙中规模最大的结构和动力学，并研究其形成和演化的基本问题；物理教育课程，在小学和中学教育中，加强心理学习在运动探索设置中的作用；物理属性，一个可以测量或感知的物体或物质的任何方面，但不改变它的特性；物理评论，美国《科学》杂志在 1893 年出版了对物理学各个方面的原始研究和科学文献综述。

化学被称为中央科学，因为它与其他自然科学，包括物理、地质学和生物学皆有关。化学是物理科学的一个分支，它研究物质的组成、结构、性质和变化，化学涉及单个原子的性质、原子如何形成化学结构、通过分子间的作用力使化学物质产生化学性质、通过化学反应形成不同物质。

化学的媒体艺术包括：媒介的化学表象、物质的化学演化、材料的化学变异等。

1. 机械装置

机械装置类似于一个小型机械工程，涉及发动机和机器的设计、制造、安装和操作以及探研过程，它尤其关注力和运动的关系。

机械工程已经从一门主要依靠反复试验的机械师实践科目发展到专业工程师的科学研究方法，在研究、设计和生产中应用机械美学的逻辑关系。机械装置艺术家拥有四项能力，是实现机械装置各分支部分的综合能力。（1）对机械科学基础的理解和处理能力。其中包括掌握动力学中力与运动之间的关系、振动、自动控制、热力学等；处理各种形式的热量；衡量能量和功率之间的关系；对流体、流动、传热、润滑、材料特性的把握。（2）研究、设计和开发的能力。这个能力可以带来机械装置必要的变化，以满足当前和未来的需要。这样的工作能力要求对机械科学有一个清晰的认识，对一个复杂的系统分析出它的基本要素，创造性地进行综合和发明。（3）对于作品和动力的创造能力，包括计划、运行和维护。目标是在保持或提高机械装置长期运行能力的同时，以最低的投资和成本创造最大的价值。（4）机械装置艺术家的协调能力，包括管理、咨询，有时还包括艺术市场营销。在这些能力中，使用科学方法而不是传统的或直观的方法，有助于保持长期创作。运筹学、价值工程和 PABLA（逻辑方法的问题分析）是这种合理化方法的典型名称。然而，创造力是不能合理化的。在机械装置领域——像其他领域一样——能够采取重要的、出乎意料的步骤来开辟新的解决方案，这在很大程度上是一种个人和自发的特性。

2. 化学装置

早在 1660 年罗伯特·波义耳（Robert Boyle，1627—1691）就使用了真空泵进行化学装置的设置。1774 年约瑟夫·普利斯特里（Joseph Priestley，1733—1804）使用各种气体进行仪器的实验。1777 年卡尔·威廉·舍勒（Carl Wilhelm Scheele，1742—1786）用制备氧气的仪器进行实验。1860 年，古斯塔夫·基尔霍夫（Gustav Kirchhoff，1824—1887）用分光镜进行实验。

由中国科技大学和清华大学出版社合作推出的"美丽化学"外展项目，源自 19 世纪的德国生物学家恩斯特·海克尔（Ernst Haeckel，1834—1919）的实验创意。他的经典自然科学插画集《自然界的艺术形态》（*Art forms in Nature*）绝妙地展现了海洋生物及微生物美丽的生命形态。2014年"美丽化学"初建之时，推出过一系列化学反应的视频。视频中的各种烧杯和试管，以及纯粹的化学反应使人领略了一道化学反应的风景（图2-8）。"美丽化学"还策划了展览和预告片，展示了15张用电脑复原的化学仪器，这些仪器都曾应用于1660年到1860年间的重要化学突破之中。

（八）行为&媒体艺术

行为表演介入媒体艺术是新媒体艺术多元包容的又一特质，其媒介元素的丰富性表现在声音艺术、广播艺术、新媒体表演和行为装置中。

1. 声音艺术

声音艺术是一门艺术学科，是声音被用作媒介的一种艺术门类。与许多当代艺术流派一样，声音艺术是跨学科的，或是以混合形式表现的。声音艺术包含了一系列的学科，如声学、心理声学、电子音乐、噪音音乐、音频媒体、发现的环境声音，声音艺术探索人体、雕塑、电影、视频和一系列不断扩展的艺术领域，是当代艺术主流话语的一部分。

在西方艺术的早期例子中，有包括路易吉·如梭罗（Luigi Russolo，1883—1947）的噪声艺术，以及随后处于实验中的达达主义、超现实主义、国际情境主义和激浪事件。由于声音艺术的多样性，常有关于声音艺术属于视觉艺术或是实验音乐范畴的相关争议。在其他的艺术谱系中，声音艺术是伴随着概念艺术、极少主义、声音诗歌、话语、先锋诗歌和实验剧院而出现的。

最早在美国英语的词条目录中使用该术语的是1983年威廉·海乐曼（William Hellerman，1939—）在纽约市雕塑中心创作的一场秀，名为"声音/艺术"（Sound/Art）。这场表演是由1982年成立的"声音艺术基金会"资助的，参加这场表演的艺术家还有：维托·阿克斯（Vito Acconci，1940—2017）、康妮·贝克利（Connie Beckley）、比尔和玛丽·布晨（Bill and Mary Buchen）、尼古拉斯·柯林斯（Nicolas Collins，1954—）、纱丽·迪尼（Sari Dienes，1898—1992）、波林·奥李威罗斯（Pauline Oliveros，1932—2016）、理查德·邓禄普（Richard Dunlap，1923—2004）、特里·福克斯（Terry Fox，1943—2008）、吉姆·霍巴特（Jim Hobart，1943—）、理查德·勒曼（Richard Lerman，1944—）、勒·雷瓦（Les Levine，1935—）、乔·刘易斯（Joe Lewis，1953—）、汤姆·马瑞尼（Tom Marioni，1937—）、吉姆·伯母罗伊（Jim Pomeroy，1952—2006）、艾伦·斯卡瑞特（Alan Scarritt）、卡洛里·斯尼曼（Carolee schneeman）等。接下来，历史学家唐·戈达德（Don Goddard，1904—1994）在文章中写道："声音艺术也许是馆长海乐曼感性表演的延续，'听见是另一种形式的看到'，只有声音与另一图像连接才能被真正地理解……声音和图像的结合可以支持读者的参与性阅读，促成一种比显示空间和思考更为真实的、聚精会神的、反馈性的参与。"[①]

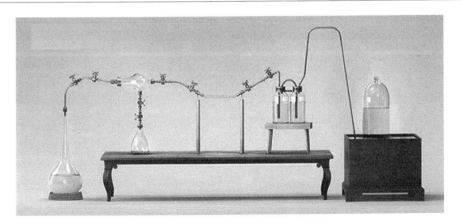

图2-8 "美丽化学"外展项目的一部分

图片来源：http://www.instrument.com.cn/news/20160126/183171.shtml，2016-1-26

---

① Don Goddard.the free encyclopedia[EB/OL]. https://en.wikipedia.org/wiki/Don_Goddard，2016-6-3.

2. 广播艺术

广播艺术是指利用广播作为媒介的艺术形式。在这个领域工作的艺术家不一定是有专业背景的 DJ、编程人员、制作人员或工程师，但都是用广播作为艺术的媒介。广播被应用在各种形式的创作中，只要是拓展的形式都会被尝试。

从这个意义上说，信息的传递和接收的方式和信息本身一样重要。作为听觉艺术形式，广播艺术强调其关注的不只是我们所说的话，而是我们说话的方式。用维多利亚·芬纳（Victoria Fenner）的话说，"广播艺术是广播媒介与专门的无线介质组成的通过电波传播的艺术"。

艺术家用无线电技术（即无线电波传输）进行艺术作品的沟通与解释，展示给观众一个通过声音可视化体验的艺术转换手段。广播艺术有助于新媒体艺术以数字为导向的艺术运动，以应对我们生活中的信息技术革命。从艺术家的角度看，广播是一种进入和行动的环境，是各种文化声音用以满足、交谈和融合的一个地点。这些艺术家身兼多个学科，使所有流派和再现语境形成一种融合。

广播艺术项目可以是各种专业资源的协同合作，将音频广播实验、科学、地理、娱乐进行统一，更像是一种声音和语言的建筑空间，将接近无线电的一个事件、现场的事物或舞台融合起来。一些人把它当作一个聚会场所，或一个管道，一种创造社区的手段。一些艺术家将对媒介的使用看作叙事的景观本身，而其他人则将其看作身体的部位和声音的来源，例如喉咙、媒介、隐喻。

（1）广播艺术媒介

无线电波、卫星、合成语音、人声、射电望远镜、电脑、万维网、音响设备。

（2）广播艺术的传统样式

电台、广播剧、音乐、声音艺术、电声音乐、声音诗歌、表演、开放源码、翻译、采访、音频画廊、声音艺术、电声音乐、用于收音机的诗歌声音、话语、音乐会、实验性叙事、声波的地域、伪纪录片、广播电影、观念和多媒体对于广播预定的表演。

（3）广播艺术和网络广播

一个艺术电台是一家广播电台，将每一秒的时间都用于无线电广播。虽然这类项目看似传统广播中的乌托邦，然而伦敦的地铁与社区中的 FM 频道（ResonanceFM）早有尝试，打算通过艺术使广播促进"倾听的艺术"（Art of Listening），具有持久的经验。而且，收音机通过互联网也得到了更新。音频流技术已经取代了模拟传输系统，艺术家可以在广播电台之外的调频许可法的限制中广播。在网络广播中，一些广播的作品与传统的收音机广播十分相似。另一些人直接在更具体的意义上进行实验。天文学广播从外部空间在 Real Time 中播出。章鱼（Le Poulpe）是一个网络实验电台，通过互联网混合了空间并进行流式播放。此外，播客可以被视为一种新的广播方式，正是这一种新的方式把广播艺术送还给听众。点播类的"安静的广播"（SilenceRadio.org）是一个网站，发布声音的片段，探讨广播艺术不同流派和今天广播艺术的方式。广播网（MACBA）是一个策展系列，拥有广播艺术的各种形式。

广播的起源深深植根于一个理想主义的社会主义潜在意愿，以提供必要的沟通、连接人的空间和时间为主旨。在 20 世纪初，广播相当于今天的互联网，有着其社会和政治的可能性。然而，它的发展伴随着一个高度分层的系统、昂贵的许可费和严重的处罚，一旦违反这些法律，行业的发展难以得到保护，这将导致电子商务在无线电空间被实施控制。无线电许可法与受版权保护的材料有关。因而广播艺术有可能成为一个完全解放的、移动的和有人栖息的大众媒体。

3. 新媒体表演

表演艺术是一种在美术语境中呈现给观众的表现，是传统的跨学科艺术。行为表演是当今新媒体时代舞台表演的化身，可以是根据脚本应用的或是脱稿即兴创作的，可以是随机、精心策划的或自发的，也可以是有观众参与的或是没有观众的参与。通过新媒体舞台展示的表演是生动的，表演者可以在场也可缺席。新媒体舞台表演包括四个基本要素：时间、空间、演员的身体或媒介中存在于表演者和观众之间的关系。新媒体舞台表演艺术可以根据情形随时展开，时间上也不受限制。个体或群体在特定地点和特定时间内的行为构成了新媒体舞台的表演工作。

（1）视觉艺术、艺术表演

有时，表演艺术是一个有争议的概念：任何单一的定义，意味着相对意义的使用。就像"民主"或"艺术"的概念，它暗含着与自己本质不一致的内容。

从狭义的概念来看西方的文化传统与后现代主义涉及 20 世纪 60 年代中期到 70 年代的艺术流派，常常源自视觉艺术的多元概念，安东宁·阿尔托（Antonin Artaud，1896—1948）、达达、情境主义、激浪、装置艺术和观念艺术、行为艺术往往被定义为从反理论向剧场转变的过程，它们挑战了正统的艺术形式和文化规范。理想的样式是一个短暂的和真实的经验，演员和观众在一个事件内互动，不可重复、不可捕获、也不可购买。在广泛讨论的多样性中，根据视觉艺术和表演艺术的概念如何被使用，可以确定表演艺术的存在意义。

表演艺术是一个术语，通常是指一个概念性的艺术，它传达了一个基于艺术内容的含义，在戏剧的相关意义上，不是简单的表演行为，而是为了行为表达的目的，在精神娱乐的范畴中释放的过程。在很大程度上表演艺术是一个呈现给观众的行为艺术，但它并不寻求传统戏剧表演或传统的线性叙事，而是交替着试图描绘一套围绕完整脚本中互动虚拟人物展开的故事。因此，行为表演意味着一种在艺术家和观众之间的沟通，甚至可能忽略观众的期许，打破原有的形式，不再跟随事先完成的书面的脚本进行行动或口语的表演。

一些表演本质上是可以接近表演艺术的。这样的行为可以利用脚本或创建一个虚拟的戏剧性的脚本，它不寻求遵循创建一个线性脚本，并遵循传统的现实世界中常规戏剧性的规范动态虚拟场景，但它仍构成表演艺术，相反，这种当代的行为表演会故意去讽刺现实世界中的动态元素或超越日常中的传统戏剧。

表演艺术家经常挑战旧式表演，通过新的和非常规的方式让观众进行思考，打破表演艺术的传统，打破传统概念中"艺术是什么"的观念。只要表演者不成为重复的角色，表演艺术则包括了许多的讽刺元素。例如，肖恩·卡腾（Shaun Caton）等在生存研究实验室内，利用机器人和机器作为表演者，产生了仪式化的元素，或借助任何表演艺术的元素如舞蹈、音乐元素和马戏团也会产生不一样的效果。

一些艺术家，如维也纳行动艺术者和新达达主义，喜欢使用术语"生活的艺术""行为艺术""行动""干预"或"操纵"来形容他们的表演活动。作为表演艺术各种流派则表现在人体艺术、激浪派表演、动作发生、诗歌和跨媒介之间。

（2）20 世纪初的表演艺术

表演艺术的活动不仅出现在欧洲和美国的艺术传统中，在亚洲和拉丁美洲也有类似的艺术。表演艺术家和理论家常常研究不同的传统和历史，从部落到体育再到宗教仪式或宗教活动，无不涉猎。也有将文艺复兴时期艺术家的公演作为考证，可以说是对表演艺术追根溯源的研究。

直至 20 世纪初，西方文化理论研究者经常追溯行为的艺术活动，对那时的俄国构成主义、未来主义、达达主义情有独钟。达达曾有过含有祖先诗歌的传统表演，就像李察·特里斯坦（Richard Huelsenbeck，1892—1974）喜欢查拉（Tristan Tzara，1896—1963）当初的召集活动一样，艺术家们经常聚集在伏尔泰酒店。俄国未来主义艺术家可以被认为是行为表演的先驱，如戴维·伯柳克（David Burliuk，1882—1967），他与亚历山大·罗申科（Alexander Rodchenko，1891—1956）以及他的妻子瓦尔瓦拉·史蒂潘诺娃（Varvara Stepanova，1894—1958）将其脸化装后进行行为表演（1910—1920）。

根据艺术评论家哈罗德·劳森伯格（Harold Rosenberg，1906—1978）的描述，20 世纪 40 年代和 20 世纪 50 年代的行动绘画艺术家用自由来表演的方式在画布上作画，被称为"一个舞台上的行为"，从而使绘画的痕迹和艺术家的表演在其工作室得到了显现。抽象表现主义绘画和行动绘画之前的激浪运动与偶发事件、行为艺术同时出现。

20 世纪 50 年代由日本古泰集团策划了一个名为"田中敦电子服饰"的表演艺术（1956）。1959—1962 年伊夫·克莱因（Yves Klein，1928—1962）在"无形式绘画的敏感区域"（Zone de Sensibilité Picturale Immatérielle）策划了一个概念行为艺术，作品类似蒙太奇，有着"空中一跃"的美名。在 20 世纪 60 年代末大地艺术家罗伯特·史密森（Robert Smithson，1938—1973）、丹尼斯·奥本海姆（Dennis Oppenheim，1938—2011）、迈克尔·海泽（Michael Heizer，1944—）和卡尔·安德烈（Carl Andre，1935—）创建了大地作品，乃是

20世纪70年代的行为艺术。80年代早期的概念艺术家的作品,如宋·莱维特(Sol LeWitt,1928—2007)将壁画风格的绘画引入了行为表演中,他深深地受到伊夫克·莱因和大地艺术家的影响。

(3) 20世纪60年代的行为艺术

在20世纪60年代,各种新的作品、观念和艺术家的数量不断激增,导致新的表演艺术的产生。

之后的典型艺术形式明确被称为"行为艺术"作品,有小野洋子(Yoko Ono 1933—)的"墙片的乐团"(Wall piece for orchestra, 1962);卡罗尼·舍尼曼(Carolee Schneemann, 1939—)的"块肉的喜悦"(Meat Joy 1964)和"内部滚动"(Interior Scroll, 1975);伍尔夫·沃斯戴尔(Wolf Vostell, 1932—1998)在纽约创作的"偶然,你"(Happening YOU, 1964);约瑟夫·博伊斯(Joseph Beuys, 1921—1986)"如何向死兔子解释图画"(How to Explain Pictures to a Dead Hare, 1965);草间弥生(Yayoi Kusama, 1929—)的行为如"布鲁克林大桥上的裸烧旗"(A Naked Flag-Burning on the Brooklyn Bridge, 1968)和艾伦·卡普罗(Allan Kaprow, 1927—2006)的许多偶发事件。

在20世纪60年代初创造了新的术语"偶发",用以形容和描述这一新的艺术形式。偶发艺术是给予艺术家身体的实验性运动、声音的记录、口语和书面语,甚至包括气味。其中最早的一次偶发行为表演是卡普罗的"在纽约现场发生的事情"(Happenings in the New York Scene),是记录在1961年的艺术事件,随后又被发展起来。在卡普罗的偶发事件中值得注意的是观众成为演员。虽然在偶发事件过程中观众的身份有所变换,但这一切都受到了欢迎。观众作为演员的过程,往往在不知不觉中发生了,他们成为偶发事件中一个积极的部分,在一个偶发事件的表演中尤为重要。除了卡普罗,其他艺术家创造的偶发事件也相当有趣,如吉姆·迪尼(Jim Dine, 1935—)、克拉斯·奥尔登堡(Claes Oldenburg, 1929—)、罗伯特·怀特曼(Robert Whitman, 1935—)和伍尔夫·沃斯戴尔共同在巴黎创作的"剧场在街上"(Theater is in the Street, 1958)。

赫尔曼·尼斯(Hermann Nitsch, 1938—)于1962年展示了他的"剧场的狂欢和神秘"(Theatre of Orgies and Mysteries),这成为行为艺术的先驱,接近于表演艺术。安迪·沃霍尔(Andy Warhol, 1928—1987)在20世纪60年代早期开始创作电影和视频,到了60年代中期发起了作品"地下丝绒"(Velvet Underground)并在纽约上演了行为艺术,如作品"不可避免的爆炸塑料"(Exploding Plastic Inevitable, 1966)是伴随着摇滚音乐、爆灯和电影的现场直播。

行为艺术的产生对整个艺术世界有着间接影响,尤其在美国,剧院里开始进行新的戏剧形式,体现在三藩市哑剧团(San Francisco Mime Troupe)、舞台剧的演出和在SOHO外百老汇剧院的表演(Off-Off Broadway theaters)以及纽约市展出的"拉妈妈"(La MaMa)。在1963—1968年间的欧洲,有件名为"现在天堂"(Paradise Now)的作品十分知名,在表演中观众的参与和场景融为一体,演员表演了一系列社会的禁忌,包括不受欢迎的脱衣裸体。

1968年后的表演艺术家往往在表现文化和政治事件上进行创作且颇具影响。巴巴拉·T.史密斯(Barbara T. Smith, 1931—)的"礼仪餐"(Ritual Meal, 1969)是女性身体表演的前沿,逐渐演化为20世纪70年代的行为艺术,其他的艺术家包括:罗尼·舍尼曼、琼·乔纳斯(Joan Jonas, 1936—)、小野洋子、约瑟夫·博伊斯、白南准、伍尔夫·沃斯戴尔、艾伦·卡普罗、威托·阿孔希(Vito Acconci, 1940—2017)、克里斯·博登(Chris Burden, 1946—2015)参与了身体艺术与表演艺术之间的行为表演。

(4) 20世纪70年代向媒体转变

艺术家面对行为艺术早有准备,其作品往往能延伸为一个行为艺术,在20世纪70年代初新兴的艺术家开始在严格的形式中创作行为艺术。有着激进表演的艺术家克里斯·博登于1971年进行了行为表演"射击"(Shoot),在表演中他站在助理对面约五米距离,其助手射击了他的左臂;同年,他还与威托·阿孔希共同表演了"苗床"(Seedbed)。

由基·扬布拉德(Gene Youngblood, 1942—)撰写的著作《拓展的电影》(Expanded Cinema)标志着由表演艺术家向媒体利用进行创作的转变。这也是第一本将视频艺术看作一种艺术形式的书,其中提到先锋影像艺术家贾德·亚尔库德(Jud

Yalkut),自 1965 年以来,他参与的几十个跨媒介演出遍及美国,也与白南准开始了一段将一位新浪潮艺术家转变为媒体艺术家的征程。相比白南准的艺术风格,扬布拉德更倾向于 20 世纪 60 年代舍尼曼和罗伯特·怀特曼的作品,开拓了行为艺术的先河,成为 20 世纪 70 年代初的一种独立的艺术形式。

英国小组吉尔伯特和乔治(Gilbert,1943—and George,1942—),早在 1970 年,记录了自己的行为视频,并创建了自己的"活人雕塑"行为,被涂上黄金并伴随着歌唱"拱门的下面"(Underneath The Arches),表演的时间被延长。琼·乔纳斯(Joan Jonas,1936—)于 1971 年创作了她的行为艺术的影像记录。

1973 年劳丽·安德森(Laurie Anderson,1947—)在纽约市的大街上表演了"冰上二重唱"(Duets on Ice)。玛丽娜·阿布拉莫维奇(Marina Abramović)在"节奏 10"表演中体现了对她身体侵害的观念。三十年后,暴力、耻辱、性主题再次出现在克利福德·欧文斯(Clifford Owens)、吉莉安·沃尔什(Gillian Walsh)、帕特·丽贝卡(Pat Oleszko)和瑞贝卡·百达翡丽(Rebecca Patek)等艺术家的当代作品里。

自从 1973 年以后,女性工作室在洛杉矶的妇女建筑里得以建立,形成了女权主义背景的艺术表演与影响。1963 年舍曼的作品"眼体"(Eye Body)成为一个行为艺术的原型。1975 年舍曼又借鉴与创新了独奏表演,如"内部滚动"(Interior Scroll),表现出用女性的身体作为艺术媒介的艺术表达。

在 70 年代中期,铁幕政权的背后,东欧等国的大城市——布达佩斯、克拉科夫、贝尔格莱德、萨格勒布、诺维萨德等的行为艺术十分繁荣。对政治和社会的反抗意识表现在欧诗·德罗迪克(Orshi Drozdik,1946—)的行为艺术系列中,名为"个人神话"(Individual Mythology,1975 / 77)和"裸体模特"(NudeModel,1976 / 77),批判了父权话语的艺术世界与父权制国家强制的"解放"方案,开创了女性主义的观点,使德罗迪克在 70 年代的政治和艺术环境中取得了前卫的地位。

1976 年哈·斯考特(HA Schult,1939—)用旧报纸填铺了威尼斯的圣马克广场,整个行为耗时一个夜晚,他称之为"威尼斯万岁"(Venezia vive)。在他 1977 年纽约的行为作品"碰撞"(Crash)中,他让一架塞斯纳飞机撞向了斯图滕岛,整个行为在纽约的垃圾场完成。

到 20 世纪 70 年代,行为艺术进入相对的跨界期,在东欧国家则是一个有相当声势的前卫艺术活动,尤其是波兰和南斯拉夫。

(5) 20 世纪 80 年代走向元行为

直到 20 世纪 80 年代,行为艺术已演变为精湛的技艺。现在开始拥抱技术的光环。在菲利普·奥斯兰德(Philip Auslander)《存在和抵抗》所参考的文献中,舞蹈评论家莎莉·巴尼(Sally Banes)写道:"……20 世纪 80 年代,表演艺术变得如此广为人知,它不再需要再定义;大众文化,特别是电视,已经为行为艺术提供了结构和主题;出色的行为艺术家,包括劳丽·安德森(Laurie Anderson,1947—)、斯伯丁·格雷(Spalding Gray,1941—2004)、埃里克·勃格森(Eric Bogosian,1953—)、威廉·达福(Willem Dafoe,1955—)和安·马格努森(Ann Magnuson,1956—),确实成为主流娱乐领域的跨界艺术家。"[1]

事实上许多行为表演是在艺术界小众圈子里举行的,罗斯李·哥德堡(RoseLee Goldberg)注解了行为艺术:从未来主义到现在,行为艺术一直是一种对大众具有直接吸引力的艺术样式,它们用令人震惊的样态影响着观众,并重新自我评估有关艺术与文化的关系。相反,有关媒体的公共兴趣,特别是在 20 世纪 80 年代,公众已进入了艺术世界,有着一个明显的好奇和欲望,作为一个观众的仪式,行为艺术以其独特的形式和意外的惊喜,总是非正式地呈现在观众面前。"

在行为艺术中被提及最多的是在十年间的艺术世界表演艺术中琳达·蒙塔诺(Linda Montano,1942—)和德庆·谢(Tehching Hsieh,1950—)于 1983 年 7 月和 1984 年 7 月之间的行为艺术"艺术与生活:一年的行为"[Art/Life:One Year Performance(Rope Piece)],和凯伦·芬利(Karen Finley,1956—)的"我是一个愚蠢的人"(I'm an

---

[1] Sally Banes.the free encyclopedia[EB/OL]https://en.wikipedia.org/wiki/Sally_Banes,2016-6-3

Ass Man，1987）。

在20世纪80年代末东欧衰落之前，大多数共产主义政府都抵制行为艺术。除波兰和南斯拉夫之外，任何独立的公共事件和表演艺术或多或少都被禁止。在民主德国、捷克斯洛伐克、匈牙利和拉脱维亚的公寓里，有着看似自发的聚会，在艺术家工作室、教会控制的设施中，仍然有着另一些活动，例如照片拍摄等。西方观念背景下的孤立，像一个挑衅的抗议或类似的评论仍然存在，它们使用颠覆性的隐喻表达不同见解的政治局势。

在1982年之前，海德薇格·哥斯基（Hedwig Gorski，1949—）创作了"行为诗歌"的术语，用以区分她基于文本的声乐表演行为艺术，尤其是艺术家表现的作品，如劳丽·安德森（Laurie Anderson，1947—），曾在同一时期创作音乐作品。行为诗人更多地依赖于其诗学的修辞和哲学表达，而不是行为艺术家来自于绘画和雕塑的视觉艺术风格。

从1981年到1994年，荷兰视觉艺术家品客·D.蒂埃里（PINK de Thierry）创造了她所说的元行为：在公共空间内的一个概念组合的干预艺术，与观众互动的行为艺术，装置艺术——利用大型结构来执行或与媒体艺术、摄影和电影注册并展览。

（6）20世纪90年代走进艺术博物馆

苏联解体后，以前被压抑的行为艺术家如乔瑞·嘉兰塔（György Galántai）在匈牙利的行为活动，或在俄罗斯的集体行动组，成为知名的艺术活动。来自前东欧集团包括俄罗斯的年轻艺术家，纷纷转向行为艺术的创作。与此同时在古巴、加勒比和中国也出现了行为艺术。自20世纪80年代末以来，中国的行为艺术家张桓就一直在地下演出。在20世纪90年代初，中国的行为艺术在国际艺术界已经得到了好评。

在这样的情况下，行为艺术伴随着社会的压力成为一个关键的。新的声音，即类似于西欧、20世纪60年代和70年代初的美国和南美的行为活动。应该强调的是，20世纪90年代东欧、中国、南非、古巴和其他地方迅猛蔓延的行为艺术，被认为是次要的或是对西方的模仿。

自1996年以来，哈·斯科特（HA Schult，1939—）已经创作了一千个真人大小的"垃圾人"（Trash People），用垃圾制成"一个消费时代沉默的证人，造成了一个生态失衡的世界"。1999年，他们前往莫斯科的红场，2002年在埃及吉萨金字塔，2001年在中国的长城进行行为艺术创作。

20世纪90年代在西方世界，更为复杂的行为艺术成为文化主流部分：行为艺术作为一个完整的艺术形式进入到艺术博物馆成为重要的主题。

（7）21世纪走向新媒体

20世纪的最后十年，出现了计算机辅助形式的行为艺术。自2003年1月起在伦敦泰特现代美术馆有一个策划方案进行现场艺术表演。2012年，坦克展在泰特现代美术馆开放，这是第一个在现当代美术馆里的基于专用空间的行为艺术、电影和装置的展览。

从2010年3月14日到5月31日，现代艺术博物馆举行了关于玛丽娜·阿布拉莫维奇（Marina Abramović，1946—）行为作品的大型回顾展，是纽约现代艺术博物馆的历史上有关行为艺术的最大艺术展。展览期间，阿布拉莫维奇表演了"艺术家的存在"（The Artist is Present），这是一个736小时30分钟的静止、沉默的表演，她坐在博物馆的中庭不动，而观众被邀请轮流坐在她对面（Sitting with Marina）。这一表演在脸书（Facebook）上轰动一时。该行为艺术吸引了名人比约克（Björk，1965—）和詹姆斯·弗兰科（James Franco，1978—），并在互联网获得很高的点击率。在玛丽娜的行为艺术期间，其他艺术家也为她而表演。例如，阿米尔·巴拉达兰（Amir Baradaran）复制她的穿着方式。他走近阿布拉莫维奇的身体，并提出求婚的请求，面对她的作品，他说："我爱你，玛丽娜。"

4. 行为装置

行为装置是将行为艺术与装置艺术融为一体的综合性艺术。

行为艺术具有很强的表演艺术特性，是在传统的跨学科的艺术环境中呈现给观众的表演，其内容可以是有剧本或无剧本的、随机的或精心编排的、自发的或精心策划的、有或没有观众参与的。行为艺术可以是现场表演，也可以通过媒体表演；行为表演者可以是在场的或是缺席的。行为艺术可以是任何形式的表演，并包含四个基本元素：时间、空间、表演者的身体或媒介中的存在，以及表演者和观众之间的关系。行为艺术可以发生在任何地方和任何时间,并存在于任何类型的场所或设置中。个人或团体在特定地点和特定时间的行为也可以构成行为作品。这个词的狭义内涵与西方文化中的后现代主义传统有关。从20世纪60年代中期到70年代,行为艺术往往源于视觉艺术的概念,与达达主义、境遇主义、装置艺术、概念艺术相关,并被定义为与戏剧相对立,挑战正统的艺术形式和文化规范的艺术内容。

行为装置作为一个术语,通常用来指涉一种概念性的艺术,它在更戏剧化的意义上传达了一种基于装置内容的含义,而非为了娱乐目的而简单地表演。在很大程度上,它又指呈现于装置的给观众的表演,但并不寻求呈现传统的戏剧或正式的线性叙事,甚而放弃在正式的互动脚本中描绘一组虚构的人物与情节。因此,它可以包括作为装置创作者和参与者的艺术家和观众之间交流的动作或口语,甚至忽略观众的期许,摒弃遵循事先写好的剧本推动行为的发展。

行为装置在本质上是一个有争议的概念:对它进行任何单一定义都意味着对其艺术用途的简单认可。作为"民主"或"艺术"的代表,它意味着与自身概念产生的分歧。行为与装置艺术的综合出现在20世纪下半叶,其理想是在一个无法重复、捕捉或购买的艺术事件中,将表演者的行为和观众短暂而真实的体验融合于装置艺术中。它获得了广泛讨论与确切的概念拟定,在属于视觉艺术的装置艺术中加入了行为艺术的视听内容,决定了作为行为艺术所演示的装置艺术的新意义。

行为装置艺术家经常挑战观众的思维极限,以新的和非传统的方式思考艺术的创作,打破传统艺术的惯例,超越关于"什么是艺术"的传统观念。只要行为装置不是重复角色的对象,其行为艺术可以包括多样元素:如利用机器人和机器作为行为表演主体、研究实验室内有关生存的作品、涉及仪式的元素以及借用任何行为表演的内容(舞蹈、音乐和马戏)等。

(九)生物 & 媒体艺术

生物学是一个关心生活和生命有机体的自然研究学科,包括其结构、功能、生长、进化、分布和分类。现代生物学像一个巨大的电场,有许多分支和旁支。广泛的生物学有一定的通用和统一的概念,在其研究的管理内容和研究范畴中,从整合到单一,是一个连贯的领域。一般来说,生物识别的细胞作为生命的基本单位,基因是遗传的基本单位,并演化为推动和创造新物种的合成引擎。今天它也被理解为所有生物生存的消费和转化的能量,并通过调节它们的内部环境,以保持稳定和生命的状态。

生物研究模式中生物学分支定义了生物种类的研究以及研究方法:生物化学是检验生命的基本化学范畴;分子生物学研究生物分子间复杂的相互作用;植物学研究植物生物学;细胞生物学研究所有生命,基本构建的细胞;生理学研究组织、器官的物理作用和化学作用,与生物体的器官系统;进化生物学研究生物多样性和生态过程,并考察环境中的生物体是如何相互作用的。

生物媒体艺术就是在此基础上运用生物研究类别与方法进行媒介创作并产生生物内涵的媒介作品。

1. 生物装置

生物艺术是一种基于生物研究的艺术实践,它是有关人类与活组织、细菌、活体和生命过程的艺术内容。生物艺术家利用生物技术(包括基因工程、软组织培养和克隆技术)等科学方法在实验室、画廊或艺术家工作室创作艺术品。生物装置则是在生物艺术基础上更为多元的实践融合。一些艺术家认为生物艺术的范围严格限于"生命形式",而另一些艺术家则使用当代医学和生物研究图像的艺术解决有关生命科学本身的问题,其内容可能带来一定争议或盲点。其争议与盲点主要指在生命科学中创造生命和实践会带来伦理、社会和审美的探究。"生物艺术"这个词是爱德瓦多·卡茨(Eduardo Kac)在1997年根据他的艺术作品《时间胶囊》(*Time Capsule*)而创造的。虽然生物艺术起源于20世纪末,但通过先锋艺术家苏珊·安克尔(Suzanne Anker)、乔·戴维斯(Joe Davis)的作品和"共生"(Symbiotica)项目的推进,目前生物艺术得到了广泛的应用。生物艺术常常被认为是令人震惊的、幽默的、可笑的、笨重的、恶心的、不卫生的,有时甚至是看不见的。但是,作为新媒体艺术的一个分支,它也做了非常传统的事情:吸引人们注意大自然美丽而怪异的细节,否则人们可能永远看不到这些细节。这些作品大多倾向于社会反思,通过艺术和科学的融合过程来传达政治和社会批评。

虽然大多数从事生物装置创作的人在这种新媒体上被归类为艺术家,但他们也可以被视为科学家。例如,哈佛大学细胞生物学系邀请任何人提交基于生物科学并具有艺术价值的作品,这可以鼓励人们通过提交信息而参与作品的创作。

实验室的工作对于艺术家而言是一个挑战,因为其环境对艺术家来说常常是陌生的。虽然有些艺术家事先受过科学训练,但对于执行程序或参与和程序相关的科学家的协同工作来说,仍然难度较大。生物装置艺术家经常使用与科学和科学实践有关的形态,例如有关细菌或活组织的装置形态。

2000年,爱德华瓦·卡茨委托制作了一只转基因的绿色荧光蛋白兔子。作为绿色荧光蛋白兔子的一部分,其宣传活动包括一张卡茨抱着一只白兔以及另一只呈现为绿色的兔子的标志性照片。2011年,纽约视觉艺术学院成为美国第一个开设生物艺术实验室的高校,其生物艺术实验室为艺术学生提供科学工具和技术来创作艺术作品。

2. 进化艺术

进化艺术是利用计算机创建的。这个过程首先是由一个群体多样随机产生的用以个人陈述的艺术品。每一个代表性的评价,都具有其审美价值,并有一个相应的分值。评价较高与较高分值的个体将有更多的机会留在群体中,而评价较低与较低分值的个体则更容易在群体中被淘汰。这是优胜劣汰的进化原理。幸存者将随机选择彼此的配偶,繁衍后代。每个后代将是艺术作品的呈现并继承前辈的属性,继承源于父母的特质。这些后代将进入到群体中,被再次评估,获得相应的分值。这是一个评价的过程,选择和交配是繁衍的重复。有时也可能出现突变,新生命有了新的属性或改变现有的一些随机选择的个人属性。随着时间的推移,优势选择的压力,一般会导致更多的审美组合的属性,使艺术品的表现形式得以演变。这样的作品是计算机演算进化的结果(图2-9)。

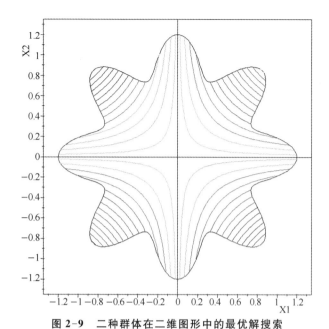

图 2-9 二种群体在二维图形中的最优解搜索

图片来源:https://en.wikipedia.org/wiki/Evolutionary_algorithm,2016-6-3

进化艺术是一个生成性艺术的分支,其特征是利用进化原则和自然选择作为生成过程。它区别于生物艺术的媒介依赖。如果后者采用类似项目的碳基生物,进化艺术则发展为硅基生物系统。与自然选择的畜牧业一样,一个群体的成员进行人工进化修改他们形式的同时,其行为在许多生殖代中也对选择性制度有所反映。

在交互式进化的选择性制度中,群体可以选择个人审美查看器的应用。另外一个选择压力可以隐式生成,例如根据时间的长度,观众可以看见不断变化的艺术作品。同样,进化可以作为用于生成自适应的动态个人世界机制,其中的选择压力是由程序强加的,其中观众在选择过程中不起作用,如"黑沙洲"(Black Shoals)项目[①]。

三、新媒体艺术的影响

互动性已成为形容新媒体的根本术语,它是互联网接入点使用选项的方式,是人机互动的关系,是快速传播的内涵,是媒体数字化的体征,也

---

① 黑沙洲(Black Shoals)项目:黑沙洲是一个关系到证券市场的实时动态的人工生态系统。在2001年于泰特美术馆首次展出,并获得2002年特纳奖提名。一个更复杂的黑沙洲是2004年的春天在哥本哈根的尼古拉画廊展出的作品。

是媒体融合发展的根本。在1984年,莱斯(Rice)定义了新媒体通信技术,使用户能够与用户进行信息的互动和交流。这样的定义取代了"一对多"的传统大众传播模式,而使得"多对多"的通信网络模式成为可能。用适当的技术,任何个人可以使用信息技术在线进行自媒体的创建,包括图片、文字和声音有关的任何选择。因此,采用新技术、新方法的移动通信传播模型十分便利,并从根本上改变我们的互动方式和与别人沟通的过程。文·克洛斯比(Vin Crosbie)于2002年描述了三种不同的通信媒体。他认为人际媒体是"一对一",大众传媒是"一对多",而新媒体作为"个性化媒体"是"多对多"的媒体。

当我们考虑"互动性"和它的意义时,我们假设它是唯一的具有突出的特性的,使人们可以面对面交流的方式。这种观点的局限性在于它使我们忽视了论坛上媒介沟通环境的存在。交互性呈现了诸如视频游戏之类的编程工作。在传统媒体的运作中,这也是可行的。在20世纪90年代中期,电影人开始使用廉价的数码相机来制作电影,此时正是移动图像技术发展起来的时候,它可以在电脑桌面上呈现完全运动的状态。这种新媒体技术的发展对于艺术家而言是一种新的创作方式,可以分享他们的工作和在大世界中互动。"互动性"的其他辐射领域包括广播和电视谈话节目、文字编辑、听众参与节目、计算机和技术编程等。互动新媒体已成为一个真正的惠及每个人的福音,因为今天人们可以用以上的技术表达自己的想法,无限制地进行自我创造。

在理解新媒体的过程中,互动性是一个核心概念,但不同的媒介形态具有不同程度的互动性,一些数字化的形式和融合化媒体实际上并非是互动的。托尼·费尔德曼(Tony Feldman)认为数字卫星电视是一种使用数字压缩的新媒体技术,大大增加了可传输的电视频道,这将改变其通过服务产生的性质,但从用户的角度看并没有改变观看的电视经验,缺乏一个更充分的互动维度。互动性是不是所有的新媒体技术的固有特性,并非因其数字化和融合性的特征而定。

新媒体艺术是一种非传统意义上的艺术,却在艺术的领域占有举足轻重的地位,它出现在艺术、科学、技术、电脑、媒体、设计、政治、新宗教的交叉路口,背离了传统的学院派艺术的创作标准,转而崇尚用科学技术和新媒介设计新的艺术形态语言,创造了引人入胜的特殊的情境与气氛。伴随着后现代主义语境和与众不同的韵味,新媒体艺术具有颠覆性、超越性和定位性,同时集跨领域、跨媒介、跨学科的艺术样式巡视这个世界。创造性的实践造就了新媒体艺术,其本质是技术王国里的个人主义。使现实与虚拟得以一致和平衡,倾斜在现实与自我控制的过渡里,在一个不断混杂、综合、想象和杜撰的世界里,带我们进入一个由技术王国控制的心醉神迷的状态之中。①

---

① 马晓翔.新媒体艺术透视[M].南京:南京大学出版社,2008:13.

第三章
新媒体艺术与科技关系的延展

新媒体艺术与科技是不可分离的两个范畴。科技与媒体同根同源,科技介入媒体后产生了多媒体表演,给予受众"诗意般"现场的体验;科技介入艺术后,产生了数字图像及影像的数字化记录方式,有了观念与叙述的视觉体验;科技与媒体艺术融合后,非线性叙事的交互式媒体成为可能,带来了关于现象学中身份与性别的感官体验。

第一节 科技与媒体

一、遇见多媒体:科技介入媒体

(一)多媒体技术

多媒体材料和学习环境,可以最小限度地被认为是印刷和图像的组合,但通常涉及流媒体视频、音乐、即时通信或互动的在线功能。随着计算机和网络连接在学校、图书馆和家庭中的升级,这些应用程序变得越来越主流。多媒体技术研发中对文献的引用有助于回顾文献的教学、学习这些材料、环境中的各种信息和理解内容领域的潜力。

(二)多媒体环境

通用设计(UDL)即通用数据链接文件,用来保存链接字符串。其可以提供一个有用的框架,对多媒体材料使用的研究总结和数字多媒体环境可以提高材料的可能性,支持探究的内容,并促进它们的融合。

(三)多媒体主体

多媒体有着栩栩如生的特征,在多媒体软件和在线应用程序弹出屏幕上解释规则,提供提示或提示用户使用程序的功能。它们可以是人为的或计算机的,动画的或静态的。多媒体的主体便是多维媒介的综合应用,是计算机与声光电的完美融合。

(四)多媒体与数学

抽象概念是理解和执行数学的本质。多媒体技术的具体操作是抽象的概念与概念先验知识的链接。虚拟技术基本上基于数字的"可操纵的对象",通常用一个电脑鼠标就可代替和操作虚拟的技术呈现。虚拟技术的研究支持和实际建议将是对数学编码的最好利用。看到广泛的资源列表,即可罗列虚拟技术与数学的真实关系。

(五)多媒体和模拟

游戏的间是一个高度多媒体的环境,是模拟现实环境的极佳例子。游戏和模拟是高度互动的,有多用户在线控制的特点。游戏的研发往往离不开对各种情境的模拟。这种模拟基于对多感观的表达。

(六)多媒体材料

有一个稳步增长的研究表明,数字文本对多媒体环境可以发挥重要的支持作用,其过程是多媒体材料的数字化显现。对文学基础的探研和对数字前沿的创新,可以同时寻找实施策略,选择指导方案和资源、权力、阅读为伍。

多媒体材料就像另一种语言可以促进受众的经验形成,无论是编程语言还是艺术语言,都是造就多媒体艺术的手段。多媒体的艺术性可以支持受众获得对多媒体理解的输入、输出和互动。受众在这种语言中找到资源并获得指导,以选择一个适当的程序或经验。

(七)多媒体工具

科学家在日常生活中经常使用一些技术工具。多媒体工具具有类似的技术和多媒体工作原理。如同科学家建立他们的推理和科学探究能力一样,多媒体工具是在研发人员回顾研究这些强有力的技术工具的研究与策略后获得的创作灵感。在广泛的资源列表中"建模工具""多个陈述""模拟""虚拟""实验室"成为多媒体工具方便协作和会话的源泉。

(八) 多媒体与助残

各种新兴的多媒体材料和工具,对于聋人或听力困难者有很好的助学功能,可以支持他们的学习和与人之间的沟通。多媒体可以帮助他们获取实施策略和资源,重新绘制未来社交的蓝本。

(九) 多媒体与社会技能

多媒体可以增强人际交往和功能性社交技能。多媒体环境为人们提供一个实践新的行为和互动的机会。实施策略和资源是完善社会技能的前提,多媒体则是实现社会技能的良师益友。

(十) 多媒体与地理

多媒体材料具有许多用途,其中多媒体地理可以解决五个主题的地理分析,是美国国家地理协会认可的位置、地点、人类环境的相互作用,并将运动信息和地区环境相联系。多媒体地理可以实现用户地理位置的确认,带来诸多便利。

(十一) 多媒体与多用户虚拟环境

研究人员和开发人员为了突破在线多用户虚拟环境和计算机软件技术,尝试以教学和娱乐为目的提供认知科学。多用户虚拟环境的研究方向、实施策略和资源是在实时交互前提下的更新信息汇聚,有着重要的实用功能。

二、多媒体表演:表演的媒体化

多媒体的作用往往在表演艺术中显得十分明了,多媒体可以综合各类视听元素将表演媒体化,形成多媒体表演的空前势力,这样的媒介运用在美国圣塔芭芭拉"边界艺术节"中成为典型。

2015年10月美国圣塔芭芭拉①当代美术馆(MCASB)将国际知名的表演艺术家汇集在第二届圣塔芭芭拉"边界艺术节",进行为期4天的文化庆典。

在2014年秋季推出的"边界艺术节",是圣塔芭芭拉当代美术馆历史上第一个流行的星期四节目,其论坛形式,体现了圣塔芭芭拉数以百计的观众对当代艺术情有独钟,来自世界各地的表演艺术家都有超过十年的艺龄。2015年的秋天,"边界艺术节"提供了各种各样精彩的新锐艺术,其中有相当具有当代舞蹈新风格的多媒体作品。"边界艺术节"是所有年龄艺术家的一个盛会,具有十一个在当地场馆的引人入胜的表演,包括圣塔芭芭拉当代美术馆画廊(MCASB)、圣塔芭芭拉艺术博物馆(SBMA)、中心剧场舞台等等。

几乎所有的表演和教育活动都是完全免费的。在为期四天的活动之后是个美好的周末,星期四开始,一场精彩的开幕晚会于2015年10月15日拉开帷幕,具体定点工作由奥斯丁的多媒体艺术家卢克·萨维斯基(Luke Savisky,1960—)担纲,探索通过电影艺术的人类经验的光谱,用雕塑的形式和萨维斯基绵延的特殊环境下的不寻常的投影视觉媒介进行表演。萨维斯基将标志性的阿布利特房子建筑营造为独特的有机体,具有一个发光的柱子,其颜色和动态影像在圣塔芭芭拉的夜空绽放,反映该地区的自然美及其独特的文化意义。

"边界艺术节"其迷人的开幕艺术还包括萨维斯基的朋友,被委托进行作曲和进行空灵和声的伴奏,其合作者布瑞恩·迈克布莱德(Brian McBride,1955—),是古老图标环境组织的创建者(ambient icons Stars of the Lid)。

除了萨维斯基的表演,节日的另一亮点是明尼阿波利斯的当代舞蹈编导罗斯·西马(Rosy Simas),其作品体现了她对文化遗产研究的继承,是对历史和家园的传承,作品通过身体得以表达。西雅图的舞蹈编导和表演艺术家希瑟·克拉瓦斯(Heather Kravas),其作品2011年的"绿色环绕计划"(The Green Surround),是艺术论坛中的十强舞蹈作品之一。另外,还有一个声音艺术风格的"摇滚歌剧"(rock opera),它是多媒体艺术家玛格丽特·诺贝尔(Margaret Noble)的获奖作品。

其他表演包括在古德兰电子音乐组合中的一个特殊的投影和音效表现,是迈克·约根森(Mikael Jorgensen,1972—)的一个合作项目,获得格莱美的另类摇滚乐队Wilco(威尔科)成员和杰姆斯·托马斯(James Merle Thomas)参与,他们是洛杉矶的音乐家、馆长、艺术学者。歌剧表演包括了珍妮佛·瓦德普(Jennifer Vanderpool)和伊丽莎白·佩姬·伯锡尔(Elizabeth Paige Bossier)的戏剧作品。喜剧演员艺术家戴拿斯提·汉拜(Dynasty Handbag)表演了她的生活:一个小时混合脱口秀,

---

① 圣塔芭芭拉,位于美国加利福尼亚南部海岸线上的一座旅游型城镇。

"早上良好的感觉"和"最近在纽约的厨房"。由德文·肯尼(Devin Kenny,1987—)和沙维尔·查(Xavier Cha,1980—)的表演,与圣塔芭芭拉当代美术馆的之后展览,探讨了数字文化身份和物质体验的影响。

这些表演都是配套进行的,通过辅助的公共节目,让观众与艺术成员探索表现艺术的历史。这包括从著名的作家和大学教授乔什·坤(Josh Kun)关于特别表演的谈话集中精选的段落,在加利福尼亚和墨西哥边境的音乐和声音中提取的赫伯·阿尔珀特(Herb Alpert,1935—)电子音乐和毒品民谣(Narco-ballads)。演出作为圣塔芭芭拉艺术节的一部分在圣塔芭芭拉艺术博物馆戴维森画廊展出。"边界节日"组委会将洛杉矶的演员路易斯·坦提都(Luis Tentindo)带到圣塔芭芭拉古德兰酒店一个艺术家工作室,主要用于展示他的剧院作品《过去的液体》(Liquid Past)。圣塔芭芭拉艺术博物馆执行主任米奇·加西亚(Miki Garcia)说:"我们很高兴展示今年10月的第二届'边界艺术节',这一节目单是圣塔芭芭拉艺术博物馆所承诺的提供世界一流的多媒体节目,是一个完全在圣塔芭芭拉社区的文化事件。"①

这个节日是圣塔芭芭拉艺术博物馆的使命,以鼓励新的创意表现形式和增加当今不断变化的文化景观的公众参与性,它建立了博物馆表达当代艺术意愿的首例地位。"边界艺术节"提供了一个平台,对于新兴领域的表演艺术有着非常规的做法,这种实施方法标志着圣塔芭芭拉作为一个城市,走在了实验和新的流派的前沿。

圣塔芭芭拉当代美术馆是一个非营利、非收藏的博物馆,主旨在于展览,并关注这个时代有关多媒体艺术的教育与培训。原圣芭芭拉当代艺术论坛(CAF),是三藩市和洛杉矶之间的第一个当代艺术论坛。

三、现场体验:诗意的剧场

诗意的戏剧作品通常呈现了有意识的语言:工作坊、语言力量的谈话与行为、工作坊设计、诗歌戏剧中的诗人情节、在现场对话与表演、组织者的对白。有意识的语言包括:艺术家的意识、有意识的身体、有意识的歌词和在实践中有意识的语言。

(一) 有意识的身体

"有意识的艺术家"峰会是一个艺术家集中的论坛,主要聚焦于未来艺术创作的意识问题。诗意的戏剧作品将是对戏剧作品影响力的专门探讨。"意识身体"板块将集中于以下问题:当首要的机体作用于艺术,那么身体将如何交流,与此同时又将交流什么。在世界上的身体形象与在生活和表达中的艺术有关吗?艺术表演家马尕尼·L.布朗(Mahogany L. Browne)、HBO 的"勇敢的新声音"(Brave New Voices)、红骨(RED Bone)的"一个戏剧的诗意作品:生物神秘图形",2015年百合奖得主纱卡那·内法克(Shakina Nayfack)的"一个女人出现在乔的酒吧"(One Woman Show at Joe's Pub)、杰森·塞缪尔·史密斯(Jason Samuels Smith,1980—)的"带来吵闹带来趣味"(Bring in Da'Noise Bring in Da'Funk)、爱德(Idlewild)的"所以你认为你可以舞蹈"(So You Think You Can Dance)、"与星共舞"(Dancing With the Stars)、杰西塔·瓦拉儿(Jacinta Vlach)的"解放舞蹈剧场"等解释了以上问题。

(二) 有意识的歌词

"有意识的歌词"探讨了歌词的艺术形式及语言的重要性。如何看待在音乐(歌词)特别是2015嘻哈音乐影响社区的观念与想法。最有代表性的作品是音乐表演家米卡·阿明(Mikal Amin)的"F/K/雇佣枪"(f/k/a The Hired Gun);先锋音乐:音乐、娱乐、教育和说词;嘻哈艺术家大使托妮·布拉克曼(Toni Blackman)的作品;巴巴·以色列(Baba Israel)的"布巴的冥想"(Boom Bap Meditations);阿贝娜·库姆森(Abena Koomson)的"费拉!,范·戴维斯"(FELA!, Van Davis);ebony.com 的艺术与文化编辑、专辑《不可抗拒的》(Irrésistible)的作者麦尔·马歇尔·刘易斯(Miles Marshall Lewis 1970—)的"那里有骚乱"(There's A Riot Goin' On)。"有意识的歌词"板块体现戏剧作品的诗意,有别于陈词滥调戏剧的内容。

(三) 有意识的语言

"有意识的语言"探索在实践艺术中的语言对

---

① The free encyclopedia.List of Playboy Playmates of 1973[EB/OL].https://en.wikipedia.org/wiki/Miki_Garcia#January, 2016-6-8.

于有意识的艺术家意味着什么，什么是可以对更大社区担纲责任的内容。有意识的语言研讨会包括拉奎尔·阿曼扎（Raquel Almazan）的"被俘的白鸽，玩偶的死亡"（La Paloma Prisoner, Death of the Doll），科永·帕克（Keyong Park）的"性与饥饿，迷失了方向"（Sex and Hunger, disOriented），理查·杰西·彼得森（Liza Jessie Peterson）的"特别的爱国者，爱的艰难之路，欺骗"（The Peculiar Patriot, Love the Hard Way, Bamboozled）。

（四）媒体之声

关于诗意的剧场，国际各大媒体有以下报道：

"一个精致的四节拍，包括W.泰·大卫（W. Tré Davis）的多重角色，和优秀的设计团队——尤其是视频设计师戴维·帕尔梅（David Palmer）和声音设计师朱利安·伊万斯（Julian Evans）在近期和历史的不公上创造了一个新的愤怒。"

——《纽约时报》（New York Times）

"充满痛苦的诗句流淌着一种从容的恩典。"

——《纽约时报》（New York Times）

"至少你得到了一个机会，让丑陋更美丽。"

——《纽约时报》（New York Times）

"这是一个你不会很快抽离的演出。"

——《斯得·八第》（Stage Buddy）

"……这是一语言，是真正的快乐。密集和无限分层，平面的对话之间格兰特的脚本转换流畅，是高度的口语文字。"

——《斯得·八第》（Stage Buddy）

"雷金纳德·道格拉斯（Reginald L. Douglas）的工作确实令人难以置信，是制作精细的世界，和他的演员们展现了情感和技巧的伟大深处。"

——《斯得·八第》（Stage Buddy）

"克雷格·格兰特（Craig muMs Grant）的话是巧妙奇异的和个人的。"

——《纽约戏剧评论》

"悖论获得强有力的动力，角色和领袖转变成哲学。给予作品杰出的主题——权力、种族、正义，没有哗众取宠，他把重点放在内在自我和城市内在之间。"

——《村之声音》（The Village Voice）

"克雷格·格兰特（Craig muMs Grant）设计了流体混合式的对话与节奏驱动的独白，他显然是一个值得关注的作家。"

——《村之声音》（The Village Voice）

"剧作家毛里斯·德考（Maurice Decaul）的作品，在2003年美国入侵伊拉克的早期，成为一个强有力的提示者，在人类进程中的战争是一个更无意义的庞然大物，却伴随着不断的重复频率。"

——《百老汇》（Talkin' Broadway）

"亚历克斯·马勒瑞（Alex Mallory）的领导下，各地的演出都是一流的。"

——《百老汇》（Talkin' Broadway）

"这是一个梦幻般的体验，留给观众思考的真实程度和一个看似无休止的冲突后果。"

——《纽约戏剧评论》（New York Theater Review）

"新鲜并关联。"

——《纽约影院回顾》（New York Theater Review）

"视觉震撼。"

——"charged.fm"

"幼发拉底河不断强调战争中的每个人心中都是统一的根本和人性的挣扎，只是为了生存。"

——"charged.fm"

（五）诗意：潜意识

诗意的本质是一个充满诗意的多媒体戏剧作品，在过去四年里，从五天到三个星期进行的是一个充满戏剧的新戏剧节。第四年度的戏剧节的诗意特征完全实现了戏剧公司成员写的激动人心的新诗歌，六个诗意的戏剧通过一个开放的提交过程呈现出新作品的阅读系列，并伴随着三个特殊艺术事件：打破沉默、庆祝LGBT的声音、重新定义的爱，再次将将混音和想象中非商业非传统元素表现爱情节日的传统爱情诗。而现在在纽约城市话剧院合作的诗意展示有：纽约城市之言（Urban Word NYC）、被听到的女孩（Girl Be Heard）、大胆战术（Dare Tactic）、盛传的影院体验和青年的声音（viBe Theater Experience and Earsay Youth Voices）。

1. 诗意戏剧的诉求

诗意的戏剧作品试图定义"连接与艺术家激情创造相关的工作，培养振兴戏剧语言意识的社区剧院的现代流派的诗歌。诗意的戏剧作品提供资源和机会给诗人、剧作家、戏剧艺术家，以供其创造新的工作，由此通过工作坊的教育，发展阅读和性能。诗意的戏剧作品寻找和创造机会，将主题问题置于作品社区中,在纽约等美国城市之间通过项目合作,交流艺术和思想。

2. 诗意戏剧的核心

诗意的戏剧作品开始于2010年,作为一种把诗人的作品作为多媒体戏剧设置的方法,来源于戏剧制作公司,并可以进入一个提供诗意的戏剧艺术家的各种背景的平台,提供资源和支持,在剧院的诗人和剧作家有着强烈的开发热情与诗意的写作兴趣。戏剧的存在是为了应对美国日益增加的受众需求,在不同的戏剧景观中主题和形式的拓展。诗意的戏剧创作是为了回应传统边缘化的声音和应对叙事的戏剧平台的需要,因为文化和社会经济条件的发展导致美国戏剧传统式微,即嘻哈、舞蹈剧场、大满贯诗歌、口头讲故事和仪式剧成为主流需求。诗歌戏剧创作不断扩大其受众参与的社区,创新诗歌戏剧的艺术家和观众积极从事剧作的创作,叙事声音遍及非洲裔美国人社区、退伍军人、同性恋和社会经济挑战的青年。诗意的戏剧创造了空间,在种族和社群之间围绕这些问题进行了对话,提高了对话的责任性、积极性和实践性。通过组织的工具和资源支持新的声音和叙述的风格,诗意的戏剧正被验证其故事的形式,及在戏剧领域和社区中看戏剧的方式,从而了解人类。

诗意戏剧的创作核心是为诗歌戏剧艺术家提供空间和资源,以他们的工作来实现鼓励艺术家继续发展自己的创作并促进相互合作,在纽约现阶段的工作中支持弱势艺术家的声音和合法化创作,并促成跨时代的对话,激发文化和政治的观点。只有大满贯(slam)剧院或嘻哈剧场对于戏剧界是无比的耻辱,因为其艺术造诣不够且只能看到相关的特定社会面貌。莎士比亚诗歌影院被视为观众的独家影院,和诗意的戏剧作品一样,旨在打破这些假设,把嘻哈和诗歌放入同一创作阶段,让观众一起欣赏。

受诗意戏剧流派的影响,戏剧词汇得以添加,对文本加强其影响,形成关乎政治、社会和文化思想的重要的戏剧形式。通过对主题研讨和语言使用的便利,以及有效地引起非传统观众的兴趣,从而鼓励更多的诗人用编剧的探索和媒介潜力的拓展达到其作品的真正影响力。

第二节 科技与艺术

一、再遇数字媒体:科技介入艺术

科技艺术是一个术语,用来概括人类和科技之间的关系。它经常出现在以科学技术研究为核心的学科和政府机构中。博客、Twitter和其他社交媒体工具正在改变人们的交流方式和科学研究过程。博客、Twitter、Facebook和其他社交媒体工具不可否认地改变了人们交流和分享信息的方式。一小部分的人正成长为科学家,并开始用这些工具谈论科学:用博客撰写自己的作品,在他们的实验室内阅读并进行活动,用Twitter收集故事并与志同道合的同事分享信息资源。这些媒体,最初主要用于科学的延伸,也逐渐成为与其他科学家的谈话场所或对话的空间,在此之前这些谈话一直局限于学术界的会议厅和咖啡厅。这对于科学而言是一件好事。例如,最近争议最大的一项研发声称,被发现的细菌可以用砷替代磷作为它们的DNA,这被发表在《科学》杂志上,并在2010年12月美国宇航局的新闻发布会上高调宣布。这是一个令人振奋的消息,显然拓宽了人们所知道的生命的定义。就在声明发布后的几天内,媒体报道发生了戏剧化的转变:讨论这一发现的潜在影响的事件拓展到寻找外星生命,被其他微生物学家批评质疑其作者的方法,质疑这一声明结论的有效性。发生这一变化的原因是什么?是因为博客和微博。一些微生物学家写博客提出自己的疑惑,他们的批评通过Twitter转到了主流媒体上。在Twitter上,有关的讨论层出不穷。作者回应批评写道:"科学的讨论应该出现在同行评议的文献里。"在这种情况下,这个案例成为一个纠缠不清的真正的科学争论。在砷的作用下可以形成生物化学的证据,有还是没有?于是便产生了与媒体的争论——炒作!禁止!持怀疑态度的科学家!无疑令许多科学家肯定的是,这种态度不仅是完全合理的,而且还通过博客体现了科学的谈话,表达了唯一的声音和愤怒的情绪,媒体舆论都没有变化。一系列短小的博客和微博信息可能没有影响优秀的科学问题的最终解决,也不会取代同行在科学对话中评议的文献,但博客和其他社交媒体工具可能会增加这些对话,使每个人受益。同行评审过程之前出版可能会过滤掉的想法,显然是错误的,但是同行的批评将在出版之后产生——其他科学家将测试结论的对错或是用这些信息充实自己的研究,从而决定在测试阶段研究是否站得住脚。

批评新出版的研究是意料之中的事,尤其是在自然科学的领域,倾向于关注新的观念和建立科学的发现,拓宽了科学的边界。即使没有社交媒体,微生物学家和化学家也会对细菌的说法持怀疑态度。然而,直到最近,这些批评在很大程度上被限制在科学界。

如今,博客与其他的社交媒体给予科学家更多的与广泛读者分享思想与见解的可能,也提供了比出版物更为快捷与清晰的新的结果。似乎适得其反的是科学家在公共场所整理他们的"脏衣服",但在这样一个世界,媒体被辩论的人为气候变化的现实所控制着,疫苗的安全性或疫苗的演化成为众人的谈资,从给公众一个窗口到一个真正的科学辩论会并不能被过分高估其价值。科学家同样可以从博客上有关科学的话题中得到益处。首先,由庞大的科学社团所引领的同行批评在出版之后具有巨大的信息量。其次,研究特殊领域的小型社团会赞同论文提出的假设与缺陷的群体,如假设中的 X。他们知道如何怀疑方法 Y 所产生结果的准确性,并对其加以肯定,也提前发表了同行批评的文献。但是在分支领域单独工作的人们将完全忽视这些重要的细节,这可能会影响他们的研究。在博客上谈论这些议题不仅可以为该领域的科学家提供永久的和易研究的资源,也可以帮助圈外的人传递相关的重要信息。人们认为应当举行科学论证,解决问题并记录在同行批评文献中。社交媒体也可以通过给人们提供交流的机会而体现其价值,无论在科学社团还是圈外开展和发展这些辩论,皆是如此。

数字媒体艺术是一种艺术作品或艺术实践,其中将数字技术作为创意或演示过程中的一个重要部分。自 20 世纪 70 年代以来,各种有关数字艺术的名称已被用来描述其艺术创作过程,包括计算机艺术、多媒体艺术、数字艺术本身被放置在更大的新媒体艺术创作范畴中。

在最初出现的一些阻力消除之后,数字技术的影响开始涉足各个领域,如绘画、雕塑、音乐、声音艺术,从而在这些传统领域中产生了新的艺术形式,如网络艺术、数字装置艺术和虚拟现实,并已经成为公认的艺术实践。更广泛的术语"数字艺术家"被用来描述一个在创作中使用数字技术的艺术家。在一个广义的意义上,"数字艺术"是一个适用于当代艺术的术语,一种使用大众媒体的方法,大规模创作或应用数字媒体的结果。

数字媒体艺术的技术广泛应用于主流媒体广告中,并由电影制作者在作品中制作数字视觉效果。虽然桌面出版与平面设计更为相关,但其对出版界产生了巨大的影响。数字和传统的艺术家使用许多来源于电子信息和编程的语言,以创造他们的作品,这使得视觉艺术和音乐艺术有了相似之处,也使得接受数字艺术进行艺术价值评估成为一种可能。20 世纪 70 年代的前 3 年,在很大程度上增加了接受电子音乐进行创作,在其创作道路上取得了进展。

数字媒体艺术是纯粹的计算机分形艺术和算法艺术的来源,又是照片扫描、矢量图形及软件图像产生、绘图板绘制和鼠标使用的重要源头。虽然技术上的术语可适用于使用其他媒体或过程的艺术,但其本质还是保留了艺术的本质。这并非平凡的计算机过程,而是改进的数字技术,如计算机程序、单片机、任何电子系统或能够为输出输入进行解码的过程。数字化文本数据、原始音频和视频记录通常不被看作是数字艺术的,但可被视为较大项目的计算机技术和信息技术。被认为是数字绘画的作品,创造了类似于非油画的数字画面,使用了计算机平台软件和数字输出从而得到画布上的图像画面。1985 年 7 月,安迪·沃霍尔曾经用"阿米加"(Commodore Amiga)创造数字艺术,当时在林肯中心的计算机可以被公众使用。戴比·哈利(Debbie Harry)也曾用单色图像捕捉技术将摄像机进行图形程序的数字化呈像,该图形程序叫"前绘画"(ProPaint)。沃霍尔通过填充工具给图像添加颜色。

(一)艺术还能怎样?

当人们谈论艺术和创意的时候,往往将主体与动态形式混淆在一起。表演艺术家,劳里·安德森(Lauri Anderson)说:"谈论艺术就像围着建筑跳舞。"然而,艺术没有被淹没在周围舆论的危险里。审美体验是艺术首要的元素,与人们在一个统一的、激烈的、复杂的、愉悦的方式中,通过某些对象或过程方式联系在一起。快感是审美价值的关键,欲望是它的动力。

任何艺术的思想仍然是文化约束和主观的思维。无论艺术家以一种浪漫的或工作伦理的方式来进行创作,艺术从一开始就是一个奇妙的、诱人的、神秘的过程。但人们必须重视艺术,因为它将用它的方式指引我们自己、他人和世界。艺术是崇高的、令人恐惧的或令人愉快的,人们不能忽视或否认它的直接影响。在组成、配置或设置方面的一些东西——内隐或外显——就是对受众的邀请。

本体论是系统性的形而上学的一个分支。艺术本体论的目的是确定什么样的东西是艺术品,并提供一种手段,确定何时能生发出"艺术品"。唯物主义者认为这是一个物理的东西,而理想主义者认为艺术是一种思想或情感模式,也许很大程度上是与观众分享的。

一个艺术家蓄意地参与创作才能通过艺术品被个体了解其本义。艺术品是被创造出来的为艺术界提供的公共物品。公共物品是一组成员在某种程度上努力诠释的艺术内容。艺术是艺术整体系统的一部分。艺术系统是一个框架,一件艺术品展示给公众的是艺术家的境界。

数字媒体艺术思维的归属可能决定艺术流派之间的差别,屈从于当今时代和当今文化。和食物一样,只有品尝才是快乐的,而仅仅阅读食谱是不够的。数字媒体艺术理论具有增值的特点,其后现代、浪漫的本质将赋予数字媒体艺术理论更多的表现力、情绪、本质和意义,没有单一的概念可以包含其丰富的内涵,艺术理论的共同的性质是其相似的发展轨迹。

人们都同意,人类天生具有艺术的天性,一些社会趋势与"非艺术"毫无区别,用最好的方式去做一切事情才是王道。艺术哲学常常探讨这些问题,艺术却有它自己的规律。一方面,关于艺术家的问题包括自我的确认和表现为剧本、节奏和其他戏剧元素的视阈,创作的轨迹和艺术家的意图。另一方面,艺术是有其议程的,一个动态的社会制度,包括实践建立、历史价值以及行使批判性的判断、意义和审美价值。

今天,一个开放的艺术观念之重要前提是在该领域具有的创造性和新颖性。人们的灵感来自与媒体的博弈,直到形式被发现和实现。形式体现在工作—流量—格式塔的过程中。

数字媒体艺术的创作则是一个过程或作品的组成,具有结构性、新颖性、独创性,以致进步超越当前的传统。但是,创造力也是一种基本的自我表达方式,超越了平凡的生活,"占有"的神圣意念。

架构数字媒体艺术成为日常生活的一部分,即越来越充满活力的环境——不止一个"东西"被摒弃,而且在博物馆逐渐消失。功能性的艺术,如网络媒体是无需解释的,只需受众即时参与。受众也并非简单与之产生反应,而是与之进行互动。这个过程是发自受众内心的,但在某种程度上是"有意义"的。它使受众在对主题和内容的关注中无处不在。

网络文化和网络生活已经模糊了现代文化的边界,当人们沉浸在意象和符号的海洋中时,通过点击鼠标发现网络中的艺术和美丽,并判断人们的内在的反应。

数字媒体艺术的本质不在于如何对其定义,因为有许多内涵是无法言表又相当复杂的。尽管技术和媒体有着巨大差异,但它仍然与应用艺术休戚相关,人们关注的是务实的价值和田园诗般的艺术之间的关系。灵感可以得到升华,而阐述可以与技术媒体共同进行潜心地反思并分析工作。

根据道格拉斯·摩根(Douglas Morgan)的理解,创造力或创新过程一般分为四步:其一,在"准备"中,创作者意识到创作中的问题或困难,通过试验和错误的尝试,解决尝试过程中的冲突与问题;其二,在"孵化"阶段,放弃或衰退,在意识之外难度被降低;其三,注意力完全转向了"灵感"或洞察力;其四,"验证"的现象,以大量生动的比喻作为情感的释放,创作者感到欢欣、充足和终结。在"论述"或"验证"阶段中,"理念"成为充分发展细节工作的元素。

美学是另一类东西。什么是艺术,美或丑在一定程度上取决于不同的口味,或后天的味道,即赞同的手势。一件作品不一定非常漂亮但却是引人注目的,如塑化人体即是如此。审美价值是基于合理的论点、描述的标准、凭据或定义的价值特征。

一般来说,快乐或沉迷是审美价值的关键。"快乐"可以体现作品的质量,是它自身的表现。意识具有独特的影响,是其内隐或外显的美的表征。但是今天人们也可以在互动中找到美,即在人工环境中的流动状态和吸取其所包含的信息中互动。就像一顿饕餮盛宴,它滋养了一种人们探求美的方式,而仅凭技术是无法实现其"美感"的。

审美体验是一种可随时改变和跟随主观意识反应的过程,在情感交通或直观的沉思中"心中狂喜"状态。作为人类,人们有一种与生俱来的渴望,就像追求新奇的事物一样追求对审美的感悟。突然间,通过理解,人们的精神活动被激发,使统一、紧张、复杂和愉悦的崇高情感合而为一。

"美"的竞争结束了。数字艺术不再是对生活的简单模仿。后现代艺术家的艺术和真实事物减少快餐文化之间的鸿沟。数字艺术教导人们无法察觉和用任何方式无法学习的情感和真理。它可以激发思想,但却无法被描绘。事物的真相是其存在的,和出现的状态,超现实创造了几乎已经过时的虚拟场景。

今天的数字媒体艺术是具有挑战性、对抗性和侵入性的。人们头脑的理智可能出现短路,它给人们得以进入神秘的、非理性的、不确定的意念的特权。人们滑入洞窟,在一个混乱的非线性形式中摸索。当今数字媒体艺术满足了人类心灵的需求。

在动态模型中,形态由多个元素构成,其中形成的结构很可能被立即打破,并重新形成。生长过程中不断交换自己的环境,并在各个方向上建立各自的模式。在人们和周围的环境中,在形成过程中,在外在和内在的原因和影响上,数字媒体艺术给人们带来极度困惑的边界。

互动艺术作品带来了特殊的问题。一个互动的艺术作品只能通过交互来进行阐述,无论作为作品中的主体还是作为旁观者都是如此的重要,即第一人称。很明显,这两个主体的经验不同,这是一个行为和另一个反应的作用。问题是,是否有可能从其交互中解读艺术作品,或是在艺术作品和与它的互动中解读第一人称与旁观者的交互关系?而进一步的问题是:当观众离开时,互动艺术作品又是如何解释的?是否有可能在解释互动的艺术作品时脱离相互作用?是否有可能通过互动解释艺术作品,从而从分解的阐述中接受解释?"互动论"必须增加对传统美学的补充。在计算机游戏和网页设计经验的基础上,以多种方式对互动性的概念进行审美理解。[1]

当代艺术的特点是使用的媒体技术,如视频、电视和电脑。在创作中,人体也成为艺术调查的一个站点。这是一个挑战传统画廊空间创作专属网站的艺术展示。在过程和进程中创作者集聚了越来越多的兴趣,最终获得一个完成品或静态的艺术品。

对于互动艺术而言,语境与意向是至关重要的。合理规划与设计分配是实现交互式图形的重要组成部分。在合作者或助手之间,存有很多设计任务:例如,设计一个界面,或一个超文本架构的流程图,其背后需要工程技术的支持。然而,无论是一个设计精美的软件代码,还是一个巧妙的工程平台,其都是一个互动艺术作品的根本。互动艺术品所需要的其他的支撑,即一种超越"机械零件"的启示和意义,将之合理装配融化在一起,给互动艺术一个更高层次的抽象生活。

艺术是多层次的,开放式的。一个互动的作品,若没有最后的"解决方案",就没有办法来解读其含义。当代艺术是短暂的、跨学科的、多媒体的、过程的、话语的,依赖于观念和语境,并越来越针对受众进行互动的设定。当代艺术的多样性需要在更广泛的意义上进行创作,在某些情况下,它应该是科学问题和真实性的体现,而非简单的概念和介绍。

当代艺术需要反复思考,并在其战略过程中定义文献内容。文献是一种艺术作品,是一个过程、导航、解释、交流与讨论的工具。数字化引导和多媒体技术的介入产生特定的艺术创作。在博物馆中数字媒体的应用与日俱增,改变了博物馆、观众及研究人员的观看习惯。这需要一整套应对

---

[1] Michael Hammel. The Artist's Guide to GIMP: Creative Techniques for Photographers, Artists, and Designers (Covers GIMP 2.8) [M]. San Francisco: No Starch Press, 2012:301.

策展与规划问题的新方法。

互动艺术根植于20世纪的审美剧变。对艺术家的工作、角色、观众、市场来说,达达主义、结构主义、超现实主义和其他类型的艺术,在艺术与社会之间有着重要的关系。在20世纪60年代,激浪派、偶发事件和"参与艺术"控制论的艺术、艺术与科技的运动、环境艺术和视频艺术都为互动艺术提供了许多的养分。

一件艺术作品,与在线连接的情况将变得更加复杂;此外,现在有了更多的交流的可能,在偏远地区人类可以运用多种软件和在线的知识库。有时很难分辨其所以然。在不久的将来,人们可能会看到越来越多的这类混合艺术,与本地和全球相连,提供用户在当下和遥远的位置获得艺术体验。这样的情况会减少而不是增加介质的潜力。

可以说通过逐次换位迈向艺术,艺术的轨迹回到了表现本能和人体艺术之本体性世界。在互动艺术中,人们成为系统的一部分,动态过程或经验的一部分。人们经常通过互动切实改变对艺术的认知。

(二) 在主页背后的场景里
1. 智慧边缘的创造性行动

艾娜·米勒(Iona Miller),身兼顾问和跨学科研究人员,是学术界和大众媒体的非情节性作家,同时她还是催眠治疗师(AChE)和数字媒体艺术家。她的工作是多感官的神圣的行动,是融合智慧、科学艺术、各种理论、多元的物理和新兴的范式转变的过程,融合了体验式心理治疗、新的物理、生物物理、哲学、宇宙学、愈合、创造力、魔法、超自然的事物,好似"诙谐的伎俩",即媒介生态、精神控制、深入媒介、形而上学和文化的变迁。她对宗教、科学、心理学和艺术有一定的影响,但并不局限于对某个学说有兴趣。人们的信仰好似心灵的可塑性原料,被政府、媒体和文化所控制。这使人们想到:人们是如何成为自己的,以及如何在不久的将来改变自己?

2. 智慧的编者

作为表演艺术家和自语者,米勒女士为国际学术界和大众媒体凤出版社(Phanes)、命运书局(Destiny Books)、自媒体(Autonomedia)、奈克瑟斯杂志(Nexus Magazine)、梦想网络(Dream Network)、PM&E、非定域性日报(Journal of Nonlocality)、远程心理互动(Remote Mental Interactions)、乔索菲杂志(chaosophy)、橡木(OAK)、DNA月刊(DNA Monthly)、流行文化(Pop Occulture)、希弗(Schiffer)、波丽(Bolero)、科学艺术研究中心(Science-Art Research Centre)等更多的媒体撰写著作。她在麦迪格蕾丝机构(Boards of Medigrace.org)和智慧中心这一非营利组织服务。最近的工作包括在德国《德·高勒》(Der Golem),美国《偏执♯锌44♯46》(Paranoia zine ♯44,♯46),俄罗斯《寻找与聚集》(HunterGatheress Journal, JNLRMI)杂志,葡萄牙《反生物》(antibiothis),美国迈阿密的《神物艺术》(The Art of Fetish),和印度跨学科的《十字路口》(Crossroads)杂志撰写。她的作品曾在迈阿密、凤凰城、纽约等多地发表。她曾出现在21世纪的无线电、野性的维度、现实的门户、数字长岛的栏目中。

"所有的人都是疯子,但他能够分析自己的妄想就被称为哲学家。"

——安布罗斯·G.比尔斯(Ambrose Gwinnett Bierce,1842—1914)[1][2]

二、数字图像与声音:记录方式数字化

数字图像是二维图像的数字表示(通常是二进制)。根据图像的分辨率是否是恒定的,可以确定其是矢量还是栅格类型。就其本身而言,"数字图像处理"通常指的是光栅图像或位图图像。

光栅图像有一组有限的数字值,称为图像元素或像素。数字图像包含一个固定数目的行和列的像素。像素是图像中最小的单个元素,在任何特定点上,保持量化的值表示给定颜色的亮度。通常,像素被存储在计算机存储器中,作为光栅图像或栅格地图,是一个二维数组的整数。这些值通常是以压缩的形式发送或存储的。光栅图像可

---

[1] Ambrose Bierce.the free encyclopedia[EB/OL].https://en.wikipedia.org/wiki/Ambrose_Gwinnett_Bierce,2016-6-8.
[2] 安布罗斯·G.比尔斯(Ambrose Gwinnett Bierce),美国编辑、记者、短篇小说家、预言家。他写了短篇小说《猫头鹰小溪桥》,并编辑了讽刺词汇词典。他作为评论家有自己特有的气势,他的座右铭是"没有问题",并嘲讽人性观,了解他工作的人,给他起了绰号"毕尔斯"。

以通过各种输入设备和技术，如数码相机、扫描仪、坐标测量机、地震剖面、机载雷达和更多的外接设备获得。它们也可以被合成为任意的非图像数据，如数学函数或三维几何模型，后者是一个主要的子区域的计算机图形。数字图像处理领域是对其变换算法的研究。

大多数用户通过数码相机接触光栅图像，它可以使任何图像文件规范化。一些数码相机可以获得几乎所有相机拍摄的数据，使用原始图像格式。通用摄影成像指南（UPDIG）表明这些格式被使用，从而确定其原文件，产生最好的图像质量。这些文件格式允许摄影师和处理方法在最大程度上控制和输出高精度的图片。他们使用专有信息——犹如商业秘密一样的高效率的相机制造商例如"原始图像数据存储格式"（OpenRAW）——影响厂商发布记录并公开倡议。另一种可能是数字格式（DNG），一个为Adobe产品描述为"公众，数码相机原始数据档案格式"，这种格式虽然没有被普遍接受，但对产品的支持力度越来越大且越来越专业，档案工作者和环保主义者为其组织工作，并提出各种建议或为推荐图像格式而备案。

（一）数字图像的发展

早期的数字传真机是巴特兰有线图像传输系统（Bartlane Cable Picture Transmis-sion System），在数码相机和电脑的基础上通过几十年研发而来的。第一张图片被扫描和存储，并在标准计算机（SEAC）的NIST中重新显示数字像素。数字成像技术在20世纪60年代早期得到了进一步发展，在太空计划发展和医学研究中其性能持续提升。麻省理工喷气推进实验室项目中，贝尔实验室和马里兰大学以及其他的研究机构对以下内容有深入的探研：应用数字图像、提高卫星图像、传真标准转化、医疗成像、可视电话技术、字符识别和光增强。

数字成像技术的迅速发展始于20世纪70年代早期微处理器的引进，以及相关的存储和显示技术的进步。计算机断层扫描（CAT scanning），即利用X射线通过一个三维物体产生一个数字图像的"切片"，是非常重要的医疗诊断工具。数字图像的起源、模拟图像的数字化，允许考古文物图像的增强和恢复，并开始在各领域中使用不同的核医学、天文学、执法、国防和工业的图像记录方法。

微处理器技术的进步促进了电荷器件的开发以及营销方式（CCD）中广泛使用图像捕获设备，逐步取代20世纪末的摄影，为摄像胶片和磁带的使用提供了条件。计算能力是必要过程，数字图像的采集也允许计算机数字图像实现精细化水平，从而更接近真实。

在数字录音、音频信号或视频信号被转换成一个流的离散数字信息时，表示在空气压力的变化下，随着时间的推移，空气压力为这些音频、色度和亮度值的视频提供了用以记录的存储设备。如需回放一个数字记录，数字信息将被检索和转换回原来的模拟波形。

（二）数字录音的发展

1. 录音

（1）模拟信号从输入设备传送到模数转换器（ADC）。

（2）ADC将信号通过反复测量的模拟瞬间水平（音）波，然后分配一个二进制数与某一特定数量的比特（字长）的测点。

（3）频率的ADC测量的模拟波的水平被称为采样率和采样速率。

（4）一个给定的单词长度的数字音频采样表示在一个时刻的音频电平。

（5）长字长度更准确的是原始音频波层次的表示。

（6）采样率越高，数字音频信号的上截止频率越高。

（7）ADC输出样本序列构成一个连续的0和1数字字节。

（8）这些数字被存储在记录介质，如硬盘驱动器、光驱动器或固态存储器中。

2. 回放

（1）这个数字序列是由存储到一个数字模拟转换器（DAC），并将数字转换回模拟信号，通过融合在一起的方式存储在每个数字样本信息，从而重建原始的模拟波形。

（2）该信号被放大并传送到扬声器或视频屏幕上。

（三）数字录音的历史

1938年：英国科学家亚历克·李维斯（Alec Reeves，1902—1971）的一项专利文件描述了脉冲编码调制(PCM)。这是作为电话技术发展的第一次进步。

1943 年：贝尔实验室开发了第一个基于 PCM 数字加密语音传输系统(SIGSALY)，二战期间针对军用电话交通德国进行了拦截。这十二个发射点在战争之后退役了。

1957 年：马克思·马修斯(Max Mathews, 1926—2011)通过计算机数字记录声音开发了数字记录的系统。

1967 年：第一个单声道的 PCM 录音机是由日本 NHK 的研究设施发明的。30 千赫 12 位装置，采用压扩器，类似于降噪器(DBX Noise Reduction)用于扩展动态范围，并存储了磁带录像机的信号。

1969 年：NHK 扩展 PCM 的能力，用于双声道立体声和 32 千赫 13 位分辨率。

1970 年：杰姆斯·罗素(James Russell, 1819—1891)发明了第一个数字光学记录和回放系统，这导致光盘(Compact Disc)的产生。

1971 年 1 月：使用 NHK 的 PCM 录音系统记录，天龙(Denon)的第一个商业数字录音工程师，史提夫·麦克斯(Steve Marcus, 1939—2005)和乌祖(Uzu)研发了早期录音系统(World of Stomu Yamash'ta 2 by Stomu Yamashta)。

1972 年：天龙(Denon)推出第一声道数字录音机，其 dn-023r(即 1972 年 DENON 公司开发的第一款数字录音机。世界上第一台八声道录音机)，是 47.25 千赫 13 位 PCM 分辨率用于 4 头开卷式广播磁带录像机。这一新系统的第一个记录是斯美塔那四重奏演奏及莫扎特的弦乐四重奏 k.458 和 k.421，当年的 4 月 24～26 日在东京记录了后续的其他几段音乐。

1975 年：犹他大学教授托马斯·斯道汉(Thomas Stockham, 1933—2004)自己开发并设计了 PCM 数字音频录音机，利用计算机磁带作为存储系统。他所创立的公司为商业化声流提供支持。

1976 年：原型声流 37.5 千赫 16 位双通道录音机被用来记录圣达菲歌剧院演出汤普森的维吉尔歌剧"我们的母亲"(The Mother of Us All)，这是新的世界纪录。然而，数字录像机是一个用以备份模拟多声道录音和优越的模拟记录的新世界记录的播放器。数字录音于 1976 年在纽约的 AES 大会上被公布于众，但从未被商业发行过。

1977 年：天龙(Denon)发展小型便携的 PCM 记录系统，该系统的 dn-034r 录音机和 dn-023r 录音机记录 8 通道 47.25 千赫，但它使用 14 位的点，相当于 15.5 位。

1977 年 8 月 28 日～31 日：PCM 声流系统在加利福尼亚运行，在直接录音的背景下，为风琴手维吉尔·福克斯(Virgil Fox, 1912—1980)进行晶体录音(Crystal Records)。最初发行时产生的 LPS 被直接从光盘上拷贝，后来(1987 年)通过 CD 补发了来自数字备份的磁带。

1977 年 11 月 28 日：天龙(Denon)于纽约绿海豚街带给人们的 DN-034R 录音和阿尔奇·西普(Archie Shepp, 1937—)的记录，成为美国发布的第一个数字记录的商业专辑。1984 年发行的 CD 对尼彭·哥伦比亚(Nippon Columbia)来说也成为最早的数字 CD。其他六张爵士专辑在发行于纽约之前，已于 12 月返回日本。

1978 年 4 月 4～5 日：泰拉克(Telarc)采用声流的 PCM 系统记录了弗雷德里克·费那儿(Frederick Fennell)和他的伊士曼管乐合奏团为皇家烟火军乐和乔治·弗里德里希·汉德尔(George Frideric Handel)演奏古斯塔夫·霍尔斯特(Gustav Holst)的音乐。这一唱片的发行，成为美国第一个数字录制的经典版本。

1978 年 6 月 2 日：声音 80 工作室在明尼阿波利斯录制了圣保罗商会乐队表演的"科普兰的阿帕兰倩的春天"(Aaron Copland's Appalachian Spring)。伴随着实验的 3 兆 50.4 千赫数字录制器的背景音乐，这是一次弹出式直录唱片。LP 唱片公司为 Sound80(一款音箱的型号) S80-DLR 101 录制的这张唱片，是从直录唱片到数字回放，都运用了数字备份技术。之后的章节都使用了 ProArte 产的康柏硬盘。

1978 年 6 月：Sound top KA-80 录制电影和 BB 的另一个直接录影再次在实验背景的 3M 记录器中得到运用。这一次不作为数字备份，所以数字控制主要用于密纹唱片(Sound80 记录 s80-dlr-102)。这使得它成为美国第一个非经典的数字发行版磁盘。在六个月的手工打造期间，3M 数字录像机分解为绘制非标准磁带的播放器，因此没有光盘补给成为可能。

1979年：第一个数字光盘原型由索尼和飞利浦的合资企业在日本创建。

1979年：第一个美国记录的数字专辑流行音乐（声乐）问世了，吉他手R.库德（RY Cooder）的《爵士乐直到你下沉》（Bop 'Til You Drop）由华纳兄弟唱片公司发行。这张专辑记录的32声道数字机由洛杉矶3M公司制造。同时，斯蒂文·汪德（Stevie Wonder）用数字方式录制了他的配乐专辑《通过植物的秘密生活的旅程》（Journey Through the Secret Life of Plants）。库德的专辑发行后三个月，格莱美奖的同名美国歌手克里斯托弗·克洛斯（Christopher Cross）也用3M数字方式录制了首张专辑。

1982年：第一个数字光盘的销售由索尼和飞利浦共同进行，新英格兰为综合键盘（synclavier）提供了数字硬盘录制方式，这是第一个商用硬盘（HDD）记录系统。同年，彼得·加布里埃尔（Peter Gabriel，1950—）发布了《安全与夜晚飞行》（Security and The Nightfly），作者为唐纳德·法艮（Donald Fagen，1948—），即早期的全数字录音。

1984年：索尼发布pcm-501es索尼数字音频处理器，首次让消费者做出自己的数字录音，使用VHS和Betamax录像机作为存储介质。

1990年：数字广播开始于加拿大，采用L波段。

1991年：数字音频磁带或ADAT用于同时记录八轨数字音频，其磁带格式与超级VHS磁带格式相似，可供消费者录像使用。该产品是1991年1月在加利福尼亚阿纳海姆的NAMM大会上公布于众。一年后的1992年2月或3月第一个ADAT录音机出现了。

1993年：雷达（RADAR）录音机（随机存取数字录音机）是第一个用于同时记录数字音频24声道的单盒装置，用于硬盘驱动器。该产品由创造技术制造（IZ科技有限公司）于1993年10月在加利福尼亚三藩市的AES大会上公布于众。第一个雷达记录器在1994年8月装运。

1996年：光盘和DVD播放器开始在日本销售。

三、视觉体验：观念与叙述

叙事或故事是指对事件连接的描述，是对实际或想象过程的报告，并提出了一系列书面或口头的话，静止或移动的图像。

叙事被组织在一些主题或正式的类别中：非小说，指明确包括创造性非故事的传记、新闻和史学；历史事件的虚构，包括故事、神话、传说、历史小说和小说；适当的小说，包括散文文学中的诗歌，如短篇故事、小说、叙事诗、歌曲，以及虚构叙事在文本形式中的游戏、描绘、直播或录制的表演。叙事可以在人类的所有创造形式中找到，艺术和娱乐，包括演讲、文学、戏剧、音乐、歌曲、漫画、新闻、电影、电视、视频、广播、游戏，非结构化的娱乐，以及一些绘画、雕塑、摄影和其他视觉艺术（一些现代艺术运动拒绝叙事，更青睐抽象和概念，只讲求一系列事件的发生）。这个词来自拉丁语动词"narrare"，有"告诉"之意，这是来自"gnarus"的形容词，是"知道"或"熟练"的意思。

口头讲故事，也许是最早的叙述分享方法。在大多数人的童年，叙述时常引导他们正确的行为、文化史、一个共同的身份和价值观的形成，尤其是在人类学研究传统的今天，叙述也可作为"活"的实体通过文化故事代代相传。因为叙述的故事往往是没有明确的意义，儿童作为故事讲述过程中的参与者，通过深入了解开始—结束的故事情节，使他们自己获得解释。

"故事"一词可以用来作为"叙事"以及"情节"的同义词，是任何特定的叙事的集体事件。叙事也可以嵌套在其他的故事里，如故事有一个不可靠的叙述者（人物）常被认为是黑色小说体裁。叙事的一个重要组成部分是叙事模式，通过一个过程的叙述方式来传达叙事的方法。

在论述、论证、描述、叙述中，大致的定义是四种修辞方式之一。更狭义的定义，是小说写作的模式，即讲述者直接传达给读者。

无论是在一个故事正在进行的时刻，或作为一系列事件展开的时间，叙事艺术是一种过程，讲述一个故事。一些最早的人类艺术的证据表明，人们常会看图讲故事。然而，在缺乏故事情节的前提下，阅读古代的照片是艰难的，因为它们不是一个系统的组织方式，像是一页上的文字，可以在许多不同的方向展开。

任何艺术媒介中的静态图像不自然地被借用于讲故事的情节，故事随着时间的推移经历了（历时)和图片共享(共时)的机会。虽然所有的叙事艺术都有一些共同的特点,但不同的文化已经发展出了独特的方式来辨别图片的叙事行为。在识字时代到来之前,大多数的叙事艺术是一个具有非常小的总体组织叙述风格的。一旦世界各地不同的文化发展起来,并被组织起来,沿着记号线延续,这有助于确定叙述的方向。这种将场景链接起来的方法导致了20世纪的其他故事讲述方式的产生:报纸、漫画和漫画书。

从文艺复兴以来,在传统的西方绘画中,历史绘画的概念涵盖了大部分的叙事场景。叙事通常比呈现于圆形雕塑更容易呈现在绘画和浮雕雕塑里,描绘几个人物复杂的变化。罗马斯培龙加(Sperlonga)雕塑是一个奢华的例外。

(一)叙述的发展

叙述需要复杂的规则,使叙事清晰。其实叙事艺术在艺术史上很早就产生了。在欧洲青铜时代伊比利亚地中海盆地的岩画中,一些浮雕展示了狩猎或战斗静态场景叙事,前者有时指示猎人或猎物,在某种程度上类似于现代的图形插图,有着动态的指示作用。关于古埃及艺术最早的一个作品是卢浮宫博物馆展出的纳尔迈石板画(Narmer Palette),反映了纳尔迈国王的胜利(公元前31世纪)的几个场景。新亚述帝国的宫殿有大型浮雕墙与狩猎和战斗扩展的绘画描写,在这期间形成了欧亚文化的各种形式的叙事艺术。耶稣和佛陀的生活、新的宗教、创始人与他们的追随者、在佛前的生活情况,均为叙事艺术的新题材,就像古老宗教如劳动英雄的元素。

书籍插图是从古代的几种文化中发现的,而且具有很强的叙述性质。古代晚期似乎在西方出现了一些插画书,毫无疑问属于富有的收藏家,包括经典文学文本(Vergilius Vaticanus 和 Vergilius Romanus)和圣经文本。伊泰莱片段(Quedlinburg Itala Fragment)每一个文本页面图像之间似乎有二或四面图画,并被更密集的绘画呈现出来,后续的圣经文本用手绘呈现出来。

(二)叙述的类型

叙述是在一个空间和时间内得以展开。在叙事艺术中,艺术家选择如何描绘故事,展示作品中的空间,以及如何在艺术作品中塑造时间。叙事艺术可以分为不同类型,也被称为模式或风格。一件艺术品并不局限于一种类型的叙述。一个作品可能有一个整体的叙事类型,以及部分的细节内容,描绘不同类型的叙述。以下几种类型可以涵盖相关叙事。描述的动作本身可以呈现一个场景或设置:

> 你可以想象,特洛伊战争发生在特洛伊,但没有描写特洛伊市的实际情况。你可以想象阿喀琉斯(Achilles)拖着赫克托(Hector)的尸体绕特洛伊城墙的细节。然而,这个想法的每个行动被限制在特定地方仍可以适用,因为特洛伊战争在特洛伊发生,阿喀琉斯拖动赫克托的尸体围绕城市行走是其中的细节。

1. 同时叙述

同时叙述是一种针对那些不熟悉其目的的人所具有的很小视觉辨别的叙述的类型。它可以专注于几何或抽象的设计,以及成为艺术品内的放置与安排。同时叙事集中于可重复的模式,重点针对二元冗余系统。一个同步叙述的解释是依赖于其创作或它的创造者的原因,因为其所传达的意义被理解为这是命中注定的。

这种类型的叙事是常见的文化,是口头的,而不是文字。这是因为同时叙述需要人的联合,被理解为原本的意图。在远古的文盲社会,因为缺乏相应的书面语言的方式,只能将信息从一代向下一代传述。因此,简单图案和对偶因为它们可以很容易地被记住内容而随处可见,并被引用在那些艺术品里。

2. 单场景叙述

一个单场景叙述是一种叙事类型,代表一个场景。没有重复的字符,只有一个动作发生。场景是一个在易于辨认的背景下的叙述,是非常重要的。

根据这一定义,大多数艺术,通常不被认为是一个叙述并适应单场景的叙事类型。无论是在一个正在进行的故事时刻,或作为一系列事件展开的时间,叙事艺术是一种过程,讲述一个故事。在回顾中,这使叙述艺术成为一个很重要的部分。尽管一些景观和肖像不符合标准的定义,但它们可能是根据艺术家的意图而产生的。

3. 连续叙述

图拉真柱（Trajan's Column）是一个连续的叙事实例。

连续叙事是一种叙事方式，其在一个单一的框架内阐释多个场景。多个动作和场景描绘在一个单一的视野，没有任何分隔。叙事中的事件顺序是通过对主要人物或人物的反复使用来定义的。它强调在叙事中重复字符的场景或阶段的变化、运动和状态。

（1）图拉真记功柱（Column of Trajan）

图拉真柱描绘了一个事件：达契亚战争。这种连续的叙述可以被分解成一系列的事件。这些事件流从一个场景到另一个没有任何物理指标的场景，如垂直线。由于叙事可以被解读，从记功柱的前列，似乎是左，然后由左至右，这是常见的连续叙述。在记功柱的上方更高处专栏，叙事变得非常难解。研究表明，这一描绘原本计划在一个圆形楼梯的环绕专栏内被人们阅读，没有低潮，继续以连续的方式述说故事。

（2）贝叶挂毯（Bayeux Tapestry）①

贝叶挂毯"（包含名不副实的"织锦"）这个故事发生在 1066 年诺曼入侵英格兰时。贝叶挂毯表现的是叛国和失望主题。其叙事反思诺曼征服英格兰的视图。尽管织锦似乎是框架结构的，但因为它的记录点与水平线分离，仍然是一个连续叙事。记录点需要单独的故事与之对应，如果以细碎的方式，逐个放在旁边，连续叙事仍会存在。连续叙述没有任何分离的场景和行动。

4. 概要性叙述

一个天气叙述描绘了一个场景，在一个场景中，一个人物或角色在一个框架内描绘了多遍，以表达多个动作正在发生。这会导致在叙事中的事件顺序不够清晰。天气的叙述通常提供视觉线索，传达序列，仍然可能是难以破译的那些不熟悉的故事。

一个说明天气叙事的很好实例源自阿马拉瓦蒂佛塔上的一枚奖章，它像许多天气的叙述一样，很难解释。奖章是为了向读者提供佛陀出生的故事。只有装饰雕刻可以为其解释视觉提示，这是一个循环模式。除了那种微妙的视觉线索，艺术家很少显示该规律。

5. 全貌叙述

全景式的叙述是一种叙述，用不重复的字符在重复的场景和动作中描述。动作可能是在一个序列中，或在一个事件中同时动作。

在戴尔菲（Delphi）斯菲尼亚宝库有四个大理石雕塑，每一个面向一个方向，它们通过饰带（Friezes）描绘了全景的大理石雕刻画面。它们说明的是一个奥林匹克诸神与巨人之间的战斗。这组雕塑叙述了以下内容：

6. 渐进叙述

一个渐进的叙述描绘一个单一的场景，在该场景中，人物不重复。然而，多个行动正在发生，以传达一个通过时间的叙述。一个渐进式的叙述是不被解释为一组同时事件，但它依赖于它的位置的序列，其行动显示了叙事结构的紧凑，以及目前和未来的行动成为一个单一的形象。

7. 顺序叙述

一个顺序叙事和一个有着差异的连续的叙事十分相似。一个顺序叙事重点框定在开始时间，其发展过程需要不断通过图像提供标准。每个场景和动作表示以帧为单位，每一帧在特定的时刻都是特定的场景。

顺序叙述是戏剧和漫画中使用的一种叙事方式。

以上这些画面叙事方式正不断地融入数字图像、数字动画、数字影像的呈现之中。视觉体验中的观念往往通过叙事得以阐释，对于新媒介的数字化叙事方式来说，传统的纪念碑式的画面呈现是可供参考的资源所在。

第三节　科技与媒体艺术的融合

一、邂逅新媒体：科技与媒体艺术的融合

生命在巨大的城市里……事物在移动，他们舞蹈、他们嬉戏，生命就是这样，像所有的人那样。我们看见的世界远远超越了我们所能触摸的事物。我们乐于嬉戏，基于我们的目标，我们挑战规则，或者严守规则；我们希望成为赢家，并且在玩

---

① 贝叶挂毯：可能制成于 12 世纪，长 231 英尺，宽 20 英寸，上绣诺曼人征服英格兰的历史场面，收藏于法国贝叶博物馆。

要中坚持,这是我们的天性。我们有自己的兴趣与喜好。我们乐于被询问,我们也乐于寻找答案,我们更乐于发现我们寻找的事物。我们喜爱变化无常的景象,更喜爱想象中的诸多可能。这是科技与媒体融合环境下,人们面对交互方式的心声。

今天的科技带给人们许多的信息,人们可以在一定的距离中与他人互动。人们可以与信息源头进行互动,同时也享受了互动的乐趣。人们点击的鼠标可以决定"英雄"的命运,人们乐在其中。人们从互动的方式中学到了许多,也从中分享了许多。人们珍惜各类有趣的图像,人们安静地聆听美妙的音乐。人们体验着电影,聆听着音乐会,也参与着社会事务,和远方的朋友谈论着各式各样的事件,人们体会着新媒体的存在。

(一)新媒体的开端

"这是值得商榷的,当数字艺术的历史开始时,自1970年代以来,艺术家们一直在尝试用计算机进行艺术试验。在摄影和视频艺术的发展过程中,这一新媒介往往被视为对传统艺术形式的威胁……在过去的几十年里,艺术利用数字技术已经完成了许多形式,甚至今天,如何准确给数字或新媒体艺术一个定义仍存在争议。"①

——克里斯蒂安妮·保罗(Christiane Paul,1969—,新媒体策展人,任职于美国纽约惠特尼艺术博物馆)

1. 新媒体的线索

新媒体的作品及主要标准被定义划分三个时期:(1)1956—1958年的拓荒期,当艺术家和视觉实验者开始写第一个审美的计算机程序时,一切基于新媒体的艺术创作的进程便展开了,视频设备的实验也得到了拓展;(2)1986—1996年的"颜料盒时代",此时的重点不在计算机编程,而是对材料选择使用了程序,连同第一个扫描仪的问世;(3)1996—2006年的多媒体时代,在互联网和互动艺术家及其观众之间产生了新的关系和新的模式。

数字艺术的起源是难以确定的,因为其包含许多发展趋势,在不同的时间以不同的方式编织在一起。因此,人们在20世纪50年代通过家庭电脑,又在80年代和90年代的互联网上发展了个人电脑,计算机生成的艺术有些不同于直接使用计算机渲染而来的艺术。分形艺术开辟了一个全新的美学世界,一个看不见的数学美的世界。优秀的艺术家也开始使用计算机作为他们的媒介。关于电影和视频、数字视频特效融合(FX)或CGI有着许多的趋势,于是媒体研究领域成为很有影响力的哲学领域。

2. 新媒体预言者

麦克卢汉(McLuhan,1911—1980)成了一个1960年代的流行文化先锋人物,与他的开创性的工作一样被人们熟知。理解媒介:人的延伸。媒介即按摩:影响的创造者即设计师昆廷·菲奥里(Quentin Fiore,1920—)和兰登书屋(Random House,1967)。在这里,大多数的引用是用来支持我们源于这些作品的争论,但一些论点后来受到后现代主义批评。

博学者,刘易斯(Wyndham Lewis,1882—1957)和麦克卢汉在20世纪40年代和50年代是亲密的朋友。刘易斯于1948年在《宇宙人》(Cosmic Man,英国)和1949年在《美国》(America)发表论著。刘易斯的书在美国影响很大,是关于全球化电子原型的大都市的先锋论断;而麦克卢汉最著名的是"地球村"论断。刘易斯是一个小说家、评论家、诗人、哲学家、社会学家、旅行作家、自传作者,除了这些,他还是位具有激励风格的画家。

"一个爆发力"是路易斯要求艺术家成为的样貌。一些当时的首席艺术家,包括刘易斯、叶芝(Yeats,1865—1939)、爱略特(Eliot,1854—1915)、乔伊斯(Joyce,1882—1941)、庞德(Pound,1885—1972),都在探讨媒体并界定媒体为有相当规模的深奥领域。这些艺术家教人们如何区分人物与地面的差异,因此允许用一个关联的意识来塑造自己。这种新的意识是一条通往自由的道路,由新的关联意识所控制。

麦克卢汉表示,广告主想让艺术家给予他们想要的整体效果,以体现在广告媒体中的艺术创造。这两者都不太关心他们观众的想法,以及理论或思维的变化,而对感性塑造充满了兴趣,通过塑造个人的方式体验世界。广告是"电子跨界"艺

---

① Christiane Paul. FotoFest.Catalogue Introduction [EB/OL] http://www.fotofest.org/unstable.htm,2002.

术家,从更"传统"的艺术家那里学习技术。

麦克卢汉的中心理论:大众传媒作为人类神经系统的全球扩展。这一理论来源于路易斯的声明和在大众传播中热情宣言和信仰的传述,他们的角色形象是在渲染人体孤独精神的归属中树立的。

他赞同爱默生(R.W. Emerson,1803—1882)的说法:"人类的身体是发明创造的杂志,是专利办公室,每一个人在那里都得到了提示。地球上所有的工具和机器都只是肢体和感官的延伸(1870)。"[1]麦克卢汉声称,"从印刷到电子媒体,我们已经为一只耳朵放弃了一只眼睛"[2]。

名言"媒介即讯息"和"用户即内容"便产生了,麦克卢汉的先见之明和洞察力也深深影响了电子时代的艺术创作过程和创作自由的本质。他建议艺术家们以不懈的技术冲击文化的未来,就像利用解毒剂一样同时支配和解放我们。例如,艺术家迎合发展主流引入了技术创新,震动并影响着我们的商业程序状态和大众传媒的社会整合。

在消费者的视角和大众传媒之间有着很大的差异,在以开发游戏设计与新媒体工具实验室之间的数字艺术家也面临巨大变革。软件代码贯穿文化与社会发展。信息所有权是控制权的真正过程。

新媒体在利用既定的渠道和创造出与众不同的作品之间也设定了巨大的差异,其差距存在于任何传统的美学定义之外。这是一个巨大的、活跃的领域,没有一个单一的审美线。新兴的艺术文化是独立于画廊体系之外,并对其注入了创新精神。

电子媒体包括数字艺术、软件写作、超媒体、游戏环境、超文本、新的可视化环境、互动小说、远程学习、产品设计、网络艺术作品、信息艺术、临场感、浏览器技术、协同工作环境、主动学习模拟、物理反馈、医疗应用、虚拟现实的心理治疗学、数字媒体艺术及其时间结构驱动的交互。在每一种情况下,其介质是不相同的。

媒体产品具有社会维度,具有不同程度的沉浸感和物理环境的连接。如果针对"用户"的标志性和隐喻性进行分析,将被配置为一个实体(形状的界面)的利益,它的行业、社会和文化控制的假设将深深撼动行业本身的建立。新的解释路径,从最初的角度出发,如建筑、视频和科幻实验,可以追溯到记录的意见和巧妙的交叉领域。

所有媒体都是互补的,其模拟模式是互连的。屏幕和页面或画布的对立是虚假的,它表达了特殊化和展开了普遍模式的人力驱动。宣传中的一种媒介优于另一种媒介,人们则将其视为无可挑剔的,因为两者都是人的工具,不同感官的延伸。电子媒体是完全的,它们在野生环境中旋转并立即发光,在一个混乱的媒体漩涡中均匀地产生靓丽的华彩。

回顾布莱克(Blake)吟游诗人的天真歌曲,他看到过去、现在和未来,同时通过想象,呈现了与麦克卢汉预计的同一个世界,这一感知状态提出了对全球媒体剧场的参与者:电子媒体使现在的历史和人们的居所得以合二为一。但他很高兴地指出,人们因媒体而"大开眼界"。

所有的艺术作品都是产生于文化背景的,扎根于社会的深层背景。文化是一套学习的思维方式和行为方式,是一个决策的人群。它决定了我们的范式、世界观、价值观和美学观。人们面临文化景观和艺术变形与变体,在许多情况下,艺术家成为探路者。媒介是 21 世纪生活的环境或文化背景。这些曾经是个人、社会、全球、企业和政治的基础。

在一个跨学科的领域,媒介研究使用的技术,从心理学、艺术理论、社会学、信息理论到经济学大都涵盖。多媒体和表演艺术的发展受到了媒介研究的极大影响。媒体充当"隐喻"的元素,有能力把经验转化为新的形式,增强了艺术的灵活性和新格局。这是电子时代的一个新的空间语法,数字艺术家或网络用户是探索这个新媒体前沿领域的先锋。

混沌工程师提莫斯·里尔瑞(Timothy Leary,1920—1996)有着自己积极的网络演化方法。像往常一样,他都是为了其演化而给予关注的。

---

[1] Ralph Waldo Emerson. The free encyclopedia[EB/OL].https://en.wikipedia.org/wiki/R._W._Emerson,2016-6-8.
[2] Marshall McLuhan. The free encyclopedia[EB/OL].https://en.wikipedia.org/wiki/Mcluhan,2016-6-8.

"我们正在从水族箱的玻璃之中转变为另一种生活状态,现在我们正在进入网络世界。我们是爬行动物,却控制了世界的中心。控制论是指世界如何被制造。问题很简单,信息时代的批评家们认为每一件事情都是负面的,因为信息的数量会导致含义的损失。他们同样提到了关于古腾堡(Gutenberg)发明印刷的事情……从未有过这样的先人。但在信息时代,你必须通过获取的信号得以成事。大众化将信号提供给人们。今天的哲学家包括艺术家具有个性化、人性化的理念,计算机的普及使人们感到舒适和惬意,他们这一代已经成为像普罗米修斯一样的一群人,将权力交回个人。"①

理解媒体就是了解媒介的形态,分析媒介的影响,或是了解不相关的内容。麦克卢汉的预言意味着媒体有着内在的本质,并且将其研究作为内容,传达传播学的内容。某些感知系统将被增强,其他的则被抑制,体现了新媒体的"形象"(一个新的或明显的特征的环境)和"地面"(熟悉的环境)之间的关系。

数字技术是新的媒介,它们是全新的。技术变革创造了新的感知环境,媒体的形式对社会和知识的影响比媒体的信息更为显著。

在每一个研究和每一个研究的方法中,一旦主题被确定,接下来就是检查其形状或轮廓,并发现其潜在的含义。连续介质的上升和下降,这在数字艺术领域中是真实的,如电子媒体。人们必须保持对新媒体——光盘——微妙性质的关注,关注其作品出现的微妙性质的信息。还有内在的影响,使每一个媒体有独特的性质。任何媒体或技术的信息都将促进人类事务中的规模、速度、模式的变化。媒体是信息的,因为它是形状的、控制的、规模的和形式的人类交往与行动的媒介。内容是互动的质量,一个动词或持续的过程。

对于数字革命的艺术而言,计算机是一个表达媒介,用不同的方式改造文化、教育和生产,在"输入"和"输出"两个环节中创造世界,它已成为一个虚拟的亮灯,是主题、工具、媒体与数据库的美学,促进自我探索和合作的算法。

以数字技术为媒介的艺术可以采取许多不同的形式,其中包括互动式的装置和网络化的装置,再到软件艺术或纯粹的网络艺术。"网络艺术"这一术语也成为一个广泛的保护伞,以多种形式的艺术表现,重叠其他艺术形式。有的艺术,已创建和存在于浏览器窗口:在临场感、机器人和流媒体的项目之间建立远程临场,连接遥远的地方。有的基于性能和时间的项目在一个特定的时间框架中发生其行为,它们可以通过全球网站访问者获取经验。有超文本、随着非线性叙事的可能性的实验;有网络行动主义或"黑客行动主义"的项目,利用网络、即时配送和克隆信息作为干预的可能性的分期平台。其他浏览器,从零开始的不使用现有的应用程序软件技术,散布在网络上。因为所有这些形式的审美非常不同,所以区分某些"趋势"几乎是不可能的。然而,在新媒体叙事的某些突出的主题中,它们的数据被可视化和映射,形成了数据库之间的美学,如游戏范例、联合技术等。

"目前,越来越多的作品正基于移动设备——掌上电脑或手机——进行开发,我希望这种艺术实验将拓展网络结构,超越 CPU、监控、静态设置键盘。"

——克里斯蒂安·保罗(Christiane Paul,1974—)②③

在麦克卢汉的修改框架中,电视打破了印刷文化的线性思维,"视频中的广播明星"将人们推向电子文化。数字艺术家在 LED 革命中,获得了超越传统艺术家滞后的根本性变化,在思维的视阈中,电子技术处理过的世界,将很快发挥出无限的空间。

多媒体手段的融合媒体,通信技术、艺术、设计和文化的"媒介"得以跨界。许多人认为,多媒体是一种"新媒体",但这也许是错误陈述。多媒

---

① Timothy Leary. The free encyclopedia[EB/OL].https://en.wikipedia.org/wiki/Timothy_Leary,2016-6-8.
② 克里斯蒂安·保罗(Christiane Paul)是媒体研究项目主任、纽约新学院大学媒体研究学院副教授、纽约惠特尼美国艺术博物馆新媒体艺术副馆长。她撰写了大量的关于新媒体艺术理论的著作,并就国际艺术与科技进行演讲。一个扩展新版本的书《数字艺术》(*Digital Art*)(Thames & Hudson,英国,2003)以及《白色立方体的新媒介与超越——数字艺术的策展模式》(*New Media in the White Cube and Beyond—Curatorial Models for Digital Art*)(UC 出版社)于 2008 年出版。在惠特尼博物馆,她负责 artport,博物馆的门户网站、网络艺术和策划节目分析(2007)、动态数据(2001),和 2002 惠特尼双年展网络艺术的选择。
③ Christiane Paul. The free encyclopedia[EB/OL].https://en.wikipedia.org/wiki/Christiane_Paul,2016-6-8.

体的要素——互动性、人工真实、性能、存储等——都是建立在自己的历史上的。技术、传播媒体、文化利用互动艺术的历史和背景,设计出一个框架。

在数字世界中,电影、设计、动画和超媒体成为新媒体。交互性的历史背景包括超现实主义、激浪派和20世纪的情境主义运动,以及人工现实的历史。新媒体对未来的愿景会影响我们的认同感,构成我们的物质身体。

也许比任何陈词滥调、原型或转型本身更重要,智慧是流的思想,改变了人们过去说的和现在滥用的词汇。这种意识变化的重要性在于它与电子跨界兼容成为动态流量的电子文化。

融合知觉的意义与"概念静止"相平行,麦克卢汉不断提醒他的听众,这是一种过时的感觉姿势。正是因为它是过时的,固定的空间成为视觉的直接产物,连续的空间则留给世界范围的柏拉图信众和他的后裔,并在欧洲文艺复兴时期得以强化。

艺术家是这一技术革命的前沿。无论是设计、电脑游戏、网站制作、编写软件或工作的智能化系统,以及日常消费和电子文物生产与保护等方面,艺术家的作品都有着重要的作用。

在新媒体艺术中,一个合作的过程和模式几乎是必须的。这不仅适用于策展人和艺术家之间的合作,也适用于艺术家具体项目之间的合作。一些作品需要一个独立的程序员、设计师、研究人员和团队等。在其他项目中,艺术家设置某些参数,并与合作者在这些参数中创建不同的(视觉)表现的工作。

新媒体艺术更具参与性。"雇用"的人,以建立组件为目的,与艺术家的工作过程是非常不同的,与新媒体作品的需求也截然不同。在一些新的媒体项目中,艺术家们成为"生产者",与整个团队合作。在大多数情况下,合作者并不是扮演承包商的角色,而是参与了美学决策。新媒体艺术是一种混合性很强的媒介,往往需要不同领域的专业知识,这是一个人难以独自获得的。

3. 新媒体策展人

惠特尼新媒体策展人克里斯蒂安·保罗介绍她的策展理念道:

"这个机构肯定会影响我的注意力,但这与新媒体此时在艺术世界中所占的位置有很大的关系。它是一种艺术形式,在艺术上它仍然没有找到一个既定的位置。许多人仍然害怕计算机、技术和接口,不理解媒体的内在可能性。我可以很容易地管理包括项目以及我觉得非常有趣的节目,这将是一个完整的'不可救药的东西',完全访问到一个更广泛的艺术观众。策划一个博物馆,我意识到我还介绍许多人了解这一艺术形式,所以我努力达成一定的平衡、选择以及参与和接近完成的项目。"

"欧洲肯定有更多的艺术展览专门展示这门艺术,从奥地利电子艺术节(Ars Electronica)、EMAF、DEAF、Viper到跨媒体的博物馆如ZKM和Kiasma。我不认为这门艺术在欧洲得到了发展,在美国的新媒体场域则相当的大,许多艺术家在展览中已经得到了展示。在美国有一些画廊,一直推广新的媒体艺术,但博物馆是在最近才开始关注新媒体。在我看来,这种情况很大程度上是由于经济和资助模式的影响。到目前为止,还没有建立完善的经济模型出售这种艺术,而商业画廊显然需要出售作品得以生存。欧洲还有更多的政府和国家资助,而美国的机构必须依靠私人和基金支持,他们更谨慎的原因是,在冒险展示这类艺术的同时,很难建立一定的或巨大的票房收入。"

在过去的十余年中,数字技术对艺术的创作和艺术家的经验有着重大的影响。不仅有传统的艺术形式,如印刷、绘画、摄影、雕塑被转化的数字技术和媒体,还有全新的形式,如网络艺术、软件艺术、数字装置和虚拟现实,它们已经成为公认的新媒体艺术,主要由世界各地的博物馆、机构和私人收藏家收集。

有一个工作范畴,是使用数字技术作为一种工具,产生传统的形式和工作,使用它作为一种媒介,创造新的类型的艺术。主题讨论的艺术提出了包括观众互动、人工生命和智慧、政治和社会活动、网络、增强现实、网络性能和临场感,以及收集和保存、展示问题、数字艺术、虚拟博物馆、所有权和版权。

新媒体艺术史必须包括电影制作、视频讨论、数位摄影、虚拟现实、装置和艺术家的行为,例如白南准、劳伦斯·卡特(Laurence Gartel)、阿孔尼(Vito Acconci,1940—2017)、马瑞那·阿布拉莫为(Marina Abramowic,1946—)、皮皮落提·瑞斯特(Pipilotti Rist,1962—)、比尔·维奥拉(Bill Viola,1947—)和其开创性的作品,已经从根本上改变世界的艺术边界,挑战了任性的多种可能。艺术家使用计算机作为主题,并关注制作工具、艺术媒介或其他新媒介手段。

超媒体技术为人类的交互界面创造了新的语境,塑造并理解了文化。特蕾莎·D.劳特提斯(Teresa de Lauretis,1938—)声称,技术塑造了人们的感知和认知的过程,促进了人们与物质世界的物质和对象之间的关系,以及我们与我们自己或其他机构的关系。无论喜欢还是不喜欢,人们现在都沉浸在动态计算的艺术领域里。

艺术、文化和计算能力的相比较产生了新的碰撞,对历史、理论、美学、概念和技术提出了挑战。通过将信息作为大众传媒、科幻小说、电脑游戏、营销工具与艺术家的项目,技术已经成为并将继续成为文化的一个重要组成部分,而不仅仅是一个数字的荒地。网络展览意味着"持续的艺术",画廊永不关闭(图3-1)。艺术本身可以是一种强大的公共刺激物。

图3-1 天线设计(Antenna Design),《门户》(portal),以显示网络为基础的艺术,"艺术娱乐网"明尼阿波利斯步行者艺术中心,明尼阿波利斯,2000

图片来源:http://rhizome.org/editorial/2012/dec/6/whats-really-specific-about-new-media-art-curating/,2016-2-21

(二)新媒体之特殊性及信息时代的策展

在20世纪90年代末和21世纪的前十年,"新媒体艺术"成为了广泛的艺术实践,包括作品或某些处理方式,新媒体技术成为既定的标签。在提供一个详细的定义之后,这必然意味着解决超本文的有关主题时,对此进行了广泛的讨论。通过对新媒体所涉及问题的介绍,可以总结出理论研究中所提出的主要观点,并在一个封闭的社会环境中得以发展,但这将是更好地描述自己的机构、专业人士、讨论平台、受众和经济模式的方式,以及拥有自己的想法,并在最近几年成功地打破了这个世界的平静,提出了更广泛平台上的当代艺术。

正是在这个时间点,这场关于"新媒体艺术的策展"的辩论初具规模,主要得益于策展人积极参与新媒体艺术在当代艺术的舞台上的呈现。这场辩论是关于策展人的先锋成就,从史提夫·迪茨(Steve Dietz)到乔恩·伊波利托(Jon Ippolito,1962—)、本杰明·威尔(Benjamin Weil)、克里斯蒂安妮·保罗,在千年之交策划的当代艺术博物馆的开创性新媒体艺术展览。它仍然是被布里斯媒体策展基金(CRUMB)所孕育的,这个平台和邮件列表体系是由贝尔·格雷厄姆(Beryl Graham)和莎拉·库克(Sarah Cook)2000年在英国桑德兰大学媒体与文化艺术学院、设计艺术学院创建的。早在2001年,CRUMB举办了有史以来第一次新媒体策展人会议,作为英国的波罗的海的开幕活动——这是2001年5月举行的新媒体策展研讨会的一部分。

在此,主要参考文本是CRUMB相关的出版物,从"策划新媒体"(Curating New Media,2001)进程的反思策展到"思考策展,新媒体之后的艺术"(Rethinking Curating. Art After New Media,2010),在贝尔·格雷厄姆和莎拉·库克最近的一本书中有记录;2008年《白色立方体的新媒介与超越》(New Media in the White Cube and Beyond)一书由克里斯蒂安·保罗主编。在这些出版物中讨论了解决具体问题的策展模式,该内容围绕"策划新媒体"为根基,探索这样的问题:新媒体艺术需要特定的策展模式?这种策展模式是按照艺术家和新媒体目前自己的当代艺术平台之路前进的吗?"新媒体艺术"能从非专业化的方法中获益多少?策展人策划的"新媒体"与策展的"艺术"有何区别?

1. 基于定义的媒介

"定义新媒体艺术的最基本的标准似乎是,它是基于算法的计算和基于算法的法则。"

——保罗①

"新媒体艺术这个术语是什么意思,广泛的来看,这类艺术是利用电子媒体技术制作和显示的,或交互性、连通性和可计算性三种行为的任意组合。"

——格雷厄姆②

你可能认为新媒体艺术涉及管理的定义或是严格的技术支持,但实际上,新媒体艺术是以新媒体技术为媒介的艺术,再没有更多复杂性了。贝尔·格雷厄姆和莎拉·库克似乎意识到新媒体艺术的社会学的复杂性,但宁愿将其放在一边,专注于"连通性、可计算性、互动性的三者行为",无论这将如何被标签,这都是司空见惯的,因为进入博物馆部门,策展成为以媒介为基石的工作。这个一般工作的模式,尽管来自策展人的批评,尤其是不允许介质的复杂性过于简单化时,问题尤为突出。2005年,戴维 A.罗斯(David A. Ross)③在一篇关于录像艺术的文章中说道:"通常,在这个时间点,视频艺术是一项便利的项目,博物馆管理员需要拥有专业知识来设计这个特定的介质存储和保护价值,但即使在这种情况下知识的储备仍然是不够的。"这是不够的,因为视频已经成为一个无处不在的媒体,视频运用于装置便可以更好地定义为"混合媒介雕塑装置"的媒介,同样也可以表示其行为和装置的当代艺术形式,但它适用于新媒体这样的定义,即使在严格的技术意义下。它的适用范围更广,其形式和行为多从电脑动画、机器人以及基于互联网技术中酝酿艺术。

当然,保罗、格雷厄姆和库克,是在普遍意义上来谈新媒体艺术;好的新媒体艺术策展人应该充分意识到一种复杂性,而这种意识形态成为理论写作的源泉。正因为如此,格雷厄姆和库克在他们的书上更关注行为,而不是特定的形式或语言焦点。同时,他们充分意识到新媒体艺术对《白色立方体的新媒介与超越》的抵触性和它提供的特定类型空间。正如保罗所说,"传统的展示空间创造了不适合新媒体艺术的展览模式"。《白色立方体的新媒介与超越》创造了一个"神圣"的空间和一个用来思考物体的空白石板。最新的媒体本质上是表演和语境。④ 保罗更进一步认为新媒体艺术不只是反抗白色立方体,在当代艺术世界提供了这种认识:"新媒体无法从严格的艺术史角度被理解:历史媒体与技术科学在这个艺术的形成和接收中同时起着同样重要的作用。新媒体艺术需要媒介素养。"⑤

保罗对这一情况做出了回应,给一位策展人画了一幅画,并非是对象的管理员,更多是一个调解员、翻译或制片人。⑥ 但这一中介适用于什么?当她谈论到博物馆/画廊观众大致情况以及他们的新媒体艺术,他们遇到的共同的批评时,保罗含蓄地回答了这个问题。保罗认为,新媒体艺术的博物馆、美术馆的观众可以大致分为以下几类:熟悉艺术形式的专家;那些自称抵触电脑与技术的相对年轻的观众,他们厌恶和拒绝看任何用科技制作的东西是很"自然"的事;非常熟悉虚拟世界、界面和导航模式的观众,但不一定习惯这类艺术涉及的方面;还有对这类艺术十分有兴趣,在艺术的欣赏中不需要援助与指引的观众。⑦ 在大多数情况下,对技术熟悉程度的不同决定了观众不同

---

① Christiane Paul .New Media in the White Cube and Beyond: Curatorial Models for Digital Art[M]. Oakland: University of California Press,2008:3.
② Beryl Graham, Sarah Cook .Rethinking Curating: Art after New Media[M]. Massachusetts: The MIT Press, 2010:10.
③ 戴维·A.罗斯(David A.Ross),美国电影导演,《保姆》的导演。
④ Christiane Paul .New Media in the White Cube and Beyond: Curatorial Models for Digital Art[M]. Oakland: University of California Press,2008:56.
⑤ Christiane Paul .New Media in the White Cube and Beyond: Curatorial Models for Digital Art[M]. Oakland: University of California Press,2008:5.
⑥ Christiane Paul .New Media in the White Cube and Beyond: Curatorial Models for Digital Art[M]. Oakland: University of California Press,2008:65.
⑦ Christiane Paul .New Media in the White Cube and Beyond: Curatorial Models for Digital Art[M]. Oakland: University of California Press,2008:66.

的欣赏层次。更为明显的是新媒体艺术的"经常性的批评"常常影响观众,以及一些章节的标题:"这一切都是关于技术";"它行不通";"它属于科学博物馆";"我整天在电脑上工作,我不想在我业余时间里看到相应的艺术";"我想看看艺术";"哪里有特别的影响?"

保罗的结论是"新媒体艺术的内在特征,最终保护它不被艺术机构的普遍的雷同选择"①。然而,这种观点可以促成人们的另一个同样的合法结论:这些技术最终阻止新媒体艺术被当代艺术观众所理解。

2. 移动的焦点

"技术驱动的新媒体艺术并没有促使其长期参与艺术世界……"②

这是一个严格的明显基于介质的定义。如果新媒体艺术是植根于技术并使用它作为一种媒介,那么离开技术将寸步难行。如果科技是新媒体艺术与观众之间的主要障碍,所有新媒体策划所要做的就是减轻技术的影响,使艺术更加"家常化",必须是人为的。或者,正如尤克·寇斯克(Vuk Cosic)指出,讨论基于网络的艺术:"在我看来,当你在一个画廊空间,网上的东西,并非不在线,而是你放错地方了。它不在家,也不是应该的地方。它有它的语境,好似显示在一个玻璃试管内。因此,无论你做什么,只是为了让它看起来更生动。你可以移动测试管或有一些花哨的亮度。这就是此类艺术如何取悦我的。"③

一个简单的论点否认技术不会永远是新的。人们习惯于画廊里使用的电视监视器和投影仪,也会习惯于电脑。就像是一个年轻人在十几岁时用 iPhone 拍下他的第一张照片一样,新的媒体艺术将比想象中的更自然。然而,这只是一个观点。在 20 世纪最后的二十年中"新媒体"没有偃旗息鼓,恰恰相反,任何时间它都有新的发展,新产品投放市场,波及更广泛的观众。到 21 世纪,艺术界对新媒体艺术的抵御力并没有增强,事实上,每个生活在发达国家的人都知道谷歌(Google),其中一半的人拥有脸书(Facebook)账号。

因此,关于权利的问题是:如果技术是一个问题,新媒体艺术是否可以直接让没有技术背景的艺术观众进入的或至少减少技术对作品的知觉的影响?艺术馆将成为社会、政治和文化的影响之间的中介,而不是技术和艺术观众之间的中介?如果可能的话,它只能发生在严格的媒介定义基础之上,更多地关注新媒体艺术的关键领域中的新媒体和信息时代,并以不同的方式传递给不同的观众:不只是当代艺术观众,而且还有更专业的参加新媒体艺术活动的观众。相应的,"对网络作品感到厌倦"的情况很快会发生。

换句话说,新媒体策划需要更好的服务支持,它将解决受众的实践环节,它将把重心从技术的使用等特点转向新媒体艺术的本质,但一直回避着到目前为止的新媒体策划辩论。新媒体艺术策展更多的是关于策划艺术与新媒体的交易,而不是实际的新媒体策划内容。此外,还要利用新媒体的固有变异性,以说不同语言的艺术家的适应性促进他们的艺术呈现,为不同的观众培育一个更好的、更广泛的工作内容。

3. 反特殊化

"专业分类和专业化的倾向,不加批判地接受环境的规则,由他的同事们一呼百应提供的规则作为普适环境,他心满意足地意识到,'专家'是一个留在原地的人。"

——麦克卢汉,菲奥里④

正如上面所说的,有关新媒体策划、辩论的问题,关键在于当代艺术领域活跃的策展人,并深知艺术观众在体验时所面临的技术问题。它可能只是一个个案,人们不加批判地接受这事实的规则,即新媒体艺术世界。其理想的观众很可能仍然是由保罗所描述的"专家们熟悉的艺术形式"——这是新媒体艺术的观众。他们很可能还具有艺术素

---

① Christiane Paul .New Media in the White Cube and Beyond: Curatorial Models for Digital Art[M]. Oakland: University of California Press, 2008:74.
② Beryl Graham, Sarah Cook .Rethinking Curating: Art after New Media[M]. Massachusetts: The MIT Press, 2010:39.
③ Sarah Cook, Beryl Graham y Sarah Martin (Eds.) Curating New Media[M]. Latvia:BALTIC, 2002:42.
④ Jeffrey Schnapp,Steven Heller.The Electric Information Age Book: McLuhan/Agel/Fiore and the Experimental Paperback (Inventory Books)[M].NY: Princeton Architectural Press, 2001:92.

养之上的媒介素养,这是一种了解新媒体艺术的条件。

不幸的是,这种方法并不适合新媒体策展人宣称的使命,这将带来新媒体艺术更广泛的受众,及与其他形式的当代艺术的对话。当然,这项任务也包括增加观众对技术的熟悉程度,作为一种艺术的媒介,它不仅限于此。可以进一步说,这是一个漫长旅程的最后阶段,以显示当代艺术的观众、媒体和技术相互的特殊影响,在世界上,人们生活着并不断提高自身的认识,对当代社会的认识的重要性与它们的表面性质的艺术,将这两个方面和内容作为一个后果。这或许会使人们得出结论:"新媒体策展人"的具体形象,即当代艺术策展人,是对新语言的包容,并具有良好的媒介素养可以做一个更好的工作,在挑选相关的当代艺术的观众时,与艺术家共同找到一个好办法"翻译"工作中的"白色立方体",锻造与其他形式的当代艺术对话。也许,这将是未来的情况。目前,新媒体艺术文化还较为狭隘,两种不同艺术世界的存在意味着专业策展人仍然是必要的。但新媒体策划应该被重新定义,他们是两个艺术世界和不同文化之间的中介,而不是艺术和技术之间的观众。应该把新媒体艺术定义为对艺术观众的一种交流方式,使它成为艺术,也迫使人们重新考虑什么是可以接受的,什么是艺术的偏见。

4. 紧跟艺术家

"我的兴趣在于,技术与文化及其对社会的影响的关系,在许多情况下,可以在比代码更丰富的事物中交流。"艺术家的展览已经显示出策展人沿着这条路径的策展方式。在某些时候,新媒体艺术家的前身为艺术家,开始考虑如何在"白色立方体"的样式下展示他们的艺术,他们意识到,有时把技术放在一边不只是对市场妥协,也许是一种更适合他们的作品和其观众的好方法,但方法必须正确。这是一个过程,需要时间,涉及一些试验,也会有错误,最终导致失败,并以一种新的比特字节的享受和原子的出现促进新一代艺术家的进步。他们未必存在对"新"与"旧"媒体的比较,但却是探究和追求新与旧的结合,而且有时收敛,有时不一致,有时纵横交错。一个完整的,或者至少有代表性的例子,远远超出了本文的范围,所以这里只提供最近的两个随机例子。当理论被发掘之时,人们得到了两条新闻发布的信息:第一个宣布,柏林艺术家奥利弗·拉瑞克(Oliver Laric)与在林肯的 Usher 画廊的收藏达成协议,赢得了当代艺术的社会委员会 £60 000 的"收藏"奖;第二个宣布,一个新的工作由 US born 策划,巴黎籍艺术家艾万·罗斯(Evan Roth)将在都柏林的科学画廊做个展。虽然"新媒体艺术家"的标签有点问题,这是很难争议的事实,但问题在于这两位艺术家在最初吸引了一个社会的利益,"专家"与他们的早期实践得以展示。这要感谢计算机技术协会支持(CAS grant),拉瑞克现在能够创建一个新的作品收藏展并在 Usher 画廊永久收藏。根据新闻内容,其将采用最新的 3D 扫描方法,扫描所有收集的作品和 Usher 画廊的藏品——从古典雕塑的考古发现到历史材料的层次,简化所有的作品对象和形式(图 3-2)。这些扫描将提供给公众查看,从博物馆的网站和其他平台可以免费下载和使用,没有版权限制,并且可以用于社会媒体和学术研究。拉瑞克将使用扫描的方式创建博物馆,进行雕塑拼贴,其数字数据将被合并,最后采用丙烯酸石膏 3D 打印。委员会允许拉瑞克把正在进行的项目的版本提前,项目开始于 2009 年的视频文章,以及随后几年中开发的其他视频、雕塑、设备,最终达到一个新的水平。着眼于版权问题,涉及创意和重复的问题,通过历史发展到数字时代。对

图 3-2 奥利弗·拉瑞克,《科比恩科瑞题克》(*Oliver Laric, Kopienkritik*),装置,2011

图片来源:http://rhizome.org/editorial/2011/jul/5/oliver-larics-kopienkritik-skulpturhalle-basel/,2016-2-21

收集的项目和引进画廊的作品,他会给画廊的观众学习和思考的机会,运用三维扫描、数字处理、共享以及变化的物理和数字之间的关系,形成所有的雕塑装置的常见形式。在线观众将能够享受这个惊人的数字材料集合并与之互动。

图 3-3　艾万·罗斯(Evan Roth),《愤怒的小鸟》(Angry Birds),2012
描纸油墨,188 厘米×150 厘米,都柏林、爱尔兰(赛博·李德利尔摄)

图片来源:http://www.evan-roth.com/work/angry-birds-all-levels/,2016-2-21

《愤怒的小鸟》是艾万·罗斯的最后一部作品,由 300 张复写纸和黑色墨水在一个小钉网格贴壁上完成(图 3-3)。根据科学画廊网站的信息,它是"一个可视化的需要每一个手指刷屏完成的同名流行的移动游戏"。手势在可视化的纸张上成就了相同大小的游戏,也是最初创建的游戏。"愤怒的小鸟"是一个更大系列的一部分,罗斯一直致力于在过去的一年琢磨动画。这些组合物完成简单的日常任务,在多点触摸的手持计算设备上完成手指滑动的应用。该系列游戏可对计算和身份进行评价,但也创造了历史上这一刻的记录,当人们开始直接通过手势操纵像素时,也许并不熟练,但如果是 5 年前,即使它在科学博物馆被展示,也没有人会说它属于那里。

在这两个作品中,技术是创意过程的一部分,是问题的一部分(但不是唯一的一个)。在这两种情况下,技术丧失了在画廊中从属的功能,不是出于方便或市场营销的原因,而是出于保全作品最好的本质。在大多数情况下,艺术家们用自己的力量给予策展人一点帮助。新媒体策展人是否准备帮助他们进入下一步？如果是这样的话,他们应该开始关注他们的艺术而不是他们的媒体。

二、交互式媒体:非线性叙事

多媒体的文学性比实时交流传送给读者还要真切。多媒体意味着用动画、声音、影像和其他媒体形式获得了综合的效果。每一个媒体样式都承载着不同的信息,综合在一起,它们促进了交流的广泛可能。当科技与媒体艺术融合,媒体艺术成为积极的观者,也是积极的编辑者,并常常参与展示活动。不同的媒体需要不同的关注,媒介不仅传输信息,其自身也是信息的一部分。交互式多媒体是今天最新颖的交流工具,它是多维度的。浏览者在一个交互网站上有着唯一的体验与感受,它自身也有唯一的参与性与合理性。若网站没有参与性,它便成为一本小册子,与印刷媒体的广告没有两样。交互给予每个人不同的体验,使得万维网有了新的内涵。展示区被创建成为参与者控制交互经验的处所:浏览者寻找并得到他们想要的信息,当他们被强制浏览不相关的信息时甚至变得不太耐心。交互式的 CD-ROM 的展示产品与公司对于未来的用户总是充满了信心。网际空间、移动电话与智能电话也给予人们许多信息,使得人们得到前所未有的交流。以上这些告诉我们至少有两样事物是普遍的:它们用不同类型的媒体进行观念的展示,同时它们需要受众参与。参与者可以控制导航体系,信息即在非线性的方式中开始并永不终止。

非线性的叙事,支离破碎的叙事或打乱叙事是叙事手法,有时用于文学、电影、超文本网站、其他叙事和事件的描述,例如以时间顺序,或以其他方式在叙事中不遵循事件具有的直接的因果关系的模式,如平行的情节线、梦想浸入或叙述另一个故事的主要情节线。它通常被用来模仿人类记忆的结构和回忆,但也被应用于其他的原因。

(一)非线性叙事文学

事件叙述(拉丁语"在中间的东西")始于古代,创建于公元前 8 世纪史诗与荷马的伊利亚特的一个会议中。大多数故事的叙述技术也可以追溯到印度史诗,如摩诃婆罗多,约公元前5世纪。一些中世纪的天方夜谭的故事如"水手辛巴达","铜"和"三个苹果"在媒体的故事、叙述的技术中也具有非线性叙事的运用。

从19世纪晚期和20世纪初开始,现代主义小说家康拉德(Joseph Conrad,1857—1924)、伍尔夫(Virginia Woolf,1882—1941)、福特·马多克斯·福特(Ford Madox Ford,1873—1939)、普鲁斯特(Marcel Proust,1871—1922)和威廉·福克纳(William Faulkner,1897—1962)实验了叙述的顺序,放弃线性顺序。

非线性小说的实例有:路易斯(Luís Vaz de Camões,1524—1580)非线性小说《卢西亚》(The Lusiads),劳伦斯·斯特恩(Laurence Sterne,1713—1768)的《项狄传,生命和意见,先生》(The Life and Opinions of Tristram Shandy, Gentleman,1759—1967),托马斯·卡莱尔(Thomas Carlyle,1795—1881)的《衣服哲学》(Sartor Resartus,1833),艾米莉·勃朗特(Emily Brontë,1818—1848)的小说《呼啸山庄》(Wuthering Heights,1847)、詹姆斯·乔伊斯(James Joyce,1882—1941)的《尤利西斯》(Ulysses,1922)和《芬尼根守灵夜》(Finnegans Wake,1939)、萨德(Sadeq Hedayat,1903—1951)的《盲眼猫头鹰》(The Blind Owl,1937)、威廉(William S. Burroughs,1914—1997)的《裸体午餐》(Naked Lunch,1959)、约瑟夫·海勒(Joseph Heller,1923—1999)的《第二十二条军规》(Catch-22,1961),穆瑞·斯帕克(Muriel Spark,1918—2006)的《布罗迪小姐的青春》(The Prime of Miss Jean Brodie,1961),库尔特·冯内古特(Kurt Vonnegut,1922—2007)的《五号屠场》(Slaughterhouse-Five,1969),米洛拉德·帕维奇(Milorad Pavić,1929—2009)的《卡咋词典》(Dictionary of the Khazars,1988),欧文·威尔士(Irvine Welsh,1958—)的《猜火车》(Trainspotting,1993)、卡罗尔·马索(Carole Maso,1955—)的《艾娃:小说》(Ava: A Novel,1993)和提姆·欧布雷(Tim O'Brien,1946—)的作品《在剖析》(Going After Cacciato,1979)。在迈克尔·考克多(Michael Moorcock,1939—)的小说中,特别是那些杰里·克那琉(Jerry Cornelius)系列,《英国刺客:一个浪漫的熵》(The English Assassin: A Romance of Entropy,1972)和《背景音乐的条件》(The Condition of Muzak,1977)是著名音乐形式延伸的非线性的叙事,旨在探索在复杂自然中的身份与宇宙。斯科特·麦克克劳德(Scott McCloud)用漫画叙述,形成了一个在线读者选择和相互作用之间的非线性的叙事研究。

(二)非线性叙事电影

在电影中定义非线性结构,有时是困难的。电影可能在一个线性的故事情节中使用大量的倒叙或预叙,而非线性电影通常包含线性序列。奥森韦尔斯(Orson Welles,1915—1985)《公民凯恩》(Citizen Kane,1941)以及结构颇具影响的《权力和荣耀》(The Power and the Glory,1933)和黑泽明(Akira Kurosawa,1910—1998)的《罗生门》(Rashomon,1950)使用非顺序的倒叙叙事,在电影中通常被称为非线性。

1. 早期的默片

在电影的历史中,可以追溯到默片时代的非线性结构的实验影片,包括D.W.格里菲思(D. W. Griffith,1875—1948)的《耐受不良》(Intolerance,1916)和阿贝尔·甘尼(Abel Gance,1889—1981)的《拿破仑》(Napoléon,1927)。非线性电影出现在1924年法国前卫电影中,如贺尼·克莱尔(René Clair,1898—1981)的《间奏曲》(Entracte);然后又出现在1929年达达电影人路易斯·卜钮尔(Luis Buñuel,1900—1983)和萨尔瓦多·达利(Salvador Dalí,1904—1989)的《一条安达鲁狗》(Un Chien Andalou)中。超现实主义电影进入了幻想和图像并置的时代,利用电影制片人的能力来创建教会、陈述艺术、传述社会,并进行商榷。卜钮尔和达利的《黄金时代》(L'Âge d'Or,1930)也采用了非线性的概念。俄国革命的电影制片人谢尔盖·爱森斯坦(Sergei Eisenstein,1898—1948)、V.普多夫金(Vsevolod Pudovkin,1893—1953)、亚历山大·杜甫仁科(Alexander Dovzhenko,1894—1956)也试验了电影非线性的可能性。爱森斯坦的《罢工》(Strike,1925)和杜甫仁科的《地球》(Earth,1930)都是非线性的经验提示。英国导演汉弗莱·詹宁斯(Humphrey Jennings,1907—1950)在他的二战纪录片《听英国》(Listen to Britain,1942)中也采用了非线性的方法。

2. 二战之后的非线性电影

让·吕克·戈达尔（Jean-Luc Godard, 1930—）1959 年以来的工作十分重要，促进了非线性电影的演变。戈达尔曾表示，"我认为一部电影要有开头、中间和结尾，却未必是按特定顺序的"。戈达尔的《周末》（*Week End*, 1968），以及安迪·沃霍尔的《切尔西女孩》（*Chelsea Girls*, 1966），其线性结构不在事件的发展年表中，是看似随意的交流。阿兰·赫斯内（Alain Resnais, 1922—2014）尝试在他的电影《广岛之恋》（*Hiroshima mon amour*, 1959）、《去年在马德里》（*L'Année dernière à Marienbad*, 1961）以及《穆里尔》（*Muriel*, 1963）中进行根据时间叙事。费德里克·费里尼（Federico Fellini, 1969—）定义了自己的非线性电影《春光乍泄》（*La Strada*, 1954）、《甜蜜的生活》（*La Dolce Vita*, 1960）、8½（1963）。费里尼·沙提瑞克（Fellini Satyricon, 1969—）和《罗马》（*Roma*, 1972），苏联电影导演安德列·塔可夫斯基（Andrei Tarkovsky, 1932—1986）和他的现代主义电影《镜》（*The Mirror*, 1975）和《乡愁》（*Nostalghia*, 1983）也是杰出的非线性电影尝试。尼古拉斯·若格（Nicolas Roeg, 1928—2018）的电影，包括《表演》（*Performance*, 1968）、《徒步旅行》（*Walkabout*, 1971）、《别看现在》（*Don't Look Now*, 1973）、《从天而降的人》（*The Man Who Fell to Earth*, 1976）和《糟糕的时机》（*Bad Timing*, 1980），其特点是运用了一种非线性的方法。其他实验非线性电影包括米切朗基罗·安东尼奥尼（Michelangelo Antonioni, 1912—2007）、彼得·格林纳威（Peter Greenaway, 1942—）、克里斯·马克（Chris Marker, 1921—2012）、艾尼·瓦尔达（Agnès Varda, 1928—）、如儿·鲁伊斯（Raúl Ruiz, 1972—）、卡洛斯·索拉（Carlos Saura, 1932—）、阿兰·罗伯·格里耶（Alain Robbe-Grillet, 1922—2008）等人的作品。

在美国，罗伯特·奥特曼（Robert Altman, 1925—）在他的电影中进行了非线性主题演绎，包括《麦凯布 & 米勒太太》（*McCabe & Mrs. Miller*, 1971）、《纳什维尔》（*Nashville*, 1975）、《球员》（*The Player*, 1992）、《捷径》（*Short Cuts*, 1993）和《高斯福特庄园》（*Gosford Park*, 2001）。伍迪·艾伦（Woody Allen）的非线性叙事实验电影有《安妮霍尔》（*Annie Hall*, 1977）、《内部》（*Interiors*, 1978）和《星尘的回忆》（*Stardust Memories*, 1980）。

3. 19 世纪 90 年代到 21 世纪前 10 年的非线性电影

在上世纪 90 年代，昆汀·塔伦蒂诺（Quentin Tarantino, 1963—）以其非线性电影《水库狗》（*Reservoir Dogs*, 1992）和《低俗小说》（*Pulp Fiction*, 1994）影响了电影的迅猛发展。其他重要的非线性的电影包括阿童·艾格雅（Atom Egoyan）的《新奇》（*Exotica*, 1994）、泰伦斯·马力克（Terrence Malick）的《红色警戒线》（*The Thin Red Line*, 1998）、保罗·托马斯·安德森（Paul Thomas Anderson）的《木兰》（*Magnolia*, 1999），及凯伦和吉尔·斯普瑞彻（Karen and Jill Sprecher）的《十三次谈论一件事》（*Thirteen Conversations About One Thing*, 2001）。大卫·林奇（David Lynch, 1946—）尝试在《迷失公路》（*Lost Highway*, 1997）、《穆赫兰道》（*Mulholland Dr.*, 2001）和《内陆帝国》（*Inland Empire*, 2006）中运用了非线性叙事和超现实主义。

在迈向新世纪的 21 世纪初，一些电影制作人已经发展到对非线性叙事的反复使用，包括史蒂芬·索德伯格（Steven Soderbergh, 1963—）的《兹佐伯利斯一家》（*Schizopolis*, 1996）、《不见》（*Out of Sight*, 1998）、《英国水手》（*The Limey*, 1999）、《正面》（*Full Frontal*, 2002）、《飞向太空》（*Solaris*, 2002）、《小礼拜堂》（*Che*, 2008）；克里斯托弗·诺兰（Christopher Nolan, 1970—）的《以下》（*Following*, 1998）、《纪念品》（*Memento*, 2000）、《蝙蝠侠》（*Batman Begins*, 2005）、《信誉》（*The Prestige*, 2006）、《盗梦空间》（*Inception*, 2010）和《黑暗骑士崛起》（*The Dark Knight Rises*, 2012）。纪念品，以其碎片和反向年表的方式，被描述为具有走向当代电影的后现代主义特征。反向年表元素在加斯帕尔·诺艾（Gaspar Noé, 1963—）2002 年的电影《不可逆的》（*Irréversible*）中有着进一步的探讨。诺艾 2009 年的电影进入虚空状态，还使用了一种罕见的叙事结构作为一个男人回忆他的生活并在他去世时的闪回，似乎是迷幻药物引发了这种虚幻之感。李察·林克莱特（Richard Linklater, 1960—）在电影《都市浪人》（*Slacker*, 1991）、《醒着的生活》（*Waking Life*, 2001）、《黑暗扫描仪》（*A*

Scanner Darkly，2006）中用了非线性叙事。格斯·万·圣（Gus Van Sant）在《大象》（Elephant，2003）、《最后的日子里》（Last Days，2005）和《偏执的公园》（Paranoid Park，2007）中用了同样的手法。阿雷姜多·冈萨雷斯·伊纳里多（Alejandro González Iñárritu，1963—）的影片《巴贝尔》（Babel）是一个典型的支离破碎的叙事结构的例子。香港导演王家卫探索非线性情节的故事有《阿飞正传》（1991）、《时间的灰烬》（1994）、《重庆森林》（1994）、《在爱的情绪中》（2000）、《2046》（2004）等。费尔南多·梅赫尔（Fernando Meirelles，1955—）在电影《上帝的城市》（City of God）和《不朽的园丁》（The Constant Gardener）中有着非线性叙事的特征。所有冈萨雷斯的影片都具有非线性叙事的特征。查利·考夫曼（Charlie Kaufman，1958—）还称，他的非线性讲故事应用于影片《适应》（Adaptation）和《美丽心灵的永恒阳光》（Eternal Sunshine of the Spotless Mind）。清水崇（Takashi Shimizu）的日本恐怖系列、《居上》（Ju-on）和美国拍摄的《不死咒怨》（The Grudge），也是非线性的剧情。

4. 非线性电视

（1）美国

在美国电视里，有几个例子是关于在不同的形式和不同用途中利用非线性叙事的系列。一些值得注意的例子诸如，《迷失》（Lost）《绝命毒师》（Breaking Bad）《极地漫步》（The Walking Dead）《箭头》（Arrow）《真正的侦探》（True Detective）《从前一次》（Once Upon a Time）和《女子监狱》（Orange Is the New Black）。尽管喜剧节目经常出现在戏剧里，一些喜剧节目也使用非线性的叙述，如《我如何遇见你的母亲》（How I Met Your Mother）和《发展受阻》（Arrested Development）。有些系列只会有一些非线性的情节，如《一便士的可怕》（Penny Dreadful）和《剩余》（The Leftovers）；另一些则用非线性的故事情节贯穿整个系列，如《迷失》（Lost）和《箭》（Arrow）；其他系列则采用在一个系列开始时运用非线性叙事，然后探讨过去直到获得故事的弥合，如《损害赔偿》（Damages）和《血统》（Bloodline）。

① 过去的章节

一些电视剧在某些情节中使用非线性叙事，充分发掘主要人物过去的重要组成部分。一个例子是《作秀时刻》（Showtime）的惊悚剧《一便士的可怕》。另一个例子是HBO的剧集《剩余》，其第九集设置为对过去的探讨，以主要人物的生活推动故事的关键事件发生。福克斯的科幻系列《条纹》（Fringe）、亚马逊原始的喜剧《透明》（Transparent）和Netflix的原创喜剧《格蕾丝和弗兰基》（Grace and Frankie）在某些情节也使用了此技术。

② 贯穿于过去和未来

在一些电视连续剧中，导演用非线性叙事探讨过去或未来的一个或多个角色在整个剧中的进展。美国广播电视连续剧《迷失》广泛使用了非线性故事叙述，每一集通常具有第一个主要的故事情节，然后从第二个故事情节或另一个点发展一个人物的生活，即过去或未来的发展。这样的连续的系列贯穿在《箭》里，在每一集里，奥利弗女王的生活特点是推动故事的关键，斯蒂芬·阿梅尔（Stephen Amell）被困在一个岛上，一个主要的故事情节展开了，五年后，他回到家里，决定成为一名警员。使用类似的叙事技巧，Netflix的原创系列《女子监狱》里，拓展了监狱的主要人物的生活和一些重要的组成部分，以此证实其过去是囚犯。另一个例子是FX恐怖剧系列的《应变》（The Strain）。

③ 作为一个叙事内容

一些电视剧在一个播放季开始之时，使用非线性叙事作为一种叙事开端，呈现出一种强烈的或令人震惊的事件，然后广泛探讨过去和导致事件发生的原因。一个显著的例子是广受好评的AMC电视剧《绝命毒师》，它在最后的播放季初表现出被忽视和冷落的状态，这种现象在沃尔特·怀特（Walter White，1893—1955）及布莱恩·格兰斯顿（Bryan Cranston，1956—）那里找到了原因，这种技术被运用在《绝命毒师》中，并成为第二个开播季的引航者。使用相同的公式，FX的艾美奖获奖电视剧《损害赔偿》主演格伦·克洛斯（Glenn Close，1947—），在每个播放季的开始都有强烈的戏剧性的事件发生，然后又回到六个月前。在整个播放季中，每一集都展示了过去、现在和将来的事件，导致了这一事件的发生。Netflix的原创系列的《血统》和ABC的犯罪剧《如何逍遥法外》（How to Get Away with Murder）也采用了类似的叙事技巧。

④ 模仿人类记忆

电视连续剧使用非线性叙事的另一个原因是为了更好地刻画人类的记忆以及回忆事件的方式。在第一季中,HBO 的剧集《真正的侦探》用非线性叙事描写主要人物和事件,用描述的方式记住他们。《作秀时刻》的《高登世界》(Gonden Globe)以同样的戏剧事件方式采用这种叙事手法超过了《情炎》(The Affair)的收视率。然而,通过不可靠的叙述者强调同一事件源自不同的两人回忆是完全不同的。

⑤ 其他实例

在第四和第五播放季,AMC 的后结构主义(post-apocalypctic)剧《行尸走肉》(The Walking Dead)用非线性叙事获得了成功。

虽然这并不常见,但一些喜剧也体现出使用了非线性的叙述。一个例子是情景喜剧的《发展受阻》,在第四播放季大量使用非线性叙事,在每集中探索每一个人物的故事发展。

有关美国电视非线性叙事的另一些例子有:《12 只猴子》(12 Monkeys)《A 到 Z》(A to Z)《阿尔卡特拉斯岛》(Alcatraz)《美国恐怖故事》(American Horror Story)《风骚律师》(Better Call Saul)《波加克骑士》(BoJack Horseman)《冒失鬼》(Daredevil)《法戈》(Fargo)《闪》(The Flash)《预叙》(FlashForward)《永远》(Forever)《愚人村(纽约市的别名)》(Gotham)《汉尼拔》(Hannibal)《英雄》(Heroes)《纸牌屋》(House of Cards)《从前在仙境》(Once Upon a Time in Wonderland)《感兴趣的人》(Person of Interest)《漂亮的小骗子》(Pretty Little Liars)《返回》(The Returned)《革命》(Revolution)《场景 8》(Sense 8)《吸血鬼日记》(The Vampire Diaries)和《任性的松树》(Wayward Pines)。

(2) 日本

日本动画系列有时会呈现其非线性秩序的情节。例如《凉宫春日》(The Melancholy of Haruhi Suzumiya),忧郁的情节故意不按时间顺序播放。另一个非线性的例子是《为酒而狂》(Baccano!),每一个场景都显示在非时间的顺序里。早期 1930 年代的故事中,一些场景发生在 18 世纪之前或之后(延伸到 21 世纪),大多数场景显现了不同时期的场景。其他的例子包括《雅美市议员》(Yami to Bōshi to Hon no Tabibito)《桃华月惮》(Touka Gettan)《租赁的魔法》(Rental Magica)《因此代理》(Ergo Proxy)《钢之炼金术师》(Fullmetal Alchemist)《黑塔利亚》(Axis Powers Hetalia)》和《幻影死神》(Boogiepop Phantom)。

① 视频游戏

在视频游戏中,"非线性"一词指的是一个游戏由一个以上的可能发生的故事线与结局组成,这使得观众可以选择从多个不同的路径进入获得不同的结果,这便是兼容的非线性游戏风格。这增加了视频游戏重播的价值,因为玩家必须经常用更多的时间玩游戏来获得整个故事。角色扮演游戏,往往包含多个路径,玩家可以选择从不同的开端开始游戏,如《落尘》(Fallout)。多重结局也出现在一些冒险游戏中,如《阴影的回忆》(Shadow of Memories);生存类的恐惧游戏,如《生化危机》(Resident Evil)和《寂静岭》(Silent Hill);隐身游戏如《金属齿轮固体》(Metal Gear Solid);平台游戏如《世嘉的分拆》(Sega's spin-off)和《刺猬阴影》(Shadow the Hedgehog)中。

一些视频游戏模仿电影的非时间的情节扭曲方式,而不是让玩家根据自己所提出的情节进行故事的发展。第一人称射击游戏《部落:复仇》(Tribes: Vengeance)是这方面的一个例子;另一个例子是世嘉(Sega)的《冒险》(Sonic Adventure)。

在游戏开发过程中,游戏开发者经常使用在游戏中被遗忘的角色。它有助于游戏的开始,因为观众只有理解一个历史事件发生之前的游戏,才会被允许获得更宽大的路径,玩家才可以适应此类游戏的方法。这种方法最终导致了一个非线性故事的发展。此外,通过创建一个非线性的故事情节的游戏,其玩法的复杂性大大扩展。非线性游戏允许更大的重播价值,让玩家在一个潜在的令人费解的故事情节中游历不同的片段。例如 2005 年的视频游戏《立面》(Façade)。在《立面》中,玩家投入游戏的博弈,现实时间一般需持续约 10 至 15 分钟,但因其事件的回忆似乎是在戏剧史的基础上发展而来,这便延长了博弈的时间。

② HTML 叙事(HTML Narratives)

在当代社会中,网页或许将成为更为准确的信息,超文本已成为丰富的叙述形式。超文本对创造叙事的非线性形式有着杰出的潜力。它们允许个人通过链接、图像、音频和视频来进行互动,形成故事。建立一个超文本的叙事也许是公开的秘密，它带来了开放的形式。这个功能是一个非线性的叙述，因为它允许参与者通过做一个文本和音频获取信息并提供给受众。然而，这一切没有确切的开始或结束，因为在漫画或视频游戏里，这是非线性的轮回。网站亦是如此，包括多个子主题，无需强迫观众，而是根据他们以往的经验允许他们进行下一个选择。

三、交互式媒体：计算机精灵

交互式媒体的素材往往成为理想中用于演示并出售的媒介，要么用于介绍新产品，要么用于培训新员工，当这些与新媒体链接起来就可以为客户提供服务与支持。销售员工可以用交互式CD演示材料，客户则通过PPT演示领略了一种古雅的演示方式。展厅可以安放在大卖场里，允许客户寻找正在售卖的商品，获得购物券，或查找所需（back-ordered）商品。交互式媒体，是以网络媒体为基础，或是传输中的"硬"媒体，为销售团队、教育家、学生、顾客和其他人提供了前所未有的资源。可查询的交互式产品目录充斥着音乐、影像片段和照片的内容，它们能虚拟地传输给电脑。高速带宽的因特网集成一体，允许来自世界各地的用户参与任何时候的演示，其潜力是巨大的。

（一）交互式媒体之源头：计算机艺术

在20世纪50年代，许多艺术家和设计师开始运用机械设备和模拟计算机的方式进行工作，这可以被看作是一个早期数字开拓者和先驱所从事的工作。

V&A收藏的最早的一个电子作品是"40"（Oscillon 40），其历史可以追溯到1952年。艺术家本·拉普斯基（Ben Laposky，1914—2000），用示波器来操纵电子波并呈现在小荧光屏上。示波器是一种用于显示电力信号波形的装置，通常用于电气测试用途。波浪会不断地移动和起伏地显示，当时没有办法可以在纸上记录这些动作，只有通过长曝光摄影，艺术家才能够记录这些瞬间的样貌，让人们在几十年后看到它们的形象。

拉普斯基为许多不同的组合拍照，留下了这些所谓的"oscillons"波和它的形象。以很早的黑色和白色照片为基础，以后几年借助滤波器的创作让艺术家创作出引人注目的彩色图像，如"oscillon 520"。（图3-4、图3-5）

图3-4 本·拉普斯基（Ben Laposky），《Oscillon 40》，1952，博物馆 e.958-2008 号

图片来源：http://www.vam.ac.uk/content/articles/a/computer-art-history/，2016-4-21

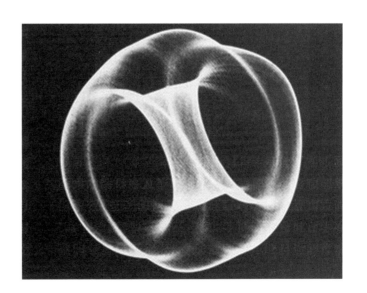

图3-5 本·拉普斯基（en Laposky），《Oscillon 520》，美国，1960，博物馆 e.1096—2008 号

图片来源：http://www.vam.ac.uk/content/articles/a/computer-art-history/，2016-2-22

图 3-6　约翰·莱斯当(John Lansdown)使用电传打字机(机电打字机)，1969—1970

图片来源：http://hackaday.com/2010/02/11/teletype-machine-from-an-electric-typewriter/，2016-2-22

图 3-7　弗里德·内科(Frieder Nake)，《向保罗·克利致敬》(*Hommage á Paul Klee*), 13/9/65 Nr.2', 1965, 博物馆 e.951-2008 号

图片来源：http://hackaday.com/2010/02/11/teletype-machine-from-an-electric-typewriter/，2016-2-22

1. 20 世纪 60 年代的尝试

20 世纪 60 年代早期的计算机仍然处于它安静的婴儿期，对其访问的机会也是非常有限的。计算技术是重型和复杂的，其使用成本非常昂贵，只有研究实验室、大学和大公司可以买得起搜索设备。结果，一些早期使用电脑的人成为具有创新精神的计算机科学家或数学家。

许多从业人员具有最突出的计算机研究能力。此时，没有用户界面，如图标或鼠标以及各种应用的软件，必须自己写程序，由计算机科学家、艺术家通过更多的实验，进行计算机的创新能力研发。

因此，早期的输出设备是有限的。一个主要来源是在 20 世纪 60 年代绘图仪输出、机械设备、持有笔或刷子和一个关联到电脑控制器的运行。计算机会引导在绘图表面或者在纸上移动的画笔，根据计算机程序给定的指令作出行为。

另一个早期的输出设备是打印机(图 3-6)，它的出现具有极强的冲击力，油墨被非正式地应用在纸质打印和打字机上。

早期的工作多专注于几何结构的形式与内容，同时也有许多反对声。在这一工作的发展中，有着可用的输出设备的自然限制，例如，笔式绘图仪的一个线性图和线性的阴影，只能通过交叉孵化而来。一些早期的企业有意避免集中于纯粹视觉形式上的内容。他们被认为是在计算机的自主机器上研发和进行实验的，是具有视觉意义并奉行目标的人。

早期的绘画和绘图机输出，主要是黑色和白色两个色系，虽然一些艺术家，如计算机的先驱者弗里德·内科(Frieder Nake)，在没有彩色绘图仪和图纸的条件下，还是尝试着计算机绘图的创作。早期的计算机试验与艺术家创作的可能性相关，按照逻辑的时尚审美安排形状和颜色。

《向保罗·克利致敬》13/9/65 2 号(图 3-7)，是弗里德·内科于 1965 年在绢本上用绘图仪绘制的作品，这是最复杂的算法作品。这是一套由艺术家写的算法生成指令，通过指令又把作者来自保罗·克利油画的灵感融入其中，该作现藏于科隆路德维希博物馆。

内科在数学上获得初步的培训，对在垂直和水平关系上体现克利绘画元素之间的关系十分感兴趣。编写计算机程序来创建自己的绘图《向保罗·克利致敬》时，内科的定义是计算机和绘图仪的参数绘制。然后，他写的随机变量的程序，使计算机根据概率论可以做出自己的选择。以这种方式，能够用来自令人兴奋的视觉结构和形式之间的关系探讨逻辑关系。但艺术家不可能准确预测绘图机器绘制的已完成的具有初步面貌的图景。

2. 贝尔实验室的成就

贝尔实验室,现在总部设在新泽西,在启动和支持早期美国计算机艺术的项目中有着相当大的影响力,并可能是研发成果数量最大的关键的早期开拓者。艺术家和计算机科学家在那里工作,包括克劳德·香农(Claude Shannon,1916—2001)、肯·诺尔顿(Ken Knowlton,1931—)、列昂·哈蒙(Leon Harmon,1922—1983)、施瓦兹(Lillian Schwartz,1927—)、查尔斯·斯瑞(Charles Csuri,1922—)、A.迈克尔·诺尔(A. Michael Noll,1939—)、爱德华·扎耶(Edward Zajec,1938—)和比利·克吕维(Billy Klüver,1927—2004)等工程师。还有罗伯特·劳森伯格等艺术家参与了艺术与科技的实验(EAT)。该实验室最初以贝尔电话为实验室历程,公司在1925年继续成为新技术领域的领先权威。

贝尔实验室在新出现的艺术和技术领域有着卓越贡献,特别是它促成了一系列的表演艺术的产生,如"9个晚上:戏剧和工程"(9 Evenings: Theatre and Engineering),由 EAT 在 1966 年组织,演出包括 10 位当代艺术家,他们加入了 30 名工程师和科学家的团队,在贝尔实验室主办了这一系列的表演艺术并使用了新技术。这些事件代表了早期重要的被归为主流艺术世界新兴的艺术和技术之间的关系。贝尔实验室的执行主任受雇为 EAT 的"代理人",他的任务是传播有关组织的创作,即行业内的活动。结果,许多艺术家和音乐家成为常客,花上数小时在贝尔实验室内使用设备。

在许多研究上,贝尔实验室在发展早期的计算机生成的动画方面是特别有影响力的。在 20 世纪 60 年代,实验室里有一个早期的缩微胶片打印机,能够将字母和形状打到 35 mm 胶片上。艺术家如爱德华·扎耶开始使用该设备创作动画片。在贝尔实验室的工作中,计算机科学家和艺术家肯·诺尔顿开发的编程语言 BEFLIX,其名字代表贝尔·富丽克(Bell Flicks),可用于位图制作电影。

走出贝尔实验室的最著名的作品之一是列昂·哈蒙和肯·诺尔顿的研究《感知研究》(Studies in Perception,1967),像内科的作品一样广为人知(图 3-8)。

哈蒙和诺尔顿决定覆盖大量印刷,用一位资深同事的办公室的整面墙作为印刷媒介,它的图像是由小的电子符号代替灰度扫描照片,通过电子符号的图像(12 英尺)合并形成一个斜卧的裸女

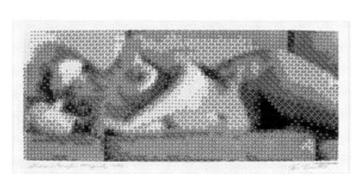

图 3-8　列昂·哈蒙(Leon Harmon)和肯·诺尔顿(Ken Knowlton),《感知研究》(Studies in Perception),1997,博物馆 e.963-2008 号(原始图片 1967)

图片来源:http://hackaday.com/2010/02/11/teletype-machine-from-an-electric-typewriter/,2016-2-22

图 3-9　保罗·布朗(Paul Brown),《无题》(Untitled),计算机辅助绘制,1975,博物馆 e.961-2008 号

图片来源:http://hackaday.com/2010/02/11/teletype-machine-from-an-electric-typewriter/,2016-2-22

图 3-10 曼努埃尔·八百迪罗（Manuel Barbadillo），《无题》（*Untitled*），大约 1972，博物馆 e.158-2008 号（由伦敦计算机艺术学会、系统模拟有限公司供稿）

图片来源：http://hackaday.com，2016-2-22

图 3-11 肯尼斯·斯内尔森（Kenneth Snelson），《恶魔的森林月夜》（*Forest Devils MoonNight*）（局部），1989，博物馆 e.1046-2008 号

图片来源：http://hackaday.com，2016-2-22

图。虽然图像在他们的同事回来后被匆忙删除了，并由该机构的公关部门草草驳回，但后来它被泄露到公共领域，在罗伯特·劳森伯格的阁楼里，并通过一个新闻发布会首先公布于众，后来刊登于纽约时报。两位艺术家因将生活处所作为工作地方的恶作剧行为一夜成名。

3. 20 世纪 70 年代的斯莱德学院

到 20 世纪 70 年代，一些艺术家已经开始自学编程，而不是依赖于与计算机程序员的合作。这些艺术家中有许多来自传统的美术背景，而不是科学或数学背景的最早的从业者。艺术家被吸引到计算机的逻辑性质和所涉及的过程中（图 3-9、图 3-10）。

在 20 世纪 70 年代初，伦敦大学成立了斯莱德艺术学院（Slade School of Art, University of London），后来被称为"实验和计算系"。20 世纪 70 年代斯莱德是少数试图充分整合计算机在艺术中的运用的机构，也是将教学课程推入大学的开始。该系提供了无与伦比的资源与内部计算机系统。

4. 20 世纪 80 年代的动画

20 世纪 80 年代，数字技术进入日常生活中，广泛采用计算机进行业务和个人使用。计算机图形和特殊效果开始被用于电影如《星际迷航：怒汗》（*Star Trek II：The Wrath of Khan*）和《电子》（*Tron*，1982），以及电视节目中。随着视频和电脑游戏的普及，计算机技术开始在家庭和工作中更加被人们所熟悉。

20 世纪 70 年代末，是苹果和微软诞生以及第一台个人电脑出现的关键时期。如今的个人电脑是人们可负担得起的、紧凑的，具有家庭使用理想的功能。除了这一点，喷墨打印机的发展使得印刷成为最便宜的色彩。现成软件包的开发意味着使用计算机的图像系统成为更简单的创建方式。由于这种新媒介进入了大众文化，艺术的类型也发生了变化。许多这一时期的新艺术表现出明显的电脑"审美"特征，电脑的外观也呈现了更为大众所青睐的审美倾向。

由肯尼斯·斯内尔森（Kenneth Snelson, 1927—2016）使用程序创建的 3D 电脑动画，图像形式呈现在立体图像的左侧，伴随着一个几乎相同的图像同时放置在前面，这两者的图像创造了一个三维环境的假象（图 3-11）。

5. 20 世纪 90 年代的电脑艺术

"电脑艺术"这个词经常用来形容今天的艺术家和设计师的工作。许多艺术家现在将电脑作为一种工具，应用这种技术进行他们的实践活动，他们还可以时常互换技术。这是一个更普遍的转变，对艺术家和设计师的工作来说，这是一个越来越多的跨学科的方式。许多人不再把自己定义为

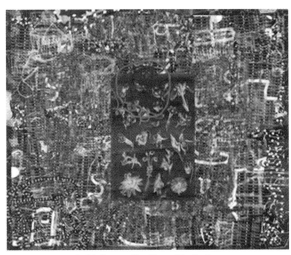

图 3-12　杰姆斯·佛瑞·沃克（James Faure Walker），《暗丝（局部）》（*Dark Filament*），2007，博物馆 e.147-2009 号

图片来源：http://hackaday.com，2016-2-22

一种特定媒体的从业者。

杰姆斯·佛瑞·沃克（James Faure Walker，1948—）可以被描述为一个数字艺术家和画家。自20世纪80年代末沃克已经整合计算机，将其投入他的实践中。作为一个画家，他的画都是用计算机生成的图像，各种绘画的设备都被用在他的数码版画创作中。他在绘画、摄影和电脑软件中，混合和开发不同特点的工具并综合应用于创作。他的作品经常在物理绘画和数字绘画之间进行对比，有时很难区分两者的差别。

沃克每一天至少完成一幅绘图，无论是用铅笔、钢笔或水彩，工作都将继续。这些画总是抽象的，和手势或标记的制作有几分相似，而不是物体的具象绘画。以同样的方式，艺术家使用软件如 Illustrator 和 PS 图像处理软件探索数字图案或线性标记、图案。先创建一个主题，然后使用数字投影机将其投影到一张画布上，艺术家开始尝试在物理介质中进行图案或主题的绘画创作。沃克创造的作品还源于一些数码照片，这样他可以尝试在计算机上修改和补充之前，将它们添加到画布上。他将这种方法应用于创作诸如《暗丝》（*Dark Filament*）（图 3-12）等大型数码作品中。

（二）交互式媒体之禅宗：因特网

交互式媒体就像是剧院里的一场演出，离不开受众的参与和聆听。人们与表演互动，当演示提供了导航和丰富的内容时，他们的兴趣将被激发出来。为了促进交流，娱乐的成分和喜好程度以及交互程度都有相当高的标准。

交互式媒体可以将信息更有效地传递给市场或是教育媒体。交流变成了一种经验，人们沉迷其中、参与其中、学习其中、回顾其中。

1. 通过交互式媒体合作

交互式媒体的合作往往是通过交互的语境进行项目的研发与进展，并在交互式的基础上拓展新的互动方式。一些复杂的实践活动实效性强、注重互动，在媒体传播和接受模式的历史上占有一席之地。

随着维基百科、艺术家自建网站及博客的兴起，交互式媒体有了更大的用武之地，主要表现在：交互式媒体的跨界、交互授权、创作经验、空间社区创作等方面。

2. 超越网络和虚拟现实的界限

杰夫·布莱斯（Jeff Brice）于 2011 年在伊斯坦布尔"第 17 届国际电子艺术研讨会"上谈到利用沉浸式虚拟现实的呈现缓解创伤和烧伤受害者的痛苦。该项目名为"跨越的门槛"，是课程"互动的叙述环境"的延伸。在这个项目中，老师与学生合作，创造想象的虚拟环境，可以使病人在有趣和审美的方式中愈合创伤。学生使用 Unity3D 游戏引擎来创建简单的第一人称游戏设计，参与烧伤的受害者的治愈工作，通过吸引他们的注意力从而帮助减轻他们的痛苦。这种创新的沉浸式的方法，通过虚拟现实的建立帮助患者，可以减轻受害者自身 75% 的痛苦。

杰夫·布莱斯任教于美国华盛顿州西雅图市蔻尔尼旭（Cornish College）艺术学院设计部系，与阿里·霍兰德（Ali Holland）一起工作，后者是华盛顿西雅图国际知名虚拟现实工作室第一技术首席执行官。这是一个契机，第一技术首席执行官阿里·霍兰德给学生机会去创造有趣的游戏体验，创作了审美治愈系统，为极端痛苦的人提供了真正的服务，这是沉浸式虚拟现实的一个极其重要的功能。

3. 通过媒体艺术的物理交互授权

在控制的互动环境与视听系统的物理互动关系也受社会学影响。可以对体系的中断或干扰进行分类，根据教育、性别和身体能力精心设计和策划展示互动式作品。一个物理的互动环境如何有助于一个类似的方式,具有网络社区的经验。可以创建一个具有预先设定特性的艺术品社区,为当下生活提供机会,导致不可预知的媒体间的社会群体的活动。艺术的临时自治区域(TAZ)作为社会诗意的恐怖主义将破坏网络社区的现状。

有研究比较了互动的环境,通过与选定的有严重身体残疾的人的协同设计,预设其制作的过程与作品结果适应于一般人群。这两组的工作鼓励并促使创意的表达,使得参与者可以超越日常规范。其目的是让观众通过视听和机械元件的控制,得以参与现场表演。

一般案例与具体案例的对比研究,表明了关于益处、欲望和与复杂的技术驱动的系统相互作用的信息,以及对存在的艺术群落的创作规律和方法的建议。

4. 触摸路径的镜子:作为一种轻快的、合作的、观念的创作经验

关于挥发性的概念,协同通信作为创建一个关联的经验的一种手段,在长远关系中有着特定语境。

根据以浪漫关系为创意的理念,"触摸跟踪镜"是一面可以在有一定距离的潮湿浴室镜上留言的镜子。一套有两个浴室镜子,每个分别放置在一个合作伙伴的公寓里。在一面镜子上写上一条信息会导致信息被发送到伙伴的"镜子"上,"光"会出现在镜子表面上。如果对应的合作伙伴将手指放在光上,它会移动,使其能够跟踪他或她的伙伴写的信息。

最初的用户测试表明这一互动的概念和美学已开发了超过两个周期的项目,在以用户为中心的设计过程中,创造了一个快乐的关联体验。

5. 空间与社区的创作

"空间与社区的创作"是一个利用社会互动技术、数字艺术、装置艺术开发创造性禅学习空间的项目。在法鼓佛教学院(DDBC: Dharma Drum Buddhist College)的工作实施包括"创造性的冥想室"、教学的"禅思、创意走廊"、"z_move 走廊"和"z_circle 走廊",学习"走禅定"。

在"创造性的冥想室"里,使用无线压力传感器技术、传感器和媒体艺术检测,参与者保持身体平衡获得禅修练习帮助。该项目收集了参与者的平衡数据、开发数据库,同时推断每个参与者禅的禅定水平。此外,还将参与禅修数据集成波纹动画投射在天花板上。禅宗顾问可以很容易地通过观察涟漪,然后给予适当的方向,并及时知道每个参与者的禅定状态。在创作"z_move 走廊"时,当参与者穿过走廊,他们可以开始自己的"集中实习"。在这种情况下,人们使用聊天室交流技术创建集中练习系统,它可以帮助参与者学习如何通过移动"禅球"和十个屏幕来集中注意力。此外,人们还实现了让参与者使用手机系统在任何时间任何地点学习远程控制球的运动练习。在中性"z_circle 走廊"中,利用无线传感器网络技术和声学设计鼓励和引导参与者静止的思想状态。此外,该系统还使参与者获得丰富经验,在一个缓慢的行走步伐中冥想,用这更先进的实践和教导方式引导他们如何在忙碌的日常生活中保持主要平和思想。

通过在法鼓山的禅修实践活动,越来越多的人能够沉浸在人们创造性的禅宗学习空间中。经过测试和对用户参与的评估,人们发现禅学习空间的创意不仅能激发参与者的兴趣,也增加了禅宗教育的效率。此外,人们还开发了一个创造性的互联网禅学社区,被称为"禅图",它记录了禅宗学生学习过程中的所有数据。这一创造性的禅宗学习系统不仅适用于网络学习系统,也适用于一个真实的空间学习系统。

在未来,此研究结果将可以延伸到更多的地方,激发更多人享受禅的体验。同时,进一步希望实现无所不在的禅观念下的文化背景和思维培养。

(三) 交互式媒体之拓展:虚拟现实

1. 发展之路

(1) 20世纪50年代之前的探讨

1939年,视图大师,立体视觉模拟器被公布于众。

虚拟现实的第一道轨迹来自科幻世界。斯坦利·G.韦伯(Stanley G. Weinbaum,1902—1935)的《皮格马利翁的眼镜》(*Pygmalion's Spectacles*),它是公认的第一部科幻小说,探讨虚拟现实。故事描述了一个虚构的历险经历,包括以嗅觉和触觉全息记录的目镜的虚拟现实系统。

(2) 1950—1970年的研发

莫尔顿·海林(Morton Heilig,1926—1997)

写道："经验剧院"，可以包括一个有效的感官方式，从而吸引观众注意屏幕上的活动。他建立了一个自己的视觉原型被称为"感应器"（Sensorama），1962 年五部短片被显示在屏幕上，同时进行多种感官触觉模式（视觉、听觉、味觉、触觉）。"感应器"是一个机械装置，也是早先的数字计算设备，据说今天仍然具有相应的功能。在这个时候，道格拉斯·恩格巴特（Douglas Englebart，1968—）[1]已开始使用具有输入和输出屏幕设备的电脑。1966 年，托马斯·A.弗内斯三世（Thomas A. Furness III，1943—）介绍了空军领域的虚拟现实技术，视觉形式飞行模拟器（flight simulator）。

1968 年，伊凡·苏泽兰（Ivan Sutherland，1938—）[2]在他的学生波布·斯普尔（Bob Sproull）的帮助下，创造了被广泛认为是第一个虚拟现实与增强现实（AR）的头戴式显示器（HMD）系统。这是原始的在用户界面和现实条件下的穿戴系统，其头盔由于太重而被悬挂在天花板上。图形包含虚拟环境，即简单的线框模型室。该装置古怪的外形灵感源自它的名字，"达摩克利斯之剑"（The Sword of Damocles）"。

(3) 1970—1990 年的推广

"战争地带"，是 1980 年的一款街机游戏，使用 3D 矢量图形让玩家沉浸在虚拟世界（Atari）中。

在早期的超媒体和虚拟现实系统中有一种"阿斯本电影地图"（Aspen Movie Map），这是 1977 年在麻省理工学院创建的。阿斯本虚拟现实程序第一个是科罗拉多（Colorado）虚拟仿真，用户可以在街头徘徊于三种模式之一的情境中：夏天、冬天和多边形。第二个是以照片为基础的，研究人员用图片规划季节模式，每一个可能的动作都拍摄到了。第三个是城市的基本三维模型。

雅达利（Atari）公司在 1982 年成立了一个虚拟现实研究实验室。遗憾的是，该实验室运行了两年后由于雅达利公司倒闭而关闭。1983 年后北美视频游戏呈现低迷。然而，其雇用的员工，如汤姆·齐默尔曼（Tom Zimmerman）、史葛·费雪（Scott Fisher）、乔龙·拉尼尔（Jaron Lanier）和布伦达·劳瑞尔（Brenda Laurel），一直坚持着虚拟现实技术的研究与开发。

1980 年，术语"虚拟现实"由乔龙·拉尼尔推广，他成为该领域的现代先驱之一。拉尼尔于 1985 年创立了 VPL 研究公司，开发了几种虚拟现实设备，如数据手套、可视电话和音频球体（Audio Sphere）。它还得到授权，为纽约视频游戏公司美泰（Mattel）研发了数据手套。美泰使用这项技术，研发并提出了一个配件，被称为电源手套（Power Glove）。这一设备很难使用，当时并没有流行起来。这个配件的价格是 75 美元。它可能是第一个虚拟现实设备的供货配件。

20 世纪 90 年代，乔纳森·瓦尔登（Jonathan Waldern），一位 VR 博士，在伦敦亚历山德拉宫举行的 90 计算机图形学的展览中展示了虚拟现实技术。这个新系统是台虚拟现实游戏机，利用头戴式系统给予人置于播放器中的沉浸体验。

赛博边界（CyberEdge）和个人电脑虚拟现实（PCVR）的时代，关注 VR 行业集中的杂志开始出版，这一现象开始于 90 年代初。然而，大多数的想法都是关于 VR 计算机的计算能力的极限理论。昂贵的价格使大多数消费者不可能采用这种技术。公众把注意力转向互联网后，虚拟现实被关注了。虚拟现实产业在美国陷入了沉寂的低谷，只提供医疗、飞行模拟、汽车工业设计和军事训练目的的项目。

(4) 1990—2000 年的沉浸式体验

1991 年世嘉（Sega）宣布世嘉 VR 耳机街机游戏和大型驱动控制台的问世。它采用 LCD 屏幕盔甲、立体声耳机和惯性传感器，使系统跟踪到用户头部的动作而产生反映。

同年，虚拟现实得到了发展并逐渐成为一个大规模生产工业，网络化、多人虚拟移动娱乐系统等应运而生。它在许多国家得到了发行，特别是在三藩市中心的一个专用的虚拟游戏（VR Arcade），成本高达 73 000 元的虚拟系统，提供了

---

[1] 道格拉斯·恩格巴特（Douglas Englebart），鼠标之父。1956 年，道格拉斯·恩格巴特在美国加州大学伯克利分校获得电气工程与计算机博士学位，后来在著名的斯坦福研究所供职。1989 年，他与女儿在美国硅谷创建 Bootstrap 研究所，并于 1998 年获得世界计算机界最权威的奖项——图灵奖。

[2] 伊凡·苏泽兰（Ivan Sutherland），作为计算机图形学之父和虚拟现实之父，伊凡·苏泽兰发明的电脑程序是人们曾经编写的程序中最重要的一份程序，这是有史以来第一个交互式绘图系统，也是交互式电脑绘图的开端。

耳机和外骨骼手套，提供了第一个"沉浸式"的虚拟现实体验。

安东尼奥·麦地那（Antonio Medina），麻省理工学院的研究生，也是美国宇航局的科学家，设计了一个虚拟现实系统"驱动"火星探测器，从地球表面实时获取火星—地球—火星信号。该系统被称为"计算机模拟遥控操作"系统，由兰德公司出版，是一个虚拟现实的扩展。

北卡罗来纳州的克鲁兹·内拉（Cruz-Neira）、丹尼尔·J.三丁（Daniel J. Sandin，1942—）和托马斯·A.德法提（Thomas A. DeFanti，1948—）来自电子视觉实验室，他们创造了第一个立方沉浸房间，替代了多环境护目镜项目，人们通过该系统能看到他们的肢体和周围的人。

在1992年，计算机游戏世界预测到"1994年'虚拟现实'将成为一项可承担得起的行业"。

1994年世嘉发布世嘉VR-1运动模拟器街机，在世嘉游乐场里极具吸引力。它能够跟踪头部运动和在3D立体成像方面精选3D多边形图形。它是世嘉推出的一款街机模式1系统。

一年之后，艺术家毛里斯·贝纳永（Maurice Benayoun，1957—）创造了第一个真正的Real time 2连接的虚拟现实艺术作品——"大西洋的隧道"（Tunnel under the Atlantic），作品连接了巴黎的蓬皮杜中心和蒙特利尔的现代美术馆。该装置包括实时动态三维建模、视频聊天、立体音效和智能内容管理。另外，"虚拟的男孩"（Virtual Boy）由任天堂于1995年7月21日在日本发行，于1995年8月15日在北美发行。

1999年，企业家菲利普·罗斯戴尔（Philip Rosedale，1968—）在林登实验室资助了一个焦点项目，研发使计算机用户完全沉浸于一个360度的虚拟现实中的体验技术。在早期，该公司一直致力于生产商业版的"钻机"（The Rig），这是实现原型形式的多面计算机显示器，用户可以将其佩戴在肩上进行尝试。之后研究焦点很快转变为软件研发，即3D虚拟世界的第二人生（Second Life）。

（5）2000年至今的增强体验

2001年SAS3和SAS立方体已成为第一个以PC为基础的立方体房间，由毛里斯·贝纳永和戴维·纳汉（David Nahon，1968—）生产的Z-A发展而来，巴可（Barco）、克拉提（Clarté），于2001年4月将其安装在法国拉瓦尔。从SAS库中诞生了虚拟现实工具"Virtools vrpack"。

2007年，谷歌推出了"街道景观"（Street View），这是一个显示世界各地的地理位置，如道路、室内建筑和农村地区的全景的服务。2010年，它还公布了具有三维立体模式的地理展示。

2013年任天堂（Nintendo）基于VR技术文件产生了比2D电视更逼真的3D效果的概念专利。相对于电视而言，电视摄像机可以追踪观众的位置，如果观众移动，屏幕上可以反映出重新定位的过程。例如，如果你正在看一片森林，你可以把你的头转移到右边，发现有人站在一棵树后面。

2014年3月25日，脸书（Facebook）以20亿美元收购了Oculus VR公司的虚拟现实耳机。索尼宣布了Morpheus项目，即PS4虚拟现实头盔。后谷歌宣布了纸板（Cardboard）项目，即自制的立体观察智能手机。与此同时，谷歌与超过5亿美元的其他投资研发了"神奇的飞跃"（Magic Leap）。一个初创公司，正在研发头盔式设备，通过将数字光域投射到用户的眼睛实现三维电脑图像用于真实世界的物体。

自2013年以来，已经有一些虚拟现实设备寻找进入市场补充Oculus Rift增强体验的游戏。其中，Virtuix Omni是通过全方位的磁带读取能力在三维环境中的移动设备。还有gloveone是压感觉技术，通过触摸和使用显示用户手里的第一个手套。

2015年2月和3月，HTC与阀门公司（Valve Corporation）宣布它们的虚拟现实头戴设备HTC Vive和控制器的诞生，连同它们的跟踪技术被称为"灯屋"（Lighthouse）。在这之后，蒸汽显示（软件）平台于2015年11月正式发布于众。

2. 应用领域

（1）虚拟教育与虚拟经济

虚拟现实在教育领域中取得了一定的进展，但仍然有很多需要做的事情。虚拟现实和教育的拓展性是无止境的，给所有年龄段的学生带来许多好处。

可以用于教育目的的虚拟现实，很少有人创造其内容，但在娱乐行业却最有成效，通过这个行业的进步，许多人理解了虚拟现实对于实现未来教育的重要性。

另外,虚拟现实在虚拟经济中有着不可或缺的作用。学生有机会以教育目的进入平台。由于游戏化的进程,学生能够在虚拟经济中测试他们的知识和技能水平。许多伟大的学者以教育的目的使用虚拟经济的平台。瑟拉亚国立玛希隆大学国际示范中学的社会研究(Mahidol University International Demonstration School, MUIDS)教师丹·西蒙兹(Dan Simonds),将泰国佛统(Nakhon Pathom)作为他进行虚拟经济研究的经济主体。

(2)沉浸式训练

美国海军人员使用了一个虚拟的跳伞训练模拟器(VR parachute training simulator)。

从训练的角度来看,虚拟现实技术的使用可以让专业人士在虚拟环境中进行培训,提高他们的技能,而无需担心操作的后果。

虚拟现实技术在军队作战训练中有着重要作用。它允许在一个受控环境下进行新兵训练,他们将应对不同类型的战斗情况。一个完全沉浸式虚拟现实使用头戴式显示器(HMD)、数据服、数据手套、虚拟武器来进行战斗训练。该设置允许训练的复位时间被反复削减,并允许在更短的时间内对更多的事件进行重复。完全沉浸式训练环境将士兵置于多种多样的地形情况和场景中进行训练。

虚拟现实也被用于空军的飞行模拟训练,在那里,人们可以被训练为飞行员。模拟器顶部的液压电梯系统对用户的输入和事件作出反应。当飞行员驾驶飞机时,该模块会转向并倾斜,以提供触觉反馈。飞行模拟器可以从一个全封闭的模块到一系列的计算机显示器提供给飞行员一定的视点。这种训练的优势在于,飞行训练中模拟了一个真正的飞机和真正的飞行,具有完全的安全性、经济性和无污染,在此基础上,使训练者能够操作真正的车辆。最后,类似的卡车驾驶模拟器,如比利时消防员的训练方式,可以尽可能地防止伤害。由于这些司机往往没有其他卡车司机的经验,虚拟现实训练使他们能够弥补这一缺失。在不久的将来,所有的司机都会优先考虑类似的项目,包括警察训练在内。

医务人员通过虚拟现实技术来处理更广的病痛与损伤,十六例手术中有八例经手术切除获得成功,例如住院医生的外科手术,通过虚拟现实技术进行腹腔镜胆囊切除术。然后,他们比对得出,29%的胆囊切除术是更快更安全的。虚拟现实技术还能应对儿童的交叉道路技能训练。它被证明是相当成功的。然而一些自闭症谱系障碍的学生在这种训练后可能无法区分虚拟与真实。因此,他们可以尝试相当危险的十字道路训练。

3. VR与电视游戏

派拉蒙(Paramount)[①]从沉浸到虚拟现实,高帧速率(每秒至少95张)以及低延迟。此外,像素的持久性低于3毫秒的移动。

利用图形、声音和输入技术在视频游戏中的运用可以被纳入虚拟现实领域。20世纪90年代早中期公布的虚拟现实头戴式显示器(HMD)是一个起点,由任天堂开发的"虚拟男孩",通过虚拟I-O开发的cybermaxx IGlasses、victormaxx和vfx-1技术得以应用。窄VR游戏的现代例子包括Wii遥控器、Kinect和PlayStation Move / PlayStation Eye,所有这些有虚拟跟踪和发送玩家的游戏都有准确的震动输入点。

有几家公司正在研究新一代的VR头盔——Oculus Rift,是一个以游戏为目的发展的显示器,2014年美国的技术公司获得Facebook 2万亿美元的资助。它的一个竞争对手是索尼Morpheus项目,需要一个PS4的设备而不是电脑运行。2015年阀门公司(Valve Corporation)宣布了他们的合作伙伴HTC使VR头盔能够在4.5平方米区域内跟踪用户的确切位置,这便是HTC Vive。之后有更多的游戏VR头盔问世,每一个都有自己的特殊能力。例如starVR,可以提供一个210°视场,五个跟踪器将人的眼睛作为一个输入的位置。

4. VR与纯艺术

戴维·艾木(David Em, 1952—)是在上世纪70年代第一个创造通航的虚拟世界的艺术家。他早期的作品主要产生于国际信息公司(Information International, Inc)、喷气推进实验室(Jet Propulsion Laboratory)和加州理工大学(California Institute of Technology)的研发背景。

---

① 派拉蒙(Paramount)电影集团,维亚康姆持股的电影公司,拥有自己的电影工作室,在影业地位显赫。

杰夫瑞·肖（Jeffrey Shaw，1944—）探讨了VR的早期作品，如清晰城市的美学潜力，《易读的城市》（*Legible City*，1989）、《虚拟博物馆》（*Virtual Museum*，1991）和《金牛犊》（*Golden Calf*，1994）。加拿大艺术家查·戴维斯（Char Davies，1954—）创造了沉浸式虚拟现实艺术片《炭渗透》（*Osmose*，1995）和《转瞬即逝》（*Ephémère*，1998）。毛里斯·贝纳永（Maurice Benayoun，1957—）在作品中引入了隐喻、哲学或政治内容，结合虚拟现实、网络、生成和智能代理，如作品《神一样平？》（*Is God Flat?* 1994）、《魔鬼是弯曲的吗？》（*Is the Devil Curved?* 1995）、《大西洋隧道》（*The Tunnel under the Atlantic*，1995）、《世界的皮肤》（*World Skin*）（图3-13）、《战争之地的旅行摄影》（*a Photo Safari in the Land of War*，1997）。其他在VR领域探研的先锋艺术家包括吕克·克切斯（Luc Courchesne）、丽塔·艾迪生（Rita Addison）、诺波提克（Knowbotic Research）、培尼·霍波曼（Perry Hoberman，1954—）、杰克·莫尔（Jacki Morie）、玛格丽特·多林斯基（Margaret Dolinsky）和布伦达·劳瑞尔（Brenda Laurel）。所有这些艺术家都记录在虚拟艺术的数据库内。

5. 继承与考古中的VR

第一次将虚拟现实演示文稿的应用程序运用在文化遗产里是1994年，为当时的博物馆游客提供了一个互动的讲解环节。当观众"走过"1550年英国的杜德利城堡的三维建筑时，随即听到旁白与讲解。这包括由基于英国的影碟的工程师柯林·约翰逊设计的计算机控制系统。该系统的特点在1994年11月大英博物馆举行的会议中得到了介绍。随后的技术文件，体现了成像过去（Imaging the Past）-电子成像和计算机图形学在博物馆和考古中的运用。

虚拟现实使遗产得以重新创建，并十分准确，这样的创作常常在各种媒体上发表。一般来说，古文物的原旧址往往无法向公众开放，甚至可能不复存在。该技术可用于开发的溶洞、虚拟复制的自然环境、古老的城镇、纪念碑、雕塑和考古的元素。

6. 周边设计中的VR

在2010年，三维虚拟现实开始广泛用于城市的再生、规划和运输项目。

2007年在虚拟现实软件开发的初始，把设计几何坐标的土地测量师、土木工程师和注册精度的空间信息自动创建，由通常显示在细分平台和土地测量的直线和曲线纳入计划内。这些精确的空间区域的交叉引用，包括颜色、纹理到一个项目列表。该项目列表中包含一组控件的三维渲染，如水的反射面或建筑物高度、地面软件创建等高线图、采用数字地形模型（DTM）。2010年，原型软件开发的核心技术的自动化过程中，完成了从设计到虚拟化的过程。2011年第一个测试版的用户软件能够按一个单一的功能，自动设计或调查数据，在数字地形创造上进入视频游戏引擎来创建一个虚拟互动世界，从而在呈现集中与人的关系上做出了改进建筑物的数据结构（图3-14）。

图3-13　毛里斯·贝纳永（Maurice Benayoun），《世界的皮肤》（*World Skin*），虚拟现实互动装置，1997

图片来源：https://en.scio.pw/Virtual_Reality，2016-2-23

图3-14　一个土地开发计划，利用prefurbia第四代设计原则，2012

图片来源：https://en.scio.pw/Virtual_Reality，2016-2-23

这是第一个应用程序,虚拟现实是较为方便的城市规划使用的技术。软件不断被改进,通过其他免费或商业销售软件实现集结或三维模型,可以用很少的时间和精力创造更逼真的虚拟现实。该软件被称为"土地顾问"(landmentor),是第一个由精度设计的技术,使城市规划广泛用于短期研究。

7. 小说中的VR

许多科幻小说和电影中,都有虚构的人物"被困在虚拟现实中"的情节。

虚拟现实技术的全面和具体的虚构模型出现在 1935 年出版的短篇故事《卖花女的眼镜》(*Pygmalion's Spectacles*)中,由斯坦利·G.威波(Stanley G. Weinbaum, 1902—1935)撰写。在一个更现代的作品中运用这一理念是丹尼尔·F·嘉洛耶(Daniel F. Galouye, 1920—1976)的小说《斯谬拉克龙 3》(*Simulacron - 3*),后被拍成一个德国电视剧《"线"的世界》(*Welt am Draht*, 1973)。其他科幻类书籍也有促进虚拟现实概念的,但不完全的是它们替代了现实的可能,将虚拟现实奉为一种方法,用于创建虚拟世界,在其中人有逃离地球的可能。

斯坦斯劳·雷姆(Stanisław Lem, 1921—2006)于 1961 年写的故事《可可朗教授》(*Profesor Corcoran*),翻译成英语为"琼·提希的进一步回忆(*Further Reminiscences of Ijon Tichy I*)",塑造了一位科学家创造了大量计算机模拟生活,是一个生活在虚拟世界中的人。雷姆进一步探讨影响了他的所谓"幻像学"(phantomatics),在他的 1964 年非小说的《技术全集》(*Summa Technologiae*)的论文大全中有所叙述。皮尔·安东尼(Piers Anthony, 1934—)的小说《千字节》(*Killobyte*),讲述了一个关于瘫痪的警察被困在一个虚拟现实游戏中的黑客故事,故事中他慢慢屈服于胰岛素而休克,最后必须放弃拯救一个被困的球员。

其他利用虚拟现实概念而创作的受欢迎的小说作品有威廉·吉普森(William Gibson, 1948—)的《神经者》(*Neuromancer*),定义了网络的概念;尼尔·史蒂芬森(Neal Stephenson, 1959—)的《雪崩》(*Snow Crash*),他所提出的广泛术语在虚拟世界中得以表现;鲁迪·立德(Rudy Rucker, 1946—)的《黑客和蚂蚁》(*The Hacker and the Ants*)中,程序员杰斯·杜德克(Jerzy Rugby)使用虚拟机器人进行设计与测试。泰德·威廉姆斯(Tad Williams, 1957—)的小说"异乡系列",从 1996 年到 2001 年连续发行,持续至 2007 年,显示了一个可通过虚拟现实互通的互联网世界。

医生系列《致命的杀手》(*The Deadly Assassin*),是 1976 年第一个有关虚拟现实的广播剧,引入了一个梦幻般的计算机生成的现实,被称为矩阵。英国 BBC 科幻系列的《红矮星》(*Red Dwarf*)是题为《更好的生活》(*Better Than Life*)的虚拟现实游戏,其中的主要人物已经花了许多年时间进行连接。美国塞班(Saban)公司的超级英雄电视系列 VR 战队也利用了虚拟现实的概念。

流行的黑客多媒体是基于虚拟现实的游戏(MMORPG)的,被称为《世界》(*The World*)。法国动画系列《利寇代码》(*Code Lyoko*)就是基于利寇虚拟世界和互联网。系列《在线剑艺》(*Sword Art Online*)是一个同名的虚拟现实游戏的概念,在虚拟现实生活中面对死亡,玩家在游戏中有着诸多死亡的可能性。同时,在《在线剑艺Ⅱ》中,可以通过移动相机的位置把虚拟角色转入现实世界。

在 2009 年,英国数字广播电台的 BBC 7 台播放了广播剧《B 星球》(*Planet B*),表现了科幻小说中的一个虚拟世界。《B 星球》是从未有过的一个大型戏剧节目。

8. 运动图像中的VR

(1) 瑞内·沃纳·法斯宾德(Rainer Werner Fassbinder, 1945—1982)1973 年的电影《"线"的世界》(*Welt am Draht*),基于丹尼尔·F.嘉洛耶(Daniel F. Galouye, 1920—1976)小说《斯谬拉克龙 3》(*Simulacron - 3*),显示了一个虚拟现实仿真系统里的虚拟现实仿真体系。

(2) 1983 年,娜塔莉·伍德(Natalie Wood, 1938—1981)和克里斯托弗·沃尔肯(Christopher Walken, 1943—)的《头脑风暴》(*Brainstorm*)在拍摄的过程中,使用了VR设备。

(3) 1990 年电影《全面回忆》(*Total Recall*)由保罗·威贺文(Paul Verhoeven, 1938—)执导,基于菲利普·K.迪克的故事《我们会记住批发给你》(*We Can Remember It for You Wholesale*)。

(4) VR 系统,用于记录和播放的梦境,该系统在维姆·文德斯(Wim Wenders,1945—)1991年的电影《直到世界的尽头》(*Until the End of the World*)中扮演着角色。

(5) 1992年的电影《割草的人》(*The Lawnmower Man*)讲述了一个科学家使用VR系统来启动他弱智园丁的身心发展的故事。

(6) 1993年电影《街机》(*Arcade*)围绕一个新的虚拟现实游戏,为玩家设置了令人沉浸的世界。

(7) 1995年的电影《电脑骇客》,由基努·里维斯(Keanu Reeves,1964—)主演,主人公琼尼·内莫里克(Johnny Mnemonic)利用虚拟现实的计算机接口——目镜和脑——访问互联网,在自己的大脑中提取加密信息。

(8) 1995年电影《时空悍将》(*Timescape*)将罗素·克罗(Russell Crowe)作为虚拟现实中连环杀手的名字SID 6.7,集虐待狂、智能和危险于一身,在模拟训练的真实世界中担任警察,设法逃脱进入现实世界。

(9)《第十三楼》(*The Thirteenth Floor*,1999)也是丹尼尔·F.嘉洛耶的小说《斯谬拉克龙3》(*Simulacron-3*)改编的,讲述的是两个虚拟现实模拟环境,一个在另一个内部。

(10) 1999年《矩阵》(*The Matrix*)和后来的续集让人们看见世界其实是一个巨大的虚拟现实空间,是人工智能机器所创造的。

(11)《感官游戏》(*eXistenZ*,1999),由戴维·柯南伯格(David Cronenberg,1943—)导演,场景如此无缝地拼贴,其电影的结尾让人很难判断是否回到"现实"。

(12) 在电影《阿凡达》(*Avatar*,2009)中,人们沉迷于阿凡达角色和受众的远程沉浸视觉体验之中。

(13)《代理人》(*Surrogates*,2009)是一个基于脑-计算机接口的系统,允许用户控制现实的人形机器人,给予他们充分的感觉反馈。

9. 商业工业中的VR

在虚拟现实领域大致可以分成三类:参与公司硬件,使用头盔和特定输入设备的VR;软件,即生产与硬件或提供内容的用户接口的软件;内容创作,即生产内容,是否互动或被动,与VR硬件消耗。

(1) VR头盔生产商名录

- Carl Zeiss (Carl Zeiss Cinemizer)
- Facebook (Oculus Rift)
- HTC (HTC Vive)
- Razer (OSVR)
- Google (Google Cardboard)
- Samsung (Samsung Gear VR)
- Sony Computer Entertainment (Project Morpheus)
- Microsoft (Microsoft HoloLens)
- Starbreeze StarVR
- VRVANA Totem
- Razer OSVR
- FOVE
- Gameface
- Homido

(2) 输入设备

- Leap Motion
- Intugine (Nimble VR)
- Sixense
- Virtuix Omni
- ZSpace (company)

(3) 软件

- VREAM
- vorpX

(4) 内容

- Framestore
- Innervision
- Moving Picture Company
- Reel FX
- xRes

(5) 虚拟现实艺术家

- 瑞贝卡·阿伦(Rebecca Allen)
- 毛里斯·贝纳永(Maurice Benayoun)
- 希尔顿·布朗(Sheldon Brown)
- 查·大卫(Char Davies)
- 大卫·艾姆(David Em)
- 马龙·格鲁格(Myron Krueger)
- 杰龙·兰尼尔(Jaron Lanier)
- 布兰登·劳瑞(Brenda Laurel)
- 迈克尔·纳码克(Michael Naimark)
- 杰夫瑞·肖(Jeffrey Shaw)
- 尼克·斯坦格(Nicole Stenger)

四、感官体验：现象学中的身份与性别

生命是互动的，交互本身以生物为基础，人类的文化与文明就植根于此。人们的道德、法律、规范统控着自身的互动行为。每一个人都是互动历史的产物。人们乐在其中并使之兴旺。人们的感官提供了交互与输出的特定意义。随着交互式媒体感官体验的不断激增，它激发了以下内容：参与者与律动的音乐、迷幻场景与梦幻糖果、感官激情与控制。这样看来，交互式媒体就是愉悦的代言。

（一）参与者与律动的节奏

互动参与提供一个共享的感官体验，建立深度学习。互动参与适应许多内容，它能够很好地处理学龄前儿童、成人并特别适合混合年龄的人群。在相关的研讨会中，受众人群会有微小的变化，它可以使用一对一的、一对多的，以及多对多的受众关系。

互动参与计划是基于多感官规划。充分利用身体和运动技能，并定位对象和在空间中的身体。通过识别自己的感受确定情感定位。在智力上测试通过互动与大小、距离、计数、探索因果的关系。通过语言交谈、阅读、唱歌体现有关的互动经验。创造性地互动参与，通过自己的选择表达学习的意愿。感知通过感官刺激的意义。互动艺术使用的元素和应用技能有助于视觉艺术、音乐、舞蹈和戏剧的产生。

1. 感官经验

（1）交互式媒体艺术提供感官刺激：新媒体艺术可以给人长距离的视力发展，促进五官的感官审美体验。

（2）交互式媒体艺术具有的吸引力和鼓励机制，促使人们积极参与的议程体现在视觉、听觉、触觉、嗅觉甚至味觉的移动与改变。

（3）互动的参与即模仿的行为：是镜子也是影子。

（4）提供反馈：指向并引起他人注意。保持安静，让人们分享参与的经验。

（5）增加深层含义：跟进丰富经验，系统在不同时间和检查更改。列出的词汇描述参与。使用列表来创建一个简单的序列。

2. 深入地体验与学习

（1）让细节的声音建立交互手势，响亮而又柔软。通过模拟风的音乐乐器节奏移动他们的音乐。

（2）感觉基于气味、声音、移动，系统基于程序的编码，可以使你吹、听、看、闻、触，集中注意力，把经验放在感官的迷宫内。

（3）在扩展中寻找数字的剧目并探索声音的影子。让信息对应彼此的剧目和影子。

（4）如同熟悉的曲调和单词，通过使用信息技术扮演角色的行动。

（5）比特字符串存储在录制的文件夹中，为新媒体创造一个新的梦想或云计算。

（二）艺术之基石：感官知觉

想象没有声音的乐器或没有音感的音高。想象没有声音的戏剧演员或他们脸上的表情。想象跳舞时没有触摸地板的脚或没有听到音乐的节奏。想象绘画没有油漆的味道、画笔在画布上的压力或色彩在画布上的飞溅。

感官知觉是什么？

感觉信息的吸收是一种刺激，通过人们的感觉器官与大脑进行信息交付。

知觉是由人们的大脑处理信息的尝试，组织并赋予它意义，以便可以采取行动。

人类是天生的感觉生物。新生儿来到这个世界就开始闻、品尝，就拥有了触觉、听觉和视觉。未出生的孩子在子宫内的羊水里就有嗅觉和味觉。他可以感觉到母亲的温暖和运动。24周胎儿就能听见声音，33周则可以感觉到光。

但是世界上的新生儿们拥有的是一种旋转的感觉，像面对彩色马赛克一样面对声音、灯光、材质、味道和气味。他们需要学会控制，让这些感觉具有丰富的意义。他们必须学会选择性注意。

选择性注意的过程包括以下步骤：

（1）刺激即为注意；

（2）分心被过滤；

（3）选择专注于刺激；

（4）维护"集中"；

（5）意义或情感刺激；

（6）一个行动计划；

（7）采取行动；

（8）刺激和被添加到内存的意义。

例如,你看到一个发光体。你停下来看,便忽略了你的脚踩在砾石上的声音,你的身体和衣服的摩擦声,你运动鞋的气味,你嘴里口香糖的味道等。在关注了光几分钟之后,注意到它是闪烁的,光不断地改变其颜色,从红色到橙色再到黄色。它周围的空气稍微移动,你能感觉到它散发的热量。你可以闻到东西烧焦的味道,似乎是你嘴里的苦味。它提醒你燃烧的是火焰,是曾经感动你的,这光来自一根棍子。你决定离开,不要碰它。于是记住棍子的燃烧。

如果人们不能保持关注,如果人们总是心烦意乱,失去焦点,那么感官将淹没人们,使人们感到压力和焦虑。因此,发展持续的关注似乎是一个更好的选择,可以处理压倒性的感觉输入。

(1) 持续关注可以让人们养成习惯后一直延续到成年。

(2) 仔细选择一个感官体验并关注周遭,看到准则,选择这个经验。

(3) 积极参与感官体验,可以积极地处理对象与增加对象的识别度。

(4) 模仿积极的行动。

(5) 使用描述性的丰富语言进行非语言和语言反馈,呈现开放式的命题。

(6) 添加深层含义并通过扩展经验重新审视它。

(三) 跟随"成长的艺术家"

1. 乐趣与激情

计算机的能量和用户界面的优化使得多媒体信息传达十分有效,并给予媒体交流新的资源。交互为受众经验提供了实体与工具。交互式媒体给予世界重拳一击。人们从各类多彩纷呈的展示中获得了乐趣,并保持着对交互所产生的兴趣。

2. 感官控制

如同人们沉浸于美妙的夏天时,人们对它的感受都有所不同一样,人们对不同的媒介持有不同的反应。人们所指的过去的日子也是不同于当前的日子的。在工作的时间里,人们的思考和行为都是不寻常的。在研究交互式媒体的感官体验时,为了吸引受众并使之保持其注意力,人们必须知道受众和其想从演示中获得的经验,而交流工具必须支持作品并实现作品的预期成效。人们可以尽力地演示,甚至预知缺乏对受众考虑的局限,但是不可忽视的是,这样的演示将会失败,这让艺术家知道受众才是关键。许多演示表达了演示者希望不假思索诉说给受众的内容。在交互式媒体里,受众可以离开网站或去除CD。许多网站仅仅模拟了公司的内部结构,完全忽视了受众的需要与期望;甚至将网站设计并制作成了类似翻页小册子的效果,完全忽视了演示媒体最根本的特性。受众往往希望在网站上找到他们需要的信息,他们希望参与其中,因而设计与导航的应用应该完全服务于受众的需求。

(四) 文化研究、文化主义者和媒体文化

广播、电视、电影和媒体文化提供了丰富的媒介材料以及其他媒介产品,以至于人们可以从中建立自我的身份。人们的自我身份,其概念意味着什么是男性或女性,阶级、种族、国籍、性别等,以及"我们"和"他们"的区别。媒体图像帮助塑造人们的世界观和根本的价值观:人们所认为的好的或坏的,积极的或是消极的,道德的或邪恶的,都可从中表现出来。媒体报道提供了象征、神话和资源,通过人组成一个共同的文化体,人们通过拨款将自己融入这个文化体。媒体视角折射出谁有权力,谁无能为力,谁被允许行使武力和暴力,而谁又不是施暴者。媒体戏剧化及合法的权力力量,展示了面对现实的无能为力,媒体必须留在自己的地方坚持自己的立场。

从摇篮到坟墓,人们都沉浸在媒体和消费社会里,因此重要的是要学会如何理解、解释、批评其含义和消息。媒体的深刻,常常被误以为来源于文化教育:媒体内容教育人们如何做人、思考、感觉、相信、恐惧和欲望,甚至判断是或不是。媒体就像一种教学形式,教人们如何成为男人和女人。它们告诉人们如何着装、如何观看和如何消费,如何应对不同的社会群体的成员,如何成为受欢迎的和成功的,以及如何避免失败、如何遵循主导的系统规范、价值观、实践和机构。因此,获得重要的媒介素养是个人和公民的一个重要的资源,学习如何应对一个诱人的文化环境,学习如何阅读、批评和抵制操纵社会文化的势力,可以帮助自己了解媒体和文化的主导形式。它能增强个人主权,面对媒体文化和文化环境给人们更多的权力。

讨论文化研究角度的潜在贡献和媒体批评和

素养已成为近年来文化研究的重要课题和一系列的文化与社会的研究方法。伯明翰大学当代文化研究中心研发了各种各样的关键方法对此进行分析和解读,以及对文物进行评判。通过一组内部辩论、应对社会斗争和1960年代、1970年代的运动,伯明翰小组关注了相互作用的意识形态、阶级、性别、种族、民族和民族文化文本,其中也包括媒体文化。他们是最早研究报纸、广播、电视、电影的影响等流行文化形式的科研组织。他们也关注不同的观众对于解释和使用媒体文化的差异,其中分析的因素、不同的受众以对比的方式应对各种媒体文本。

通过对青年亚文化的研究,英国文化研究表明了文化是如何构成不同形式的身份和组织成员关系。对于文化研究,媒体文化提供的材料构造了世界的观念、行为,甚至身份。那些不加鉴别地跟随媒体文化倾向于"主流"的规定符合主流时尚、价值观和行为。然而文化研究也聚焦于亚文化团体和个人抵制主导形式的文化和身份,创造出自己的风格和身份。那些服从裁决和时尚规范、行为和政治意识形态,从而在主流群体中确立他们的身份的人,将作为特定社会分组成员。人们认同亚文化,像朋克文化或黑色民族亚文化、外观和行为等都不同于主流的消费者,从而创造对立的身份和对照标准模型定义自己的方式。

文化研究必须坚持文化研究在社会关系和系统中通过文化生产和消费的关系,因此,研究文化与社会的关系密切配合了政治和经济的作用。文化研究表明媒体文化生成的主导价值、政治意识形态、社会的发展和时代的记录。这将对发达国家文化和社会竞争与各种组织和意识形态争取了主导地位十分有益。电视、电影、音乐和其他受欢迎的文化形式也因此经常表达更为激进的或对立的观点。

文化研究是有价值的,因为它提供了一些工具,使得人们可以阅读、解释,或进行文化批判。这也颠覆了"高"和"低"文化之间的区别,通过考虑广泛的连续文本,即从小说到电视等拒绝竖立任何特定的文化层次结构或经典确立关系。以前的方法往往主要以文学和文化精英为主,视媒体文化为平庸、没用、不值得关注的事物。文化研究避免了比较文化的高或低,或受欢迎的程度。这种高低的区别是难以维护的,通常作为规范性审美价值,是一个政治程序,大众文化对高雅文化的欢迎得益于高雅文化的"精英"。

文化研究允许人们批判性检查文化中的一系列事件,无偏见地面对一个或一种文化文本、机构或实践。在一个内在的政治维度的关键研究中,文化研究以客观主义相区别,不关心政治的学术文化与社会的研究方法。文化研究中心意识形态概念具有重要性,主流意识形态再现社会支配和从属关系。意识形态使社会的不平等和主客体的从属显得自然,从而诱发一致的统治关系。当代社会结构由不同的政治意识形态对立的群体组成:自由、保守、激进等等。文化研究指定意识形态是可能涉及的规范意识形态矛盾。意识形态可以有效产生媒体文化文本并提供相应意识形态分析和批判。

文化研究从而促进多元文化政治和媒体教育学的发展,旨在使人们对权力和统治关系有一个认识,正如电视或电影一样,文化文本通过媒体进行"编码"。人们如何能抗拒编码的主要意义和生产自己的关键和替代读本?文化研究可以显示媒体文化的操纵力和教导力,从而可以使个人抵制传媒文化产品的主要含义,产生自己的含义。它也可以指出短期内的阻力和批评媒体文化,从而促进批判意识的发展。

一个批判文化研究——体现在许多读者收集的文章中,因此发展概念和分析,使读者分析、剖析当代媒介文化的作品和获得对他们的文化环境的认知。通过展现整个文化领域的知识,文化研究提供了一个广泛的、全面的研究框架,涵盖了文化、政治和社会的目的,个人权利、社会和政治斗争及其转换。

1. 文化批评的组成内容

文化研究包含三个方面的项目分析,即生产和政治经济文化、文化文本、受众接待力及其影响。这种综合方法避免过分狭隘地关注项目,一味地排斥他人。为了避免这种限制,提出了一个多视角方法讨论生产和政治经济、从事文本分析、研究的接收和文化文本使用。

2. 商品与再生产

因为近期许多模式的文化研究已被忽视,分析文化文本的重要性变得十分重要,它们是生产和分销系统,通常被称为文化的政治经济。将文本插入到该系统内的文化生产和文化分布内容中,可以帮助阐明它们的特性和文本影响力,而文本分析可能被错过或淡化。反理论的方法可能导致文化、政治、经济可以成为文本分析和批判的主题。生产系统往往决定了什么样的媒体作品会产生结构性的限制,也决定了什么样的观众和什么样的文本可能会产生并受影响。

在一个全球化的时代,一个人必须意识到全球网络的重要性,制作和发行文化产品具有丰厚的利润,也将带给企业一定的利益霸权地位。然而政治经济本身并不掌握文化研究的关键和重要性,它被限制为一个单一的方法。一些政治经济分析降低文本的意义和影响,却限制并还原意识形态功能,认为媒体文化仅仅反映了执政党的意识形态,控制文化产业和经济精英只不过是意识形态的工具。的确,媒体文化压倒性地支持价值观,但它也是不同种族如群落、性别和社会团体之间的激烈斗争的焦点。因此,为了充分掌握媒体文化的性质和作用,需要开发方法分析其全面含义和影响。

3. 文本分析

媒体文化的产品需要多维文本数据,用来分析各种形式的话语、意识形态的立场、叙事策略、形象建设和媒体影响。各种类型的文本批评和媒体文化,从定量内容分析、剖析,表现在一个文本下的暴力事件、女性形象定性研究、其他团体、各种关键理论、适用于解压缩文本的含义或解释文本函数产生的意义。传统意义上,定性分析文本的形式主义文学批评的任务在于阐述中心含义、价值观、符号和意识形态的文化产品,通过参加正式的富有想象力的文学文本的属性,如风格、口头图像、特征、叙事结构的角度,阐述正式的媒体作品的元素。从1960年代起,文学形式主义文本分析从符号学方法入手,增强了系统调查的意义,不仅体现在书面语言中,也体现在其他非语言代码中,如电影和电视的视觉形式和听觉语言。

符号学分析语言和非语言行为,成为文化迹象形成的系统含义,例如,向别人解释玫瑰的意义,是作为爱的象征,这种象征代表了一个信号,是掌握文化语义的规则任务。符号学的分析与批评流派,建立在管理的研究类型、文化形式上,揭示特定类型的代码和形式,以及如何遵循一定的文化含义进行阐释。例如,经典的情景喜剧遵循冲突和解析的模型,演示了如何解决一定的社会问题,正确的行为和价值观,从而提供道德的典范以及正确行为的参照。相比之下,肥皂剧则扩散了文化中心的问题和提供所需的耐力和痛苦度过的信息,而产生积极和消极的社会行为的模型。广告则展示了商品扩大影响的流行解决方案和解决问题的接受力与成功方式等。

文化研究这样的文本分析结合了形式主义的分析和批判的文化意义,传达特定意识形态的性别、种族、阶级、性行为、国家和其他意识形态维度。意识形态的文本分析应该部署一个广泛的方法来充分说明每个维度和展示程度,以及媒体如何融入文本系统。每个关键方法侧重于某些文本的特性,从特定的角度,如聚光灯角度或照明的角度来看,文本的一些特性是被忽略的。马克思主义方法倾向于关注文本类,例如,女权主义方法强调性别、批判种族理论、种族和民族问题和同性恋性理论解释。

各种关键方法都有自己的优点和局限性,有其光点和盲点。传统上,马克思主义意识形态批评一直在强调阶级、历史语境化和弱化形式分析,减少文本分析对统治阶级意识形态的谴责。女权主义擅长性别分析和一些文本版本的正式问世,借鉴精神分析和符号学等方法来阐述其意义,尽管一些版本的还原和早期女权主义往往是有限的自身性别图像分析。精神分析反过来要求解释无意识的内容和意义,它可以在一个文本表达中体现潜在的意义。

当然,每个阅读文本的人只有一个阅读的可能,即从一个评论家的角度认识明显不同的阶级、种族、性别、意识形态等等。因为有观众文本编码和解码之间的区分,人们总有可能阅读任何文本的媒体文化的多样性。有限制开放或无限的文本本质,当然和文本分析的解释、参数的可能、读数和描绘的角度、针对性文本和其文化及意识形态相互影响。这样的分析也提供了批评与误读的材料,或是片面的和不完整的数据。进一步贯彻文化研究分析,还必须研究不同观众如何阅读媒体文本,并试图确定媒体对观众思想和行为的影响。

4. 受众接受与媒体文化的运用

文本的读取取决于读者的视角和主题位置。不同性别、阶级、种族、国家、地区、性取向、政治和意识形态的成员所读文本不同，文化的研究可以阐明不同观众解读文本的不同，有时还是相互矛盾的。这的确是文化研究的优点之一，近年来专注于"观众接受度"的研究更为广泛，虽然也有一些限制或问题，但已是标准的文化研究方法。

一种标准的方式发现受众阅读文本，应和了民族志研究，试图确定文本形态，是影响受众及其信仰和行为的根本。多元图形文化研究已经表明一些受众使用的各种方式和适当的文字，常常使自己得到明确的信息。例如，使用丑角小说来进行妇女的研究，这些书显示了为女性提供逃避的现实，可以被理解为传统女性的角色、行为和态度的复制。然而，他们还可以让女性通过对不同生活的幻想，激发反抗男性的统治。或者，他们会与其受众一起执行使命，塑造女性服从男性统治和女性意识形态的陷阱，而白马王子被视为女性幸福的全部。

媒体文化为个人提供材料创建身份、意义和文化研究的内涵，检测使用的文化形式。青少年使用视频游戏和音乐电视作为一种逃避社会纪律的方式。男性幻想利用体育作为自身身份的识别，他们觉得授权于"他们"的团队或明星成功是无比的荣耀。这些体育赛事也产生一种社区，目前迷失在私有化媒体和消费文化里。

这个强调观众接受度和通过拨款帮助文化研究的过程克服了前面的片面的命运的文化取向。它还将关注实际的政治影响，以及文本和观众如何使用文本。事实上，有时受众的意图颠覆了文化产业的生产经营者供应的文化内容，当年轻精明的媒体用户嘲笑明显试图炒作的字符、显示或产品时，观众的建设意义和参与实践的例子成为批判和颠覆性的方式。受众研究可以揭示人们实际上如何使用文化文本及其对日常生活产生什么样的影响。结合定量和定性研究，新的接受度研究，包括一些文章的读者提供重要贡献，体现了受众与文化交互文本。

夸大的文本结构力将淡化或忽视其他变量，如性别或种族。七个"主体性地位"成为重要的文化接受度考量因素，"自我、性别、年龄、家庭、阶级、国家、种族"，还提出并增加了性取向。所有这些因素，毫无疑问的在塑造观众接受度和如何使用文本交互时，考虑了文化接受度的研究，受众解码和使用文本根据特定成分的类，进行种族、性别、性偏好的认识等等。

总的来说，阅读方式分为"主导"阅读和"对立"阅读。"主导"阅读是那些受众的适当文本符合主流文化的利益，文本的意识形态的意图成为受众获得快感的根本，权力、法律、秩序和社会稳定。像电影中的舍命、英雄和权威的代表，消除了负面因素而跃居首位。相比之下，"对立"阅读，是受众阅读文本时，观察受到了阻力，就像无家可归的人一时没有落脚之地，需要再阅读获得认知与认同。

虽然这可能是一个有用的差别，一种倾向在于文化研究，本身没有区分类型和形式的阻力。例如，抵制社会权威者证明，在他们观看舍命或加强大男子主义行为的电视时，鼓励用暴力去解决社会问题的表现是可行的。让·保罗·萨特（Jean-Paul Sartre，1905—1980）、弗朗茨·法农（Frantz Fanon，1925—1961）和赫伯特·马尔库塞（Herbert Marcuse，1898—1979）等认为，暴力可以解放针对压迫的力量，或者反动针对流行的力量从而对抗压迫。相比之下，许多女权主义者像甘地所倡导的传统，将所有暴力形式视为野蛮大男子主义的行为，许多人认为这是一个有疑问的形式和冲突解决的方式。阻力和快乐不能因此限制自身的进步元素和文化文本的支出，但鉴别是否有阻力是困难的。阅读与快乐，在一个给定的经验中是进步的还是反动的，是解放的或是破坏性的均值得探讨。这对于媒体艺术的娱乐与暴力倾向的研究是值得借鉴的。

因此，强调受众的片面性和接受度是一个优秀的纯粹修正主义的文本分析。近年来文化研究过份强调接受度和文本分析、模式，同时忽略了文化及其政治经济的生产。这种类型的文化研究则体现在受众所接受的研究，忽略了生产和文本分析，因此生产民粹主义文本和快乐观众所欢迎的文化产品是值得商榷的。这种方法，采取了一个极端的、失去至关重要的角度的机会，将导致积极受众的接受经验。这样的研究也可能忽略激进和保守的某些类型的媒体文化的影响，从而为文化产业的利益及其构成奠定基础。

一种新的研究方式,事实上是媒体的影响所致,使用数据库收集媒体文本对话或新闻全文数据库、词汇和跟踪媒体的影响等构件,通过引用分析媒体。同样,有一个新的媒体形式,即网络受众调查研究,关注网络球迷在聊天室致力于自己喜欢的媒体文化,创建自己的球迷网页,或构建媒体作品显示文化产业的幻想和脚本。先前有关受众和媒体的接受度研究,秉持了民族志研究的方法,选择了媒体受众,通常从研究者自身出发进行研究。这样的研究总是有限的,更广泛的影响研究表明最受欢迎的媒体作品将有助于媒体文化更具广泛的影响力。

5. 面对文化研究：批评的、多元文化和多媒体维度

为了避免文本分析方法的片面性,受众和接受度研究被认为是文化研究本身的一个属性,从政治经济学的视角,获得文化文本分析和受众的接受度是至关重要的。文本分析应该利用多样性的视角和重要方法及受众接受度的研究描绘广泛的主体位置,或从观点、观众所应和的适当文化进行梳理。这需要一个多元文化的方法,分析类维度的重要性与种族、性别和性取向在媒体文化的文本研究中有着同样的地位,研究影响读者阅读和解释媒体文化。

简而言之,文化研究是至关重要的,多元文化提供了全面的文化方法,可以应用于各种文化事件中,从色情到麦当娜、MTV电视新闻或者特定事件,如2000年美国总统大选转播、2001年恐怖分子袭击美国的媒体报道和美国的反应等。综合视角包括政治经济、文本分析、受众研究和提供关键的政治观点,使解剖个体具有当下的意义,受到消息和主流文化形式的影响。文化研究是一个关键的、一部分媒体教育学的内容,使个人能够抵制媒体操纵和增加自身的自由和个性。它可以使人们获得他们的文化主权,能够争取替代文化和政治变革。文化研究不仅是另一个学术潮流,也是社会的一部分和一个更好的生活。

第四章
新媒体艺术审美理念的生发

现代时期视觉艺术的演化归咎于视觉观念的变革,而它演变的根本原因在于艺术观念的演变,也是审美意识的迭代。"美学是作为有关肉体的话语而诞生的,……这个术语首先指涉的不是艺术,而是如古希腊的感性(aisthesis)所指出的那样,是指与更加崇高的概念思想领域相比照的人类的全部知觉和感觉领域。18世纪中叶,'审美'这个术语开始强化的不是'艺术'和'生活'之间的区别,而是物质和非物质之间,即事物和思想、感觉和观念之间的区别,就如我们的动物性生活相联系的事物对立于表现我们心灵深处的朦胧存在的事物一样"。①②

第一节 艺术观的演变

一、艺术的目的

因为各种原因,艺术被创造并被大众喜爱。其实,其中一个原因是艺术扩展并延伸了人们所享受的视觉语言。当一种新的视觉思维被艺术家创作并推广的时候,它们常常是令人震撼的,甚至不为人所理解。然而,随着时间的流逝,最好的和最有影响的视觉思维最终被接受并传承下来。没有什么比试图抓住那些震撼人心和展示图像的形式更难的了,所创图像的震撼形式一旦过时了,理论家便将其吸收在视觉语汇的词表里。艺术家以新的方式展示人们所熟悉的事物,同时还通过各种纷繁的视觉语汇阐释了新的情境和事件。视觉语言的创作可以出于艺术家的目的,它或许也是其他目的的另类效果。所以人们会问:什么是这些艺术令人心悦诚服的目的呢?艺术最古老的目的是服务于宗教仪式,并成为宗教仪式的一种工具。从法国的史前洞窟画到西斯廷礼拜堂,艺术总是服务于宗教。诸多世纪以来,教堂是艺术家首要的赞助人,艺术的首要目的也是宗教的和仪式化的。

艺术同样也是重要事件的纪念性见证。重要的历史性事件,比如拿破仑的加冕典礼由画家大卫绘制而成,这样的绘画对于现场的参与者而言十分重要,另外还有婚礼或洗礼的场景也是如此。

艺术还常常服务于公众宣传和社会纪念。宣传画常常说服人们履行由公共目的或私人愿景所提倡的特殊观点和行为,例如政党、游说团队、政府或宗教团体等。有时,宣传画的目的是得到人们认可的,像在第二次世界大战中,努力让妇女避开战争阴云的作品,以诺曼·洛克威尔(Norman Rockwell,1894—1978)为代表。有时,它或许是人们所不认可的。另外,视觉图像还有的常见功用是说服大众接受真理、采取行动、跟随领袖。艺术家作为社会意图的宣传者在没有特殊建议的条件下,让人们意识到作为他或她是接受真理的人类理想的代言者。所有的社会群体都热衷于宣传,但其中的许多宣传画创作于第一次世界大战和第二次世界大战期间的中国。

艺术仅仅是一种视觉元素记录的方式,它告诉人们"真理"的存在。在文艺复兴之后,艺术家变成了捕捉现实新方法的创作者,这种方法有着线性的透视法和通过油画技法实现的现实主义。一时间,像库尔贝(Courbet,1819—1877)和塞尚(Cezanne,1839—1906)(图4-1)等艺术家开始在变化的方法中挑战真实与实在的基础样式,许多

---

① [英]特里·伊格尔顿.美学意识形态[M].王杰,等,译.桂林:广西师范大学出版社,1997:1.
② 特里·伊格尔顿,牛津大学英国文学教授,出版了《批评与意识形态》《二十世纪文学理论》《意识形态简论》等十余部著作。《美学意识形态》是其力作,他把美学看作是一种关于身体的话语,认为在现代文化中,审美价值与其他价值的分裂表征着社会关系的复杂矛盾

艺术家将其奉为楷模追随他们。

图 4-1　塞尚《有窗帘的静物》，500 厘米×371 厘米，1895—1898
图片来源：http://www.luosen.com/，2016-2-24

艺术也可以是愉悦眼睛和创作媒体的工具。然而，美丽的理念像是真理一样受到了现代主义的挑战。同时，艺术家被希冀描绘完美的画作，例如高尚的和美丽的贵族形象。此时，社会变得更为工业化和民主化，许多有思想的人开始拓宽"什么是美"的概念。例如，伦勃朗（Rembrandt，1606—1669）使得绘画的可触性和绘画中的色彩得以众所周知。库尔贝（Courbet）和米勒（Millet，1814—1875）的作品中则反映出普通农民生命中的美。

艺术具有很强的叙事性。这是中世纪的宗教艺术最常见的特点，例如格列托（Giotto，1267—1337）在圣弗朗西斯科教堂（San Francesco de Assisi）绘制的湿壁画中，一个个序列的镶嵌装饰板都用来叙述圣徒的圣经故事。诺曼·洛克威尔（Norman Rockwell）的巨大天赋体现在他有能力在一幅画中述说关于普通人物和事件有影响和隐晦的故事，一幅画抵得上一千个词。

艺术也可以表达深厚的感情。艺术的表达力可以被看作文学的影响力，捕捉面部的表情和肢体的语言。相当的宗教艺术，例如蒙克（Munch，1863—1944）或基尔希纳（Kirchner，1880—1938）的表现性作品就被赋予了强烈的情感。毕加索（Picasso，1881—1973）在其作品《格尔尼卡》（Guernica）中传达了深厚的情感，是社会性纪念与情节性叙事的代表（图 4-2）。这幅作品运用了戏剧的和夸张的色彩、光影、形式和其他元素，是利用多重方法完成的杰作。

任何一个实例都告诉人们，艺术首要的功能是用手绘阐释主题。主题的问题并没有改变其他环节，尽管新的主题逐渐演化而来，人类的状况、天性和事件仍然不断吸引着艺术家的注意力。新媒介的产生与应用稍稍改变了相关的问题，本世纪有许多新媒材的出现，而旧的媒介继续被使用着。人们不能说艺术作品的优点和质量正在随着时间的推移而增长或是消减。然而，社会历史的变迁却在演绎着特殊的主题。1907 年的一张马提斯（Matisse，1869—1954）肖像不可能与 17 世纪 30 年代凡·戴克（van Dyck，1599—1641）的肖像相混淆，风景画也随着世界的变换而被再次阐释。每件作品都是一个主题、一种价值观、一个特殊时代之事件的表达。

图 4-2　毕加索，《格尔尼卡》，1937
图片来源：http://baike.sogou.com/v122094.htm，2016-2-24

二、艺术观的演变

人们了解"艺术"这一术语的涵义有助于人们理解艺术作为一个观念不断进化的过程。11~12世纪,根据《牛津英语辞典》,艺术被定义为"作为任何知识与实践结果的技能"。然而,中世纪的画家们装饰的杰作被称为凯尔斯书(Book of Kells),即附有华丽装饰文字的圣经福音书手抄本,作为艺术家的他们给了人们许多概念上的困惑,对于他们而言,艺术家和手艺人是一回事。

直到 16 世纪末,这种情况鲜有改变,当人们被告知"艺术或灵巧的,每个世纪的解释都是充分的,那就是说,艺术家是灵巧的人,就像他们掌握了技能与科学,如若他们失去技能将无法生存……"①所以在霍尔拜因(Holbein,1465—1524)或鲁本斯(Rubens,1577—1640)的时代,艺术仍被看作是技巧的,其价值在于生计所需。到了 18 世纪,一个开明的时代到来了,人们看见了世人态度的变化:艺术被形容为"对于美的物品或品味的认可是所追求和实用的职业技能"。第一次,人们听见了艺术与"品味、优美"相联系。彭巴杜夫人的肖像是弗朗索瓦·布热(Francoise Boucher,1703—1770)的杰作,有着新标准——品位与优雅的体现,这件作品同时也提升了艺术家的社会地位。18 世纪的艺术家和作家常常是艺术沙龙的座上客。在这个时期,弗拉戈纳尔(Fragonard,1732—1806)、庚斯博罗(Gainsborough,1727—1788)、提埃波罗(Tiepolo,1696—1770)是艺术家的领军者。

19 世纪英国诗人兼批评家马修·阿诺德(Matthew Arnold,1822—1888)宣称"我们应当认为艺术不仅是愉悦性的,也是纯粹和精确的工艺"。阿诺德是 19 世纪后期有关品位概念最优秀的奠基人,在这句话里体现了他具有一定的防御心理,他重申了技巧的重要,技巧不仅是愉悦的,也是创造美的关键。阿诺德宣称了艺术的涵义,并以绘画作为实例。但是,为什么说建立"艺术家展示技巧"概念有一定的防御性?因为 19 世纪的最初,人们并不同意这样的说法,而是在表达"前卫"概念中体现了艺术家个体对于艺术创作中心的创新力的理念。如今的艺术家被看作是引领先锋的,是新文化内涵的预言家,这意味着他们有着更多的自由,创立技术的理念,可以进行主题的诠释与适当主题的确立。18 世纪的后期,紧随 1800 年革命之后,前卫的概念被逐渐发展起来。在法国大革命之后的几年,在艺术家创作潜能的基础上,美国十分崇尚艺术家的创造力,意识到艺术作为一个特殊的和崇高的门类被阻碍了发展,于是将之从普通的概念中分离出来。

以前卫姿态出现的艺术家也表现出神秘的色彩,因为他们走在时代的前端,伟大的艺术家直到离世之后才会被人珍视。艺术家所体现的浪漫主义情怀被看作是有能量的"挨饿的艺术家",因为前卫艺术家不可能参与他那个时代的学术团体的建构,他一定是边缘的,圈外的,并且颇受争议的,担当着预言家的角色。

在 18 世纪之前,在主流的社会文化中,视觉图像是从世界获得信息的方法。富有和有权势的资助者知道应用型艺术是艺术家用来游说和调教的。他们可以雇佣艺术家创作代表其社会地位的作品,这使得他们有着舒服和风光的生活。19 世纪,民主之风盛行,中产阶级的崛起改变了社会的平衡。沙龙成为重要的学术团体,在那里艺术家可以展示广泛主题的图像与信息,由崛起的中产阶级来评价,他们已然成为资助艺术的主力军。年度展览或是沙龙以及公众都急切地跟随着最新的创意。在过去的时段里,这成了一条定律,艺术的力量雕塑着人类的思想。但是,现在的艺术家统控着他们的视觉元素,被看作一个与众不同的种族或是艺术的代言人。艺术家的任务应符合前卫的原则,为工业时代的黎明提供基于道德与精神的有关美的价值和美的意义。也就是说,他要重整与扩充视觉语言以迎合那变革的时代。这一理想导致了 19 世纪现代主义的诞生,其中的艺术运动有印象主义、表现主义、象征主义。现代主义成为一个催生了工业革命的艺术观念。它犹如一股强烈的欲望环抱着新现实与工业时代的素材,充斥在文学、艺术、装饰与设计的表达中。

现代主义运动最重要的是在机械社会与乌托邦时代,为新的工业宣称价值并努力践行绘制蓝

---

① Artist.From Wikipedia, the free encyclopedia[EB/OL].http://en.wikipedia.org/wiki/Artist, 2015-03-06.

图。然而不可避免的是，人们看见了对怀旧与传统的一个隐匿的运动，一种对快速变化的坚持。在视觉艺术中，绘画中的现实主义和复杂的偏好，被一种用于装饰的细节所表达出来。这是一种与现代主义趋势差别甚大的简单形式，简化了装饰的细节，从现实主义中再次避退。所强调的形式同样导致了对材料以及材料所具有的视觉效果的关注。

（一）内容、主题、形式、技巧、色彩、材料的演变

历史事件及其影响使人们在讨论艺术家时所持态度有所转变，同时也在三个方面影响了艺术的自然演化。

1. 内容与主题的演变

努力使自己与观众在新的样式中获得信息，艺术家寻找新的方式表达他们的观念。此时艺术家的主要意图是创作出新鲜的、出人意料的艺术奇迹，从而体现一种对艺术的全身心投入。另外，社会与政治气候的变化使得艺术家关注的焦点必须适应新的环境与变革。许多伟大的艺术家往往使公众颇为苦恼、困惑和震惊。在艺术家中常被人谈及的有米开朗基罗（Michelangelo，1475—1564），在宗教画中运用裸体的艺术；伦勃朗（Rembrandt，1606—1669），绘画每一个平常的日子；马奈（Mane，1832—1883），用传统的主题诠释裸露与裸体；库尔贝（Courbet，1819—1877），用农民的题材维护社会；莫奈（Monet，1840—1926），展现描绘色彩变化的技巧；图鲁斯·劳特雷克（Toulouse Lautrec，1864—1901），绘画妓女的生活；乔治·夏加尔（George Segal，1887—1985），用新的技巧与材质绘制人形的雕像；马蒂斯，用颜色与形式说话。

艺术与设计的历史并没有真空的地带。艺术家与设计师只能回应他们时代的事件。自19世纪中叶以来，有许多主题都被蓄意地改变了：

- 摄影的发展；
- 非欧洲文化的影响与殖民；
- 心理诊断与治疗的发展。

这一时期的欧洲，社会与政治急剧变化。社会从古老宗教的独裁体制向世俗的民主与专政的体制转变。工业革命也为重塑社会机制贡献了力量。科技、殖民主义和社会变革给予远隔重洋的人们、语言不通的人们以及社会地位悬殊的人们一种可沟通的机会。结果导致了一个世纪的骚乱、社会争斗与战火，所有这些在艺术的作品里都有所反映。

（1）内容的演变：摄影的发展

19世纪40年代，摄影提供了一种机械的忠实于现实世界的视觉数据，并远远超出了绘画的现实描绘能力。最早具有商业价值的摄影形式是达

图 4-3 艾德沃·麦布里奇（Edweard Muybridge），《运动中的马》（The horse in motion），1878

图片来源：https://en.wikipedia.org/wiki/Eadweard_Muybridge，2016-2-24

盖尔银版法拍摄的照片（Daguerrotype）。既然摄影可以如此完美地记录视觉数据，那么艺术家只能疑惑除了摄影能做的事之外，他们还能做什么。于是便有了许多在风格、技巧和阐释方面的艺术实验。早期摄影的例子让人联想到艾德沃·麦布里奇（Edweard Muybridge，1830—1904），他是一个早期的定格摄影（stop-action）的实践者，有许多早期摄影的作品（图 4-3）。

拍摄图像的创作凭借着其自身的能量进入了艺术的形式。早期的践行者马修·布兰迪（Matthew Brady，1799—1826）、阿尔弗雷德·斯特利兹（Alfred Stieglitz，1864—1946）和其他一些人带给能够拷贝视觉现实的机械相机更多的可能性。在绘画与摄影之间似乎存在着一种持续的对话，就像每一张绘画作品都能从现实中获得信息一样，摄影也是如此。摄影的存在激发艺术家寻找其他的绘画主题。艺术家开始关注自身，用光影的效果、色彩的关系、形式与材料的根本特质创作绘画。艺术家莫奈与塞尚的绘画和摄影作品相比，显示出艺术家有选择的、简化的、平面化的、增强的，甚至抽象的视觉表达。

现代艺术运动的第一个运动是印象主义。印象主义的研究主题是光。这些画家饶有兴趣地研究如何在光的环境下影响色彩的表达。他们离开了艺术家传统的、专注于室内绘画的工作室，开始描摹自然。面对自然的景物，他们开拓了新的方法，用变幻莫测的光源影响色彩与形式的表象。印象主义的领袖人物当属莫奈，他的作品《日出印象》的名字就成为印象主义的称谓。

（2）主题的演变：非欧洲文化的影响与殖民艺术

欧美的殖民时代，主题的挖掘与绘画的意图已不是欧洲人所熟知的内容。东方主义在殖民进程接近远东并在影响深远的情况下带来了艺术主题的变化。当美国海军上将佩利（Perry）敲开了日本贸易的大门，他没有放弃 19 世纪中叶对日本及其周边国家事物的狂热兴趣。日本的版画展示了线条的运用、负面空间、透视和其他元素的构建等一系列的新理念，而中国的饰品在整个 18 世纪都是流行的元素。19 世纪晚期到 20 世纪，近东的伊斯兰艺术用其奢华的装饰纹样吸引了许多艺术家和设计师的注意力。"原始"艺术同样影响了区别于西方的图像艺术与装饰文化。创作了第一件被称为"原始艺术"的作品并有广泛影响的艺术家是保罗·高更（Paul Gauguin，1848—1903）。他的艺术生涯大部分在塔希提岛度过，而他的绘画生涯是在法国开始的。他是最早受印象主义影响的，他与凡高（Van Gogh，1853—1890）有着密切的联系。他关注更多的是色彩与光线，同样也注重心理学的暗示、色彩语言的象征。其作品被象征手法的理念所影响，也有表现主义的意味。在热带的塔希提岛，他找到了在欧洲从未看见过的色彩与炫目光线，这促使他开始加强画面色彩，用它们唤起异域环境下的自己，也表现了色彩可以承载的情感及其象征作用。他的作品影响了整整一代艺术家，20 世纪的前几年，艺术家们都追随着他。同时在这个世纪的前几年，非洲艺术影响了许多艺术家的思想。在毕加索、马蒂斯，许多第一次世界大战前重要艺术运动奠基者的画室内都挂着非洲作品。对于非洲艺术的兴趣并非伴随着真正意义上的理解，但狂热的追随成为人们愿意做这类艺术的原因。更有甚者，对强烈图式风格和抽象形式的兴趣，尤其是对非洲雕塑的兴趣，也体现在器物的铸造上。非洲的美学观对许多艺术家产生了基本的影响，他们崇尚简化的、有力量的、图式化的规范形式。非洲艺术对于野兽主义（Fauvism）和立体主义（Cubism）的发展意义重大。在后来的年月里，非洲艺术和其他原始主义艺术都促进了抽象表现主义和其他美国艺术流派的发展。

（3）内容与主题的演变：心理诊断与治疗的艺术

19 世纪晚期，有关人脑的科学有了长足的发展。这个成果促成了浪漫主义（Romanticism）的开端，这种情感的状态和幻觉的经验被定义为迷幻的人脑状态。情感状态中的浪漫主义情绪在 19 世纪早期的一些作品中得以体现，其中戏剧性的、不快的情绪常常反映出来。麦斯莫（Mesmer）的早期作品有着催眠术的特殊情绪，展示了人脑清醒时不可侵入的生命体验。19 世纪后期的象征主义运动用气氛与神秘主义创作了一个个假想世界的图像变化。雷东（Redon，1840—1916）和高更是这些艺术家其中的两个，这一时期在他们的绘画里体现出他们寻找象征与形而上学的理念。19 与

20世纪之交,西格蒙德·弗洛伊德(Sigmund Freud,1856—1939)的心理诊断与治疗有所发展,超越了显而易见的、可视的和明确的个体世界中的意念。如今,"一个潜意识的世界"是已被接受的观点,一个梦的世界,变换的现实、无理性的世界,对于许多艺术家而言,这是绝佳的可被挖掘的资源。

超现实主义是最能实现新的心理学理论诸多可能的艺术流派。这个运动与文学并没有叙事的相似性,像其他视觉艺术一样,它包容在电影、摄影,甚至时尚中。作家安德·布莱顿(Andre Breton,1896—1966)是超现实主义理念的引领者。充分发展的超现实的理论被布莱顿描述出来,寻找一种进入潜意识的"自动化"的技术用来在无理性图式资源的情况下唤起图像,或者通过将不同的图像嫁接来创作一种自相矛盾的视觉形象。这个方法在基里科(Chirico,1888—1978)(图4-4)和达达运动的系列作品中体现出来。这导致了超现实主义运动的产生,在曼·雷(Man Ray,1890—1976)的作品中也表现出这一运动的发展。

图4-4 乔治·德·基里科(Giorgio de Chirico),《爱情之歌 时间》

图片来源:http://baike.baidu.com/,2016-2-24

2. 形式、技巧、色彩的演变

对新主题的寻找减少了绘画作品中对事物的描绘。远离描绘事物的艺术重心导致艺术形式的剧烈变化。早期的变化是相当微妙的。印象主义和后印象主义艺术家们用绘画与色彩在新的方式中捕捉特殊视觉的本质,例如光和气氛的影响等,莫奈和修拉(Seurat,1859—1891)即是如此。凡高和雷东则关注了情感的状态。新材料与新形式被运用在画布上,成为最重要的现实主题,库尔贝和塞尚即是如此。野兽派画家,如马蒂斯、德兰(Derain,1880—1954)、弗拉曼克(Vlaminck,1876—1958)开始尝试扭曲形式成为点状画面,现实成为形式内容的第二件事。在立体主义的毕加索(Picasso)和布拉克(Braque,1882—1963)那里,现实被超理性主义的几何学表象所覆盖。现实的主题被扭曲或被抽象的形式所引导,更加关注色彩与形式的纯的质地。改变形式过程的下一步是剔除令人熟知的主题。艺术关注与自身关联的首要形式元素,并且毫无明显主题,从非主题艺术的元素中分离出来。一些非主题艺术家,他们的作品体现了一种类型的创作,如蒙德里安(Mondrian,1872—1944)、康定斯基(Kandinsky,1866—1944)、波洛克(Pollock,1912—1956)、瓦萨利(Vasarely,1906—1997)。

然而,感性的画作总是"抽象"的,在感性的角度试图在二维的空间表面描画三维空间的世界,许多现代艺术家戏剧性、意图性地简化、改进或从自然中选取形式。在重要的艺术运动中,改变艺术观的运动主要有:

- 印象主义与后印象主义;
- 野兽主义;
- 立体主义;
- 风格派;
- 达达与超现实主义;
- 表现主义。

(1)形式与色彩的演变:印象主义与后印象主义

19世纪70年代,这个运动展示了一个新的、粗线条的、可触碰的绘画方式,它承载着许多内容的趣味在里面。印象主义艺术家的研究内容,首要的是光。印象主义画家直接从自然中汲取养分,而不是在工作室里以传统方式进行画作。无论描绘人物、静物还是风景,其关注的内容不是每一个目标所涉的主题,而是短暂即逝的光效应下所揭示的模糊形式。短暂的光线导致绘画技巧被称为"印象"的,这个词在当时具有贬义。莫奈是印象主义最知名的艺术家,修拉是点彩派的奠基人。后印象主义艺术家促进这个运动的发展,包括塞尚的几何型拓展,从不同角度观看事物的方法,这个观点十分重要,因为这是早期现代主义运动诸如野兽派和立体主义至关重要的有影响的绘画方式。

（2）形式的演变:野兽主义

野兽派出现在19、20世纪之交,持续时间短暂,被评论为第一个真正意义上的抽象风格艺术的流派,艺术家绘画时所运用的形式与色彩与现实中的景象相去甚远。这些艺术家颇受塞尚、凡高、高更的影响。对于野兽派画家而言,色彩是首要的元素,风景、人物或是肖像的形式都是一个工具,用生动的色彩关系进行艺术实验。"Fauve"在法语里是"野兽"的意思,这个术语被评论家用于描述1905年在巴黎展览的一群画家。色彩被涂绘在画布上,与所见现实事物毫无关联,其目的是用色彩的绘画进行实验。喜于此艺术风格的人有马蒂斯、乌拉曼克(Vlaminck)、德兰。

（3）形式的演变:立体主义

立体主义同样受塞尚作品的影响,他们的兴趣关注形式多于色彩。艺术家的兴趣在相对论的想法上,在空间与时间的方位上进行变形,试图将所有的视点同时表现出来。被破坏的、小坡面的画面表现为相对论的意义,开拓了关键形状之间的关系,这简化了基础几何的组成部分。手绘的形式,尤其是人类的形式,受到了非洲文化的启发。主要的立体主义艺术家有毕加索和乔治·布拉克。

（4）形式与色彩的演变:风格派

皮埃·蒙德里安(Piet Mondrian,1872—1944)是风格派的主要画家,这是一个源自德国的对艺术秩序与设计发展影响深远的艺术流派。这个具有高智慧和神秘风格的艺术流派基于一个严谨局限形式向空间分割简化直线的色彩区域的转换。绘画主题是色彩与命题,呈现了观者感官上纯粹的印象(图4-5)。这个风格影响了包豪斯艺术家约瑟夫·阿尔贝(Joseph Albers,1888—1976)和保罗·克里(Paul Klee,1879—1940),通过他们的拓展,后来又出现了20世纪60年代和70年代的欧普(Op)艺术和极简艺术风格。

图 4-5　皮埃·蒙德里安(Piet Mondrian),《布面2号/构成7号》(*Tableau No.2/Composition VII*),1913

图片来源:https://quizlet.com/5971250/art-history-1900-present2-of-11-flash-cards/,2016-2-24

（5）形式与技巧的演变:达达与超现实主义

1914—1918年的第一次世界大战的阴霾与恐惧毁灭了欧洲并扼杀了一代人的理想之花,导致传统价值和揭示真实的模式在幻想中破灭。在战后瑞士的苏黎世,达达艺术发展起来。带着无政府主义者的意图,达达表现了"反艺术"的主张。达达艺术家寻找一种用纯观念进行的艺术创作,形式与材料都变得无关紧要。达达的艺术计划是非长久的和暂时的。艺术作品的创作与理念是它唯一的目的。物品不再是值得崇拜的,而摧毁创作的目的则是彻底的。常见的手工物品聚集在达达艺术里,诗人和音乐家在艺术家的协作中,也成为达达的一道风景。重要的达达支持者有让·阿普(Jean Arp,1886—1966)、曼·雷、马塞尔·杜尚(Marcel Duchamp,1887—1968)、科特·斯威特(Kurt Schwitters,1887—1948)。

超现实主义被达达激发而产生,其艺术特点则是结构性的。超现实主义的原理是作家安德尔·布莱顿(Andre Breton,1896—1966)首次策划的,发展了从无意识中直接引发图像的方法,无需理性思维和预先思考的编辑。超现实主义者不相信因果,即传统获得与揭示真理的方法,寻求一种新的方式阐释现实。弗洛伊德的思想、孩童绘画的想象、自发的技巧被用来绘制神秘的图像,这些图像留给观者无限的遐想与诠释。超现实主义的艺术家有马克斯·恩斯特(Max Ernst,1891—1976)、达利(Dali,1904—1989)(图 4-6)、玛格丽特(Magritte,1898—1967)和米罗(Miro,1893—1983)。

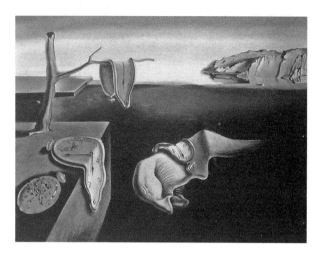

图 4-6　萨尔瓦多·达利(Salvador Dali),
《永恒的记忆》,油画,1931

图片来源:http://baike.baidu.com/view/28390.htm,2016-2-24

(6) 形式与色彩的演变:表现主义

图像的情感内容被形式与色彩扭曲了。19 世纪晚期,在表现主义运动前辈们的作品中可以看见凡高与高更的影子。从第一次世界大战的 20 年到 20 世纪 30 年代,德国表现主义对德国的社会问题与腐化现象提出了愤怒且权威的评价。情绪化的图像基于对形式与色彩的扭曲以获得广泛的影响。这一运动中的艺术家有凯基尔希纳、贝克曼(Beckmann,1884—1950)和格罗斯(Grosz,1893—1959)。挪威艺术家蒙克在一次世界大战前也参与了相关艺术创作,创作了强有力的充满激情的绘画。在 1937 年的慕尼黑,在纳粹(Nazis)举办的艺术展上,纳粹嘲弄了现代艺术。直到 20 世纪 30 年代,许多欧洲的伟大的艺术家和知识分子移民去了美国,逃离了纳粹的迫害。欧洲笼罩在一片阴霾中,至此西方的文化艺术中心转移到了纽约。

3. 材料的演变

(1) 传统材料的演变

新艺术风格的另一方面是新材料的拓展。对材料的实验出现在许多艺术运动中,并且持续了整个世纪,直到新材料与新技巧成为司空见惯的应用为止。"集合"是一个术语,指两个或三个维度的艺术作品,包含了多种材料,这些材料传统意义上不是用于艺术创作的。这些艺术作品也被称作"拼贴"的,常指二维的艺术作品,包括了纸的碎片、织布、木头、绳索,还有艺术家所选择的其他材料。20 世纪早期的艺术家曼·雷、马塞尔·杜尚、科特·斯威特曾尝试着用印刷的纸、绳索、新闻报纸和绘画粘贴在一起,直到毕加索也这样做时,这样的形式才被认可了。达达的创始人杜尚将互不相干的事物与材料结合在一起,产生了不同寻常并引起共鸣的主题《新娘被她的单身汉剥光》(*Bride Stripped Bare by her Bachelors*)(图 4-7)。拼贴与集合的运用继续在马克斯·恩斯特(Max Ernst,1891—1976)、汉纳·浩(Hanna Hoch,1889—1978)和约瑟夫·康奈尔[①](Joseph Cornell,1903—1972)的作品中出现。这些艺术家相信工业时代新的曙光,用制造好的材料进行艺术创作是 20 世纪表达现实所希冀的。

创新主题仍然是杜尚和毕加索所热衷的。独创的主题被重新布置和安排在新的内容里,这个方法改变了其根本的意义。其他艺术家则更适应找寻主题,例如亚历山大·考尔德(Alexander Calder,1898—1976)(图 4-8)和约翰·张伯伦(John Chamberlain,1927—2011)。杜安·汉森(Duane Hanson,1925—1995)和乔治·西格尔(George Segal,1924—2000)将纤维玻璃、石膏与真实的布料和家具组合在一起,为了创作出令人信服的样式,他们制造出一种真实的环境。石膏和纤维玻璃的组合被用来描摹真人的身体,这是一项极重要的创新,从传统思想中游离的新思维是有关雕塑将来的出路。

---

① 约瑟夫·康奈尔(Joseph Cornell),美国第一位伟大的超现实主义者,装置艺术家,蒙太奇电影导演。他与当时超现实主义浮夸风气格格不入。气质内向,理性。著名作品:装置《盒子系列》,电影《玫瑰霍巴特》。

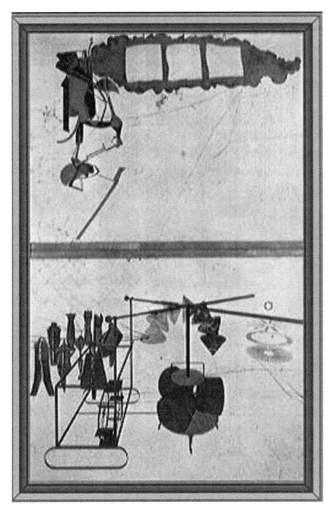

图 4-7　马塞尔·杜尚(Marcel Duchamp),《新娘被她的单身汉剥光》(*Bride Stripped Bare by her Bachelors*),玻璃板上的油、清漆、铅箔、铅丝和灰尘,277.5 厘米×177.8 厘米×8.6 厘米,1915—1923

图片来源:http://tieba.baidu.com,2016-2-24

图 4-8　亚历山大·考尔德(Alexander Calder),《动态雕塑时间》

图片来源:http://www.douban.com/note/361978156/,2016-2-24

图 4-9　马塞尔·杜尚(Marcel Duchamp),《下楼梯的裸女》(*Nude Descending a Staircase*),布上油画,147.3 厘米×88.9 厘米,1912,现藏费城艺术博物馆

图片来源:http://www.360doc.com/content/14/0311/22/2799607_359699676.shtml,2016-2-24

(2) 动态媒体的出现

在艺术运动的早期,艺术家不断寻找他们作品中新的视觉表达演示,充满了各种阶段的变化与各种层次的成功。时间的概念使得摄影与动态图像失去了原有的光彩,但激起了关于动态影像可以被记录下来的新的想法。未来主义艺术家,如波西尼(Boccioni,1882—1916)、塞弗里尼(Severini,1883—1966)、巴拉(Balla,1871—1958)尝试表现时间的主题,马塞尔·杜尚在他的作品《下楼梯的裸女》(*Nude Descending a Staircase*)(图 4-9)里试图抓住时间概念中的运动过程,同时显示出运动过程中碎片的痕迹。正如亚历山大·考尔德的动态雕塑所体现的运动一样,文字的运动形成了艺术内容的一部分。直到 20 世纪 60 年代出现的动态艺术,呈现给人们一种由发动机、风驱动的雕塑,在适当的时刻甚至由电脑控制。这种用影像展示的作品由艺术家纳撒尼尔·斯特恩(Nathaniel Stern,1977—)创作而成,作为威斯康星州立大学的校友,现在他在该校任教。电影和影像是极其重要的媒体,在这个艺术运动中加入了时间的关键元素,使之成为第四维度的媒介。影像与电影一样,也是一种捕捉动态艺术的转瞬即逝的行为方法。

(二) 现代主义艺术的迁徙

1. 欧洲艺术家的美国之旅

1913年纽约军械库展览，对于美国人而言是第一个机会，这个机会向美国人展示了在欧洲发展的新艺术。印象主义、后印象主义、马蒂斯、毕加索都在展览中崭露头角。直到第二次世界大战，重要的美国画廊都只展出欧洲艺术家的作品。美国艺术家没有认真对待此现象，人们相信一个艺术家必须去了欧洲才能称为真正意义上的艺术家，那些没能去欧洲的美国艺术家都是闭关自守的，创作作品主要为自己或是为了赞助方。在第一次世界大战和第二次世界大战期间，有一个趋势，那就是发展个人风格艺术。艺术家和公众彼此蔑视，他们放弃了与公众广泛交流的想法。与此同时，他们热切地学习现代主义的哲学思想。他们阅读超现实主义知识分子的文章，如安德烈·布列顿（Andre Breton，1896—1966）和抽象画家瓦西里·康定斯基（Wassily Kandinsky，1866—1944）集中在抽象绘画中的精神。

他们将这些哲学思想铭记于心，尤其是超现实主义的思潮。当纳粹将反对者赶出欧洲时，许多艺术家逃到了美国。包括超现实主义的领袖与其他运动代表的逃离现象持续到美国本土艺术运动的第一次变革，及抽象表现主义的诞生。结果导致个人风格的发展，基于潜意识的、穿越梦境的、神秘图像的、强化了的来自考古学的图像、原始图像、神秘而又古老的预言，他们给新艺术运动带来了曙光。威廉·德库宁和杰克逊·波洛克（图4-10）是这个美国艺术运动的领头羊。抽象表现主义的极其多样的画作，开发了一群艺术家多样的艺术风格，后被称为纽约画派。这个群体包括罗思科（Rothko，1903—1970）、戈特利布（Gottlieb，1856—1879）、莫瑞斯·李维斯（Morris Lewis，1912—1962）、贾斯培·琼斯（Jasper Johns，1930—）等。

图4-10　杰克逊·波洛克（Jackson Pollock）在作画，1947
图片来源：http://www.chinashj.com/ysmj-yh/6766.html，2016-1-26

2. 美国的新艺术风格

从第二次世界大战开始，美国人便成为新艺术风格的创始人。

图4-11　罗伊·利希滕斯坦（Roy Lichtenstein），《'Whaam！'》，1963
图片来源：http://blog.sina.com.cn/s/blog_a233411301018xv0.html，2016-1-23

波普艺术是一个基于流行图像强烈感召力的艺术流派,来源于商业与大众媒体,渗透着美国的现代社会。通过逐步提升的新艺术影响力,观众们思考着其中社会和价值观的本质。安迪·沃霍尔(Andy Warhol,1928—1987)的浓汤罐头、可口可乐瓶、电影明星都成为最知名的元素。罗伊·利希滕斯坦(Roy Lichtenstein,1923—1997)用漫画的图像与风格,创造了粗边绘画,并大胆地将这种绘画类型归类为美式文化的一部分(图4-11、图4-12)。艺术家克拉斯·奥尔登堡(Claes Oldenburg,1929—2009)聚焦人们的注意力,将每一天的日常主题渲染成巨大的艺术模型。

图4-12 罗伊·利希滕斯坦(Roy Lichtenstein),《'Oh, Jeff...I Love You, Too...But...'》,1963

图片来源:http://blog.sina.com.cn/s/blog_a233411301018xv0.html,2016-1-23

欧普艺术是一个艺术术语,专指一种抽象的艺术风格,光影关系和形式关系成为首要的内容,体现了光的效果。这些作品的特点是错综复杂的,常常以几何图式仔细地校准颜色。欧普艺术最为著名的艺术家有布丽姬·特莱利(Bridget Riley,1931—)和瓦萨雷利(Vasareley,1908—1997),这种非常睿智的艺术创作方式显示了早期风格主义的美学和纯形式与色彩的表现能力。

极少主义成熟于欧普艺术,是艺术中主题内容删除后的逻辑性延伸。绘画与雕塑被简化为最本质的形式而没有丝毫的装饰与应用功能。埃尔斯沃思·凯利(Ellsworth Kelly,1923—)、罗伯特·格罗夫纳(Robert Grosvenor,1937—)、野口勇(Isamu Noguchi,1904—1988)、弗兰克·斯特拉(Frank Stella,1936—)是极少主义的典型艺术家。

观念艺术根植于20世纪20年代早期的达达运动,这一运动用自身的方式攻击了艺术本身的神圣与永恒性,宣称艺术是一种观念,一旦观念表达出来,主题便不再重要了。观念艺术的一些形式包括画廊里和公共空间中暂时性的装置,排列的木材、砖块和其他材料。一时间画廊好似被转化为巨大的鸟笼,里面充满了飞禽与其他物品。观念艺术的一个特殊形式是表演艺术,期间艺术媒介与其他对象被捆绑在一起,伴随着戏剧与音乐的表演。

环境艺术包括了大型装置与大地艺术作品,例如地面上插上发光的灯管,或是罗伯特·史密森(Robert Smithsons,1938—1973)的《螺旋防波堤》(*Spiral Jetty*),或是克里斯托弗(Christo,1935—)的生产成品的环境。在康奈尔完成项目的当代环境艺术家是安迪·戈兹沃西(Andy Goldsworthy,1956—)。

电子媒体是信息时代的新技术,给艺术家提供了全新的创作机会。虚拟现实指涉的是计算机动画的艺术形式,让观众在视觉空间内看见动态的影像。互动媒体则包含诗歌、戏剧、音乐、舞蹈、影像以及更多的媒体内容。

第二节 传统理论的危机

一、"韵味"的消失

1936年,法兰克福学派的华特·本雅明(Walter Benjamin)在新出版的《处于机械复制阶段的艺术品》[①]中,用"韵味"形容艺术原作存在的一种可以标注其身份的特殊氛围,以此来映衬艺术品被模仿与复制时存在的一种原作与赝品之间的关系。在本雅明看来,"韵味"可以定义远处唯

---

① Walter Benjamin. L'Œuvre d'art à l'époque de sa reproduction mécanisée[M]. Paris: coll. Bibliothèque des idées, 1991.

一出现的东西,是最能接近艺术本意的氛围,图像总是远处的,因而具有不可接近性。现代生产技术的出现让艺术品进入了每个人的生活。图像的大量生产满足了大众的需求,也接近了艺术的需要。这使得更为广泛的内容进入了艺术的领地,解放了艺术的文化功能,却丧失了"韵味"的缭绕,艺术的文化价值转变为展示价值。艺术韵味的消失意味着传统的消融,艺术从模仿的、复制的和伪造的世界里获得了媒体的和试验的经验,传播技术的渗透使得事物有了多维的可视角度,真实性与不透明度被搁置一边。

二、科技艺术对传统美学的挑战

科学技术是我们在任何时代都称之为最完善的技术。科技的发展使我们对完成品的期待得到了满足,它在广义的文化背景下将艺术的目的性拓展得更为多元。科技美学的使命也因此得以产生,对感官场域的扩张提出质疑,对想象与创造的拓展提出质疑,在评估变化中审视文化与艺术的成败得失。科技美学进入了偏爱科技手段的阶段,直觉、感性、创造不再独占鳌头,一种丰富的美学理论被建立起来。

这一丰富的美学理论通过推理、理性、拷贝或嫁接完成了对传统美学的挑战,形成了后现代场域里事物碎片化的认知模式,传统美学的经验与成果失去了往日的权威性,在与科学艺术对决中逐渐式微并融入这一新的美学内容中。

三、当代传媒技术影响下的美学

面对电子技术的迅猛发展,弗兰克·鲍勃(Frank Bob)提出了技术可能与艺术工作脱节的观点。① 这里的"脱节"主要指由于机器的发展,创造性消失;或是艺术家构思出的艺术计划无法通过科技得以实现。由此引发了对以下焦点的思考:为艺术服务的信息设备处理技术何时成熟,艺术创作与控制技术之间是否能够达到互补,电脑所创造的电子通讯系统是否创造新的美学思考。

网络作为通信技术进入了日常的艺术创作与传播领域,模糊了传统美术的边界,不再属于经典美学的框架之内,在因特网上遇见的艺术场域是参与者之间的互动语言,在动态的交互过程中,具体、限定的艺术实体不复存在,作者的唯一性被消解,行为人与参与人之间清晰的立场也消失了。

网络只是当代传媒技术中的一类,与此相通的新媒体技术与网络技术相辅相成,交替互补,其中的技术层面随着当代科技的无限拓展而不断进化着新的内涵与外延。当代传媒技术包含的网络技术、超文本技术、计算机技术在创新美学认知之余留给人们诸多思考。

美学和当代传媒技术之间的关系主要在于感性认识与理性知识对立关系的模糊,这种关系的模糊不仅消解了原有的审美标准,也淡化了理论的思辨意义,从而将感官愉悦提升到审美的高度。逻辑语言因为解构与碎片的意识而产生了蜕变,进入了蒙昧与尴尬的境地。不可否认,当代传媒技术影响下的美学正在经历着一场传统与超前卫的博弈,也正在经历着从反动到进步的洗礼。

四、传统审美理论的式微

"凡是在一个客体的表象上只是主观的东西,亦即凡是构成这表象与主体的关系,而不是与对象的关系的东西,就是该表象的审美性状;但凡是在该表象上用作或能够被用于对象的规定(知识)的东西,就是该表象的逻辑有效性"。②

所谓审美的就是感性的,是一种主观感觉和一种视觉鉴赏,而不是客观知识。艺术家和受众所认知的世界在审美的境地中有着一种特殊的形式,在人与世界(社会和自然)中形成一种无功利的、形象的和情感的关系状态。审美是在理智与情感、主观与客观统一的基础上追求的真实与发展。

对于艺术家而言,艺术作品的审美预期将是作品成败的关键。审美预期先行于一些客观的美学知识,无需利用表现客体的表象作用于某种主观认识,表象的主观认识属于感性范畴而非知识成分。表象直接地结合形成一种艺术表现的合目的性。这样一来,表现客体因其表象直接与各种的情感相结合,就被称为合目的性的审美表象。

在新媒体艺术的范畴内,合目的性的审美表

---

① [法]弗兰克·鲍勃.艺术,行为与参与[M].巴黎:克林克斯也克书局,1980:251.
② 康德.判断力批判[M].邓晓芒,译;杨祖陶,校.北京:人民美术出版社,2002:89-90.

象最终以审美形态呈现出来。审美形态的创造借助于两种不同意义的数字复制形式,其一是数字拟像复制,其二是虚拟造像复制。数字拟像复制是指通过对现实或本源的模拟复制而产生的现实与本源的数字之"像",它是客观实在的数字化呈现,也是数字拟像的自身映射。通过数字拟像复制将客观世界进行有意义的再现式形式置换与延宕,这样数字拟像复制便产生了大量的数字式模拟内容。"数字拟像"已成为新媒体艺术创作的"现实基础"。数字拟像复制摒弃了传统艺术对"本源"与"现实"进行的原形再现与复制,而是通过对模拟性的形式关系以及虚拟性图像来实现对形式的复制结果。在以本源为基础、图像为依据、形式为导向的前提下,完成了新媒体艺术的"摹仿""再现""表现",对于传统"模仿"的核心理念有所颠覆。

第二种复制形式是"虚拟造像复制"。在这里,"虚拟"等同于新媒体艺术中的数字内容,是指其存在形态的非物质性与无形性,"造像"是指其成像状态的切实有效性,它能带来客观实在的真实体验或结果。虚拟造像复制作为比拟像复制高一级的数字复制形式,既非通过物理复制的过程来再现对象,也非通过"拟像"来还原对象,而是通过"数字介质"来创建一个超自然的"真实"。从根本上说,虚拟造像复制是一种超越客观现实却以数字符号作为生产和行为目的的创造过程。虚拟造像复制有着某些拟像复制类似的手法,但却超越了拟像复制的范畴,是将客观现实作为本源,是创作者对于世界的感知、经验、观念的综合性复制。

数字拟像复制的目标在于用数字的手段拟写客观存在的表象之物,而虚拟造像复制则超越了拟像复制的最终目的成为数字复制发展的必然结果。从根本上看,虚拟造像复制改变了传统艺术实践观中人的地位以及艺术家的逻辑思维模式与艺术实践方式,人被建造为远离客观世界限制的、具有自由精神的主体,"人自身的虚拟化与被复制化"[①]成为未来艺术呈现内容的主体。

(一)艺术终结论的影响

1739 年鲍姆加登(Alexander Gottlieb Baumgarten,1714—1762)[②]在有关美学的定义中指出:"研究认知和感性表现的方式的科学方式即美学。"美学是对美的思考的艺术,正如让·拉克斯特精辟地指出:"没有任何艺术能像绘画一样同时给我们传统的却又分裂的快感,使我们直接地感受图像的精巧、色彩的明亮和动作的智慧感,图像的幻觉和象征的诗意,以及具体和抽象的形象。"[③]回顾传统艺术审美观,审美实践活动是孕育审美形态的环境与过程。审美情趣、审美风格、相应的人生样态、作为自由人的精神境界等集中体现了感性的凝聚、多样形式显现及其思维逻辑的分类。传统艺术审美形态主要有六种:优美与崇高、悲剧与喜剧、丑与荒诞,其中优美与崇高是艺术创作与审美研究中最为普适化的焦点。

在西方美学史上,古希腊的毕达哥拉斯是最早研究崇高内容的。雅典修辞学家朗吉弩斯则在他的《崇高论》中第一个较为明确地论述了崇高和优美,并将两个有关美的概念进行并列对举加以论述。后来德国的康德(Kant,1724—1804)、席勒(Johann Christoph Friedrich von Schiller,1759—1805)、黑格尔(G.W.F. Hegel,1770—1831)以及法国的利奥塔德分别对崇高作了各自的界定。康德把崇高作为审美形态来看待,在对立与张力的不和谐中产生崇高感。席勒从艺术的本质论述了崇高的本源与实质,认为美和崇高应存在于艺术的内容与形式的统一中。黑格尔在康德的有关"人论"思想基础上,肯定了崇高的源泉是人的内在情感。利奥塔德从后现代理论的层面对崇高进行阐述,总结了"崇高"的本质特点是:雄伟壮阔的力量之美、社会价值实现的昂扬之美、刚毅坚强的品格之美、恢宏豪迈的尊严之美。[④]

伴随着众多美学家对崇高的探讨,"优美"的定义才逐渐显露端倪,不断明晰起来。在古希腊罗马时期,优美即为美。毕达哥拉斯学派认为平

---

① 张耕云.数字复制与数字艺术的创作困境[EB/OL]. http://www.chinaret.com/user/article.aspx? cid = 5527e03a-4735-41c7-aaa8-d8e108ed0613,2009-11-08.
② 鲍姆加登(alexander Gottlieb Baumgarten)又译鲍姆嘉通。德国哲学家、美学家,被称为"美学之父"。
③ Lacoste Jean. L'Idée du beau[M]. Paris: Les Éditions Bordas S. A.,1986:7.
④ 姚君喜.利奥塔德的后现代崇高美学[J].哲学研究,2006(8):3-8.

面图形与立体图形中,圆形和球形可以称得上是最美的形态。柏拉图认为美是单纯的、纯粹的,又是绝对的化身,优美与痛感夹杂在一起同时引起快感。亚里士多德(Aristotle,前384—前322)则认为"美的最高形式是秩序、匀称和确定性"。古罗马的西塞罗则将秀美、威严赋予美的定义。古希腊罗马美学在探讨了世界本源的前提下,研究了由自然的宇宙论向社会的人本主义思想的发展进程,以苏格拉底为标志,美学开始与人本学相关,认为美德就是知识,是有用的和善良的。17—18世纪,流行于欧洲君主专制时期的文艺思潮或流派以古希腊罗马时期的文艺规范作为崇高典范,古典主义便因此得名。18世纪法国的浪漫主义对法国启蒙运动理性主义进行了反驳,强调感官和情感的价值,宣扬人性解放与思想自由,对美的要求表现在强烈的并充满情绪的戏剧感染效果,摆脱了庸俗审美与陈腐学院派体系的束缚。19世纪现实主义折射出文艺复兴、启蒙主义和古典主义的文艺讽刺倾向,偏重对客观现实的描写,强调人物与环境的现实关系。寻求典型与个性的特征,注重人物内心表现,具有强烈的批判精神。19—20世纪的印象主义反对落入俗套和矫揉造作的浪漫主义,在艺术表现上追求外光与色彩的表现,结构松散模糊,推动了美术技法的革新与观念的转变。20世纪的现代主义美学思想强调自然无为,顺应自然规律,维护原生态的自然之美,是一种纯粹与本真的自然主义,达到了完善、融合的美的境界。20世纪末期的后现代主义美学专注于对传统叙事的解构。把元叙事视为现代性的标志,把后现代定义为对元叙事的不信任。① 一种碎片性和不稳定性成为后现代主义美学的特质。

前人为"优美"拟下的定义不断沉积于现代艺术中,并以更为唯美的境地向世人展示自身的魅力,其本质特点在于"优美"已超越了艺术内容的范畴,成为艺术家着力模仿的一种完美的人生境界,或超然于世、或悠然典雅的生活状态;是一种中肯、切实的艺术表现方式,是对真实世界的艺术再现典范;具有物质的表象特质,体现出一种形式协调、隽永隽秀的风格特征;在艺术的内容与观念上折射出一脉相承、和谐化一的特质;对于观众而言则是一种赏心悦目、怡然轻快的审美体验和心路历程。

20世纪的最后十年,一种有关"艺术终结"的言论在西方的文艺领域蔓延开来,被"终结论"贴过标签的领域相当宽泛,诸如启蒙精神的终结、现代性的终结、先锋的终结、意识形态的终结。在绘画艺术的资源被不断地挖掘、消耗、试验的过程中所呈现枯竭与殆尽的局面下,各种"现成品"作为艺术品登堂入室成为杜尚与沃霍尔推崇的艺术新境地,这种显而易见的艺术界限提醒着艺术家再三重复的艺术创作历程行将结束。黑格尔在其著作《美学》中提出的"艺术终结"命题,宣告道德价值与准则彻底消失,世界上永远不存在真正的艺术家了。"艺术终结"的命题长久以来一直面对着大量的歧义和误解,也在不同程度上被过分地曲解。但从新媒介产生后对传统艺术创作方式的冲击与影响来看,有着一定的立论依据。主要表现在传统艺术创作方法面对新媒介所呈现的式微以及传统美学中"美"的式微。传统艺术创作方法的式微表现在图像经验的转换,而传统美学中"美"的式微则表现在传统审美标准与范式的逐渐转变。

1. 图像经验的转换

传统视觉艺术传递艺术信息的方式主要依靠符号与图像,通常观众通过符号与图像对视觉文化进行理解与感知(图4-13)。当新媒体技术的出现为视觉艺术的创作提供了更为多元的手段和更为宽泛的研究领域时,此时观众所熟知的传统视觉艺术积累的图像经验,即图像识别方式被彻底地颠覆,原本可以从熟悉的符号与图像中寻找到的图式化共鸣已逐渐被转换。一方面新媒体艺术的新颖与奇特对于观众有着巨大的吸引力,声、光、电的统一造就了一个艺术史上从未有过的视觉盛宴与艺术盛世;另一方面观众面对新媒体作品因为缺乏认知经验而显得无所适从。在这样的认知背景下,传统的图像经验处于变更之中,符号学、图像学与图像志所积累的认识理论在一定程度上仍然发生着作用,但其元素与内容却在悄悄地发生着蜕变。

按照符号学的理论,视觉语言是一个"单元"或是"统一体",其所指涉的不仅是视知觉感性认

---

① 利奥塔.后现代状况:关于知识的报告[M].长沙:湖南美术出版社,1996:78-90.

识,且是一个形象、一个声音或是一个概念的表达。符号就是一种形象,它是人们在视觉上所感受的,由素描、色彩、绘画、摄影、计算机生成的各样方式。符号与结构有着重要的记录功用,是信息发布与观念表现的过程,因而符号有着图像、指示与象征的作用。另外,符号有着与客体类似的关系,图像应具有与所知客体相似的特性。例如,埃菲尔铁塔是巴黎的指示符号,比萨斜塔是意大利的指示符号,高迪的建筑则是西班牙巴塞罗那的指示符号。符号构成了图像的内容,图像学将图像志中的故事、主题、概念与象征贯穿在叙事的思路与线索中,与民族、时代、地区的基本性质关联在一起。

面对新媒体艺术的出现,传统的图像经验减退了原有的功用性,符号、图像给予观众的视觉提示所折射出的表象下的文化内涵逐渐失去了应有的价值。新媒体技术在艺术中被广泛运用导致其所产生的视觉语言更替为不为人们所熟知的新的视觉样式,这些视觉样式没有固定的程式,易变、不可预知,它们带来的全新视觉体验由于形式语言的不确定性而无从积累,更谈不上经验了。新媒体艺术的视觉语言自然也是如此,在生活被艺术化的过程中,生活中的任意事物都可能出现在某件作品中,对于来自不同的生活环境中的观众而言,解读作品无疑是件不易的事,除非观众熟知各种文化背景下的事物,然而这是极其少见的。

2. 审美思考的转换

"对美的思考的艺术"是鲍姆加登为美学下的定义。这个新的学科给予18世纪整个理性时代平添了感性的思想,为纯粹的人的精神世界建构了一个神圣的哲理的殿堂。美学是以主体论为中心的感性认识论,强调心灵活动与情感表现,以及对真、善、美等价值活动的认识与实践。黑格尔认为:"美是理念的感性表现。"而克罗齐则主张:"情感表现不依赖理念,美即情感表现或价值创造。直觉即表现,艺术与美同一。"①克罗齐对西方现代美学进行了开拓性的建树。

数字化的艺术世界将隐喻和转喻吞噬在虚拟的场域中,数字化模拟为拟像复制和虚拟造像复制提供了基础。这样一来,传统艺术通过直觉、美、情感进行审美诉求的方式在面对新媒体艺术的时候已经心有余而力不足了。传统艺术本有的唯一性、不可复制性与经典艺术的崇高价值属性逐渐蜕变,以传统美学为指导的艺术审美范式呈现式微的现象,取而代之的是数字符号与数字影像元素的盛行,它们超越了更多的指涉涵义,其价值本身在于阐释的方式与方法。

图4-13 列奥纳多·达·芬奇,《最后的晚餐》,意大利文艺复兴,1495—1498

图片来源:www.google.com,2012-2-3

注:图画以耶稣为中心的一点透视画面呈现了一个众徒聚集的晚宴场面,十二门徒神态各异,耶稣右边第三人为犹大,他与耶稣同着红色圣袍,在耶稣犹豫的动作神情中表现了"最后的晚餐"的故事核心,忠诚与背叛的主题在这里得到了全面的彰显。

---

① 张敏.克罗齐美学论稿[M].北京:中国社会科学出版社,2002:5-6.

(二) 数字化审美的端倪

在当代,数字技术已被广泛地运用于各种类型的艺术创作中,运用虚拟现实的数字技术拼合数字内容,形成可复制的无穷版本,数字化技术取代了艺术和自然的原始关系,从而导致艺术创作从个性风格的表达向"类像"(simmulacrum)的数字复制转变。数字复制的"类像"符号审美成为现时代的主要审美模式,模拟带给"真实"与"虚假"、"现实"与"想象"更多的展示空间,通过技术逻辑驾驭并控制以主体思维为对象的世界。

数字技术使得当今的艺术成为技术性的艺术,新兴技术所创造的文化现象对于传统艺术的实践、审美与评价体系都产生了不同程度的冲击。一方面,传统审美的推崇者不断地怀疑当代艺术品、艺术行为与观念的美学价值;另一方面,艺术的有效性和评价的标准成为一个逐渐凸显的新课题,传统艺术的思维模式曾经遮蔽了艺术最当代的形式,但大量的实验积累证明了当代艺术美好的前景。

美学思考不断地关注当前艺术与科学之间的关系,却长期地忽视了技术性艺术的创新价值。新艺术带来的新的美学使命让人们审慎思考周遭的艺术现象,对文化与艺术变化过程中的成败与得失进行评估,对现场感与感官场域进行评价,对实在、现实与想象空间的复制摹本进行估量。在技术手段试图颠覆旧的美学价值的同时,直觉与感性不再成为艺术的专有内容,理论体系与逻辑关系也不再只是科技的专权,一种介于艺术与科技之间的新的美学理论被建立起来。

数字技术的产生在威胁了传统审美判断与评价的同时,却以自身的优势重构美学价值判断下的新体系。数字美学的研究课题实际上已成为哲学问题中所隐含着的新问题与亟待探讨的问题,无论是新媒体艺术中的知觉活动还是想象活动,都发生于新的审美认知活动中。倘若要真正地揭示在新媒体艺术中审美知觉或想象活动表象下的本质,就必须深入挖掘新媒体艺术审美活动的始终。在新媒体艺术的审美活动中,受众审美知觉与想象活动以完整的动态过程呈现出来。对审美认知、参与现象进行理性的分析,是解决现代新媒体美学问题的根本方式。

在新媒体艺术的新美学体系内,体验成为这种艺术形态与生命活动的过程,主要表现为艺术家和受众在作品中的主动与自觉的能动意识。在对作品的体验过程中,受众所感知的是主客体相容的结果,内在精神主体化和外在现实客体化成为作品的核心内容。在新媒体艺术的多种体验当中,审美体验是一个探索性的母题,它能够充分展示艺术家与受众各自自由和自觉的意识,反映出对于理想境界的追寻,因而这是审美体验过程中受众与作品之间的互动。受众在这种审美体验中获得的不仅是心灵的感知、肢体的互动、情绪的愉悦、情感的充实,同时还有对于自我价值的肯定,以及对于客体世界的认知和把握。把审美体验作为受众感悟新媒体艺术的根本方法,是信息时代和数字化艺术创作的一种活动轨迹,作为一种意识活动将广泛存在于当下的艺术创作与鉴赏中。

正如法国作家米歇尔·布特所说,"电脑是赋诗的工具",电脑赋予新媒体艺术一种新视觉审美的诗意,在媒介属性、表述方式、主客体关系与体验方面注入了全新的内涵。新媒体艺术的新的美学内容主要包括非物质审美、非叙事审美、非主体审美和非经验审美。

1. 非物质审美:虚拟美、交互美、异质美

从媒介属性上看,新媒体艺术是基于数字技术的媒介综合体,以数字媒介展示非物质内容作为此类艺术的核心,在美学境界上形成了以技术为标准的评价模式,主要包括虚拟美、交互美和异质美。虚拟美旨在通过数字技术应用实现现实与虚幻的情境,以真实程度作为标准评价虚拟的有效性与仿真性;交互美旨在通过数字编程技术实现人机交互过程的互动关系,用鼠标事件、数字设备、界面触摸、肢体语言、行为方式等触发作品交互带来的趣味美、喻义美、形式美、过程美和效果美;异质美旨在表现异类媒介之间的对比效果,数字形式语言在属性特质表现上的差异,一些数字媒介特效在追求新奇的同时讲究异乎寻常的美感。

2. 非叙事审美:符号美、拼接美、距离美

从叙事方式上看,新媒体艺术中的情景内容基本摒弃了传统叙事方式的架构,用符号的语义、拼接的新意、距离的美感进行非情节的构想。符号美旨在弥补图像经验消失下媒介内涵的指涉,用具有文化内涵的指代性图式进行视觉表述,在形式语言和语义之间寻求平衡；拼接美旨在打破顺序性与连贯性的传统审美标准，将对立的、错落的、跳动的元素进行组合以求新颖的视觉效果；距离美旨在元素差异背景下所需的远距离的朦胧美，非叙事前提下的情感碰撞、细节呼应与长短分配所带来的审美内涵。

3. 非主体审美：个体中心、主体边缘、他者介入

从主客体关系来看，新媒体艺术更关注人与作品之间的关系，以艺术家个体的情愫为中心，将作为主体的自身边缘化，设置种种创意环境，引他者(受众)进入其中。如果说艺术家是主体，作品即为客体，而受众则是非主体的他者。新媒体装置艺术的非主体审美旨在关注非主体的他者对于作品的认知与审视，通过观众的参与体现审美感知。非主体审美打破了主体审美的以自我为中心，将表达、感知、共鸣作为作品完整的一个重要环节留给受众。在这里，个体中心即以创作个体为本的艺术家为中心；主体边缘即在作品成为面向公众的介质时，艺术家作为主体退于边缘；他者介入即作为他者的受众主动参与作品体验的过程。

4. 非经验审美：精神临场、身体缺席、肢体界面

从受众体验角度来看，新媒体艺术提供给受众的从来都是唯一的和全新的体验过程，人们无从寻找经验的足迹，只能在非经验的道路上摸索感悟。作品中充斥着艺术家的精神气质，这也是驾驭和控制作品与周遭环境的根本。非经验审美保证了艺术家作品精神临场的同时，却抽空了受众的身体知觉，将肢体、行为作为非经验审美的界面拓展并完善了交互过程。肢体作为人的运动部分在非经验审美中起着重要的作用，诸如头部的晃动、手指的滑动、腿部的行走等。新媒体互动装置在肢体作为触动界面的原则下具有更多新的探索性的审美体验。①

第三节 媒体审美的本体理论

一、美的概念

美是什么？谁是美的？美与文化的概念又有什么关系？美真的是存在于旁观者眼睛里的么？当你询问来自不同生活领域和职业的男性或女性关于美丽的概念，他们会说出完全不同的名字以及有关美丽的不同描述。当然人们会有不同的倾向表述对美的感受，因为人们生活在不同的时代，有着不同的文化和价值观以及对事物的看法。对于美丽，人们有着各自不同的认知。有天生丽质的女性么？为什么南美洲的女性总是在环球小姐的比赛中脱颖而出？美是一个进化的概念，以前西方人认为胸部丰满的女性是美丽的，因为这表征了她对于哺乳孩子很有作用。然而目前关于美丽的概念，更倾向于身材苗条、个子高大等等的代名词。为什么今天的人们喜欢晒黑的肌肤？为什么所有人都想拥有棕色的皮肤，而棕色人种却想拥有白色的皮肤？为什么白种男性喜欢棕色皮肤的女性？为什么大部分的棕色皮肤的女性喜欢白色皮肤的男性？其实媒体是影响人们对美丽定义的因素之一，这就使得各类人会有自己的偏好。媒体与艺术的力量影响着有关美丽的观念，其涉足内容甚至超出了此问题本身的意义。电影工业创造了好莱坞的完美女性形象；化妆工业则让模特的形象十分清瘦，"瘦"成为模特行业的座右铭。

"美"是一个文化研究领域的概念，其概念关系到种族中心主义和文化相对主义。

首先，文化仅被定义为一种生活方式、人们做事的方式、如何饮食、如何庆祝活动，行为、态度、道德价值、宗教等。文化也是知识、经验、信仰、价值、态度、方式、等级、宗教、时间、角色、以空间为基础的关系、宇宙的概念、材料物体累积、通过个人与群体的奋斗获得财产的过程。文化是一个供大众分享的相对完善的知识系统。美与主流文化紧密相关，由印刷与视觉媒体的影像决定。女人们希望通过丰胸和接受整容手术来美化自己，因为这些美容方式是令人痴迷的。女人们希望吸引周边的男性，为她们和她们的孩子分享资源，古往今来总是如此。与此同时，世界各地的人都有着各自不同的关于美的理念。人们倾向于将自己文化中的人们当作美丽的原型，因为在不同文化中有着不同的对美丽的认识。在一些非洲国家，拥

---

① 马晓翔.新媒体装置艺术[M].南京：南京大学出版社，2013：130-138.

有一个大身体和大臀部被看作是女性的美丽；在西方国家，女性宁可饥饿不食也要保持那种纤细和苗条的身材，所以用一种文化判断其他文化的概念是错误的。

（一）与"美"相关的两个文化概念

种族中心主义和文化相对主义是两个与"美"相关的文化概念。在这个问题上，西方大多数人都犯有种族优越感的错误。

1. 种族中心主义

种族优越感是相信自己的文化优越于其他文化的一种思想。如果有人轻视其他种族的文化，并用自己的标准评价他们的行为或是评价你所理解的美，那么他就是种族中心主义者。

2. 文化相对主义

不同文化的族群思考、感受和行为都是不同的。没有科学的标准可以衡量一个族群是优越或是低劣于另一个族群。研究群体之间的文化和社会的差异是以一个文化相对主义的立场而进行的。这并不意味着文化常态是族群的，而不是其社会的。然而，文化相对主义要求在判断族群与社会的时候要与自身不同。关于在不同文化下的社会、语境和现象的不同信息应该先于判断和行动。例如善于谈判并容易成功的原因在于当事人善于理解不同的观点。

所以美丽真的存在于旁观者的眼中么？当然是的。对于审美者而言，所有的女性都是美丽的，撇开外表而谈，所有的女性都应侧重于内心，究竟女性的内心是怎样的，她们会怎样看护孩子，怎样成为家庭主妇，怎样对待世界。美丽源于女性每一次完成其目标所放射的光芒。如果人们用这种方式看待女性，那么人们将会欣赏周围的姐妹、自己的母亲、女朋友或是妻子。

美丽作为一个人的外表，具有表面的吸引力，对于他人而言，美丽则是消极的。

巴黎圣母院有着放射状的窗户，在这个哥特式建筑中，光被看作是上帝最美丽的神的启示。美丽是一个人、一个动物、一个处所、一件事物或是一个想法的特征，它提供了一种感官上的愉悦与满足。对美丽的研究是美学、社会学、社会心理学和文化的一部分。

"理想美"是一个值得崇尚的实体，也是一个广泛特殊文化追求完美的特征。"经验美"通常包括了一些对实体的解释，是一种与自然的平衡与和谐，这将产生颇具吸引力的感受与完美的情感。因为这可能是主观的经验，人们常说："美在旁观者眼里。"

（二）美学的延展

有证据表明，美的意识的进化决定了人们对事物的认识与事物的进展，人们进而将风景与景观看作是美丽的，这在一定情形下提升了人类生存的和感知的基因。审美学家是定向的研究者。一个美学家就像一个美容师专注研究皮肤护理的工作一样，专注于美学研究。美学是哲学的一个分支，主要研究艺术的天性、美、品味，以及美的创造与欣赏。美学被更为科学地定义为感官或感官情感的价值所在，有时又被称作感性的或品味的判断。广义地说，学术界定义美学为"有关艺术、文化和自然的批判性反思"。更具体的美学理论常伴随着实践的意义，关乎一个艺术美学的特定分支，涉及艺术理论、文学理论、电影理论和音乐理论。艺术理论的典型例子是有关特定艺术家和艺术运动的一套原则，例如立体主义美学等。美学的单词源于希腊文"aisthetikos"，有着"审美、美感、有感情"的意义；又来自"aisthanomai"，有"我认为、感受、感觉"的意思。术语"美学"在1735年由亚历山大·鲍姆加登用德文"Ästhetik"融入了新的审美的涵义。

对一些人来说，美学是自黑格尔以来艺术哲学的同义词，另一些人则坚持，这是一个在相对领域内密切相关的内容。在实践中审美判断是指感官沉思或对对象的欣赏（不一定是一个艺术对象），而艺术判断指的是对艺术及艺术作品的识别、欣赏和批评。哲学意义的美学不仅谈论艺术、产生对艺术作品的评价体系，而且定义了何为艺术。艺术是一个自治的哲学实体，因为艺术关乎感受，是美学的词源，艺术自由于道德与政治目的之外。

这样来看，美学定义的艺术有两种概念：艺术作为知识或艺术作为行为，但美学既不是认识论，也不是道德。

1. 后现代美学

以达达美学为例，马塞尔·杜尚的《泉》1917年成为讽刺传统，宣扬后现代的美学开端。20世纪早期的艺术家、诗人、作家挑战着既定的美的概念,将艺术和美学的范畴拓展得很广。1941年,艾利·西格尔(Eli Siegel,1902—1978),美国哲学家兼诗人,创建了现实主义美学,这一哲学理念告诉人们现实自身即是审美的,"世界、艺术、艺术自身彼此交集:每一个都是对立审美的统一"。①哲学家们以更多的努力尝试着定义后现代美学。挑战的根本在于假设美是艺术和美学的核心,那将是最本源的,古老的美学理论实际上仍然有着它的影响力。亚里士多德是西方传统中第一个将"美"的概念分类为戏剧理论的哲学家,康德则在美与崇高之间进行区分。更高层次的划分,意味着对悲剧与崇高的偏爱,涉及喜剧与洛可可的艺术。克罗斯(Proclus,410—485)表示,"表达"是美的中心内容,这一理论一度被认为是最核心的。乔治·迪基(George Dickie,1926—)②认为,艺术世界的社会机构就像是胶水,将艺术与情感胶合为一体。

马歇尔·麦克卢汉认为艺术总是担纲着"环境记录"的功能,这个功能将原来社会中不可见的事物有效地呈现出来,变为可视的图像。谢尔多·阿多诺(Theodor Adorno,1903—1969)觉得美学在艺术与审美经验商品化的过程中,不能作为文化产业中的角色部分而继续前行。哈尔·福斯特(Hal Foster,1955—)试图描绘反美学的艺术行为,并以《后现代文化论文集》说明现代主义的反美学意识。亚瑟·丹托(Arthur Danto,1924—2013)形容了"卡里福比亚"(kalliphobia)的行为,一个关于美的希腊词语。安德烈·玛尔洛克斯(André Malraux,1901—1976)解释美的涵义与艺术的独特理念紧密相关,这些理念诱发了文艺复兴的产生,并在18世纪占据理论界的主导地位。美学的原理源起18世纪,当时的人们误将其理解为:这一瞬间的事物就是对艺术永恒本质的揭示。布莱恩·马苏尼(Brian Massumi,1956—)建议将美看作是紧跟美学的内容,这是德勒兹(Deleuze)和瓜塔里(Guattari)的哲学。琼·弗朗索瓦·洛丽塔(Jean-François Lyotard,1924—1998)重述了康德有关品位与崇高的区别。崇高的绘画不像庸俗的现实主义使人们看见尽可能多的事物,它将因痛楚而引发乐趣。

西格蒙德·弗洛伊德研究美学主要根据精神分析,认为美学影响是通过"不可思议"之物呈现的。在弗洛伊德和麦罗·庞蒂(Merleau-Ponty,1908—1961)的影响下,雅克·拉康(Jacques Lacan,1901—1981)在崇高与事物中建立了美学的理论。马克思主义美学与后现代美学的关系仍然是一个有争议的辩论。

2. 最近的美学

在所有最近的、现代的或后现代的美学中进行相关分类与分析并不是件清晰而简单的事。盖·瑟赛罗(Guy Sircello,1936—1992)率先在哲学分析中发展了美学严格的理论体系,并聚焦于美学的观念、爱情和崇高的意味。与浪漫主义理论家相比,瑟赛罗争论了美的主题、爱的理论和客观的基础。英国哲学家和美学观念艺术理论家彼得·奥斯本(Peter Osborne,1958—)③说道:后观念艺术的美学没有关涉太多的当代艺术特殊类别,但却涉及历史理论条件下普遍意义上的当代艺术作品。④ 奥斯本强调当代艺术是2010年公共讲演中的后观念意识的表达。加里·泰德曼(Gary Tedman)提出了一个源于卡尔·马克思(Karl Marx,1818—1883)异化概念的无主题的美学。路易·阿尔都塞(Louis Althusser,1918—1990)的反人类主义,运用了弗洛伊德的精神分析元素,定义了实践层面的美学观念。乔治·罗文(Gregory Loewen,1966—)提议:主题应是美学对象之交互的一把钥匙。艺术作品为保护私人身份进入研究领域提供了有利的工具,除了大量急剧增加的艺术源泉,这在当代生活中是不可思议的。艺术是用来纪念个性化传记的,这一方式给人们想象的空间,它们是某种比自身更为庞大的事物。就像之前提及的,从马克思的相对论美学到后现代美学仍然是一种有争议的辩论主题。

---

① Jerold Angelus. Eli Siegel[M].NewYork:Duct Publishing,2011:23.
② 乔治·迪基(George Dickie),芝加哥伊利诺斯大学的哲学教授。他的专长包括美学、艺术哲学的品味和十八世纪的理论。
③ 彼得·奥斯本(Peter Osborne),伦敦金士顿大学现代欧洲哲学教授、现代欧洲哲学研究中心(CRMEP)主任,他还是英国杂志激进哲学的编辑。
④ Peter Osborne. Anywhere or Not at All: Philosophy of Contemporary Art[M]. New York:Verso,2013:134.

3. 美学与科学

一个曼德布洛特①（Mandelbrot）的初始图像把连续的色彩环境序列进行放大。实验性的美学领域由古斯塔夫·提尔多·凡谢（Gustav Theodor Fechner，1801—1887）于19世纪创立。

实验美学的特征是分科的和归纳法的。个人的经验与行为分析基于实验的方法，是实验美学的中心内容。特别是艺术作品的感知、音乐、现代项目，例如网站或IT产品都在研究范围之内。实验美学强有力地引导了自然科学。现代方法大多来自认知心理学和神经科学的领域。在20世纪70年代，亚伯拉罕·摩尔斯（Abraham Moles，1958—）和弗雷德·内科（Frieder Nake，1938）是最先分析美学、信息处理和信息理论的科学家。20世纪90年代，羽根·斯密特胡贝（Jürgen Schmidhuber，1963—）描述了算法理论中的美，这个理论研究了观察者的主体性和假设的情况，从几个观察的视角比较了既定的主体观者，美学中最赏心悦目的情境往往有着最简短的描述，给予观者先前的知识和特定的数据进行编码的方法。这与算法理论原理密切相关，也是最短小的描述信息。数学家享受着在正式语言中运用短小叙述的方法就是一个简单的例证。另一个非常具体的例子是，一个美观的人的脸按比例可描述的信息也非常少，灵感来源于15世纪绘画，即雷奥纳多·达·芬奇（Leonardo da Vinci，1452—1519）和阿尔弗雷德·丢勒（Albrecht Dürer，1471—1528）研究的比例。斯密特胡贝的理论明确区分了什么是美的，什么是有趣的，声称有趣的对应的是美的主观感知。这里的前提是，任何观者试图不断提高可预见性和可压缩性观察的几率，并发现其规律，如重复和对称以及分形自相似性等。

观者的学习过程，可能是一个预测神经网络，神经美学②（Neuroesthetics）将提供数据压缩过程，此时的观察序列可以被表述为比以前少的比特，数据的临时趣味对应了保存数位的数量。压缩的过程与观者的内部回馈成正比，也称为好奇心的回馈。强化学习算法用于最大化学习的未来预期回报，执行动作序列导致额外的趣味与未知输入数据，但这是可预测的或规律的。这一原理可以实现人工行为，然后表现出一种人工的好奇心。

4. 作为真理的"美"：数学

基于数学方面的考虑，如对称和复杂性，常用于分析理论美学。这不同于应用美学的审美因素，运用在数学之美的研究中。基于审美方面的考虑，如对称和简单性，常运用在哲学领域中。再如道德、物理学理论和宇宙学定义了"真"，都是经验之外的因素。美与真几乎被认为是同义的，反映在声明中。"美就是真，真就是美"，在这首诗中有着希腊式赞颂。又如约翰·济慈（John Keats，1795—1821）或印度教的座右铭"Satyam Shivam Sundaram"，即"萨提亚（真理）是湿婆（神）和湿婆是南特（美丽的）"。事实上，美的判断与真的判断都受到了流行文化的影响，这是可以轻松处理的信息，提出了一个有关"为什么有时美丽等同于真理"的解释。其实，最近的研究发现人们用美作为真理的数学模式任务。然而，包括大卫·欧拉（David Orrell，1962—）在内的数学家和物理学家马塞洛·格莱泽（Marcelo Gleiser，1959—）都在争论强调审美的标准，可能像对"对称"的研究一样将科学家引入一个新领域。

5. 计算推理的美学

自从2005年开始，计算机科学家试图用自动化的方法推演美学质量的图像。通常情况下，这些方法遵循一种机器学习方法，大量的手工照片被用来"教"电脑如何对应与视觉属性相关的审美品质。宾夕法尼亚州立大学开发的基于审美学的图像评分和搜索引擎（Acquine），利用自然照片上传给用户。值得注意的是在这一领域代表人物是迈克尔·莱顿（Michael Leyton），罗格斯大学的心

---

① 曼德布洛特（Mandelbrot）图像中的每个位置都对应于公式 $N = x + y * i$ 中的一个复数。其实数部分是 x，虚数部分是 y，i 是 -1 的平方根。图像中各个位置的 x 和 y 坐标对应于虚数的 x 和 y 部分。图像中的每个位置用参数 N 来表示，它是 $x*x + y*y$ 的平方根。如果这个值大于或等于2，则这个数字对应的位置值是0。如果参数 N 的值小于2，就把 N 的值改为 $N*N - N[N = (x*x - y*y - x) + (2*x*y - y)*i]$，并再次测试这个新 N 值。如果这个值大于或等于2，则这个数字对应的位置值是1。这个过程一直继续下去，直到给图像中的位置赋一个值，或迭代执行的次数多于指定的次数为止。

② 神经美学（Neuroesthetics 或 Neuroaesthetics）是一个相对较新的实验美学（Empirical Aesthetics）的子学科。神经美学（Neuroesthetics）这一新兴学科诞生于西方社会和科学界，视觉神经科学家 Semir Zeki（1999）首创此学科名称，并创立了世界上第一个神经美学研究所（Institute of Neuroaesthetics），因此被推举为现代"神经美学之父"。

理学教授。莱顿是国际数学和计算机美学协会的主席，这个国际协会在认知科学领域为理论发展奠定了基础，并使得一代理论有了初步的样貌。协会在国际象棋与音乐方面也有相当成功的尝试。在马克斯·本斯（Max Bense，1910—1990）的美学数学公式之间有着一种关系，为美学的"冗余"和"复杂性"以及音乐预期理论提供了使用信息率的概念。

6. 进化美学

进化的美学指进化的心理学理论，在这一理论中基本的审美倾向于智者，这被认为已然进化的理论，其目的是为了提高生存和繁殖的成功率。比如人类希望找到美丽，喜好优美的风景，在祖先遗留的环境中有着良好的栖息之地，就是很好的例证。另一个例子说明身体的对称程度是外表具有吸引力的重要方面，也意味着在身体成长过程中有着健康的体魄。进化的阐释是美学偏好的重要组成部分，也是进化音乐学、达尔文文学研究和情感进化研究的一部分。

7. 应用美学

除了应用于艺术，美学还被应用在文化对象上，犹如具有宗教色彩的十字架和具有使用效率的工具。美学涉及的艺术品和医学主题之间有所耦合，是因扬声器为美国情报机构工作而产生的。当英语扬声器使用定位系统为自己国家的观众翻译的时候，这些观众的英语讲得并不流畅，这种耦合加强了学习的范式。它还可以被应用在其他的领域，例如数学、美食、时尚和网站设计等。

8. 美学伦理

美学伦理是指由美丽与魅力所掌控的人类主导和行为的想法。约翰·戴维（John Dewey，1859—1952）指出美学与伦理的统一体现在人们对行为"公平"的理解上，这个词具有美学吸引力和伦理接受力的双重含义。最近，詹姆斯·佩琪（James Page）提出美学伦理可能形成和平教育的哲学理由。

9. 美学共性

哲学家丹尼斯·杜顿[①]（Denis Dutton，1944—2010)确定了6个人类审美的普遍特征：

（1）专业知识与技巧：人类培养、认知、欣赏方法与艺术技巧。

（2）非功利性快乐：人们热衷于为艺术而艺术、不要求取暖或将事物放在桌子上。

（3）风格：艺术对象、编创规则的表演满意度，使之成为一种可辨认的风格。

（4）批评：从评论的角度欣赏和阐释艺术作品。

（5）模仿：一些少有的例子，如抽象绘画，艺术作品模拟了世界的经验。

（6）特殊的聚焦：艺术除去了一些日常生活外，聚焦于戏剧性的经验。

以上的结论可能遭到反对，但对于杜顿的举例而言，有相当多的例外。例如，当代艺术家托马斯·希尔寇（Thomas Hirschhorn，1957—）的装置故意避开了技巧。人们会因为审美的需求欣赏复兴的麦当娜，然而这一现象往往反映了具体而又虔诚的审美功能。"编创的规则"可以在杜尚的《泉》与约翰·凯奇（John Cage，1912—1992）的《4′33″》里读到，这些作品并没有明确的风格（或是一种现实主义作品中不被识别的艺术风格）。杜顿的分类是如此的广博：一位物理学家，可能在他或她的假想的世界里形成自己的理论。另一个问题是，杜顿的分类寻求全欧洲的传统美学观念和艺术，却遗忘了安德烈·马隆（André Malraux，1901—1976）和其他人指出的，已有大量的文化观点（包括"艺术"想法本身）是不存在的。

二、媒体审美

对于"媒体"没有认同感的人们，常常质疑什么是媒体审美？经过几番整理之后，有这样一条线索让人们亲历"媒体审美"。

（1）在越来越多的媒体信息使人们意识到视觉与声音有自己的线索时，受众开始习惯于为了有效的视听安全与表达功能，在物理或媒介的世界里识别和理解对象。

（2）当电影、电视、互联网、电子游戏以及各种

[①] 丹尼斯·劳伦斯·杜顿，美学家、网络企业家和媒体活动家。他是新西兰克赖斯特彻奇坎特伯雷大学的哲学教授，也是网站创始人兼 Arts & Letters Daily、ClimateDebateDaily.com 和 cybereditions.com 网站的合作编辑。

媒体在显示器中呈现相应的图像和声音时,受众逐步对这些线索有了更多的理解,媒体人则在此基础上扩展了媒体自身的影响,以期望更有效地使用这些线索:

① 在二维的屏幕上加强一个三维的展示世界,无论它是一个虚构的环境还是一个真实存在的环境,其目的都是为了讲述有趣的故事或是映现一段记忆犹新的视觉过程。

② 在讲述与映现过程中,提供视觉与声音的重点元素给受众,其目的在于直接获取观众的眷顾,在塑造环境的整体印象、理解对象的呈现方式方面提升这些元素的影响力。

以上所提及的,既定的且令人信服的线索包括:

- 不同类型、数量、方向的光和阴影的性质;
- 色彩的选择、安排与强度;
- 相机的位置与运动;
- 选择和改变相机的光学设置;
- 对象的框架及其预设框架内的安排;
- 编辑的类型、持续时间和间隔;
- 拍摄的顺序;
- 声音的选择和操作的特点及其分层。

(一) 媒介差异

在20世纪最后的三年里,广泛而又多样的文化与技术的发展有着重要的意义,现代艺术观念也呈现了根本的概念,那就是媒介的概念。然而,艺术实践的新拓扑样式没有替代基于媒体的各种形式,这些形式发展成为绘画、纸媒作品、雕塑、电影、影像等。假设艺术实践可以巧妙地组织成一组不同的媒介结构,那么它们建构了博物馆的组织、艺术流派、资助机构以及其他文化科研院校,尽管这种假设不再反映文化的实际功能。

几种不同的发展促成了这种概念上的危机。从20世纪60年代开始,艺术新形式得到了快速的发展,集合物、偶发艺术、装置(包括各种衍生体诸如特定场地装置和影像装置)、行为艺术、行动主义、观念艺术、过程艺术、媒介物(intermedia)、基于时间的艺术等,这些新艺术形式给20世纪旧的媒介类型(绘画、雕塑、素描)带来极大的威胁,因为这些形式的多样性是确切的事实。另外,如果传统的类型基于艺术实践中的不同媒材,新媒介也准予对不同媒材的使用,例如可以任意组合的装置艺术,或者更为糟糕的是,艺术偏重于非材质的对象,即观念艺术的创作,那么新形式就并不是传统意义上的媒介。另一个突变的媒介概念是作为新技术形式的文化逐渐添加到旧类型的艺术媒介。摄影、电影、电视盒影像逐渐出现在艺术院校的课程中,也成为美术馆中独立的部门。在前数字时代的传统中,对于摄影、电影,考虑其作为独立媒体在传统意义上的术语仍然有意义,从它们用不同的材料(相纸的摄影、胶片的电影),也巧妙地体现在其使用基本区别于传统美学这两个不同的方面,定义了媒介的类型学:在空间艺术(绘画、雕塑、建筑)和时间艺术(音乐、舞蹈)之间。因为摄影处理静态图像和电影处理移动图像的感知需要时间,还因为它们依靠不同的材料,将这两种形式添加到艺术媒体的类型中,不会涉及媒介的概念。然而,电视与影像之类的艺术形式并不那么容易分辨。作为大众媒体的电视盒作为艺术媒介的影像都运用了相同的材料(电子信号可以直播或记录在磁带上),还涉及相同条件的看法(电视监视器)。唯一的理由是把它们作为独立的媒介,即社会学和经济的媒介。它们各自的受众有着数量多少的差异,在分配机制上通过电视网络、博物馆和画廊展览传输,也通过磁带、程序的副本数量传输。电视与影像是一个典型的例子,传统美学如何使用旧媒介的概念来描述各种与新艺术的冲突,在20世纪有着重要的区别:艺术与大众文化之间的区别。

现代艺术系统参与了对象的循环,这种循环不是唯一的就是存在于小版本里,大众文化处理大众质量分布的副本,从而依靠各种机电再生产和分配技术。当艺术家开始用大众媒体的技术创作艺术(摄影、电影、广播、影像和数字艺术)时,艺术的经济体系蕴含着他们用技术为大众艺术再生产的反目的,创造了有限的版本。因此访问一个当代艺术博物馆会发现概念上矛盾的对象"录像带的第6版"或"DVD第3版"。逐渐的,在机械分工中存在着社会差异,与其他社会差异并存(观众的规模、接受的空间与展览的空间),区分媒体的重要标准,比材料差异和知觉环境更有难度。简而言之,社会学和经济学都接替了美学。

(二) 数字甄别

随着大众媒体在整个 20 世纪的到来，新艺术形式在 20 世纪 60 年代开始扩散，另一些艺术的发展成为 20 世纪 80 年代至 90 年代数字革命带给传统媒介观念的威胁。随着大多数生产手段的转变，大众媒体的存储和发布研发至数字技术（电子和数字技术的各种组合），个体艺术家运用新手段的适应情况，干扰了基于材料和感官条件与新事物之上的传统区别，形成了新的内容。近期的区别在于传播的模式、接受的方法、展览的方法和支付方案的差异。在物质层面上，转向数字呈现和常见的修改与编辑工具，可以应用于大多数媒体（复制、粘贴、变形、插入、过滤、复合，等等），替代传统截然不同的艺术工具消除了摄影和绘画（静态图像的领域）以及电影和动画（动态图像的领域）之间的差异。在美学层面上，网络建立了一个多媒体的文档，它是一个包罗文字、图像、影像、平面与声音的复合媒体，成为一个全新的交流标准。数字技术使得实现现有文化实践的同一项目不同版本中的不同媒介、不同网络作品发布以及向不同受众推广变得更为简单。如果一个人可以完成相同艺术对象的不同版本，例如，交互式和非交互式版本，或者 35 毫米电影版和网页版，那么他便掌握了当今媒介的属性。往往一个艺术对象的本体与传统有着强有力的联系，而它的媒介却处于破裂的状态。在传播层面上，网络消解了（至少在理论上）质量分布之间的区别，它与之前的大众文化有关，和有限分配之前的次文化及艺术系统有关。正如同一个网站可以被一个人、十个人、一万个人、上千万人进入浏览。

这只是一些有关为什么传统概念的媒介不能作用于后数字、后网络文化的例子。然而，尽管用媒介的概念来描述当代文化和艺术的现实是司空见惯的，但它却是不完整的。它通过纯粹的惯性存在，给予一个更好、更充分的概念系统一种说辞。因此，与其完全摆脱媒体类型，不如人们不断提出越来越多的"新流派"类别，如互动装置、交互式艺术和网络艺术。这些新艺术类别存在的问题是它们仍然继承着基于材料使用基础上的老式传统定义的艺术实践，直到现在人们才使用了不同的替代材料和不同的新技术。

例如，所有的艺术都在网络平台上，艺术运用了网络技术，集中到一个"网络艺术"的类别。但是为什么人们假定所有艺术品分享了网络技术，应该与用户接受共同之处？"互动艺术"的想法是同样的问题。就像先前建议的，运用在计算机基础上的媒介关系，交互性的概念是一个重复的意思。现代人机界面（HCI）是通过互动的定义界定的。与早期的界面的批处理技术相比，现代人机界面允许使用者通过操纵屏幕上显示的信息来实时控制计算机。一旦对象呈现在计算机上，它会自动地变为交互的。当然，称计算机交互媒体是无意义的，这只意味着关于计算机最基本事实的陈述。正如，人们不能假设所有运用了网络技术的艺术作品就属于"网络艺术"——或者，更准确地说，把所有运用现代计算技术的互动艺术作品归为"互动艺术"的一个类别是错误的。

(三) 后媒体审美的一个程序

在一个文本空间内，我们可以发展一个新的概念体系，它将替代旧媒介的话语并能够更充分地描述后数字时代、后网络时代的文化。另外，可以做的还有确定一个特定的方向，以此来追求在这一体系中的发展。这一方向可以替换由计算机和网络文化发展而来的新概念的媒介观念。这概念可以是字面意义的，即实际电脑中介的通信；也可以是比喻性质的，即计算机前文化的。所以，在这里后媒体审美的内容如下：

（1）后媒体审美需要一系列的类别用以描述一个文化主体如何组织数据，以及这些数据结构使用者的经验。

（2）后媒体审美的类别不应该与任何特定的存储或通信媒体相关联。

例如，"随机进入"的想法不是作为特定的权利用于计算机媒介，而是作为一般数据组织的策略，这将运用于传统书籍和雕塑。或者另外作为一个特定用户的行为策略。

（3）后媒体审美将适应新的概念、隐喻、计算机操作和网络时代，例如信息、数据、界面、带宽、流媒体、存储、压缩等。

人们可以在当下的语境中谈论后数字、后网络文化，谈论过去的文化时常用到这些概念。后来有一个办法，不仅仅是一个有趣的智力运动，而且也是伦理上人们必须做的事，即为了看到新旧文化作为一个连续体；为了通过旧文化的审美技术的应用使得新文化更为丰富;为了使旧文化被理解为新的一代体系,且充满了相适应的概念、隐喻和一台计算机的技术以及网络作品的领域。作为这个方法的一个例子,人们可以描述乔托(Giotto di Bondone,1266—1337)或爱森斯坦(Ferdinand Gotthold Max Eisenstein,1823—1852)不仅是一位文艺复兴早期的画家或一个现代的电影制片人,也是重要的信息设计者。第一个发明新方法来组织数据,即在一个静态二维表面的小组或三维空间,在教堂建筑一组面板;第二个开创了一种新的技术来组织数据,随着时间的推移和在不同的媒体跟踪下的数据协调,以达到最大程度的用户影响力。在这一方面,一本有关信息设计的未来的图书将包括乔托、爱森斯坦与艾伦·凯(Allan Kay,1940—)和提姆·B.李(Tim Berners-Lee,1955—)[1]一起走过的日子。

(4) 一项媒体的传统观念强调一件材料的特殊物理质地和它再现时的特性,例如标志与指示物之间的关系。

一般的传统美学,可以鼓舞人们比使用者思考更多有关作者的意图、一件艺术作品的内容与形式。与此形成鲜明对比的是,文化、媒体和个人文化作品就像一个软件让人们聚焦于为用户提供的运作方式,实际的软件应用程序被称为"命令",焦点在用户的能力与用户的行为之间变化。媒介的概念不是人们用软件的概念谈论的过去媒体的概念,而是问及怎样的用户信息可以运作一项特殊的媒介。

(5) 文化批评与软件设计者区分了理想的读者,通过文本描述的用户、软件和阅读的实际策略、使用、再使用之间的差别。

后媒体审美需要确定相似的差别,与所有的文化媒体或使用者介绍它们与文化软件之间的关系。所提供的运作和运用文化对象的"权利"不同于人们实际使用的情况。实际上,最近文化的基本机制是一个文化软件的"误用"系统,比如抓轨记录的DJ文化,或重新合成旧轨迹。

(6) 用户的策略[2]并不是唯一的或随机的,但却有着特定的模式。

可以介绍另一个术语——信息行为——来描述在给定文化的环境下一个特定的访问和处理信息的方法。人们不应该总是假设给定的信息行为是"颠覆性"的;可能提出的"理想"行为与相关软件密切关联,或者它可能有所不同,仅仅是因为一个给定的用户只是一个初学者,没有掌握的最佳方法使用这个软件的缘故。

(四) 信息行为

正如术语"软件"[3]强调的是从媒体到文字的用户,人们希望"信息行为"的术语也能帮助人们考虑文化交流的维度,而这在以前并未被关注过。这些维度其实早已有之,但在信息社会它们迅速地控制了人们的生活成为可视且智能的。今天人们的日常生活由大部分为文字方式的信息活动所组成:查看电子邮件并回复电子邮件、查看手机短信、组织电脑文档、使用各种搜索引擎等。简单地说,人们组织文档,运用搜索引擎或者与手机互动等特殊方式可以被看作信息行为。当然,根据认知科学的范例,人类广泛的感悟与认知可以被认为是信息的过程,但这并非这里的涵义。视觉感知的每一个动作和记忆的回想可以被认为是术语"信息过程",今天这些例子还有很多,如过滤、回想、整理、优先考虑和计划。换句话说,在人们社会的日常生活中,在一个广泛的领域内,工作将转化为新类型的行为活动,涉及寻求、提取、处理和通信的大量信息,通常是一种定量的信息。从一个大城市中的交通网络导航到使用万维网,一个个人的信息行为形成了个人身份的一个主要内容:他们是通过单个或一组特定战术在信息社会中生存。正如人们的神经系统已经进化到在环境中以特定的方式过滤信息,以适应人类大脑的信息容量,保证生存和繁荣。即在信息社会中,人们发展特定信息的行为。

像其他的社会信息概念一样,软件、数据、界面、信息行为等概念可以被广泛使用,并超出目前

---

[1] 提姆·B.李(Tim Berners-Lee),英国计算机科学家,万维网的发明者,麻省理工学院教授。
[2] 麦克·D.瑟托(Michel de Certau)使用了这个术语。他是一个法国传教士和学者,工作领域包括历史、精神分析、哲学和社会科学。
[3] 软件(Software):一系列按照特定顺序组织的计算机数据和指令的集合。软件被划分为系统软件、应用软件和介于两者之间的中间件。

特定的信息行为，比如人们平时使用的掌上电脑、谷歌或一个地铁体系。这可以被拓展为一个文化领域，也投射到过去。例如，人们可以在阅读文学、参观博物馆、上网看电视或者选择跟踪从 Napster 下载的时候想到信息行为。应用于过去，信息行为的概念强调过去的文化不仅代表宗教信仰、统治者的赞美、美的创造、执政合法化的意识形态等，也是信息过程的体现。当听众、读者和观众开发了他们自己的认知技术提取这些信息时，艺术家也开发了新技术的编码信息。艺术史不仅仅关于风格创新、对现实的斗争、人类的命运、社会与个体之间的关系，也是艺术家研发新的信息界面的历史，是用户开发的新的信息行为。当乔托和爱森斯坦在空间与时间中开发了新的组织信息的方法时，他们的观众不得不开发了导航这些新信息架构的适当的方法，就像今天每一款人们熟知软件的新版本已经面世，需要人们修改前个版本开发的信息行为。在生活中，人们整日被信息界面包围着，评论家和艺术家开始有选择地考虑过去文化的另一个术语"信息架构"①。一个很好的例子是给弗朗西斯·耶茨（Francis Yatez）的书《新媒体中的艺术记忆》（*Artistic Memory in New Media*）的讨论。这是一个信息界面和信息行为的概念，可以应用于任何文化对象，过去和现在的。简而言之，每一个文化对象在一定程度上都是一台掌上电脑。软件就像是一个文化解析的新对象，分析后媒体审美是如何成型的，又如何适应过去几十年文化理论的历史。如果人们考虑文化交流紧跟基础信息理论，那就是作者—文字—读者，或者是信息理论的专有术语，发送方—消息—接受方，这段历史可以被概括为注意力从作者到文字再到读者的逐步的转移。传统的批评聚焦于作者、他或她的创作意图、传记和心理学。到了20世纪50年代，结构主义的焦点转向文本本身，将它作为一个符号系统代码来分析。1968年以后，批评的能量逐渐从文字转向读者。这一转移的发生其原因不止一个。另外，很明显，结构主义方法有严重的局限性：将每一个文字作为一般系统的实例，结构主义并没有太多地解释什么是给定的独立文本和文化的重要性。另一方面，1968年是个拐点，

十分清晰的是结构主义方法无意中支持了现状、法律、系统。因为结构主义想描述一切关闭的系统，它是历来如此的，而不是例外的；是大多数的，而不是少数的。

从文字到读者的转移有着大量的形式，可能被认为有两个阶段。第一个阶段，结构主义的抽象文字被一个抽象且理想的读者所取代，由心理分析想象而生，从精神分析角度进行批评，如电影理论中的装置理论，或是文学中的接受理论。第二个阶段即在1980年前，这个抽象读者被实际的读者和读者的交流所替代，当代的和历史的，都作为文化研究分析的焦点，民族志成为电影研究早期影片中历史感的重点。从作者到文本和读者的遍历轨迹，下一步将是文化批评么？主要的观点是人们需要通过增加更多组件得以更新信息的模式：作者—文字—读者，然后聚焦人们在这些组件上的批评关注度。

这些组件是作者和读者所使用的软件。当代作者（发送方）用软件创建了文字（消息），这是软件所影响的，甚至形成了各种文字的创作：弗兰克·格里（Frank Gerry，1929—）在建筑设计所传达的特殊计算机软件到安德烈亚斯·古尔斯基（Andreas Gursky，1955—）使用 Photoshop DJs。整个实践取决于实际的软件或软件的隐喻意义：操作允许通过转盘、混合器或最初由 DJs 使用的其他电子设备。相似情况下，一个当代读者（接收者）常与文字使用的计算机实际软件互动，例如网络浏览器或是在隐喻意义中的软件。那就是老的硬件界面，由先前的电子设备 CD 播放器所控制的特殊控件。现代计算机软件常常是模拟已经存在的硬件界面。例如 QuickTime 播放器模拟控制标准的录像机，这个区别并不像一开始看起来的那么简单。这个软件揭示了读者是如何思考文字的，事实上，它定义了所给文字的样貌。它是以一套在 CD 上的单轨道或一组多媒体组件和超链接作为一个网页页面。人们所讨论的交流模式制订了信息理论，包括了三个组成部分：发送方、消息、接收方。其实，这个模式是更复杂的，总共有七个部分：发送方、发送方代码、消息、接收方、接收方代码、频道和噪音。根据这一模式，发送方用自己

---

① 信息架构（Information Architecture）：指对某一特定内容里的信息进行统筹、规划、设计、安排的一系列有机处理的想法。

的代码编辑消息；消息通过一个通信信道被传输；在传输的过程中受到噪声的影响；接收方使用自己的代码进行消息解码。由于带宽容量的通道有限，噪音的存在、发送方和接收方代码之间可能的差异，接收方不会接收到与发送方发送的相同的消息。最初为这样的应用程序开发了电信、电话和电视传输。在20世纪20~30年代，在第二次世界大战期间，代码得到了加密，以及解码也得到了发展，信息理论的目标是帮助工程师构建更好的通信系统。采用不同的问题成为通信模型作为一个文化交流的典范。工程师开发这个模型则更多地关心信息的准确性，但是在文化交流中，准确传输的想法却是危险的；认为沟通是唯一成功的，如果接收方精确重构发送方的消息，那将授予一种发送方意义对接收方意义的特权。人们可以说文化研究聚焦于主流文化的"颠覆性"使用，进入另一个极端的是只有"不成功"的交流才值得研究。另外，通信模型对代码和频道（后者对应于"媒介"这个术语，是常用的）作为被动、机械组件：他们只是需要必要的工具传输预先存在的消息。自模型最初出现在电信的文本中，它假设无中介的口头或视觉传达——两人交谈或一个人着眼于现实——都是理想中的。只是因为人们希望这样的通信发生在一定的距离内，而人们需要代码和一个通道。添加作者的软件组件和读者的软件模型强调了积极作用技术，即原始模型的调用代码和通道在文化交流中的作用。编辑软件定型了作者所理解的她/他是如何工作的。因此，他们在塑造科技文化的文本最终形式中发挥着至关重要的作用。读者通过软件的界面浏览这些文字，界面限定了他或她对文字的理解：什么类型的数据包含的文本，是如何组织在一起的，还有什么可能性，什么是不能沟通的。此外，软件工具，实际是计算机软件和比喻意义上的软件，即一组数据操作和受雇于一个特定的媒体或具象技术的隐喻方式，是允许作者和用户混合现有新的文本之外的文化文本。再次，DJ实践的例子可以在这里得到体现。后媒体时代的审美理论在这里有何影响？像其他范式，这特权是以一些研究方向为代价的。因此，尽管它以文化历史的开发接入方式作为信息界面、信息行为、软件，这样的视角还是让人们忽视了其他相关的文化。最显著的危害是强调信息架构和信息行为的后媒体审美，给予文化认知维度一定特权，却没有提供任何明显的方式来思考其影响力。

20世纪50年代后期以来，这一影响在文化理论中被忽视了，在通信的数学理论影响下，罗曼·雅柯布森（Roman Jakobson, 1896—1982）、克劳德·李维·斯特拉斯（Claude Levi-Strauss, 1908—2009）、罗兰·巴特（Roland Barthes, 1915—1980）以及其他人开始将文化交流仅作为编码和解码的信息。

巴特撰写了他著名的文章《摄影的讯息》（*The photographic Message*），发表于1961年，有以下论断：新闻照片是一则消息。整体考虑，这个消息是由发射源、传输通道和一个接收点形成的。发射源是报纸的工作团队，团队技术人员拍的照片，一些人员会选择、组合和处理它们，而其他人则最后给图片取名、标题并进行评论。接收点是公众，公众读报纸。对于传播的通道来说，这是报纸的本身。

尽管后来的评论避免了这种直接应用数学理论沟通和文化交流，但这种方法的应用仍然持续了数十年，作为一般范式文化批评，即使今天也仍然侧重于"文本"的概念和"阅读"。通过运用任何的文化对象、情境、过程作为"文本"，"文本"被读者阅读或被评论批评，文化批评给予信息和认知维度一定的特权，包括文化情感、感情的、行为的和经验的维度。

对于20世纪最后20年的文化批评而言，颇有影响力的方法几乎被它的维度忽视。拉康的精神分析和认知方式在文学研究和电影理论处理方面仍有不小的影响。后媒体或是信息美学，在这里不能直接给予处理，这样的方法将需要补充其他范式。

但重要的是要记住，人们不能够完全公正地面对当代文化，要考虑信息工作者的工作对他/她计算机的影响，而忽略他/她可能听的CD/MP3播放器同时播放的音乐。总之，人们不能只考虑办公室和忽略俱乐部。办公室和俱乐部，两者都依赖于同一个机器——数字计算机。它们之间的差别在于其软件的不同。在办公室里，人们在使用网络浏览器、电子表格、数据库、信息管理、编译器、脚本工具等。在俱乐部，DJ用混音和音乐作曲软件，无论是直接或间接地在舞台上，通过播放的音轨事先在工作室进行合成工作。

如果同一数据处理机可用于高度理性的认知过程，例如，编写计算机代码，则可以创造可能的情感和身体经验，这意味着数据不仅仅属于认知方。如果社会中的数据流从人们的大脑移向了身体，也许信息美学最终将学习如何思考有关情感的数据。

三、技术美学

"设计已经有一百年的历史，但是替代了原子导弹和激光，我们的扫描显示了光子鱼雷和分阶段的能量武器。他们也有实时空间对话、运输车、舰对舰视觉、未经审查的脏话、一个从未将有色立方体作为食物的厨房"。①

技术美学是一种常见的论点，它认为从观众的个人标准来看，什么东西看起来更先进，那么它就是更先进的。观者有自己的标准，也就是说不是映射到观众自己的生活经验，而是面对实用价值，有着惊人的分量。高科技被看作是高技术的，所以一个视觉上复杂的效果往往意味着更多的技术，而不仅仅是视觉上简单的特殊效果而已。罗比（Robbie）的机器人有着许多闪光的和可移动的部件，所以它看起来比指挥官的数据更先进，看起来就像是一个有着趣味肤色的苍白古老人类。显然，这里有许多令人匪夷所思的地方：即使MacBook有四个核心处理器，比20世纪50年代的电脑的计算能力强大得多，但20世纪50年代的计算机所有的导管、灯泡和键盘看起来极具科技性，比普通的、娇小的、白色的MacBook要复杂得多。其实，这个论点常常被忽略，先进技术的一个标志是人们所设计的"舒适因素"：新的事物和奇妙的技术带来了裸露的电线和发光的灯，但随着技术的进一步提升，技术将被细化直到给定一个形式，不至于处于尴尬的境地。毕竟，人们需要比建立一个二次大战陆军战地电话更为先进的创新技术创造今天仅有钱包大小的极简主义手机。人们听见很多抱怨声，抱怨一个现代模拟制式的手表可以自动无线连接一个电子钟，远不如70年代的计算机手表先进，原因是后者有更多的按钮和分段显示，这一原理是未来计算机向极端功能化图式显示转变的原因。很容易忽视的是随着时间的推移，设计美学逐渐在改变，直至完全独立于技术之外。20世纪50年代，人们认为耀斑（flares）和尾翼（tail fins）将是未来主义的。可是人们刚刚进入不可思议的公元21世纪，却发现很少事物拥有尾翼，除了实际的鱼、飞机和蝙蝠车（Batmobile），甚至蝙蝠车最近也摆脱了尾翼的设置。事实上，像耀斑和尾翼一样的东西，在如今看起来绝对复古，例如新福特雷鸟（Ford Thunderbird）保持了50年代的感觉。一般来说，"未来"成为当下人们真实世界中的事物，奇迹和进步成为那些不太浮夸的人们在过去时代中的想象。即使它们极大地改变了人们的生活，它们倾向于用一种极其微妙的方式，这种方式人们似乎无法注意到。最新的波音747的外貌几乎与20世纪70年代的如出一辙，但是它们的内部设施却更先进。一些现代的家用轿车比老式跑车更快，但它们的外观却并非如此。一辆2009年的道奇汽车挑战了诸如科鲁兹所控制的各种电子巡航系统的特征，牵引控制、计算机控制的发动机、侧安全气囊、GPS、语音识别和一些没有称谓的东西，但是外表看起来就像一个现代化的1970年挑战者。现代办公大楼使用现代建筑技术可能不需要飞檐拱壁来筑造外形，的确看起来有点不同于一百年前的办公楼，它可能是一个19世纪立面的现代建筑建造，但不是一个有机体的螺旋样式，7英里高的气动管替代了电梯。人们可能会按照那种方式进行建造，但却没有，因为那样既不具备可行性，也不具备设计美学的意义。对于着迷者而言，倾向于长跑者系列或是Franchise系列，因为它们是一些看似"未来主义"的现代设计美学，而前一个当代设计却并非看似"未来主义"的。值得注意的是，这是由足够先进的技术引导的，这些先进的技术出现在看似原始的形式中，诸如石头、水晶石、偶像、纪念碑和古老的废墟中。由于这些原因，显而易见的是这一论点在很大程度上缺失了着迷于朋克蒸汽的人们，同样可以看见闪光的飞船、未来使用、过渡蒸汽，一切都将在未来与高科技中进行。

---

① Farce Contact. A Star Trek：Enterprise Parody Fic[EB/OL].http://www.realmoftheshadow.com/odon/farce.htm，2016-6-9.

第四节　新媒体艺术的审美应用：跨界融合

一、媒体审美中发掘创意

创造力的重要性体现在整个人类文明的发展中。创造力可以在多种方式下得到鼓励，艺术也是一个动态的培养创造力的渠道。人类的创造力是一个典型的属性。当结合人们的记录和受益于知识积累的能力，它使人类成为这个星球上最高级的物种。纵观历史，人们曾设想周围环境在新的和有益方面的体现，生产理念、发明和艺术品，彻底地改变了地球上的生活，增加了人们对宇宙中的本质的认识与理解。

（一）人类成长中创造力的递减

人类还没有实现完整的创造性潜力，主要因为每个人的创造力并没有得到正确的培养。想象力有着关键的作用，发现和创造力只是刚刚为人所知的步骤，甚至在教育社区，很多人仍然不欣赏或未意识到它的重要性。

对创造力的研究，是一个所谓跨文化的"四级衰退"。简单地说，数据表明，人在孩童时的创造力是显而易见的，经常得到蓬勃发展。当他们到达四年级的时候，变得更加顺应常规，不太愿意冒险，不如早些年好玩或具有自发性。这些趋势持续了整个学年直到成年。因此儿童所面临的创造力的递减，需要解决的是成年人的潜力，激发人类开发他们的创造潜能。创造力潜力的发掘，不仅是为了自己未来的利益，也是为了人们居住的社区。

（二）教育干预

传统教育和一般的教育不培养人们的创造力，它们限制被放在教育系统中人们的创造力，在学习中鼓励整合和模仿而不是自发性的创造性的想象力。此外，标准化考试要求学生提供"正确"答案，没有整理思维过程，结果"不正确"的答案或模棱两可的答案成为同样有效的错误答案。即使是那些老师和家长认识到创新的重要性，也往往缺乏相应的工具和培训机制，无法鼓励人们的想象力和发现能力。

在过去千年季的旧的经济体制中，创造力是"外生"或纯粹是天生的，不是每个人都需要并具有创造力的。即使是在工业时代，重点也是生产力，而不是创造力。然而，在未来的经济世界中，创造力必须得到扩散，每个人都必须学会如何运用媒介提高他或她的创造力。毫不奇怪，今天创造力的重要性正日益被强调，相关学科将从人类学的研究组织理论和管理中获得学习。

但人们几乎总是被引入学习过程（教育）和社交过程（家庭），而不是创作过程。因而国际儿童艺术基金会（ICAF）等地方组织在为培养人们的创造力而努力。ICAF 的任务是为人类的幼年开发创造性和未来合作的能力。创造力可以由多种方式得到鼓励，例如艺术就是一个动态培养孩子创造力的渠道。此外，协作艺术项目，也可以展示合作创造的力量。但艺术需要比过去更广泛的定义，包含了数字艺术和新媒体数字革命成为可能与推动力。

（三）因特网提供创意平台

20 世纪末 21 世纪初，互联网已经成为最强大的媒介，起了沟通、信息、教育、事务和社区建设的作用。然而，数字革命的整体出现推动了全球创意革命的蓬勃发展。互联网可以提供一个动态平台，通过这一新的学习形式使用相关知识，允许个人和团体获得他们创造的潜能，带来创新革命，但要注意的是，互联网的潜力作为未成年人的创造力训练基地需要妥善利用。

（四）艺术经济被创意驱动

数字基地并不意味着实践或传统艺术即将被忽略。其实，到了 21 世纪，艺术在未来的经济中会承担更大、更重要的职责，未来经济将被创意所驱动。媒体艺术为创意提供了良好的环境，它也将成为未来经济的践行者。

（五）创意催化剂

人们怎样才能带来创造力革命？平行于建立一个和平的文化，创建一个创造力革命需要参与的项目。根据联合国教科文组织的说法，从幼年就鼓励创造力是最好的保证经济增长的策略，一个健康的自尊和相互尊重的环境建立在一个和平文化的关键成分之上。

人们面临的选择不仅仅是生存还是毁灭创造力，但人们必须鼓励下一代发挥创造力，成为最好的创意型人才。创造力革命始于每个人，应学习如何创新,做支持变革的催化剂。

(六)艺术与工艺的媒介表达

创造力可以来源于大量原创文章和项目,以及提供创意的专业人士——来自世界各地的艺术家和手工艺者,为了帮助自身的探索和表达创造力,在艺术、工艺品、写作以及其他方面追求创造力的展现。

还有,更多的工艺品、艺术、写作的资源以外的创造力开发方式可以通过项目、教程、文章,收集专门的网站得以学习。

(七)如何创造

在媒体中寻找三种方法:以新媒体为平台调整意识,以新媒体技术做自己的事,以新媒体审美进行创造性练习以挑战自我。

创造力可以被教授,但也必须得到培养。人们可能突然得到创造力的启发,创造力犹如一道闪电,如果有正确的方向它甚至还可以持续增强,应建立自己熟悉的方法,不要给自己太多的压力。

二、技术审美中彰显人文

随着世界变得越来越全球化,跨学科、有效沟通的能力、发现和解释的哲学信念和立场,使人们越来越多地理解复杂的社会技术系统,也了解到参与的重要性。

(一)人文和社科哲学

人文科学和社会科学认为,技术在教育中扮演着一个关键的角色,就像一个学生。学生从事专业研究领域的学科目标是利用设计、工程和技术让生活更好。人文学科和社会科学的目的是帮助学生定义"更好的未来"。此外,不存在人类学科的独立经验和人类经验。因此,学生必须获得一组数值,帮助他们理解和练习完整的愿景、社区参与和自我知识。作为这个数值的一部分,学生必须了解他们学科的当代问题应用性,他们必须具备良好的沟通和团队建设技能,他们必须理解"领导力"的定义。最重要的是,他们必须明白个人责任,即开发一种专业性的感觉。

技术中彰显的人文和社会科学,为人们提供了一个机会去探索和掌握批判性思维技能,是一个重要的灵活性和终身学习的基础。解决问题的创新能力成长为各种学习的机会和挑战。

技术的目的是通过通信组件为人们提供沟通技能、媒体传输和媒体介入的方法,社会科学的目的是向人们介绍社区的概念、社会和自我。上层人文和社会科学的作用在于反映了人们的信念,使人们理解学科当代问题的应用性,从而获得专业和个人道德与敏感度。

(二)新媒体影响下的人文研究

在西方曾经出现瑞典12所大学联手加强人文学科的研究。

他们的联手使人们认识到努力加强人文社会角色的重要性。

随着新媒体的发展,人文研究已凸显了研究的困难,近几十年来的公开辩论中有着多方的负面声音。相反,人文研究就是社会和自然科学家们公开讨论制订议程和主导媒体。

(三)其他维度

人文研究可以使其他维度的问题主导公共的辩论。人文和其思想工作是新媒体发展下多维度的内容,它被要求谈及话题考虑的重要方面,如言论自由和种族主义等。

(四)难于测量的人文价值

经济增长导致社会和人文研究无法进行,根据罗伊·维克朗(Roine Viklund)的观点,人文价值下降主要有两个原因:

其一,人们研究的主题并不总是容易用货币来衡量的,但是没有任何语言、历史、工程方面的问题能说明人文与社会技能价值具有相关性。

其二,人文研究是活跃在公众讨论和小组讨论中的。人文的课题需以一种积极的方式进行探讨。

数字人文为讨论提供了一个理想的环境和新的学习计算技术的天地,包括如何影响教学、研究、传播、创造,通过以社区为基础的方法进行不同学科的数字存储。

数字人文的密集课程、研讨会和讲座,使参与者能够分享想法和方法,用先进的技术和开发经验进行研讨。从艺术、人文、图书馆、档案馆、社区以及独立学者和参与者那里广泛提供交流的平台。

三、跨界研究中的审美

(一)跨学科性

跨领域是新媒体发展到一定程度的必然结

果,涉及两个或两个以上学科的结合的过程。它是关于创建新东西跨越边界,思考边界问题的内容,是相关交叉学科或跨学科的领域,是一个组织单元,跨越传统学科之间的界限或学派,有新需求和职业出现。

跨学科应用在教育和培训方面十分常见,常用"跨学科"这个词来描述研究,使用传统方法、已有学科或领域研究的见解来传达主题。跨领域包括研究人员、学生和教师的目标连接、学术思想的集成,以及职业或与他们特定的角度技术发展追求的共同任务。跨领域的应用主题可能被忽视,甚至歪曲传统学科研究机构的结构,例如,女性研究或民族区域研究。

"跨学科"这个形容词是最常用在教育界的术语,研究者从两个或两个以上学科整理他们的方法和修改方案,以使它们更适合手头的工作,包括在团队教学的情况下,要求学生理解给定的主题与多个传统学科的关系。例如,土地使用时可能会出现不同的主题,由不同学科进行检查。如生物学、化学、经济学、地理和政治。

虽然跨学科和跨领域经常被视为20世纪的新现象,但其概念是有历史先例的,尤其是希腊哲学。朱莉·汤普森·克莱因(Julie Thompson Klein)证明了"概念的根源在于一些想法体现的现代话语中,一个统一的科学思想产生共鸣,一般取决于知识、合成和知识的集成"。贾尔斯·甘恩(Giles Gunn)表示,希腊历史学家和剧作家将根本元素加入其他领域的知识(如医学或哲学),进一步验证自己的材料。实际上以人为本的项目涉及跨学科性和多元历史性早有案例,17世纪的莱布尼茨(Leibniz,1646—1716)的普遍的任务是创建一个系统,需要语言学、经济学、管理学、道德和法律哲学、政治……甚至汉学。

跨学科项目有时源于一个共同的信念,基于传统学科无法或不愿解决的重要问题。例如,社会科学学科、人类学和社会学很少关注的社会分析技术,在20世纪成为大部分被遗忘的课题之一。因此,许多社会学家与技术兴趣加入了科学和技术研究项目,通常由学者跨越许多学科进行。他们也可能来自新的研究过程,如纳米技术,采用了结合的方法来解决两个或两个以上的学科。例子还包括量子信息处理、量子物理学和计算机科学的融合,生物信息学结合分子生物学和计算机科学等。可持续发展研究领域处理问题需要分析和合成,在经济、社会和环境领域,通常集成多种社会和自然科学学科。跨学科研究还包括健康科学的研究,解决疾病的最好方法与检查健康结果。一些高等教育机构提供认可的跨学科研究学位。

在另一个层面跨领域被视为解决过度专业化的有害影响。一些观点认为,跨学科性完全得益于那些专门从事研究的领域缺乏专家的原因,跨学科是因为没有信息和权威专家可咨询。其他方面的重点需要超越学科的跨学科性,查看过度专业化与认识论以及政治上的问题。当对跨学科合作或新问题解决方案进行梳理,研究成果便产生于相关的不同学科背景。因此,学科专家和跨学科可能是互补的关系。

1. 跨学科研究

早期专注于跨学科研究的区分,可以发现分布在今天的学院里,跨领域的研究,涉及一个小的或多个研究小组。在美国和世界各地已有成千上万的研究中心。两个国际组织相继成立:跨学科研究协会(Association for Interdisciplinary Studies)成立于1979年,国际米兰的国际网络跨学科协会(International Network of Inter-and Transdisciplinarity)成立于2010年。哲学/跨领域网络团队(Philosophy of/as Interdisciplinarity Network)成立于2009年,是一个致力于跨领域的理论和实践研究中心。北得克萨斯大学(University of North Texas)研究中心的跨学科中心(Center for the Study of Interdisciplinarity)成立于2008年。

一个跨学科的研究是一个学术程序或过程,在一个教育环境下试图合成广泛的观点、知识、技能、互联和认识论。跨学科的项目可能成立,以促进学科研究的一致性,但从单一学科的角度不能充分理解(例如,女性研究或中世纪的研究)。在更高级层面上,跨领域可能成为研究的焦点,是在批判制度化的学科细分中获得知识的方法。

相比之下,跨学科的研究提高了自我意识,跨学科性问题归于如何工作,如何连接自然和历史学科,交互和后工业社会知识的未来。研究中心的跨学科研究人员取得了区别于哲学的工作,将"和"作为跨学科的重要特征,确定一个新离散区域的哲学认识论和形而上学的问题，关于跨学科状态的思考，后者指向一种实践哲学，有时被称为"哲学领域"。

也许最常见的跨学科项目，是由支持者和批评者合作形成，提供学生多学科的视角，在解决冲突和实现一个连贯的主题看法时不给予有效的指导。其他人则争辩说，这一想法的合成或集成学科是可疑的。跨学科项目的批评者认为野心是不切实际的，考虑到所有的知识和智力成熟必须有优秀本科的基础，一些后人承认困难，但坚持培养跨学科性的思维习惯，即使在这一水平，是可能的和必要的。了解和参与公民的教育和领导能力的分析、评估，综合来自多个来源的信息，正是为了呈现合理的决策。

虽然已经有很多学术项目和专业实践中有了哲学和跨学科中的承诺，越来越多的社会科学家询问跨学科学术话语，以及辨析跨学科性实际上是如何工作的，这些主要都是在实践中得以考量。

2. 跨学科研究的体制

自1998年以来，已经有一个优势价值的跨学科研究、教学的概念和实践在美国大学学士学位授予的数量中不断增长，分为多个或跨学科研究。美国国家教育统计中心（NEC）数据显示，跨学科的学士学位授予的数量从1973年以来的共7000个上升到2005年以来的每年7000个。此外，卡内基教育委员会（Boyer Commission to Carnegie）的领导人瓦坦·格里高里（Vartan Gregorian, 1934—）和艾伦·I.莱施纳（Alan I. Leshner），以及美国科学促进会（American Association for the Advancement of Science）的首席执行官提倡、跨学科，并将其看作是21世纪解决问题的方法。这已经得到联邦机构资助，特别是在美国国立卫生研究院艾丽雅·泽伯尼（Elias Zerhouni, 1951—）的指导下，那些呼吁更多拨款的提案被定调为跨学科合作项目，比单一的学科的独立研究员获得更多的资助。同时，长期在跨学科研究项目的独立研究员获得现有的和良好的发展。包括亚利桑那州国际（Arizona International，原亚利桑那大学的一部分）迈阿密大学（Miami University）跨学科研究学院和美国韦恩州立大学（Wayne State University）跨学科研究，阿巴拉契亚州立大学（Appalachian State University）跨学科研究的部门，和乔治梅森大学（George Mason University）的新世纪学院（New Century College），其中单一学科的研究一直被削减。斯图亚特·亨利（Stuart Henry, 1949—）看到这一趋势，认为：一部分霸权的学科试图开拓殖民地，否则将被边缘化，其实验知识生产领域也被调查。这看似是一种威胁，但其实是基于跨学科研究的优势对传统学术界的影响。

3. 专业领域的"转变"

当一个特定的想法出现时，几乎在同一时间出现在不同的学科。例如，转变的方法重点在于"关注专业领域"（采用一个特定角度）的想法转为"即时的感官意识"，将"总场"归为一个"整体模式、形式和功能的统一"，一个"整体结构和配置的想法"。这发生在绘画与立体主义领域中，如物理、诗歌、沟通和教育理论。根据马歇尔·麦克卢汉的观点，这一转变从一个机械化时代带来了顺序性、时代性、即时性、速度性和电力性，以及同时性。

（二）跨界媒体与广告

1. 作者和页面信息

广告是一种艺术，足够通过俘虏人类智力而得到钱。[①]

自从新媒体成为大众媒体，企业自然使用这个通讯方式让更多人知道他们的产品。没错，因为它允许创新想法和概念与他人共享。然而，随着时间的发展，广告的方法和技术不断成熟进步，诱惑甚至塑造新形象创造了消费的需求，将奢侈品变成必需品，广告正是跨界力度最大的艺术形式。

2. 媒体渠道成本

整个20世纪，美国和其他国家拥有各种自由的媒体和众多广告推广渠道，帮助支付媒体成本。

随着企业竞争的增加，需要巨大的广告支出以获取回报。广告行业花费数百万甚至数十亿美元赢得受众的青睐和思想，并影响人们对他们的

---

① Chuck Blore. A partner in the advertising firm Chuck Blore & Don Ruchman, Inc, The Media Monopoly[M]. Sixth Edition. Boston: Beacon Press, 2000:185.

产品和想法作出选择。这通常意味着更具吸引力的基金通过公共资金或电视许可证对媒体进行资助。也意味着这样的媒体也可以成为关键事件和节目。

鉴于对媒体公司的依赖,广告商通常可以故意或默许施加不适当的影响;如果对此进行报道,广告客户可能公开破坏媒体公司用于资助广告实践的纪录片,媒体公司将失去用来维持运营的急需收入。

因此,主流媒体在很大程度上是由市场力量驱动的。

3. 受众的产品

纽约时报公司销售过一种产品,该产品是基于受众关系的。当受众买报纸时他们并不赚钱,恰恰是亏钱的。他们乐于把报纸放在网络上给予免费阅读。这使得受众成为产品。……你必须把产品卖给市场,市场当然是广告客户(即其他业务)。无论是电视还是报纸,或其他,他们出售的是受众。公司转而把受众又卖给其他公司。①

4. 受众也是消费者

本·拜迪基亚(Ben Bagdikian,1920—2016),著名媒体评论家和作家,其著作作为传统媒体具有垄断地位。拜迪基亚在其书中详细描述了媒体公司基于受众人口的原因,施压以改变媒体内容和形式的细节。慢慢地,媒体的内容对于类型化的受众有着不同的广告重要目标。他还表明,"给受众他们想要的东西"的概念也有点误导,因为,它更多的是针对那些买得起产品的广告读者,所以广告就能够给予广告客户他们想要的东西。

内容的"弱智"还可以促进"购买情绪"。因此,拜迪基亚总结道:"节目要小心翼翼地不具争议性,是明亮的和非政治性的。"简要的历史痕迹在广告和杂志上有所暗示,这已经发生了很长一段时间:

杂志广告到达了一个临界点,其影响涉及文章选择的编辑,不仅影响以读者为基础的预期利益,也影响广告自身的变化。严肃的文章并不总是最好的广告来源。一篇文章,应该把读者放在一个分析心境里,不是鼓励读者认真对待广告,而是依靠幻想提及一个微不足道的产品。一篇关于社会痛楚的真正文章可能中断"购买"所依赖的大多数奢侈品广告的情绪。20世纪中叶的杂志,通常是一种调试文章,仅仅吸引读者在杂志面前购买具有良好前景广告的产品。1970年代后,该杂志的运营现象——将可识别的特殊观众和创建杂志的人们出售给特定的广告主。②

(三)作者图片的广告

自1990年Photoshop 1.0发布以来,广告商通过"PS"润色具有缺陷的照片,其主题等更有吸引力。但许多人指出,这种微妙的操作往往走得太远。

例如,年轻人——尤其是女孩——往往受到"完美"的身体意象的吸引,年轻的思想更具延展性,更易受影响,所以即使知道这些图片是被处理的,通常无处不在的年轻人会这样说:这就是你应该看见的和(或)应该的行为,如果你不完美实现这些(不现实)的预期,一定是错的。因此它可能导致其在焦虑和压力中成长,甚至持续到成年。

在全球范围内,很少有规定对图像处理的灰色地带提供明确的指导方针。然而,在一些非常明显的情况下,图像操作容易成为谈论的目标。

广告的外观非常容易被改变,其模型可以根据不切实际的期望创建适当的身体形象。在一个模型的完美形象下,她的头部似乎是更为重要的。……因而照片编辑软件也变得十分重要。③

照片和广告创建的期望对于年轻人来说是使真实的人的形象理想化,因此他们所看到的图像是趋于真实的。可能许多年以后,青少年或成年人才会意识到广告对图像信息的操纵处理,但此时大部分的影响可能已经内化了。

生活在社会里的人们,必须不断被告知其所看到的一切可能比生活更令人惊奇、更为完美或更有审美气息。在一个社会里,大多数事情是真实的,但在希望中,可以发现一些不真实的东西。

---

① Noam Chomsky. What Makes Mainstream Media Mainstream,Z Magazine[EB/OL],https://chomsky.info/199710__/,1997-10-1
② Ben H. Bagdikian. The Media Monopoly[M]. Sixth Edition. Boston:Beacon Press,2000:138.
③ Barbara L. McAneny. American Medical Association Speaks Out Against Photoshopped Ad Photos,PetaPixel[EB/OL]. http://www.ama-assn.org/ama/pub/about-ama/our-people/board-trustees/our-members/barbara-mcaneny.page,2011-6-24.

这将暗示一种真实的自由。

(四) 作为新闻的软文广告

有时,新闻报道或评论往往是微妙的产品广告,即使在关键领域增加新条款,也有基于网络的"软文广告"。

2002年4月7日,英国广播公司播出的一部名叫《世纪的自我回顾:20世纪的消费主义的兴起》的纪录片,在讨论媒体的作用方面,指出新闻改变了大企业的前途,开始使其获得更多的影响力。为了创作出吸引读者的故事,将被允许编辑的内容用特定的广告图片、某些句子和段落,及关键产品的相关故事来填充。更多有关消费的意义,体现了这个网站的部分消费和消费主义。

(五) 作为短片的广告

更复杂的技术体现在短片制作中,其目的是销售产品,它巧妙地使用了一个微妙的方式来做广告。这些迷你电影非常有趣和令人兴奋,也促进了产品背后的主题的显现。

这只是利用一个更复杂的方式来销售产品,并明确提及,这一个商业方式将有利于更多的人意识到他们在看什么。这也可以支持一种娱乐方式和交流方式,可以进一步在具有长期影响的媒体类型和媒体多样性中体现新媒体的内容。

事实上,受众"所喜欢的内容"像电视一样古老。今天,许多人抱怨万维网不过是世界范围内的一种商业手段,为广告商获得更多的眼球,完成第一个和最后一个问题的解答。……①

(六) 作为"开端"的植入式广告

新媒体发展带来了许多便捷,广告开始出现在电视节目的开端。来自宝莱坞(印度电影产业)的或好莱坞的电影,在放映前也会出现明显的广告。

20世纪中叶至今,这种"植入式广告"变得越来越普遍。电影中植入式广告得以扩展到其他形式的娱乐中:

植入式广告对于电影观众来说,只是摄像机停留的时间被加长了,是一个换回主要行动的标志。好莱坞利用植入方式进行广告投映已超过50年,广告公司将为此支付他们品牌的效应,利用电影的叙事特色,广告商已经扩展了各种格式,如书籍、流行歌曲、视频和电脑游戏。②

(七) 政治影响

大众广告引入了一个新的销售因素,即开始防止竞争:"否定供给和需求"的经典理论由亚当·斯密(Adam Smith,1723—1790)提出。罗伯特·麦克切斯尼(Robert McChesney,1952—)也观察到类似的事情:

广告(在寡头市场)提供了一种方法来保护或扩大市场份额,根据利益进行价格竞争。③

一些广告商取消了故事的叙述,从而促进其他媒体的拓展,"压倒性的公司和广告商的影响"促进了广播和印刷新闻的报道。报纸和广播电视记者在"巨大压力下取代了公民价值与商业价值"④。

随着经济和政治影响力的扩大,对于大型企业而言,这些也成为重要的因素,媒体公司的所有权通常得到一个结果:

大众广告不再是单纯的一种引入和分配消费品的手段。相对于较少的巨型企业,它是一个主要的机制,持有不成比例的经济权力。这些公司需要的是报纸、杂志和广播、电视、网络出售他们的商品并维护他们的经济和政治影响力;而媒体也不再是中立的代理商家,而是以机械齿轮为代表的巨大企业的依赖手段,越来越多地拥有了企业巨头的信赖。⑤

(八) 审美消费国际化

随着全球化的趋势变得越来越明显,媒体和广告的相互作用随着消费的上升不断增加。这是大型跨国公司的理想愿景,可以最好地利用全球化资源,看到更大的"市场"产品销售与商业审美

---

① Erika Milvy. Advertainment's New Frontier, AlterNet[EB/OL], http://www.alternet.org/story/11081/advertainment%27s_new_frontier, 2001-6-25.

② Jonathan Duffy. Well Placed, BBC News Magazine[N], BBC, 2005-03-30.

③ Robert W McChesney. Rich Media Poor Democracy: Communication Politics in Dubious Times[M]. Chicago: University of Illinois Press, 1999:139.

④ Jon Prestage. Mainstream Journalism: Shredding the First Amendment[EB/OL].http://www.truth-out.org/docs_02/11.11F.shred.1.amend.htm, 2002-11-7.

⑤ Ben H Bagdikian. The Media Monopoly[M]. Sixth Edition. Boston:Beacon Press, 2000:150.

的提升。

然而，不同文化与审美消费有时可能会造成销售的障碍。从跨国的角度来看，人们有越相似的审美态度和消费习惯，也就越容易成为销售集体。很长一段时间前，联合国开发计划署于1998年出版了人类发展报告，总结到：

全球化不仅仅是集成贸易、投资和金融市场，它还整合消费市场。在世界各地都有着消费者的激烈竞争，与日益激进的广告。①

同样值得注意的一篇论文，将民主和跨国媒体贴上"不惜一切代价促进消费"的标签：

领先的跨国传媒巨头通常是美国或西方企业。要扩大市场，他们必须继续寻找新的扩张区域。例如东南亚，它可能是最后的一个受国际卫星辐射的主要地区。

到1990年代，可以看到西方电视大规模进入东南亚。技术的进步和市场自由化的原因使得亚洲成为最大的全球市场（28亿）和世界三分之一电视机的收视地。尽管亚洲已经培养出一个独特的文化和语言传统，但现在它处于危险之中。西方新闻、电影频道和其他西方媒体影响亚洲审美消费的蔓延，主要源于人们看到的MTV。这些国家的文化遗产正在威胁边界数据流媒体、图像和影视运动，原因在于新电子媒体的形式交流让跨越国界的媒体得到了欢迎。人们被告知他们需要从来没有"意识到"的和需要的产品。他们通过媒体体验了西方风格和习惯，可能让自己更好或更理想地适应西方的传统和习俗。现在，年轻人，特别是成长于纽约和洛杉矶的年轻人，更需要国际化的媒体信息。

这个问题超越了经济的深度，因为媒体行业的产品是文化节目，问题主要集中在生活的根基。

如前所述，这一运动将抓住注意力和创建人们对陌生世界的渴望，它也是关于使用媒体同质化的文化。MTV是另一个例子，娱乐节目作为一个持续的商业媒体，也涉及音乐CD、服装在线、谈话节目、音乐个性和各种各样的其他审美策略。②

四、当代创意媒体中的审美

克莱尔·彼肖普（Claire Bishop，1971—）在2012年宣称，在当代艺术中的数字媒体的持续将被"否认"，很明显，文化中的各种阻力越来越渗透其中成为不确定因素。不仅仅是各种前卫的历史和概念争相与传统共享，其血统一直跟踪着当代艺术的轨迹，或者各种形式的数字媒体在当代艺术中已成为普遍的样式，但更重要的是，艺术家本身在其实践中，已经开始范式之间移动的互换。至少从1990年代开始，当代艺术已经明确主题问题，涉及和社会交往与沟通的方方面面，而媒体艺术家已经从淡漠的关注转移至关注技术本身的维度。媒介的问题已经在更广泛的环境中被提及，其关乎当代社会中从事艺术兴趣的语境。通过这种方式，媒体艺术变得不再是严格的流派，其挥之不去的差异和文化孤立正开始显得古怪而站不住脚。

对媒体艺术的关心是这种创造性的转变影响并超出了技术范式，同时探讨了对逆转的标准模式的影响，而不是媒体艺术在当代艺术中难以建立其合适的位置，重点是在考虑当代艺术如何通过媒体艺术的视角建构自身。更具体地说，这意味着对艺术实践具有的广泛影响。对于艺术家而言有兴趣的主要物品是电子、计算实践和生产工作，如果不使用这些意味着什么？数字化流程的经验可能会扭曲广泛的社会领域工作的产生。这是一个关于概念的问题，即如何处理事件的参与和互动，矫正通过数字媒体的亲密体验成为广泛的议题。

1. 衍射阅读：主流艺术之间

衍射的概念重新评估了主流当代艺术（MCA）之间的关系，如新媒体艺术（NMA）和科技艺术（Sci-Art）。衍射阅读强调的是这些艺术实践小而重要的差异。在不缓和紧张的关系中强调讨论新媒体艺术的早期、当地艺术和科技艺术的先知，在实验室产生的论文谈论的是相当多的艺术家合作。其所产生的纠葛存在于生产和实践之间的差

---

① Human Development Report 1998 Overview[OB/CD]. United Nations Development Programme：UNDP.
② Richard C Vincent. Transnational Media and the Survival of Democracy[DB/CD]. Department of Communication，Indiana State University，2001-3-16.

异，人们扩展考虑并为差异问题进行辩论，为谁（艺术、艺术家、科学家们）以及如何通过这些差异出现材料的离散而后进入相互的作用中。

2. 衍射艺术实践：互相作用的生态

有许多例子被称为"衍射的艺术实践"，专注于用数字流程工作。计算提出的相互作用的生态，而不是"想法""工艺流程"或"材料"这些作品。衍射的艺术实践和艺术作品源自他们关注的角色、相互影响和计算的函数。新媒体艺术的艺术实践超越了分歧、主流当代艺术和部分重新配置的生态实践之间的艺术、科学和人文学科。

3. 超出了技术范式：向媒介迈进

虽然媒体的概念是在某种程度上与相关媒介特性的死亡有关，常出现在现代和当代艺术中，它也逆势形成作为一系列特定领域的实践——新媒体艺术、媒体艺术、电子艺术等。它代表一个具体化的更基本的问题、媒体的概念、技术和电子等尖锐的命题，体现了永远不能完全涵盖的领域。媒体的迹象更不似一般的媒介，不限于技术媒体的过程本身。这种观念的转变使媒体艺术超越了技术范式，体现了各种各样焦点、亲和力和内容与形式的当代艺术实践。该命题探索了诸多问题，例如，物质的性能、互动和交流。分离和边际问题被置之高阁，媒介的问题表现于构思的普遍，成为一个镜头与更广泛的框架和实践的经验。媒介的概念体现了媒介如何将信息付诸于基于艺术的当代艺术。

4. 材料：充满活力的物质

最近有很多媒介的"转换"的案例，从策展到观念，再到身体语言无所不包。艺术和人文学科也正处于一个关键的重新建构评价体系的时刻，特别是在"情感转换"的过程中。"材料转换"是充满活力的机构将艺术的本质、实践和事实材料的影响与概念，转换为被理解的"新唯物主义"的理念。如何改变保健、人类的世界、机器、非人的生活和东西？一个新的民主和一个新的"议会的事情"将不再是一个"物联网"或"炫耀性消费的对象"。

不管是科学家、艺术家、设计师、建筑师……一直从事某种形式的交互，生活在一个充满活力的世界里，将改变一个互惠的过程……开发的另一种方式是去了解和"知道"远离原本孤立的行为：通过艺术走向"新唯物主义"。

5. 关联的机构：艺术、技术科技和新问题之间的不稳定关系

世纪之交之际，"新唯物主义"转变，体现于发生在艺术、人文和社会科学之间的激进状态，即一种新型的"本体论"关系，世界不断成为一个自给自足的宇宙物体，由"退出"和"相互关系"定义世界，弯曲了人体的内涵，最后面对"充满活力"和"政治"的文体，似乎准备补救长期沉迷于话语、语言和理论的情境，这种情境长期以来困扰人文学科，事实上与概念论和艺术紧密相关。如果13届卡塞尔文献展的话语有着任何示意，关注的是艺术研究，对象和非人类的、无目的，人们似乎已经进入了一个新世界，但是这个新世界可能是一个假象和欺骗。提姆·英戈尔德（Tim Ingold，1948—）[①]写道："文学不断增长的世界，显现了处理物质和物质文化的主题，似乎是对材料的转换。"[②]此外，讨论实质性的话语对于科学和历史学家托马斯·索德吉斯特（Thomas Soderqvist）馆长所说的"物质性的东西"一脉相承。看似更紧密的新唯物主义的确是一个误称：不同的知识基于传统的集合与彼此的相互作用，完全不同于政治和认识论，然而似乎激起了一种新艺术的转折。这种干预将针对当前的一个民族志项目《关联机构检查》，艺术家的工作如何陷入不稳定的"非人"材料和技术科学实践，组织、声音和感觉器官的技术寄存器。物质是艺术家一起工作的中心，技术科技、打印工具、技术、程序和机构设置，自反性发生在处理事物、过程的材料机构和艺术实践中。最后，也许最重要的是，新唯物主义实际上是从艺术家和制造商的角度，将源自自身的知觉和艺术行为融入"日常生活远离平衡"的过渡。

6. 重现：经验性

采取了务实的方法探讨当代艺术媒体和媒介的问题。从自身的经验讨论模拟和数字媒体特定性能的物质。

[①] 提姆·英戈尔德（Tim Ingold），英国人类学家、阿伯丁大学社会人类学教授。
[②] Tim Ingold. The free encyclopedia[EB/OL].https://en.wikipedia.org/wiki/Tim_Ingold，2016-6-9.

对于艺术家而言，1970年代，令人着迷和表述行为的短暂作品源自一种焦虑和渴望。阅读、观察、档案、文档成为材料的本源，软件、硬件过度应用于新媒体艺术，似乎在说"艺术家的死亡"。尽管时间、技术或地理距离使得"原始"的工作经验消失殆尽，但肉身仍充满了挑战自己和利用困境延续创作过程的欲望。

当然，追求真实性是徒劳的努力，通过教与学，媒体的运用方法成为处理这些问题的手段，让人们看到媒体文化在40年间的新样式。媒体创作的目标是创造一种体验的条件，在工作时间和地点允许决定创作途中的讨论。

五、视觉文化创意中的审美

（一）文化的整合

通常的看法在于，任何文化的不同部分都通过某些确定的方式凝聚在一起，被证明有意义的内容至少存在于五个语境中。

（1）作为一个新增的描述，文化一体化的假设提供了一个经济的方式，总结大型机构的文化数据并促进了文化描写理想中的典型条款。

（2）它已经被用来帮助解释特定的方式，这种方式是社会成员接受的、拒绝的或用以修改项目的，它们来自其他文化的扩散。

（3）管理者和改革者一直努力地引导它们，寻找变化的创新概念和模式，引入"适合"程度最恰当的到现有的文化中。

（4）文化融合的障碍被假设为一个诱发因素，可能引发一系列现象：自杀、犯罪和文化的不稳定性。

（5）哲学家的文化激发了理想的文化整合，并作为调节标准用于文化评价。

尽管文化整合的一些持续的理论分析和实证研究变少，最近现代社会中的事态发展和社会理论还是提升了概念的内涵。文化错位引起了这个时代变化的加速；越来越多的角色受到矛盾的文化标准的影响；对文化矛盾的更多认识是高等教育的结果，大众传媒、不同文化取向人的更亲密的互动；对这种矛盾的焦虑造成了文化普遍性标准中的理性越来越受到关注，成为重要的因素，这些都是一些社会学因素，呈现了文化模式的一致性。此外，全球传统社会的现代化刺激了众多关于传统与现代文化的集成模式的讨论。实际的兴趣源于从当前社会理论的观点考虑主题的匹配意义。九个杰出学者签署了1951年声明，这一行动带有一般理论断言，"文化模式内部的一致性对于审美文化而言，始终是一个关键问题的"[①]。科学的振兴的概念来源于这样一个事实："至关重要的"文化在某种层面上是在很大程度上的文化本身所未知的人，必须通过科学中最富有想象力的努力揭示好奇心。

从理论上讲，这一概念与当代努力以更为精确的方式处理微性质的文化系统、社会系统和社会渗透有关。事实上，主要是作为回馈的术语使用的"文化审美"和"社会结构"，作为概念分析而不是全球化类别的日益分化，形式的理解和动态的集成在集体层面上有着差异。这符合模糊综合的分类，社会科学家早些时候使用术语集成有着相当的分散意义。

即使制订区别的横切文化和社会结构还存在二分法，索罗金（Sorokin，1889—1968）[②]坚持集成系统基础上的区别，相互依存的功能和系统集成的逻辑和有意义的一致性，可以确定为基准点的新取向。大多数后续讨论的文化整合要么重复这种区别，要么阐述和完善文化整合，或者处理特殊意义上文化整合的独一无二的现象。除了这个运动从模糊到特异性地使用文化整合的概念，社会科学家也提出了有关资源、形式、限制、文化整合结果等一系列的挑衅问题，至少在一些情况下慎重考虑相关概念的可靠数据还是必要的。这样做，他们已经改变了从一个假定原则的角色概念的特征，分析变量和从有价值到无价值的类别。

（二）文化集成—结构变量

相关假设社会文化系统的特点是一种内在的

---

① Parsons & Shils. Social systems[M]. London: Routledge & Kegan Paul Ltd, 1951: 21.
② 索罗金（Pitirim A. Sorokin），美国哈佛大学第一位社会学系主任，排在帕森斯之前，他一生著作丰富，几乎涵盖了社会学界的所有问题。美国一位社会学家说，无论人们观注社会学哪个领域，都会发现索罗金的影子。索罗金在哈佛时期是他事业的顶峰，只要看看他的著作就可以了，他著有《社会和文化动力学》《我们时代的危机》《重建人性》《利他的爱》《危机时代的社会哲学》《当代社会学理论》《今天的社会理论》等。

一致性和统一性,对于它们的天性而言是至关重要的,这种完整性是有益的和有价值的知识产权,基于传统知识和两个多世纪的历史。维科(Vico,1668—1744)和孟德斯鸠(Montesquieu,1689—1755)是近代理论早期的支持者,他们认为:信仰、目的、法律、社会和风俗构成有意义的相互关联的复杂的特征,不是一个随意的分类。伯克(Burke,1729—1797)和德迈斯特(Maistre,1753—1821)强调,一个社会就像有机体,在自然平衡中不应被来自抽象推理的创新而任意破坏。卢梭(Rousseau,1712—1778)、赫德(Herder,1744—1803)拥护通过他们体现独特的原则而形成的社会集成的浪漫概念,他们的"使命"就是利用这些独特的原则,避免干扰,实现外来影响。这种观点纳入历史研究,通过人们喜欢的工作,像布克哈特(Burckhardt,1818—1897)、狄尔泰(Dilthey,1833—1911)、蓝布里奇(Lamprecht,1856—1915)一样,这一概念的设置是为了辨别文化特征的历史时期,反映了独特的、和谐的世界观或集体精神(Volksseele)——对这一任务重新拟定,是这个世纪学者斯宾勒(Speng-ler)、加戈(Jaeger)、巴斯瀚(Basham,1914—1986)等努力的结果。人类学在1930年代和之后的工作,其极端程度的观点和文化整合的价值已被大幅拒绝。拒绝文化的观点作为完全集成有机体,在任何情况下可能从未与严谨的学者们的少数派有关联,将在两个阶段被追踪。马林诺夫斯基(Malinowski,1884—1942)①暗示,尽管所有鲜活的文化是完全集成的——文化的意义在于元素之间的关系,意外或偶然的文化的存在是得不到认可的。

尽管有了这样的暗示,那些关心问题发展的文化人类学家还是认为,集成并不是一个重要的原则,在所有文化假定完全运作时,一个正式的资源将连续产生从高到低的变化。鲁思·本尼迪克特(Ruth Benedict,1887—1948)②曾被指控为"神秘"改动的文化原则,明确表示:"缺乏集成似乎成为某些文化的特征,如他人的极端集成一样。"

文化整合是作为非资产的可视化内容,是迫切的必不可少的属性,但持续的相互选择的过程和结果将调整到一个或多或少的元素一致的模式。"这不是根本的原则,"科洛贝(Kroeber)表示,"部分演变从符合预先存在的和谐的总体规划而产生一个细节的增长。一个这样主题的展开经常被假定,暗示或宣称……或完全被展示,历史表明至少一定程度上是不真实的。"使用文化整合作为一个结构变量,研究者开始分析文化程度的限制将被整合。与其他调查人员提供的数据不同,从祖尼语文化(Zuni culture)的解读,"极端集成"中的怀疑论是本尼迪克特的案例所体现的,很大程度上紧跟本尼迪克特的脚步,不过库鲁克宏(Kluckhohn)观察到大多数文化具有"明显的矛盾渗透"特征。③ 马林诺夫斯基提出,尽管有着所谓假设完全集成的文化,雄辩的文献提供了原始社会的冲突规范原则。观察这类文化特征是由两个主要的反对平行理论完全集成的人类文化的可能性组成。文化中的发明可以改变现状,扩散或环境改变总是持续着,没有文化能在一定的条件下将所有元素完整地调整起来。这些变化并非不可避免,此外,文化具有"承担"的职能,只有通过制度化的社会制度和内化的个性,和这些系统的"结构性需求"一起行动,才能导致产生比任何单一的持续集成模式更多元的文化种类。然而,无论科学文化的整合能力的估计得到调整与否,文化的共识都是这项研究减少资源的原因。莱德菲尔德(Redfield)说明了优雅特征的案例:"没有社会能够描述传统生活现实的一系列内容,包括一个接一个的习俗和信仰,以至于每个完全报道没有提及任何一个其他的事物。"④奥普莱(Opler)承认"……好多年来密集领域的工作是我从未发现的

---

① 马林诺夫斯基(Malinowski,Bronislaw Kaspar),英国社会人类学家,功能学派创始人之一。生于波兰,卒于美国。1908年以全奥地利最优等成绩获得物理学和数学博士学位。马林诺夫斯基最大的贡献在于他提出了新的民族志写作方法。从马林诺夫斯基起,几乎所有的人类学家都必须到自己研究的文化部落住上一年半载,并实地参与聚落的生活,使用当地的语言甚至和土著建立友谊。而这些,都是为了完成一份马林诺夫斯基式的民族志纪录。
② 鲁思·本尼迪克特(Ruth Benedict),美国民俗学家和人类学家。
③ Kluckhohn. The free encyclopedia[EB/OL].https://en.wikipedia.org/wiki/Kluckhohn,2016-6-9.
④ Redfield. The free encyclopedia[EB/OL].https://en.wikipedia.org/wiki/Redfield,2016-6-9.

孤立的部分,是行为逻辑无关的其余部分的文化。"①测量整个开发,库鲁克宏总结道:"当代人类学理论可能是最伟大的进步,人们越来越认识到有更多的东西比文化、语言文字和物化特性列表更有集成性。"当前的观念,是文化质量的集成,从来都不是完美的,却从未缺少结构属性,从相对较高到相对较低的变化,可以在理论上有相关经验、其他文化和社会学变量。

现实主义和灵活性的激增,使得现在处理的理念形成了一个更微妙的文化整合概念作为意识形态的范畴。到了20世纪30年代,两个传统社会科学融合创造被称为文化完整性的基调。许多人类学家,当他们遇到一些原始文化的时候,对审美产生了深刻的印象,把文化整合作为人类卓越而又兴奋的试金石。爱德华·萨丕尔(Edward Sapir,1884—1939)②坚称唯一名副其实的文化,是"天生的和谐、平衡、自我满足的……一个丰富多样的表达,但在某种程度上是统一和一致的生活态度……"其他人认为文化完整性的主要来源是个人士气和活力、社会凝聚力和深刻的人生观。许多社会学家认为,一方面把他们的出发点从现代社会的弊病中解脱出来,另一方面则追踪他们回到文化瓦解的状态。文化冲突的概念成为社会学的理解犯罪的关键。社会学家和其他人将当代美国文化描述为一个贯穿始终的严重矛盾体。拉尔夫·林顿(Ralph Linton,1893—1953)③宣布:

现代世界所需要的东西远远超过改进生产方法的需求,甚至更公平地分配它们的结果,是一系列相互一致的理念和价值观,所有成员都可以参与。也许类似的事物可以被及时地开发以防止土崩瓦解,否则似乎是不可避免的。如果没有,另一个"黑暗时代"又会怎样卷土而来……

文化整合优点的极端特点有着如此强烈的观点,无法整合的危险已经受到许多关注。

(1)高密度的文化整合可以抵消社会中其他重要的事物,如审美、创意、新奇或文化的多元化。

(2)复杂文化的整合增长具有十分重要的价值,它只能以审美为代价获得审美个性的发展。随着文明的进步,"客观文化的冲突"和"主观文化的冲突"变得越来越严重。

(3)正如林顿在晚年处理发展地区的压力问题时,缺乏紧密集成的文化适应性;当引入一个新的文化元素,"……更紧密的集成,将有更广泛的和及时的混乱"。

(4)文化毕竟不是脆弱的实体。它们持久性的力量影响了大多数观察家,它们有再生能力,使其能够解决矛盾,创造新形式的秩序。有经验的参与者或观察者,作为瓦解的和即将到来的厄运文化的旁观者,调整了文化重新整合的过程。

(5)没有显著低于这些实质性的文化洞察的审美本质,一直增长着人们应对日益成熟规范的问题方法,符合当代社会科学的复杂程度。一个将不再维持文化整合的现状,在本质上是有一定价值的,有人问:什么样内容的什么样的整合,其后果将为何?宣称这种时尚的规范问题是回归分析和测量文化整合的科学问题。当代的研究方法铭刻了一个伟大的多样性的形式、流程和文化整合的结果。有进一步的多样性命题对文化内容的种类集成做了研究。不同现象之间的关系对应这些不同观念的文化整合问题,更有区别地对待今后的概念。这反映了文化之间的差距理论和社会结构的理论,而后者可以凭借丰富和复杂的概念框架,分析文化语言学的结构,维持其常识水平。

以下分类维度的文化整合是对缩小这一差距的贡献。这里所有的学者评审工作都同意:文化符号和文化一体化之间的关系指涉这些审美符号的引用。

它们的区别在于:①符号的类型,研究了文化内容的问题;②组织文化研究问题的文化整合水平;③自然之间的关系是审美本质的象征和文化融合的形式问题。

---

① Morris Edward Opler. The free encyclopedia[EB/OL].https://en.wikipedia.org/wiki/Morris_Edward_Opler,2016-6-9.
② 爱德华·萨丕尔(Edward Sapir)是美国人类学家、语言学家,他被广泛认为是语言学学科发展初期最重要的人物之一。
③ 拉尔夫·林顿(Ralph Linton),生于费城,美国文化人格学派的主要代表之一,1915年在斯沃斯莫尔学院获得学士学位。1925年获哈佛大学博士学位。1922—1928年在芝加哥菲尔德自然历史博物馆担任助理馆长。1928—1937年,担任威斯康星大学、哥伦比亚大学、耶鲁大学等校的教授。另外,他在美洲、非洲以及马达加斯加岛和南太平洋做了广泛的实地考察。作为人类学家,林顿在文化人类学领域,对文化适应、文化心理的研究具有相当的洞见。

(三)文化整合的形式

构型或主题集成第一类型的文化整合是著名的鲁思·本尼迪克特 1934 年的工作。它指的是在一个多样性的文化项目中的身份的意义：符合一种常见模式，体现一个共同的主题。它是通过相似性而集成的。在很大程度上，祖尼人的婚姻习俗、舞蹈形式、对死亡的态度和其他方面的文化都反映了明确的兴趣特点、适度、意识。这一维度存在着集成与选择性的必要性：人的遗传基因不足以使他在这个世界上的行为具有无数的潜力。因此，一些具有发展可能性的片段必须为在环境中的行为和意义提供方向。人们使用这种方法不同于选择性构思的结构，即库鲁克宏的"配置"，是一个动态假设，如奥普莱的"主题"，或一种认知性格，如索罗金的"文化心态"。他们并不同意关于是否有无意识的选择：库鲁克宏使用专门术语配置结构规律，是无意识的，作为其"单一主导的配置"定义了一种文化的整合原则，而奥普莱含蓄地拒绝了秘密基础前提下的定向主题文化作为一种不必要的限制。一个明显的测量文化的方法体现了这种类型的集成程度，将数项的比例体现其基于文化整合的巨大的事业和一个本世纪唯一的尝试机会。索罗金试图在多大程度上衡量历史上的各个时期的西方文明，是集成的"身份的基本原则和价值观渗透（他们的）部分"设计数值指数来表示文化程度所确定的部门、建筑、音乐、文学、哲学等，依据一个或另一种基本的文化心态。奥普莱建议计算无形式地表达一个主题以及形式化的内容，一个任务需要"近距离观察、账户的个人经历和自传材料"，并观察反应的强度和体例特点的调用。当一个主题的条款违反了原则，对构型集成的后果是很明显的，一个有着相当高度的整合文化元素有着特定模式的实施，将严重限制人的自由，倾向于选择模式，几乎没有余地的变体和异常模式的实现。此外，有人建议文化不服从裁决原则，给它们一种"极度贫困"的印象。这一点也在一个主题文化的优势中体现，可能产生极具破坏性的后果，被视为社会病态。

(四)连接集成

第二种类型的文化整合问题涉及不同程度的部分文化直接连接。在描述这一现象相互关联的不同的文化元素时，人类学家使用诸如"内涵相互依存"的概念，在对"系统模式"、"装配"和文化特质进行阐释时，是离散的，而不是与他人有关的，因而在此可以用"分离"这个词予以定位。

这种类型的集成和第一类讨论之间的区别可以轻易地说明：同时跟随韦伯（Max Weber，1864—1920）①的，可以说现代西方文化在其各种分支结构中高度集成，包括音乐、法律、科学等，都是占主导地位的"理性主义"的文化取向，在现代西方文化中与音乐、法律、科学之间的联系相对较少。相反，虽然是军事符号之间的密切联系（携带步枪、武术圣歌）和虔诚的象征（赞美诗、虔诚的诗歌），在埃塞俄比亚东正教节日，这两组符号代表直接反对在埃塞俄比亚的基督教文化的主题或配置。在一个试图研究互连感觉的集成关系，在红色地区试图衡量这四个维度的文化组织——尤卡坦人的社区，通过观察"分离"了数量。他的研究支持了连接集成是被隔离的和文化上的同质性的假设。在相对孤立的部落社会，人们发现异教徒和基督教复合物紧密地交织在一起："……蜜蜂崇拜是原始的亲切关怀，某些圣人对某些动物的保护更为明确……"而在孤立的农村，人们发现有着更大的思想分歧，例如"……的蜜蜂的蜂巢和崇拜异教神灵继续……没有圣人进入概念……"面对高度的文化互连的后果，莱德费尔德（Redfield）提出有效的文化作为生活的设计，将具有更加耐用的生活风格和更大深度的世界观；而组织文化越少，越有可能被发现不确定性、自我意识、坐立不安、频繁和痛苦。这种形式的一体化的存在可能因此被视为应对人类的连贯性的必要性。另一方面，似乎表明，任何形式的卓越文化中具有的最原始的那种需求表征了文化研究者的存在。文化在多大程度上有着专业化的需要，区分和隔离文化理论是一个重要的问题，且尚未得到应有的重视。

---

① 马克斯·韦伯（Max Weber），德国著名社会学家、政治学家、经济学家、哲学家，是整个现代西方最具生命力和影响力的一位思想家。自觉的西方文明之子，西方文明合理化是贯穿其一生的线索，对整个西方文明产生了极大影响，并在世界范围内影响深远。纵观其一生，心灵深处复杂的矛盾外化表现在行为上，学术严谨，具有极强的责任感。

（五）逻辑集成

三维集成问题的文化程度项目往往相互矛盾。从这个角度定义集成不像身份的确定或逻辑一致性的锁定——标准的多样性方面，主要影响存在的信仰和系统的规范。这种类型的集成是通过定义反映人对文化需要的合理性。虽然这种需要不能充分地体现未分化社会的发展现状，合理的文化哲学体系的存在或法律法规要求的文化专家工作在特殊条件下不适应心理学家称之为"认知失调"可能在人性中的存在。逻辑集成已经强调了内容区分的重要性，作为逻辑矛盾似乎是一个局外人，那些生活在文化中的人们开始认识到"……现在进退两难的态度或公开的行为"。消极文化的逻辑集成将指出经历了否定的过程，一个变量的数量还研究了在莱德费尔德尤卡坦半岛的研究。林顿的理论适应这一现象的研究，兰德科（Landecker）[①]提出，应当用文化整合之间的不一致的数量来衡量"共性"和数量之间的矛盾"专业与社会参考"。一些在现代社会学中的突出表现，被假设文化标准一致性的结果之一是"规范集成"的高度："……（逻辑）集成程度在一种文化的标准越高，其行为程度将越符合这些标准。"

（六）自适应或功能集成

一致性的"应变"民俗，萨姆纳（Sum-ner）[②]以并非纯逻辑的一致性强调：无论文化的矛盾从纯粹理性的观点，还是民俗是"真实的"，都可以使任何内容看起来是正确的。萨姆纳强调文化特征的自适应特性的方法满足了需求与发现："……他们都回答了他们减少摩擦和对抗时的几个目的，合作和相互支持。"文化的功能集成是一个追求效率的产物。正如索罗金指出，帕累托（Pareto，1848—1923）的"逻辑"行动的概念指的不是逻辑的一致性，但功能却是有效的。虽然他认为文化在"本质上是一个仪器设备"，马林诺夫斯基在他的写作理论中强调，文化"……是不可或缺的各种元素的相互依赖"，否认任何文化的特征可以是一个非功能性的生存，功能集成的研究者通常强调缺陷和混乱的组织文化的观点。他们倾向于看到源自技术部门的长期变化，然后关心无论以前获得的功能平衡将是如何。因为萨姆纳所说的压力是对调整手段更好的方法，因为仪器技术是整个复杂的文化上层建筑的基础，"……社会因此不断被元素的高度破坏性所接受"。其结果是一个缺乏整合、"文化滞后"的内容，这经常成为累积等不正常的现象，有时革命或战争是唯一克服它的方法。

（七）文体一体化

五分之一的类型集成是从零件经验开始，使得相互适应的感觉如此强烈，它们的对比和组织产生一种情感的整体。它的轨迹是这些特征的表达模式，人们称为风格的举止。这种类型的集成并不来自理性冲动的逻辑上的一致性，也不能从实用工具的有效性冲动中获取，虽然这些集成可能是融合的，但从审美冲动的满足体验来看，它是真实的表达形式。自发性和创造性是这种形式的整合的本质，"……在强迫、物理的或生理性的统治中，没有风格"。文化整合通常与美术有着主要的关联，风格也一直由社会思想等不同领域的内容所确定[③]，1950 年里斯曼（Riesman，1909—2002）[④]的政治和经济行为，1948 年和 1957 年科洛贝（Kroeber，1876—1960）[⑤]提出的科学哲学，以及通常人们喜爱的吃和穿的活动都受到文化整合的关联影响。而"生活方式"对于从工作中而来的社会科学家韦伯来说早已熟悉，他们有关文化整合的研究仍处于早期阶段；他们从人文学者那里获得了更多了解，学习风格的方法，因为它是自然中心的一个概念。科洛贝是社会科学家中的一员，处理与外部的美术风格的问题，他支持文化整合的想法，运用"风格"不仅是最多元化的文化分

[①] 汉娜·兰德科（Hannah Landecker），作家和加州大学洛杉矶分校社会学副教授。她的研究兴趣是生物技术和生命科学的社会和历史的研究。她关注生物学和技术的交叉点，特别是对细胞的关注，并在体外条件下的生命研究设置。

[②] Sumner. The free encyclopedia[EB/OL].https://en.wikipedia.org/wiki/Sumner, 2016-6-9.

[③] Karl Mannheim.Ideology and Utopia: An Introduction to the Sociology of Knowledge[M]. London: UK, Kegan Paul, 1929:153-164.

[④] 戴维·里斯曼（David Riesman）是一位社会学家、美国社会教育家、畅销评论员。

[⑤] 艾尔弗雷·克路易斯·科洛贝（Alfred Louis Kroeber）是一位美国文化人类学家。1901 年他获得了弗兰兹博厄斯哥伦比亚大学人类学博士学位，同时获哥伦比亚第一博士。他也是伯克利加利福尼亚大学人类学系的第一个教授。

支,也是总体文化在施本格勒(Spenglerian,1880—1936)理论意义上所考虑的"整个文化作为一种风格,同时在其基础上扩展几种风格……会容纳作用到另一个整合的样式……具有相当程度的一致性"。①

这样一来,一个总的文化风格是萨丕尔(Sapir,1884—1939)曾经提及的,关于他"真正的文化观念",他的缩略图表征了法国文化的"清晰质量、质量系统、明显平衡,说明了在选择中意味着关怀和好的品位",以及"过度机械化、情感胆小或浅度……而扩张与夸张了内容的形式"。这样的文化风格的缺乏,使萨丕尔的美国文化显得十分重要。一些最能激发这种风格的工作涉及科洛贝的文体融合的时间维度,表现在:他认为,风格的图案,在高潮创意实现中体现出特定的潜力,导致他们放弃和新文体的生成,而社会崩溃和重建时期是伴随着风格的损失。一个模式的主要后果是提供这样的实现创造性潜力的矩阵,和文化整合为天才的文化基质。

(八)调控一体化

所有的方法已经描述了常见的连贯性和协调方面的文化整合的概念。是否和谐是指身份隐含模式,相互依存、逻辑上的一致性、功能性或者风格的一致性、出发点是一个文化假定的部分,往往因各种原因处于一种和谐的关系中。如果有人认为,在社会系统的集成形式的这一观点片面性变得明显,那么自发的相互作用除了基于符合规范、社会整合的类型和功能的相互依存,还涉及社会学家很早就认识到的"整合机制",直接处理实际或威胁社会冲突爆发的重要性。因此,任何分类,省略了文化整合和文化冲突的具体表现形式,控制相关的现象,这些现象必须得到整体的考量。在最近的文献中发现了采用三种不同方法来调控一体化问题的可能性的例子。上面讨论到,欧普乐提及的单一的主题在任何文化中都会得到不羁的表达,那就是作为一种失衡的因素。他定义整合文化结构的平衡,在达到或接近大多数文化中的"制约因素"的情况下,相反的主题控制并强迫了存在的美德和一个主题的表达变化。因此,在奇里卡瓦(Chiricahua)②文化中男尊女卑的主题是从栖居等因素得到平衡。所以,这是事实,奇里卡瓦妇女不得使用潮湿的住所,潮湿的住所并不被认为是一个关键的元素,他们讲究礼节,此外,女性可能获得超自然的力量,和男人一样成为巫师。调控一体化出现在各种文化中,项目之间的权力得到平衡。第二种类型的不同文化模式的调节是通过分层组织。塔尔科特·帕森斯(Talcott Parsons,1902—1979)③呈现详尽分析提示这两种语境中的文化结构尺寸:在一个文化的不同价值取向的层次结构和文化系统的各种类型中的层次产生顺序。其中的三分之一可能被称为"劳动分工"的道德。文化冲突的反面效应是通过不同的模式避免不同阶层的人类文化的冲突,通过其他的值的每一段的隐性支持,公开这些可能是完全冲突的。玛扎(Matza)④的工作针对青年亚文化,1961年已发现了有趣的"常规版本"机制和1964年的"地下收敛",目的是通过越轨亚文化模式从而保持与主导模式的总体冲突。

(九)一体化和文化含量

如果仔细比较不同研究者的文化整合的方法会导致各种形式的意识或维度的文化整合,最近这一领域的工作调查很快表明,人们的看法是"集成即为不可分化"的。这种区分的问题,一方面体现了具体文化的多样性,另一方面则在具体的文化分析区分中有了系统的分化。

正如人类学家的主要成就在1920年代取代了通用文化研究的特定文化,所以有一代的社会科学家在本世纪中叶淘汰了未分化的特定文化的概念,并要求在任何整体文化中使各种亚文化免于歧视。

---

① Spenglerian.Search results[EB/OL].https://en.wikipedia.org/w/index.php? search = Spenglerian&title = Special%3ASearch&go = Go,2016-6-9.
② 奇里卡瓦(Chiricahua)文化,居住在美国亚利桑那州及新墨西哥州等地的阿帕切印第安人文化。
③ 塔尔科特·帕森斯(TalcottParsons),美国社会学家,结构功能主义的代表人物,在上世纪五六十年代曾是西方社会学中占主导地位的理论和方法论代表,早期的主要理论倾向是建构宏大的社会理论,后期开始探讨从宏观转向较微观层面的理论方向,对社会学的发展做出了极大的贡献。
④ 玛扎(Matza)是一种未发酵的面包,预示着犹太美食的部分和逾越节形式的一个组成部分。

社会学家发现并详细描述持久化和连贯的亚文化在美国的境遇,包括那些由社会阶层、民族、年龄和许多其他人组成的团体。政治科学家们发现在不同的国家中重要的亚文化精英和大众之间的差异。人类学家的研究已经从孤立社会中的小领域研究转向更复杂的社会研究,并发现有必要区分文化和国家文化或小传统和大传统之间的关系。研究文化整合的学者在复杂的社会中考虑了文化内部分化的分析。

　　五倍的模式是基于兰德科(Landercker)提出的议题,似乎足以处理其要求所带来的各种问题。……第一和最明显的结构之间的区别是复杂组织,是相关组作为一个整体与一个更小的组相结合的。将术语的使用调整在一个整体的大集团、复合团和子群里。拟议的区别是相对的:同一组可能会认为现在是一个复合团,现在作为一个小组内存在一个更大的集团。这种区别产生了关于文化整合的五个问题复杂的组:

　　(1) 内在子群(文化)的子群文化,是内部集成一体化;

　　(2) 外在子群集成,水平的,是子群文化结合的另一个程度;

　　(3) 外部子群集成,垂直的,是子群的文化程度与复合团综合文化;

　　(4) 复合团集成,水平的,是文化程度在复合团级别的集成;

　　(5) 复合团集成,垂直的,是总复合团文化,包括它的子群文化,是集成的。

　　这种分类当然会有横切的特点,在前面的章节中有类似的概述,即形式的集成。另一种类型的分化,学者对于文化以及关于不同的符号系统在一个给定亚文化的问题上变得越来越敏感。虽然在这个地区的文化理论中存在一个摇摆不定的状态,但更突出了分类的意义,即将文化划分为信仰体系、规范系统和系统的表达与象征意义,这些反过来又可以进一步细分。文化整合的分析从这个角度看,关注特定的符号系统的内部一致性与其他分析系统及其关系有着相似的关联。

　　同时出现两类问题:

　　(1) 内部系统问题,在特定的符号系统之间的集成,也就是说经验信仰或给定的亚文化的表达符号;

　　(2) 系统间的问题,两个或两个以上类型的符号系统的融合程度。

　　后者包括韦伯等对经典问题的担忧,有关现实和实际的道德观念之间的关系,在世界宗教和曼海姆所涉及的经验信仰和价值取向的系统之间的关系。除此之外,还有许多问题与符号系统的集成与行动的其他维度、社会制度和个性有关,但此时文化整合的研究本身溶解边界持续系统等复杂的追求,成为融合心理学、文化心理学和社会学文化的知识。

　　这里所指出的是早期的理论对文化整合如现象学降解的阶级利益合理化的函数或心理的投射冲动被越来越多的人意识到,文化系统本身的自然属性包括综合不同顺序的问题,这一切为当今的媒体文化、新媒体艺术、新媒体观念提供了不可或缺的审美理念和艺术价值。

第五章
新媒体艺术审美范畴的拓展

1969年,约翰·惠特尼(John O. Whitney,1904—1982)将一些计算机生成的抽象图像按照序列的方式排列,再用摄影机将其拍摄下来,这组图像作品标志着计算机艺术的诞生。随之而来的艺术创作都时时伴随着计算机技术的进步而有所不同,新媒体艺术是这种演变的必然结果。作为形象艺术类别和媒体传播特性的综合体,在对计算机技术普遍运用的同时,它不能脱离审美观念而存在,也不能缺乏对审美范畴的考量与探讨。新媒体艺术将无限的审美观念呈现于有限的艺术形态,将有限的审美范畴付诸于无限的媒体样式,使其成为一种具有某种象征意义的特殊艺术类别,而审美范畴是新媒体艺术拓展其深邃意义的必要方式,也是其审美观念喻义性表达的关键内涵。①

第一节 审美范畴的蜕变

一、中西文化碰撞的历史背景

"中西文化碰撞"之概念是一个庞大的体系,因为"文化"自古是一个国家、一个民族、一个地域所传承发扬之人类文明精华,故无法将之简单论述。文化(拉丁语:cultura;英语:culture;德语:Kultur)是指文治和教化。今指人类社会历史发展过程中所创造的全部物质财富和精神财富,也特指社会意识形态。② 人类活动的模式以及给予这些模式重要性的符号化结构是文化的组成部分。不同的人对"文化"有不同的定义,通常文化包括文字、语言、地域、音乐、文学、绘画、雕塑、戏剧、电影等。③

本文中,笔者所指文化特涉艺术范畴内的人类精神遗产(文学、绘画、雕塑、音乐、戏剧、电影),是影响各地区人们精神生活的图像式语言、符号化结构、交互式陈述的艺术内容。

图像式语言:图像式语言基于艺术本体的图像视角,通过视觉艺术的呈现方式与视觉语言进行艺术的表达,图像是视觉语言创作活动的直接目的和全部的语言内容,图像式语言与表现方式可以使原本玄奥的视觉艺术变得通俗易懂或是深奥难解。

符号化结构:地区性的大众传媒在传播各类文化和建构艺术形象方面具有独特的优势。传统文化所具有的符号化结构,有助于传统文化资源的意义重构,主导性解读各类艺术形象等符号化传播过程,实现传统文化的社会功能。

交互式陈述:新媒体让手机和平板变革了人机交互,同时也为陈述提供了新的可能。这种陈述可以是线性叙事的,或者是非线性呈现的。在技术层面上主要依靠便携式移动设备,或是各种感应器的存在。通过重力感应,移动交互显示器,获得与虚拟世界窗口的对话,了解陈述的内容。

图像式语言可在符号化结构下改变图式面貌,使明白晓畅的图像令人颇感诧异。图像语言与图像方式则是研究视觉艺术的一条有效途径。符号化结构在大众传媒在文化传播中具有针对性解决艺术图式的存在问题。交互式陈述是新媒体时代特有的艺术表达方式,通过交互的方式可以传述不同的故事结构与结果,是一种可供选择的陈述内容,有着多种思路同时发生的特殊意义。

历史上,中西艺术碰撞发生在20世纪中国美

---

① 马晓翔.新媒体装置艺术[M].南京:南京大学出版社,2013:74.
② 商务印书馆编辑部.辞源(合订本)[M].北京:商务印书馆,1988:733.
③ 360百科"文化"词条,http://baike.so.com/doc/5366095.html,2014-02.

术革命期,这一时期从事艺术创作的人们在"为人生的艺术"和"为艺术的人生"中徘徊、困顿,也为古典和谐形态的解体而痛心。此时西方正经历着现代主义时期,由现代主义向后现代主义过渡产生分化的极端形式,让人们意识到现实主义与浪漫主义的旧传统行将解体,这种分化产生了以"丑"为标准的两种新样式:现实主义艺术转而分化为达达主义艺术、拼贴艺术、波普艺术、照相写实艺术、大地艺术、包裹艺术、行为艺术;浪漫主义艺术转而分化为后印象主义、表现主义、野兽派、立体主义、未来主义、抽象表现主义、极少主义。

以19世纪与20世纪之交界为线,中西艺术的发展都达到了各自系统形态的极限,以艺术自身完善规则作为根本,主要表现在:(1)西方将艺术技巧看作把握世界规律的钥匙,评价人对客观世界认识与理解的水平。中国追求人与自然、人与社会的和谐相生,将艺术技巧看作陶冶性情的根本内涵。(2)古典美学中"真""善"皆为美。西方美学偏于前者,讲究技艺的创新、创意,而中国美学则偏于后者,讲究技艺的教化作用与意境产生。(3)西方的美学理论强调的"感性",体现在"本我"的本能显现中。中国美学强调的"自然"则是"天人合一"至高的"无我"和"无为"境界。

二、艺术文脉对新媒体艺术的影响

(一) 中国艺术文脉

中国艺术文脉可以追溯到孔孟之道和老庄之法。孔子讲求的理性思维与感性视域通过绘事后素体现出来。绘事后素指有良好的质地,才能进行锦上添花的加工,这是孔子对艺术创作的重要思想。庄子追求的自然与人为的视域体现在解衣般礴的艺术境界中,这种神闲意定、不拘形迹的精神一直贯穿在对后世艺术的影响中。而绘事后素和解衣般礴在人生知识与为人处世上是儒道互补的成功表现。

中国历史上的秦汉与盛唐时期,绘事后素的发展在院体画中有显要的传承。解衣般礴则在道禅山水和王维的诗画上有很好的继承,最终发展为具有中国特色的文人画。院体画与文人画在境界上多讲究气韵、意境的创造,同时还追求动感和内向的画面气氛。院体画与文人画一度发展到"逸品为上"的高度,苏轼对此尤为赞赏。此时"逸"成为中国画的审美心态,创作趣味和画面手法的品评标准。朱景玄在"逸"所具有的别致绘画风格的内涵以外,又增添了特定人格色彩的内涵。张彦远在《历代名画记》中又提出"书画用笔同法同源"的主张。这样到了明清时期,文人画发展至成熟的极端形式。

20世纪中国美术革命时期,尤其是前30年,一批政治家首先向传统文化发起了挑战:民国第一任教育部长蔡元培于1912年提出将美育列入教育范畴,1917年发表《以美育代宗教》;当年"公车上书"的带头人康有为,于1917年发出了"中国近世之画衰败极矣"的哀叹;早期的革命家陈独秀继1917年提出"文学革命"的主张之后,又于1919年同美学家吕澂公开地树起了"美术革命"的旗帜,"矛头直指传统文人画而引起了震动,并直接导致了中国美术前途论争和画坛格局的变化"。[①] 中西文化冲突中,艺术的面貌极剧变化,"美术革命"使得中国美术脱胎于传统美术,以西方美术为参照,从传统形态向现代形态转化、过渡,出现了标榜"为人生的艺术",讲求古典和谐之美;又有讲求形态解体的"为艺术的人生"的美学观。中国美术革命的成果为日后的新媒体艺术在中华大地上的开花结果奠定了重要的理论基础。

(二) 西方艺术文脉

从古希腊艺术到现代主义艺术,西方艺术的脉络大致是这样的:

古希腊的哲学家柏拉图主张理性的认知,认为模仿离真实隔了三层。而亚里士多德认为感性认知是艺术的根本,模仿个别可以显现一般。两位哲人在世界知识的认知理论上是互通的,亚里士多德的感性理论成为柏拉图理性理论过渡之技艺学知识的根本。

到了中世纪,理性理论发展成为中世纪艺术的信条,而感性理论为随后展开的古希腊文艺复兴艺术提供了依据,逐步地文艺复兴艺术呈现了更多地形象与形式创造以及静态的外向的画面。

进入近代时期,德国哲学家黑格尔说:"美是理念的感性显现。"黑格尔的美学理念是自由说在

---

① 美术现状.论20世纪初期"美术革命"思潮.[EB/OL].http://wenku.baidu.com/view/3c6266bef121dd36a32d824d.html,2014-2-25.

理性思潮引领下发展的现实主义艺术,在感性思潮的引领下发展为浪漫主义艺术,现实主义与浪漫主义对立而又展开。这一时期,被历史公认的"美学之父",德国哲学家、理性派美学家的鲍姆加登,第一个采用"Aesthetica"的术语提出并建立了美学这一特殊的哲学学科,并将美学定位为"感性认识的科学"。德国哲学家,古典唯心主义的创始人康德在他的三大批判中论述了伦理之善、美感之美、自然之美。

如前所述在现代主义时期,艺术呈现了分化的极端形式,由现实主义艺术分化的理性艺术样式有:达达艺术、拼贴艺术、波普艺术、照相写实主义、大地艺术、包裹艺术、行为艺术等。由浪漫主义艺术分化的感性艺术样式有:后印象主义、表现主义、野兽派、立体派、未来主义、抽象表现主义、极少主义等。这些由传统分化而来的艺术样式多以"丑"的美学观念体现艺术内涵。

后现代主义时期的艺术样式并非是对现代主义艺术的反动,却是现代主义艺术的某种超越。西方后现代主义推崇者承认被现代主义否定的文化传统,对西方各个民族的优秀艺术传统有所吸收与借鉴。因此,后现代主义的功绩是把西方传统文化与最近的现实重新联系起来,并试图在一种世界文明和多元文化的框架内重新恢复西方人道主义的文化价值。这些理论在当代艺术的创作中起了重要的指导作用。①

三、审美观念的演化

18世纪"审美"一词被引入哲学词典。"审美"一词被用来指定一种对象、一种判断、一种态度、一种体验和一种价值。在大多数情况下,美学理论对特定的一个或另一个名称有着分歧:艺术品是否一定是审美对象,如何基于审美判断基础体验感性审美,如何捕捉难以捉摸的审美态度和实际对比,是否根据其现象学表征内容定义审美体验,如何最好地理解审美价值和审美体验的关系,学者给出理由并支持这些观点。但更普通的自然而生的问题出现了,人们往往抱有怀疑态度的问题为:在没有吸引力的前提下,是否使用"审美"一词,在尊重其本义的前提下,是否能体现理论协议或分歧,"审美"这个词是否具有合法的哲学目的并能够证明其包含的词汇拥有最佳答案。20世纪的后期,对"审美"的一般性问题的怀疑便开始了,事实上这预示着质疑审美在本质上的概念是有问题的,直到最近,人们将这个概念看作约定俗成的术语,作为理想的概念,它已经解决了混乱的想象。判决这些可能性之间存在的问题需要一个有利的早期和晚期美学理论的思考。

(一)品味的概念

美学的概念源自"品味"的概念。为什么"品味"获得这么多哲学关注,究其原因在于18世纪的"品味"是一个很复杂的问题,但有一点是明确的:品味的理论是18世纪出现的,在某种程度上是为纠正理性主义的兴起,尤其是在应用美学和利己主义的崛起方面,"品味"特别地应用于美德。关于美的反理性主义观点,18世纪"品味"用于判断的直接理论,美德对利己主义的阐释说明其美丽的乐趣是无利害的。

1. 即时性

理性主义关于美的观点是通过判断而来的,即判断审美的原因。人们判断事物是否美丽常通过推理,推理的内容一般包括从原则到应用的概念推断。18世纪初,在欧洲大陆,理性主义关于美的概念取得了支配地位,并通过研究者被推向新的高潮,一群文学理论家旨在使文学批评具有数学的严密性和笛卡尔的物理学特性。一位理论家如是说:

思考文学问题的方法应由笛卡尔的物理学理论方式进行。尝试其他方法的评论家是不配活在当下的。没有什么比数学作为文学批评的预备更好的了。②

这一理论是被反对的,更温和些的评论是理性主义关于美的形式的理论,主要关于在经验主义框架内英国哲学家的工作,他们发展有了关品味的理论。该理论的基本想法潜藏在理论之后,

---

① 马晓翔.当代艺术语境下新媒体装置艺术的文脉研究[C]//南京艺术学院.2015·第三届全国艺术学青年学者论坛论文集.南京:南京艺术学院,2015:37-39.
② Terrasson J. Dissertation Critique sur L'Iliade d'Homère[M]. Paris: Fournier and Coustelier, 1957: 258.

人们称之为即时性理论,是关于美的判断而不是由推断原则或应用程序延伸的概念,是直截了当的感官判断,换句话说,人们没有理由认为美丽就是有"品味"的。这是一个早期的理论表达,让-巴蒂斯特·杜波(Jean-Baptiste Dubos,1670—1742)的批判性反思基于诗歌、绘画、音乐,最早出现在1719年。而之后的后期表达式,是从1790年康德的批判审美的力量而来:

如果有人读我的诗或带我去玩,最后认为我的品味是失败的,那么他可以举出莱辛,甚至更著名的批评家的见地,他们举出所有的规则建立了论证,而他的诗歌是美丽的……没有理由和论据,我宁可停止耳朵的听,宁愿相信这些规则的批评是错误的……让我的判断成为有意味的证据,因为这应该是出于趣味的判断和不理解的原因。①

但是,18世纪有关"品味"的理论无法获得全面的盛行,甚至今天也不会继续其影响力,它没有理由来应对一个明显的理性主义者的批判。这一批判在于,判断一首优秀诗或一出优秀戏之间的差别。诗歌和戏剧往往是复杂的对象。但在大量的认知工作中,对它们的判断包括了程式的概念和推论的层面。判断诗歌和戏剧的美丽,显然不是直接的,同样也不是一种品味那么简单。

主要的方式是让区别于行为对象的预期判断和判断对象的行为不期而遇,然后允许前者,禁止后者,让概念和媒介的属性如任何理性主义者所希望那样体现特性的明晰:

为"品味的判断"铺平道路,并赋予对象正确的识别,这往往是必要的。我们发现,许多推理应该先于区别,只是得出的结论,在比较之后才不会遥远,对复杂关系的研究,和对一般事实的固定和确定是一致的。一些美的物种,尤其是自然类,在第一次出现时便赢得了人们的感情和认可。面对这种效应,对于任何推理来说改变它们的影响是不可能的,或者使它们更好地服务于人们的情趣才是目的。但是有许多的美,特别是那些艺术美,它是必要的,推理是必然的,以此感受适当的感情也是可行的。②

品味作为一种"内部感觉"由不同的"外部""直接""内部""反射"和"间接"五个感觉组成,它取决于其他的智力或能力的前期操作与表现对象。

瑞德(Reid)总结了如下特点:

物体的美丽或畸形,来源于其性质或结构产生的结果。因此,我们必须看到它的本质或结构以及它的结果。在这里,内部意义不同于外部意义。我们的外部感官可能发现的质量,不依赖于任何先前的看法……但先前的看法不可能感知对象的美,没有感知的对象,或至少没有感知它的构思。③

由于许多美丽的物体具有复杂的高度、性质或结构,那将是一个角色,迎合人们的看法。但是,感知对象的性质或结构是一回事,觉察到它的美丽则是另一回事。

2. 无利害的

利己主义美德的观点认为,判断一个行为或特质的良性因素在于你是否相信它源自某种爱好。其中心实例仍然出现在17世纪早期,霍布斯(Hobbesian,1588—1679)认为判断一个行为或特质的良性因素有着人们乐在其中的原因,因为你相信它能促进你的安全感。其论点大致如下:人们以一种即时的快感来判断美德,这意味着对美德的判断是对品味的判断,而不是对美的判断。但是,美的快乐不是因为自我的兴趣,而是人们判断对象是否漂亮,人们是否相信他们为我们的利益服务。但如果,美丽的快乐是无利害的,那么没有理由认为良性是不快乐的。④

根据18世纪的观点,美德判断是鉴赏判断凸显品味和审美的观念,18世纪美德判断的概念之间有着不连续性,因为人们对审美和道德的概念往往是互相对立的,这样的判断会排除其他的内

---

① Kant I. Critique of the Power of Judgment[M]. trans. P. Guyer, E. Matthews. Cambridge: Cambridge University Press, 2000: 165.
② Hume D. Enquiry Concerning the Principles of Morals[M]// L A Selby-Bigge, P Nidditch. Enquiries Concerning Human Understanding and Concerning the Principles of Morals. Oxford: Oxford University Press, 1986, Section I.
③ Reid T. Essays on the Intellectual Powers of Man[M]. Cambridge, MA: The M.I.T. Press, 1969: 760-761.
④ Hutcheson F. An Inquiry into the Origin of Our Ideas of Beauty and Virtue[M]. Indianapolis: Liberty Fund, 2004: 9-10.

容。康德的理论消除了这种不连续性。他把道德和审美作为反向的两个因素进行重新阐释，人们可以称之为对理论的探索：美丽的快乐是无利害的。①

按照康德的说法，快乐与感兴趣并不是说那种霍布斯的自我感兴趣，而是站在欲望的一边，与能力有一定的关系。判断一个道德上的行为和行动的乐趣是有兴趣的，因为这样判断问题是因欲望驱使行动而存在，并执行它。判断一个行为在道德上是好是坏，取决于此人是否有责任履行这一行动，并且变得有意识，最终为了获得一种意愿去执行它。相比之下，参与判断的快乐因素决定一个对象是美丽也是无利害的，因为这样的判断才能促进其行为。人们可以说美的事物总有一个任务，这似乎是在说人们对美丽的判断是有审美疲劳的。审美不是实践而"只是沉思"。②

通过对概念的重新定位，康德使品味的概念与道德概念相对，或多或少，随着审美理念发展形成了现状。但如果康德的品味概念是连续的，更多的与现代的审美观念一致，那么为什么"审美"这一术语还有缺陷？为什么人们要把"审美"这个词更倾向用于"品味"？答案似乎是无趣的。"审美"来自希腊词的感知，所以保留了"品味所包含的即时含义"。康德在使用该词时，虽然不是等价的，但根据他的用法，"审美"是广泛的，是挑选之后的判断，既包括规范性判断的品味，同时包括非规范性直接的判断。康德并不是第一个使用"审美"的现代人，早在1735年，鲍姆加登就使用该词，这个词已成为普遍的美学现象。然而，该词的普遍使用不是因为康德，而是因为"审美"作为相应的名词意味着一个微小的"品味"形容词。柯立芝（Coleridge，1772—1834）在1821年表示希望能找到一个比"品味"更熟悉的字通过审美批评作品：

我们的语言…没有其他可用的形容词，能够表达形式、感觉和智慧的一致，这些东西证实了内在和外在的感官，成为一个新的自身意义…有理由希望，"审美"这一术语，将共同使用。③

对应于"品味"的可用性，一系列尴尬的形容词："审美表达"的判断，"品味"和"品质"已经让位给更具进攻性的"审美判断""审美情感"和"审美素质"。然而，作为名词的"品味"已被淘汰，人们就背负了其他同样尴尬的表情，包括那个名词的条目。

（二）审美观念

大部分最近的美学思考和审美观念可以被视为直接的艺术发展史资料和讨论文献。

1. 审美对象

艺术的形式主义观点，即一个艺术品可以凭借形式特性成为一个具有优势的艺术内容，由于它是一个好的或坏的视觉形式，是一个正式的仅仅具有艺术相关属性的艺术门类，其属性通常被视为可理解的视觉或听觉的特性。艺术形式已经从彼此的即时性和无利害性的论述中有所体现。如果你采用即时性的论述，意味着需要运用理性的与艺术无关的方式对所有属性进行把握，这类代表性的属性体现出即时性论述所意味的艺术形式。如果选择了无利害的论述，暗示着所有属性实际与艺术无关，那么你很容易认为这将意味着对艺术形式的研究。

这并不是说19世纪晚期和20世纪早期所享有的艺术形式主要通过即时性和无利害的推理进行艺术形式的探讨。在这一时期，最有影响力的倡导者，也是主张形式主义的专业人士，他们的形式主义理论，至少部分地，是从艺术发展的脉络而来的。作为一个批评家爱德华·汉斯立克（Eduard Hanslick，1825—1904）提倡莫扎特、贝多芬、舒曼的纯音乐，反对后来的勃拉姆斯、瓦格纳戏剧性的不纯粹的音乐。作为一个理论家，他主张音乐应没有内容，但"调性的运动形式"是主要的。④评论家克莱夫·贝尔（Clive Bell，1881—1964）是后印象派研究者，尤其对塞尚情有独钟，作为一位理论家，他一直强调"绘画的正式属性"

---

① Cooper A. Characteristics of Men, Manners, Opinions, Times[M]. Indianapolis: Liberty Fund, 2001: 222; Home H. (Lord Kames). Elements of Criticism (Volume 1) [M]. Indianapolis: Liberty Fund., 2005: 36-38.
② Kant I. Critique of the Power of Judgment[M]. trans. P. Guyer, E. Matthews, Cambridge: Cambridge University Press, 2000: 95.
③ Coleridge S. Letter to Mr. Blackwood[J]. Blackwood's Edinburgh Magazine, 1821(10): 254.
④ Hanslick E. On the Musically Beautiful[M]. G. Payzant trans. Indianapolis: Hackett., 1986: 29.

"线条与色彩的关系与组合",这样才能延续其艺术性。① 另一位评论家克莱蒙特·格林伯格(Clement Greenberg,1909—1994)是抽象表现主义的捍卫者,作为一个理论家,他认为绘画应有"视阈的能力",被耗尽后剩下平整、色素,排除适当的面积和形状。②

并不是每一个有影响力的形式主义者都是一个专业的评论家。门罗·比尔兹利(Monroe Beardsley,1915—1985)说形式主义是最复杂的衔接。③④尼克·赞格威尔(Nick Zangwill,1957—)最近已提出了一个温和的形式主义当代版本。⑤此时形式主义已经有足够的艺术理论支撑。亚瑟·丹托(Arthur Danto,1924—2013)提出,数据不再支持形式主义,也许永远都不会,形式主义的全盛时期已濒临结束。来源于沃霍尔的布里洛盒子(Brillo Boxes)的灵感,品牌印刷纸箱和布里洛盒子被送到超市,其实没有什么区别,丹托指出,任何艺术品可以想象为另一个对象,这种感觉是不可分辨的,而另一个作品,给人的感觉是看不见的,但其艺术价值是截然不同的。从这些观察中得出结论,艺术是独自形成的,既不让艺术品留有余味也不让艺术形式忽视其价值。⑥

但丹托已经将不可分辨的可能性运用于感性的局限性理论中,而不仅仅运用于形式和美学,他这么做的理由是必然的,形式和审美是广泛的。关于布里洛盒子,沃霍尔在1964年展览中使其作品中的布里洛盒子分发到了市场:

美学不能解释为什么一件美术作品和他物存在原因,因为所有的实际目的是:如果一件作品不美观漂亮,另一个必须是美丽的,因为它们看起来一样。⑦

但从艺术形式的限制到艺术审美极限的推理,大概只有即时性和无利害的理论得到这些艺术形式的推论。无利害理论的推理似乎只有用比康德自我理解的更强的利益概念来阐释:将诗歌作为最高的艺术境界,正是因为在他所称的"审美观念的表达中采用了代表性内容的能力"。⑧对即时性理论的推理似乎经历休谟(Hume,1711—1776)的观点,例如,在自我防守时,"很多美的规律,特别是那些精美的艺术,是采用必要的推理和理性因素,其目的是为了感受应有的感情"。⑨这可能是艺术形式的结果,如果推动即时性理论,那么将把无利害理论推向极端。这段从18世纪到20世纪中期的美学史,在很大程度上将这两种理论推向了极端,但历史并没有遵循这一被推动的趋势。

考虑到沃霍尔的布里洛盒子,丹托保持18世纪的理论家关于"品味"的理论,但不确定如何将其应用于艺术品的批判。这是因为18世纪的理论家是在18世纪的"品味"生活,所以无法将其理论放置于20世纪的艺术历史中,也无法将这种理论放入20世纪的艺术语境中。例如,当休谟观察艺术家的作品时,特别是关注其历史背景中的观众与评论家时,他提出"必须将自己作为同一情境下的观众"得以解决语境的问题⑩,他让艺术品成为文化产品,其作品同时具有文化产品的性质,观众与批评家是"成分组成"的一部分,如果评论家有

---

① Bell C. Art[M]. New York: Capricorn Books,1958:17-18.
② Greenberg C. The Collected Essays and Criticism[M]. Chicago: University of Chicago Press,1986:86-87.
③ 莫洛·C.比尔兹利(Monroe Curtis Beardsley),美国哲学家。他出生在布里奇波特,在康涅狄格州长大,并在耶鲁大学获得学士(1936)、博士(1939),在那里他获得了约翰艾迪生波特奖。他在学院和大学任教,其中包括霍山学院和耶鲁大学,但他的大部分职业生涯是在斯沃斯莫尔学院(22年)和天普大学(16年)度过的。
④ Beardsley M C. Aesthetics[M]. Indianapolis: Hackett,1958:67.
⑤ Zangwill N. The Metaphysics of Beauty, Ithaca[M]. NY: Cornell University Press,2001:54.
⑥ Danto A C. The Transfiguration of the Commonplace[M]. Cambridge, Mass: Harvard University Press,1981:94-95; The Philosophical Disenfranchisement of Art[M]. New York: Columbia University Press,1986:30-31; After the End of Art: Contemporary Art and the Pale of History[M]. Princeton: Princeton University Press,1997:91.
⑦ Danto A C. The Abuse of Beauty[M]. Peru, IL: Open Court,2003:7.
⑧ Kant I.. Critique of the Power of Judgment[M]. trans. P. Guyer, E. Matthews. Cambridge: Cambridge University Press,2000:191-194.
⑨ Hume D.. Enquiry Concerning the Principles of Morals[M]//L.A. Selby-Bigge and P. Nidditch (eds.). Enquiries Concerning Human Understanding and Concerning the Principles of Morals. Oxford: Oxford University Press,1986:173.
⑩ Hume D.. Enquiry Concerning the Principles of Morals[M]//L.A. Selby-Bigge and P. Nidditch (eds.). Enquiries Concerning Human Understanding and Concerning the Principles of Morals. Oxford: Oxford University Press,1986:239.

了适当的感受就必须牢牢抓住以备评论所需。似乎没有任何意义来庆祝布里洛盒子带来的感受，也没有任何其他的概念，这将给 18 世纪的理论家一个喘息之机。弗兰西斯·哈奇森（Francis Hutcheson，1694—1746）断言，数学和科学定理的对象是品味。① 亚历山大·热拉尔（Alexander Gerard，1728—1795）断言，科学发现和哲学理论是品味的对象。② 两人都把"品味"视为普通的、智力的对象，也可能是感觉的对象，就像视觉和听觉的对象一样容易被感悟。为什么今天的美学理论家这样理解呢？那是因为如果一个对象在本质上是概念性的，把握它的性质将需要智力工作。如果把握一个对象的概念性要求定位它的艺术历史，那么理论工作需要把握其本质并包括定位它的艺术历史。把握对象的审美判断是一件事理论工作的本质，审美判断的对象一旦被掌握便可以喻义另一个。

虽然丹托在持续批评形式主义中最有影响力，但他的批评并不比肯德尔·沃尔顿（Kendall Walton，1939—）在他的文章中的"艺术门类"更果断。沃尔顿的这些反形式主义的论点主要有两个思路，心理学和哲学。根据心理学的理论，人们认为一个作品的美学属性取决于其所属的类型工作。绘画的范畴内，毕加索的《格尔尼卡》（Guernica）③ 将被视为"暴力的、动态的、重要的、令人不安的"④。《格尔尼卡》的颜色、形状的表面、表面成型与突出的壁状与地形图有着巨大的差别，毕加索的《格尔尼卡》并不被视为暴力的和动态的，但也是"冷、赤裸裸的、毫无生气或安详和宁静，也许是平淡、乏味的"⑤。毕加索的《格尔尼卡》既可以被认为有暴力的、动态的，也可被认为没有暴力、不动的，或许意味着没有事实证明其有暴力和动态的元素。但这暗示着只有在假设中，毕加索的《格尔尼卡》可能具有上述属性，这种假设似乎是虚假的，其目的在于探索毕加索的绘画的范畴，存在于社会中的毕加索的画不是《格尔尼卡》的范畴。因此，从哲学的理论来看，根据其审美特性的作用，实际上已经被那些观点所应和，认为其作品属于某种类别而实际上已从属其中。由于探讨的属性涉及绘画，作品创作于特定的社会，绘画是公认与艺术相关的类别，不仅可以看到而且可以听到，艺术的形式似乎不是那么真实。

但如果人们无法判断绘画和奏鸣曲的审美属性，也不能向创造它们的艺术家咨询意向，那么它们作为自然物的审美属性是什么？对艺术家来说，审美属性会出现，如果没有什么可以咨询，除了作品的外观和声音，一个审美形式主义的性质则必须是真实的。艾伦·卡尔森（Allen Carlson，1943—），是一个新兴领域的自然美学的核心人物，他反对这种说法。他指出，沃尔顿的心理学理论容易从艺术作品中的自然项目出发：我们认为谢德兰矮种马可爱和迷人，当然因为作为伐木克莱兹代尔（Clydesdales）马被我们归属于马的范畴。⑥ 他还认为，哲学理论会转换语义：鲸鱼实际上具有的审美特性，它们作为哺乳动物实际上没有任何对比的审美特性，我们可能会认为它们是作为鱼的存在而有价值。如果我们问是什么决定了类别的项目实际从属于自然，答案应该是根据卡尔森的理论，自然历史作为自然科学被发现。⑦ 因为自然物的自然历史不仅仅可看到或听到，它同时是可理解的，形式主义不会比艺术作品的自然物品更真实。

有理论声称，沃尔顿的心理研究转移到自然物品已被广泛接受。沃尔顿哲学所提出的向自然项目转让的主张已经被证明具有更多的争议。卡尔森对自然物品的审美判断很容易被误认为是因为它们从属于某一类，或不属于它们、理解和肯定，只要确定这类自然项目实际上属于科学调查，这一点足以削弱任何形式主义关于自然的合理性判断。然而，卡尔森也希望建立天然物品的审美

---

① Hutcheson F.. An Inquiry into the Origin of Our Ideas of Beauty and Virtue[M]. Indianapolis: Liberty Fund, 2004: 36-41.
② Gerard A.. An Essay on Taste[M]. London: Millar, 1759: 6.
③ 《格尔尼卡》：毕加索作于 20 世纪 30 年代创作壁画，是一件具有重大影响及历史意义的杰作。画面表现的是 1937 年德国空军疯狂轰炸西班牙小城格尔尼卡的情景。此画是受西班牙共和国政府的委托，为 1937 年在巴黎举行的国际博览会西班牙馆而创作。
④ Walton K L.. Categories of Art[J]. The Philosophical Review, 1970, 79 (3): 347.
⑤ 同上。
⑥ Carlson A.. Formal Qualities in the Natural Environment[J]. Journal of Aesthetic Education, 1981(07): 19.
⑦ Carlson A.. Formal Qualities in the Natural Environment[J]. Journal of Aesthetic Education, 1981(07): 21-22.

判断，什么样的客观审美判断关乎艺术作品，它即使具有争议，也将足以支持这种说法。因为在许多类别中，一个给定的自然物品可以被正确感知，但在不清楚是否正确的项目类别中是否被视为有实际审美属性是值得商榷的。理论家可以呼吁意图（或社会）的创造者确定正确的类别将被视为一个固定的审美特征。但作为自然物品，它并不是人类创造的给予任何对比分类的审美基础。因此，根据巴德的理论，"自然审美鉴赏是剥夺自由性质的艺术欣赏"①，尽管这仅仅是另一种说法，艺术审美的客观性则是用来欣赏自然的。

2. 审美判断

18世纪理性主义者和理论家之间关于"品味"或"感受"的争论主要是即时性理论，即在辩论时判断对象，运用美的原理阐述美的存在。这并非仅仅讨论美的原则，同时也是理论家关于"品味"的争论。康德否认有任何此类的原则②，但休谟和哈奇森（Hutcheson，1694—1746）肯定了它们的存在，他们认为：虽然判断美丽的品味是不理性的，但品味是根据一般原则而产生的，这可能是通过实证调查的结果。③

这不禁让人想到在共性和个性之间的美学争论，作为一个理性主义者和理论家之间有关"品味"的辩论是18世纪那场辩论的复兴。但这种思想的准确性很难衡量。原因之一是，往往不清楚共性和个性是否可以作为辩论审美原则的主体存在，或是在审美判断中讨论他们的就业脉络问题。一方面，在一定程度上，共性和个性会在审美辩论及审美原则基础上权衡未来，另一方面，很难知道他们是否通过"审美意义"进行理论的探讨。如果"审美"仍然有18世纪的直接含义，那么在争论问题的判断时，是直接的。如果"美学"不再带有这种含义，那么很难知道什么问题仍存于争论中，因为很难知道什么是审美判断。人们可以简单地重新定义"审美判断"，这样一来，它成为一个以对象为美学属性的任意判断。但理解审美的性质是什么，似乎没有人能够准确定义。看来，人们可以简单地重新定义"审美判断"，例如，它指的是任何一个类的属性，那么美的任何属性便是一个对象。

目前，有关审美判断的术语有阿诺德·艾森伯格（Arnold Isenberg）的"关键通信"（1949）、西伯利（Sibley）的"审美观念"（2001）和"一般原因和美学标准"（2001），玛丽·莫瑟斯（Mary Mothersill）的"美的恢复"（1984），门罗·比尔兹利（Monroe Beardsley）的"美学思想"（1958）和"共性的关键原因"（1962），乔治·迪基德（George Dickie）"艺术评价"（1987）和约翰·班德（John Bender）"一般可废止的审美评价的原因：通才/专才主义之争"（1995）。

艾森伯格承认人们经常向人们的价值判断提供作品描述的特点，这看似必须诉诸原则进行判断。如果一些绘画评论家呼吁数字集群的前景，形成波状轮廓的有力支持，其判断似乎涉及隐性的原则，任何具有这样的轮廓的作品就是更好的。但是艾森伯格认为这不可能，因为没有人同意这样的原则。

但是，在作品审美表达的吸引力上，人们并没有意识到其功能的审美价值，那么该做什么？艾森伯格认为人们提供的"感知"工作，即提出某种特点，人们在"可能的视觉定位"领域，引导他人得以在"细节的窥视、部分组织、离散对象的分组模式"中权衡。④ 通过这种方式，人们可以看到我们所看到的，而不是让旁人从原则上推断出人们的推断。

西伯利知识广博，如"美学标准的一般阐述的原因"起源于首先观察的性质，人们呼吁有利的裁决理由并不都是描述性的或中立价值的。人们也呼吁性质，本质上是积极的，如恩典、平衡、戏剧性的强度或滑稽。说到可传承的本质，其实是积极的且简单地归因于意味和价值。所以，虽然有关

---

① Budd M. Aesthetics of Nature[M]// J Levinson. The Oxford Handbook of Aesthetics. Oxford: Oxford University Press, 2003: 34.
② Kant I. Critique of the Power of Judgment[M]. P Guyer and E Matthews, trans. Cambridge: Cambridge University Press, 2000: 101.
③ Hutcheson F. An Inquiry into the Origin of Our Ideas of Beauty and Virtue[M]. W Leidhold (ed.), Indianapolis: Liberty Fund, 2004: 28-35; Hume D. Of the Standard of Taste//E. Miller (ed.). Essays Moral, Political, and Literary. Indianapolis: Liberty Fund, 1985: 231-233.
④ Isenberg A. Critical Communication[J]. Philosophical Review, 1949, 58(4): 336.

于喜剧元素的研究更糟糕，其工作基于对趣味理解的一种方式，或者因为它包含许多双关语。如果这一研究是关于趣味理解的简单说法，趣味则是审美价值的一般准则和原则，是共性的和真实的。但这一理论没有任何怀疑性，西伯利所观察的内容体现在以下文本：

> 我曾在其他地方争辩说，没有确定的规则，指的是中立的和非审美的东西，人们可以推断出一些是平衡的、悲剧的、滑稽的、欢乐的等等。在这里，同样的，在不同的水平，有没有确定的机械规则或程序，以确定哪些品质是实际缺陷的内容，一个人必须判断自己。①

这里的"其他"是提到的第一句话，即西伯利的早期的理论，"审美观念"被认为是与概念如"平衡、悲剧、喜剧、快乐"一致的内容，但并不是一个确定的描述（即非审美），也不是对应满足条件的，而是一个品味。因此，审美的判断是即时的，在类似的方式中判断颜色或韵味：

> 我们看到，一本书是红色的，正如我们所说的，通过品尝茶，得知它是甜的。也有可能会说，我们只是看到（或看不到），事情是微妙的、平衡的。这种韵味的变化和五种感官的使用确实是人们所熟悉的内容，使用"韵味"这个词，是古老而又自然的。②

但西伯利承认18世纪的先人和他同时代的人并不重要，当代的形式主义仍然存在分歧，通过五种感官之间的体验表现出其本质。其中心就是所涉的原因，或者像他们那样的人，在支持审美判断的过程中，通过特别的话语、通过描述性属性，审美特性取决于审美判断。③

目前没有表征体现西伯利的理论达到了什么水平，在寻求建立审美概念的应用时是没有条件制约的，定义"美学"是其术语本质的归属。就像西伯利自己所承认的，审美概念不仅仅是非条件的制约，也如色彩观的比较一样另有约束。但是没有理由认为它们是唯一被无条件支持的理性理论，因为有道德观念的存在，韵味至少可能有这些特征。孤立的审美需要更多的即时的东西，正如康德所提。需要进一步发扬康德的"无利害"的概念，以康德的理论观念拓展开来。

3. 审美态度

康德的"无利害"概念已经在审美态度理论中得以蓬勃发展，从20世纪的早期到中期，审美态度被其后裔继承下来。既然康德跟随英式"无利害"的严格应用，从迁移到态度就不难解释了。对于康德的参与乐趣和鉴赏判断是公正的，那是因为这样的判断没有任何比实践更复杂的问题。为此，康德指称审美判断为冥想而不是实际应用。④但如果审美判断是不现实的，那么人们承担对其对象的态度可能是不实际的：当判断一个对象的审美时，人们不关心是否有进一步的实践目标。因此，很自然地说人们的审美态度是无利害的。美感是不带有利益兴趣的，因而是自由的、无私的。

实话说，从快乐的态度到迁移的意识是很自然的，并不是说它是无关紧要的。从康德的美学理论来看，最后的审美理论与叔本华的美学理论关键的区别在于审美态度的理论区别。而康德将"无利害的快乐"作为一种手段，承担的审美价值，叔本华对"无利害"的关注（或"少思考"）基于本身是审美价值的轨迹。根据叔本华的理论，人们将平凡与现实生活作为一种束缚，控制着自己的欲望。⑤这种束缚的源头不仅是痛苦而且是认知失真，它限制了人们的满足或挫败，以及欲望的相关方面。审美的观照，将更少涉及认识和享乐的价值，让人们渴望从自由地窥探到事物的本质以及由欲望引起的疼痛缓解：

> 有时候，外部原因或内在的性格突然提出层出不穷的意愿，并从知识存储到意志奴役，不再由

---

① Sibley F. Approach to Aesthetics: Collected Papers on Philosophical Aesthetics[M]. J Benson, B Redfern and J Cox (eds.), Oxford: Clarendon Press, 2001: 107-108.
② Sibley F. Approach to Aesthetics: Collected Papers on Philosophical Aesthetics[M]. J Benson, B Redfern and J Cox (eds.), Oxford: Clarendon Press, 2001: 13-14.
③ Sibley F. Approach to Aesthetics: Collected Papers on Philosophical Aesthetics[M]. J Benson, B Redfern and J Cox (eds.), Oxford: Clarendon Press, 2001: 14-19.
④ Kant I. Critique of the Power of Judgment[M]. P Guyer, E Matthews, trans. Cambridge: Cambridge University Press, 2000: 95.
⑤ Schopenhauer A. The World as Will and Representation (vol.1)[M]. E Payne, trans. New York: Dover, 1969: 196.

意愿产生动机,但却包含了由意愿产生的关系。①

19世纪的最有影响的审美态度理论由爱德华·布洛(Edward Bullough,1880—1934)和杰罗姆·图尼茨(Jerome Stolnitz)提出。据图尼茨的理论,这一观点是更直接的面向对象的一种审美态度,是一种无利害和同情,是参加与超越,无目的的参与,以自己的方式接受同情的,而不是自己的偏见,引导自己的注意力。②这样所关注的结果是一个相对的更为丰富的经验对象,即在相对多的对象中寻求功能的经验。而现实的态度限制了经验的对象,让人们"只看到那些特征而不是我们的目的'审美的态度',相反则是'分离'的对象,侧重于'看'岩石、大海的声音和绘画颜色"。③

布洛所热衷的是"心理距离"而不是漠不关心,把审美的东西当成一件物品:

通过现象,可以这么说,从齿轮与实际的自我,站在人们个人的需要和目的的语境之外,客观地看……只允许反映人们的一部分客观特征的经验,并通过解释主观的情感作为现象的特点。

布洛被批评并声称审美需要冷静的脱离:

布洛的审美态度表征是最简单的攻击。当人们在一场悲剧中哭泣,在恐怖片中跳跃,或者在一个复杂的小说情节中迷失自己,人们不能说是超然的,尽管人们可以欣赏这些作品的美学品质,人们可以欣赏到雾或风暴的美学特性,同时又担心它们存在的危险。④

但这种批评似乎忽略了一个微妙的布洛的观点。而布洛也认为,审美需要"距离"之间的自我和感情,不是要求我们拒绝感情,而是恰恰相反:只有当人们接受爱的感情,那距离便产生了。所以,例如,适当距离的观众不是"疏远"的观众,而是没有怜悯或恐惧的感觉,没有"距离"的观众将感到遗憾和恐惧,观众对怜悯和恐惧感到"不作为个体的模式而是作为特征的现象"。⑤适当距离的旁观者,理解她的恐惧和怜悯就像理解悲剧一样。

对审美态度的概念理解已从各个角度进行了分析。乔治·迪基(George Dickie,1926—)被广泛视为具有决定性审美文章的人,在《审美态度的神话》(*The Myth of the Aesthetic Attitude*)(1964)中,他认为,所有感兴趣或关注的例子是有关传说与注意力的关系。⑥

也许迪基的另一个批评是鲜为人知的,他最终提出一种态度,是对理论家的野心的更大威胁。图尼茨的理论将被再次重视,它区分了无利害和有意之间的调和心境的关系:无利害的参加即无目的的参加;无利害的出席则超越了出席的本身。但是迪基对目的的差异的分析并不意味着注意力的差异:

假设琼斯听一段音乐,为了能够分析和描述第二天的这个检查,史密斯听了同样的音乐并没有告知其目的。当然区别动机和意图的这两人,琼斯有一个不可告人的目的而史密斯则没有,但这并不意味着琼斯的听力区别于史密斯的……只有一个办法可以听音乐,虽然可能有各种各样的动机和意图,这样做的原因和各种各样的方式被分散成对音乐本身的理解。⑦

在这里,面对很多的态度,理论家可以反对。认为倾听是一种参与方式可能遭到反对:问题在于,严格地说,琼斯和史密斯是否以同样的方式倾听音乐,但无论如何他们听的音乐是一样的,他们都参与了鉴赏。是否以同样的方式则是琼斯和史密斯应讨论的问题,因为它显然取决于个性化的态度,理论家拒绝这一原则:如果琼斯的注意力体现了不可告人的目的,史密斯则不具有个人注意力所支配的目的,他们的注意力是不一样的。最后,即使态度论者的个体化原则被否定,也就是说,只有一种方式来听音乐是值得怀疑的,那么一个人可以将参加音乐的无数个方式作为历史文

---

① Schopenhauer A. The World as Will and Representation (vol.1) [M]. E. Payne, trans. New York: Dover, 1969: 196.
② Stolnitz J. Aesthetics and Philosophy of Art Criticism[M]. New York: Houghton Mifflin, 1960 : 32-36.
③ Stolnitz J. Aesthetics and Philosophy of Art Criticism[M]. New York: Houghton Mifflin, 1960 : 35.
④ Goldman A H. The Aesthetic[M]//The Routledge Companion to Aesthetics. B Gaut and D Lopes (eds.), London: Routledge, 2005: 264.
⑤ Bullough E. "Psychical Distance" as a Factor in Art and as an Aesthetic Principle[M]//The Philosophy of Art: Readings Ancient and Modern. A Neill and A Ridley (eds.), New York: McGraw-Hill.1995: 299.
⑥ Dickie G. The Myth of the Aesthetic Attitude[J]. American Philosophical Quarterly, 1964(1):57-59.
⑦ Dickie G. The Myth of the Aesthetic Attitude[J]. American Philosophical Quarterly, 1964(1):58.

件,如文化的神器、作为听觉壁纸、作为声音干扰,取决于其音乐的功能,因为聆听一直在继续。但是迪基所提及的目的有着至关重要的差异,并不意味着需要注意相关差异。在审美态度被定义时,程度和重点是关注对象的特征,即物质审美。有兴趣的关注只是一些相同的特征,这意味着定义的可能性,而这又意味着定义并不是审美态度的概念,也不可能是任何"审美意义"的体现。如果采取审美态度,一个对象将具有美学产生的相关属性,是否关注感兴趣的或漠不关心的,然后确定是否审美态度,显然需要首先确定和美学相关的属性。这个任务似乎总是导致审美特性的直接可控性,可以说是不够的,或者说审美属性的基本形式与性质是毫无根据的。

但是,概念的兴趣和心理距离是术语的固定含义,"审美"并不意味着它们是神话般的样貌。有时人们似乎无法得到它们。考虑到希腊剧作家写的悲剧正不断被忽视,公元前494年在雅典上演两年的戏剧,希腊城邦米利都被波斯捕获后的暴力,希罗多德(Herodotus,前480—前425)记载道:

在米利都的秋天(雅典)有很多方式表达自己的悲伤,特别是,当一个剧本"米利都的秋天"公演时,观众流泪并向其捐款一千德拉克马以提醒他们的灾难是如此接近家园,未来的戏剧制作也将被禁止。①

人们如何解释这起雅典戏剧所带来的连锁反应,兴趣或缺失的距离? 特别是,如何解释其差异之间悲伤,在由一个成功的悲剧引起的这种情况下? 这里不存在注意力和注意力不集中的区别。不同的是,雅典人不能观看"米利都的秋天"而他们可以观看其他戏剧,这是因为戏剧的紧密连接,要求他们参加。

4. 审美体验

审美体验的理论可以分为两类,根据这一特点,可以理解为对审美的解释。内在论的理论诉求在于功能的内部体验,典型的现象学特征,但外在理论吸引功能的外部体验,通常指对目标特征的体验。审美体验的内在论和外在论理论之间的区别是类似的,虽然现象学和认知观念的审美体验与加里·艾塞明格(Gary Iseminger)理论之间的区别并不完全相同,但却殊途同归。虽然内在论的理论特别是杜威和门罗·比尔兹利早在20世纪中叶便提出了,而包括比尔兹利和乔治·迪基的外在理论一直以来方兴未艾。根据比尔兹利已经撰写了最终的内在理论犹如创建外在理论一样,其审美经验的观点使人们有了强烈好奇心。人们对于迪基的批评与比尔兹利的内在理论具有同样强烈的好奇心,因为他们把比尔兹利和其内在的理论从内部向外部推进。

根据比尔兹利内在审美理论所进展的版本(1958年),共有三或四个审美体验的特点,其中"有些作家通过急性反思发现,每个人都可以测试自己的体验"。② 这些都是焦点,"一种审美体验是一种关注——它的对象",强度和统一性、统一性和完整性。③ 反过来,一致性是一个正确性质的元素连接到另一个这样的元素的问题。

一件事导致另一件事的出现。发展的连续性、不留缝隙、无空间,有指导的总体格局、有序的累积、能量走向一个高潮,是目前的一个不寻常的程度。④

完整性,相反是一个具有"平衡"或"解决"的元素,另一个,则是整体缺失的元素:

冲动和期望是体验中引起感觉的元素,是抵消体验中其他元素,以达到某种程度的平衡、终结和享受。体验自身得以分离,甚至使自身入侵了外来的元素。⑤

迪基的最重要的结论来源于批评比尔兹利的理论,比尔兹利描述了审美体验的现象学,未能区分的特征即人们体验审美对象和审美体验本身具有的特点。所以,在比尔兹利的描述中提到的每一个功能的连贯性,审美体验具有连续性的发展,在一定差距的前提下,向高潮发展即为人们体验到的审美对象,有没有理由认为审美体验本身有任何这样的功能:

---

① Herodotus. The Histories[M]. R. Waterfield, trans. Oxford: Oxford University Press, 1998: 359.
② Beardsley M C. Aesthetics[M]. Indianapolis: Hackett, 1958: 527.
③ 同上。
④ Beardsley M C. Aesthetics[M]. Indianapolis: Hackett, 1958: 528.
⑤ 同上。

注意比尔兹利的连贯描述中所提到的每一件事都有着一个感性的特征,而不是感性特征的影响。因此,没有提供确实的结论,体验可以是统一的,在这个意义上是一致的。实际的主张是,审美对象是连贯的,一个结论必须是理所当然的,但又不是相关的。

迪基提出了关于比尔兹利的描述审美体验的完整性类似的担心:

> 一个元素平衡的画面,说明是稳定的、平衡的,但它对于观众的体验是稳定还是平衡的?在某些情况下,看一幅画,可能会帮助人感到稳定,因为它可能会使人们分散注意力,使人们不安,但这种情况不是典型的审美欣赏,也不是相关的审美理论。难道不是因为画的特点而被错误地转移到观众?[①]

反对的理由竟然是因为审美体验的性质不同,迪基和比尔兹利之间的辩论开始了,但他们所面对的辩论是条很长的路,是一件很艰难的工作,是一个研究审美体验理论、重视功能的体验和体验特征之间的区别的问题。答案竟然是对一个外在的理论进行了梳理,比尔兹利1982年在一篇文章的"观点"中写到,许多人都从审美的角度提出以下论断:根据这一审美体验的审美内容,体验即一种理论,一个对象的体验具有的审美特征。

从内在到外在的转变并非那么简单。一个内在论的中心是有立意的,固定意义的"审美"通过对审美体验的特殊功能的放弃得以实现。但第二种,同样是理论中心所具有的野心,通过将其价值与审美体验顺利地保留下来来实现。事实上大多数审美体验的论述是比尔兹利与迪基的辩论发展而来的,一个对象具有审美价值是因为它提供了宝贵的审美体验。这一观点已经被称为审美价值论的经验主义,因为它降低了审美价值的审美体验的价值,在过去的几年中吸引了众多的支持者。但它可以怀疑审美价值论经验主义的批评,作为内在论的延伸。

奇怪的是,这些理论结合了外在性、审美价值论的经验主义、审美体验的位置。外在性的定位,确定审美对象中的特征,而经验主义美学价值的定位,则确定经验的特点,或许有人认为特点决定了审美品格,才是决定审美价值的特征。如果形式主义和经验主义都是真实的,那么没有什么可以阻止两个对象之间完全不同的审美体验,审美特征却有相同的审美价值,除非,其价值确定的经验特征具有必然逻辑的性质,确定对象提供的对象特征,即一个经验值的特点。但是,在这种情况下,价值确定的经验功能显然不是简单的现象学特征,可能已是最适合确定的价值的经验,但也许具有代表性或认知功能的经验,具有相应的对象。这是一些经验主义者的论述:

> 审美体验……首先是在理解和欣赏,即对审美属性对象的理解与欣赏。对象本身是有价值的,提供体验,也可能是一种经验,该对象……审美体验的价值在于体验正确的对象,在一个真正的非审美属性中,便于理解和欣赏的目的。[②]

但有一个未解决的问题:审美体验的表征或认知功能可能有助于其价值的体现,这样的功能常常令人难以置信,其贡献在于为对象提供这种体验的价值。例如一首优秀诗歌的价值在于,它是一个体验,那么这首诗得以正确地理解或准确地表达,有价值的好诗不仅包括审美能力和提供的经验,还有正确地理解或准确地表达的意境。只有一首优秀的诗歌才会有恰当的理解和审美体验。

其他经验主义者采取了不同的策略。在任何特殊情况下,他们都不想把审美经验的一般特征和它的对象隔离开来,他们只是在任何特殊情况下都能观察到一种审美体验的价值,而不需要对客体的审美特征进行大量的分析。所以,经验的价值与艺术作品有着必然的联系。

不可否认的是,当人们试图描述在任何细节中所提供的经验的价值,人们很快找到自己描述的作品本质。如果人们事先承诺了经验主义,那么对作品的审美鉴定和经验值之间的体验成为适

---

① Dickie G. Beardsley's Phantom Aesthetic Experience[J]. Journal of Philosophy, 1965(62): 132.
② Goldman A H. The Experiential Account of Aesthetic Value[J]. The Journal of Aesthetics and Art Criticism, 2006(64): 339-341; Iseminger G. The Aesthetic Function of Art, Ithaca, N.Y.: Cornell University Press. Isenberg A. Critical Communication[J]. Philosophical Review, 2004, 58(4): 36.

当的亲密关系的一种表现。但是如果一个人不那么坚定,它可能会显化一些别的东西。如果,试图解释美学价值所提供的审美体验,人们发现自己无法说出其价值,这是经验的内容,这可能是因为价值所在的曲折和经验的综合体现。当然,要肯定审美独特的曲折性是人们所经历的一种价值,要坚持区分体验值与经验值之间的统一。

第二节 认知审美

一次全新的邂逅,艺术与科技的结合造就了新媒体艺术的产生。正如让·鲍德里亚(1929—2007)所述:一切媒体都是人类能力的延伸与扩张,沟通历史的发展阶段即是人类历史的发展阶段。如果说数字媒介是继纸质媒介、广播媒介、电视媒介之后给予人体视觉、听觉、嗅觉、味觉、触觉"五感"以全面还原的介质,那么事物的本真也在数字式的传输中得以阐释,并以讯息媒介的个体或群体将人类"身体的延伸"做到极致。新媒体艺术家以自己独特的数字语言为起点,将极具个性化的语义贯穿作品之中,创意、灵感营造了一种见地、解读与思考。作为视觉、听觉、嗅觉、味觉、触觉的感官器官的扩张与延伸,数字式传输过程体现了艺术家用以解读世界的手段与方式;文化认知则是人们通过艺术家的数字传输方式对于世界与文化的理解角度与认知程度,而在数字传输中体现的文化认知也是艺术家进行新媒体艺术尝试的本源。

新媒体艺术作为认知空间——分布式认知视角的探讨,使用新技术的艺术作品具有相同程度的认知空间或技术文化特质。新媒体艺术不是无目的地使用新技术。它们变成产生空间的艺术品,也是艺术家世界观的结果。

分布式认知理论,是赫钦斯(Hutchins,1899—1977)和他的同事们正式开发的项目,是一个以认知科学观点为认识思想的理论研究。相比之下,通过接触的器物和人们的关系,知识被认为是一个建筑。根据这一理论,人是主动的,不是被动的,也有人认为空间是分布记忆的空间。在此基础上,可以推断出认知关系是人与技术之间的关系,后者是指人类生产自身的扩展。因此,认知的人工制品可以被理解为"身体的目的、帮助、提高或改善认知的目的的物品"。

区分技术认知的文化品和认知技术的艺术品,讨论是否所有的认知的文化品有相同的属性,与创建认知有一定的关系。

一、认知的世界观

21世纪初,格林伯格(Jan Greenberg)和加里·蒂克尔曼(Gary Dickelman)认为,重要的问题在于知识是如何产生的,不是假设,它只是位于思维源头。自那时以来,知识范式已经从代理商的掌控转移到分布式认知理论,其理论的作者如圣迭戈加利福尼亚大学的赫钦斯。赫钦斯的理论,"分布式认知",旨在通过一个扩展的认知概念解释知识的获取,一个超越孤立的理论框架,定位其环境,包括理论本身。这种环境,根据赫钦斯的理论,是由科技艺术人工制品的元素组成。

因为分布式认知的理论表现了在代理和世界之间的知识,这样的知识不再固定于某个地方。相反,它是分布在人工艺术制品之间的中介空间,生产的相互作用,能够产生转换的状态的知识条例。因此,可以认为,认知发生在系统中,而不是在中介的环节或在一个精确的空间位置。

正如麦克卢汉认为,文化工具是"人的延伸",暗指它们的力量拓展了人类能力。同样,戴维·基尔希(David Kirsh)[1]关于"空间智能的使用"的理论提到"在对象和环境的认知结构中提高中介的能力,赋予空间认知和身体功能的简化意义"。[2] 从这个角度来看,认知并不是取决于中介的一个孤立的行为,而是通过与社会文化环境相互作用产生的。这与特别的语境相关,涉及技术工具,这意味着认知能力可以修改中介的环境。

---

[1] 戴维·基尔希(David Kirsh)是一个加拿大认知科学家,圣迭戈加利福尼亚大学(UCSD)教授,在那里他领导互动认知实验室的工作。

[2] David Kirsh. The free encyclopedia[EB/OL].https://en.wikipedia.org/wiki/David_Kirsh, 2016-6-9.

在所有的事件中,都存在艺术空间和艺术品的认知本质偏离功能的视角。然而不被确定的实际可用性犹如被开发的知识,其最终的"功能"在于某种程度上的可能性,扩展的思想,相互作用的社会文化空间等。因此,在这种情况下,心理过程和目的不是空间或产品的归属,而是扩大代理的使用经验。

20世纪前10年,新媒体装置艺术使心理过程产生有牵连的多个方面,而其所涉及的知识内容有着长足的发展。如果换另一种方式,使用新技术的装置会导致一个认知状态,那不是程序员,而是人们已经看到的功能性人工制品或空间。因此,虽然它们可能会表现出一定的变异性,但新媒体装置的应用程序将不局限于本地化的可用性或作为认知工具。例如,一个新媒体艺术作品可能是其审美或娱乐价值的再创造,可以为一个社团和融合概念提供经验,却很难提供交互者的经验。因为交互者的经验往往依新媒体技术的发展而展现全新的内容,也是不可多得的。

二、认知角度

(一)吸引力单元:引力与阻力

在精工和一川的《重力细胞——重力和阻力》新媒体装置中运用了一个GPS空间,通过实时的身体动作相互作用(图5-1)。装置包括投影图像和同一个空间的几何信息,一个受众可以在其中通过自己的身体体验互动。受众的动作通过装置产生空间的变化,图中体现了重力的变化:重力等外力被模拟只为了生成新的理解重力的方法,从感觉过程的经验开始运动,美学、人体与模拟环境相互作用。该装置在本质上体现了认知水平不同,主要是由于它具有产生一个"相互融合"概念的能力,将很难关联交互者的生命体验。它包括2个输入设备、2个空间,其中三分之一个空间被创建,整合了前两个空间,从而导致一个概念的整合,使得新的精神空间得以出现。第一个"输入"是一个艺术发展的技术空间,用以模拟时空。第二个"输入"是由静态的或动态的图像产生了人们熟悉的图景。有意识的经验,通过感觉运动过程和第一手的空间:零重力模拟,有意识地建立空间以表示物理定律,基于一个弯曲而不平坦的时空的连续体。

图 5-1 精工、一川(Seiko Mikami and Sota Ichikawa),《重力细胞——重力和阻力》(Gravicells—gravity and resistance),山口艺术与媒体中心(YCAM),2004

图片来源:http://www.e-flux.com/announcements/seiko-mikami/,2016-3-22

如上所述,这种经验是由一个概念融合的空间、"输入"或从三分之一空间所产生。这使得交互者感觉到自己的运动,他们是每一个天体和感知几何变形的结果,他们自身的位移和身体质量在所创建的空间内运行。

作者对此装置的陈述是:这项工作提出了重力和阻力之间的相互作用及动态过程。它被创造出来后,反映了日常生活空间和地球质量之间的巨大差异。它旨在修改重力,重新认识身体与空间之间的对话。

然而,这个项目的经验可以减少到这一点,对生成的认知空间具有工具化和可用性作用。相反,知识集成在认知过程(心理和感觉)的中介里。这是一个编程艺术家或研究小组的世界观结果,而不是任何类型的本地化功能。

(二)观者

观众(DeViewer,1992),是由ART+COM公司开发的项目。这个作品体现的是乔治·弗朗西斯科·卡罗图(Giovanni Francesco Caroto,1480—1558)的一幅绘画作品,其图像是由交互者和观看显示器组成:图像A、B、C中,(A)投影显示装置系统;(B)根据交互的视觉行动关联的视觉行动,体现其过程的初始变化;(C)由交互可视化操作图像改变的进程。

底层的技术是基于眼动识别系统。计算机用来分析关联的角度,以及计算角度上显示的坐标。

然后这些坐标被发送到图形系统，从而改变了图形在图像上移动的效果。没有什么运动可以被识别，因此，没有相同的变化的图像产生。一旦交互停止，图像观察将改变图像直至消失，从而返回到原来的状态。

该作品是一个开放的空间，中介和人工制品的关系产生了语境诠释的环境。艺术作品的经验使人们对现实的概念产生了质疑，而原先不存在的主体感知开始存在，这一行为的存在是不确定的。当人们觉察到视觉行为对知觉对象的影响时，这些问题就变得很明显了。看来，交互的行动，对现实问题的概念是关于"存在"与"不存在"的关联。此外，强调的是以知识为基础的组织系统之间的相互关系。知识的整体性出现，包括中介、人的环境之间的关系。

因此，这一空间是使中介能够激活认知机制，以体验一个抽象的理论，这也许是这件艺术品原来的想法。

其创作者谈道：作为一种以计算机为主的创作工具，在20世纪80年代末已然普遍存在，不是一种媒介或一般态度的反应。这一装置的创作促进了计算机成为媒介，它们是其互动或相互对话的最重要的品质之一。

相比之下，工作的经验带来了以下的内容：

通过眼睛运动有意识地体验现实的存在与影响。在对物体的感知和认知之间，对相互依存关系的认识。空间是通过认知生成的，与经验、现象、主体与对象、人工作品是同一现实中不可分割的一部分。解释学和语义知识产生了"其他"和中介的关系。意识过程中的调制证明了世界观和文化艺术的角度，对艺术家或研究组的规划颇有影响。相关的艺术实践与建构现实的理论一脉相承。

因此，人们不是在这里处理移动工具之可用性功能的假象，而是倾向于编程艺术家或研究组拓展其思维的世界观。这是一种基于分布式认知的世界观，其中有记忆的认知机制、隐喻联想或概念的融合，感官、脑部、感觉运动过程中产生的一个整体混合物，使综合认知空间得以生成和扩展，在中介的心理结构中持续。

三、认知空间的两种可能

在上述的内容中，似乎明确了认知空间或人工作品的概念。其中提出的方法涉及两个分类。第一，强大的类别，涉及增加和永久整合新的知识（思想）的精神结构。这意味着由于世界观认知、人工作品、空间之间不同的调制，既不是功能也不是工具的意识。第二是给人造的或空间之功能一定的优先关系、位置与工具。因此，这一类是可以通过这些人工作品或空间相互作用所产生的能力决定的，这关系到它们当时的可用性和功能性。

通过前面的例子可知，知识可以被定义为本地化和具体的方面，具有可用性。因此，一旦与中介交互的可能性消失了，其工具的优化功能也消失了。然而，这并非个案，这是新媒体装置艺术的例子。这是因为，即使已经消失或发现自己无法达到，知识是由感觉或心理作用的持续而进行的，时间作为一个抽象的概念被嵌入记忆。意识是由世界观产生的，通过认知空间或产品表示，存在着心理组织的相互作用。

显然，世界观对于新媒体装置艺术而言，可以表示不同程度的渗透性，这取决于负荷理论、经验和交互者的注意状态。这说明，随着不同水平的增量，对生成现象的认知经验也不同。然而，在所有这些情况下，这一现象将被纳入人的意识中，随着时间的推移而成为过去。

四、认知审美空间

总之，需要区分认知的人工作品或空间，重点放在两个方面：修改认知结构和立即生效功能的可用性。这两种分类可被称为强与弱。较强的类别组织的标准将是知识认知结构的持续性结合，将引起的认知假象或认知空间的产生。这种世界观是从特定的角度规划艺术家或研究组的，负责开发认知假象或空间。较弱的范畴定义，关系到本地和指引的认知过程。在这种情况下，功能性的社会、文化、经济和其他方面的能力可获得认知假象或空间。这意味着一个过程，发生在眼前的认知语境，因此，改变了认知结构也导致它们的整合。

新媒体作品分类的认知与空间或弱或强，取决于与它们相关联的认知形式，即局部语境和即时语境，来自全球化的世界观，成为认知结构中智能体的集成，因此，能够承受超过其局部语境的使用。

不断发展的物质文明给人们提供了更多的有关物质与材料的研究课题。自亚里士多德以来，哲学家更多地关注物质本体认识以及有关质量、材质方面的语言学和逻辑手段，这些都为美学家和艺术家在媒介材质方面的艺术实践提供了理论的基础。现如今，材料、化学物质、科学经验逐渐成为新媒体装置艺术家涉猎的领域。

面对物质材料发展的主要趋势，新媒体装置艺术有关材料内容的认识论美学成为一种具有分析性的、开拓空间的和限制认知过程的形式语言世界观。形式语言的制约因素会在很大程度上影响艺术实践中对材质的尝试，这些相对保守的限制因素使新媒体艺术家认识到改变观念的重要性，完善观念的边界界定和改善对形式语言的实验过程，都成为对新材质大量运用进而推动新艺术尝试的关键。材料性能的本质潜藏着深层的认识论根源，物质的本体使其具有强烈的对上下文语境关系和周围环境连贯程度的依赖，艺术家开始意识到面对材料的认识论立场：既不能存绝对的怀疑态度，也不能一味地秉持拿来主义思想。

新材料装置艺术的认知审美是一种将与作品相关的日常生活审美化的过程，主要包括以下五方面：

（一）材料物质的认识论本体

在一切皆为"物质"的唯物主义世界观的引导下，材料对象具有拓展空间、空间坐标本地化、材质本性成形化的作用。不同材料结合不同的应用方式决定了此物质非彼物质的根本原因，这也是导致对象不同性状、形态、美学的源泉。

图 5-2 诺曼·怀特（Norman White），《无助机器人》（Helpless, Robot），1987—1996，互动装置，电脑、木材、电子器械、金属

图片来源：Wolf Lieser DIGITAL ART h.f.ullmann, 2009

图 5-3 肯·戈德堡（Ken Goldberg），《电子花园》（The Telegarden），1995—2004，网络机器人装置，电子艺术美术馆（林茨，奥地利）

图片来源：Wolf Lieser DIGITAL ART h.f.ullmann, 2009

(a)   (b)   (c)

图 5-4　摩根·贾克森（Mogens Jacobsen），《意识的力量 3》（*Power of Mind 3*），又称《被分解的防卫》（*Dissociative Defense*），2010

图片来源：Repair sind wir noch zu retten ARS ELECTRONICA HATJECANTZ，2010

诺曼·怀特（Norman White）的作品《无助机器人》（*Helpless Robot*）是一个综合材质的装置，木质材料的机器人上身与钢架结构的机器人下身以及体内机器组成了一个由不同材质与质地构成的物质体，以木质的浑厚、钢质的坚硬、机器的睿智感给予人们一种多样的认知过程（图 5-2）。

（二）非现象论

物质属性主要依赖于人们的感官认知，比如色彩、材料特性等，然而所谓现象主义的经验论并不是可取的，"真实和科学"的属性是更值得提倡和可信的，这是明确与材料相关的上下文语境关系的根据。

在肯·戈德堡（Ken Goldberg，1961—）的作品《电子花园》（*The Telegarden*，1995—2004）中，一种非常规、非经验、非现象的造型出现在人们的视线里，这种新的样式与尝试是新媒体装置艺术独树一帜的实验源头（图 5-3）。

（三）语境关系中的材料特性

我们可以明确的语境条件是能够澄清材料本质的环境因素，比如机械器具、温度热力学环境、电磁场、化学物质、生物生态系统等，与之相对应的材料性能则是力学、光学、化学、热、电等。这些性能为艺术家选择、控制、持续有关材料的艺术创作提供了标准。

《意识的力量 3》（*Power of Mind 3*）由网络服务与物理装置组成，装置的生物特性表现在成百个土豆作为电解电池的能量来源，黑色不断消解、显露文字（图 5-4）。作品有着明显的政治主题，也被称为《被分解的防卫》。土豆在作品中成为上下语境关系中的材料，代表了丹麦的传统食物与本土文化。土豆在展览过程中不断成长、发芽也比喻了丹麦政府不断发展的运作模式。

（四）材料特性的本质

对材料特性的认知主要包括错综复杂的关系、常态性、归纳性、不确定性、不完整性。

图 5-5　克瑞斯塔·索美瑞与劳伦·米诺诺（Christa Sommerer & Laurent Mignonneau），《互动的植物成长》（*Interactive Plant Growing*），1993，软件、电脑、显示器、植物

图片来源：Wolf Lieser DIGITAL ART h.f.ullmann，2009

在《互动的植物成长》（*Interactive Plant Growing*）中，植物成为装置的主要组成部分，以其特殊的性状、面貌，体现出特殊材料特性下蕴含的装置物质内涵，在计算机交互语言平台上的纯自然材质的综合运用，有着感性与理性良好融合的作品特征（图 5-5）。

（五）认识论审美

认识论审美主要包括认识论本质、结构主义

和实用主义。认识论的本质即每件事物的本质都潜藏于其结构的内部,获取经验是获取物质世界的根本。结构主义是在一定可知的层面对物质进行结构性的解析与绘制以期获取经验。实用主义则是明确物质材料可用性的根本,是更好地将材料运用于艺术尝试的前提。

"C.E.B.滑轮"(C.E.B. Reas)的作品《TI》是一个将手绘艺术与软件艺术综合的新媒体装置作品,作品在变换尺寸的过程中体现出形式与功能的关系,结构随意的表象下是有序的动态移动过程,作品用软硬对比的材料效果追求一种透过表象看本质的认知内容(图5-6)。

以新材料为媒介的新媒体艺术主要从造型、材质、体量来体现其认知审美方式。

1. 造型的重塑

ART+COM的装置作品《动力学雕塑》(The Kinetic Sculpture)是一个在艺术与设计之间进行形式寻找的有着隐喻意义的装置(图5-7至图5-9)。

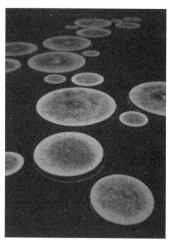

图5-6 C.E.B.滑轮(C.E.B. Reas),《TI》,2004,装置、软件、电脑、丙烯可变的范围

图片来源:Wolf Lieser DIGITAL ART h.f.ullmann,2009.167

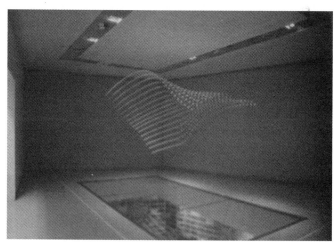

图5-7 ART+COM,《动力学雕塑》(The Kinetic Sculpture),2009

图片来源:CyberArts ARS ELECTRONICA HATJE CANTZ,2009

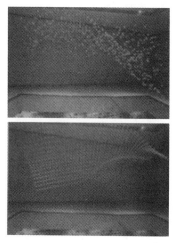

图5-8 ART+COM,《动力学雕塑》(The Kinetic Sculpture),2009

图片来源:CyberArts ARS ELECTRONICA HATJE CANTZ,2009

图5-9 ART+COM,《动力学雕塑》(The Kinetic Sculpture),2009

图片来源:CyberArts ARS ELECTRONICA HATJE CANTZ,2009

714个金属球体由纤细的钢丝绳垂吊而下,有千钧一发之势,每条钢丝分别由加速发动机所控制,覆盖6平方米内7分钟长的机械动态叙事。在一阵混乱的运动之后,一些有序的球体连续晃动逐渐形成了一个完整的形式,该新材料装置创造了一个在变化中求定型的视觉艺术的过程。

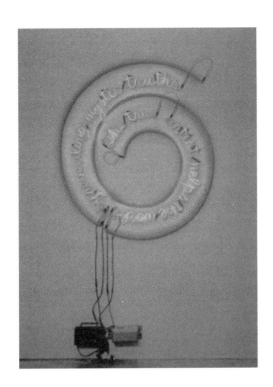

图5-10 布鲁斯·瑙曼（Bruce Nauman），《真正的艺术家通过揭示神秘的真理来帮助世界》（*The True Artist Helps the World by Revealing Mystic Truths，Window or Wall Sign*），1967（费城美术馆收藏）

图片来源：La Biennal di Venezia Making Worlds Participating Countries Collateral Events Grafiche SIZ s.p.a., Campagnola di Zevio(Verona)，2009

这件新材料装置用金属球体的"点"作为基本元素,创造了一个轻盈剔透在空中悬浮的"面",似海浪又似浮云、美轮美奂、优雅飘逸,装置的造型在发动机的控制下不断地重组变化,如同迎风吹动的丝巾不断变换着自己浮动的位置,用一种不确定的方式摇曳在风中。作品的造型之美通过个体的金属球体与悬浮的群体形式得到完美的体现。

2. 材质的借用

1967年，布鲁斯·瑙曼（Bruce Nauman，1941—）颠覆了纯粹美学的定义,用霓虹灯进行符号、文字的语义创作（图5-10）。霓虹灯作为一种被运用于艺术创作的新材质,带给作品全新的质感,发光的晶体管被塑造成圆形,粉红的圆形霓虹灯作为边缘线的装饰伴随着内部发着蓝色夜光的文字格外显眼。"真正的艺术家通过揭示神秘的真理帮助世界"的英文被围绕成一个圆形,圆形所对应的神秘、宇宙、自然与漩涡等符号语义在霓虹灯的光耀下体现出作品的本质内涵。

作品中的新材质成为当时人们所注视的焦点,在这里材质与形式语言、材质与观念语义、材质与创新意识紧密地关联在一起。这种介于历史与当代之间的创新之作提醒了人们,丰裕后的物质世界对社会的影响以及对其应用的反思,该作品也因此获得了在艺术史上的革命价值与创新意义。

3. 体量的综合

2010年，100个聪明小兔在安东尼·斯密特和让·杰克·贝尔奇的作品中扮演着重要角色。这个音乐芭蕾舞剧分为三个部分,通过Wi-Fi传输,在交响乐与个人声音之间创造一种强而有力的歌剧精品,而歌剧是当今世界中最能反映合作、组织、决策与统控的文化体现。斯密特和贝尔奇充分地利用行为设计师的灵敏、聪明兔子声音设计师的感性和舞蹈设计师的耳朵,在每个兔子的腹中放置成百个小型扩音器和发光体,按照程序的指令进行延迟的、重复的和声（图5-11）。

100个兔子的和声响彻舞台空间,将产生巨大的回音与震撼力,此时以兔子为单位的装置以其体量上的强势而赢得了人们的喝彩。如果装置作品以精致程度制胜,那么其关键在于制作工艺,如果装置作品以数量程度制胜,那么其所产生的体量感将是作品引人瞩目的关键。[①]

[①] 马晓翔.新媒体装置艺术的观念与形式研究[D].[博士学位论文].南京：南京艺术学院传媒学院,2012.

(a)   (b)

图 5-11　安东尼·斯密特、让·杰克·贝尔奇(Antoine Schmitt、Jean-Jaques Birgé),《Nabaz'mob 歌剧中的 100 只兔子》(Nabaz'mob- Opera for 100 smart rabbits),2010

图片来源:ARS ELECTRONICA HATJE CANTZ,2010

第三节　维度审美

一、视觉文化审美维度

人文社会科学的当代状况常被称为"视觉转向",是日常生活、科学、艺术视觉的权力和范围内被日益重视的理论。这一形象影响并增加了绘画性的反射力,直观地介绍信息和信息表达也导致视觉文化和视觉研究领域观念的形成。视觉研究的兴起,涉及美学的地位及与之相关的几个基本问题。视觉文化理论家经常怀疑历史主义的盲目性,对文化差异和哲学美学的鉴别也十分谨慎;从文化的角度看,审美经验是被看作符合文化意识形态的主题。一方面,面对新媒体的挑战,美学也往往被视为无效,后观念艺术实践和数字革命一发不可收拾。另一方面,审美词汇的性质和人们的视觉经验有着各种形状,在当代辩论中一个事实出现端倪,有针对性的不满与庸俗的价值相对普遍存在。这便引起了来自不同地区的学者关于视觉上的审美维度的争论。因此,来自不同领域的参与者就美学、电影学、艺术史和理论、文学理论和哲学,以及文化研究、视觉和媒体研究、社会学、心理学和认知科学在视觉文化审美维度组织成三个主题组:

(一)辩论的学科:多元美学/局部视觉研究

视觉研究:一个国家或跨国项目。

本地变种的视觉研究和应用的潜力:本地化视觉研究的可能性是什么?

多元美学:一个矛盾或改革尝试。

视觉或审美:视觉研究允许的美学。

(二)21 世纪的艺术定义

最近对艺术的定义的观点。

没有审美的艺术?定义观念和观念后的艺术实践。

学术的遗产:制度与评估程序的方法。

艺术品或图像:使审美标准有了意义。

(三)视觉欣赏

"视觉转向"后的审美自主的命运。

数字革命如何改变了人们的形象?

审美的盲目性:个人或社会疾病?

审美疏离或审美距离?数字时代的审美经验感性。

……

二、维度审美空间

在录像技术日益普及的过程中,大多数人可以利用视频技术自制录像带与视频文件。这样,录像视频就成为一种记录方式,成为电视节目的主要内容。录像艺术主要由视频、时间、空间组合而成,即设备与空间,雕塑尺寸与时间的多维度综合呈现。

回顾早期录像装置的缘起,也许今天我们不会将1962年巴黎装饰艺术展上的"雕塑"作品"对立—目的"(Antagonisms II - l'objet)作为一个录像装置(它包括一个打开的电视、一个透明木质盒子和压缩的废铁装置),因为它有着诸多不可确定的因素与特征。但在1963年3月的"电子电视音乐博览会"(Exposition of Music Electronic Television)、乌珀塔尔的帕纳斯画廊展以及同年5月在纽约斯莫林画廊展出的"电视—解拼贴"(Television Decollage)中,白南准和沃尔夫·沃斯特(Wolf Vostell, 1932—1998)分别明确而又正式地展示了他们的录像装置。白南准将10台电视沿着不同的方向分散摆放,分布在画廊空间的周边,与此同时还可以操控电视屏幕上的图片。沃尔夫将6台电视放在展厅墙脚、文件柜及地板上,并在技术的支持下完成视频画面的"解拼贴"效果。

这种早期的录像装置便是影像装置艺术的雏形,录像装置在将录像艺术与电视机布局融合的过程中运用了图像录制、雕塑、现成品的综合美学思想。随着基于模拟技术的录像艺术逐渐被基于数字技术的影像艺术所替代,录像装置则演变为影像装置,而电视机的摆放也演变为各类装置设备的创意性构建,此时影像装置的美学理念已然成为以数字动态图像、雕塑或机械设备、环境艺术为主的美学观念,这促成了影像装置艺术多维美学的形成。

影像不仅存在于时间,同时也存在于空间。录像艺术不仅将视频处理作为创作手段,而且以此为研究对象,在视频文件中贯穿了时间和空间元素,并利用空间环境进行审美建构。多维审美要素主要包括环境、视频、组合。

环境,是周围的空间,包括观众和空间中的其他东西。没有唯一的角度或高度,更重要的是整体,每个视角都能显示一个内容的侧面。一种声、光、时间、质地、经验可以通过移动的空间被感受。"环境"是一个特定的场所,有着很强的可塑性,它可能超越空间本身的意义,继承了艺术家"他"或"她"的意志,以表达对整个世界的看法。

视频,是一个对光敏感的电子过程,通过它可以创建一个流动的图像。通过预先录制的录像带或一个视频监视器、电视摄像机的现场转播。声音也可以通过同样的系统与图片同步进行发送。

组合,作为一个混合式的创作方式,有着它自身的历史。在交叉学科的不同领域,诸如建筑、行为艺术、当代视觉艺术的诸多方面都曾受到这种创作方式直接或间接的影响,它能够反映艺术家的自主性,甚而体现个人的主体意识。"组合"创作的审美情趣和当代语境紧密相关,这个术语在过去十年内,一直用来形容一种艺术创作上的焦点。而在装置艺术中,一些元素或一个互动关系常常被"组合"所青睐,形成了一个有着类似上下文关系的集合体,这种"组合"的结果在审美情趣上具有一定的流动性。

20世纪60年代初"组合"和"环境"是最常被用来描述作品的词语,用各种组合的材料与设备,填补一个特定的空间,悬挂或是安装是当时装置艺术创作的常见方式。在一件装置作品孕育而生的过程中,各种部件的组合所带来的布局美、结构美、协调美等等都离不开与环境气氛的呼应,环境可能成为作品组合元素的决定因素,这也是装置艺术多维审美的重要内容。

对视频元素的恰当运用是录像装置向影像装置艺术转化的必然前提。从技术层面看,模拟制式向数字制式的技术提升让录像元素转向视频元素,为影像艺术提供了技术的保证;从载体层面看,承载录像的载体电视机逐渐由承载视频的载体LCD、LED等数字显示器所替代,这个显著的变化给以影像艺术为主要内容的新媒体装置艺术带来载体介质上的全面提升。数字化程度逐渐成为影像装置艺术的一个技术标准。

影像装置艺术的多维审美主要表现在交集空间、捕捉记录、意象融合、静动互补方面的审美特征。

(一) 空间的交集

1969年布鲁斯·瑙曼的《视频走廊》(Live-Taped Video Corridor)成为影像装置第一种样式的典范(图5-12)。瑙曼强制性地使观众沿着预设的路线通过狭窄的"走廊"。走廊尽头的两台监视器具有摄像机的作用,一台从走廊上方和后面录制着观众的行走状态,呈现在显示器上;另一台则连接到一个隐藏的录音机,显示器呈现的只是空荡荡的走廊。通过闭路电视的安装设备,观众积极参与的结果直接被录入了安装系统。瑙曼通过艺术家预设的环境条件表现了一种参与的行为。

观众进入走廊靠近监视器时,也就意味着自己进入了被摄像机捕捉的区域之中。越是靠近摄像机,显示器上的观众图像越是渺小。一种无名的气恼袭上观众的心头,观众只能在显示器上看见自己的背影。在狭长走廊内的行进强化了远离自身的影像场景,这带来了一种疏离的印象。一种明确的目标与情感危机互相碰撞,被监视的人转化为自我行为过程中的角色。

在这个"走廊"内,录音机、监视器、显示器、闭路电视被安设在一个狭长的空间内,各种设备、观众、场景交集于艺术家设定的场所中,为观众创立了立体的感知模式,空间的狭长形状营造了孤立幽静且压抑之感,显示器上不断呈现的现场图式给人一种被偷窥的不安之感,静态的现场与动态的图像交合于固定的场域之中,凝聚为一种交集的空间。

（二）瞬间的捕捉

1973年美国纽约州锡拉丘兹艾维森美术馆（Everson Museum of Art）内,弗兰克·吉莱特（Frank Gilette）巧妙地运用了时间延迟技术实现了的影像装置作品《跟踪与追踪》（*Track/Trace*）（图5-13）。装置由15个监视器构造的金字塔造型组成。金字塔上方的摄像头可以实现对观众动态的实时捕捉与显示,影像内容可以实时呈现在5个显示器上,每隔3秒的延迟,画面呈现于4个监视器上,每隔6秒的延迟,画面会在3个监视器上呈现,以此类推。2台以上的摄像机从多视角记录了房间内的景象:每隔8秒,摄像机便通过画面切换在3台显示器上显示出来。作品具有一定的前沿性,通过时间与空间的交错,以实时展示的方式呈现了观众的群像,一种被赋予了优美舞蹈样式的图像。之后,观众的影像进入了另一个具有现实主义的形式:视频给予了记录一种可能性,在一个非常特殊的场景中记录现场,是否能用一个持久的方式构建作品的内在结构,这或许可以成为后现代主义的一种思维方式,同时也存在于语境和内容之中。"时间延迟"的处理方法使得人为模拟时间延迟成为可能,影像技术由此得以提升并有着复杂和难得的视觉效果。磁带录像机在很长一段时间内成为视频装置的主要组成部分,以影像为内容的装置作品曾一度成为少数主义者"安全、稳定、知识架构"的集合体,这在吉莱特的作品中尤为突出。

这个影像装置作品体现了吉莱特对于信息系统与生物过程的研究,分布在三个角度的摄像机提供快速连续的三个观众的动态图像,并安排十

(a)

(b)

图5-12 布鲁斯·瑙曼（Bruce Nauman）,《视频走廊》（*Live-Taped Video Corridor*）,1969

图片来源:http://www.flickr.com/photos/installation/4860294518/in/photostream,2011-10-9

图5-13 弗兰克·吉莱特（Frank Gilette）,《跟踪与追踪》（*Track/Trace*）,1973

图片出处:http://experimen-taltvcenter.org,2011-10-9

图5-14 克日什托夫·沃迪斯科(Krzysztof Wodiczko),《客人》(Guests),2008—2009,影像装置

图片来源:La Biennal di Venezia Making Worlds Participating Countries Collateral Events Grafiche SIZ s.p.a., Campagnola di Zevio(Verona),2009

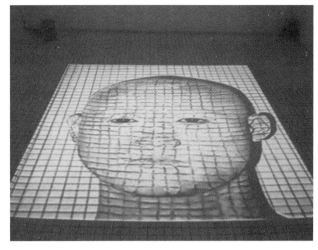

图5-15 邱志杰,《卫生间》,影像装置,1995

图片来源:"中国影像艺术20年",上海民生现代美术馆,2011

五个电视机同时在五个不同的时刻给予自我动态图像一种经验化的呈现,延续了电视转播的观众体验模式。作品充分运用了影像捕捉功能,将捕捉后的瞬间图像转化为对场景记录的动态图像,实现了实时记录的转瞬景象。转瞬即逝的动态图像在时间的延续中形成了有序的影像脉络,在人体视觉暂留的机能下构成了虚实相生、若隐若现的视觉美感。

(三)意象的融合

波兰艺术家克日什托夫·沃迪斯科(Krzysztof Wodiczko,1943—)的影像装置作品《客人》(2008—2009)在53届威尼斯双年展上表现出众(图5-14)。这件投影式影像装置作品的主角是移民,他们没有回家一样的归属感,长久以来保留着永久性客人的状态。"他者"或是"异乡人"是对这个作品艺术实践的中肯评价。技术性的设备与器具给艺术作品传达思想或与众人交流提供了更多的可能,为那些被剥夺了权利的、无言的、无姓的和无名的人们争取公共的形象作出了努力。

在展览现场,艺术家利用了曾经在画廊与美术馆中做影像投射的经验开启了一个面向公众的开放空间,这个开放的具有一定行为艺术特点的空间允许参与者步入其中,用他们的手、面孔和声音交织成一个公共建筑的墙体。三个墙体和一个天顶组成了这个幻觉式的空间,拱形的窗体被投射上虚拟的人形影像,窗体外面是一组一组的工人正在清洁玻璃,来自波兰的或是东欧国家的移民正在用自己的劳动挣得各自的生活。然而这些动态影像是虚幻的、可望而不可即的,在朦胧的表象下面是一种对"移民"的晦涩的揭示,虚弱的画面、模棱两可的地位,以及他们不为人知的社会身份。一种有若鸿沟的距离感留在观众与窗体的人形之间,对于政治与现实的隐约批判留给观众更多回味的余地。

作品呈现了一种超意象的身份、情境、环境与人文关怀,创建了一个高于寓"意"之"象"的借物抒情的境界。在真实的玻璃后面是一个个虚拟朦胧的人形,观众作为参与者以真实的人形与虚拟的人形产生了对比,在朦胧与实在中得到视觉的平衡,在晦涩与直白中得到语义的诠释。

(四)静动的互补

在一个8平方米的空间内,贴满白色瓷砖的地面以一种洁净和青涩的气息向人们展现了一个人类排泄的处所——卫生间。地面投射的动态影像被马赛克的网格笼罩着,一个光头男子时断时续地变换着面部的表情,印在面部的马赛克网格虚拟图形随着肌肉的移动而移动。这个灰色的空间内,影像元素的动态与真实空间的静止形成了巨大的反差,影像中虚拟的马赛克图形与真实的地砖马赛克、受光的地面与背光的地面、圆形的头部造型与方形的影像边界无不体现出静动对比之下的朴拙美(图5-15)。

存在主义作品中的孤独、进退两难和焦虑的情绪在这个人造空间内得到了充分的释放,以孤立的个人为中心,把个人的非理性意识活动作为最真实的存在,以追求个性与自由,怪诞与不安的情绪为作品的存在主义思考补充了静动互补下的另类审美内容。①

第四节 技 术 审 美

一、技术战争:新媒体带来的媒介革新

2012 年 4 月 5 日,谷歌眼镜(Google Project Glass)②承诺的移动技术与我们的日常生活可以进行最佳的无缝整合。博客和微博让人们用最深刻的思想意识记录了数以百万计的潜在的受众娱乐。视频游戏机的趋势越来越走向虚拟现实。增殖的社会媒体网络和社会的压力,"属于"人们不断增加的联络的欲望。与技术相关的广告,从电脑和平板电脑的网络浏览器和电子邮件服务器的促销活动来看,人格化的产品或利用技术竞争的优势吸引了用户。

所有这些东西对于人们的生活而言似乎有点仓促,使人们沉浸在 21 世纪数字技术的各种方式中。随着新媒体制作、社会接受度和审美维度的日益关注,人们不断询问社会和审美里的数字时代的技术:我们如何生产,促进消费,以及各种形式的互动新媒体如何运作?广告如何影响消费者对新技术的接受?何种方式的数字创新能与全球或国内的政治结盟?品牌忠诚度是否超过或反映产品的形式和功能?

在这些方面可以探索新媒体创新的总体趋势,体现一些具体的作为一个单一的博客(blog)或推特(Twitter)的需求。技术审美中可能存在的理论主题包括:

(1) 通过电影和电视节目(叙事或纪录片)探索我们与新媒体/数字技术的关系;

(2) 与日常生活(即谷歌眼镜等)的虚拟/数字集成;

(3) 在电影/电视节目中使用数字技术;

(4) 科技公司的竞争(即苹果与三星的竞争、无线运营商的竞争等);

(5) 品牌、品牌忠诚度和广告;

(6) 博客和微博(即生活杂志,Blogger,WordPress,Tumblr,推特,等);

(7) 照片/视频生产和接收/观景平台(如 YouTube、Instagram、Flickr 等);

(8) 社会层面的在线社区,讨论板;

(9) 装置创作中新媒体技术应用与拓展等。

二、技术审美空间

在新媒体艺术的技术审美空间中,互动装置艺术是一个代表性的艺术类型。互动装置艺术是一种有关人机环境及关系和谐建构的艺术形态。"互动"的实现是基于人机交互技术之上的技术应用,主要是通过计算机输出与输入设备,以及实现人与计算机对话的有效手段来进行。人机交互技术是计算机用户界面设计的技术支持,而与此相关的交互界面与交互方式是构成互动装置的两个根本内容,它们之间的彼此影响统控在技术美学的指引下。尽管技术美学以工程技术为主,以人机工程学、工程心理学、工业心理学、劳动生理学为辅,但对于形态美学、色彩学的依赖也是不可忽视的。互动装置艺术中的人机系统不仅需要协调统一的交互性能,更重要的是通过这个人机系统实现一种艺术诉求或是表述一种艺术观念,这对于互动装置艺术家而言几乎成为毕生的追求。

技术创造的美即为技术美学,通常包括自然技术美学、融合技术美学、介入技术美学。

自然技术美学指艺术家在大自然中选取相应物质之后,对其进行艺术加工,使之成为艺术作品。艺术的特性隐蔽在自然物质之中,物质本身体现了自身的美学价值,有着浑然天成的特性。在艺术创作中讲究实际,取自实用,从而进入审美领域;融合技术美学,指在科技的全面发展过程中,艺术家可以自由选取材质,进行意识性很强的

---

① 马晓翔.新媒体装置艺术的观念与形式研究[D];[博士学位论文].南京:南京艺术学院传媒学院,2012.

② 谷歌眼镜(Google Project Glass)是由谷歌公司于 2012 年 4 月发布的一款"拓展现实"眼镜,它具有和智能手机一样的功能,可以通过声音控制拍照、视频通话和辨明方向,以及上网冲浪、处理文字信息和邮件等。其结构包括:在眼镜前方悬置的一台摄像头和一个位于镜框右侧的宽条状的电脑处理器装置。2015 年 1 月 1 日,谷歌停止了谷歌眼镜的"探索者"项目。

艺术创作。艺术因欣赏而存在，技术与艺术彼此相容，作品的使用性渐渐消退，审美意义进一步得到提升；介入技术美学，是指现代科技的技术硬件系统完全地加入了艺术的创作，增强了艺术作品技术的含量，艺术完全成为技术的制品，技术凸显，艺术附依。

新媒体互动装置艺术的技术美学表现在机械化已成为信息、技术和语言的意义，它所体现的创造性能量成为一种象征性的数字内容，在技术诗意的时代中，技术也具有诗意的性质，虚拟高速数据处理已经重新成为崇高浪漫精神概念的基石，技术的无尽提升与扩散反过来将影响艺术的创造。

技术美学是个很宽泛的概念，可以分别在现代设计、电影电视、工艺造型等不同的领域内得到体现，而在新媒体互动装置艺术的实践范畴内，技术美学则主要表现在人机工程界面以及交互形式的审美上。

（一）界面的友好与亲和

艺术家斯塔·伍德（Stuart Wood）等的《国际随机观众》（*Audience Random International*）由大量的镜面装置组成（图5-16）。作为界面的镜面好似一个个人头以特殊方式移动的同时模拟着人类个性化的各种行为方式。一些在互相交谈，一些则羞涩避让，还有些则竭尽能事地吸引着观众，一种自然、亲和、友好的界面风格油然而生。

当观众进入装置的区域中，镜面们好奇地跟随着人们并寻找其兴趣所在。捕捉到目标后，它们同步将头转向他们，瞬间人们开始看到镜面中所有的反射情境。镜面们观察目标直至失去兴趣，于是便重新寻找目标进行对话。

该装置的审美理念在于利用镜面作为界面的样式，观众的反向角色在被动互动过程中被始终监视着。观众们将会经历一种被忽视的感觉，当他们不再是焦点的时候，他们将被排除在外。作品将互动界面作为焦点，将源于屏幕、媒体墙、物理材质或三维空间的元素进行进一步的拓展，研究在使用简单机器的条件下是否可以引发多样的情感反应。作品将观众带入了一个行为测试中，观察在镜面监视下装置自身变为观察者的过程。

（二）交互的趣味与流畅

比特尼克，斯文·空尼克（Mediengruppe Bitnik，Sven König）的《歌剧电话》（*Opera Calling*）是一个在

 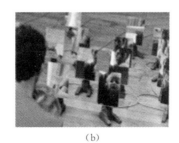 

(a) (b) (c)

图5-16 斯塔·伍德（Stuart Wood）、弗洛瑞·欧克莱斯（Florian Ortkrass）、汉尼·寇（Hannes Koch）& 克瑞斯·西（Chris O'Shea），《国际随机观众》（*Audience Random International*），2009

图片来源：CyberArts ARS ELECTRONICA HATJE CANTZ，2009

(a) (b)

图5-17 比特尼克，斯文·空尼克（Mediengruppe Bitnik，Sven König），《歌剧电话》（*Opera Calling*），2009

图片来源：CyberArts ARS ELECTRONICAHATJE CANTZ，2009

苏黎世歌剧院内进行的艺术项目,声音窃听器安装在歌剧院内的听众席,公众可以进入舞台进行表演(图 5-17)。表演内容可以通过独立的话筒而不是通过广播传给人们。从 2007 年 3 月至 6 月,比特尼克将监听器藏在听众席下,将苏黎世歌剧院内的演出通过苏黎世市的地下线传播出来。利用家庭传输服务系统,苏黎世的居民们通过与音频信号的连接能够听到歌剧院内的演出。

在歌剧电话的持续传输之中,电话机器的视觉呈现被展示在苏黎世达达诞生地伏尔泰酒店(CABARET VOLTAIRE),电话铃声的原始作用被用于"歌剧院电话"的媒介传输使用。铃声提升了电话的公用性,作为音乐传输的中心源头,与网络作品的在线订购联系在一起。

这是一个复合型的交互装置作品,作品将交互媒介:电话、信息源、音乐、铃声放在一个具有历史渊源的场域内,使得歌剧院内的原始表演通过交互媒介得到传播,是一种对于交互方式与传播方式的探索,在审美的程度上建立了一种极富趣味又颇为流畅的受众体验样式。①

第五节 机械审美

一、关于机械工程

机械工程是一个多元化的学科,它所涉内容涵盖了从设计和制造的需要,从小型的个别零件和设备(例如,微型传感器和喷墨打印机喷嘴)到大系统(例如,航天器和机床)的范畴。机械工程师的作用是把一个产品从一个想法开发进入市场。为了做到这一点,一个广泛的技能是必要的。机械工程师需要掌握特定的技能和知识。他/她需要了解力量和热环境,一个产品的一部分或其子系统将需要的功能、美学、能力,以承受力和热环境,确定最佳的方式来制造,确保他们的运营不会失败。也许一个技能,就成为机械工程师的专属领域,即分析、设计对象和系统的能力。

由于这些技能是必需的,几乎所有的技术都归属于机械工程这一最广泛而又多样化的工程学科。例如机械工程师在汽车等行业发挥着重要的作用:汽车底盘、各子系统的发动机、传动、传感器;航空航天系统中的飞机、飞机发动机、控制系统的飞机和航天器;生物技术系统中的植入假体装置,用于制药工业的流体系统;计算机和电子设备,如磁盘驱动器、打印机、冷却系统、半导体工具;微机电系统中的传感器、执行器或 MEMS,微代;能量转换系统中的燃气轮机、风力涡轮机、太阳能、燃料电池;环境控制系统中的暖通、空调、制冷、压缩机;自动化系统中的机器人、数据和图像的采集、识别、控制;制造系统中的机器、机床、成型、加工。

简单地说,机械工程涉及任何技术动作,包括人体和非常复杂的机器。机械工程师学习材料、固体和流体力学、热力学、传热、控制、仪器仪表、设计和制造,以了解机械系统。专业机械工程学科包括生物力学、组织工程、能量转换、激光材料加工、燃烧、微机电系统、微流体器件、断裂力学、机械学、机制、微代摩擦学(摩擦和磨损)和振动。美国机械工程师协会(ASME)最近列出了 36 个技术部门,其中包括先进的能源系统和航空航天工程、固体废物工程以及纺织工程。

工程技术提供给工程师创造性思维,使他们能够设计一个令人兴奋的产品或系统;分析工具用以实现他们的设计目标,克服所有约束的能力;以及团队合作、设计、市场,产生了一个系统。这些有价值的技能也可以在医学、法律、咨询、管理、银行、金融等方面开展工作。

二、美学在工程中的作用

工程与美学共同参与的是创新型的关键产品,在当今快速变化的世界中,有美学意识的工程往往更容易成功。工程美学的性质表现在,参与并进一步论证美学在创作中起着核心的作用。因此,如果工程师参与创造产品,或希望获得更加富有创造性的作品,那么他们对审美含义的敏感性理解是非常重要的,他们的产品即其作品,对他们的个人审美能力有一定的要求。

"机械审美"来源于斯坦福大学的一个设计方案。上世纪 80 年代以来的近 40 年,机械工程设计部与工程部一起工作,他们在艺术设计中获得联

---

① 马晓翔.新媒体装置艺术的观念与形式研究[D].[博士学位论文].南京:南京艺术学院传媒学院,2012.

合方案。这种持续合作的中心理念是成功地将产品所需要的艺术和技术有效地合成。此外，人们相信那些对技术和人类有一定关注的工程师们，在行业中将是最好的担任领导职务的人。美学的概念在前文有所提及：美感、感觉。显然，美学与人的存在知觉有密切的关系。

人们可能会走在完全"审美化"的感觉事物中，有充分的感官能力可供身体享用。在人的意识中，所有的感官都是皮肤细胞进化的有益胚胎。显然，在人们的触觉细胞中，舌头上有味觉，耳朵有听觉，反馈给眼睛的是同样真实的物体。这样的话，感情可以用来知觉，即人们从外部获取到原始输入。人们能用这些感觉或看法来做什么？它们使人们能够区分冷热、软硬、轻重等，在有意识的状态中，人类的声音、安静、锐利和迟钝等是直接的信息。在周围的环境中人类会自动和不断地感受这些属性。

语言学家使用这些人类感知的共享能力来决定意义不同的语言之间的感受。他们研究了每一种语言的使用者对热和冷、光滑和粗糙、甜和酸等使用时的技巧，称为语义的差异，他们可能会发现，以语言的方式理解语言和文化中的差异更为有效。艺术与工程之间的区别常被描述为不同领域的差别，在温和和模糊之间，又冷又硬。正如人们所看到的，这是一种美学区别，即人们的感觉，热的和冷的感觉。模糊可以被理解为一部分事物之间的平滑和粗糙，温暖是冷与热的一部分，难区别的是软与硬。这些解释都没有字面意义。当工程师把艺术问题视为"软"的，问题便显得容易些了。当艺术家们说工程师们冷峻、理性，他们的意思是，工程师是客观的。

工程师们经常认为他们不能做出美学判断。然而，"技术与模糊"的例子显示，这不是真实的。所有人类，包括工程师，都能使用审美来区别和了解周围的世界。事实上，他们必须为了生存而感悟。在设计同一个对象时，在不同的设计方案之间，可能会有类似的描述判断语义差异。在视觉上，大众可以做出这些区别，即使汽车都是用钢制成的，字面上也同样用"硬"的方式来描述。当一个人意识到感情是原始的，此时，这个领悟就变得更加重要了，从人类得出结论的数据，人们知道和相信感觉的重要性。如果继续举汽车的例子，大众认为汽车带来的感受是软的、温暖的和甜蜜的，那么人们则认为汽车是友好的。换句话说，审美感觉是情感反应的构建。人们认为意义不同的感觉输入可以组合许多语言的描述，被认为是冷、硬、光滑的机器可能被认为是精确的，加上黑暗和尖锐的反应可能是一种恐惧，人们认为这是危险的。客户对产品的感觉，是根据他们的感觉在字面上描述的结果。他们将结合这些属性，得出结论或关于属性的期望：精确、可靠、令人愉快。这是一句描述审美感受的话，感觉的输入被解释为感觉的情绪反应，甚至可达到信仰的高度。这就是人类对质量的看法。

制造工程师用测量来控制质量并付出巨大努力。然而，其核心的质量本身是不可测。数量是定量的，质量是定性的。如果这不是真的，那么语言就没有意义。这是比较容易衡量的东西，它已确定为质量的感知。质量的感知一般先于认识。审美意识让人们看到了一个以前没有的问题。对于汽车的排气音，工程师进行了分类和测量，并适当地设计声音的样式。在这一问题上，这是一个基于审美意识的质量判断。

这个实例给人们带来了一个值得重视的美学工程：基于感官的对原始素材的见解是创造力的关键。不仅在商业产品中需要做美学的感知，在产品的推广与接受中它也起着关键的作用，美学在创作过程中同样扮演着核心的角色。当人们说出一些有创意的想法时，人们说它是新的、出乎意料的、有创意的。创意理念与传统观念相反，使得思想变成常规以外的天地。当人们接受某个职业，他们的审美判断会随着变化而变化。不容置疑的是传统观念是任何文化的基础，思想贯穿着一个循环：工作成为创造性的想法，传统意义的时间被利用并反过来成为新的创意挑战的思想。创意的想法不能来自传统的手段或传统的思维方式。要有创造力，一个人必须感知和质疑以前的东西，并尝试别人看不见的领域，因为它被认为是真实的。如何得到创造性的想法？一个重要的线索来自于原始的表达，人们必须回到自己的原点和起源。

原始和创造性思维涉及这些早期思想：技能的视觉思维是基本无意识的审美肢体拥有的技能。各种创新技术，如头脑风暴法、类比法和思维导图,都从各个角度再现了创意的早期心态。头脑风暴法要求参与者"延迟判断"的合成方法涉及用比喻和隐喻使熟悉的事物陌生化。思维导图提供一个非线性的形式来探索一个主题,并提出对基本假设的质疑。这些方法和许多人强调的非判断与俏皮的视觉和活跃的身体运动有着异曲同工之妙。同样,当著名的科学家和技术人员对生活本身进行了研究,发现最有参与性的活动便是艺术。

这些观察结果将人们带到了最后一个问题:为什么这些领域很少关注工程专业?为什么美学没有被认为是工程的核心?其中一个原因是因为人们对审美这个词的知之甚少。美学往往被错误地与表面美感相关联,而不是被定义为与感情相联系的内容。在19世纪的文学批评中,美与美的关系是一个相当新的现象。以这种方式定义,它便是工程师们关注的问题,如果需要的话,可以应用在新媒体产品中:雇佣一名设计师,让产品看起来更漂亮。当审美被理解为对质量的整体看法时,很明显在大多数工程决策上它影响了产品的美观性。这一使用结构的方法对另一种深刻的美学效果意义非凡,犹如初始选择的配置和整体比例。甚至在选择一个小的组成部分时,可能会影响最终的审美判断。正如人们所看到的,美学必须与人类的全部知觉一致。如何感受味觉、嗅觉以及它们的外观?这些问题是对象的固有的特质,而不是在最后一分钟可以被操纵的东西。淡化美学的第二个原因是工程依然成为科学的一面。今天的工程被看作是一个对科学追求的调查,对于基本材料和过程研究问题,有着更大的范畴,应用于物理学领域。因此,美学似乎是一个陌生的话题,特别是在学术界,奖励和尊重的推崇,使得美学更容易地适合科学的模型。这种情况很容易被理解为职业生涯的经历。到了21世纪,工程成为一个令人兴奋的创意领域。科学思维开始取代当时的基本直觉方法。

在"艺术与科学"的工程中,艺术的部分被视为研究的主题。随着科学方法的成功应用,新的工程得到大力的发展,以确保公众的安全。工程已经成为一个覆盖面很广的、保守的专业,有大量的知识传授给新的成员。作为一个工程教育的结果,没有时间去关注著名发明家、科学家们的方法,设计者的想法被遮蔽起来。最后,在西方,人们有一个更基本的哲学理念,伴随着贬值的审美理解。被诅咒的笛卡尔的错误结论"我思故我在",或者"我想,故我在"。这在当时是一个创新性的突破,加强了对过去科学和政治变化的探讨。但这一理念也使身体工作的效果屈从于大脑。忽视身体和感受,这是无价值内容。今天人们面对的是一个需要多元世界的整合文化。人们有技术,也有自己的生活,许多人认为工程造福人类。举一个例子,医生更愿意对他们的病人说,通过规定的测试可以诊断他们的疾病,而不是触摸他们的病理表象,运用第一手资料治疗他们。这个问题应该更容易被理解,在日本有一个长期存在的传统观念认为,思想和身体是相互联系的,这是它们之间的连接,是开发与实践的关键所在。

一个国家的工程人员如若重视美学便更容易被认为是国家的生活智囊。如果武士可以重视艺术,那么美学不会被隐蔽。这些传统应该是丰富和有效的,它们来源于工程。当工程被视为与科学的应用同样满足人类需要时,那么美学扮演着更重要的角色。挑剔的工程师都重视人类的需求,以及满足人类需求的创造过程。创造性思维要求具有挑战性的公约数,犹如确保公约数像桥梁一样不会下沉。一个年轻的工程师的价值是什么?这是人们进入第三个千年面临挑战的缘由。

三、机械审美空间

机械美学与结构美学源于现代工业革命的设计领域,始于20世纪50年代后期的英国。时至今日,机械美学已经经历了两代的发展与演变,第一代机械美学归属于现代主义,强调技术与结构、机械设备、制作流程以及逻辑性;第二代机械美学则属于晚期现代主义,注重形式上的流动性与运动性,并强调感官性,增强机械本身的艺术感受力,以装饰为主要目的体现美学特性。这种美学理念与高科技审美如出一辙,也发展了技术表现主义。

在新媒体装置艺术的领域内,机器装置体现了后工业时期对于工业化大机器时代的某种眷顾与复兴。在新媒体时代,利用工业社会大机器生产的机械技术与复合材料结合新媒体技术,遵循理性主义原则,用几何形体以及简约抽象的色彩进行机器装置的创作,在体现物质发展与进步的同时,表现机械享受所带来的精神愉悦。这种对于机器的热衷体现表现在对于简单、抽象形式的推崇,功能主义作为创作原则,理性思考作为构思方式,从而产生了一种以机器为本的装置艺术形式。

新媒体机器装置艺术中的机械审美不像现代设计范畴内的机械美学追求机器产品的简洁、质朴、实用、方便,而是在沿袭机器功能的基础上,赋予了机器装置纯艺术的审美倾向,主要包括秩序、复合、智能的审美。

(一) 秩序的追求

2009年,一个名为《连接反馈驱动雕塑》的机器装置让人眼前一亮(图5-18)。13个震荡小球构成了由橡皮绳索连接的矩阵,磁石控制着系统中各元素的动态行为,一旦一个球体连接到磁石时,在电机的控制下球体发生震荡,直到吸附到另一个磁石上产生一个新的连接矩阵。每一个模块都有自己的逻辑程序,但却没有控制外部系统的主程序。随机的或是混乱的状态都不会出现在装置的变化动态中,因为雕塑的物理结构被不断地重组,这种模拟的程序带来的是一种非线性的行为,却是极其严谨的形式。尽管雕塑装置的结构与原理相对简单,但是这个系统所产生的动态行为却是极其复杂的。

这个机器装置以一种严谨有序的秩序美贯穿在整个装置的动态变化中,矩阵所带来的反对称、数学性、外在的和谐与内在的坚固成为这种秩序美的中心内容。作品中的反对称矩阵是一种矩阵审美的另类表现,装置的主对角线上呈现的是反对称矩阵中"0"的元素,而主对角线的上方及下方的元素则是对称的,这便形成了"反对称"的美。反对称矩阵的美可谓独树一帜,理性中显露高雅,是一种展现数理式的美学娇容。

(二) 复合的凝聚

哈伍德、莱特、优酷库基(Harwood, Wright, Yokokoji)的《钽之纪念》(*Tantalum Memorial*)是一个始于1998年的基于电话记忆系统的系列项目,该项目有超过四百万人参与其中,并迷失于复杂的刚果战争中,即钶钽战争(图5-19)。钶钽是一个开发金属钽的矿产中心,这种矿物质用于移动电话所需组件的制造,如今它比国际矿物工业和战争时民兵所需黄金更为值钱。

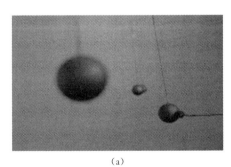

(a) (b)

图5-18　安卓·穆克赛尔(Andreas Muxel),《连接反馈驱动雕塑》(*Connect-Feedback-driven Sculpture*),2009

图片来源:CyberArts ARS ELECTRONICA HATJE CANTZ, 2009

(a) (b) (c) (d)

图5-19　哈伍德、莱特、优酷库基(Harwood, Wright, Yokokoji),《钽之纪念》(*Tantalum Memorial*),2009

图片来源:CyberArts ARS ELECTRONICA HATJE CANTZ, 2009

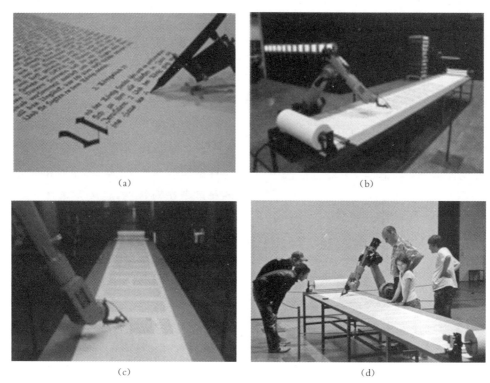

图 5-20　马蒂亚斯·格玫尔、马蒂娜·翰斯(Matthias Gommel, Martina Haitz),《生物圣经》(*Bios Bible*),简·渣佩机器人工作室,2009

图片来源:CyberArts ARS ELECTRONICA HATJE CANTZ, 2009

观众首先看到的是由电磁性电话交换机所构成的一个高耸的机架。电话交换机由电脑驱动控制,记录来自电信机顶盒的通话,一个"社会电话区"专为散居于世界各地的刚果人而设计。听众可以在附近的监视器中看见拨通电话的全过程,也可以听见头部麦克风中语音短信的内容。电话交换机的运行与声音创造了一个真实世界的无形网络通话的集中现象,编织着全球化、移民趋势和沉浸于社区文化的现代人的意图。这个作品是由艺术家与伦敦电台节目(Nostalgie Ya Mboka)合作而成,项目体现了传统媒体与移动媒体的合作。在英国90%的刚果人是难民,由于缺乏来自官方媒体的信任,他们很难进入某个社区文化,而这个项目恰恰弥补了这种空白,吸引了1 800个使用者,留下了1 000个电话记录。

该作品将移动终端手机、电话交换机、电脑以及象征战争的步枪汇合在一起,以一种复合的功能、多样的形式、多元的内涵表述了对于现代政治问题的思考。

(三) 智能的升华

马蒂亚斯·格玫尔、马蒂娜·翰斯(Matthias Gommel, Martina Haitz)的机器装置《生物圣经》(*Bios Bible*)由工业机器人在卷轴纸上书写圣经内容而完成(图5-20)。机器人用高精度的技术写下书法字体,像一个写字的僧侣一点一点地创造着文字。从摩西和一段古老的遗嘱开始,《生物圣经》连绵不断地书写了七个月。其完整的66卷内容全部被写下呈现在装置的图书馆内。《生物圣经》的关注焦点在于忠诚与技术进程的问题,将当今社会之基础——宗教与科技关系这两个文化体系融为一体,经文文本所起的作用在于神圣经文与知识书写的结合。计算机技术上的"基本输入与输出系统"指定了软硬件之间的互换。因此它包括了不可或缺的编码,必要的编程代码,进而建立进一步的程序。

《生物圣经》依靠强大有力的数字技术将传承上千年的基督教文化进行智能化呈现,一种庄严、神圣而又崇高的信仰之情来自每一个观者的内心世界,伴随着经文被默默地写下,人们开始重新认识信仰缺失下的人类境遇。这种机械美学中的智能之美给予文化宗教的复兴一种坚实可靠的支撑力量。①

第六节 信息审美

一、信息合成审美

通过将网络媒体艺术与传统美学理论关联作为主观现象的首要地位,新媒体研究提出了正式和客观解释艺术品的方法,即信息合成美学,像技术媒体本身的逻辑,彻底删除拟人化的情感。可以说,信息合成美学是以技术创作为标志的审美内容。

然而,许多当代的新媒体艺术批评体现了解释学的方法,试图理顺和变换研究中所纳入的经典社会理论,用这种理论来理解艺术品。这种方法是有问题的,究竟是逻辑、技术,还是媒体?艺术作品中的色彩、形式、情感、声音等属性能否有效地与计算机艺术作品中的主体性和人本主义的艺术性因素进行有效的协调?

研究人员运用报纸以解决信息合成美学,以此区别以往的审美模式或媒体平台。例如,文章提出了颜色、声音、线条、形式、象征、影响、反美学、意识形态等方面的方法,对新媒体美学思想的影响有所不同。因而提出:理论家和实践者的新尝试是网络媒体艺术。同时认为最能解决这些问题的是艺术家或商业工作,需要特别注意的是在网络媒体创作中有关颜色的使用。

(一)信息合成审美的特点

网络技术提高了人们目前活动的效率,使其更快、更容易或更便宜,而其技术带来了新的可能性。人们普遍认为网络对社会的影响更为显著。互联网,是最近的所有创新技术中最值得一提的技术,该技术的每秒工作具有强大的潜能,但在艺术的层面,世界仍在等待它预期的震荡。

互联网在艺术、音乐、文学、电影中扮演着重要的角色,数字化的下载十分便利,可以达到对工作高效率的承诺。互联网使艺术的发展更快、更容易,同时使得存储、分发、提取样品更便宜,并可以让人们轻易地发表评论,从而使之成为时下最热门的艺术。毫无疑问,是互联网相关技术的力量改变了艺术。20世纪初的三大技术领域中留声机、电影的发明使得艺术得到了广泛的传播与扩散,无线电则转化了艺术不可估量的潜能。互联网在20世纪末21世纪初带来更为激进的艺术的转变。

在历史上人类的艺术创作曾经历过无数次的革命,其中书写、印刷、拱门、彩色玻璃、丙烯酸漆的发明奏响了人类文明的乐章。艺术家最初使用的艺术术语中包括他们正在使用的材料、油画颜料、水彩、木刻等等。到了20世纪,艺术这个词在其复数形式中被赋予了更多的意义,包括电影、广播、电视和新媒体。这些术语的含义体现了艺术发展的差异,旨在分析媒介和媒体的社会意义。因此,从历史的角度来看,艺术和社会的变化,是伴随着新技术产生的,互联网作为新媒体的主体具有以下特点。

1. 文化意义

互联网的文化意义包括文化属性、第四媒体属性、新艺术的挑战潜能、新媒体语境,如果以大角度来思考,可以把互联网之前的媒体对人类的历史和表达形式的影响分为两个阶段。

(1)内心表达阶段

在人类早期历史中的艺术的主要表现形式包括民间故事、歌谣、传说和神话。对所发生事件的保存和回忆需要有切身经历的一群人来表述事件或表达自身的内心体验,这种情形导致大量的文物都是匿名的。书写和印刷术的发明帮助这些文物在第一阶段得以传播和发展,诗歌和小说提升了作者个体表达的意义,因而大多是单独署名的。图形艺术和建筑则表达了时代的精神且更为本土化。在多个区域中,成千上万的人可以通过一个神话、一张图片或一个建筑共赏其艺术的意义。印刷术使得图形艺术得以广泛地传播,但它作为一种新媒介传播的部分,不具备复制原始媒体丰富性的功能。

第一阶段的媒体提升了个体意识,使作品成为长期的孤独的果实。看、听或读的作品有助于发展个性,伴随着一个权力集中和随之而来的分

---

① 马晓翔.新媒体装置艺术的观念与形式研究[D].[博士学位论文].南京:南京艺术学院传媒学院,2012.

析能力从而论断创作的来源。最近的有关人类大脑的实验成果揭示了国外的这些有关媒介发展的成就,表现出分散在互联网中的文化发展规律。

印刷术的发明加快了个人读者以及作者的产生,这并不意味着占主导地位的印刷时代无聚众行为和群体煽动作用。一些新媒介的例子不仅没有削弱媒介的力量反而促进了个人反思和个人主义。阿德里安·约翰(Adrian Johns)的《书之性质》(The Nature of the Book),其内容涵盖17世纪和18世纪英国印刷史。书中提到,打印机改变了作者的工作,甚至书商也称印刷对原稿影响很大。因此,对于媒介所有的弱点和传播信息的偏好,印刷开辟了表达的可能性,可以标注作者和其他作者的名字。

艺术和文本推动的个人主义并不涉及人们在自由市场经济中与个人主义联系的对金钱和物质力量的追求。相反,它是一种个人主义的观点,推动了他人作者的想法和获得社会力量的说服。然而,个体自我表达的激增与资本主义经济发展之间可能存在着深层次的微妙关系。也许这不是巧合,有那么多的"自制的人",他们因生意上的成功而出名,不得不去写书。

除了推动参与者发展个人身份,艺术和文化的内心表达阶段,导致宗教、民族和普遍身份的存在,换句话说,在识别与不同的人身份的原因方面有着更多的因素。尤其值得注意的是,传统媒体基本上是开放的,物理障碍限制了他们分享历史,但有没有人因为限制而获得共享?事实上,人们往往会改变文化艺术作品的产生,并通过改变其版本获得共享。这一阶段的最后见证了版权和其他各种形式垄断印刷的发明。

(2)制造阶段

第二阶段比第一阶段短得多,但与之形成鲜明对比的是,20世纪新时代,新兴媒体迅速成为广泛应用的媒介,例如电影、留声机、收音机。根据维基百科的资料,1894年由爱迪生实验室发明了电影摄影机,电影宣传、活动电影放映机成为可行的工具。1895年卢米埃尔兄弟开始在法国生产电影,但在本世纪初之前,他们的工作室已经成为人们经常访问的影院。

1877年爱迪生还成功发明了留声机。根据维基百科的资料,留声机是19世纪90年代中期重要的发明;它就像电影一样是20世纪的象征。

1895年实验电台出现,应归功于特斯拉(Tesla)、马可尼(Marconi)或俄罗斯物理学家波波夫(Popov)。在世纪之交,音频广播电话线路在1880年和众多的无线实验产生了关联,1912年似乎是第一个有意义的公共广播的日期。

2. 社会意义

"制造"一词来形容新的媒体制度有两点启示。首先,不像用黏土进行创作的手工艺人或填词作曲的作者,网络媒体包括了工业级制造的技术元素。但是,20世纪的媒体被制造出来具有更深的意义,对原始灵感的过滤和改变有着至关重要的影响。电影的情节、人物,以及网络对话框定义的参数与团队设计、歌曲和器乐独奏、纹理创建、音乐工作、建筑计划等都是互联网信息的一部分。虽然媒体的特点、衍生作品和其他类型的复制一直存在,但它们与科学委员会的工艺相结合,是如今的一个现代现象。

不同于之前的媒体,网络媒体受20世纪的技术和经济因素的集中驱动,由于刚性设施的扩大和公司合并,其集权的性质越来越强。杰瑞·曼特(Jerry Mande,1936—),尼尔·波斯特曼(Neil Postman,1931—2003)和其他人写的书足够填补具有社会影响的媒体空间。广播抓住了文化的制高点,以权威的方式阐述了别人所倾听的内容。电影和唱片都是独立的,它们的一个共同特点是发挥好的作用,修正了信息内容与档案,永久地保持信息的唯一性。制造时代已经远远超过了以前的时代,包括一些最令人愉快和感人的艺术和纪录片作品,人类已经生产了更广泛的文化产品,它将导致显著的文化属性。

所有这些媒体的直接效应是抑制古代"围绕篝火的故事"和会客房内的表演,让文化贴近个人和小团体。在当地社区,艺术家发展的表演艺术被专业化,正如每一个有天赋的孩子渴望的艺术达到最高峰,网络媒体同时给予了新的声音和地方文化,超越了它们的商业选择,文化的参考意义来源于网络媒体的制造。

技术降低了录制、编辑音频和视频的成本,技术也使得互联网接入点更为民主化。这可能是新的互联网媒体发展的前奏。媒体制作应用于移动互联网,而不是简单的用户交换信息和传递文化的方式。在互联网上发布的电影和电视节目,电影制作公司凭借各自的经验可以很快就把电影的整个情节放在网上。光盘销售正在下降,而网络音乐销售正在蓬勃发展。媒体分析师和决策人士甚至担心网络文化的传媒收购特征会影响许多领域,如杰夫·切斯特(Jeff Chester)在2008年的文章中写道:"谷歌、YouTube和你。"所有的内容提供商拥有巨大的空间,大的和小的,在互联网上,现在来看是一个相反的趋势,即互联网是重振网民个体创新力的新媒体。

大众传媒已经赢得了好的口碑,因为它们把观众减少为被动的大众。具有讽刺意味的是,当一个观众获得消息时,这使他们在媒体中彼此关联而不是相互作用。杰瑞·曼特在他的著名演讲《电视的消亡的四个参数》(Four Arguments For the Elimination of Television)中提道:

……正如我们从独立的客厅视角观看一样,如果我们坐在隔离的展位,将无法交换任何意见,我们都走到一起,每个人在同一时间从事同样的行为,但我们却独自在做这件事。①

电影、广播和电视的社会力量通过自身的能力来增强观众的深层的情感以及潜意识的水平。这些非常不同的媒体共享着流式特质。不同于书面文字,它们将向观众或听众推广、分析和比较不同的视听体验。因此,从媒介到媒体的一系列变化已经产生了巨大的文化影响。

很容易看出为什么广告一直共存于大众媒体中。它们集中控制用户的情绪和反应,几乎呼吁着大众媒体和广告之间的合并,迅速完善着电视购物广告、植入式广告和政府资助的媒体信息。显而易见的是电影、收音机、留声机的集成,使得电视媒体的权力在其所属人的手中。报纸塑造了过去媒体的态度,伴随着现代媒体的广泛传播,其媒体信息的传播在于情感领域的优势。

3. 法律意义

20世纪的媒体通过法律实践,从过去的媒体合同到艺术家的版权、商标,创建了一个虚拟革命的法律制度。关键的法律获得通过,1909年在美国,当时的新兴媒体已开始成为商业领域显著的版权音乐、留声机唱片和电影。在英国,版权扩展到留声机录音是1911年,涉及电影和广播已是1956年。《伯尔尼公约》(Berne Convention)被大部分欧洲国家广泛遵循,1948年该公约得到了修订,它延长了版权覆盖范围,涉及摄影、舞蹈、艺术和建筑。最后,1961年,《罗马公约》(Rome convention)获得许多欧洲国家通过,致使广播公司控制了他们的媒体。互联网带来了媒体公司的一致反应,保护市场和收入来源。例如,在1998年,美国通过了"电子的盗窃行为"议案,以防止网民在网上发布未经授权的版权材料。还通过了被侵犯的法律软件,适用于任何受版权保护的工作。该法律的主要历史意义是,刑事处罚重点(包括监狱)代替民事处罚(赔偿诉讼)侵犯版权,政府在警务工作中的版权执法保护了版权所有者的工作。

更为重要的1998年法律,即千年际数字版权法案。其中规定是众多"规避臭名昭著的盗版行为",基本上惠及新突破的一些技术统治和非法的利益保护版权、相关利益的电影和音乐提供商。在这些大公司的支持下,已经有了国际化的推动,在许多国家和国际条约中得到采纳或考虑。但是,在美国,法律制度的最大变化是使版权的时间延长了。版权作品,现在仍然是版权所有人的,即使在其死亡后,它仍然属于作者。有一个长的版权期限的先例(1886年《伯尔尼公约》定义的版权期限涵盖作者的50年寿命),但1996年条约使其期限变得更长,最近的美国法律甚至对条约有进一步说明。如果假定,有创意的人寻求列入20世纪的作品,作品目前的著作权(创建于1923)将不可复制和重用。政府将继续扩大著作权条款,在主要的电影制片厂授权,而技术措施将"规避"作品以任何目的的使用,除了相关工作室认为有助于其收入的进展。版权和技术措施,包括文本和其他传统媒体,最重要的作品已经进入公共领域。现在,问任何人有关20世纪最有影响力的作品,答案将是一些著作、美术作品、声音唱片和电影。因此,网络媒体的内在情感力量和市场主导地位使新媒体取代了旧媒体。永久性版权和数字控制的法律制度有助于弥补历史文化的分裂。

---

① Jerry Mander. Four Arguments For the Elimination of Television[M]. New York: Harper Collins, 1978: 26.

4. 与传统媒体的差异

表 5-1 总结了媒体的旧的表达形式和新的表达方式之间的差异。

表 5-1 传统媒体与网络媒体的差异

	传统媒体 表现方式	网络媒体 表现方式
最后影响力的媒体	书写	在线电影、在线音乐
观者的态度	好奇、理性、分析	内在的、反应性
观者的角度	个体	大众传媒的一部分
分配与重用	自由（公共空间）	没有复制或取样
谁控制	每位听者与读者	合作分配工作

（二）信息合成审美的第三阶段

第三个阶段，由互联网推动，挑战了前两个时期的所有基础。这并不意味着旧有风格的艺术将消失，人们仍然青睐手工缝制或是大歌剧。这些都伴随着新兴媒体的产生，也许可以拓宽其领域。为了更好地理解艺术如何适应互联网的发展，人们可以看到其他信息的来源和人类表达的变化。从本质上讲，艺术正在打破大小的片段的模式，转向互动的模式。新闻业正在转变为"新闻报道"，每天更新或逐时更新编辑信息，并在博客上用一千万个永恒的对话进行追踪和补充。信息持久的形式转移到维基网数千人的合作。互动的情节可以叙述，而戏剧则继续着其可用性。科学家们正在转向互联网，以互联网作为研究的平台。甚至企业的核心研究和开发工作正在被互联网指引，以试图解决各种问题。

所有这些努力都反映了数字化和可下载的媒体也适用于艺术。新艺术的最佳模式或许是在线聊天、多人在线游戏。受众在疯狂地互动，同时拥有老式开放空间梦幻般的感觉创造力。互联网的特点是，各种变化即瞬时出现的信息和链接内容的能力，与任何规模的其他内容互相关联。这些特点鼓励互联网用户快速发帖，甚至在他们有想法之前更新他们的工作，作为互动评论的内容。

因此，互联网艺术具有七个特点，以更大或较小的程度包容网络信息艺术的特征：

数字化的（Digitized）、可拓展的（Malleable）、友好的（Convivial）、开放的（Open）、时事的（Topical）、应用的（Applied）、约束的（Constrained）。

1. 数字化的

为了适应网络的方式，人们可以检索，艺术必须放在一个可识别的格式中进行探讨。数字化是指，对各种语言、音乐、文字和视频的编码完成。

一幅布面油画拥有无法重复的独特的笔触。赝品通常通过与出自艺术家之手的原始笔触的对比被揭露出来。但当艺术数字化之后，笔刷被转换成通用格式，可以被提取并不断重复。拼贴成为典型的艺术形式，在互联网上它们可能变得更加错综复杂、更为综合。数字化还允许任何种类的数据被呈现为视觉或音频的经验，仅受输出设备的限制，将应用程序进一步探讨。因此，虽然数字化对艺术品的规则更为方便（艺术品符合数字参数，如颜色选择或音频范围），它在操作中允许数字化后的艺术具有伟大的自由度。

2. 可拓展的

没有什么是完美的，互联网使艺术变得如此诱人，以提高受众的参与度。现代软件让最具技术性的天真的作家或艺术家改变其作品，并立即显示艺术结果。西方传统推崇的作品和他们通过互联网看到的作品时间性都是相对固定。互联网艺术则相反，可能会产生不断的变化。在互联网上的数字化艺术和容易分布的艺术组合有利于取样、拼贴、混合，以及与其他材料再利用。目前，一些音乐家提供的跟踪记录作为单独的文件可以被记录下来。

3. 友好的

互联网使艺术成为许多人共同的分享。一个独立的作者可能会试图保持对技术的控制，但总有一种强烈的建议是来自他人的，也是令人信服的。互联网艺术面向公众，许多作者将他们的创意作品置于公共场所。因为此媒介的特质，互联网内容得到了延展。最合适的网络作品会转变成小组的工作，其参数和参数的变化可以体现互联网艺术的优势。

4. 开放的

在一个复制如此简单的介质中，试图限制分布的是值得去尝试的，特别是如果这样的尝试防止了材料的再利用,则是互联网体验最有趣的部分。因此,一些最重要的艺术品是可以在互联网上免费体验的。然而,这并不意味着公共领域的旧概念将被取消。新的艺术应当有许可证,以保证一定的权利,原作者的以及观众的。

5. 时事的

艺术,是不断变化的,反映了特定时间和地点。本地观众和快速的新闻事件发现进入艺术表达的方式。事实上艺术不必是短暂的。人们在扮演但丁的相声演员去世后的六百年仍然诵读其作品,包括相关的人和事,人们也因此会回到佛罗伦萨和他写作的年代。最近,不到一百年前的杰姆斯·乔伊斯(James Joyce,1882—1941)同样写过关于都柏林人和事件的类似的事。这也许不是巧合,无论是乔伊斯和一些被忽视的事件,它们的细节都是如此的充满爱意,仿佛把自己带回家。但现在通过互联网,人们需要历史的注释来理解他们的经典部分。在莎士比亚许多的作品中,在伦敦的各个地方都有这样的场景,这成为不可改变的事实。

6. 应用的

许多互联网艺术家打破艺术和生活之间的障碍,审美或情感体验成为一个整体。工艺品、工业设计从未隔断艺术与现实生活之间的界限,也不具有现代的大众市场,但通过互联网可以改变这一现状。在大众文化中,音乐通常担任伴奏、舞蹈、礼仪、或一些其他的活动,甚至将西方古典传统改编成背景音乐,这样的例子很多。

随着网络媒体的腾飞,大量的专业人士和业余爱好者把他们的想法融入了互联网,实际应用的艺术也不可避免地产生了。进入编辑音乐的电脑,建立了一个熟悉的环境,创作包括质感的声音、装置等。例如,在一个审美的方式显示当地生态的数据,作为现代艺术,它们可能会成为更多的教育项目。因此,从抢占媒体项目,标榜为一个艺术项目的技术,涉及更多的环境教育:它允许城市居民如在空气般从一个城市移动到另一个城市。这似乎是合理的,网络媒体是可塑的,局部应用可用于即时环境的变化,充分体现了最突出的特点。

7. 约束的

第四代的媒体可能是开放的,不像第二和第三代的媒体是保守的,但它可能会被控制成为一个完整的自由环境。第四代媒体可能有限制:法律和许可的限制,以及艺术和审美的限制。即使现代艺术家很乐意让别人从他们的作品中抽取样本,或改变整个作品,但他们通常需要一些艺术承诺与信用度。

在软件设计上,延展性的艺术也不可避免地受到限制。人们被允许改变特定的参数,例如事件发生的速度,而不是实际的事件。通常把游戏作为一种新艺术的主要模式,可用一个以生命的第二次生活作为参数的例子。游戏"第二人生"是艺术发展的完美境地,让人们去尝试新的风景、新的架构、新的服装款式,和各种形式的艺术和音乐。"第二人生"还允许通过人物的化身进行范围广泛的情感表达。

这其中,一些期望成为化身,无论人们如何拓展自己的游戏参数。这些期望也是必要的,人们可以连贯地互动。例如,角色化身的行走,内置选项飞行和传送自己,这些功能奠定在"第二人生"和参与社会互动的基础上。如果一个参与者决定了适合她性格的化身,将骑自行车或游泳设置为必须设计的特殊功能,那么化身的表达就如同真实的角色一样。

把合法的限制和技术限制相提并论似乎很奇怪。但技术约束是一种契约。正如在艺术的数字化方面的早期讨论的那样,艺术家是在一个由技术规范定义的格式中产生一个作品。该软件使得作品必须按照同样的技术规范设置格式。同样的道理,两个计算机系统交换数据时将使用一个由技术规范定义的协议和格式。如果一方未能遵守规范,观众要么什么也看不见,要么失去媒体经验,适当的图形分辨率或一些互动功能成为作品的一部分。技术规格如一份合同,技术上的限制应该是熟悉合同的人。

此外,法律约束往往成为技术上的限制,如数字版权管理(Digital Rights Management,DRM,也叫数字限制管理的批评)。关于20世纪的媒体,由于法律差异共生的DRM技术和法律,DRM仅仅提供监管的作用,这将预示着新的数字媒体的出现。

二、信息合成审美与挑战

(一)持续的叙事与意图

在阅读艺术的过程中,艺术成为一个努力的

合作结果,许多人会立即反对这样的观点:任何艺术表达的价值必须来自一个人,或至少来自电影或戏剧的导演,是个人强烈的领导的过程。也许这是真实的,成功的新作品需要一个导演或最终权力。

人们知道,在一个固定的时间内,一位作者或艺术家创作的作品是一个完整的内容,它让人们回归到原本最喜欢的作品中。在文学作品中,一种以叙事为基础的工作,可能会注入不同的叙述水平,即使明确的情节并没有表现出一个统一的主题,而其他方面的工作则可能填写模糊的叙述。这些不太明显的方面也给予许多音乐作品一个隐含的叙述。一个视觉的作品可以提供一种叙事,或保持其完整性,一些其他方式也是如此。在这种情况下,天才的艺术家是负责创造一个单一的意图。据媒体分析师克莱·舍基(Clay Shirky,1964—)①的建议,艺术家的经验对自由和软件开发有着重要作用,例如 PDF 软件由麻省理工学院出版社正式出版。许多失败的尝试源于本世纪初在互联网上的协同写作。协同写作似乎需要角色与目标的严格定义,这可能是为什么引自维基百科的项目可以成为成功合作,那是因为它提供了这样的定义。新的艺术合作必然面临着各类挑战。20 世纪广播导致媒体的意义逐渐溶解,喋喋不休的广播用语即将消失,而广播中塞缪尔·贝克特(Samuel Beckett,1906—1989)的演讲"等待戈多"(Waiting for Godot,1948—1949)却给人们留下了无尽的遐想。博客可能会更糟:鲜为人知的个人贡献、微不足道的评论、从未阐明的争议和未知角度的假设是即将留下的思考。

数字化的,因受破坏和重复使用而容易丢失,给伟大的艺术作品的完整性带来了微妙特质。具有延展性、欢乐的和主题拓展方面的工作,可以通过许多松散的关联、时间的推移和诚信的威胁而更改内容。谁能预期、掌握和保持这些工作,无意识地传达其意图?艺术家拿着一代作品冒险,为观众提供的只是表面的纹理和其他熟悉的细节,还有组织的主题。但如果艺术品未能在某种方式上成为艺术的合作,互联网就不会服务于艺术所做的一切。互联网对于艺术而言是很好的媒介。互联网将是一个巨大的图书馆,它可以轻易地搜索艺术,而艺术本身可以被塑造出自身的轨迹。这是真实的,不管多复杂的采样和再利用的实践都将成为互联网上的艺术。如果音乐家合成数千年的创作,人类应该能够找到新的艺术形式的方法,诸如合作与产生惊人的效果。新艺术需要找到一种方法来形成群体共识,而不是埋葬个人。

(二)努力的艺术家

正如人们所看到的,强大的激励机制,使艺术在互联网上十分公开和自由。每一个单元模型保留旧的方式,其工作内容是不断变化的,甚至一个订阅模式也将是公平的,在不同时间的工作,提及贡献的内容。阅读模式可能是每一件作品独一无二的,而且复杂程度会让观众们更易被吸引。

这留下了没有答案的问题,伟大的艺术家如何可以被鼓励付出努力作出贡献?伟大的艺术需要终身的训练和专职的集中。当观众们习惯于考虑支付的费用时,已经创造的艺术品便得到了认可,从经济角度来看,支付功能更多的是为艺术家的下一步工作提供资金。保持艺术生态系统的正常运行,是一个微妙的问题,传统媒体市场失效的例子很多。网络媒体可能需要一段时间的实验。

(三)审美约束

到目前为止,大多数的互动艺术,是以电脑为媒介艺术的一种特殊形式。其方法是一种屏幕或其他方式的播放装置,该装置可从一个抽象图案转移到地图或视频显示的任何东西。受众可以改变艺术品,也许是通过移动杠杆影响点的运动,或只是让机械背后的捕捉仪显示受众的呼吸和心脏跳动。总之,艺术品是固定的,在一定程度上,提供了参数,具有可预见的方式。

人们可以试图询问受众是否在操纵艺术,或者说艺术家是否在操纵受众。大多数艺术是某种程度的成功,它改变着现有的参数。艺术家做了

---

① 克莱·舍基(Clay Shirky),研究互联网技术的社会和经济影响的美国作家、顾问和老师。舍基在纽约大学(NYU)毕业,在互动电信项目(ITP)担任客座讲师,讲授新媒体。此外,其课程报告还包括社会性网络和技术网络的拓扑结构之间相互关联的影响,以及网络如何影响我们的生活。

一些新的尝试,同时保留足够的令人熟悉的旧形式,以此来讲述一种语言,使其受众得以理解。参数化的艺术可以让最初的创造者超越正常的界限,但它不会邀请受众进入对作品新的尝试。所以受众不是作者,作品的成功与否取决于最初的创造者,即艺术家。观众只是艺术品的一部分。任何网络媒体艺术品,都保留其软件部分,以及作者的合作尝试,这是对类似游戏等基于合作要求较高的艺术家真实水平的体现。它们甚至比那些优秀的艺术家的工作室中复制的大师作品还要有趣味。

三、信息合成审美的沉浸与平衡

一些网络游戏和虚拟世界的作品会导致大量的人力与时间的消耗,艺术家将在网络上和虚拟世界中花费更多的时间。事实上,基于网络世界的不断变化和娱乐的特点,似乎人们被吸引花上几个小时沉溺其中。这被称为精神的投入或仅仅是一种参与的经验。虚拟世界中有更多的人持有访客的身份,浏览书籍、电视或其他网络媒体。虽然一些人对其他的活动,如电视、收集或启动革命性的初创企业信心百倍,但这些人必须表现出极大的献身精神并成为解决问题的研究人员,这种在线沉浸性才会被肯定。中国已经建立了网瘾营,在那里试图治愈参与者的网瘾。或许,互联网的相关部门应采用温和的方式来避免这样的对抗措施,新艺术设计鼓励了参与者面对作品的实际生活经验。这就要求互联网艺术必须回归健康区间的真实世界。这便是20世纪大众媒体出现的迹象。

四、信息合成审美与文化差异

互联网的艺术体现了文化的差异和差距。首先,人们参与新的艺术形式,需要计算机和互联网的接入。有可能使用这几项举措,如一台笔记本电脑项目,但目标很遥远。在不同的经济水平和地理区域,人们需要表达他们的需求和观点。涉及世界其他地区,人们应该如何理解并促进不同语言和文化的人们所创造的艺术?每个人都必须学习英语,接受西方的艺术和文学作品吗?

基于多种语言和文化,人们很难在共同项目中合作成功,但项目,吸引了来自世界各地的人们,可能会排斥那些不常见的语言和文化。最后,在世界任何地方都可以看到,艺术必须处理文化差异的必然性。软件过滤可以非正常地工作,除非人们被一个任意的和压制的系统所支配,否则就不受压制。

五、信息合成审美语境

人们对潜在的艺术形式和媒体的前景感到怀疑。但请保持乐观的态度,新兴艺术可以促进人类思想和沟通。在新的艺术中,虽然没有人达到莎士比亚的水平,或是有像米切朗基罗一样的天才,但新的传统带来了新的快乐。网络媒体作品很少会起于大师的作品,它需要时间来吸收媒介的优势。此外,旧形式几乎消失,艺术家则能应和媒介相当多变的方式。他们带来了艺术的灵活性,将新的生命注入艺术,并推动旧媒体的发展。

人们可以假设当人们发现他们可以立即更新他们最喜欢的作品,他们将获得一个回应,这是源于他们在维基百科和一些自由软件项目的参与,从事艺术的人数会急剧上升。想象一下,你在米切朗基罗的工作室里最多是个学徒吧,而图文工作室将使你成为一个集中反映和创造的场所的主体,而不是一个抛出商业产品的员工。网络媒体并不像传统的内部的文化那样有利于个体化的发展,但更利于大众传媒文化对独立和分析的思考。人们探索自己的时候,可以精彩地改变作品,这种意识可能使他们以不同的方式处理过去的文本。

网络广告的发展是网络媒体对社会关系的一种表征。在当今社会的不同领域都有所涉及,广告是世纪媒体的集中体现。虽然广告已在网络上大行其道,甚至可能存在这样的大公司,如雅虎、谷歌和脸书,但在媒体的互动性和影响方面,以及读者倾向于自己选择的看法,而不是被动作为接受者的"推"信息,最终导致公司以及个人的合作方式将寻求更多兴趣。评论家们认为网络似乎比广告更能传播一个创意。

像20世纪的大众媒体,网络媒体通过共同的经历创造社区,而网络媒体批判不同于传统媒体,分享的经验是建立在贡献的多少以及如何体现观众思考等方面。有一个浪漫的想法,一个孤独的艺术家或作家与她的灵魂在阁楼上挣扎，新的艺术家和作家可能仍然是单独在身体的阁楼上创作，但没有退出与他人的联系，他必须有意识地拔掉他的光纤，以便有单独的时间与其灵魂沟通。网络媒体的形象可能比浪漫的时刻更为真实，即使是对现实的枪战，仍是20世纪大众传媒的场景。创建媒体的许多人创造了成为孤立的危险，使得后面的意象具有更明显的技巧。当任何人都能构建一个在线的现实，它就变成一种越来越少的媒体控制反应，通过世界更多地表达自己的经验。政治共同体的创作表明，创作可以脱离一个单独的团队。人们面临风险的社区，渐行渐远地离开文化和政治运动，他们甚至不能使用相同的术语来表达同样的事情，即使他们生活紧密相连，为每个社区会员们强调他们共同的偏见。

所有这些实验中出现的目标和美学可能会完全不同于人们当前所认为的艺术的目标和美学。过去30年中一直使用的术语"艺术"相当广泛，成为一种另类趋势，并区别于"艺术"本身。我们必须记住，从印象派绘画开始，各类庞杂的作品被禁止在传统艺术画廊展出。传统的画廊老板也许是有道理的，因为面对印象派的作品，观众不认同，被区别于标准的艺术品。同样的，至少一个世纪的作曲家建议现代作品不要跟随莫扎特和贝多芬的作品。最终，令人震惊的也是熟悉的，旧的和新的风格之间的连续性变得明显。所以现在分享印象派大师，和观众接受最近的传统音乐节目有着相同的境遇。如果鼓励传统的艺术家尝试一些实验作品，如果指出需要进一步重视实验艺术家推动的新媒体领域，那么潜在观众则要求寻找新媒体的方向，容忍一些一知半解的早期实验，并在这些媒体需要的时候给艺术家提供资源和鼓励。21世纪初始，在有关新媒体艺术的研究中，副教授安娜·明斯特（Anna Munster）提供了数字文化的另一种美学的谱系。避开当时笛卡尔审美对数字无形样式的影响，明斯特试图实现"数字文化展示其美学重构的身体经验和意义的重要性"。

主题范围从身体的计算机接口入手进行实验，此类艺术产生的新媒体艺术与文化物质相互作用，与地缘政治形势相互影响。明斯特认为，新媒体、物质性、感知性、艺术性等方面相互构成了"信息美学"。信息美学与分布式空间和时间变化起着关键性作用，并与新模式有关。在分析新媒体艺术、空间和时间的重要性的实验中，明斯特演示了新媒体在全球信息文化中如何改变人们的身体和其他人。现在技术被视为是不断地重新配置和构成的，而不是超越人类的身体的。

一个全球领先的声音，网络全球化的时代，安娜·明斯特的研究期待的是信息美学风暴和像素化的数字艺术运动。[①]

安娜·明斯特实现了新媒体研究的大胆预想，作为这样一个雄心勃勃的著作的作者，需要博学和精确。……它通过一系列令人眼花缭乱的现代新媒体艺术的系列作品，对全球信息技术的当代政治影响的敏感性进行了分析。其结果是一个丰富的数字化程度和理解新物质的关系。……它是为从内部了解新媒体材料的工作提供了一种全新的、开放的框架。[②]

明斯特强调……有机和人工、感觉和思想、艺术和科学之间的连接，而不是线性的、层次的安排和二进制文件。[③]

在研究新媒体艺术理论方面，安娜·明斯特寻求"兑现"证明其美学重构数字文化身体经验的重要性和意义。她的主题范围从人体计算机艺术实验，到产生新物质的相互作用和地缘政治影响的情况，完成了媒介艺术与文化的接口。她认为，新媒体、重要性、看法和艺术实践，是相互构成"信息美学"的信息审美与新的感觉模式，在分布式空间和时间变化中起着关键参与的作用。新媒体物化呼吁重新审视这两个角色（个人与他者）的身份，并影响他们与虚拟关系的信息抽象密码。它提供了一个非线性的方法，基于美学和艺术史之

---

① Sean Cubitt.Leonardo Digital Review[EB/OL]. http://manovich.net/index.php/projects/language-of-new-media. 2001，2016-3-5.
② Andrew Murphie. The World as Medium: Whitehead's Media Philosophy[EB/OL]. http://unsw.academia.edu/AndrewMurphie. 2016，2016-3-5.
③ Special Issue: Gendering Bodies, Institutional Hegemonies, Feminist Studies[EB/OL]. http://www.feministstudies.org/issues/vol-40-49/41-3.html, 2015，2016-3-5.

上的概念"折叠",可以看出在时间的延续性和距离的跨越性上,特别是在巴洛克与数字之间的关联上,可见其意义。最后,通过一个逻辑的差异分析数字文化不是二进制的。这让人们克服了习惯用未来主义实现一直困扰着新媒体艺术与文化的分析。现在的技术没有被视为超越人类的身体,而是不断地重新配置和自我构成。

对数字艺术实践的调查,通过分享、黑客、帮助对数字美学的理解。用深入访谈的数字艺术实践的一个最近的研究,人种学研究和案例研究,寻求数字艺术实践的一个定性的认识,情境化的时间、一次性的经济、社会和文化危机。了解如何使用数字媒体技术,创造新的作品,以及如何将这些技术用以理解数字艺术实践和他们的美学。围绕新媒体制订一个理论框架,理解数字技术的作用,及艺术生产。以这些特性作为理解的背景,促进新媒体理论的艺术和信息审美的形成。

六、信息合成审美空间

以网络为技术平台与交流平台的新媒体艺术本质上建构了一个虚拟人群社区空间,通过电子邮件通信、即时消息往来、审查或公告板或博客帖子、非正式的电子调查取样、电话采访等方式让网络装置作品中的信息得到充分的共享。它模糊了个人、工作与娱乐之间的界限,让个人与虚拟人群社区空间互动起来。这样一个虚拟人群社区是一个亚文化群体和主题板块的松散关联,作品的主题概念在这个虚拟社区空间被准确定义,并与各类网络资源紧密相关,由信息资源库的积累与导向在某种程度上影响参与人群的思想与看法。艺术家利用网络平台与参与者在网上互访频繁获得信息积累或是建立一种虚拟环境下的新的装置概念。

这种来源于虚拟社区空间的信息资源具有国际化的成分,"源于世界并分享于世界"是网络装置艺术信息共享的审美理念。视觉样式与信息资源集合成为相辅相成的元素,是艺术家表达个体意识的根本。这些网络装置艺术新奇的视觉形式表象之下是技术支持的跨学科与跨界的探索,网络技术促进了艺术参与方式的结构变化,视觉形式的开放则改变了传统的实践方法,在信息资源共享的审美原则下通过技术渠道的扩张为全球范围的人际沟通与信息互通创建了可替代的场地。

网络装置艺术的信息共享审美主要体现在作品带来的民主参与性和信息共享性的汇集与共享之理念。

(一)信息汇集的多元

图 5-21 《Pad.ma》,2009

图片来源:CyberArts ARS ELECTRONICA HATJE CANTZ, 2009

《Pad.ma》(图 5-21)是一个在线影像素材汇集库,主要是些影片片段和未完成的电影。影像素材可以自由地下载,并用于非盈利的用途。各种素材可以被广泛地运用于研究、基于时间编码的运作、层级的注解、快速下载、地图和其他公用。《Pad.ma》一开始只是处理一些大量源于数字电影制作流程的剩余资料,在整整 10 年中与在线影像发展同步进行。在这个开放的影像素材空间内,影像资料可以被反复编辑、评论和分析其质地材料。这不仅使之成为唯一技术数据库,也使之成为纪录片、电影、图像的研究以及更多掌握媒体方式的先例,民主的意识因此油然而生,汇集的审美理念也因而突显于此。

《Pad.ma》是一个深度努力合作的成果,它包括 5 个团队和超过 15 个人的小组。目前《Pad.ma》包括 380 个注明项目,很快成为网络中转空间领域内的佼佼者。

(二)信息共享的民主

《女性:压力》(*Female:Pressure*)是一个国际数据库,主要针对女性艺术家、制片人和视觉艺术家,与电子音乐紧密关联,使用者可以根据不同的标准着手进行主题研究(图 5-22)。这是第一个为

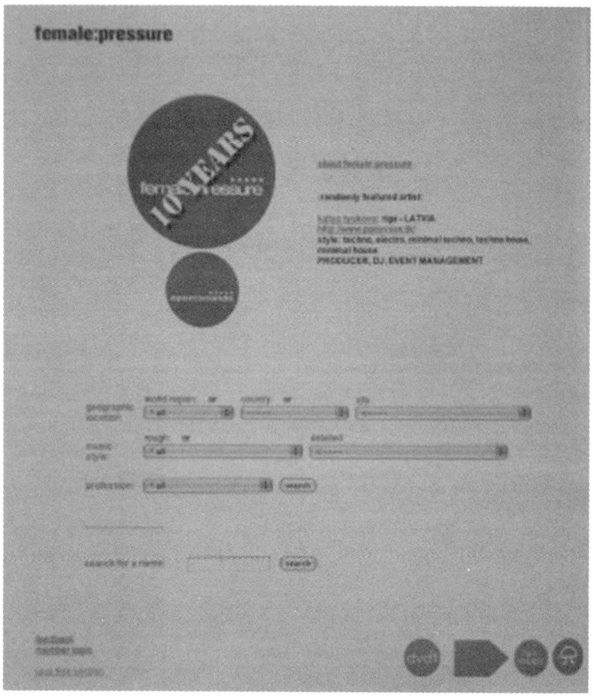

图 5-22 数字社区（Digital Communites），
《女性：压力》（Female：Pressure），2009

图片来源：CyberArtsARS ELECTRONICA HATJE CANTZ 2009

女性服务的网络工具，通过提升交流确保女性在男权领域内的存在与地位。这个数据库被看作女性公开介入信息资源领域并采取主动社交的典范。值得注意的是这个数据库网站已经拥有1 030个来自52个国家的会员，她们通过E-mail联系，并链接至各自的网页上，在浏览处进行标签注解，附加的信息主要囊括住所、职业与音乐风格。"为什么会有如此多的女性活跃于电子音乐的社区？"艺术家们面对这个提出上百遍的问题最终给予这样的答案：众多的经验证明女性其实并不是被动的、不愿参与社会活动的群体，而是因为她们参与的社会活动往往被忽视或者被忘却。

《女性：压力》强调的是在一定区域内网络工作实践的必要性，为世界范畴内的会员提供了民主交流的平台，作为一种可引用的资源建立一个可咨询的标准。数据库可以根据地区、国家、风格、职业和姓名来进行检索，这方便了人们获得知名艺术家以及在世界范畴内为电子音乐工作的

女性们的信息。所有的DJ、制片人、歌手、影像艺术家、平面设计师、摄影师和其他视觉艺术家可以实时更新她们的网页，以至信息的共享、循环与有效性得到了充分的保障。①

第七节 沉浸审美

一、审美与沉浸

浸入被用作一种隐喻，作为一种精神状态，作为历史的描述文化形态和技术思想导致了某种状态，即最后作为一种工具审美反思。有理论建议把隐喻和它所代表的表面或"界面"作为包含的或内在的无限空间及垂直一体的运动。"认真对待"，是考虑"沉浸"的概念作为文化的概念，它体现了身体是如何从事运动和其方向所在空间。远离笛卡尔的二元对立的思想，对身体的基本假设是，"沉浸"是一种特殊形式的思想体现。它强调了认知隐喻的重要性，"如向上或向下，包含或打开"。让·弗朗索瓦·利奥塔（Jean François Lyotard，1924—1998）关于此问题的想法是认为需要一个身体才能回答"是"，考虑到这样的原始隐喻，依赖于在空间结构中的身体方向即所具有的符号场。作为一个比喻所暗示的，这一选择属于观众。在探索"沉浸"的过程中，把它们放在另一个隐喻的"观看"和"沉思"的对比中。

二、作为隐喻的沉浸

在"沉浸式"的环境中做旁观者有什么意义？以"沉浸"的状态作为一种观察状态或将自身浸入环境是完全一致的。自从17世纪，"沉浸"便被用来比喻"在某事中被深深沉溺"的状态。根据《牛津英文词典》即可把自己沉浸在一种身体或是作为一个头脑的扩展意义。在这比喻中，沉浸感是进入某一领域的主观体验，通过一个表面或限制成为沉浸其中的空间。在空中、陆地和大海的想象中，陆地是人们的家，空气和海洋有着巨大差异，其价值和内涵似乎是外星王国的领地。空气

---

① 马晓翔.新媒体装置艺术的观念与形式研究[D].[博士学位论文].南京：南京艺术学院传媒学院，2012.

具有境界更高的价值和愿望,接近天堂,而水是低和深的。水的表面是人类世界的真正"界面",也是另一个场景。人们必须"坚持我们的思想",水是一个寒冷、黑暗和充满敌意的领域,没有空气,人们的身体不能存活,正如很长时间没有技术支持一样。一个人的身体的"沉浸"犹如被浸泡在浴缸、池塘、湖泊或海洋中,具有各种价值和协调之用。所以,无论是水、地平线还是像密尔顿的"黑暗无边的海洋",都是一个可怕的世界,"没有束缚,在长度、宽度……甚而高度中,时间和地点都消失了"。海洋有多深?正如作为旁观者的位置?这样的深度和规模的问题,对一个处于沉浸中身体的意义。

在一个新兴工业社会的人类之海中,最低的深度隐藏了最可怜的无产阶级,这是"社会层次"的看法。难怪安徒生的著名童话故事中,海中的人鱼可以作为不同的种姓或阶级的隐喻。20世纪的女作家,打破海面是进入男性领域以及湍流性别关系的隐喻。探索心灵的考古挖掘,是源于弗洛伊德的。"沉浸",从而提供混合的目的、认知和情感。虽然沉浸是把自身与实际进行兑换和移情,实则不需要关注,因为这一过程不一定被看到。

三、作为精神状态的沉浸

对周围环境的衰减意识是因为人们与一个虚构的世界产生了深度的了解。罗兰·巴特(Roland Barthes,1915—1980)描述一个漆黑的电影院突然出现了明亮的灯光,正如著名的诗人过渡的经验和意识之源。"沉浸"的思想是一个框架,将它与日常的清醒行为和沉溺的文化价值区分开来。正如"难以置信"的悬念在于小说引人入胜的公式。"否认"或"我知道这只是一部电影,但是……"式的分裂信念在虚幻与现实的世界之间游离。在现代文化形式中,"三维"的虚拟环境,似乎离不开屏幕和观众参与的方法,在物理和屏幕空间模拟乘坐的事件被认为是身临其境的场景。互动游戏也被称为"身临其境",当人们正在进行游戏的对决时特别有效的令人信服的"现实主义",即高度呈现隐喻的"3D"计算机图形世界,其屏幕上用很少的时间滞后,也就是第一人称射击游戏。因此,沉浸被用来作为一个比喻,与各种媒体和文化形式,叙事和非叙事的精神状态相对应。这也是一个提喻,指特定的媒介素质思想,诱导全神贯注的状态上的形容词,小说、电影、技巧和当代的"身临其境"的媒体之间有巨大的差异。小说和电影以不同的方式在现代"沉浸"形式中建立自己的天地,而虚拟现实的方式,则构建一个虚构存在的周边受众。最简单地说,小说和电影技巧邀请人们认同发生的人物和事件。与之相比,当代的沉浸式虚拟现实技术,似乎把人们(第一人称的观点,人物形象或头像)"内"的屏幕或虚拟场景整合起来。在这一背景下沉浸传达在创造世界中几乎和情绪状态一致的信息,比起一个小说或电影的暗示,沉浸式虚拟现实技术在更大程度上实现了沉浸的体验。

四、作为框架和技术的沉浸

有框架约定的戏剧、电影和绘画舞台,或是一幅画的画面,使观众有距离地在现场体验,并非完全没有虚拟现实的因素。虽然电脑把人们当成第一人称的观点"阿凡达、字符或代理人"里面的"计算机图形世界",可以说,是"框架"的结果。如果不是由虚构的"容器"产生作品,那么就是移动技术,即由接口设备或技术与可穿戴的设备创作而成。精心设计的齿轮系统可能包括:一个为眼睛设计的"头戴显示器"的小视频屏幕,另一个设备,即跟踪人们的身体位置和目光方向的虚拟空间,一个数据手套,可以传达命令,甚至可能是一个数据,人们自己的身体可能会体验到的感觉与虚拟境界。因此,尽管人们的实际环境可能被遮挡或是看不见的,但虚拟情境是"无框"的,人们可以把虚拟环境造就为现实本身。还有人认为,从欧文·戈夫曼(Erving Goffman,1922—1982)的意义框架来看,虚拟情境是象征性的,不是物质的,包括预期和通用惯例,人们与一个特定的模式或文化形式之间产生了关系。这是一种"框架"的类型,当人们体验到"沉浸"的技术时,它将带给人们"框架"的技术。

这"框架"并不一定需要通过正式的装置感应身体和心灵,在身临其境中体验。事实上,除了最简单的动作需要一个接口或技术支持,很多动作可用湿衣机器人、探测器或潜水钟进行。与沉浸感相联系的精神状态,不是无意识本身,而是通过意识操作的一个界面和奇迹的场景。其符号框架意识(例如,一首抒情诗,一个模拟骑乘,虚拟或模拟飞行)加上叙事或导航选择的交互作用,意味着分裂的信仰或否定的颜色,其经验也从开始到结束。人们可能被戏弄,假设是在一个框架内,实际上是在另一个科幻小说战争游戏内,男孩认为他们在战斗模拟游戏时,他们实际上是战斗外星生命形式。在虚拟战争中使用的图形显示(即战争游戏、军事模拟和实际战斗的行为),提出了类似的帧移[①]问题(以区分缺乏的框架)。

希望设计的界面是透明的,是一个相互作用。"直觉"上要求一个用户很少有意识地在工业上表达诉求、虚构的文本和场景,其目标是身临其境的场景。在虚拟世界中,"人们"在一个计算机图形世界中导航,让空间的位置得到"实时"的表现。人们被包围在一个虚拟的现在或过去之中。在这个过程中,人们做的比"确定"更精确。人们享受着一切,但区别于所有的演员和角色的特权,叙述者与作者在"互动"或在虚拟的境界中,将叙事或导航的选择,赋予虚拟环境的交互能力。参与同一类型或程度的经验,可以在阅读小说或电影之时得到释放。提出一个故事,似乎告诉自己,通过定义的互动涉及决策或用户的积极参与。事实上,"接口"技术是一种工具,把"到其他场景"转换为一个过程,即"沉浸"精神回归的过程。

五、沉浸世界的表现力

人们会慢慢习惯于生活在一个幻想的环境,尽管可能给予的印象是可怕的现实。但在某些时候,人们会发现自己在寻找通过媒介而获得的机会。在这一点上,当介质本身融化成透明,人们会迷失在虚幻、梦境之中。

因此,"整治"之前的文化形式作为一种经常性的特点,是新媒体的话语特征。认识新媒介成为断定两个永恒的原则:透明度和超媒介。即介质混合或暴露的装置。"沉浸"作为一个经常性的愿望,是表达一种技术,改变了意识状态的根本。然而,它是识别特定的交互技术、媒体与精神状态的悖论,正是因为它是一个悖论,表述和表示之间才存在着差异。此外,实现即时性技术是一个问题,因为互动是一级的,不可能希望远离意识的表达。然而,意识的调解和表达是物质感觉表达的一种幻想。在诗歌和白日梦中,回归到一个想象的世界,并具备清醒的能力,选择和创造这样一个世界隐喻之间的中间领域。事实上,在想象力的经验以外,便是其他的角色了。其他世界的事物是必要的社会和文化运作的因素,它们已大大扩大了存在的虚构。目前理解的虚拟模式是文化批判及特定的表现的整体,它限制自身的谴责与褒奖。一旦把沉浸的概念视为理所当然的,临时和模糊则成为极其有用的词,但仍是未定义的。这些思考和区别对于"沉浸"而言,是整个概念及其文化价值。

与沉浸有关的关键词有:

(1) 网络图标(Icon);

(2) 替代性媒体、另类传媒、替代性媒介;

(3) 游戏玩法(Gameplay);

(4) 噪音音乐(Noise music);

(5) 颠倒山(Upside Down Mountain);

(6) 库珀休伊特,史密森博物馆设计(Cooper-Hewitt, Smithsonian Design Museum);

(7) 哈尔·福斯特(Hal Foster),艺术评论家。

六、沉浸审美空间

沉浸式审美是一种研究临境的美学范畴,旨在在具有游戏属性的环境中创造一个身临其境的数字关系的新美学价值与意义。沉浸式审美体现在一种全新的媒体形式中,利用声、光、电等现代科技手段实现了刺激人类感官系统的,使受众完全沉浸其中的虚拟现实环境,通过物理空间、人、心理空间、虚拟空间表现一种视、听、触多感官体验的综合系统。

计算机图形图像技术的日新月异使得数字化虚拟的三维仿真现实得到了充分的体现,虚拟现实装置艺术是集动画、虚拟现实和互动技术于一身的装置作品,对于各种临境的模仿与表现成为此类作品的主要目的,而一种沉浸式的体验也成为一种新的审美经验。这种审美体验赋予了文学和电子媒体一种令人难忘的交互性沉浸式全景图式,以参与形式与受众感受为主,推动了叙事与人

---

① 帧移:在通信中,帧的概念可以在同一条传输线上,在一定的时间段内,分为不同的时间片(就是常说的时隙)来转输,第一个时间片给第一个用户使用这条传输线,第二个时间片给第二个用户使用,以此类推。而通常帧移为帧长的 1/2,是指相邻两帧开始位置之差。(天涯问答)

类文化发展的进程。沉浸式审美把受众吸引进入一个新的领域,同时却忽视了自身的意识。

在虚拟的世界里,受众身临其境地与文本界面进行回应,以经验为本,调节窗口,从而跳转到另一个世界。虚拟现实装置艺术以叙事的方式给人们提供了一个多元的、异质的空间,将探索、叙事、穿插、交叠与互动融入了沉浸式审美,主要包括展示虚拟幻境的虚实之美与表现身临其境的沉浸之美。

(一)虚实的感知

靖野口(Yasushi Noguchi 1973—)、秀行安藤(Hideyuki Ando)的《看着我!》(Watch Me!)是一个实验项目,致力于通过介入公共空间的方式将社会资源捆绑在一起(图5-23)。用一只熊型机器人观察了人们眼中的不同行为。当人们踏入一个陌生的国度,会因所见所闻产生疑惑。当人们意识到自己必须同时对周遭社会与文化的行为轨迹做出应对时,这就是我们称为的"社会纽带"。当一个不寻常的事情发生后,社会会做出怎样的反映呢?警察会来?当地的保安会来逼迫你澄清事实?还是土匪会给我们两下?泰迪熊机器人是这个作品中的主角。它看起来十分可爱,计划在艰难与险阻中行进。机器人行走在各条道路上观察行人的行为。高像素的摄录一体机位于机器人的下方,180度旋转记录路人的反映。实时录像被投射在幕布上,被选取的地方则不断被模糊处理,整个效果是由C++编程完成。

作品《看着我!》不仅反映了社会的纽带问题,还体现了不同区域的文化差异以及考虑了隐私的边界问题。在街景的现实与影像的虚拟之间,作品在机器人的眼中体现了一种虚拟中的存在,虚拟的影像则体现了一种被人们所忽视的真实的存在。

(二)沉浸的体验

索塔·伊斯卡瓦(Sota Ichikawa)等人的《视觉全集》(Corpora in Si{gh}te)是基于实时环境数据过程的虚拟现实装置(图5-24)。大量的传感器组装在一起,形成了遍布整个区域的网络集合并分发实时的环境信息,诸如温度、亮度、云雾、湿度、风向和风速等。传感器网络装置被看作是一个虚

(a) (b)

图5-23 靖野口、秀行安藤(Yasushi Noguchi,Hideyuki Ando),《看着我!》(Watch Me!),2009

图片来源:CyberArts ARS ELECTRONICA HATJE CANTZ,2009

(a) (b)

图5-24 索塔·伊斯卡瓦等(Sota Ichikawa, ect),《视觉全集》(Corpora in Si{gh}te),2009

图片来源:CyberArts ARS ELECTRONICA HATJE CANTZ,2009

拟建构的敏感系统,从软件和自动传输编码收集的信息,我们称之为"超级眼"。"超级眼"是一种对视觉全集虚拟建筑展现的单元,发布网络数据进行实时回应,激增与下浮如同有机体一样。每一个超级眼都集中了来自最近的传感器的环境数据和建筑中心的独立选择。"超级眼"在不经意之间给予建筑结构以展览环境的全景事物。超级眼的信息建筑有着自己的空间感知,将空间概念转变为多样的形式。建筑的流式特征在变换的形式中发展,观众则可以通过附近的目标站点观看到增强现实技术。

在作品《视觉全集》中,沉浸式虚拟现实在新媒体装置中得到最有效的融合。有关云、雾、风的自然气候现象在虚拟的集锦中呈现了风起云涌的壮观场景,这期间伴随着各样的沉浸式视觉体验所带来的审美意义成为一种全新的研究课题。[①]

第八节 肢体审美

在艺术、雕塑和其他艺术形式中,人的形象或人的形体,包括对人体的艺术美都属于肢体审美研究和欣赏的范畴。这项研究包括对身体形态的欣赏,包括身体姿势:坐、站立、睡觉、运动、散步、跑步、跳舞等。康德指出人类的形象是理想的美。人类的身材很好地遵循了这一规律,这是一个进化的结果,这是几千代人的肢体审美的结果。

一、相关研究

人类的形象是视觉艺术中最经久不衰的主题之一。很少有艺术形式与人无关,即便是音乐中的歌词也常常描写人体的美。人的形象研究包括以下几个方面的研究:

(1) 雕塑与类型图画;

(2) 绘图涉及身体在不同的姿势或动作中状态的描绘;

(3) 文学涉及人类形象的描述,暗示了它的性吸引、身体能力和心理;

(4) 舞蹈是一种艺术形式,涉及身体的运动,通常有节奏和音乐伴随,作为一种表达形式,舞蹈具有社会交往或精神表现的作用;

(5) 肢体语言包括身体姿势、面部表情和眼睛的动作;

(6) 时装及配饰;

(7) 人机工程学在客运车辆和座位的设计,涉及人体中性的对位方法;

(8) 步态分析;

(9) 三维动画;

(10) 肢体比例。

身体的比例是有关人体关系的研究,一般指人物的身体,各部分的关系与彼此的整体,对整体形象的描述。

二、肢体审美空间

英国艺术家组成的"艺术与语言组"于1968年聚集在一起讨论理论与实践在艺术创作中的关系。这个小组成员否认"艺术为艺术"的理想主义信条,从现代主义中抽取方式与方法,相信视觉艺术的源泉将是语言本身,话语的功能以及作品中的文字解释。之后大量美洲和欧洲的艺术家离开他们的工作室,在自然、海洋、沙漠、农场和工作站中寻求更有价值的、更有生机的创作资源。这些作品后来被称为"大地艺术",它们转变了艺术的性质,象征着人与自然的和谐情绪,将贯穿人类历史传说中的记忆与神秘重新唤起。同时,艺术家们又在不断地寻找人类的肢体以及更适合与观众交流的媒介。当视觉艺术的内容、肢体的运动以及行动的技巧综合在一起后,对于人类身体而言的暴力行为与可怕行为则常常在艺术家的行为表演中有所借用,这类艺术形式倡导者认为运用此类方式能更好地表述了他们的观念。

行为装置艺术是在新媒体装置艺术的基础上添加了人类行为的成分,通过行为的表演表达观念、呈现形式。这在很大程度上影响了艺术形式显著的特征以及个体语言,但却形成了一种基于观念艺术的肢体语言审美范式。不可忽视的是,在行为装置艺术中,声音成为另一个维度的审美因素,在作品中起着渲染气氛的作用。声音审美研究声音质量、美感与趣味,感官知觉以及内涵意义。

---

① 马晓翔.新媒体装置艺术的观念与形式研究[D]:[博士学位论文].南京:南京艺术学院传媒学院,2012.

(一) 肢体的壁合

达明·库佩(Damien Cooper)等人的《死亡引擎》是2007—2008年在吉登·奥巴扎内科指导下跨界团队合作的尝试(图5-25)。这既不是舞蹈作品,也不是歌剧或数字音乐作品,不是交互作品也不是通感的经验,而是多种元素混合杂糅的集合体,是一种人类肢体与技术形式合并的结果。作品是一种流式样态:一系列同时存在的样态集合为一个整体。甚至重力作用对于舞者而言也不复存在,一切都试图进入一个模块化的投射环境之中。"死亡引擎"是人类肌体幻觉体征下的限制,功能与能量好似流体从人的造型转变为光的影像与声音,成为不断变化的状态。光的裂痕与阴影之处呈现了灵魂深处的光辉与思虑。连接与断裂、孤立与结合,一种二重奏式的奇异效果试图逃避内在的黑暗:死亡、性欲和欲望。在内在的图景上绘制、激光四射、影像投射的运动回应了绘制一个持续变换和若即若离的世界。目睹了精美的宇宙光彩或是古怪的生存物进化,人们从现实中逐渐获取了永恒肢体变化所带来的审美内涵。

(二) 律动的编辑

催斯坦·派瑞奇(Tristan Perich)的《为10个小提琴和10个频道设置的"活动地带"1比特音乐》("Active Field" for ten violins and ten-channel 1-bit music)项目是艺术家和作曲家催斯坦·派瑞奇合作的古典音乐练习曲,人工编程的电子乐编辑了数字乐曲的基本曲调(图5-26)。2005年它成为口袋电子音乐的标准CD样式,被编辑成为一个电子音乐的专辑,表现出低保真声音所体现的澄清的声音审美感知。催斯坦·派瑞奇的作品转向了传统音乐合奏的作曲路线,现场伴奏的音乐家在台上扬声器的作用下通过肢体的运动创造了一个立体声与电子音乐的混合多媒体作品。直接连接了微芯片的扬声器,与合奏的声音混合而成,作为一种听觉声效形式,它是一个物理现象下的类似电子声音的概念。[①]

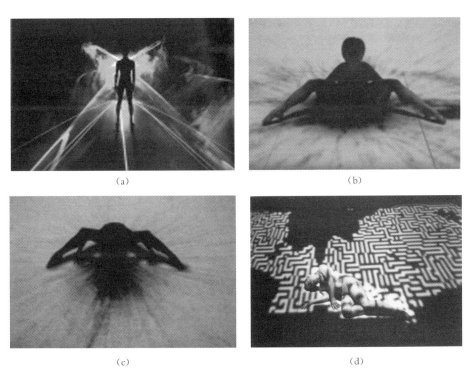

图5-25 达明·库佩、罗宾·福克斯、本·弗罗斯特、波拉·里维斯、吉登·奥巴扎内科、弗莱德·维斯(Damien Cooper, Robin Fox, Ben Frost, Paula Levis, Gideon Obarzanek, Frieder Weiss),《死亡引擎》(Mortal Engine),2009

图片来源:CyberArts ARS ELECTRONICA HATJE CANTZ, 2009

---

① 马晓翔.新媒体装置艺术的观念与形式研究[D]:[博士学位论文].南京:南京艺术学院传媒学院,2012.

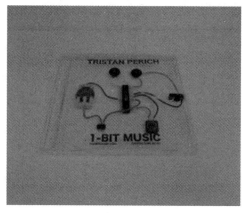

图 5-26　催斯坦·派瑞奇(Tristan Perich),《为 10 个小提琴和 10 个频道设置的"活动地带" 1 比特音乐》("Active Field" for ten violins and ten channel 1-bit music),2009

图片来源:CyberArts ARS ELECTRONICA HATJE CANTZ, 2009

第九节　生物审美

生物信息学是一个跨学科的领域,利用开发的方法和软件工具用于了解生物数据。生物信息学也是一个跨学科的交叉学科,它将计算机科学、统计学、数学、工程学等学科进行了综合分析和解释。

生物信息学是一个长期的生物研究方式,是计算机编程的一部分,它的方法犹如一个参考到特定的分析"管道"被反复使用,特别是在遗传学和基因组学领域。生物信息学常用的生物信息学包括候选基因和核苷酸(单核苷酸多态性)的鉴定。通常,这样的识别可以更好地了解疾病的遗传基础,独特的改编、目标、理想的性能(尤其是农业物种),或群体间的差异。以一个不太正式的方式,试图了解核酸和蛋白质的组织原则。

一、关于生物信息

生物信息学已成为许多生物学领域的重要组成部分。实验分子生物学、生物信息学技术,如图像和信号处理,可以从大量的原始数据中提取有用的结果。在遗传学和基因组学领域,它有助于基因组注释和观察到的突变测序。它对挖掘了生物文献、生物基因本体的组织、查询的生物数据的发展起到了作用。它在基因和蛋白质表达和调控分析中也发挥了作用。生物信息学工具,在遗传和基因组数据的比较和更普遍的理解进化方面则是分子生物学。在一个更高水平的分析和编目的生物途径与网络,形成系统生物学的重要组成部分。在结构生物学中,它有助于模拟和建模脱氧核糖核酸、核糖核酸和蛋白质结构,以及分子间的相互作用。

二、生物信息历史

电脑成为分子生物学必不可少的工具,在 20 世纪 50 年代早期蛋白质序列提供了弗雷德里克·桑格(Frederick Sanger,1918—2013)测定胰岛素的序列,比较原来多个手动序列是不切实际的。在该领域的先驱是玛格丽特·奥克利·戴霍夫(Margaret Oakley Dayhoff,1925—1983),被美国国家生物技术信息中心主任戴维·李普曼(David Lipman)称为"生物信息学母亲和父亲"。戴霍夫编译的第一个蛋白质序列数据库,最初出版的书和首创的序列比对和分子进化的方法成为重要的文献。另一个早期的贡献者,生物信息学家艾文·A.卡巴(Elvin A. Kabat,1914—2000),1970 年率先发展了生物序列分析与抗体序列释放,在其 1980 年和 1991 年之间的综合卷中有所阐述。

(一) 基因组

全基因组序列成为可能,与弗雷德里克·桑格的开创性工作密不可分。其成果在计算机辅助分析中可以看出。第一个这种类型的分析,是从国家安全局的密码学家的信息输入开始,应用于噬菌体 MS2 和噬菌体 PhiX174 的核苷酸序列。作为一个原始的证明,这项工作表明,密码学标准方法可以揭示遗传密码如密码长度和阅读框架的内在特征。这项工作似乎已经提前拒绝了众多标准期刊出版,最有影响的是发表在生物理论学期刊的一篇。1982年生物信息学的术语出现在生物数据库的创造中。随着公共可用的数据越来越多,他们的分析越来越得到期刊的认可,如核酸的研究(Nucleic Acids Research),早在1982年发表了专门的主题:生物信息学工具。

(二)生物信息学目标

为了研究不同疾病状态下的正常细胞是如何改变和活动的,必须将生物数据结合起来,形成一个全面的图片。因此,生物信息学领域已经发展了最紧迫的任务,现在涉及各种类型的数据的分析和解释。这包括核苷酸和氨基酸序列,蛋白质结构域和蛋白质结构,分析和解释数据的实际过程被称为计算生物学。生物信息学和计算生物学中的重要子学科包括:

(1)计算机程序的开发和实施,使高效的访问、使用和管理,应用于各种类型的信息;

(2)大数据集成与评估关系的新算法(数学公式)和统计方法的发展。例如,在一个序列中找到一个基因,来预测蛋白质结构或功能,并将蛋白质序列聚类成相关类似的序列。

生物信息学的主要目标是增加对生物过程的认识。然而,它的重点是发展和应用计算密集型技术,以实现这一目标的重点。例子包括:模式识别、数据挖掘、机器学习算法和可视化。在该领域的主要研究工作包括序列比对、基因发现、基因组组装、药物设计、药物发现、蛋白质结构比对、蛋白质结构预测、基因表达、蛋白质-蛋白质相互作用的预测、全基因组关联研究和进化的建模。生物信息学现在需要建立和提高数据库、算法、计算和统计技术,用理论来解决生物数据的管理和分析所产生的形式和实际问题。在过去的几十年里,随着基因组学和其他分子生物学研究技术的迅速发展,信息技术的发展已经与分子生物学产生了巨大的信息量。生物信息学是给这些数学和计算用于收集生物过程的理解方法的名称。

(三)生物信息学方法

生物信息学的一般活动包括映射、分析基因和蛋白质序列,对基因和蛋白质序列进行比较,并建立和观察蛋白质结构的三维模型。生物系统建模的两种基本方式(例如,活细胞)都受到生物信息学方法的辐射。

1. 静态的

(1)序列、蛋白质、核酸和肽;

(2)在上述实体间的交互数据,包括微阵列数据和网络的蛋白质、代谢物。

2. 动态的

(1)结构-蛋白质、核酸、配体(包括代谢物和药物)和肽(生物信息学工具研究的结构不被认为是静态的),它们的动态通常是结构研究的核心;

(2)系统生物学,包括反应通量和可变浓度的代谢物;

(3)基于多智能体的建模方法捕捉细胞事件,如信号、转录和反应动力学。

生物信息学中的一个广泛的子范畴是结构的生物信息学。

(四)相关领域

生物信息学是一门类似于生物计算和计算生物学的科学领域。生物计算采用生物工程和生物学来构建生物计算机,而生物信息学则用计算来更好地理解生物学。生物信息学和计算生物学有类似的目标和方法,但它们有着不同的规模:生物信息学组织和分析基本的生物数据,而计算生物学建立理论模型的生物系统,正如数学生物学与数学模型。

生物审美涉及分析生物数据产生有意义的信息,包括编写和运行软件程序、使用算法图形论、人工智能、软计算、数据挖掘、图像处理、计算机模拟。该算法依次依赖于离散数学、控制论、系统论、信息论和统计等理论基础。

(五)计算进化生物学

进化生物学是研究物种的起源和发展,以及随着时间的推移变化的研究。信息技术已经帮助进化生物学家,使研究人员:

(1)通过测量它们的基因变化,而不是通过物理分类学或生理学观察,追踪一大批生物体的进化过程;

 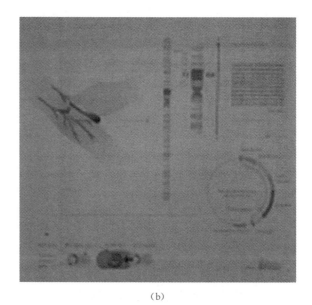

(a) (b)

(c) (d)

图5-27 艾杜尔多·卡克,内尔·艾德森(Eduardo Kac, Neil Olszewski),《自然历史的难解之谜》(*Nature History of the Enigma*),明尼苏达州立大学园艺科学系植物生物系(Department of Plant Biology and Neil Anderson, Department of Horticulural Science, University of Minnesota, ST.Paul, MN),2009

图片来源:CyberArts ARS ELECTRONICA HATJE CANTZ, 2009

(2)最近,比较基因组允许更复杂的进化事件,如基因重复,水平基因转移和预测的因素重要的细菌形态的研究;

(3)建立复杂的计算模型的人口预测的结果,测算该系统的时间;

(4)在一个越来越多的物种和生物体中跟踪和分享信息。

使用遗传算法的计算机科学领域的研究有时会与计算进化生物学混淆,但两者并不一定是相关的。

三、生物审美空间

生物审美是在医学审美范畴内广泛应用的产物,医学审美致力于在多样的自然现象中把普遍性的和典型的内容集中起来加以表现,除去个别与偶然的部分。生物审美作品使得抽象、枯燥、晦涩的医学理论变为生动、活泼、富有艺术魅力的形象。生物审美研究所有与生物信息学有密切关系的学科,包括医学、农学等。生物审美通过生物学科与信息多媒体知识,进行专业的生物培养与图文编辑，将作品的观念表现在对生物形式的传达中。

生物审美研究范畴的成果在20世纪后期逐渐开始成为新媒体领域的一个新的视点，人工智能与人工生命共同创造了栩栩如生的以生物本体为核心的计算机行为艺术。艺术家将湿媒体中的大肠杆菌、鼠脑或是存活有限的生命实体培养在器皿中，代替了原来常用的硬盘驱动器。生物个体作品有着与生俱来的艺术感染力，它们有着数字或生物的可执行文件，有着自身的进化机制，同时反映出具有启示意义的审美情趣，在新的形式中扩散复制，甚至倒行逆施也同样有效。

计算机与生物科技的融合，形成了一个鲜有文献的静态视觉领域。在满足了传统视觉艺术的偏爱后，对人工生命的表现潜力进行极尽能事的展现，从基因的蜕变到视频的监控，或是在墙上进行实时的图像计算，高科技的迅猛发展还为立体合成生物体打印的完成提供了良好的条件。无论是细菌、病原体、基因还是生物体内在形式，它们在数字技术的协助下给艺术留下了难忘的文化记忆。当生物遇见数字技术，思想的魅力在技术攻略的途中得以展现，这在很大的程度上将激进的和动态的因素保留在时间与空间之中。

生物装置艺术的生命审美主要包括对示意与过程的审美体验。

(一) 示意的演示

艾杜尔多·卡克（Eduardo Kac，1962—）和内尔·艾德森（Neil Olszewski）的作品《自然历史的难解之谜》（Nature History of the Enigma）的核心内容是一个植物系列，即一种新的生命样式，基因工程的花卉是艺术家与矮牵牛基因混合的产物，作品表现了红色静脉中艺术家的DNA（图5-27）。2003—2008年，该作品一直处于被研发的过程，直到2009年4月17日至6月21日，作品在明尼阿波利斯的威斯曼美术馆正式展出。《自然历史的难解之谜》包括大型的公共雕塑、打印套件、图片和其他内容的作品。

通过分子生物技术培育出来的新型花卉有着矮牵牛的茎干，这种类型的植物在自然中是没有的。矮牵牛有粉红色的花瓣，每一个细胞的基因中都有着艺术家本人的基因，并在基因中产生了蛋白质。基因从艺术家的血液中分离并排序，花瓣的粉红色背景与红色的基因在粉白色的皮肤基调中被衬托出来。分子复制的结果是人类血液在花卉基因中产生的光彩。

(a) (b)

图5-28 乔治·催玫尔，施宏·府库哈拉（Georg Tremmel, Shiho Fukuhara/ BCL），
《普通花卉》（*Common Flowers-Flower Commons*），2009

图片来源：CyberArts ARS ELECTRONICA HATJE CANTZ, 2009

基因是用于证明外来机体的身份,将身份与血液混合并渗入其中,这样一个新的自我、花卉的部分与人类的部分合而为一。《自然历史的难解之谜》体现了不同种群中的相邻物,用血液的红色与植物基因的红色作为我们在生物光谱中共享的传统。将人类与植物的DNA融合在新的植物花卉中,以视觉的戏剧方式呈现出对于不同物种的延续性展示。在这样的基因融合中,艺术家将示意的方式转化为生物科技的基因研究模式,将示意作为一种对于生物审美的探索,从而表达贯穿在意义中的揭示性审美方式。

(二)过程的展现

乔治·催玫尔和施宏·府库哈拉(Georg Tremmel, Shiho Fukuhara/ BCL)的《普通花卉》(*Common Flowers-Flower Commons*)项目是一个有资金支持的转基因花卉计划,蓝色的"月尘"康乃馨由日本蜜蜂酿造三得利公司培育出来。这种蓝色康乃馨生长在哥伦比亚丰收的季节,通过船运运至世界各地(图5-28)。

在这个项目中,《普通花卉》颠倒了整个植物成长、繁殖以及从植物胚胎中提取植物棉质进行技术克隆的过程。蓝色的康乃馨又进入了日常生活中,用于厨房用具与材料购置的需求。这种植物没有毒性,因而被合法地运输到周边地区,蓝色康乃馨被播撒在周围的环境,任其自行生长。伴随着生物黑客和生物变异的知识产权、主权归属与版权的诸多问题被不断地解决,艺术家的宗旨不言自明:让这种花卉被广泛的共享,以花卉风景的景象在自由的空间内成长繁荣。这样一来,一种关注过程而忽视结果的新媒体装置艺术的创作方式得到良好的发展,并创建了一种以生物发展过程为中心的审美印象。①

---

① 马晓翔.新媒体装置艺术的观念与形式研究[D]:[博士学位论文].南京:南京艺术学院传媒学院,2012.

第六章
新媒体艺术审美经验的转变

审美经验是审美主体在审美活动中感受、知觉审美对象时所产生的愉快的心理体验,其审美对象包括艺术作品、审美产品和自然,是人的内在心理生活与审美对象在艺术表面形态及艺术深刻内蕴之间相互交流、相互作用的结果。审美经验通常又包括"审美趣味""审美判断""趣味知觉""趣味能力"和"趣味判断"等。审美对象的感性特征对于审美经验至关重要,审美经验的过程是直接感受审美对象的外形、色彩、线条和质地等的过程。

审美经验论,是一种认识论的理论或学说,又称审美经验主义。它认为经验是审美主体的一切知识或观念的唯一来源,片面地强调审美经验或审美感性认识的作用和影响,可能会贬低乃至否定审美经验中理性认识的作用和确定性。

第一节 当代经验主义审美的嬗变

一、当代经验主义

经验主义是一种知识理论,断言知识只能来自感官体验。一个认识论有几点看法,包括人类知识的研究、理性主义、理想主义、经验主义和历史主义,强调经验和证据的作用,尤其是感官的体验,思想的形成,对天赋观念和传统观念的影响。经验主义者可能会认为,传统(或习惯)所引起的感觉经验之间存在密切的关系。

科学哲学中的经验主义强调证据,尤其是在实验中发现的证据。这是科学方法的基本部分,所有的假设和理论都必须对自然世界有所观察,而不是仅仅依靠一个先验的推理、直觉或启示。对此理论有重要影响的经验主义哲学家包括亚里士多德(Aristotle,公元前384—前322)、海桑(Alhazen,965—1039)、阿维森纳(Avicenna,980—1037)、伊本·图菲利(Ibn Tufayl,1100—1185)、罗伯特·格罗塞特(Robert Grosseteste,1168—1253)、威廉·奥康(William of Ockham,1285—1349)、弗兰西斯·培根(Francis Bacon,1561—1626)、托马斯·霍布斯(Thomas Hobbes,1588—1679)、罗伯特·波义尔(Robert Boyle,1627—1691)、约翰·洛克(John Locke,1632—1704)、乔治·伯克利(George Berkeley,1685—1753)、赫尔曼·冯·亥姆霍兹(Hermann von Helmholtz,1821—1894)、大卫·休谟(David Hume,1711—1776)、利奥波德·冯·兰克(Leopold von Ranke,1795—1886)和约翰·斯图尔特·密尔(John Stuart Mill,1806—1873)。

(一)经验主义的词源

英文术语"经验"来自希腊字ἐμπειρία πειɩία,这是同源的,翻译成拉丁语具有"体验性"的意思,也就是说人们从中获得的"经验"与"实验"。这个词指涉古希腊从事医学的具有一定经验的学校,此类学校拒绝具有一定局限性的教义或教义学,而是依赖于观察的"现象"而行事。

(二)经验主义的由来

科学的中心概念和科学方法是必须以感官的证据为基础的。自然科学和社会科学都采用了工作假说方式,通过观察和实验作为可检验的范本。"半经验"的术语有时是用来描述理论的方法,利用基本的公理,建立科学的法律,和以前的实验结果,以从事理性的模型构建和理论探究。

哲学的经验主义者不用知识进行正确推断或推导,而是来自个人感觉经验基础。这种观点通常与理性主义进行对比,这一观点认为知识可以从理性中衍生出来。例如,约翰·洛克认为,一些知识(如信仰,上帝的存在)可以通过直觉和推理来得到。同样,罗伯特·波义尔认为,一个著名的实验方法,应是先天的想法。主要的理性主义者笛卡尔（Rene Descartes，1596—1650）、斯宾诺莎（Baruch de Spinoza，1632—1677）和莱布尼茨（Gottfried Wilhelm Leibniz，1646—1716）也主张实证的"科学方法"。

（三）早期经验主义

纯洁质朴状态（"干净"或"空白"）意味着心灵的观点作为最初的、空白（洛克的用词"白皮书"）的经验留下的痕迹。这否认人类有天生的想法。该形象可以追溯到亚里士多德时期，精神（心灵）被认为必须是同一意义上的字母，这正是发生在心灵的案例。亚里士多德的如此解释，并不是严格的现代意义上的经验主义，而是基于他的潜能与现实的理论，感觉经验仍然需要积极理性的帮助。这些概念与人类心灵的柏拉图的概念作为一个实体，预先存在于天堂的某个地方，之前被送到地球上加入个体。亚里士多德比柏拉图有着更重要的理论地位，中世纪的评论家总结的，他具有重要意义上的地位，"凡被理智所知觉的，无不先被感官所知觉"（nihil in intellectu nisi prius fuerit in sensu）。①

图 6-1　伊本与阿维森纳的绘画 1271
图片来源：https://en.wikipedia.org/wiki/Avicenna，2016-1-6

中世纪亚里士多德的"纯洁质朴状态"说在伊斯兰哲学家阿尔法拉比（Al Farabi，872—951）处有所发展，发展成一个复杂的理论论证了阿维森纳和伊本·图菲利思想实验。对于阿维森纳而言，纯洁质朴状态是一个纯粹的潜力，实现了教育和知识的合作，是通过"这个世界上熟悉经验的事物和一个抽象普遍概念"开发一个通过"推理，结果导致命题陈述"的复合的进步抽象的概念演绎方法。其本身的发展经历了一个从物质到智力的潜力过程，最终获取知识的活跃和智力发展，与知识的完美来源结合了人类智力的状态。因此，非物质的"积极智力"与任何个人的独立，对于理解的发生仍然是至关重要的。

一个伊斯兰神学小说，卡米尔先知传记专著《自拟神学》（Theologus Autodidactus），是 13 世纪的阿拉伯神学家和医生伊本纳菲（Ibn al-Nafis，1213—1288）写的（图 6-1）。它描写了一个野孩子在一个荒岛上发生的故事，是典型的经验主义主题，但偏离其前任所描绘的情节，表现主人公的心灵发展是通过接触社会，而不是孤立于社会的。13 世纪，托马斯·阿奎纳（Thomas Aquinas，1225—1274）采用了亚里士多德的理论，提出感觉是经院哲学思想的本质。圣文德（Bonaventure，1221—1274），阿奎纳的一个最强大的对手提供了一些知识，以柏拉图的心灵理念支持最强的论据。

二、审美经验的多元

（一）文艺复兴时期的理论

在文艺复兴后期，各种各样的作家开始以更基本的方式对知识进行获取，对中世纪和经典问题的理解进行了质疑。在政治和历史写作方面，尼科洛·马基雅维利（Niccolò Machiavelli，1469—1527）和他的朋友弗朗西斯科·圭恰迪尼（Francesco Guicciardini，1483—1540）发起了一个新的写作的现实主义风格。马基雅维利针对作家对政治的判断精神进行理想的比较，要求人们必须研究"有效的真理"。

列奥纳多·达·芬奇（Leonardo da Vinci，1452—1519）说，如果你从自己的经验中发现某事

---

① Philipp David Schroedel, Martin Iber. Disputatio Philosophica in Qua Refutatur Axioma Illud Aristotelicum, Quo Asseritur Nihil Esse in Intellectu, Quod Non Prius Fuerit in Sensu[M]. Montana: Kessinger Publishing, 2010: 233.

物是一个事实,它与某个权威所写的东西相矛盾,那么你就必须放弃权威,把你的推理归纳为你自己的结论。

坚决反亚里士多德和反教权主义的音乐理论家文森佐·伽利略(Vincenzo Galilei,约 1520—1591),其父亲是悼亡诗的发明者,用一定的方法成功地解决了音乐的问题:首先,调整弦乐器的弦、张力和质量的关系,以及空气在风中仪器的体积;其次,通过他的各种建议在他的《古典音乐的对话》(Dialogo della musica antica e moderna)(佛罗伦萨,1581)有所阐释。意大利词的"实验"是经验的意思。众所周知,在年轻的伽利略身上有着必不可少的教育影子,可以说是历史上最具影响力的经验主义。伽利略通过优化的研究,在被误解的神话"毕达哥拉斯发现潜在的真相"中通过一系列的发现,说明了传统的权威性、根本经验的态度,通过研究,认为"经验实证"应作为有效的理性探索的必要条件。

(二)现象学的若干理论

大多数休谟的追随者们不同意他的结论,对外部世界的信念是否合理都有自己的看法,认为休谟自己的原则隐含这样一个信念,那就是理性的辩护,除了内容让人产生本能的问题,连风俗习惯也成为研究的主体。一种极端的经验主义的理论被称为现象学,以休谟和伯克利的观点作为预期,一个物理对象是一种经验的建设。现象学是物理对象、性质、事件,被还原为心理对象、属性、事件。最终,唯一的精神对象之属性、事件、存在都将因此密切地与主观理想主义相吻合。通过现象学的思路,有一个真实的物理事物的视觉经验是某一组经验的结果。这种类型的经验,具有恒定性和连贯性,也是缺乏经验的幻觉的一部分。无论是感觉还是永久的可能性,约翰·斯图尔特·密尔的经验主义在休谟的基础上迈出了重要的一步:保持这种感应是必要的,包括数学在内的所有有意义的知识。由 D.W.哈姆林总结:数学的真理,只是非常高的证实,是经验的概括;数学推理,一般认为作为演绎和先天的本质,建立了经验的感应。因此,在密尔的哲学中,有没有真正的地方,具有知识基础的思想关系是十分重要的。在他看来,逻辑和数学的必然性是心智发展的结果,人们只是无法想象任何其他的比那些逻辑和数学命题断言更多的可能性。这也许是最极端的经验主义的经验论,但它并没有找到许多捍卫者。

密尔的经验主义由此认为,任何形式的知识都不是直接经验而是间接经验的归纳推理。其他哲学家的问题则围绕以下问题展开:首先,密尔研究遇到困难时,它描述了什么是直接经验,通过区分实际和可能的感觉来决定。这将错过一些关键的讨论,在这种条件下,"组的永久可能性之感觉"可能存在于第一个位置。伯克利把研究定在差距上:现象论者,包括工厂和基本问题的解决。另外,缺乏对"真实性"这一方面的认可,超越了"感觉的可能性",这样的立场导致了一种主观理想主义的形式。如何继续其研究与观察潜在的问题、如何产生更为可信的根据等,仍然没有答案,也许无法回答这些棘手的问题。其次,密尔的制定留下了令人不安的可能性,"间隙填充的研究实体方法是纯粹的可能性和不实际的所有"。第三,密尔的理论使得调用数学成为另一种数学归纳推理,易产生误解。它不能充分考虑结构和数学科学的方法,通过内部一致的演绎与相关程序,产生一致的意义。

后经验主义的休谟年代结束了阶段性的时间现象。显然,关于物理事物的陈述不能转化为实际的和可能的感官数据报表。如果一个物理对象的语句被翻译成一种数据报表,至少由前者可推断出后者。但要实现的是有限的一组语句,实际和可能的感觉数据相一致,人们可以推断出一个单一的物理对象声明。记住,翻译或改写语句必须在观察正常情况下以正常的观察者为视角。但是,没有有限的陈述,用纯粹的感觉,可以表达对一个观察者的存在条件的满意度。根据现象学来说,一个正常的观察者作为假设的陈述,观察者的陈述便是合理的。

(三)逻辑经验主义

逻辑经验主义,又名逻辑实证主义或新实证主义,是 20 世纪 20 年代初尝试合成的英国经验主义的基本观点,如强调感觉经验作为知识基础,数理逻辑已经被高罗布·弗雷格(Gottlob Frege,1848—1925)和路德维希·维特根斯坦(Ludwig Wittgenstein,1889—1951)发展为一定的见解。在这场运动中,有一些关键人物如奥托·纽拉特

（Otto Neurath，1882—1945）、莫里兹·斯里克（Moritz Schlick，1882—1936）和维也纳学派（Vienna Circle）的研究，跟随着A.J.阿耶（A.J. Ayer，1910—1989）、鲁道夫·卡尔纳普（Rudolf Carnap，1891—1970）和汉斯·赖欣巴哈（Hans Reichenbach，1891—1953）不断地发展。新实证主义是一个哲学概念，后来它成为方法的概念和澄清的方法，对科学的理解和发现起了至关重要的作用。在弗雷格和贝特朗·罗素（Bertrand Russell，1872—1970）所阐述的逻辑符号中，能合理地重建所有科学的话语，以一种理想的、逻辑上的完美的语言，将自由的语言进行模糊和变形。这导致了形而上的伪问题等概念混淆不清。结合弗雷格的理论，所有的数学真理是逻辑与早期维特根斯坦的思想，所有的逻辑真理是在单纯的语言中，有着双重的命题的分类：解析（先验）和合成（后验）。在此基础上，他们制定了一个句子之间的划分原则，有意义和做事方式，即所谓的验证原则。任何一句话，不是纯粹的逻辑，或是毫无意义的证实。作为一个结果，最抽象的、伦理的、美学的传统哲学问题被认为是伪命题。

在新实证主义的极端经验主义那里，任何真正的合成与断言必须还原到一个最终的论断，以此表示直接观察或感知。在以后的岁月里，卡尔纳普和纽拉特抛弃这种在知识理性中的重建，有利于现象作为客观时空物理的语言。这不是语言翻译为感觉资料实物，这样的句式被翻译成所谓的协议的句子，例如，"X 在 Y 的位置在 t 时间进行观察""逻辑实证主义的中心论点：实证主义、分析合成的区别、还原论等"，这一理论急剧打击了二次世界大战时期的思想家如纳尔逊·古德曼（Nelson Goodman，1906—1998）、来自西弗吉尼亚的奎因（W.V. Quine，1908—2000）、希拉里·普特南（Hilary Putnam，1926—2016）、卡尔·波普尔（Karl Popper，1902—1994）、李察·罗蒂（Richard Rorty，1931—2007）。到20世纪60年代，这一理论已成为大多数哲学家的论证公式，同时也影响了当代分析哲学家，如迈克尔·达米特（Michael Dummett，1925—2011）等，是反现实主义者之间有意义的论断。

（四）实用主义的先行者

在19年代末和20世纪初，出现了多种语用哲学和实用主义的思想，在各种形式的讨论中，发生了查尔斯·桑德斯·皮尔士（Charles Sanders Peirce，1839—1914）和威廉·詹姆斯（William James，1842—1910）在哈佛的辩论，在19世纪70年代得到了开发推广。詹姆斯的"实用主义"，给予其继承者皮尔士以全部精髓，但皮尔士后来反对一些研究，他认为最初的想法与名字中的"实用主义"相一致。随着其求真务实理论（pragmatic theory of truth）进一步发展，这个观点的基础经验（经验为基础）和理性（概念为基础）思考成为具有基本见解的理论。

（五）形式主义审美

传统上的形式主义审美是指在艺术哲学中的观点，认为艺术作品是一件艺术品，其价值是通过直接的感觉（通常是视觉或听觉）来决定的。

而关于这种形式的直觉的理论有着悠久的历史，著名的反形式主义的争论在20世纪末展开。例如，亚瑟·丹托（Arthur Danto，1924—2013）和肯德尔·沃尔顿（Kendall Walton，1939—）认为艺术作品的审美属性没有一个是纯粹的形式。然而，到了21世纪初，人们对形式主义的兴趣又重新被点燃。当代的理论讨论揭示了"极端"和"温和"的立场，但最显著的背离传统的解释是从艺术到审美的形式主义。

一个可能更准确地概括指出，反形式主义的论点未能满足人们的审美生活，却成为一个重要方面，当代形式主义的思维，即判断和经验，应该被称为"审美"且直接的感觉，与独立的知识或欣赏的艺术相关的功能、历史、语境一样是可理解的内容。

1. 形式主义的理论溯源

（1）19世纪的先例

当18世纪德国哲学家鲍姆加登提出"审美"的艺术哲学之时，似乎有了既定的目标，以及统一的某些做法，甚至是对美本身概念的界定。值得注意的是，"为艺术而艺术"(l'art pour l'art)似乎获得大致相同的意义，长期的审美研究进入更广泛的应用。

审美研究已经做了大量工作，在识别和整理后出现了"为艺术而艺术"的运动。对维多利亚道德自觉的叛乱，已不同于波希米亚主义与浪漫主义代表的认同，对于这些，以艺术为中心的哲学成为 19 世纪的主要部分。第一次出现在本杰明的私人日记中的是 1804 年描述席勒美学,最初的说法是:"为艺术而艺术"是没有目的,它不仅是康德的审美无利害的同义词,也是作为一个怀旧的手法在其权利的范围内,产生一种特殊的评价框架和相应的实践,甚至是对艺术过程的边界进行定义。

这两种解释是相关联的,提示其综合学派的出现是以其传播的从浅误读之康德的《判断力批判》(Critique of Judgement,1790)为基础的。直到 1846 年康德的批判理论被翻译成法语,成为一个典故,暗示了一个认识和肯定康德著作之后长期的推广。约翰·威尔考克斯(John Wilcox)描述了早期的支持者,如维克多(Victor)表妹,根据康德的著作说话和写作,与其职位信奉的康德的理论不完全相关。结果是,19 世纪早期对艺术感兴趣的人会接触到一个新的审美主义的范畴,涉及的主题包括审美、无利害、自由、美、形式与崇高。

到了 19 世纪 30 年代,美学开始从康德的观念中获取艺术的内容,诸如无形的形态、在舍勒(Scheller)的美学呈现、通过美的概念作为公正的感官愉悦、在其追随者中发现,对美的理解,是一种无利害的情感的理解。所有或任何可被表达的"为艺术而艺术",都成为与审美越来越相关的术语。

与此相关著名的引用,包括维克多·雨果(Victor Hugo,1802—1885)的"学派"、克伦威尔(Cromwell)的"序言"等,1827 年,法国浪漫主义运动的宣言诞生,其理论支持了"直觉"的问题。特奥菲勒·戈蒂埃(Théophile Gautier,1811—1872),基于对雨果主题的认识,促进了纯艺术形式不受宗教、社会或政治影响的理念。在他的《早期的诗歌》(Premières Poesies,1832)的前言中写道:"什么[结束]了这个[书]的服务?它是美丽的,在一般的事物中,一旦有了有用的东西,它就不再是美丽的了。"①社会价值与纯艺术之间的冲突也得到了体现,在后者的旁边,19 世纪 80 年代沃尔特·佩特(Walter Pater,1839—1894)对英国唯美主义运动的发展有着重大的影响。多愁善感的古语被采纳为对美的理想的阐述。在这里,奥斯卡·王尔德(Oscar Wilde,1854—1900)在亚瑟·西蒙斯(Arthur Symons,1865—1945)的协助下,进一步保证了与唯美主义理论的关联。这样的认识使"为艺术而艺术"的观点,超出了 19 世纪下半叶的理论影响。

在一个稍微不同的研究方向中,詹姆斯·惠斯勒(James Whistler,1834—1903)的理论应得到关注:艺术应该独立于所有的废话之外,应该是单独存在的和具有吸引眼或耳的艺术感,没有与情感的混杂,以完全陌生的情绪投入。

虽然这句话的后半部分似乎只是呼应王尔德在同一年表达的感情,但在前面,承认惠斯勒考虑将后来的声音融入他的绘画中以表达一个重点。最重要的是,作品的思路、形式和颜色的安排。在这里人们看到一个元素"为艺术而艺术"形式特征的重要性,预期在 20 世纪,作品包含所有必要的价值本身就不需要从传记、历史借鉴意义、心理学或社会学中提取来源。这一思路可以回顾爱德华·汉斯立克(Eduard Hanslick,1825—1904)的《美丽的音乐》(The Beautiful in Music,1891)、《克莱夫·贝尔》(Clive Bell,1881—1964)的《艺术》(Art,1913)和罗杰·弗莱(Roger Fry,1866—1934)的《视觉与设计》(Vision and Design,1920)。后来这一沉思横跨抽象的各种艺术运动:非具象艺术、达达主义、超现实主义、立体主义。

这里的理论可分为两类,一类是具有共同的论点,可以看出贯穿于"直觉"的理论;另一类是无利害的审美概念的东西,即表现为无目的的和目的性。为艺术而艺术可以看出其运动席卷整个巴黎和英国的新审美形式,并受浪漫主义运动和波希米亚主义影响,而且中心主义,不仅形成了运动本身,而且是在美学史上源远流长的传统。为艺术而艺术捕捉的不仅仅是一个运动而是一种审美理论,也是采用评论家和艺术家的辩护为其塑造艺术史的理念。

(2) 20 世纪的理论接纳

到了 20 世纪末伦纳德·梅耶(Leonard Meyer,1918—2007)于 1983 年在达顿提出了直觉的特点:应该在内在品质的基础上正式提出判断艺术作品的方法,作为一种根据艺术作品"共同争夺"的完整意义的"自我"意识。在这种观点中,文

---

① Théophile Gautier. discussion[EB/OL]. https://fr.wikipedia.org/wiki/Th%C3%A9ophile_Gautier, 2016-6-10.

化和风格的历史,以及艺术作品本身的起源获得了真正的理解。梅耶甚至认为审美从宗教、政治、科学中分离出来,是希腊思想的预期体现。这一思想一直被公认为不同于普通行为的审美行为。然而,梅耶接着说,这种区别已经走得太远。引用了克莱夫·贝尔的艺术形式主义,他得出结论,在实践中,人们无法判断作品内在形式的特点以及艺术的单独特质。

然而,艺术的形式主义,遭遇到其理论的直系亲属的严重反对。格雷戈瑞·柯里(Gregory Currie)和戴维·戴维斯(David Davies)都说明了实际临界和欣赏实践之间有什么类似的差距,最终建议仅仅是一些前理论的直觉。在他的艺术本体论中,柯里汇集了一些熟悉的和美学立场相关的"审美经验",根据边界的界定,提出审美是由视觉的界限、听力、言语理解而来,这取决于艺术形式问题。

柯里认为,经验主义的观点,是一种绘画美学的发现和自然的表达,比如"感觉表面"。这样的一种观点的根据是科瑞、戴维·普拉尔(David Prall,1886—1940)所说的"棉花具有一定的美感,因为它似乎是雪"。这是假设,门罗·比尔兹利在1958年的观点认为,音乐欣赏是受限制的,可以在一个作品中听到这类的限制。柯里也承认关于威萨特(Wimsatt,1907—1975)和比尔兹利的"故意谬误"中的承诺(The Intentional Fallacy)。可以在柯里的名单中添加克莱夫·贝尔声称的艺术欣赏作品,在生活中人们不知道自己的观点和事务,不熟悉的情感……但却有着形式感、色彩和三维空间的知识。

艾尔弗雷德·莱辛(Alfred Lessing),提出"伪造的错误是什么?"他认为假设一个艺术品,"感觉"似乎是一种表面的自然延伸,那么绘画则是美学价值所体现的功能完全的例子。这种形容"表面"的术语,再次回到普拉尔在审美的"面"上看到、听到、感觉、直接经验。审美趣味只有"在感官层面的秩序和变化的意识上有所构成"。然而,面对肯德尔·沃尔顿和亚瑟·丹托的理论,柯里的结论是:这个共同的和有影响的观点是错误的。

沃尔顿的反形式主义在他的文章"艺术分类"(Categories of Art)中有所涉及,他首先认为审美属性感知的艺术品取决于感知作品的属性。例如,对象出现在画布的"画"的类别中,而不是出现在"拼贴"的类中,令人惊讶,令人不安,或不协调。其次,沃尔顿认为,艺术作品的审美属性实际上是由那些实际归属界定的。"正确"的类需要诉诸艺术意图和知识,这些需要不仅仅是一个形式感、颜色和知识的三维空间。因此,紧随其后的艺术形式一定是错误的。同样,丹托的艺术品例子包括:如马歇尔·杜尚(Marcel Duchamp)的"现成品"、安迪·沃霍尔(Andy Warhol)的布里洛盒子,丹托的假设暗含红色方块,构成不同的作品具有独特的审美特性。事实上,其中这两件是艺术品还是普通的"东西",一直存在质疑,面对传统艺术形式的标准,这些现代作品面临着难以克服的理论标准。丹托认为,对于大多数的艺术品,可以通过两个正式的视觉与听觉标准区分艺术价值的不同。

尽管这些反形式主义的论点突出,仍然出现了来自形式主义阵营的一些显著的阻力。1983年丹尼斯(Denis)在达顿(Dutton)出版论文集,以伪造和艺术哲学为主题谈"伪造者的艺术"(*The Forger's Art*)。在这里,收集了一篇文章,杰克·梅兰(Jack Meiland,1934—1998)说道:艺术创意的价值不是审美价值。由伦纳德·迈耶的批评表现出捍卫原创艺术品的价值,梅兰问及是否伦勃朗原作比复制品具有更大的审美价值?这里,审美价值是指"审美价值的外观理论",其审美价值是指艺术作品的非视觉特性,如它的历史属性。根据这一观点,如果认为,复制与原作在视觉上没有什么区别,那么它们具有平等的审美价值。事实上,他指出,一个有争议的含糊的意义是"原始"或"创意"。作品的独创性将被保留在副本中,而创造力的水平则是另一层面的意义。人们可能确认后者使得复制品贬值,但如果认为,创意是一种创造性的特点,在这种情况下是一种适用于艺术家或缺乏模仿者的特征,因此不会影响原作的审美本质。因此,人们不能从艺术作品本身缺乏独创性推断出自己的创造力。

这种"艺术"与"审美"的区别,标志着从艺术到审美形式的过渡。丹托,实际上赞同对其后理论的版本维护,面对不同的对象可能存在他们的艺术价值和艺术地位不同,被感知的却是看不见的,两者有着不同的意义。因此,审美形式主义区别于审美的非审美价值,同时保持前者是受限制的一些属性。可以通过看到、听到或立即经历而被体会。其价值观可能是重要的，但不应该被认为是纯粹的"审美"的价值观。

尼克·赞格威尔（Nick Zangwill，1957—）发展了一种更温和的形式主义美学，与康德理论的区别在于自由（形式）和依赖性（非正规）的美。关于艺术的价值，赞格威尔认为是"极端形式主义"，根据这一正式的艺术作品的审美属性来看，其论断是错误的。但是也有强烈的反形式主义的主张，如沃尔顿、丹托和柯里认为，根据这一艺术作品的审美属性没有一个是纯粹的形式存在。但赞格威尔承认，在一个艺术品考虑那些表现形式的限制时，不足以提供一些审美判断，或是对话的中心，他认为仍然是一个"重要事实"的形式主义。许多作品都有一个正式和非正式的混合的审美属性，至少有一些作品只有正式的审美属性。此外，这种从形式主义而来的审美洞察力并不局限于艺术世界。许多非艺术类物品也具有重要的形式审美属性。赞格威尔甚至在极端的形式主义美学中观察无机的自然物品，如岩石和日落。

2. 克莱夫·贝尔的形式主义

这种形式主义有其认识，线条和色彩的感性经验是唯一正确的审美领域感觉经验。然而，贝尔有一些直观的对元素描述的合理性论点已被记录，在随后的理论研究中就对形式主义美学的应用十分感兴趣。贝尔的初步定论，确定了研习的方式，重新拟定了当代讨论的主题。

（1）克莱夫·贝尔和"有意味的形式"

在深思熟虑后，贝尔提出，图案艺术的作品价值是其美丽的属性和美丽的功能，是找到在画布上的正式质量和布局。没有更多的需要判断一个作品价值的方法。这里是贝尔指出：所有的东西都能使人们的审美情感分享到品质和质量，这是共同的标准。索菲亚（Sta. Sophia）和沙特尔的门窗、墨西哥雕塑、波斯碗、中国地毯、在帕多瓦的乔托壁画、普桑（Poussin，1594—1665）的杰作、皮耶罗·弗朗西丝卡（Piero della Francesca，1415—1492）以及塞尚（Cezanne，1839—1906），只有一个答案似乎是可能的，即重要形式。在一个特定的方式中每一条线条和色彩结合，形成了形式和形式的关系，激发人们的审美情感。这些线条与色彩的组合关系，是审美活动的形式，被称为"有意味的形式"，"有意味的形式"是一个质量共同的所有视觉艺术作品。①

以上观点总结了贝尔的理论，但它们却很少被单独引用和解释。人们需要一个明确的表达，"审美情感"是什么。同样值得注意的是，没有其他的方式可以认识到超越人类感觉的艺术作品。这一主张的主体性，体现在任何一种美学体系所要保持的观点中。此外，艺术使观众感受到的审美情感，结合尝试，以解释的审美情感的程度构成了批评的功能。"对于一个批评家来说，是一个没有用的人，说出什么是一个艺术作品，他必须让人们靠自己感觉体味。他能做的只有通过眼睛让人看，他必须得到人的情感"。没有这样的情感依恋，将对象赋予不合法的属性或将对象置于艺术品地位都是不合适的。

与前一个世纪的支持者不同的是，贝尔并没有那么多声明。重要的形式必须是艺术价值的衡量，因为这是人们所拥有的所有作品的共同价值。贝尔用自己的方式认识到一个艺术作品超乎人们的感觉。如果一个作品无法让人们感觉，它就是失败的，它不是艺术。如果它与人们的感情无关（其感情是社会学条件，例如，某些道德情感可能减弱或消失的时间），它就与美感无关，所以，不是艺术。因此，如果一个作品不能以这个精确的和无污染的方式与观众沟通，就不可能赋予对象一定的艺术品地位。

然后，人们要理解，某些形式的线条、颜色，特别是组合搭配是某种审美情感的生产者。它们在这个意义上具有"重大"的形式，与其他形式不同。没有激动人心的审美狂喜，但其形式可能引起人们的兴趣，逗人们开心，引起人们的注意，但所审查的对象未必是一个艺术作品。贝尔告诉人们，艺术可以把世界从人类活动的世界转换到一个审美的世界。一会儿远离人类的利益，期待和回忆将被捕捉，一会儿生命的小溪将被关注。纯数学家在他的研究里是全神贯注的，类似艺术作品处

---

① Bell, Clive (1914), "Art as Significant Form," in Aesthetics (1989), eds. George Dickie, Richard Scalafani and Ronald Robin, NY: St. Martins Press. Bell, C. 1913: 5.

于完全不同的状态。

因此,问题的意义与生命意义无关。贝尔写道:"在这个美学的世界里,生活的情感除了与自己的情感世界对应,将找不到任何地方。"在感觉审美情感之前的感知形式需与正当性和必要性相结合,他甚至认为无论怎样,不是形式本身引发的情感问题。在某种意义上贝尔的地位似乎与穆尔(G. E. Moore,1873—1958)的直觉主义说有异曲同工之妙,一个仅仅考虑对象,另一个则考虑的是重要的形式。

但是观众并不需要知道还有什么比形式更为重要。贝尔提到了这个问题:"为什么人们如此深刻地被某种特定方式的形式所感动?"这件事非常有趣,但与美学无关。贝尔的观点是,人们只需要考虑人们的情感和它的对象,人们不需要"窥探"对象的状态,使它成为纯粹的美学,那么,它需要的只是同意某些形式的移动。在某些方面,如何安排形式,使它们感动观众,就是一个艺术家的业务。

(2) 追求持久的价值观

回到贝尔的论点,即引起焦虑的重要形式,是一个无与伦比的情感反应,其余的便是经验所致。人类的利益和情绪的世界,当然与互动的宝贵对象有关,这些都可以是愉快和有益的,却构成不纯粹的赞赏。带着兴趣观众将错过全部意义。他或她不会得到艺术给予的最好的内容。贝尔严厉指出错误的意味,可以归结为具有代表性的内容,这也意味着不纯粹的欣赏。他认为,这些艺术家"无力创造形式,却挑起审美情感用以维持生活的情绪"。这种兴趣在艺术家和观众那里,仅仅是把艺术带到了超越年龄或经验想法的关联之上。艺术的表面意义是一个有缺陷的情感意义。因为它仅取决于给对象带来的意义,在对它的恐惧中,没有任何新的东西可被添加到一个人的生活中。随后贝尔又提出,明显的形式能够把观众带入生活的狂喜之中。真正的艺术家是能够感受这种情绪,只有用形式表达才能确立真正的艺术品。

许多视觉艺术都与物质世界有关,无论艺术家们表达的情感是什么,它似乎都是通过艺术对熟悉事物的表达。贝尔声称,关注的物理世界可以是(或应该是)超越以上的关注手段,激发了情绪状态。面对任何其他的问题,如实用介质,都是被艺术忽视的。有了这个要求,贝尔提出"意味"是要区分艺术作品的记录、教育或历史的目的。这种关注导致了一种情感的丧失,让一个人在自己的事情中得到了自我。这些都是对事物和对情感反应的兴趣。在这一方面贝尔轻视智力的锻炼,塑造的环境为个体实践提供了条件。这种做法是肤浅的,需要人们的进一步思考,在一定程度上,研究对象才被利用。这是一个有着标签的和识别的习惯,却极易被忽视,体现了视觉的浅薄,阻止大多数人看到"感情",从而把握形态的意义。

贝尔认为,挑剔的观众只关注线和颜色,它们之间的关系和质量,对显在形式有一定的忧虑,引起观众强大的情感波动,在真正意义上比任何描述的事实或想法更为深刻。因此,贝尔说道:伟大的艺术,是因为它的稳定的非模糊的形式唤醒了独立于时间和地点的感情,因为它不属于这世界。对那些认为形式的重要性是有意义的人来说,形式是什么,在昨天还是在 50 世纪前,无论是在巴黎,还是在巴比伦,这些形式都是被创造出来的。艺术的形式是不竭的,都是由同一条道路的审美情感引领到同一个审美的世界。①

贝尔似乎赋予了"意味"一个意义,这不取决于年龄或倾向的特殊性,这无疑是有趣的,看看这一特性将获得怎样的艺术追求。然而,目前还不清楚为什么一个人可能会追求这种意义,在这个世界上,某些意义是通过寻找情感而获得。有人批评他的坚持,审美情感可以是一种完全不同于其他人的情感特征的反应。托马斯·迈克劳林(Thomas McLaughlin,1881—1947)1977 年声称不可能有贝尔意义上的纯粹的审美情感,认为观众的审美反应是受正常的情感模式的影响。在这一观点上,观众的情绪,包括道德反应,都是在艺术家的技术控制下直接发挥作用的。很难否认"意味"的意义,并在许多艺术作品的趣味上给观

---

① Bell, Clive (1914), "Art as Significant Form," in Aesthetics (1989), eds. George Dickie, Richard Scalafani and Ronald Robin, NY: St. Martins Press. Bell, C. 1913: 16.

众带来了他们世俗的经验和情感。约翰·卡蕾（John Carey，1934—）同样谴责贝尔对艺术作品所特有的情感的诉求。他特别批评了贝尔的论点，同样的情感可以在谨慎的历史时期之间，或艺术家和现代观众之间传输。另一方面，贝尔也不可能知道他正经历着相同的情感，更重要的是四千年前的人能否体会到相同的情感，就必须共享相同的无意识，经历了相同的教育，有相同的情感体验才能定论。

重要的是要注意，这样的反对意见并不完全起决定性作用。一般来说，任何利益驱动下的短暂作品，都是一种暂时的评价，贝尔希望避免对真正作品和持久价值性质的描述。同样论述的是，由于观众的特殊教育和情感体验是不同的，所有这些品质只存在于一个作品中确有问题。贝尔确实承认有"意味"的意义产生的疑问，但并没有给予其重要的关注，他只给予了正式的意义。这就是当人们被剥夺了利益、教育和特定时代的背景，所得到的是这些作品具有持久的价值。不得不说的是，在声称持久价值时，贝尔试图隔离应获得的支持，并没有明显的说法，即使作为一个所谓现象学反思的问题出现，更多的或真正的价值比一种短暂的有"意味"的价值更值得他驳斥。

在讨论诸多批评贝尔的观点时，一方面必须面对重要的议题，另一方面也对是否存在情感作为审美的特殊问题成为"超自然的"意义作出反应。这肯定涉及贝尔的观点，正遇到一些挑战。但有可能变得模糊的是，这样一种惰性的审美情感是贝尔的解决方案的一部分，更有趣的问题与他早期的写作有关。这个问题涉及是否可以在完全独立的时间、地点进行教化，分离某些特定审美对象的反应，人们可能会期望它在主体的历史和社会环境中得以表现。

回答这个问题确实反应各不相同，有积极的情绪反应，也有可变的，这取决于时间、文化等因素。在时间上看艺术界的利益，人们可能会看到作品的代表或题材的兴趣，显露了观众的拥护情节。但似乎这种反应是不能令人满意的。事实说明，迈克劳林和卡蕾怀疑贝尔的惰性情绪理论。这些批评反映并描述了贝尔声称那些无法接受的假设是单纯无知的情感。虽然这作为哲学的理想问题具有潜在的意义。然而，这可能被认为还有其他的方法可能拥有持久的价值，如贝尔追求而无视的质量因素，影响了一个特定的时间具有更为短暂的意义。

关于第二个问题，人们很容易看到贝尔理论中更为有价值的东西，至少有一些初步的吸引力。贝尔的反应论，假设一个人试图区分艺术与非艺术，如果一个人希望在一起捕捉艺术稳定与非模糊的属性，人们确实会将作品形式的性质和时间作为作品的相关内容。在贝尔的理论中，什么是防御缺乏的要求，首先是那些真实价值的领域，其次是确定一些稳定和非模糊的属性。为什么人们期望识别古代的对象？在现代气息的基础上混淆宝贵的艺术作品，贝尔声称这样的性格并不是现代的，而是永恒的。诚然，有一些追求贝尔理论的理由，特别是如果一个人有兴趣捕捉那些价值观，经得起时间的考验等。然而，贝尔似乎激发了这样一种追求，使一个质的要求在某种程度上比价值更重要，他拒绝了更有价值的特征。对这样一种说法，很难分离任何论点。

（3）审美与非审美的经验

贝尔的理论，似乎很难接受一个中心议题，即面对一个感性反应的艺术品，一个人可能会孤立，似乎一个人只能把在艺术上的这种反应与所有的价值中心化，如果一个人能够适应这个反应的核心，那么将排斥他人。有个问题，是否这样就是一个纯粹的审美反应，可以识别并获得情感上的满足，这似乎接近贝尔的理论追求的。除了这个目的，还有一些有价值的机制存在于贝尔的理论中。贝尔提到个人的一般立场的必然结果，不需要了解艺术史上的任何东西。这可能是从艺术作品中，得出推论，使其排序，一个艺术家在作品中的亲密关系不会泄露给观众。这一点再次涉及贝尔的论点，即纯粹的美学只关心是否对人们有特定的情感意义的问题。他认为其他问题，不是美学问题：欣赏一个人的艺术，人们不需要知道任何关于艺术家的东西，可以说，不存在历史因素的帮助，确认这幅画是否比先人的好，但如果人们试图解释他的艺术将使情形更为糟糕……糟糕是为了一个纯粹的审美的判断，要考虑其艺术的因素成为一个历史学家的考量。①

上面的段落说明了一个元素，贝尔的理论一直由一些后来的思想家热衷地维护着。贝尔认为，由于作品价值完全是基于它的艺术历史传统上的地位，而不是对美学追求，虽然某些特征和关系可能是有趣的历史，但这些并不重要。事实上，对一个对象的评估，可能是古老的、有趣的、罕见的或珍贵的，也许是感性审美，并非将处于劣势的观众和不关心对象的考虑作为评估标准。根据贝尔的观点，评估也与艺术的价值有关。因此，虽然有代表性的形式在许多艺术作品中扮演一个组成部分，人们应该把它们视为不代表任何东西的因素，只要人们有审美兴趣即可。

这是公认的贝尔的一个非哲学的议程。很容易看到贝尔辩护的价值，抽象的艺术比其他艺术具有更多的形式，这确实是他的意图。文艺复兴艺术的高度可以被认为是伟大的，例如，没有什么可以作为代表性的和准确性的，但必须考虑在艺术的正式品质中表现出来。在这种方式中，许多以前在作品中确定的价值观，事实上被视为偏离了审美的唯一利益：追求有意味的形式。

从某种意义上说，人们不应该忽视的评论家和哲学家的角色，应该挑战人们的惯例，能够提炼或培养人们的品味。最终，贝尔的理论并不会过时。然而，有一些倾向体现在艺术作品的纯粹形式的品质上，而不是艺术的各种协作的关系上。从另一种意义上说，许多艺术家试图描绘的东西，除了明显的实用性外，可以决定人们的感性知觉的肤浅交往，但不清楚为什么这成为了唯一的兴趣。不幸的是，贝尔排除了审美关注的狭隘面，排除任何可能性的发展，或重要性的价值和利益，体现了未来艺术的发展轨迹。鉴于质量要求的重要形式与卓越价值，这似乎越来越多地增加了作品的份量，在贝尔的形式学说中是被忽视的。

基于对杜尚的《泉》(Fountain, 1917)的考虑，前面的例子是十分有意义的（图6-2）。与大多数批评相关的问题是，贝尔确定了审美价值与艺术形式本身，艺术形式没有提到类似男士小便器一类的反审美的形式，然而这却是艺术的。越来越

多的作品被公认为，因为这样或那样的有价值的原因而存在的审美属性，也表现出了美丽的意义。在实践中，作品的评价，对于形式主义者而言是谨小慎微的。艺术形式的死亡显然是基于理论和实践出发的。

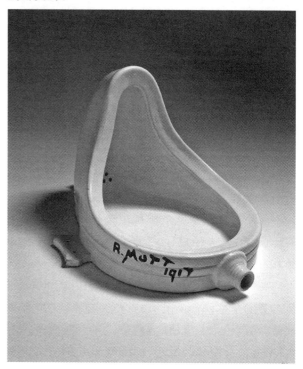

图6-2　杜尚，《泉》(Fountain)，1917
图片来源：www.baidu.com/2019-8-6

那么人们从贝尔的理论中能获取什么呢？他声称，某些作品在相互作用中产生一种情感上的奇特审美，日常情感生活并不常发生，却令人十分惊愕。目前还不清楚为什么应该认识到，这种反应是一种不同的和更有价值的经历，使得许多审美对象的反应表面获得了真正的审美反应。贝尔的解释是，很少有人能接受这一来自内心的美学，也不会捕捉到在审美方面想要的一切。然而，这一理论在贝尔的理论上捕捉到一些共同的审美对象。呼吁一个永恒的情感，不会受到任何时代突发事件的影响，贝尔似乎希望其理论的持久价值能保持在作品的整个时间内。这很容易认识到贝尔的理论应该能满足任何合理的要求。然而过分地追求，这条道路可能是徒劳的。

人们应该在这些经得起时间考验的作品中，

---

① Bell, Clive (1914), "Art as Significant Form," in Aesthetics (1989), eds. George Dickie, Richard Scalafani and Ronald Robin, NY: St. Martins Press. Bell, C. 1913: 44-45.

直观美德定义的审美境界。应该把"艺术"甚至"审美"标签相结合的产物,随着时间的推移,转变成为一些有价值的财产。从前面的讨论中人们获得了论点,使得的情感成为过去艺术中的合法价值。贝尔愿意承认,即使是抽象艺术也具有重要性,推论其理论,确定整个历史的价值,只有在艺术的表现形式(有意味的形式)中,他才认为是重要的价值。贝尔这样的理论,代表从属于美学价值属性的列表,就像一个追求品质的艺术家可能被误导。

批评贝尔的声音似乎源于一种观点,根据这一观点,任何一种理论都应该能够捕捉和适应构成艺术史的运动趋势、兴趣和评价,推动艺术创作的发展。这是一个艺术理论的希望,也是能够做到的。也许这是艺术形式主义失败的地方,究其原因是因为艺术实践和艺术理论的分歧。形式主义,作为一种艺术理论,是不适合在真正的艺术和非艺术之间进行本体论区分的。这一理论的框架将不具备在实践中寻找适用的感知价值,事实上,它能够通过识别价值颠覆艺术的精确发展。

通过分析形式主义作为一种美学理论或作为一个美学理论部分,同时承认审美和非审美的形式,不必在各种实践中制定这一特定值的优先级或重要性的特点。这样,一个可以预见的温和主义的立场,沿用了来自康德的遗风。有两种美:形式美和非形式美。形式美是一种审美属性,是完全由"狭义"的审美属性决定的,包括感官和非关系的物理性质,如线条和颜色在绘画表面上产生的;非形式美是由"宽泛"的非审美属性决定,包括其他任何东西,最终的某些功能性、适宜性或代表性的精度因类别的作品而产生的。

这些概念需要澄清,其理论愿望是注意适度形式主义者声称的形而上学立场,产生唯一的理论能够容纳所有的艺术作品的审美特性。区别于贝尔的"极端形式主义",保持所有的审美属性是通过感官和内在的物理性质决定的,与"狭义"的形式主义和反形式主义相对。根据所有的审美属性所涵盖的,非审美特性由艺术家的意图所确定。

面对艺术品的历史,坚持适度的形式,在艺术哲学的背景下,挖掘审美属性和非审美属性的正式形式。有些作品只有形式的审美特性,有的则是非形式的审美特性。

3. 尼克·赞格威尔的温和的形式主义美学

形式主义的问题被引入一定的假设,审美属性是由某些非审美特性决定的形式主义,形式主义的不同主要是在于非审美属性的问题。中心特征的"形式",将形式主义的理解与21世纪讨论相关联。艺术作品的形式特征更具体地体现在视觉艺术中。

(1)极端形式主义、适度形式主义、反形式主义

尼克·赞格威尔(Nick Zangwill,1957—)[①]承认线条、形状和颜色的安排(有"光亮"和"光泽"的颜色属性)通常作为正式的艺术性能,与一些非正规性质相比,生产或创造历史文脉的艺术品具有重要的艺术属性。在捕捉这一鸿沟时,他写道:

最直接的解释是:形式属性是由感官或物理性质所决定的美学属性,只要物理性质与其他事物或其他时间不相关即可。这样捕获的形式性质是审美属性,是直接感知的属性,也是直观的确定和直接的想法。[②]

值得注意的是,这一理念不能容纳一些哲学家理论,审美属性是"性格挑起的人类反应",赞格威尔规定"窄"包括感官性状、非关系型数据库的物理性质和处置引发反应,可能被认为构成审美属性的一部分;"宽"涵盖了其他属性,如对作品创作的历史外在属性。于是获得一个基本的区别:"形式的性质完全是由狭义的非审美属性决定的,而非形式审美属性是由广泛的非审美的特性所决定的。"[③]

在此基础上,赞格威尔确定了极端形式主义,所有正式的作品都有审美特性。狭义的与反形式主义的观点指涉没有审美属性的艺术作品,所有广义的历史决定论与狭义的非审美属性是一致

---

① 尼克·赞格威尔(Nick Zangwill),格拉斯哥大学艺术定义的形式主义哲学家,研究形式的属性完全是通过感官或物理性质和其他时间关系确定。
② Nick Zangwill. Feasible Aesthetic Formalism[J]. Noûs,2001,33(4):56.
③ 同②。

的。他自己的观点是一种温和的形式主义,认为艺术作品的某些审美属性是正式的,其他的则不是,这为适度形式主义奠定了基础,他通过一些策略激励这一观点,回应那些反形式主义的论点。

（2）对肯德尔·沃尔顿反形式主义的回应

肯德尔·沃尔顿（Kendall Walton, 1939—）[①]的影响力源于在艺术历史范畴下对于一件艺术作品作出的审美判断。这一说法是针对各种尝试"从艺术作品的批评中清除,无关的游览问题不直接影响审查的作品,应集中注意力在作品本身"。在这一观点的激励下,沃尔顿提出了他认为十分广泛的概念"直觉泵"（intuition pumps）,会导致他接受各种建议。

尼克·赞格威尔在对温和的形式主义辩护中说,沃尔顿的理论只是部分正确。对于赞格威尔来说,艺术作品,是纯粹的形式特征和审美作品的类别。沃尔顿的术语,指出这些对象的审美特性,从颜色和形状的"配置上绘画"独树一帜。这意味着一个作品是"可检验"的,比起沃尔顿的辩护,创作的历史（一个非正式的功能）的作品部分决定了其审美特性的作品属于一个狭义的概念。赞格威尔要抵制沃尔顿的提议,所有的或大部分的作品和价值范畴的依赖是为了维护有争议的负面论断"对艺术作品的审美理念的应用可以不考虑事实的由来"。赞格威尔尖锐地指出,沃尔顿"直觉泵"只是小众接受的理论。

考虑到代表性的性质,例如,沃尔顿要求人们考虑一个罗马皇帝的大理石半身像,一个鹰钩鼻,一个满是皱纹的额头,却表达了严峻的决心,这是一个代表性人物,有着自己的个性。问题是为什么不说它像一个静止的人,是统一的大理石颜色,谁的胸部被切断？人们感兴趣的代表性对象在更多方面类似于后者的描述。沃尔顿考虑到的事实是：我们不是被后者意义上的相似性所吸引,对标准和可变特性有着以下论调：

相对于半身像的范畴,胸围的颜色均匀、静止以及胸部有着标准性能,因为人们认为这是一个半身像的标准。……一个立体的作品可能看起来像一个人们不熟悉的立体派风格。但这样的立方体形状使人们看到它作为一个立体作品的样式。[②]

他的核心要求是,人们需要一个作品来表示,只取决于变量的性质,而不是那些标准,人们认为它是一个类别。很显然,这个理论必须是正确的。赞格威尔同意并因此导致代表性议题,没有以对象本身告诉观众这些描述是适当的。为此,人们必须寻找其他事物,如创作历史或传统公认的做法,对派生的理念进行蓄意的解答。

赞格威尔认为,代表性可能不是审美属性,例如一般事物确实是通过表面上的非审美体现性质,具有非艺术项目,如地图、图纸和道路标志。它们似乎是其中的基础,即非审美的,也确定了审美特性。鉴于作品代表性的性质,部分由创作的历史决定,并假设代表性作品的审美特性在一定程度上是由它们自身所代表的事物确定,赞格威尔总结出的审美属性是非正规的。当然适度的形式是没有问题的,沃尔顿的"直觉泵"不会导致对反形式主义论点的怀疑,只有一个子类的作品是具有代表性的作品。许多作品都没有代表性的属性,因此,代表性的属性只能被成功地确定,通过存在的艺术历史或分类信息而产生。鉴于赞格威尔接受沃尔顿理论只是尊重审美对象的子类,温和的形式主义保持了原状。

然而,沃尔顿接受了其他的争论,可能是一个更一般的应用思想和方法,因此形式主义应该是温和的。沃尔顿理论似乎涉及所有作品的历史范畴,如果是相关的,那就是审美的艺术品,如果在一个特定类别的认知经验拥有不同的审美经验时,它是一个艺术品类别之分。作品可理解为对一个物品的理解度,其特点是对标准和背景变量的肯定。在前一个章节里我们提到沃尔顿基于

[①] 肯德尔·沃尔顿（Kendall Walton）,生于1939年,是美国哲学家,查尔斯·史蒂文森大学哲学教授和密歇根大学艺术设计教授。他的工作主要研究理论问题,关于艺术和心灵哲学、形而上学和语言哲学问题。他的书使人们相信：用具象艺术的根基发展理论来了解自然和艺术中的代表性品质。他还开发了摄影为透明的账户,捍卫人们的想法,通过看照片,就像通过望远镜或镜子可以看到一些情境。他撰写了大量的关于绘画、小说、情感、虚构实体的本体论论著,涉及音乐、隐喻的美学和审美价值。

[②] Kendall Walton (1970). Mimesis as Make-Believe: On the Foundations of the Representational Arts[M]. Cambridge, Mass.: Harvard University Press, 1990: 345.

审美观念中反形式主义对《格尔尼卡》进行阐述，这里基于此内容又一次对该作品进行分析：

  想象一个社会没有绘画的介质，但却产生了一种称为《格尔尼卡》(Guernica，1937)的作品，是多么不可思议。像毕加索的《格尔尼卡》版本的各种浮雕，其颜色和毕加索的《格尔尼卡》表面形状一致，但表面成型形成各种浮雕的效果。……毕加索的《格尔尼卡》可以算作这个社会的一个完美的隐喻而不仅仅是一幅画。其平面度是可变的，其表面上的数字是标准相对于该作品的范畴。……在创作《格尔尼卡》和他们的作品之间，这会是一个深刻的差异。①

考虑社会中对《格尔尼卡》反映、体现了毕加索绘画自身的区别，人们应该意识到不同的审美有着不同的反应。沃尔顿指出，这是暴力的、动态的、重要的、打扰人们的，但可以想象它会打击寒冷、荒凉、无生命的、安静的或者是平淡的、乏味的，无论如何不是暴力的、动态的、重要的。他的观点是，对象只是暴力和令人不安的是绘画，并非平淡的《格尔尼卡》，因此这个思绪的尝试应该促使人们认为，审美的性质取决于相对的历史和艺术门类下的观测，包含对象的问题。通过这个例子，沃尔顿认为，人们不能简单地判断一个艺术品是动态的或是静止的。只有在这种意义上它有着适当的权利要求，《格尔尼卡》是动态的，是动态的绘画，或人们看到作为一个绘画的意义。

在文献中这种分析已被认可，它是特别有趣的，因此，赞格威尔承认最初怀疑沃尔顿的理论。他指出，一个合理的理论应该是直觉的观察，不该变得非常难解，使审美判断的整个类别成为比较类别的项目。赞格威尔规定，沃尔顿可能会说人们只是拓宽类别，利用自己的判断。当人们说米诺斯(Minoan)艺术比麦锡耶(Mycenean)艺术更有动力，就是说，如何思考作品属于"史前希腊艺术类"。他继续道：

  但为什么要相信这个故事呢？正如人们所知，当我们作出跨类别判断时，它描述的不是一个心理过程。坚持潜意识里有更多的类别认定，即使没有意识到这一点，似乎是反形式主义的产物，也不被相信。如果审美的判断有所依赖，应该借用期待演讲者和思想家的能量。但是现象学的反思并不支持这一类相关的观点。②

在这些情况下，赞格威尔支持的现象学推理的理论和行为是有根据的。相反，他认为，当人们说什么是"优雅的一个"或"一个优雅的"时，人们可以提供一个替代的理论。这就涉及对善与雅问题的理解，这是审美程度的问题。人们常常归因于比较类，因为这是一个更快、更方便的沟通方式。但形式主义者会说一些高雅、精细、优雅的风格。作为一个程度的问题，是完全不同的，它依赖于类别的区分。所以赞格威尔的说法是，它是实用方便的，但远没有必要参考类别提供一个审美判断。人们可以依靠类别的中性进行审美判断，更重要的是赞格威尔的这个判断是基本的：依赖判断只可能是中性的范畴。形式主义将不依赖类别中性判断，没有基础和比较的能力，沃尔顿没有表明这是例外的。

这样，赞格威尔断言人们可以理解，可以说《格尔尼卡》是"死气沉沉"的，因为它没有大多数作品那么活泼，但选择该对象的人是一个特别活泼的人。毕加索的《格尔尼卡》被恰当地认为是"重要的"，作为一个阶级的艺术产物，它比大多数画缺少相应的活泼。事实上，对绘画和《格尔尼卡》的讨论同样是热闹的，确实在其他的审美属性中只出现比较判断的方面。正是因为这一原因，赞格威尔认为人们可以拒绝沃尔顿计划的"直觉泵"的理念。人们可以固执地认为区分事物的审美区别是一个没有被规定的问题。在这一观点上，一个参考艺术的历史类别是一个便捷的分类方式，艺术家和艺术运动被广泛地关注，替代的审美价值的理论也被时常使用。

(3) 康德的形式主义

赞格威尔对广义的正规和非正规性质的区分与推导，来源于康德的自由和附庸美之间的区别。的确，赞格威尔已经宣称"康德也是一个温和的形

---

① Kendall Walton. Mimesis as Make-Believe：On the Foundations of the Representational Arts[M]. Cambridge，Mass.：Harvard University Press，1990：345.
② Kendall Walton. Marvelous Images：On Values and the Arts[M]. Oxford & New York：Oxford University Press，2008：92-93.

式主义者,反对极端的形式主义",在其杰出的《判断力批判》(Critique of Judgement)中有关于"自由"和"依赖美"的概念。① 在康德写的部分:

有两种美:自由美(pulchritudo vaga),独立之美或附庸美(pulchritudo adhaerens)。第一个假设没有相应的对象概念,第二个则是假定这样一个概念,有了它,就有一个完美对象的回答。

对于自由美的概念,康德列出了主要的自然物体如鲜花、旁边的一些鸟类和甲壳类,还增加了壁纸的图案和音乐幻想。附庸美的例子包括一个建筑如教堂、宫殿或夏天的房子。赞格威尔认为附庸美是艺术理解的非形式审美特性,没有这个概念就不可能把握住理解绘画审美意义的关键,或对任何艺术形式的分析的尺度。如果这个意图被成功地实现,将满足具有代表性功能的艺术家的意图,并可能产生一定的作品,即一个代表性的作品。也就是说,因凭借方式体现了一些历史赋予的非审美功能,有些作品具有非形式化的审美属性。与之形成对比的是,康德的自由之美的解释与形式美的价值。康德似乎限制能体现纯对象的类型即形式之美,暗示了其性质,而不是艺术,提供适当的对象与纯粹的审美判断,在一定程度上,艺术品可以以纯粹对象的品位出现,它就必须是抽象的、非具象的作品。如果这是康德考虑的后果,纯粹美的判断形式的地位大概会被限制在抽象艺术的应用和判断中,也许在日常情况下,自然物体也是如此。然而,一些评论家,例如,克劳福德(Crawford)和盖耶(Guyer)认为,康德的自由美和附庸美之间的区别并不意味着艺术的分类,甚至具象艺术不仅仅是依赖美的。克劳福德举例,把自由美和附庸美之间的区别对应公正的立场,这是因为他把康德的区别对应了判断之间的类对象。

这不是一个对康德美学详尽的注释,但至少说明相关的建议,这是自然的而不是艺术的,提供了正式的审美范式对象。

4. 从艺术到形式的审美

艾伦·卡尔森因其对审美理论的贡献而众所周知,他的理论被统称为"环境美学"(Environmental Aesthetics),也许最值得注意的是对"自然审美鉴赏"的探讨。在艺术讨论方面,卡尔森的价值似乎因其温和的形式主义具有公认的地位,不像贝尔将预设形式用于视觉艺术欣赏作品的唯一有效途径,但也表明一个"正确"的方法,在艺术欣赏中值得重视的具有实用性的许多"方向"。然而,当卡尔森转向自然环境的理论应用和维护时,一个强烈的反形式主义的理论出现,占据其立场,被称为"认知自然"。卡尔森拒绝形式主义之前提出一些温和的、更强的形式回复了这个领域。

(1) 反形式主义与自然

卡尔森一直在自然美学领域进行当代辩论,试图理清大自然欣赏的艺术鉴赏理论。在当代的讨论引入了不同的模式,对自然的青睐,适用于环境领域的艺术规范的不足之处。例如,他有影响力的"欣赏自然环境"(1979)和有争议的"对象""欣赏自然景观"模型(这可能被认为是有吸引力的温和的形式),支持"自然环境"模型。他承认,"对象"模型具有一定的实用性,艺术世界对于非具象雕塑的欣赏也是如此。这样的雕塑可以有显在性(正式)的审美属性,但没有代表性的连接,即现实或关系联结,与直接的环境相关。事实上,他承认,前面讨论的形式主义的直觉在欣赏大自然的领域仍然盛行,议题的重要性和持续性在于对艺术批评领域的反对。

当谈到欣赏自然,形式主义获得了无可争议的流行,许多新兴的理论探讨成为一个假设。然而,卡尔森的结论在于"对象"和"景观"的模式,前者针对较大的环境中的自然对象,后者的框架则是展开的风景。在集中的主要形式特征中,模型忽略了许多正常的经验和对自然的理解。"对象"的模式是不恰当的,因为它无法认识到自然对象及其创作或展示环境的有机统一,这样的环境是卡尔森认为与美学相关的。因此,该模型对提升自然对象的限制,作为一个结果,成为周围环境对象的结果至关重要。卡尔森认为,自然环境不能分解成离散的部分,脱离原来的环境关系,更可以减少到一个静态的、二维的场景,如"景观"模型。相反,他认为,自然环境必须被赞赏,这便是自然和环境。在这一观点上,自然物与创造的环境有

---

① Immanuel Kant. The Critique of Judgement[M]. NY: Oxford University Press, 2005: 186.

着有机的统一：他们是一部分，并通过在这些环境中工作的力量发展出他们所处的环境中的元素。因此，对创作环境的一些认识与自然景物的审美欣赏有关。

拒绝形式主义的假设出自反对声的言论，特别是关于沃尔顿的理论。这是一个建议，通过求助于某种东西用适当的方式来欣赏一些目标对象，这不构成适当的审美欣赏事物。自然是自然的，不能被视为"现成的"艺术。他认为欣赏自然的目标也是一个环境，需要积极地提升合适的模式，参与欣赏。这是一个对环境欣赏的判断，而不是仅仅作为一个二维场景外部的旁观者。正是这种观点导致了他强烈的反形式主义思想，认为自然环境等不具备审美的正式素质。例如，对"景观"模型而言，卡尔森表明自然环境本身似乎有正式的品质，但当一个人以某种方式完成框架并由此正式组成所得到的视图时，情况便被改变了。在这种情况下，它是一个框架的观点，有质量，但这些都会有所不同，取决于框架和观众的立场。作为一个结果，卡尔森以自然的形式特征，如无限变量，使其在自然环境中具有正式的本质，其本质有不确定性，很难被欣赏，作为欣赏自然其意义并不大。

简单地说，自然环境不是物体，也不是静态的两维的"图片"，因此不能用欣赏方式获得令人满意的对象或图片。此外，关于模型讨论并不显示或充分确定其欣赏功能。在拒绝这些观点时，卡尔森一直关注的问题是应该如何欣赏。他的回答是，人们在××的欣赏过程中有必要确认，进一步在问题的本质关系上指定××的属性。关于这一点，卡尔森的反形式主义的"认知自然"表现无遗。

在这方面，他对自然的欣赏和态度不同于沃尔顿，并没有延续他的哲学主张，即审美判断的性质，而沃尔顿列出云、山、日落作为论据。相信这些判断适用于艺术的判断，是这一理论的最好理解。相反，可以理解为试图延续沃尔顿的范畴，艺术鉴赏依赖自然欣赏。在这一观点上，人们不需要去面对大自然，因为人们对那些艺术品的起源一无所知，因为这不是所知道的自然的情况：

一般来说，人们不产生而发现自然的对象和自然的方面。为什么人们不能发现正确的类别，就像发现了鲸鱼，尽管有点误导性的感知特性，它们实际上是哺乳动物，而不是鱼。①

发现正确的类别，对象和环境有了归属，人们可以知道判断是否正确。正是由于此，卡尔森声称对自然的审美判断维持并批评了沃尔顿的艺术欣赏方式。正是因为这个原因，他认为对自然的审美欣赏，也需要知识和经验，是必不可少的自然主义或生态学内容。这方面的知识给人们适当的审美意义和适当的界限设置，使人们的经验成为一个审美欣赏。他得出结论认为，没有这样的知识，或任何未能在正确的类别中感知的性质，将导致审美遗漏，事实上是被欺骗。

（2）形式主义与自然

人们已经遇到了一些潜在的反应，是种强烈的反形式主义。适度的形式可以尝试部署审美和非审美的区别，否认自然学家和生态学家比人们的审美欣赏有更好的认识。当然，他们能更好地了解自然，并评估所称的"非审美的"感觉、对象和环境。这种回应称，生态学家可以判断完全独立和不受干扰的生态系统，能够积极回应这种罕见的知识发现。这样的东西是有价值的，它们是自然历史感兴趣的遗物。毫无疑问这样的事情对自然历史学家来说是很有意义的。博物馆学者都知道鲸鱼是否比大多数鱼更"笨拙"，并将大多数鲸鱼作为"优雅的"，也许是"活泼的"类别。不必否认这样的比较，认知判断可以感觉到一种特殊的方式，或者说，这样的判断是一个重要的部分的升值性质，但可能会否认这些的判断属于审美的范畴。

然而，卡尔森的反对不是正规的存在价值，这种价值考虑需要适当性。人们对环境的了解应该允许选择一些具有审美意义的焦点，并从中抽象出来，或排除其他的，比如对不同种类的恰当的体验进行描述：

人们必须调查一个草原环境，看这片土地的细微轮廓，感觉风吹过的开阔空间，闻到草原和花香。但这种行为的应用只适于茂密的森林等环境好的地方的调研。在这里，人们必须研究和审议，

---

① Allen Carlson. Aesthetics and the Environment: The Appreciation of Nature, Art, and Architecture[M]. NY: Routledge, 2000: 64.

检查森林地面的细节,仔细聆听鸟儿的声音和气味,精心体会云杉和松树的香气。①

清楚地了解在每一个案例中有针对性的地形和环境,可能会导致这一问题的某些预期元素的迹象。然而,有两个问题是值得强调的。首先,不清楚为什么一个人应该通过所有的知识和预期对丰富或荒凉的一些特定景观进行探测,从一个草原环境的假设出发,没有详细地审查本地应产生的兴趣或价值(正式和非正式),可能会发现在其他环境中。目前还不清楚是否会允许这样行为的出现,也许卡尔森会提升其理论,必须保持他们不会屈服的审美环境的实例,或者是否否认这种预测值的可用性,在任何情况下,这一点似乎值得商榷。也许是一种怀疑,或是一种来自于对目标的分析。第一个问题是,这样的知识,甚至精确的概念,可以作为潜在的对知识的蒙蔽,因为它们具有潜在的启发性。

第二个问题与第一个相关,但会带来更多的直接问题。卡尔森对"对象"和"景观"模型的反对,认为它们的倾向限制了审美判断的潜力,比真正的事物更需要通过目标进行权衡。上面描述的问题,一部分涉及有关环境,像对草原景观、茂密的森林、田园环境的关注,得到回报的期望,将限制相应的相互作用。虽然这可能是真的,人们正在接触一种环境,理解对某些价值期待以及指示和交付适当的行为。令人担心的是,这一理论可能过分限制估计,其理论和行为的参与和这些激励相互互动。自然比别处有着更多的不公平直觉,目标是丰富的,无约束的感官经验。

这里的建议是"公正"的,应充分地理解目标,必须接受的不是简单的事实,它是自然的或它是一个环境的,但它首先是个人环境,揭示了自己的内在属性。这可能涉及各种观察的特点,不同层次的观察,也许包括那些认知丰富的卡尔森理论,但它不会是纯粹的判断。根据温和的形式主义,事物的"真实"不仅仅是卡尔森的理论能够捕捉的,在自然环境中其实并不是一个静态的二维场景,它可能实际上拥有一个特别的外观,而且外观可能便是美学价值。适度的形式可以容纳其他价值观,包括卡尔森的辩护理论。

最后,应该指出的是,当涉及无机的自然界,赞格威尔已经提出一个更强的形式观点,即更靠近贝尔的视觉艺术。这个结论的基本论点是,即使可以由大部分有机自然获得理解和赞赏,通过参考一些"创作历史",依赖于进化史的典型的生物功能,无机或非生物自然的河流、岩石、日落、土星环,即使不具有审美属性,也取决于其功能。人们也不应该在审美欣赏中忽视无机物的功能。

5. 审美经验的嬗变

关于艺术和自然,反形式主义者认为,审美需要的不是孩子般的好奇而是一种鉴赏。贝尔的极端的艺术形式的出现限制了艺术鉴赏家的概念。沃尔顿和卡尔森的反形式主义,即关于艺术与自然的分别都呼吁需要识别和运用"正确"的范畴,欣赏的项目必须包含专业知识和知识库。然而,这一挑战的立场,既有贝尔的形式主义,又有沃尔顿和卡尔森强烈的反形式主义,似乎是植根于更温和的、更宽容的理论建议。赞格威尔捍卫他的温和的形式主义,为"一个开放的思想",试图恢复一些审美无罪论而探究其认罪思维。

历史回顾的直觉,尽管不一定是激励或辩护的立场,却是有重要意义的审美特质与事物的外表。反形式主义者指出美、丑等审美特质常常或总是属于次要层面,信仰和理解现实的意识则是首要的内容。当代形式主义者如赞格威尔坚持这样的审美特质,还将其融入合乎规律的表象,这一切看似并不明智。在这更温和的处理方式下,行家的审美反应得到了艺术史学家和生态学家的认可。形式主义、非形式主义、温和的形式主义或极端的形式主义所传承的理论先导为日后的新媒体艺术点亮了审美经验的明灯,为新媒体艺术的审美过程、审美体验、审美风格、审美意义、审美语境提供了取之不竭、用之不尽的理论资源。

(六)审美经验的多样性:风格、意义、语境的影响

艺术可以从感官的愉悦到寻找意义的方式等许多方面获得丰富经验。然而,通过实证美学描述、详细信息、知识、语境都能影响审美经验的艺术认识和艺术风格。限制美学相当罕见的经历不必要缩小艺术科学的范围。

---

① Allen Carlson. Aesthetics and the Environment: The Appreciation of Nature, Art, and Architecture[M]. NY: Routledge, 2000: 64.

审美经验的多样性表现在对风格的体验、对作品意义的体验和对作品语境的体验上。

新媒体艺术作品在整体上呈现的有代表性的艺术面貌给予受众有关风格的经验体悟。风格不同于一般的艺术特色,通过新媒体艺术品所表现出来的内在的、相对稳定的、反映时代的、民族的或艺术家的思想与审美特性表现媒体艺术的内在性。其本质在于新媒体艺术家对媒介审美独特鲜明的创作表现,体现出无限的丰富性与多样性。新媒体艺术家由于各自不同的生活阅历、情感倾向、艺术素养、审美趣味,形成了自身所受的时代、社会、民族、地域等历史条件影响的艺术风格。其新媒体艺术的题材及体裁、艺术门类对其作品风格也有促进和制约的作用。

一方面,新媒体艺术创造者寻求可以表达内心的润泽心灵的文化产物、媒介的意向、行为的表征以及前面所谈的有关形式的艺术经验,促成了新媒体艺术的酝酿。另一方面,新媒体艺术创造者寻求放置在意向与行为中的媒介意图,促成了新媒体艺术作品的形成或诞生。新媒体艺术的意义体现在作品的特定性、多意性和生成性方面。首先,新媒体艺术作品必须是艺术家刻意创造的作品,它是具体特定意义的隐喻与诠释,具有媒体艺术的审美性经验。其次,新媒体艺术作品必须是表现了艺术学科多样元素或多类艺术含义的作品。最后,新媒体艺术作品必须是一种内涵的生成物,表现了新媒体语义中的独创性或首创性,拥有艺术内涵或艺术边界拓展的独特性和个性化作品。

对作品语境的体验表现在语言环境中艺术环境的提炼与获得。语境即指新媒体艺术作品展示时,受众在其中所处的状况和状态。新媒体艺术语境有多种:一般地说,有作品之外的自然环境、作品之内的局部环境和艺术家所营造的人工环境。自然环境是指该作品的外在的周遭生活环境。局部环境是指受众直接感受到的作品之内的媒介内容环境。而人工环境主要指艺术家在创意中用媒介语言复述、描述、记忆或营造的人为的作品场景。

第二节 审美事件

在新媒体艺术中,"事件"原指通过计算机的编程设置,由计算机"行为"触发的一个输入设备的状态,从而导致交互"事件"的产生。审美事件则是由此过程产生的具有审美特性的艺术事件,引申为具有广义含义的新媒体艺术审美经验。

一、审美趣味的兼容

审美趣味也称"审美鉴赏力"。新媒体艺术审美趣味是审美个体在审美活动中表现出来的一种独特的偏爱,它直接体现为审美个体的审美选择和评价中的倾向。新媒体艺术审美个体的审美趣味虽然表现为新媒体艺术直觉的特别的选择方式,但却包含着某些新媒体艺术审美观念的因素,它是审美个体自发审美需求和自觉审美意识的结合。

新媒体艺术审美主体欣赏、鉴别、评判优良的特殊能力是媒介审美感受力、知觉力、想象力、判断力、创造力的综合。

在新媒体艺术创作主体的思维能力、艺术素养、实践经验的基础上形成和发展了新媒体艺术的审美倾向,是以创作主体的主观爱好的方式呈现了对客观的美的认识和评价。其媒介属性既有个性特征,又有民族性、时代性和社会性。

一定的当代艺术思潮和一定的现代审美理想正是通过对审美个体审美趣味的影响,作用于其审美观念的形成,制约其审美趣味的发展方向。所以,认识当代审美个体的审美趣味的基本特征具有积极的意义。

兼容是一个新兴的外来语,相对于软件,是指某个软件能稳定地在某操作系统之中运行与工作,软件相对于此操作系统便是兼容的。若有多任务操作系统,在期间运行的软件之间能稳定地工作,也能体现它们之间的兼容性好,否则就是兼容性不好。而古往今来审美兴趣、审美判断、审美经验对新媒体艺术的适用,也可称为审美趣味的兼容。

在当今多元发展的文化中,不同性质的审美文化和不同根源的审美观念碰撞在一起时,将会出现审美冲突的现象。审美冲突包括:群体性的冲突、民族性的冲突、阶级性的冲突、区域性的冲突、时代性的冲突。虽然审美冲突产生了文化对立的态势,但是它也有利于审美文化间的交流与融合,并促进新的审美规范的产生。当新媒体艺术成为文化的主流之后,媒介审美文化具有较强的包容性,不仅去除了排他性,而且还具有了较高的融合性。媒介审美的整合是审美冲突的后续现象,它体现了人类文化中媒介审美、审美活动的"兼容性",是不同的审美文化、审美趣味相互吸收、融化、调和并趋于一体化的过程,是不同的审美文化、审美趣味的重新组合。审美文化和审美趣味的适应是不同的媒介文化长期接触、联系、调整改变而来的,基于审美文化的性质,审美趣味的的过程是建立新的审美模式、产生新的审美倾向的过程。

(一)早期的审美趣味

米歇尔·诺尔(Michael Noll,1939—)认为格奥尔·尼斯(Georg Nees,1927—)和弗里德·纳可(Frieder Nake,1938—)[①]于1963年开始编写程序用以自动生成具有美学品质的图纸和专供计算机程序(技术或经济)的编码,是一件出人意料的事。(1965,2月5日~19日,在斯图加特)格奥尔·尼斯需要成为展示其作品的第一人。米歇尔·诺尔随后与贝拉·嘉乐斯(Bela Julesz,1928—2003)于1965年4月6日~24日在纽约也展出了作品。弗里德·纳可与格奥尔·尼斯在斯图加特的温德林·内利奇(Wendelin Niedlich)画廊于1965年11月5日~26日进行了第一个展览。

1969年,纳可快速创作了大量的序列作品。他在之后几年中又举办了许多展览。估计在这些年中,他的产量约为300至400部作品。有一些有限的丝网印刷版本,单幅的组合在一起。大多数都是以中国宣纸上的墨迹图形为蓝本,通过平板高精度绘图仪创作的。

纳可参与了20世纪60年代重要的群展,最突出的是1968年于英国伦敦举办的"控制论的意外"(Cybernetic Serendipity),如图6-3所示;1968年于南斯拉夫萨格勒布举办的"倾向4:计算机视觉研究"(Tendencies 4:Computers and Visual Research);1970年在意大利第三十五届威尼斯双年展举办的"一个暴露的实验建议"(Proposte Per Una Esposizione Sperimentale);1971年在巴西圣保罗举办的"阿提尼卡"(Arteonica)。

1971,纳可写了一个简短的具有挑衅意义的备注页,即电脑美术学会的通报(他本人是其成员),标题为"基于电脑艺术":电脑艺术文集。阿姆斯特丹:声波的行为(Amsterdam:Sonic Acts 2006)。[②] 这一通报引发了一场激烈的争论,同时也开始建立一个活跃的艺术家、作家、音乐家和设计师在数字领域的地位。他的发言是植根于一个道德立场的。计算机技术卷入了越南战争和资本大规模尝试自动化生产过程,从而产生失业,就此情形不应该让艺术家们闭上眼睛,成为沉默的工作者。

(a)

(b)

图6-3 "控制论的意外"(Cybernetic Serendipity),英国伦敦,1968

图片来源:http://cyberneticserendipity.net/ 2016-3-22

[①] 弗里德·纳可(Frieder Nake),生于1938年12月16日,德国斯图加特,是一位数学家,计算机科学家和计算机艺术的先锋。他最出名的是国际上最早的计算机艺术表现的贡献,在计算的领域,1965首次公开了三个小展览。

[②] Amsterdam. Sonic Acts(展览画册),2006:59-60.

自 1972 年以来,弗里德·纳可是德国一个计算机科学系交互式计算机图形学的教授。2005 年以后,他在布莱梅(Bremen)进行数字媒体设计教学。后在斯图加特大学研究数学,在那里他获得了硕士和概率论的博士学位,他来布莱梅之前曾在斯图加特、多伦多和温哥华工作。除了计算机图形学、互动内容、数字媒体,他的课程和研讨会还涉及计算机艺术、美学、符号学、计算机和社会领域,以及计算理论。他是一个客座教授,曾经到奥斯陆大学、奥胡斯大学、维也纳多瑙大学、克雷姆斯大学、科罗拉多大学、贝克大学、哥斯达黎加大学、伯尔尼大学、西安科技大学、同济大学做访问学者。

1966 年他在计算机与自动化学院赢得计算机类竞赛第一名。在 1997 年,他的工作使他获得卓越和创新教学奖(Berninghausen Award, University of Bremen)。

他于 1974 年出版的著作《美学信息处理的作为》(Ästhetik als Informationsverarbeitung)是一个有关美学理论、计算和信息连接之间的第一个美学研究,此著作已成为重要的跨媒体领域数字媒体成果。本书和截至 2012 年他的 300 多部出版物体现了他在科学与人文科学领域的地位,其关键地位来源于他一直在创造信息技术的奇迹和奇观。

在他的出版物、研讨会和讲座中主要有以下"计算"的文化基本概念和审美趣味:

- 心理实验室机械化;
- 计算机事物的重复;
- 介质仪器;
- 设计算法。

(二) 公共收藏

除了许多展出作品被私人收藏,纳可的作品还被德国门兴格拉德巴赫的阿布泰贝格博物馆(Abteiberg Museum)、德国布莱梅艺术馆(Kunsthalle Bremen)、英国伦敦维多利亚和艾伯特博物馆(Victoria and Albert Museum)、克罗地亚萨格勒布当代艺术博物馆(Museum of Contemporary Art)、德国马克汉诺威紫茎泽兰博物馆(Sprengel Museum Hannover)、美国玛丽和莱布洛克艺术博物馆(Mary and Leigh Block Museum of Art Evanston)、日本东京多摩美术大学博物馆(Tama Art University Museum)收藏。

(三) 接收与参与

20 世纪,人们相信,如若完全接受一件艺术作品,受众便需要进行参与。这一观点并非仅限于 20 世纪,早在 19 世纪,马拉美(Stephane Mallarme, 1842—1898)就在过程性美术的概念中预见了以上观点。50 年之后,以"开放性作品"的形式引领了先锋艺术的运动。塞尚则断言:"一件作品完全就是由那些参观它、阅读它的人创作的,他们通过自己给予的赞誉、甚至谴责让作品存在并延续。"①交互、参与和交流的概念与观点几乎占据了整个 20 世纪艺术的核心领域,并在不同程度上影响着艺术家、作品和接受者。这意味着,艺术作品由封闭的状态转变为开放的状态,静态客体转变为动态过程,由沉思性接受转变为主动参与接受。这一转变摒弃了作者的概念,超越了"作为作者的作者"和"作者之死"的观念,进入了分散性的集体写作的过程。

二、趣味判断的开放

趣味判断是在审美趣味基础上的主观能动性,是对审美格调、审美品位、审美倾向的判断能力。在新媒体艺术审美趣味的多元与包容的前提下,趣味判断也呈现了一个开放和多样的空间。趣味判断包括体验、创意两个过程。

体验:一个开放的空间、四因子模型和关系创意以及艺术和科学的成就。

体验是最广泛的开放性和个性综合的七大领域,包括一个混合特征的有关领域,即知识的兴趣、好奇心、想象力、创造力、智能感知、艺术和审美兴趣、情感和幻想。

创意成就像是一个建设过程,包括艺术和科学的创造力。通常有关创意的研究目的是要澄清开放的经验和创造性的成就之间的关系,分析认知能力、工作记忆、智力、情感、直觉、开放性。

四个因素:认知能力、知识被明确承诺、情感承诺、决策承诺。在一个理论过程中,每个因素显示了微分关系的四个命题:个性、承诺、创意和成

---

① [德]鲁道夫·弗里林,迪特尔·丹尼尔斯.媒体艺术网络[M].潘自意,陈韵,译.上海:上海人民出版社,2014:193.

就。情感承诺是趣味判断、艺术创作成就和认知能力的关键,而知识产权是明确的承诺与创作成就的科学。其结果给予的建议包括更广泛的知识、开放性方面的经验、开放性人格、相关领域不同的预测模式和不同形式的信息过程与创作成就。趣味判断特征五因子的分类是广泛的、开放的领域和经验,包括关于知识产权的混合特征、知识的兴趣、感知、想象、创意、艺术和审美的兴趣,从运动和幻想到异常的情形。

第三节 审美行为

国际经验美学协会(IAEA)是一个心理学组织,建立了科学化的心理资助组织,从事审美体验以及审美自然行为的研究。该集团成员涉及25个国家。国际经验美学协会于1965年在巴黎由丹尼尔·贝利尼(Daniel Berlyne,1924—1976)、罗伯特·弗朗斯(Robert Francés)、卡密罗·吉诺维斯(Carmelo Genovese)和艾伯特·韦勒克(Albert Wellek)组织并举办了第一届国际大会。虽然国际经验美学协会已在半个世纪中进行了"实验美学领域"研究,但实验审美的概念显然已经过时了。它是心理学科学第二古老的分支,从1876年以来的传统,是古斯塔夫·T.费希纳[①](Gustav Theodor Fechner,1801—1887)发表的学前审美教育文章《幼儿审美》(*Vorschule der Aesthetik*)中的理论。因此,费希纳成为心理物理学的创始人,涉及数量和既定的方法,研究了各种视觉审美反应,包括勘探古老的黄金分割假说。自从1965年国际经验美学协会将实验审美引入议程,其会员中有许多突出的先锋研究人士,目睹了研究的进程,见证了经典图书的产生,例如,丹尼尔·贝利尼的《美学与心理学》(1971年)和科林·马丁代尔(Colin Martindale,1943—2008)的《发条缪斯:语言学院艺术变革》(1990)及更多的成果贡献。

国际经验美学协会是一个使用科学的方法进行实证研究的组织,包括在广泛的各种领域的审美体验和审美行为,如美学的遭遇、视觉艺术、音乐、文学、电影、戏剧、哲学和博物馆的行为。其会员来自神经科学、心理学、社会学、历史、哲学、艺术、博物馆学、音乐学和其他领域。

目前,国际经验美学协会的主任是维也纳的赫尔穆特·莱德(Helmut Leder,1963—),秘书长是罗马的斯蒂法诺·玛斯兰德(Stefano Mastandrea)和汉堡的泰利斯·托马斯·贾可森(Treasurer Thomas Jacobsen)。

一、审美能力的普适

新媒体通用设计(通常包括新媒体设计)是指那些对老年人、残疾人和固有的建筑、产品和环境所产生的广义的设计思想。

"通用设计"一词是由建筑师罗纳德·梅斯[②](Ronald L. Mace,1941—1998)描述设计产品和建筑环境能够在最大程度上使每个人获得审美和使用的概念,不管他们的年龄、能力或在生活中的地位。然而,塞尔温·高斯密斯(Selwyn Goldsmith),1963年一位专做残疾人设计的作者,才真正开创了残疾人免费接入的概念。他最重要的成就是创造了遏制下降的现代建筑环境的标准功能。

通用设计出现了从早期的无障碍概念,发展为更广泛的无障碍运动、自适应和辅助技术,都是旨在将美学融合到这些核心的考虑。随着人类平均寿命的增加和现代医学的发展,伤害、疾病和出生缺陷的生存率也成为一种设计兴趣越来越多地出现在通用设计里。通用的设计也被应用于技术、教学、服务和其他产品和环境的设计。

(一)通用设计的审美原则

北卡罗来纳州立大学的通用设计中心,阐述了以下几个通用设计审美原则:

(1) 合理使用;

(2) 灵活运用;

(3) 简单直观;

(4) 可感知的信息;

(5) 对错误的容忍;

---

① 古斯塔夫·T.费希纳(Gustav Theodor Fechner)是一个英语物理学家和实验心理学家,实验心理学和心理物理学创始人。在20世纪,他既是科学家,也是哲学家。他演算了一个非线性框架的数量关系和心理感觉的刺激的物理强度公式。

② 罗纳德·梅斯(Ronald L. Mace)在北卡罗来纳州立大学最初制定了学习通用设计的概念和语言,其灵感来自于建筑与产品开发的通用设计运动。通用设计要求产品和环境的设计是所有人都可用,尽最大可能适应专业设计需要。

(6) 低体力劳动；

(7) 方法和使用的大小和空间。

以上各个原则是简洁的定义，包含一个简短的指南，可以应用于任何领域的流程设计，如物理或数字。这些原则是广泛的、可运用、可访问的设计和无障碍设计。

(二) 审美原则实例

没有楼梯的平坦的地面入口；

表面纹理，需要低的力量来穿越的水平；

表面是稳定的，坚定的；

宽阔的室内门、走廊和壁龛、转折空间门和死角；

方法和使用元素的组件功能间隙；

开门把手而不是扭转旋钮；

单手操作，具有可操作的部件，包括火灾报警站；

组件无需紧抓、捏或扭；

组件需要不到5磅的力来操作；

用大平面板而不是小的切换开关的光开关；

按钮和其他控制，可以通过触摸进行区分；

明亮和适当的照明，特别是任务照明；

在视觉上的视觉显示输出冗余信息；

在听觉上的输出信息冗余可视化输出；

视觉输出的对比控件；

使用有意义的图标与文本标签；

清晰的视线，以减少对声音的依赖；

音量控制听觉输出；

速度控制听觉输出；

根据语言输出进行语言的选择；

在游泳池中坡道进入；

电视网络上的字幕；

黑暗光线上的视觉对比标志；

提供可供选择的文本来描述图像的网页；

介绍材料导读的口语和视觉；

标签上的设备控制按钮被放大打印；

博物馆，让游客选择听或读的描述。

二、审美判断的重构

美是我们生活中重要的一部分。自从古代以来，哲学家们对美与丑的经验和判断都很感兴趣，这并不奇怪。他们试着去了解这些经验和判断的性质，他们也想知道这些经验和判断是否合理。自从18世纪以来，关于美的大部分论述都部署了一个"美学"的概念，后来这一概念尤其是指"批评"。审美可能在一个更广阔的文化主义的领域，与娱乐之间有一定的连接。20世纪对美的概念和美学的概念都没有一种统一的观念。尽管如此，总有一些思想家、哲学家以及其他一些人在对艺术的特殊性研究中坚持着对美和审美的思考。"趣味的判断"概念是康德的理论，几乎每个人都在传统的美学中理解康德的"趣味的判断"。

(一) 趣味判断

什么是趣味的判断？康德将基本必备条件作为判断的主体性和普适性。其他条件也可能有助于趣味的判断，但它们是相对应的，或在预测的基础上，拥有两者的基本条件。在这方面，康德之后，休谟和其他作家在英国感伤主义传统上延续着他们的研究。

1. 主体性

趣味的判断第一个必要条件是，它本质上是主观的。这意味着对审美判断是基于一种愉悦或不愉悦的感觉。一个区别判断的趣味从一个经验判断而来。审美判断的中心例子是对美与丑的判断。趣味的判断可以是艺术或自然的。

这种主观主义的理论将严格地在"原子"的时尚领域演绎，让一些主观反应对应趣味的每一判断，反之亦然。有时一个人会对感性的理由或权威的理论基础作出判断。权衡图片之间的关系反应和判断保持主观精神学说在现实生活中则更准确。为了应对感应和权威的前提，主观主义原则有待细化。但它不能被抛弃。这个原则基本上是正确的。

然而，这是不明显的，使之成为判断的主观性。人们需要一个关于对美的判断和快乐本质的解释。

除了一个特定的观点，这个问题不能独立地追求现实主义的形而上学问题，对形而上学而言，在美的基本框架中，应有利于基本观点的性质。特别需要知道，是否是快乐的美，代表美与丑的特性。如果不是，它包括认知能力，有一些其他方式，如康德思想？或者一个问题，部署认识世界的能力，一种情感反应，体现出以各种不同的方式进行学习的休谟思想？这些都是很难的问题。这是在寻找一些美丽的乐趣，而不仅仅是提高对其的热情。

关于美,康德把各种各样的观点进行分类,因而可以称之为"深刻"的自然之美的本质,它是和谐自由发挥的想象和理解。根据康德的"表面"快乐的美丽理论,它不仅仅是感官的满足,在感觉的快乐或饮食方面皆有满足。这样的乐趣在美的理念中引起一个事物的知觉表征。例如,这几天,人们可能会感觉更舒服,把这个说成是美丽快乐的缘故。此外,不像其他故意的快乐,快乐的美是"无利害"。这意味着,很粗略的说法,它是一种乐趣,不涉及欲望,在美的欲望中欲望是自由的。也就是说,快乐既不是基于欲望,也不是由自己产生的。在这方面,美的乐趣是不同于愉悦的,和不同的乐趣一样,在道德上也有影响。根据康德的说法,所有这些乐趣都是"有兴趣"的,人们被欲望所束缚。这可能是人们对美的事物的欲望,存在于判断力之外的批判,但只要这些愿望不在美的愉悦之内,就可以认为所有的乐趣是无利害的,是不受干扰的。

这一切都很重要,但这一切都是负面的。人们需要知道什么是美,以及它是否有更积极的性质。

2. 规范性

为了看到什么是特殊的乐趣,必须把重点放回考虑什么是特别的趣味之判断。对于康德来说,他所描述的品味的判断是"普遍有效性",这是他所描述的:

当(一个人)把一件东西放在一个底座上,把它称为美丽,他要求别人同样的喜悦。他不仅仅是为了自己,而是为了所有的人,说的是一种美,仿佛那是一种东西。因此他说这件事是美丽的,而不是因为他让别人同意他的判断,因为他在这样的协议中找到了他们,但他要求他们达成协议。他责备他们,如果他们判断不同,并否认他们的趣味,他仍然要求他们作为他们应该有的东西,并在这个程度上不公开说:每个人都有自己的趣味。这就等于说没有这样的趣味,即没有审美能力使正当的要求得到所有人的同意。①

康德的思想是审美判断的,需要以他人的方式判断个人偏好问题。在趣味和美丽的问题上,分享各自的判断。这就是为什么会责怪他们,因为趣味的判断有一种普遍有效性的愿望,"好像(美)是一种东西的属性"。

现在,如果以上的观点都是康德所说的,通过对趣味的判断,那么他说得足够了。下面的问题是:为什么人们需要别人分享判断?如果说应该判断一个特定的方式,那就不需多说。从某种意义上说,分享是有意义的。如果有人不欣赏一些优秀的艺术作品,因为作品的基调是悲伤的,这"应该"是作品性质所决定。

人们可以把应该如何判断作为术语的概念,那就是如何进行品味的判断,具有一定的规范约束性。本规范的最原始的表达是这样的:有些自己的是正确的,别人的是错误。或许更为谨慎:有些判断比别人好。一般认为什么是美丽的判断不能只是个人的方式,可以说,有些事情的发生就是给予观者快乐。当然,也可以说"我认为××是美丽的",因为人们希望表达的不确定性,出自人们的判断自信,认为其判断是正确的。这意味着,判决的判决是错误的。认为不是所有的美丽的判断是同样适当的。"每个人都有自己的趣味"只适用于美和污秽的判断,康德称之为"宜人性"的判断。②

当然,有些人只知道食物(尤其是在法国和意大利)的味道。专家和权威人士知道什么是好吃、美味的食品,③但这些人知道什么是心灵愉悦的一种趣味么?从某种意义上说,有些事情只是在趣味上比别人好,一些判断的卓越只限于食物比别人好。有一种感觉,有些是正确的,有些甚至是不正确的。不过,这只是相对于"正常"的人类。没有思想的正确性是依据过错而言的。康德说,判断的宜人性有"一般"而不是"万能"的有效性。但在趣味或美的判断的情况下,正确性不受制于出于喜欢的判断。

鉴赏判断的提出是理论的正确性决定的,似乎是从有问题的"应该"而来,参与了鉴赏判断,问

---

① Immanuel Kant. Kritik der Kritik. De[M]. Charleston: Nabu Press, 1790: 52, 136-139.
② Immanuel Kant. Kritik der Kritik. De[M]. Charleston: Nabu Press, 1790: 51-53, 149.
③ Immanuel Kant. Kritik der Kritik. De[M]. Charleston: Nabu Press, 1790: 52-53.

题则是"正确的"或"最优的"。这是不可避免的。人们面对的是一个规范性的概念,而一些规范的概念可能对别人而言是可以解释的,不能用非规范的术语表达的规范性概念。

在某些情况下,一个判断的正确性可能难以决定。人们甚至可能会认为,如果人们被要求比较两个非常不同的事情,就没有正确的答案。但在许多其他情况下,人们认为有一个正确和错误的答案,其目标是,判断是错误的。如果不这样认为,至少在某些情况下,不会做出趣味的判断。

在理论继续论述之前,它可能是值得说的一些关于"相对"的概念,根据趣味判断的概念,人们普遍认为,"趣味的问题是没有对错的",或者说,"美"是"相对"的,甚至是"社会相对"的。这种相对主义的各种价值是西方传统文化的时代精神的一部分。在某些方面,它是知识领域的一部分。特别是,许多知识分子都表示不喜欢这类想法,趣味的判断真的有任何规范性的要求? 如果是这样,它将是粗鲁的或压迫的。然而,如果把人们的思想进一步深入,有人认为它有一定的道理,那么重要的是,在这个时代面前哲学家应该执着和坚持,规范性是审美的一个必要条件,相对主义应该是难堪的:首先,有人说这种东西只是理论。在判断美的情况下,相对主义的理论被广泛地推广为普遍的做法。道德相对主义,几乎是捕捉美和行动美的关键,例如在判断音乐、大自然和日常家用物品时,美是非相关的判断所声称的相对主义的理念。论者的言行是一致的。其次,让人难以置信的是,这种相对主义,从实践上看,是一种感知、宽容或反权威主义。这是人们认可的吸引力。但这是颠倒的。如果说"一切都是相对的,没有比任何其他的判断更准确的判断"。其判断完全超越论者的批评,他们不能犯错。只有那些才是正确和错误的判断,究其根本可能是错误的。看起来是一种宽容的思想,其实是对的。因此,相对论是虚伪的,它是不能被容忍的。

3. 重铸的规范

在对趣味的规范要求上,如上所述,论述已有定论。这是严肃地解释康德理论的内涵,或者指涉其理论将意味着什么,当他说审美主张"普遍有效性",就是通过对判断的对比而确定。考虑到这个解释,就可以解释人们认为别人应该分享自己判断的事实。人们应该分享体会,作出判断,这是不正确的或不恰当的。也就是为什么在事实上做的是对别人分享的判断,人们不希望他们做出不正确的判断。康德的参考特征的鉴赏判断的规范性使得其他人退出,这将是无关紧要的。

然而,康德可能不会继续这一想法,因为其理论具有规范性的一种方式,有着其他的可能性。在一个非常特殊的方式中,康德表达了规范的思想。他写道:

坚持别人同意我们的趣味。①

康德说,趣味的判断涉及:

对所有人的有效性要求……②

相比之下,康德认为,虽然人们有时说的,好像人们愉快的判断是普遍有效的,事实上他们不是:惬意只是吸引了大多数但不是所有的人的判断。③

然而,严峻的表征试图体现规范性,一个可能成为竞争对手的解释目标更具有基本的想法。解释如何进行主观的普遍判断是可能的,康德有一个复杂的理念,和谐性相互作用时对认知能力、想象力和理解的认同,他认为这样可以构成美感。④这个"深度"的快乐和美丽是很有争议的,并不是特别合理的。但人们可以看到为什么康德给了这样的规范。对于康德来说,趣味的规范要求有其根源于人们的认知能力的更一般的运作,康德认为可以假设与别人分享。因此,有一个解释是,这样的快乐如何能使一个普遍的要求作为判断的开端。然而,康德并没有多说什么性质的"普遍性"或规范性,是一个愉悦美的投机性解释。这不是偶然的,康德的义务在于人际交往方面,考虑到他要指向哪里,他这样做一部分可能不是很大的过错。但为了目的,人们需要分开的解释,从其理论中得到解释。如果康德的解释行不通,那么人们

---

① Immanuel Kant. Kritik der Kritik. De[M]. Charleston:Nabu Press, 1790:53.
② Immanuel Kant. Kritik der Kritik. De[M]. Charleston:Nabu Press, 1790:51.
③ Immanuel Kant. Kritik der Kritik. De[M]. Charleston:Nabu Press, 1790:52-53.
④ Immanuel Kant. Kritik der Kritik. De[M]. Charleston:Nabu Press, 1790:60.

要留下试图解释规范的一个方法,就需要把康德的问题从他的解决方案中分离出来,这样,前者是左派的,后者则是失败的。也许这就是种解决问题的办法。

4. 规范性和乐趣

如前所述,规范性的重视使得判断趣味有了自身的属性。这意味着什么是愉悦的美丽?由于趣味的判断是基于愉悦的反应,如果判断是不恰当的,或反应是不正确的,这将是没有意义的。鉴赏判断的规范要求必须依据事实,人们认为某些反应比其他更好或更适合自己的对象。回应只是许可判断,可以是更多、更少或适当的,因为反应自身可以是更多、更少和适当的。但如果人们从中得不到乐趣,这就不只是人们的判断错误,也体现了人们的喜好。人们对体会有反应,而其回应是有缺陷的。

这就是为什么要求分享别人相同的感觉,即使人们并不期望这样。一般认为,人们的反应更适合分享的对象。而且,反过来,这就是为什么关于对象的反应比相对正确的判断更恰当。判断的标准来自感觉的规范性。

但是获得感觉的判断会比其他人好还是坏?要回答这个问题,首先要问:对感觉本身固有的规范性趣味判断有多远?美的现实主义者会说,感觉有规范性,在其代表性的内容上美德是关键,情感本身可以更多或更少地体现真实。以美为例,以美为对象,人们发现美是愉悦的。多愁善感的人可能会说,当然是人们构建或强加了人们的快乐和愤怒。而康德也有自己的解释,这就吸引了那些没有信仰的认知状态。这个问题是有争议的。然而,可以肯定的是,它是一种权威的快乐,它有许可证的判决,使论点有了正确性。除此之外,还会有理论上的分歧。

这种规范性是审美性的,是其第二定义的特征,是应该增加的审美的事实。它是基于主观理由,愉悦或不愉悦的。

5. 趣味判断和大问题

可以总结如下:鉴赏判断美和污秽之间的中点和关于外部世界的经验判断直接关联。趣味的判断,如经验的判断,它们具有普遍的有效性,但它们是不同的经验判断,它们是在一个内部反应的基础上产生的。相反,鉴赏的判断是基于喜欢美好的事物的,或不判断内在的主观反应或经验的基础上,但不像美和污秽的判断,并没有普遍有效性。确切的区别于其他方式:在尊重规范性的趣味判断基础上,进行经验判断和不同的美好或龌龊的判断,但在尊重主体性方面,鉴赏判断与经验判断,喜欢美好的事物或污秽的判断都如出一辙。所以说判断应有三种:经验的判断、趣味的判断,美好或污秽的判断。趣味的判断有两点相似性和不同点,每一方都需注意。

如康德所认可,这一切都是从这一点考虑。困难的问题是,如果这样,这种主观的普遍判断是可能的。从表面上来说,两者的特点是相互对峙的。难题在于:如果根据自己的判断来判断是否正确,其快乐的本质是什么?这是美学的大问题。康德为美学树立了正确的纲领。他所提出的问题是正确的,即使他的解决方案是不同的。

然而,希望到目前为止,在这场辩论中"趣味"受到了严格审查和更清晰的判断。一旦人们有了一个温和的理论和趣味的判断,便可以有更为雄心勃勃的问题,是否趣味的判断代表真正的美丽和丑陋的属性?人们甚至可以考虑是否整个鉴赏判断的实践是有缺陷的,是否应该被抛弃。

(二)审美判断的其他特征

将审美的主体性与规范性相比,应该是更全面的描述。以下是一些审美判断或其他候选特征的调查:审美真理、精神依赖性和非美的依赖、正确的首要性。

1. 审美真理

审美判断的规范性可以重新以审美真理的一种特殊概念术语为基准。为了某种目的,这样做是有用的。它可能会被认为是部署美学真理的想法,即一个审美现实的存在。但这种担忧来自一个假设,即一个强大的真理观的对应概念,是在任何领域所采用的概念。在许多领域中,科学和心理学的思想尤为重要,例如一个强烈的对应概念的真理可能存在问题。然而,在美学真理适用的概念中可能又存在一个有着真理意味的规范,即根据正确和不正确的趣味判断。

如果要部署真理的概念,可以通过判断是否真实,能否表达规范的想法,然后它的反面是假的。或者可以说,矛盾规律适用于审美判断:有一定的审美判断,否定不可能都是真的。这一原则不会对趣味判断有所影响,只要它持有一定显著的比例即可。这样的规范性概念的真理比真理的"语义"概念更强,即为规范的真相。

然而,人们可以从真理的审美规范,表达审美的"真理",增加概念,使判断获得正确性。可以不说"真",在同一时间不能既美丽又丑陋,如果有什么是美丽的话,那么它就不是丑的。

2. 精神依赖性和非审美的依赖

给定一个对鉴赏判断的规范性,可能或不可能在审美真理的方式上表达应该添加的复杂的规范性特征,这也是很重要的。

一个特点是思想独立。精神独立性最好的表达是一个否定的命题:一件美好的事物,不在于人的判断。这可以用条件的术语来重新表达:如果人们认为某件东西是美丽的,那么它就是这样的。这是常识。例如,人们倾向于认为自己的判断有一定道理,因为人们处于新时代,认为过去的一些判断是错误的,所以在考量之时,并没有真正使用它。

认为美,对非美的性质和其他审美属性都有见地。依赖于独立思想,即审美依赖,一个事物的审美性质取决于非美的性质。这种依赖关系意味着附属性关系,与美学不同的东西应该是非审美的。审美的东西不能改变审美,除非它也改变了非审美的属性。这些分别为:跨对象随附性、跨时间和跨世界性的理论。"随附性"常常被讨论具有"依赖性",但实际上它们在一个复杂的方式中有着不同的关系。"审美观念"和"审美/非美"在审美和非审美上都依赖前沿的讨论基础。

有些人认为,审美属性依赖于自身的"依赖基础",超越了审美的对象和内在身体和感官功能的审美评估。沃尔顿认为,非美的依赖基础包括"语境属性",关键问题是艺术作品的本源,或其他艺术作品。也有人反对这种对形式主义争论的话题。然而,重要的是,争议的问题是关于审美属性的依赖性程度,以及是否有一些非美的审美特性依赖基础。

正确的原则、思想独立性和依赖性可以用于物态模式或真理的方式。人们可以投其所好。可以说,美丽是否存在并不取决于人们如何思考一直颇受争议,其根本意义则取决于它的非审美功能。或者也可以说,审美判断的真理是独立于人们的审美判断,是依赖于非美的真理的。

3. 正确性的首要性

审美判断具有一定的本质特征,对应于以上特征的某些原则。审美的正确性在于思想独立,而非美的依赖。然而,审美判断并没有损害重点的功能、正确性或普遍有效性,这是最基本的功能。如果审美判断没有要求正确性或普遍有效性,那就不能声称其本质的功能。如果解释正确性或普遍有效性是一个问题,那么就解释了精神的独立性和依赖性。但还存在关于解释的三个特点:功能、正确性或普遍有效性。为什么美学思想有这三个特点,并以此为三个原则?什么是对审美判断的来源?休谟和康德在这些问题上花费了大量的精力。这些预设的审美判断需要说明理由。鉴于审美判断有这些承诺,人们需要知道怎样的判断是可能的,判断是否是实际的、合法的。正如在这里所做的那样,描述和分析,需要解释和证明。但是,正如前面提到的,首先需要一个很好的说明,对此,人们正在试图解释和证明。

(三)当代审美判断的理念

1. 问题和术语的评论

现在转向当代的美学观念。术语"美学"可以限定许多不同的事物:判断、经验、概念、属性或词语。这可能是以最好的审美判断为中心。人们可以从审美的角度来理解事物的其他审美类型:审美属性是审美的判断,审美体验是审美的判断,审美观念是审美的判断,审美话语则是审美判断语言表达的功能。

最常见的当代审美判断的概念,将以美与丑为范式,人们称之为"趣味的判断"。它不包括对物理性能,如形状和大小的判断,而是对感官特性,如颜色和声音的判断。然而,除了美丑的判断,一个审美的当代观念通常是用来描述一个类的判断,也包括特征的判断,优雅、精致和愉悦。在这方面,当代的概念似乎比康德更广泛,因为他只专注于对美与丑的判断。然而,出于一种尊重,当代的概念似乎比康德的概念要窄。康德使用的概念包括美的判断(或趣味)以及宜人的判断。但当代的概念,不像康德的,不包括判断的同义。当代概念也不包括对艺术作品的图案和语义内容的判断。例如,尽管一幅画代表着一个可能是"相关的"花的判断,但它本身并不是一种美学判断。

问题是:当代分类的"审美"是什么?作为美学的区分,它是什么?它们有什么共同之处?它们如何与其他类型的判断不同?这些判断的形式是一个很好的行为吗?

值得一提的是,审美观念显然应该不会根据一件艺术品的理念来阐明。人们对自然的审美判断,使人们对艺术作品的非美也有了判断。这是没有争议的。

比尔兹利称,例如英勇,审美体验将统一区分其强度和复杂性。他认为,这样的特点是不可信的必要条件的审美体验。迪基回应道,这是因为审美经验的困惑与艺术作品的经验。事实上,判断艺术作品的审美经验可能是比尔兹利所描述的无关紧要的。但不可否认的是,他是对的,即使解决了三个特征的问题,也不可能以特性的必要审美经验为条件。然而,这一切仅以比尔兹利叙述的审美是不够的。比尔兹利指称的非凡的英雄教义不能维持并意味着审美的观念将被抛弃。这将是一个单一的实例对所具备的缺陷的感应。

西布利(Sibley)①说审美属性的识别需要一个特殊的敏感性,而非审美特性的识别,可以通过正常的眼睛和耳朵获得。此外西布利声称审美观念是独特的,它们并不是"条件制约"的,在这个意义上,它们没有非美的阳性标准的参照。他认为,作为一种特殊的精神官能,具有特殊的精神能量,具有特殊的敏感性。此理论中的审美是不可取的,因为它允许像科恩(Cohen)和基维(Kivy)②一样的批评者的争辩,把审美属性提升为特别的能力,因为任何人都可以从两根线中区分出优美的线。此外,一些美学的归属,如优雅,似乎是非审美的条件制约。然而,西布利考虑审美是难以置信的,不应该是让人们绝望的审美。

尽管如此,西布利肯定审美性质的东西不仅仅是非审美性质的补充。它是困难的、博学的、复杂的或非条件制约的,审美理解是超越非美的理解。因此,也许人们应该继续努力去表达一种美学的概念,或者至少是一个有用的美学概念。

2. 层级审美

以下有一个策略:首先是趣味的判断,或美丽和丑陋,这是在前文概述的,然后以阐明更广泛的概念来进行审美判断。康德是正确的,认为关于鉴赏判断的关键问题是他所谓的"主观的普遍性",鉴赏判断是基于高兴或不高兴的反应以及要求普遍有效性,这可以解释为一种微观规范的愿望。目前的策略是以康德的理论为基础的更广泛的类别审美,包括随着优美、块面、精致、优雅的鉴赏判断和其他。

让人们将趣味的判断、美与丑的判断叫作"审美判断",让人们给其他的审美判断"实质性的审美判断":优美、块面、精致、优雅等。这些实质性判断中有一种特殊的密切关系,审美判断的品味,成为主观世界。可以假设美丑、审美的优点和缺点的判断。然而,即使进行实质性的审美观念的探讨,喜欢优雅、精致、优美,就存在一些其他的总体概念的审美价值或优点判断,可以把这种观念视为中心。

在这种方法中,优美、块面、精致、优雅的判断,是站在一个特殊的亲密关系上对美丑的判断(或审美的优点和缺点),而只有处于这种亲密关系的美德,才可以认为所有这些判断是属于同一范畴的。

现在,这到底是什么特殊的亲密关系,即在属性和实质性的审美判断之间的关系?首先,实体判决被描述为美丽或丑陋的方式。它是怎样的优雅、精致,以怎样的方式来看是美丽的。其次,它具有实质性的审美判断的意义,也就是审美意味,这是分层次的建议。这可能并非真如"讲究"和"精致"一样,但它是真实的,是特定的实质性判断在特定场合的语言表达。比尔兹利和西布利似乎在铸造这些问题上有语言层面而非思想层面的错误。他们并非集中在审美话语内,但却在审美判断和反应中。

现在看看这个层次的建议是如何工作的。考虑一个抽象的曲线,这是优雅的模式。这可能是

---

① 弗兰克·N.西布利(Frank Noel Sibley),英国哲学家,主要在美学领域工作,他是兰开斯特大学哲学教授。西布利最出名的是他 1959 年撰写的《哲学评论》和 1954 年撰写的《思想》。这两篇论文曾多次被收入《审美观念》。

② 彼得·基维(Peter Kivy),罗格斯大学的哲学教授。他的领域是美学和艺术哲学,尤其是音乐的哲学。他获得了两个硕士学位,哲学(密歇根大学,1958)和音乐学(耶鲁大学,1960)。1966 年他在哥伦比亚大学获得博士学位。后在罗格斯大学任教,1976 年成为全职教授。

必要的,这种模式是美丽的。这是因为美丽是由特定的模式决定的。也就是说,这个模式必然是美丽的,但它并非本质上是美丽的。人们可以把这种模式想象为美。

相比之下,这是必要的,优雅的东西是美丽的,这反映在人们的概念和判断中。可以想象的图案,而不认为它是美丽的,但图案作为优雅是承认了它的美丽,至少在某些方面。因此,优雅是一个美学概念。分层次的建议,似乎表征一个非任意的和有用的概念的审美。如果是这样,当代的审美观念是广阔的。

杰罗尔德·莱文森(Jerrold Levinson,1948—)认为并非所有实体性质的评估都有价值。[1]他的一个例子是"非常严峻"的,这样赤裸裸的残酷不能成为方式来判断美丽和丑陋。然而,分层次后可以回答,这是特定的使用方式,在语境中,挑选出具有评价的功能,一件事应该有有价值的一面。

这就是具有代表性的美学属性吗?假设一幅画代表一棵树,即是一棵树的美丽的代表。它不仅是美丽的,美丽的树表示了树的美丽。当然,这幅画代表一棵树是"相关的",它是否是美丽的,因为它的美丽取决于它的美丽的一部分。若美丽不是它的一部分,那么它只是一个代表性的树。此外,要认为绘画代表一棵树,而不是认为它是美丽的。美丽并不是表象的本质属性,而思维的表现并不意味着它是美丽的,即使它是美丽的。因此,代表性的属性是没有审美属性的。

什么是崇高?为什么美与丑的美学概念之间有着优先顺序?这是真实的现象,有一个悠久的传统的构想,它排除了崇高美。如果人们将之构想为一个优雅而美丽的价值属性,那么这将是一个狭隘的美的概念,也将是一个实质性的美学属性。然而,这是不明确的,有很多的理由来限制这种判断美和丑的方法。如果美丽是一种通用的审美价值,那么"崇高"可以理解为一种美。在这种情况下,它是崇高的,是一个实质性的审美观念。从这个观点来看,美与崇高不是对立的。相反,崇高是一种美。

实质性的审美判断在 20 世纪后半期备受关注。但在某种程度上,这可能是一个错误,因为它似乎对这样的判断有一定作用,服务于美与丑的审美判断价值之间。美与丑是主要的审美观念,是意义更广泛的一类,当代美学家的理念包括"审美"。人们需要一个分层次的概念,而不是一个平等概念的审美观念。审美的宽泛的概念,可以通过它来判断什么是美或丑的,或有审美的优点或缺点。只有看到美与丑成为审美观念才可以使一个单一的审美范畴具有意义,包括美味和矮胖,而不包括身体、感官性质的东西和代表性内容,以及其宜人性。分层次的建议让人们以有用的方式回答比尔兹利和西布利的批评者的美与非美的区别。因此,审美的概念可以被辩护。这留下了深刻的议题,审美判断可能是一个没有解决的问题。

第四节 审 美 互 动

一、审美互动——实用主义美学互动系统

新媒体艺术有越来越多的兴趣考虑交互式系统设计的美学内容。一套方法涉足新兴的领域,另一方面这代表了不同的应用术语以及不同固有的假设角色的用户、设计师和互动的理想。审美互动,即使用实用主义美学思想提供了一个区分不同方法的框架美学。此外,在设计互动系统的背景下,使用设计案例说明实用主义美学是一种很有前途的路径作为它促进审美的进程,而不是美学外观提供了支撑。从硬币两面的角度来看,这种方法便是审美互动。最后,美学并不是重新定义了所有已知的东西的互动系统。所提供的框架互动视角中的其他视角,分别从分类和主题描述信息接口和演示以及用户界面的理论与方法中阐释。

审美互动的一般术语是设计,而其关键词则是设计、审美、普适计算、交互设计、实用主义者、互动空间、体验。

有越来越多的关注,聚焦于采用新的方式设计交互式系统,而不是在工作场所使用常规工具设计互动系统。在一个多学科研究中心的工作被称为互动空间,其发展的愿景和实现专注于交互

---

[1] Levinson. Oxford Handbook of Aesthetics[M]. NY: Oxford University Press, 2003: 133.

领域的互动空间、图书馆和国内环境。所有这些领域包括工作、学习、休闲,对于要求与数字材料相互作用的新方法,进行理想的扩张和效率的提高,包括微妙的诗意元素、令人兴奋的想象等。因此,与其他人一样,人们正在寻找美学作为一种方式来追求这些理想,仅仅承认功能和清晰是不够的,必须以满足人类的需求和欲望从事互动系统的设计。人们寻求将扩展的表现力运用于审美观念的互动系统,可以在人际间得到的相互作用,在互动中,理智和所有的感官都被使用系统调动。然而,设想需要一个交互式系统设计的美学透视,并非所有的美学观念都是便捷和安全的,对互动系统美学的认识还只是表面的。要挑战美学的假设,有关产品的即时视觉印象。如何解释这一新兴的项目,它连接美学和互动系统代表一种新的美学分析方法。建议采用一种实用主义的视角,从设计工作的案例说明为什么这是一个很有前途的路径。最后,指出了缺乏讨论的角度,如何将美学与其他范式的理解形成互动系统。可以从更广的角度来看这个框架,即在人机交互中的审美互动。

(一)互动系统中的审美潜能

20世纪后10年,寻找新的互动设计系统的整套观点已经出现。其中包括:认识一些超越想象的效率和透明度,考虑愉悦的情绪、吸引力和设计的影响,指向具体的美学概念,将其作为一种寻找新的理想的交互式系统设计。正如下面所讨论的,最引人注目的是每一个趋势的多样性。在研发中,新的理想的互动系统设计中出现了许多新的术语。正如常说的,"避免技术情感和情感等概念的区别,情绪、动机和质量,是长期的影响的合理因素"。在设计者看来,产品应该都允许数字或硬件拷贝得以实现全部的布局,个人或群体的使用是理所当然的。复制或重新发布,在服务器上分配清单,要求事先明确的许可并支付相应的费用。

是有用的还是美丽的,有吸引力的事情具有更好的效率。在数十年关于美学的相关研究中,人们发现设计者采用非常务实的态度,在使用方面提供了一个相当简单的图片世界,认为有吸引力的事情可以获得更好的工作。美学与情感运动有丰富的内涵,或是一种流行倾向,或是一种设计的情感。除了极少数的特例,作为"情感运动"相互作用所追求理想的一部分,是为了愉悦的设计和吸引力,假设用户"只想有乐趣",或将接口应用于聪明的、诱人的、有价值的,甚至令人振奋的使用中,那么人们则能看到在这项工作中固有的问题。首先假设用户总是希望拥有乐趣,并代表了一种简单的人生观,在对比中提供了清爽且关键的设计方法的实例,在激发想象力的同时关注了问题本身。其次,这项工作假定被评估了独立的经验情绪特质,那么对社会文化背景的考虑也是至关重要的。例如,已经开发的产品情绪测量仪,这种技术可以让技术的情绪素质的评价得到图片的判断。

(二)外观互动因素

考虑到一些提倡审美素质的互动系统,应当确定新的相互作用的理想。但有各种各样的观念涉及互动系统的美学。一些工作主要集中在形式的视觉属性上,与模糊关系的功能和手段系统相一致。在这里,美学被视为问题的答案。认为"以美学设计聚焦手段集中于外观构成事情的本质"。沿着这一思路,它也是引人注目的,许多是物理理论中不需交互的对象美学。明确地说"不要认为外表美,而应认清互动美"。

人们赞赏努力的结果,其互动系统提供更丰富的身体经验与相互作用的系统,以实实在在的计算方法为代表,人们发现这将有机会成为人类通过复杂符号进行互动来表示世界的方式。直接操作也有其缺点。正如上面所示,有广泛的协议,新的互动系统设计需要的观点,似乎在协议那里停止了。人们看到不同的应用程序的相同条款和更多要素的范围,这些不同的应用程序代表关于用户和设计师角色(或艺术家)的内在假设以及相互作用的不同理想。这些固有的假设在开发一个审美的时候是值得研究的交互式系统设计的视角。例如,发现那些以美学的潜力为用户提供一个具有令人愉快的视觉外观的可能性的产品,其潜力便出自对美学的沿用。为了应和这些问题的讨论,可以借鉴分析美学和实用主义美学之间的区别。实用主义美学是一种关于设计理论的基础互动系统,其例子便是如何努力采用实用主义美学实施系统。

(三)实用主义互动因素

如上所述,已经投入到设计中超越理性与功

能的互动系统要求,来源于审美的概念,是一种模棱两可的方式。它回答了重要的问题,什么是审美的互动系统。转向将务实美学作为一个理论基础,并将之作为一个概念的分期审美互动。传播务实审美与分析美学是互动系统实用主义审美的分支。其中美学方面将讨论建立一个交互式系统的美学方法基础设计。这些都是社会文化的美学方法,设计思想和身体的工具美学。

(四) 一种社会文化审美观

在穆尔(Moore,1873—1958)的审美词语中有源于精神分析美学物体的美学直观评价,如孤立存在的对象。在这个分析中,作为艺术家或设计师的角色有着举足轻重的地位,例如椅子的精美材料,美学产生的产品属性,都离不开艺术家或设计师的精心创作。直到最近,大多数分析美学忽略了社会文化背景的因素,认为审美经验是传统意义上被认为即时性的内容,它的即时性使得直接感知而非推理思维获得了再生。在作品中这个观点代表了认为互动美学基于视觉感知的系统评价,与图片相比,美学是一个务实的做法与表示方法。杜威(Dewey,1859—1952)[①]坚持艺术和审美不能离开其社会历史而被充分欣赏和理解。他强调艺术不是抽象的,自主审美观念实质上植根于现实世界,并体现了社会结构的经济和政治因素。

因此,审美不是固有的人工制品的本身,而是人造的人类拥有的精神世界。因此,椅子本身不是审美的,而是一个社会历史的结果给予欣赏的材料和形状。因此审美经验的能力是建立在人类社会背景基础之上的,表现在个人的身体和知识的经验,超越了即时的经验。按照实用主义者的美学思考,审美不是一种先验的世界,是人们体验到的在对话中释放的潜力世界,它是建立在有价值的关系影响之基础上的日常生活的建设。

(五) 身心的设计

作为对分析美学的专注与人类心智与身体分离,审美一部分用于思考而一个部分用于传感,实用主义美学坚持自己在审美经验上的相互依存关系。对于一个实用主义者的思考,审美体验不仅与精神分析的思想紧密相关,也是身体的经验的重要内容,审美经验对两者都有作用。艺术设计的作用是给人以令人满意的综合表达,身体和智力的尺寸也被丈量在其中。没有意义的感觉如果脱离语境的智力将无所适从,反之亦然。根据实用主义审美经验的思想,它包含了立即听觉、视觉和触觉质量的物体和的人工制品挪用知识的过程,此外,它还指出过去的经验和时尚的未来。

从实用主义的角度来看,人们必须超越理想中的人类传感器运动技能与体感的研究,其中包括人的智力能力的把握和理解复杂、矛盾甚至是暧昧的系统的情况。它是激发想象力的系统能力,有可能是对用户的回报,包括一个身体的审美经验感觉和智力挑战。

(六) 审美的互动手段

从实用主义者的角度来看,互动系统不仅满足审美经验,还将审美带到其工作中,振兴并加强了一种交互式的团结精神,在长期工作中得以完成。通过这样的例子,反对艺术和美学的倾向存在于日常生活之外,正如分析美学案例。从一个实用主义者的角度来看,任何有价值的东西都必须与人的需要相关,适应欲望、恐惧和希望的诉求。如果一首歌是演唱会的一部分审美经验,那么它则成为工作的一个组成部分。

实用主义的哲学美学的观点能激发并改变一个新世界的洞察力和主题。他们凭借挪用的方式,使得审美和意义在应用中获得经验。从实用主义的角度来看,美学是日常生活的一部分。它源于一种使用关系,审美互动关涉美学的观点以及工具的使用性。通过这种美学互动促进即兴创作的关键方式,用户探索周围的世界,学习新的认知方式。这里所强调的是,美学有着自身使用互动系统的缘由,美学不仅是一个黏合剂,使得事物有了吸引力,它还是有目的的制度的一部分。美学除了"附加值",还有新兴的使用功能,它理解一个不完整的互动系统的一部分,拥有潜在的用途。

对审美互动而言,一个实用主义方法的美学

[①] 约翰·杜威(John Dewey):美国哲学家、心理学家和教育改革家,他的思想在教育和社会改革领域影响深远。杜威是实用主义哲学相关的主要人物之一,被认为是功能心理学的创始人之一。他也是一个重要的进步教育和自由主义者,他也写了许多其他主题的著作,包括认识论、形而上学、美学、艺术、逻辑、社会理论和道德。

互动系统意味着美学是紧密连接的上下文语境。因此，将普通事物中的美学思想视为无意义的，是十分狭隘的，它可能包含一个审美认知的潜力，但它的发布也依赖于上下文语境和使用情况。实用主义哲学美学将艺术和许多定义严密地连接起来，并非连接到体验、质量和价值。这提供给互动美学关系一种日常经验，来从事交互式系统设计。

是什么使实用主义美学特别适合交互式系统设计？其观点聚焦于合法性的制度和不局限于符合系统的经验以及设计人员的意图。从个人和人际关系来看，连接到系统的经验和思考语境十分重要。它把人和世界视为独立的事物，关键是一体化的和相互结合语境。审美经验的设计，即邀请人积极参与创造的意义和交互的意义。审美互动不是通过均匀的模型传达意义和方向，它是关于触发想象，是值得思考和鼓励的人对所遇到有关互动的不同思考系统，以及如何使用它们以差异化的目标提供不同的服务。

（七）原型审美互动

在实现审美互动的概念中有几个路径需落实。即在下面的观点中，通过两个概念说明审美互动的开发和互动空间的中心构成了研究的基础。所提出的概念作为内部原型和挑衅，促进了审美互动的讨论和用户参与的严格评估。其一，在互动的空间中的音乐审美互动，开发了一个新的远程控制，包括音乐、电影和其他媒体之间的互动。现有的远程控制忽略和限制音乐与潜在的复杂理解表现力之间的互动，同时要求与音乐和其他媒体通过按钮进行控制。其二，从设计出发，数字媒体生产了越来越多的物理光驱或数字光驱，通过硬盘的驱动器使得大量的媒体数据得以存储，另外还通过传统的计算机来访问接口。设计本身还出现了各种不同的方法：设计新的物理平台，或以多游戏列表为基础的应用程序的优势进行元数据注册。这便是原型互动，通过重新设计的方式来接近与组件的互动。

例如，音乐中的音量上升和下降的轨道以及静音措施借助于传感器技术的形式在动作的加速度中计算，人们能够记录的手势与设备、播放音乐文件相关。目前这个系统允许把音乐关闭的遥控器翻转过来，跳过了一个投掷痕迹的手势，使音量上升，把垂直倾斜作为远程控件。远程控制的设计理想是使系统的用户关联起来，直接应用到音乐中，因为它被感觉到，并反映在复制音乐播放的功能器具中。在进一步实施审美互动的视角中，广泛的设计问题和未来的可能性被认为是必然的：依赖于介质导向晃动的远程系统，将播放音乐文件提供的相同的音调控制增加一个调性的尺寸，选择音乐文件，抛出确定的音乐风格等。现在的原型是建立第一步与音乐的新关系，通过给人一种乐器的互动，让他们的身体、智力与音乐有关，让人们逐渐建立一个互动方式的媒体技艺。原型涉及实用主义美学和设计理想的审美互动的方式，它需要思想与身体的复杂对话，在一个过程意义上的优点，互动是基于即时的相互反馈的关系，建立在早期经验和社会文化丰富的手势中。

（八）混合环境中的审美互动

趣味的互动是一个概念，是开发工作项目的一部分，前身为交互空间。原型开发的目的是为了挑起现有的互动模式和从事设计小组有关数字的讨论，使用增强互动的内容。原型设想是在一个普适化的计算环境下，墙、表和地板是互动的表面，文件可以交换，在一个空间设置中移动。这个概念提出后，使用一个球作为一个相互作用的工具。瞄准一个数字文件与球的面板，将导致球被"捡"起；而当瞄准一个空球，一个文件将被添加到接口。部分的计划已经得到实施，目前进行的是关于球和互动式地板的实施工作。基于实用主义美学阐释，从审美互动视角分析游戏互动的概念。

互动空间中的头脑和身体是一个具有许多文化意义的对象，如游戏、竞赛、交流、实践的内涵和乐趣。应用它来移动和交换数字文档意味着知识和物理能力必须被吸引。与有形互动一样，审美互动可以使身体能力得到充分的发挥，但超越了这一审美的相互作用，承认人有能力与之合作获得复杂和抽象的相互作用。虽然球在第一眼是一个"扔"向剪贴板的元素，但在仔细检查后，也成为功能可操作的文档。在与音乐的互动中，一个球被扔在一个互动的表面上，墙面释放一个较早的文件。球是对人造物的挑战，针对的是人们的味觉能力。这是一个影像思维的概念，可以通过运用与实践磨合的工具实现更大的专业知识的获取，因为从所有的游戏、互动系统和其他用户中便知缘由。这个球成为一种互动的杠杆，促进嬉闹的同时实现了交换文件和材料时的效率。此工具并不表示这个球具有全部潜力。在艺术的发展进程中，无论是动画或无生命的运动，球都是隐性的提供某种方式的迷人元素。球不是试图排除错误，而是当人们与系统相互作用时使人产生挫败感。固有的非精确性和微妙的操纵球，是一个在物理世界中可以理解的事实。学习掌握和使用一个球体作为互动事件是容易有误的。一般的小错误是日常生活的一部分。在数字世界里，甚至小错误都被记录下来体现在系统的反应中，并通过声音和对话盒进行警告。从经验的角度来看，警告声在传统的计算机系统中通常可以警告打印机，文件已使用完毕或者将要擦除硬盘驱动器。失败提示或警告故障是很重要的，但这些警告可能是微妙的，与它们的实际后果相一致。错误发生并被处理的时候，系统立即反馈是可以理解的。使用熟悉普适计算环境进行录影，更多系统警告和反应微妙的沟通不仅是连接到抽象的视觉显示或音频通道，还可以直接与物理的装置结合，装置具有社会文化的特性，可以理解为处理器和非正式规则联通的解释。当数字材料和文件成为日常生活中普遍存在的事物，事实上，在处理互动空间时，对物体的启示是关于如何解决人们的身体能力以及人工制品对自然的偏见。

（九）互动空间的手段

当球被扔到墙上或地板上，其环境被认为是一种新的互动方式。世界上有着诸多开放的可能性，用户可以探索球作为一个互动游戏和交互式环境的曲面。这是美学术语经验，因为它是整个感性用户经验的设备，并在同一时间，建立新的用户和数字材料之间的关系。

美学体验的使用变成了一种工具性视角。它是用来制造一个新的用户，例如球的视觉或者文件。作为一种审美经验，应发现它的价值，揭示其潜在的新的经验，从而拓宽用户对世界的角度。任何审美经验都依赖于语境：生活和用户的能力，启示的人工制品、物理、社会空间的相互作用。需要思考的审美经验不是一个思考的机会，而是通过那些体验它的人和他们所经历的人，作为一个事件驻留在上下文语境中。作为交互事件的球有着悠久的历史，在游戏中使用球作为原型，其用意在儿童和成年人之间是一致的。只需要在游戏中设置一些规则，大多数人会感到舒适，试图靠弯曲打破这些规则，提高他们的互动能力。

（十）美学作为互动的五分之一元素

在 1984 年，博德克和卡门斯佳（Bødker & Kammersgaard）研究人机交互与创造，并得出了对不同的交互方式的四种不同看法。随后，其理论应用于对新设计理念的展望之中，以不同的观察发展了极端设计的奇思妙想。在系统、工具、合作伙伴和媒体对话四种看法之后，审美互动体现了第五个透视理论。

在 80 年代，系统的角度占据了理论的主导地位。当查看系统的理论，将其作为一个系统使用的原则，人机交互的特点便成为用户的一个系统集成部分，也体现了从业人员控制工具的角度特点。从系统的角度来看，人类的任务是不受机器操控，却主动地控制用户端。用户通过该机器，在理想情况下，通过电脑对用户实施透明的控制。出自对话伙伴的观点认为，人和机器是平等交流伙伴。其含义是将对话伙伴作为进一步讨论的核心。最后，媒体的观点则是，假设所有的交流都是人与人之间的关系，那么交流可以解释为通过处理一个创建的数据来处理和调解由收件人接收的通信。以这种方式产生的人—人之间的相互作用是由交流的工作媒介导向的。通过提出五分之一个视角的互动，审美互动的视角是曾经强调的体验方面互动系统。相对于工具的角度，以透明为相互作用的理想审美是相互作用的观点集中在有趣的互动系统的潜力中，促进了用户所遇系统的方向性解释。通过有趣的聚焦，有时甚至是模棱两可的两面，交流的目标是鼓励用户探索和适当开发玩笑系统。因为没有一个"正确"的方式来理解和使用该系统，该进程将鼓励用户即兴发挥，以自己的方式进入交互系统促进工具的自由度和对其解释的自在性，因为这出于审美经验的使用。

这个交互设计系统的观点有一定的价值，但这些观点缺乏解释日常生活经验的潜力内容。有两个主要观点区分了五分之一的美学元素：首先，互动审美的目的是创造参与、经验、惊喜和意外，在交往时使用交互式系统。从对话伙伴的观点来看，人与机器作为平等的对话伙伴，互动审美的视角承认人的解释能力和适当的技术能力。理想的挪用技术不是最简单的掌握方式，而是互动本身至关重要的过程。其次,审美互动促进身体体验以及复杂的符号表示,是相互作用的系统。它强调了一个积极地参与认知技能、情感价值和身体的能力。如前所说,美学方法的传播需要一种美学方法来设计互动系统。然而,美学的观点只是四个有意义的关系之一,在系统设计中拥抱审美方法的潜在性。在作品中,审美互动是第五元素的互动,它建立了互动的框架,是个人用户解释和探索系统。其审美观点和审美体验创造了一个允许用户通过互动表达自己的框架。

(十一) 未来工作

未来的互动环境项目中,会涉及图书馆与家。这些领域将为进一步的实验工作提供平台、应用角度和互动审美。如在讨论中提到的,发展审美体验视角成为一种趋势。在未来的工作中,互动系统将集中于以下关键词:

系统工具对话、合作伙伴、媒介审美、审美经验、制度、组件、合作伙伴、通信器、人—机、相互作用、关系、平等、介导、对话、支持、玩、理想、效率透明度、人类、通信。

在目前重点的互动空间中,从四到五个不同的角度对人机交互阐述并提出模型设计的影响、互动审美的视角、实验和追求,以及如何才能促进设计的全视角过程。可操作的视角以互动美学的设计实践为前提,加深对互动本质的认识,进一步发展设计共同体的经验,探索用户研究的方法、原型设计与交互设计。

互动审美研究提出了务实的审美视角理论基础以及相互作用。美学经验如何通过互动依赖于解决两者的思想和身体,主要源于它植根于社会文化背景下的人们的日常生活。此外,美学观点有助于超越"附加价值"的思想和获得直接系统的吸引力,将美学作为一个人造的整体元素在未来的使用系统中不断鼓励发挥其作用。为了开发利用互动系统中潜在的美学因素,有三个必须解决的方面:首先,工作与互动审美的观点相结合并强调交互设计的体验。虽然在设计互动系统时,互动审美的观点很重要,但是其立场是将审美作为交互设计的第五要素。设计交互式系统需要多个视角。互动审美的观点促发了好奇心,参与了互动系统的想象探索。在设计案例中的审美互动体现了与音乐互动的新方式。在原型中,人们能够用设备记录信息并创建互动时所需的手势,并与音乐播放文件互动。其次,有趣的互动影像及其概念,设想一个普适计算环境:墙、表和地板是互动的表面,文件可以交换,在一个空间中设置移动。在这样的环境概念中,提出了使用球作为相互作用的仪器。球是一种具有许多含义的文化对象,可代表游戏、比赛、交流、练习和乐趣。用球进行互动交流,是一种交互方式和数字交流文档,意味着知识能力和物理能力。最后,互动审美的概念呈现了理论上对互动本质的思考,将进一步需要实证的内容,提供给更具体的指导方针与审美互动原则。可以说,人们看到了审美交往作为一种有益的视角产生了互动系统的宏观设计。

二、审美主体与审美客体的互动

(一) 杜威美学

杜威(John Dewey,1859—1952)[1]在逻辑、科学探究和教育哲学中是众所周知的。他的名气很大程度上是基于他作为美国实用主义学会的会员,查尔斯·桑德斯·皮尔士(Charles Sanders Peirce,1839—1914)和威廉·杰姆斯(William James,1842—1910)是该学会早期的代表人物。杜威在美学和艺术哲学中也有很大的影响。他的著作《作为经验的艺术》(*Art as Experience*,1934)[2]被许多人认为是 20 世纪最重要的贡献之一。

杜威的兴趣有所改变始于 20 世纪 70 年代末的几个原因。首先,李察·罗蒂(Richard Rorty,1931—2007)把分析哲学推崇为回归实用主义(Rorty)的先驱。在这里,杜威是他公认的英雄。不幸的是,这里没有杜威的美学的读者。在美国,哲学的进步与出版物、投机哲学杂志有着密切的关系,杜威的研究中心也有助于这一美学的复兴。杜威通过李察·舒斯特曼(Richard Shusterman,1949—)的工作进一步促进了美学的发展,他转而倡导实用主义美学。他特别强调了把流行艺术作为一种艺术的可能性,在其著作中倡导以艺术的

---

[1] 杜威(John Dewey),教育家、哲学家,他创立了实验主义哲学。作为社会变革和教育改革的倡导者,他创立了新的社会研究学院。
[2] John Dewey. Art as Experience[M]. NY:TarcherPerigee,2005:23.

例子来对待艺术,他通过"身体美学概念"将艺术扩展到日常生活的美学境界。杜威的这一思想也被推行为多元文化和日常生活美学以及努力扩展到日常生活的美学。在20世纪80年代,杜威的美学终于在托马斯·亚历山大(Thomas Alexander,1826—1915)的作品中得到了极好的论述。同时,其中的教育哲学是杜威美学中的一个持久的观点,作为审美教育和研究教育以及几本哲学杂志的文章,出现在定期出版物中。

杜威的影响,还涉及不同的大陆美学家。杜威与梅洛·庞蒂(Merleau Ponty)之间的相似性是最突出的。鉴于他对资本主义的批判,还可以找到他的思想与马克思主义美学家的联系。一些当代女性主义美学家已经意识到,杜威分享了许多他们的关注,比如他们排斥身心二元论、民主的本能、语境论和他们的倾向,打破传统的区别。杜威的美学思想和道教之间也有一定的相似性,例如冥想、道元的禅等。亚历山大最近一直在讨论杜威和东方美学的关系。

杜威的写作有一个有趣的方面,也许是缺乏持续的积极的原因,在美学史上他缺乏浓厚的兴趣。他很少解释或评论他人作品的审美,作为经验的艺术论述缺乏足够的脚注。诗人作为哲学家出现在杜威的阅读清单中,特别是柯勒律治(Coleridge, 1772—1834)、豪斯曼(Housman, 1859—1936)、济慈(Keats, 1795—1821)、坡(Poe)、莎士比亚(Shakespeare, 1564—1616)、华兹华斯(Wordsworth, 1770—1850)。视觉艺术家则经常被引用,特别是塞尚、德拉克洛瓦(Delacroix, 1798—1863)、马奈(Manet, 1832—1883)、马蒂斯(Matisse, 1869—1954)、雷诺兹(Reynolds, 1723—1792)、凡高(Van Gogh, 1853—1890)。至于哲学家,他当然知道柏拉图和亚里士多德的著作。然而,在《作为经验的艺术》中,他从来没有提到休谟的美学。然而,康德却扮演了一个重要的角色,作为一个对手,叔本华得到了引述。在同时代的人中,他引用马太·阿诺德(Matthew Arnold, 1822—1888)、克莱夫·贝尔(Clive Bell, 1881—1964)、伯纳·德葵(Bernard Bosanquet, 1848—1923)、安得烈·布拉德利(Andrew Bradley)、贝纳德托·克罗齐(Benedetto Croce, 1866—1952)、罗杰·弗莱(Roger Fry, 1866—1934)、托马斯·休姆(Thomas Hulme, 1883—1917)、维奥列·佩吉特(Violet Paget, 1856—1935)、沃尔特·佩特(Walter Pater, 1839—1894)、乔治·桑塔亚纳(George Santayana, 1863—1952)、黑波利特·泰纳(Hippolyte Taine, 1828—1893)、利奥·托尔斯泰(Leo Tolstoy, 1828—1910)。

因为杜威是一个实用主义者,有着诸多寻找传统因素的可能。他也被看作原始的实用主义者之一。查尔斯·S.皮尔士(Charles S. Peirce, 1839—1914)也谈到了杜威的主题,例如美学和伦理的连续性。威廉·杰姆斯(William James, 1842—1910)虽然没有写入美学,但他的心理观对杜威的美学思想有着很大的影响。阿兰·洛克(Alain Locke, 1885—1954),非洲裔美国哲学家和实用主义文化理论家,也受到了一定的影响。

19世纪还有些重要的思想家也影响了杜威。杜威关于活的生物与环境的相互作用的想法归功于查尔斯·达尔文(Charles Darwin, 1809—1882)。杜威没有引用卡尔·马克思(Karl Marx, 1818—1883),也许是因为他太执着于他的公共生活,维护社会自由主义,他对艺术与社会的关系的观点是非常接近马克思的,尤其是年轻的马克思。另一个身影徘徊在杜威的研究背景中,那就是西格蒙德·弗洛伊德(Sigmund Freud, 1856—1939),虽然在其他书中他批评弗洛伊德的无意识中的实体化主体,但在《作为经验的艺术》中他提出了潜意识过程在创作过程中的重要作用。

(二)艺术作为经验

杜威早期著作中,有着令人着迷的素材,这是一个没有美学或艺术理论的内容。此外,在这些著作中,对艺术的理解是相对原始的艺术经验。在以后的著作中,其思想和洞察力的密度要大得多,而且写得更清楚。此外,只有在后期的著作中,可以得到一个完整的关于审美和艺术经验的理论。

1. 活的生物

杜威在其作品中有些出人意料的宣称,艺术作品的存在阻碍了任何美学理论,旨在了解它们。在他看来,艺术产品在外表和物理上都存在真正的身体对象和在经历中所做的工作。许多艺术作品中的经典地位使它们从其经验中分离出来,从而使它们在经验中起作用。美学的目的是恢复艺术的经验和日常生活经验之间的连续性。总之,必须从艺术产品中获得普通的体验。要了解为什么神庙被广泛认为是一个伟大的艺术作品,就必须对雅典的文化背景和那些通过创作表达自己的公民和宗教生活有所了解。

杜威认为,必须从美学"本原"理解审美的"精炼"。为此人们必须把兴趣放在街上,关注消防车的声音和景象,以及在类似的事件和场景中,认识和理解一个棒球运动员的风度和一个家庭主妇的满足。审美在活动中被愉快吸收,例如火在壁炉中燃烧。同样,杜威认为,一个智能机械完成其工作,是通过"艺术的参与"而进行的。

日常举动也与连接流行艺术的审美性质有所关联。普通人可能会排斥这一思想,他们享受自己的休闲与娱乐,却忽视了生活审美的原因。他们没有意识到他们有什么样的生活,如电影、爵士乐、漫画、报纸与故事,都是艺术。把艺术博物馆拉近日常生活的经验。艺术不能吸引大众的时候,它是边缘的,而大众寻找的是"庸俗的审美愉悦"。这一现象的原因体现了精神和物质之间的分离,以及随之而来的审美降级问题。

然而,世界上仍然有人对直接的强化经验趋之若鹜。传统文化中的实践和文化传统,在最初的背景下,增强了日常生活。舞蹈、哑剧、音乐、建筑最初是与宗教仪式相关,但这其中却没有电影院和博物馆。面对史前文化的各种艺术的意义也体现了对当代传统文化的真实写照。

对于杜威来说,经验应该被理解为生活的条件。人与动物分享了某些生命的基本需要,并从动物本性中派生出满足这些需求的手段。生活不仅在一个环境中,而且在与环境相互作用中。生物利用它的器官通过防御和征服来自环境的因素并与之进行互动。每一个需求都是对环境缺乏的调整,也是一种需求,以恢复调整和克服阻力。

生命能够克服相对的和转换的因素,以达到更高的意义。和谐与平衡是力学过程的结果,而不是有节奏的紧张感的过程。活的生物的分散与团结之间有着节奏的交替,这便成为有意识的人类。情感,意味着突破的经验,然后通过反思解决行动。对象成为有趣的条件从而实现和谐。思想被合并作为其意义的存在。

艺术家特别注意培养自身的抵抗力和张力,以获得一个统一的体验。相比之下,尽管科学家如艺术家一样,对各种问题颇有兴趣,但他们总是试图解决下一个问题。然而,艺术家和科学家关心的都是相同的材料,认为两者都有其审美的价值。当他们的思想被嵌入到对象中的意义时,科学家的审美瞬间便发生了。艺术家的思想在作品中体现得更为迅速,这也包含在他们的思考中。情绪不只是在头脑里,活的动物还需面对一种既有情绪化的本性。例如,在本性获得数学或次之的品质之前,本性可能是具有刺激性或安慰性的,这样一来,本性自然有了这样的品质。直接体验是人类能量在不断转化的人与自然相互作用中的功能的产物。

审美体验涉及戏剧似的行动、感觉和意义,结果是得以平衡的元素。这样的体验不会发生在一个纯粹的通量的世界中,没有累积的变化。它也不会发生在一个被完成的世界中,因为那里的问题将得不到解决。这是一个世界中唯一可能损失的生命和环境平衡的重建。

从干扰到和谐,是人类最强烈的体验。幸福是一种深深的满足感,人们的整体存在都已经适应了这种环境。任何这样的完善都是一个新的开始。在幸福中,一个潜在的和谐继续通过冲突和节奏得以发展。杜威对比了过去的生活,认为那是一种负担,是一种资源,可以用来提示当下。在这个例子中,未来是一个承诺,围绕着当前成为一个光环。快乐的时期,在回忆和期待中逐渐被吸收延续至现在,这是一种审美理想。艺术清醒的时刻具有独特的经验强度。

杜威认为,审美经验的来源是在比人类低级的动物生活中找到的。人们常在零碎工作中失去动物常有的经验的统一。活力四射的动物在所有的感官活动中都有充分的经验表现,特别是在环境优雅的时候更能表现出来。它综合了过去和未来。同样,部落的人在生命旺盛之时具有最敏锐的观察力并充满了能量。他没有单独的观察、行动和远见,他的感官不仅仅是储存经验的途径。相反,他们为思想和行动做出了准备。经验表明,提高生活质量和积极参与互联世界是审美经验的主要来源。其最高形式涉及对自我和世界的识别。这样的体验才是艺术的开端。

2. 活的生物和"轻盈的事情"

理论家们往往认为空灵的意义和价值是不可口述的。这意味着一个自然和精神的二元论的存在。人们抗拒将艺术与日常生活连接，并解释了文化生活混乱与无章的原因。这种杂乱无章是隐藏在社会阶层明显的秩序和分割的生活中，宗教、道德、政治和艺术都有各自的领域，其中实践和洞察力，想象力和制作是分开的。

20世纪30年代的经济体制导致了这些领域的分离。在这样的条件下，感觉只是机械性刺激，不告诉人们任何关于现实的东西，而各种各样的感觉是互相隔离的。道德家，至少明白作为情绪和食欲密切相关的问题。不幸的是，他们看到了感性与性感，以及感官的好色。感觉器官是通过完整的感觉而实现其功能的，即通过体验体现其意义。世界是在这样的感官体验中，才如此的真实。在这里，行动、意志或思想的意义不能被分离。体验不仅是主体与世界相互作用的结果，而且也是主体转化为参与主体时的机制。因而理论家认为，二元论的身心，是来自对生活的恐惧。

人们认为在这里区分单纯的认识是很重要的，尤其是识别使用的手段。相比之下，知觉带来了过去被带入到当下的感知，以此丰富它的内容。这不过是贴标签的事实，并不是真正有意识的。人类的意识活动是从内在需要和外部材料的合作中发展出来的，这将导致最终的审美事件。人将因果转化为手段和结果，从而使有机的经验刺激了意义的载体。

人们认为人的意识和动物的生命冲动得到了统一，将它与意识的意义通过沟通获得了印证。人类比动物的生活更复杂：对于人类，有更多的机会、阻力、紧张、发明，并有着深入的了解和感觉。奋斗和完善的节奏是不同的，持久的，其过程将更为激烈。空间和时间也不同。对人类而言，空间不仅仅是一个充满危险和机会的空白，也是一个为自己的所作所为和领导革命所建立的场景。时间，不是一个单纯的连续性概念，而是一种有组织的、有节奏的成长过程。这些涉及短暂和完成的新的发展过程，是一种艺术形式，它能使生活中的空间和时间的组织变得更为清晰。

在艺术中，人用自然的材料和能量来扩展生命。艺术是人类有意识地还原动物生活中的感觉、需要和行动的结合。意识为这个过程增加了调节、选择和变化的过程。艺术的理念，则是人类最大的成就。希腊人将秩序与物质、人与自然的关系，通过艺术的方式来区分。艺术，对人类而言是人类的指导思想。对于理论家来说，历史上科学作为一种手段催生了其他艺术，最终起到了辅助的根本作用。

虽然有时方便区分精细和有用的艺术，但人们认为这只是外在的艺术本身。使作品"精细"的是艺术家在创作时的完全生活。艺术的完整性包括了生活的完整性和创作的完整性。素材是否被使用则是无关紧要的。今天的大多数器皿都是非审美的，因为它们产生于不快的生产和消费。

那些拒绝日常经验和美术连续性的人不明白，要实现理想，就必须看到这一问题。自然是人的栖息之地，是文化的孕育之处，因为人们在自然中找到了支持的力量。从长期累积与环境的相互作用的结果来看，人们对艺术有着深刻的反思，因为它与文化和自然的经验都有联系。

人类在吸收自然的审美特征时，只会感觉到生命的正确性，而不是艺术的首要性。自然环境的审美体验，甚至可以把狂喜作为交流的形式。这是由于生活的存在和艺术的环境之间有着古老习俗。感性的经验可以吸收到自身的意义和价值，是指定的"理想"或"精神"所在。杜威说，相信自然界充满的精神是紧密联系在一起的诗歌。事物的感性的表面并不只是通过感官获得了最深刻的洞察力。许多艺术起源于原始的仪式，并不是简单地为了获得天公的帮助，而是为了积累经验。同样的神话不仅仅是一种科学的早期形式，也是艺术传承的主要内容。

其结论是超自然的观念更是产生艺术作品的心理学的功能，而不是科学或哲学的内容。可以通过在教堂庄严的游行和其他艺术现象体现出来。济慈（Keats，1795—1821）[①]曾写过这样一句名言："美是真理，真理之美，是地球上所有的真

[①] 约翰·济慈（John Keats），英国浪漫主义诗人，在拜伦勋爵和佩尔西·雪莱之后，他是浪漫诗人的第二代的主要人物。

理,所有的一切都需要知道。"①人们对此表示同意,任何不包括想象力的推理,以及在感情上的观点都无法达到真理的体现。对济慈来说,"真理"意味着智慧,而这意味着对信任的赞扬。人们需要知道的是,在美的想象中的洞察力并非奇怪的、强烈的审美知觉的时刻,而是济慈所指的终极安慰。济慈的哲学由杜威分享,接受生活所有的不确定性,把经验变成艺术。

3. 拥有经验

在这里,杜威定义了"一个经验的重要概念"。"经验"是指对材料的经验、完成或完善的过程,例如当一个问题被解决,或者一个游戏的最终结论。将这一观念与早期的经验进行对比,体现了一种人们分心的状态,没有完成行动的任务。"经验"也标志着从其他经验中获取,包含了自身的个性品质。人们认为,谈到的"经验"是符合日常使用的,即使它是违背哲学家谈论经验的方式。对于理论家来说,生活是一系列的历史,每一个都有自己的情节、开始、结论、动作和节奏。每一个人都有一个独特的开放的素质。

艺术作品是"一种经验"的重要实例,在这里,分离的元素融合在一个统一的整体中,而不是消失的过程,体验的身份被增强。统一的体验,既不是专门的情感和实用的特性,也不是智力的定位,而是由一个单一的、普适的质量确定的。人们认为,思想观念的培养不仅是联系在一起的关联,还涉及一个潜在的素质发展。在思维上与"经验"的完善阶段相似,有其自身的审美品质。与艺术不同的是,它的材料是由抽象符号来定而非由质量所定。经验的思维使人们在情感上得到满足,因为它是内部整合的一部分,智力活动是集成的方式,也是审美的素质。因此,对于杜威来说,审美与知识分子之间没有明显的分离。杜威认为,实际行动可以涉及意义的发展,成为一个完善的体系。以优雅为例的希腊理念,在道德上是一个很好的例子。另一方面,许多道德行为没有美学品质,其责任只有一半。

在审美经验中,一系列的事件与过去发生的联系都是值得关注的。在发展中,经验的选择或利益的拒绝被控制。相比之下,在非审美经验中,人们会逃避和妥协。非审美性是一个功能性的松散与继承,即机械连接的部分。既然有这么多的经验,人们就适应了规范和审美经验以外的日常生活。没有审美素质的经验是非统一的。

每一个整体的经验都必须移动到一个封闭的空间,即已经完成了工作。一个"经历"或痛苦的元素可能会出现在这个过程中,将痛苦的可能作为经历的一部分,但痛苦也是完整的享受体验的一部分。

人们认为审美素质是情感的。情绪不是静态的实体,没有增长的元素。最重要的是,这是一个复杂的、变化的经验,一个发展中的戏剧的品质。是否有单独的事物被称为情感?情感并不是事件和对象所体现的内容。它们属于一个自我关注的运动和变化的过程。与自动反射不同的是,它们是一个持续的状况的一部分。

情感是一种固定的力量,赋予不同的东西以统一的性质,这能给人一种审美品格。"经验"的结构如下:标记的物体经历了某一事物或某些性质,这些性质决定了他或她去做某件事,而这个过程一直延续到自我与客体相互适应、结束与感觉的和谐之中。这甚至被认为与他或她的思想互动相关。在行事和接受的时候便产生了意义。意义,反过来通过结合过去的经验给定了深度。

过度的行事,或过度的接受,可能都会干扰经验。例如,对行动的欲望可能会导致错误的抵抗力,不仅仅是一个障碍,还是一个反射的时刻。此外,接受的可能是没有任何意义的看法。行事和经历之间需要一个平衡,以达到一种体验。

理论家没有从智力上分离艺术实践。智力是感觉、行事和接受之间的关系。艺术家像科学家一样专注思考。因此,思维不应该被确定为使用数学或口头符号。艺术家必须明智地回应每一个笔触,知道笔触将要去往哪里。他必须在创造的过程中看到每个元素与整个创作过程的关系。艺术作品的艺术质量取决于艺术家所带来的智慧。

人们认为这是不幸的,没有一个术语可以涵盖生产和升值的行为,并将其作为一件事相结合。艺术的感知和感受通常被视为与创造性行为没有共同作用的过程。"美学"一词有时被用来表示整

---

① John Keats. the free encyclopedia[EB/OL]. https://en.wikipedia.org/wiki/Keats, 2016-6-10.

个领域，有时也只是感性的一面。一旦人们看到有意识的经验，如"创作和经历"，就可以看到艺术的创作和欣赏方面的联系。"艺术"指的是一种物质的物质，可以被一种感觉所感知的东西。"审美"指的是既有鉴赏力又有感知力，它又具有消费者的一面。然而，生产和消费不应该被视为单独的、分割的。生产的完美状态是消费者的享受：这不是一个单纯的技术或执行问题。艺术是艺术的，它关心的主题直接对享受的感觉产生作用。

杜威认为艺术会带来一种与之相关的经历，这是一种体验。在结果控制的过程中，其中一点便是艺术性的。如果人们欣赏某个原始人的艺术产品，然后发现它是自然的产物，那么它就会获得不同的感知，这是一种与经验相联系的美学经验。审美满足必须与引起它活动的事物联系起来。

在艺术生产过程中，从感性认识入手，它需要敏感的意识、不断发展的对象和它的审美素质。当感性认识觉察到作品恰到好处的时候，艺术家就结束了这个过程。艺术家的敏感性指导了作品的连续塑造与重塑的过程。在创造的过程中，手和眼睛是紧密相连的。作为一个整体，它是审美创造的工具。

作品是审美的，只有这样创作和经历有关，形成一个感性的整体。这发生在想象和观察中。艺术家必须建立一个连贯的经验，通过不断变化和经验对应。即使一位艺术家写下了他所设想的作品创作方法，其作品也不是私人艺术，因为艺术是为大众消费而创作的。同样，建筑师必须在思考中孕育创作的预想。即使在这里，行为和认知是相互作用和相互影响的想象对象。

与主体的活动相媲美的创造者，接受了完整的感知，而不只是认可，是一系列行为的响应，导致审美经验履行。在知觉中，意识变得活跃起来，意识需要整个机体的响应和隐性介入，这需要现场感知和充分的情绪。虽然这一阶段的经验，包括折中过程，只能通过控制活动而非退出得以实现。这是一个"走出去"的能量，也是一个以"骤降"为主题的变量。

人们需要从学徒的角度来看待艺术的伟大作品。艺术的审美体验需要一个连续的有机体与对象之间的相互作用。博物馆中导游是典型的不涉及这种互动的游览形式。鉴赏者必须创建自己的认知方式和经验方式，包括创建类似于艺术家的感知。重新创作则需要被视为一种艺术作品。

艺术的终结在于其作为一个整合的部分。审美体验中的主导性是使体验成为一体的特征。在整体的经验中，有一个动态的形式涉及增长。这一形态有三个阶段：开端、发展和实现。审美经验将阻力转变为一个近乎于封闭的运动。经历在节奏和友善之间有停顿，反之，则与前身相一致。因此，整体的形式分布在每一个局部中。完善的体验阶段不仅仅是在结束时。对于一个艺术家，从事其工作的每一个阶段是必然的过程，这包括总结过去的经历。

4. 表达行为

在创造力理论发展的背景下，有一个表达行为的理论。托尔斯泰的艺术理论中与杜威的理论有着相似之处。其理论有着自然主义的立场。他的第一步要求每个经验都应开始于"冲动"。"冲动"区别于"推动"是一个以回应环境为主的相互作用，它所产生的是一种需要整个有机体发展的运动，例如对食物的渴求。这是一个完整体验的开始阶段，而冲动是短暂的，例如舌头对酸味的反应。

对于理论家而言，表皮只是机体表面上的限制。事实上，各种外部事物都属于，而且是需要的身体的参与。这不仅包括食物和空气，还有人类文化的工具和其他方面的东西。总之，自我赖以生存的环境，必须确保其材料通过世界的检验。正因为如此，当初的冲动与那些反对的阻力成为自我必须转换的东西，即把这些障碍转化为有用的东西，从而将其盲目的努力转化为目的和意义。

"冲动"成为认识到自己克服的障碍。当阻力产生好奇心和克服力，结果则是兴高采烈。情绪转为兴趣及通过吸取过去的意义反思行动。这是创造性行为冲动的收益形式，旧材料往往可以赋予新的生命。否则，将是一个平滑的通道，成为一种媒体的创造力。

不是所有的外向活动都是行为的表达。人们坚持认为，人只有在愤怒时的行为才足以表达愤怒。对于外部的观察者来说，似乎很有表现力，因为它告诉人们，观察到的人的状态并不是从主题的角度表现的。仅仅有"让位"的冲动，不足以构成表达。表达需要澄清，这意味着通过结合现有的经验进行冲动的表达。虽然情绪化的释放是必要的表达，但它是不够的。释放是摆脱，而表达是要完整的经验。原始的自发行为，例如微笑，可以转化为丰富的人类交往方式。同样，绘画艺术也用绘画来表达想象的体验。

值得强调的是，行为的表达和艺术的材料作为媒体，媒介与表达行为之间有着内在联系。音调只表达情感，因此是音乐，作为出现在其他音调中的媒介时，就如在旋律中的命令。"表达"一词的词源是指挤压的过程。然而，即使是葡萄酒的香气的释放也不是一个纯粹的排放。它涉及葡萄酒压榨与葡萄之间的相互作用，将原材料转化为表达的东西。艺术作品涉及建筑的经验，总结出来的各种条件和能量的表达，屈从于生产者的相互作用。

对于这一过程而言，表达的行为是一种时间的建构。这是一个长期的审美主体和审美客体自我和客观条件的相互作用，使形式和秩序相互关联。艺术家认识到，他或她在一个过程结束时，与原材料的问题和主题相关的问题相统一。这种兴奋反过来又会激起基于先前经验的意义。最后进入一个有意识的阶段。灵感导致痛苦的中断，或者在表现力的作用下创造一个精致的作品。

灵感往往归因于神的灵感或因为它是基于无意识的来源。它包括内部物质发现目标的冲动。表达的行为通过这种材料得以完成灵感的行为。一个冲动导致的表达必然具有冲突的性质，或者说环境可以满足内心的冲动。例如，部落战争舞蹈需要即兴的突袭的不确定性。情感本身不是完整的，它是一种客观的东西。因此，情绪被隐含在一种情况下，这种情况可能是令人沮丧或感到威胁的。

5. 表达对象

在"表达对象"的理论中，理论家认为，表达对象不是源于对象的分离过程，也不是从视觉的个性而来。简单地专注于表达对象的理论停留在对象上，如何表达其他对象，可能忽略艺术家的个人贡献。相反的理论认为，仅仅关注表达的行为倾向于个人行为方面的表达。

来自公共环境的艺术作品，唤醒了这个世界新观念的意义，将普遍性和个体性有机地连接起来。艺术作品是具有代表性的，而不是文本意义上的再现，这不包括个人的表达，而是告诉人们关于其经验的本质。

人们观察到，有些人否定了艺术的意义，认为艺术与外界的内容没有联系。他同意艺术有一个独特的品质，但他认为，这是基于世界上的聚集的意义。在这一点上，他完全不同于那些认为艺术是表达艺术家内心情感的理论家。艺术与科学的区别在于艺术表达的是内涵，而科学则是表现真理。如果科学表达了事物的内在本质，那将与艺术有所竞争，但它并非如此。审美艺术与科学相比，最为关键的是构成了一种体验。

一首诗的直接体验的维度，不是描写或命题逻辑。绘画的表现力是绘画本身。其含义是超越画家的私人经验或观众。凡高的画，就像一座桥，不仅联系了、代表了桥的两端，还体现了凡高的情感。相反，通过图示的表达，凡高提出了一个新的对象，观众获取了情感和外部场景融合。他用一种观点来表达，这幅画是他成功的表现。

形式主义艺术评论家罗杰·弗莱谈到线条和颜色时，旨在描述它们可以用来表达激情的意义和艺术家与作品的关系。大多数理论家对此表示赞同。然而，他们又补充说，画家接近场景与情感的背景经验。对画家而言，作品的线条和色彩形成了一个特定的和声或节奏，这是一个函数的场景与观众的互动。这种激情在开发一种新形式的审美情感中十分必要。先验情感并不会被遗忘，而是与新视觉中的情感相融合。

之后有人又提出了反对的意见，线条和颜色在一幅画中将完全取代其他的含义连接到展览现场。他也否定了艺术作品只是表达了艺术上的一些东西的观念。理论上，主题是与艺术无关的主张，即从中可以看到艺术的深奥。区分普通经验的审美价值之间、主题和艺术的审美价值，这是十分重要的。如果没有兴趣和态度的话，艺术家们对这件事就没有激情，那就什么都没有了。艺术家首先从早期的经验中带来的意义和价值，以体现其观察对象的表现力。结果是一个全新的对象，一个全新的体验。

一个艺术品，可以清理并净化混乱的经验意义。相反，一个非艺术画面，仅仅意味着情感通过线条和色彩的安排类似于标牌指示的就不包含审美的意义。同样，一个语句或一个图表将人们带到同一种类的许多事物面前,一个表达的对象是个体化的,例如表达特定的抑郁情绪。

6. 物质与形态

关于媒体的讨论,有许多语言的艺术都指向一个特定的媒介。人们认为在艺术中表达的意思不能翻译成语言。此外,语言不仅需要讲者,而且需要听众。因此,在艺术上,这一工作是不完整的,直到它被艺术家之外的别人经历过才能成为完整的。艺术家的工作和观众形成一个组合,甚至当艺术家的作品在其观众面前得到了共鸣才被分离。

语言既包含了所说的内容,又包含了它的内容和形式。艺术家的创造性努力是形成材料的动力,使它成为一个具有真实性的艺术作品。如果艺术仅仅是自我表达,物质和形式行将瓦解。然而,自我表达是很重要的。没有了它,工作就会失去新鲜感和独创性,尽管这一材料的工作来源于公众的世界,它的制作方式却是个人的。

人的审美感知会创造体验和制造新的问题。一首诗是一系列的经历,没有读者也就没有相同的经历。事实上,每一位读者都在同一种原材料中创造出他或她自己的诗。艺术作品只有这样,才能体现一个人的经验。作为物理对象,工作仍然是相同的;但作为艺术作品,它的目标是重现。要问艺术家所做工作的意思,那就是在不同的时间里会发现不同的含义。艺术家在工作,那么不管什么样的感受都可以摆脱其生活的干扰。

7. 自然历史形式

在哲学中,"关系"一般是指一些知识,存在命题。正如理论家所观察到的,它是指日常语言中的一些直接和积极的话语。它是我们想到的抵触情绪和联合事物的互动模式。对于杜威而言,艺术的特点就是一个艺术作品的关系,是相互适应的部分构成的整体。这也是一个城市真实的审美经验,一个人的审美感知。

返回到马蒂斯的艺术,过程绘画语境得以呈现,颜色的重要性,通过色彩获得画面的平衡。在一般情况下,由序列的感知行为,建立统一的另一种线的形式。这一蓄意的方式使得艺术有了普通的感知。在艺术形式中,这是一种体验的力量,从形式到主题获得适当的感知。

为了实现或完善艺术结果,必须建立一个有价值的过程。这就要求保存之前的含义。在每个阶段的过程中,也必须有预期的未来。完善是相对的。杜威得出结论,他讨论到连续性、累积、保护、张力和期待是审美形式的条件。

由于阻力或紧张的情绪是发展中必然会遇到的因素,在艺术的智慧中需要克服困难。观察者也需要解决诸多问题,以便更好地欣赏作品。他或她必须调整过去的经验,以便他们可以进入新的体验。严格预设的作品是学术的。一个真正的艺术家关心的是最终作品,在完成之前,不作为事先计划的内容。

艺术的美包括一些奇异或发现,甚至来源于机械。这让人们有了更切身的兴趣和体验。不同于机械生产,艺术创作在消费阶段出现在创作工作中。这样的工作有许多的益处,艺术也有助于表达狭隘的目的,但给予观众以全新的态度和普通的经验,并有助于维系持久的平静感。

人们钦佩艺术家的技能,它可以增强表达,它属于作品,而不仅仅属于艺术家。杜威认为,技术体现艺术家的技能,因为它将不断完善表现对象。正确地说,技巧是管理形式的技巧。技术的进步来自于解决问题,人们需要新的体验模式。从历史上看,三维绘画是出于对宗教场景描写的需要。例如,威尼斯画家使用的雕塑效果中,颜色是由价值观和时代特征的世俗化而表现出来的。在一般情况下,一种新技术,经过四个阶段:实验、夸张、合作和验证,以实现模仿和形式主义。

新材料需求的新技术,艺术家是天生的实验者。通过实验,艺术家开辟了新的领域,或揭示了新的品质。当今的经典是前人冒险的结果,这就是为什么人们在经典中仍在寻找冒险。

在审美体验中有一种节奏令人臣服与反思。其中预分析审美经验的阶段是一个令人印象深刻的过程。例如,人们可能会被一个风景的荣耀或是一幅画的魔力所抓住。这种吸引力体现了一个很高的水平。培养是通过实践而来。然而,人们也看到了阶段性审美经验。在这种模式下,吸引力紧跟着蔑视的阶段,这便肯定了该对象的价值或说服力。这个阶段可以反过来扩展到批评。

艺术评价中存在着几个客观因素。首先,艺术作品是客观世界的一部分,是由世界的物质和能量所制约的。其次,对于一个对象来说,它必须满足的客观条件,是属于世界的审美经验的内容。这就是为什么艺术家对世界充满了兴趣,并不断地从中汲取材料。

最重要的是这些客观条件的节奏。节奏早已存在于自然界中。黎明、日落、雨、闪耀、季节、月亮和星星的运动、再现和死亡、醒来、睡眠、心跳、呼吸,以及拥有节奏的材料,都被早期艺术家视为与他们的生存相关并有着神秘意义的素材。更为重要的是战争和播种的节奏。戏剧性的事件也导致艺术家们在其作品中强加或引入节奏。

生活中自然节奏感的再现可以产生一种戏剧感。人类所具有的动物本能在舞蹈节奏、雕塑和绘画中得以体现。艺术的形成、声音的节奏和舞蹈的节奏导致了美术的韵律。人类使用自然的节奏来庆祝自身与自然的关系,并纪念从中获得的最强烈的体验。例如,希腊神话中的第一个关于希腊故事的自然起源,是关乎于美学形态、自然法则的思想,并来源于和谐的思想。

每一个规律的变化都是一个节奏。我们对这些变化的理解也获得了科学的进步。然而,科学区别于艺术的部分方式,是通过符号呈现数据的,意味着没有知觉。然而,即使在今天,科学和艺术都有着共同的兴趣,可谓殊途同归。艺术家用韵律来纪念他最敏感的经历。艺术的节奏是根植于生物与环境关系的基本模式。

8. 能量的组织

艺术作品是身体和潜力的化身,也是积极的和有经验的表现。杜威在这一过程中给出了自己的定义,以艺术为经验。在艺术定义中,提出了"不同的物质的艺术",艺术是相同的表达或经验的体现。一个艺术作品的对象、结构与主体的体验能产生一种物质,可以累计对发展产生推动力。要充分理解这个定义,就必须了解在艺术中节奏的作用。只有当节奏融入外部客体时,才有美感。节奏是一种感知的问题,而不是纯粹的规律性,它包括自我的贡献。

通常认为,有两种艺术,空间的和时间的,只有后者可以有节奏。但是,人们认为,图片和雕塑的节奏感是他们的经验,可以作为音乐的基本。节奏带来完整和圆满的经验。节奏是字面意义的理论,它也可能是机械的产物。然而,不变的变化是重要的节奏,同时也是秩序。事实上,多样的变化会产生更有趣的效果,保持和有进展的过程提供了秩序的方法。

另一种有关节奏的理论,把节奏作为重复的节拍。在这个观点中,变化只是来自于节奏的堆积。杜威认为,这一理论是建立在对部落音乐误解的基础上的,而这一过程被遗忘了,这样的节奏通常发生在唱歌和跳舞的语境中,涉及更大程度的愉悦和兴奋。而且,部落节奏比西方音乐更加复杂和微妙,它强调和谐。

9. 艺术的共同物质

什么题材适合艺术的表达?18世纪的雷诺兹①认为,只有英雄行为和苦难的实例才是艺术最好的素材。然而19世纪的普通主题与日常生活如铁路、客车等成为绘画的主题。主题相同的艺术扩大了其他艺术的边界。一般来说,艺术的一个功能是对问题的解释和对道德的表达。唯一的限制来源于艺术家的兴趣。然而,艺术的普遍性和独创性取决于艺术家兴趣的真诚度。缩小艺术的主题,限制艺术家真诚的表达,可能妨碍他或她的想象力。所有这些多样性表明,一些共同的物质是艺术的表征。但要说的是,这种常见物质的形式是任意单独的形式和物质的体现。

创造过程不仅是艺术的形式,而且是社会的物质。创造性的过程开始于一个"全面的发展"、一个定性整体"情绪",然后将其连接,继而衔接发展。

对于杜威而言,这个研究延伸到令人惊讶的深度。虽然可以假设经验是有边界的,如他们的对象、整个的经验,特别是其定性的背景,他称之为"设置",可以被无限期延长。通过"设置",具有研究背景的经验成为专注经验。然而,这种体验式的背景只在特定的对象中有意识地形成了焦点。每一个被显化对象的背后,都有一个隐含的东西,被称为"模糊",在最初的体验中却并非如此,因为这是一个整体的功能。杜威认为,体验是神秘的,在某种程度上,这种感觉是无限的研究背景的体现,在某些艺术作品中尤其强烈,例如悲剧。象征主义诗人强调艺术作品必须包括一些使

---

① 约书亚·雷诺兹爵士(Joshua Reynolds),18世纪有影响的英国画家,绘有影响深远的肖像画。

人费解的内容。

普遍的质量结合在一起形成的各种元素的作品，是人们经常看到的东西。这种艺术提高了普遍的品质，这便解释了为什么任何艺术作品在人们面前表现得如此清晰，人们获得了强烈的体验，以及为什么人们在审美上体验到宗教的感受。超越这个世界的意义，赋予人们一种膨胀的自我意识和连接之感。然而，杜威的观点并不是一个形而上学的主张，尽管他是在说一种直觉，但这不是绝对的，而是一个普通现实的更深层的维度。

每一个艺术作品都使用与不同器官相关的媒介。艺术通过这些器官强化了人们的经验并具有重要的意义。在绘画中，色彩给人们一种没有其他感官的混合的场景。颜色必须具有其他感官赋予的品质，从而提高其表现力。在平面图像的力量中，有一种神奇的东西可以描绘不同的宇宙，同样也能用声音来表达事件的力量。艺术媒体的所有可能性都将被知觉所利用。

审美效应必然依附于他们的媒介。当另一种介质被替换时，结果看起来便是假的。当手段与目的成为外部的元素，彼此的体验便是非审美的。这也适用于美学角度的伦理特性。希腊人承认，良好的行为有恩典的陪伴，是融合的手段和目的。

对媒介的敏感性与艺术创作和审美知觉都是至关重要的。因此，理论家警告人们远离将画作视为插图的可能。不应用技术的角度来看待媒介的属性。这两种方法涉及手段和目的的分离。艺术家和观者之间的介质导向一样重要。与普通人不同的是，艺术家能够将物质转化为媒介。相比之下，非艺术家们需要大量的材料来表达自己，而他们努力的结果往往是混乱的。

10. 艺术的多样物质

人们认为艺术是一种有质量的东西。产品不是艺术品，而是人类的工作，是人类用以享受的物品。艺术家关注的是品质，而品质是具体的也是特别的属性。

对艺术的不同分类艺术家有自己的见解，如在较高和较低的感觉器官之间，或空间和时间的艺术之间，或代表和非代表性的艺术之间的艺术。在美学上，也有严格的分类和定义，并给予属性和种类。艺术家拒绝局限于固定思想与固定规则的思想。分类的知觉限制和抑制创造力有别于艺术家的思维。

11. 人类贡献

艺术家表示希望能够克服错误的和过时的心理学理论对审美理解的阻碍。经验不只是身体上的，也不只是精神上的。世界上的事物和事件在活的生物背景下发生转变，这种生物本身就是通过这种相互作用转化的。相反的理论认为，经验只发生在心里，可能会破碎人的自我意识、情感、欲望。然而，这些其实只是自我与环境相互作用的不同方面。例如，在精神与感性方面的分离是基于社会阶层的差异。

审美素质投射到审美对象，认为艺术是客观化的快感。虽然自我与客体的分离在日常生活中具有现实意义，但它在审美体验中会被溶解。人们反对这一观点，更确切地说，一幅画是一种由生物、颜料和光的相互作用所产生的影响的总效应。它的美是影响的一部分。纯粹的感觉的概念，导致了遥远的欲望和行动的美丽。通过对比，人们看到了审美经验，把欲望、思想和感性联系起来。

阅读诗歌的乐趣并不是在沉思，而是在实践中的自觉倾向。相对于传统的心理，冲动是第一位的，其次是感觉。强烈的感官品质的存在显示冲动的存在。审美欣赏获得平衡时，涉及许多冲动的感官欲望。审美经验只能说是无利害的，意味着它不包含专业兴趣。

对于艺术家来说，想象不是一个独立的学科但却又有自身的质量，它遍及所有的制作与观察。这是一种让旧事物区别于新事物的方式。想象将不同的元素焊接到新的统一的体验之中。然而，想象也不是一种权力。它发生在各种材料引发的事件中。不是简单地给熟悉的面貌一种新的想象，想象只发生在心灵和物质相互渗透中。想象力的作用，在内部和外部视觉的辩证法中，在创造性的内在视觉中，它似乎更丰富，其视野似乎有更多的能量，成为内部视觉控制的外部世界。想象是两者的相互作用。

12. 对哲学的挑战

一般来说，美学理论有着一定的哲学影响。可以认为所有有意识的经验都来源于某种元素的想象力，因为想象力是有意识的，可以调整新的或是旧的。然而，所有的想象经验是不一样的。艺术是区别于幻想和梦想的，艺术的意义主要体现在材料中。审美经验与其他想象经验有所区别，这一事实体现的意义特别广泛而又深刻。科学的发明虽然也有想象的成分，但它是物质生活领域中的，艺术作品则不是。一个艺术作品集中和扩大的直接经验，直接表达想象力诱发的意义。它还鼓励观众进行类似的想象。

审美经验是对哲学的挑战，因为它是自由发展的经验。因此，哲学家们必须去体验美学，去了解什么是体验。此外，一个哲学家的美学理论将考验他或她理解经验本身的能力。美学理论通常都是以一个单一的因素来解释的。例如，把想象作为一个元素，而不是把所有的元素组合在一起。不同的美学理论可以根据其所强调的元素进行分类。每个先入为主的理论都有自身的想法和题材。虚幻的理论，往往是看到的幻想、艺术、想象和经验之后的产物。幻想是艺术的基础，是思想得以体现的对象中的元素。在艺术中，产品必须是饱和的，既有代表性的对象，也有品质和情感表达。

因为艺术经常增加理解的意识，有些哲学家认为它是一种知识，有时甚至比科学更为优越。有许多不同的审美被认为是通过艺术得以实现的。这说明，哲学家们对艺术或审美体验的思考有所不同。从艺术家的角度来看，提高认识的意识来自于知识在生产过程中的转化，在经验中与非智力因素融合在一起。人生不是通过概念来理解，是由更多对艺术的理解而体现，通过澄清和强化的经验所表达。

人们不反对本质，只是对先前的理论有所异议，并坚持认为，即使没有对象的心灵，本质依然存在。本质上是一种强烈的审美体验，它是如此的直接而神秘。但它不应与传统形而上学的终极本质关联。杜威指出，"本质"是一种事物的"本质"，这是一种不可多得的属性。所有艺术的表达形式走向意义的精华。例如，画家库尔贝传达了流动性实质的饱和的景观。艺术作品形式的"体验"，其本质是艺术的结果，艺术家在知觉中表达了本质意义，是超越艺术的东西。

然后，艺术家转向各种传统的艺术理论。正如之前提到的，在艺术上不自觉地借用了克罗齐的思想。当克罗齐将其视为直觉的对象，并将其与表达的视觉结合在一起时，他就将其先验的哲学思辨强加于审美体验上。人们反驳克罗齐的观点，认为唯一真正存在的是思想和艺术作为作品的一种精神状态。哲学也包括想象力和艺术控制的冒险的理念，整合对立和克服孤立的思想。

13. 批判与感悟

对于艺术家来说，判断是一个智力的行为，是对感知的目的，从而获得更充分的感知。它是在思想的发展中深入体会到的经验。这种批评产生了一种对批评的权威的渴望，并为观众所保护。

事实上，评论家的工作就是判断和批评，例如抨击1913年的军械库展览会。总的来说，判断评价与审美批评有着特定的形状。这是一个任意的判断。良好的判断需要丰富多元的背景、能力、洞察力和统一评断。

另一个极端是对印象主义的批评，认为判断是不可能的，所有的需要是一个对声明的回应。对于印象主义而言，即原始的定性影响，只是判断的开端。分析的印象超越了其理由和后果。正如艺术家把客观的物质从一个普通的世界中转化为想象的物体，评论家必须参观作品的展示，了解作品产生的背景。结果是敏锐的欣赏，也有知识的博弈。

虽然没有判断的标准，讨论的形式和物质的关系在艺术中也有一定的作用。这些标准不是规则，而是发现艺术作品的经验。批评的工作是通过重新认识的过程，深化对他人的体验。人们完全理解这一工作，只有当人们去经历相同的过程，即艺术家的经历和创作，才能促进评论家这一进程的成败。

判断有两个主要功能：辨别与统一。首先是对元素的理解，其次是了解它们彼此之间的关系，以及对整体的理解。先是分析，次为合成，两者是分不开的。评论家通过一个长期的精神消费和艺术兴趣具备分析这个问题的能力。他应该相当喜欢这个主题，有丰富的经验，以及通晓传统主题的艺术形式和个人隐私。只有在传统语境中，传统的杰作才可将评论家作为试金石。评论家也应该熟悉传统、国际品种等，具有一定的知识储备，才能具有评估艺术家作品的能力。由于评论家拥有各种各样的条件和材料的知识，将会欣赏大量的形式，并不会赞扬简单作品的技术技能，区别知识的取向,并确定艺术家的意图。评论家也应该分析艺术家个人的知识背景和逻辑发展。

由于评论家和艺术家都有个人兴趣的领域,他们倾向于推动与这些领域相关的独特模式的发展。每一个视觉模式与方法都有自己的弱点:比如象征意义可以变得不知所云,抽象艺术可以成为一个纯粹的科学提炼。每一个趋势的成功,都是物质和形式达到的平衡。当艺术家认为自己的倾向是唯一合法的,评论家就失败了。

合成或统一阶段的判断涉及评论家的洞察力。合成阶段没有规则,因为这方面的批评是一门艺术。在更大的整体积累中,部分应该被视为有积极作用的方面。评论家必须在作品中发现一些"统一的链",这不是简单的工作。在艺术作品中,可以有很多的统一思想,但评论家所描述的主题和设计必须贯穿始终。

在批评的过程中包括筛选整个作品的孤立的元素,例如除了从形式分析,还看技术是否见长。另外,虽然应该考虑到文化环境、工程、经济、政治、社会学都是很常见的因素,但它们却与精神分析的术语一样重要。某些因素可能与艺术家的传记有关,但不能被理解为作品本身的元素。总之,美学的优点是在作品中的审美意识,与材料无关,是不能替代作品本身的内容。

个体与普遍性的关系体现在自然的连续性,即通过改变耐力的方法。评论家必须对变化的迹象很敏感。批评家是个人的,有着自己的偏见,他应该将这种偏见转变为敏感的感知和洞察。他还应该认识到,世界上还有许多其他的品质值得用艺术进行探讨。他可以帮助别人用更充分的艺术品欣赏眼光,分析其客观属性。批判的目的在于深化对他人的认识。批评的经营不是为了评价,而是要重新建立教育的观念,将感性的审美作为艺术的道德目的。人们只有充分理解一个作品的意义,经历其过程,艺术家才能通过评论家扩展这方面的经验。

14. 艺术与文明

在艺术和文明的问题上,理论家首先指出,沟通是所有活动的动力,涉及"内部"的人之间的联盟的基础。许多人之间的关系,例如投资者和劳动者,是"外部"和"机械"的关系,因此不存在真正的沟通。艺术是一种普遍的语言模式。它不受历史的影响,具有自身讲话的方式。例如音乐可以使人们团结在一起,具有忠诚和灵感。虽然每一种文化都是由自身的个性组成,但是只要尝试增加文化的延续性,就可能在不同文化背景下创建文化的连续性和社区性。一个人可以扩大经验,吸收其他文化的态度和价值观。友谊是较小的规模的解决方案,同样,它来自同情。文明是指导生活,通过想象进行价值沟通。艺术援助个人实现这一目标。

今天的艺术不能与文化等同视之,特别是科学和工业的其他方面有机地结合起来。艺术的分离是社会不连贯的一种表现形式。科学给物理世界一定的新概念。从古老的道德和宗教传统中继承的世界观念。因此,道德与物质世界是分离的,从而导致了哲学的双重性。在这个社会中,恢复一个感性的处所是与这个问题紧密联系的。

作为科学方法尚未成为体验的影响将继续被外部自然的部分所瓦解。然而,科学将有价值的东西带到了世界上,艺术的世界也是如此的。因此艺术之终结并没有迫在眉睫。此外,科学表明,人是自然的一部分,这有助于人们认识到他的思想是自然的结果。阻力和冲突也有助于艺术,所以,当科学揭示了这样的阻力,它促进了艺术,也就唤起了好奇心、活跃的观察,使我们尊重经验。一个新的统一会伴随着科学的整合进入文化的整体。

纯艺术和实用艺术之间的分离,可以追溯到古希腊,这加强了大规模生产、工业和贸易的重要性。商品生产的机械化是对审美的反动。然而,艺术在文明中的整合并不是不可能的。虽然构造对象有一定的形式,但其形式符合人们对经验的更多需求,这样审美才得以体现。如果对元素进行有效的关联,可以构建良好的机器,结果便是好的。这一理论是现代主义设计美学的一个谜。最近的商业产品在形式和颜色上有所改进,火车车厢不再超载,不再有多余的装饰,公寓的内饰更适应人们的需求。但这一理论也承认工厂和贫民窟破坏了风景,其观察到的人的眼睛是适应城市生活的形状和颜色的。自然景观中的物体被认为具有了新形式。由于人的机体需要满足各种官能的欲望,造成工业环境比以前具有更少的满足感。

艺术仅仅是"文明之美",艺术和文明都是不安全的。人们只能通过一场影响人的想象和情感的革命组织无产阶级的社会制度。艺术是不安全的,直到无产阶级在他们的生产活动中可以享受他们的劳动成果。要做到这一点,艺术的材料应该来自所有的地方,艺术应该是可访问的。

这一观点与马克思主义理论相似,杜威的理论有利于艺术宣传。事实上,他断言,艺术作为直接道德的理论将最终失败,因为它们在个人与作品的关系上体现了这一理论。人们看不到更大范围的文明。诗歌批评不是直接的,而是通过一个想象的视觉实现另一个现实的想象。艺术以沟通的方式来指导,但人们需要理解这样的指令,包括想象。事实上,艺术比道德更为道德,因为道德往往会陷入困境,除非它是道德的先知。如果艺术被认为是超越了懒惰的享乐或奢侈的表现,道德则被视为具有共同的价值观,那么它们的关系问题将得到解决。艺术在道德上是强大的,因为它对道德的赞美和责备常是漠不关心的。正如雪莱的观点,道德要求人们自己走出自己,并拥有美丽。在道德领域可能与艺术相结合并继续前行。

(三)临界反应

主客体的表达、艺术与形态、艺术与物体、艺术与哲学,美学思想和艺术思想在1975年后,作为"经验"的经典理论得以出版,经常受到批评同时也受到辩护。对审美经验的情感作用有两个理论,一个是审美对象激发情感的观众,另一个是其他客观意义的内容,是情感的艺术。该理论认为,实验美学已经表明,情感是一种偶然的美学理解的结果,所以不应该包含其定义。同样的审美对象可以在不同的观众中引起不同的情绪反应。一些受过训练的人在音乐中甚至否认有足够的审美经验包括情感。理论家还没有给出一个解释对象就提出了表达情感的方法,这涉及以对象在内的理解方法和审美体验。

以上的观点是折中的,结合了实用主义和黑格尔有机体元素的理论,认为,无论是理论,还是形式主义,都是有价值的。它确定有机体的观点,最终的现实是绝对的。所用的词语,如"连贯性""整体性""整合性""完整性"等,都是为了与其实际经验相一致,并没有表明对理想主义的承诺。此外,这是其中的一个主要观点,虽然这些条款适用于审美的理论,似乎是理想主义者,可以扩展到

整个世界。这个术语有特殊的意义,只适用于审美体验。理论家拒绝了任何一个伟大的宇宙和谐与绝对的黑格尔概念相关的理论。

"审美经验"是美学理论的一个持久性和动力性的标志,它经常受到不同角度的批评和辩护。尽管这些批评中许多都是对主客体思想的不完整或歪曲的理解,但也可以看到许多人在试图对这一文化遗产进行回应。

经验美学在关于审美主体与审美客体的相互作用中,以审美经验作为其关系根本,为当今的媒体艺术审美关系奠定了理论分析的基础与内核,成为审美主体与审美客体互动关系的理论借鉴来源。

三、审美事件与审美行为的互动

(一)信息作为一种审美事件

信息技术的设计者如何理解用户和设备之间的相互作用?他们如何设计用户界面?在这里,将分析最近的信息技术设计的转变。与十年前相比,今天的设计师不再尝试隐形界面。相反,互动被视为一个事件,而不是"非事件",这在以前的"隐形接口"的范例中是不多见的。不同的是,现在使用个人信息设备被看作是一个精心策划的体验,而不仅仅意味着一个结束。OSX、LG巧克力、iPhone的新界面范式将有不同的意义。

如果你还记得你所拥有的第一部手机,那是在20世纪90年代末或者是这十年的头几年。手机和电话相比,在设计上的差异是惊人的。手机设计的变化是一个更大的趋势,被称为"审美信息工具"。这种趋势始于1996—1997年。它可以与设计的民主化、品牌化的兴起、全球经济的竞争和其他更大的社会经济转变有关。然而,也有它特殊的原因——并非还原其他的力量。

直到20世纪90年代中期,只有特定工作的人们会花时间与信息互动。此外,这些相互作用源自有限的工作空间和时间,它们不会被涉及休闲和其他非工作活动。信息社会的兴起,极大地提高了人们的工作所涉及的信息处理的比例。同时,在20世纪90年代,交互信息通过计算机和计算机设备已逐渐进入人们的生活。由于其固有的多功能性和可扩展性,计算机和其他设备建立在交互信息之上,如手机也被用于各种非工作活动:

娱乐、文化、社会生活、与人交流。因此，工作和非工作，专业和个人在同一信息处理机器内的碰撞，犹如相同的物理对象，相同的硬件和软件接口。

当这些机器被重新定义为在人们生活各个领域中使用的消费品时，它们的美学被改变了。与工作和办公室文化的相关，强调效率和功能来取代新的参考和标准。它们是友好的、有趣的、愉快的、富有表现力、时尚的，标志着文化认同、美观、设计的情感满足。因此，现代主义设计公式的"形式追随功能"是由新的公式来代替，如"形式追随情感"。

（二）界面作为一种审美行为

在这个过程中发生了一些事情。直到今天，用户界面的设计常常被认为应该由"看不见接口"的设计原则所统治。事实上，真正成功的界面应该是用户不容易注意到的。这种模式在20世纪90年代中期以前是有意义的，也就是说，在这段时间内，人们在工作的外部使用信息设备。但是，当这些相互作用的数量大大增加，信息设备成为人们生活的亲密伙伴时，会发生什么呢？你在使用手机、电脑、媒体播放器或者其他个人信息设备时，你就可以用一个接口进行"交互"。

不管设计师是否自觉地意识到这一点，今天的用户交互设计体现了这一新的现实。设计师不再试图隐藏接口。相反，互动被视为一个事件，而不是"非事件"。不同的是，使用个人信息设备现在被看作是一个精心策划的体验，而不仅仅意味着一个结束。相互作用明确使得用户开始关注自己。接口与用户在一种游戏中接合。用户被要求把有着显著特征的情感、感性和认知资源的操作设备作为日常的行为。

1. OS X

今天，一个典型的信息设备，如移动电话有两种接口。一个是物理接口，如按钮和电话盖；另一个是媒体界面，包括图形化的图标、菜单和声音。作为一种美学和有意义的经验，将相互作用的新的范例适用于这两种类型的接口。

历史的转变要求人们面对如何理解接口是最显著的例子。操作系统的下一代用户界面设计的差异（OS）应用于苹果电脑OS 9和OS X，该系统于1999年10月发布，OS 9操作系统是当时MAC最新版本，于1984年在第一台Macintosh原有系统的基础上发展而来。它的外观和感觉——水平线和垂直线有着严格的几何规律，灰色和白色同样具有限制调色板的功能，简单的业务图标体现了现代主义设计和"形式追随功能"的思想。它适用于灰色套房，国际风格的办公楼，和整个20世纪的办公室文化成为一体。

在2001操作系统中引入的下一个版本的操作系统是一个彻底的解放。它的新用户界面被称为"水"（Aqua）。"水"界面的图标、按钮、窗口、光标和其他界面元素是丰富多彩的和三维的，使用了阴影和透明度来设计其外观。开始时有一定的动画，在其标志中增加了用户移动光标的大小效果。如果在操作系统中，OS 9默认的桌面背景是单一颜色，"水"界面的背景则更直观、更复杂、更丰富多彩、更自信的。

在OS X中，有着与时代的通用信息处理机器的相互作用，个人计算机被重新定义为显现的审美体验。这种审美经验成为重要的功能，具有"可用性"的特质。"美学"这个词通常与美有关，但这并不是唯一的意义。在OS X操作系统中，用户界面审美化从某种意义上说，是明确地吸引和刺激感官而不只是用户的认知过程。

使硬件和软件在世界领先的消费产品设计呈现完美的样式，苹果设备的转型被认为其设计赢得了iMac、PowerBooks、iPod等苹果产品的声誉，这就是所谓的审美信息工具中最明显的例子。这里回顾另一个经典的美学意义：协调的艺术作品或设计的所有部分和细节具有线条、形式、颜色、纹理、材料、动作和声音。古典美学因为20世纪的艺术常常以相反的效果进行审美的冲击和碰撞，建立了美学意义，通过蒙太奇的审美体验成为统一的部分。苹果产品在商业上的成功和"果粉"们狂热的感情很大程度上来源于整合的程度和商业产品价格区间。在每一个新产品或新版本问世之后，精致的细节创造一个丰富的、光滑的、一致的感官体验。这也适用于硬件和软件协同工作的方式。作为一个例子，协调原有的iPod滚轮，用户的手指和菜单可以在屏幕上进行水平移动，并做圆形运动。

在21世纪初，其他个人科技公司也开始逐渐重视他们的产品设计，并紧跟苹果设计。索尼开始使用"索尼式"短语。在2004年诺基亚推出了第一款"时尚手机",宣布个人技术可以是"一个欲望的对象"。通过投资他们的消费产品的工业设计,三星从一个未知的供应商发展为一个世界顶级品牌。即使是公司的信息产品,也几乎全部由专业人士和企业用户在其产品设计与竞争中得到体验并回馈。例如,在 2006 版本新的黑莓智能手机流行之际,商业人士和专业人士推出了这一口号:"黑莓珍珠——小、聪明、时尚。"

2. 剧院似的交互,作为体验的交互

回想起来,审美化或是剧场化的笔记本电脑和手机的用户界面,在过去的几十年里,大约在 2001 年和 2005 年之间从概念上制约了相机和其他移动技术功能。基于 20 世纪 80 年代的工作,计算机设计师和理论家布伦达·劳瑞(Brenda Laurel)在 1991 年出版了一本突破性的书——《剧院似的电脑》(Computers as Theatre)。她称其为接口的一种表现形式,可与戏剧表演相比。她引用亚里士多德的诗学理论,认为"交互"应是"愉快的享受"。①

互动的概念,犹如戏剧带来了一个额外的含义。移动电话吸引用户在一种游戏或戏剧中互动。当你切换手机上的按键,LG 巧克力手机便会突然出现灼热的红色;或是当你选择一些电话上的选项,你可选择的一个全新的图形屏幕就取代了当前的屏幕;或者,按住摩托罗拉卵石盖打开手机时,预期和独特的界面方式便出现了。这一代的手机用户的互动行为是令人惊讶的,往往被看作夸张的方式与响应,这适用于物理接口和媒体接口。在互动的概念中,戏剧使人们注意到另一个维度的游戏般的行为。详细地描述使用 LG 巧克力手机的开关,各种感官体验在界面中得以反应,移动生成相应的行动并非单一事件,而是序列的影响。在传统的戏剧中,这些序列在时间上得以呈现。各种感官的互相影响,使之对比以及感官被触觉、视觉的差异与听力结合起来,一起达到复杂的戏剧性的经历。

1991 年当劳瑞出版她的书时,技术产品的使用仍然局限于某些特定的职业中,iMac 的出现使得设计师清楚地认识到,过去这十年的这些产品成为消费经济的主流项目。整个经济正经历着一个根本性的转变。在 1989 年的《体验经济》(Experience Economy)中:工作是剧院和企业经营每一个阶段的重要内容,约瑟夫·派恩(Joseph Pine)和杰姆斯·H.吉尔摩(James H. Gilmore)认为,消费经济正在进入一个新的阶段,成功的企业的关键是提供体验。根据作者的研究,这是一个新的阶段之后的阶段,以商品为中心,提供售后服务。作者指出,今天的成功,来源于公司必备的丰富阶段、引人入胜的体验。如果劳瑞将剧院作为一种方法来考虑人机交互的具体情况,体验经济的提出可以为了解消费者与产品之间的互动提供依据,也是新的经济中的一种隐喻。②

硬件设计和信息产品发生在后十年的行业中,非常符合"体验经济理念的用户界面"。像其他任何互动一样,互动与信息设备成为一个设计体验。事实上,可以说,在电脑和命令接口的用户界面中发展了三个阶段,即 70 年代经典的 GUI,新的感官娱乐的 OS X 时代,以及接口可以与消费经济作为一个整体:产品、服务和体验。命令接口"交付货物",即它们专注于纯功能性和实用性。图形用户界面添加了"服务"接口。在下一个阶段,界面成为"体验"。

3. LG 巧克力的体验设计

体验经济的理念特别说明物理与技术的互动对象——而非物理形式和屏幕界面——只有变成舞台才能提供丰富的感官和诱人的经验。例如,早期的手机没有任何翻盖,屏幕和开启钥匙总是在那里,人们总能看得见。在 2000 年,打开手机或者按下按钮变成了真正的简单的行为:短暂的叙述伴随着完整的视觉、触觉和三维效果。在手机的短暂历史中,商业和关键的人气在很大程度上要归功于互动的创新、感官的叙事。例如摩托罗拉 RAZR V3(2004 年)和 LG 巧克力(2006 年,实际型号是 LG VX8600)。

LG 巧克力仅在推出的八周后销量就超过了

---

① Brenda Laurel. Computers as Theatre[M]. Indianapolis: Addison-Wesley Professional, 2013: 45.
② B. Joseph Pine, James H. Gilmore. The Experience Economy: Work Is Theater & Every Business a Stage[M]. Boston: Harvard Business Press, 1999: 24.

一百万台。这款手机提供了一个独特的交互式叙事方式,可以被称为一个真正的交互体验,直接涉及三种感官——视觉、听觉和触觉,味觉作为第四感观则通过手机的名称和颜色来体现。当手机关机时,它似乎与其显示和触摸板完全一致,是看不见的固体形状。这是一个神秘的东西。当你打开电话时,整个多媒体电视剧就展开了,事情逐渐清晰。原本看不见的按钮突然出现在一个发光的红色中,屏幕亮起,开始播放动画。作为动画短片展向它的结局,手机突然震动,在完全相同的时间LG 标志进入屏幕。

鉴于这一过程,信息工具的审美化当时才起步不到十年,相信看到的只是最初的步骤。更狂野的效果和经验,是未来无法想象的。

4. 超现代主义:审美的式微

iMac(1998)和 Mac OS X(2001)表明,信息技术范式审美化同样适用于信息产品的设计和用户界面,即"硬件"和"软件"的关系。事实上,尽管在不同的时间发布,第一款(1998—1999年)和 OS X(2001)具有相似的审美特征:明亮的颜色,使用的透明/半透明,以及圆形的形式。虽然两者的目的都是为了消除信息技术的壁垒,但20世纪的标准忽视了人类的存在,其产品只适合企业同时又巧妙地利用了它们的技术特性。无论是半透明的 iMac 塑料外壳,还是放大倍率的"水"界面,都同样具有舞台技术效果、魔法和超自然的精灵的特性。

在这方面,它们是相关的,后续设计苹果产品,钛和铝的 PowerBooks(2001,2003)、iPod(2001)和 iPod(2005),Mac mini(2005),拥有随行电线、耳机等,吸取非常不同的微观美学。这种美学的技术目标似乎要消失了,消失在设计的背景中,并成为环境本身及其技术的替代品。无论是自觉或不自觉,这些苹果设计的交流心得,或许已成为预言与新的身份,今天仍然存在于发展的技术对象中,如同成为完全的设计表象和空间。这是计算阶段无处不在的技术崇拜,溶入整体织物的物质之中。这个未来潜在的非物质化的实际细节很可能不同于想象的今天,但其趋势是清晰可见的。但今天如何使用这一消失阶段的技术?21世纪的第一个苹果的设计可以理解为是应对这一

挑战的。从历史上看,其独特的美学价值占据其中,作为设计对象渡过了技术阶段(例如从1998年开始的苹果 iMac 电脑的生活方式或2004年诺基亚的时尚系列手机)和之后的阶段,作为一种无形的基础设施植入其他物体,建筑形式与人体工学。

1998年荷兰建筑理论家汉斯·伊贝林斯(Hans Ibelings)发表了一本很快颇具影响力的书《超现代主义》(*Supermodernism*),他发现20世纪90年代巴黎卡地亚基金在建筑上与巴塞尔的铁路灯塔或法国国家巴黎图书馆的消失美学具有异曲同工之妙的特点。根据伊贝林斯的理论,"超现代美学的特点主要是独树一帜的标志,是相对中立的"。[①] 这一美学反对80年代和90年代初的建筑美学,以"后现代主义和解构主义建筑为标榜:几乎总是包含一个消息,今天建筑越来越成为一个空的媒体"。但建筑"空媒体"的目的,是故意避免传达信息和象征的意图,它并没有体现出什么不同的或新的内涵。它创造了独特的感官体验。大的、开放的和空的内部容积,半透明和透明使用,使各种新材料和饰面创造精确聚焦的感官效果,所有这些策略都是由超现代主义建筑师的独特工艺打造的空间体验,那里的经验可以被运用在特定的建筑中而不能重复。

回顾过去,超现代主义美学的兴起激发了"体验设计"和"体验经济"的两个年代。可以看到它已经采用未来十年的建筑理念,即成为全面运作的新的逻辑,"签名"的名牌设计师的品牌与城市和公司是一样重要的。典型超现代主义建筑用简单的几何体量提供了微妙的感官效果,并试图消失在遥望的过程中。2000年典型的品牌架构似乎都不一样,容易识别和独特的形式成为设计媒体的通信图标。但同时,正如超现代建筑一样,标志性建筑也作为签名空间有一定的目的,即它们提供独特的感官体验场景。弗兰克·盖瑞(Frank Gerrhy)的建筑如古根海姆美术馆复杂的动态形式、洛杉矶迪斯尼音乐厅或在麻省理工学院地层中心有着双重功能,看起来具有戏剧性,是在特定时刻的完美的例子,它们同时承诺了一个独特的体验空间,需要物理访问。

伊贝林斯看见十年后建筑的今天,可以说同

---

① Ibelings, Hans. Supermodernism: Architecture in the Age of Globalization[M]. Rotterdam: NAi. 1998: 88.

样的超现代主义美学也融入了设计。21世纪上半叶，苹果产品的团队提出了新开发的材料和装饰面，平坦的表面上有多个按钮或不间断的螺钉，单色外观在视觉上强调整体形状、圆角、苹果LOGO，创建三维效果的辉光和简单的整体三维形式，所有这些技术共同创造一个强大的印象，一个褪色并完全溶解的对象。同时，相同的对象——笔记本电脑，显示器或是创造另一个经验的空间，尽管有着戏剧性差异的大小，这些实物与建筑之间，是一个完美模拟的"新的空间感"。伊贝林斯发现超现代主义建筑的"无限的和不确定的空间"，即"软壳的一个空虚而安全的控制"。

伊贝林斯推测了建筑超现代主义美学的不同原因，但在个人信息技术的情况下，这是"无限的"，同时是"未定义"的、"安全中的空间形式、灵活的外壳"，似乎是对这些技术意义的一个完美的空间隐喻，意在通过苹果、诺基亚等进步技术和设计公司，即适应的生活方式和文化趋势的技术，在21世纪以移动性、灵活性、预定义的界限进行研发。最后的意义，也定义了现代计算机的理论，通用仿真机、软件可以模拟其他机器和工具、无限数的和，再通过软件，产生无限制的膨胀。但是，如何找到一个视觉或空间的表达，这便是最初的机器。这是当代美学面临的挑战之一。具有超现代主义美学的苹果产品由其团队设计，迄今为止是对现实挑战的相对成功的解决方案之一。

第七章
新媒体艺术形式的演变

新媒体艺术的观念内涵离开了形式语言将无从探源，只有通过形式语言的表现，观念内涵方能达意抒情。新媒体艺术的形式语言，是一种数字抽象符号的系统，运用形式模型对数字语言、数字语义进行理论上的分析和实践上的描写，用以实现观念内涵的数字化设想。

形式法则是一种规范，新媒体艺术创作者用作品来说明其所运用的形式手法和数字技术在一定新媒体语境中的合理性，证明作品中形式元素规整为新媒体作品的唯一性。

新媒体艺术的形式语言带来了从传统美学向媒体艺术融入的最恰当的语境关系，是一个起承、转换和扩张的境界，在媒介形式主义的指引下赋予"光质""信息""时间""声音""空间"以新的内涵。"光质"是符合媒体艺术的审美范式，有着材质与质感的属性界定作用。在新媒体作品中是以数字媒介和电子媒材为主的感官效果；"信息"是对于主题与内涵的表述途径，对社会与生活进行媒体视觉的呈现，也是新媒体形式语言的功用所在；"时间"则是贯穿于线性与非线性的视觉与听觉的维度空间，是多媒介融合的标志；"声音"是环境元素与气氛营造的听觉内容，是建构新媒体视听空间的听觉语言，与视觉语言交相呼应；"空间"是新媒体形式语言赖以生存的存在概念，空间可以是维度的，也可以是虚拟与真实的，是新媒体作品完整存在的表征。

第一节　数字拟像形式

拟像是模拟现实世界中的过程或系统的操作，在时间上，模拟某物首先需要的是一个模型，该模型代表了选定的物理或抽象系统以及过程的关键特性和行为功能。该模型代表系统本身，而模拟的系统的操作，随着时间的推移而改变。

在许多情况下，模拟技术的性能可以被优化，可在安全工程、测试、培训、教育和视频游戏中使用。通常，计算机实验被用来研究模拟模型。模拟也与自然系统或人类系统的科学模型相一致，以进行他们的模型运作。模拟可用于显示最终实际影响的替代条件和行动的范畴。模拟模型可被用来作为真正的系统，因为它可以被访问，是拟像设计和形式建立的根本存在。

拟像的关键问题，包括获取对有效的源信息的相关选择、关键特性和行为，使用简化的近似和假设的模拟，以及保真度和有效性的仿真结果。

数字模拟的术语为：直接数值拟像模型的可视化（Visualization of a Direct Numerical Simulation Model）。从历史上看，不同的领域中所使用的模拟都是独立的，但20世纪的系统理论和控制论形成了相互结合的研究，在所有这些领域中推广使用的计算机导致一些统一和更系统的观点的概念。

物理模拟是指物理对象被替换为真实事物的模拟。这些物理对象通常被选择为更小或更便宜的实际对象或系统。

交互式仿真是一种特殊的物理模拟，通常被称为循环仿真，其中物理模拟包括人类的操作，如飞行模拟器或驾驶模拟器。

在循环模拟中的人可以包括一个所谓的合成环境和计算机模拟，被称为综合环境（Synthetic Environment）。故障分析中的仿真故障分析（Simulation in Failure Analysis）是指在模拟中利用创建的环境和条件，以确定设备故障的原因。这是最好的和最快的确定故障原因的方法。

计算机模拟（或"模拟"）是一种在计算机上模拟现实生活或假设情况的尝试，以便研究系统正常的工作。通过改变变量的模拟，预测对系统可能产生的行为。这是一个工具,实际上是调查行为的系统研究。

计算机模拟已成为许多自然系统建模的一个有用的部分,在物理、化学和生物学方面,人类系统在经济学和社会科学以及其工程中,获得洞察这些系统的操作。一个很好的例子便是用计算机来模拟,可以在网络流量模拟的领域中找到。在这样的模拟中,模型的行为将改变每个模拟的假设,使环境中的初始参数得以集合。

传统上,正式的建模系统已经通过一个数学模型,它试图找到分析解决方案,使系统的行为获得预测,从一组参数和初始条件中得以确定。计算机模拟通常被用来作为一种辅助的,或替代的建模系统,简单的封闭形式的解析是不可能的。有许多不同类型的计算机模拟,其共同特点是,它们都试图生成模型,其中一个模型是一个完整的状态,也将是令人望而却步或成为不可能的示例。

运行计算机仿真建模存在的几个软件包,如Monte Carlo模拟、随机建模、多方法建模,它们可以使所有建模不费吹灰之力。

现代使用的术语"计算机模拟"可能包括任何计算机为基础的表示。

在计算机科学中,模拟有一些专门的含义:艾伦图"模拟"(Allentu "simulation")指的是当一台通用机器执行一个状态转换表时,即计算机运行的程序,描述了状态转换,输入和输出了一个主题离散状态机。因此,计算机模拟机器,是理论计算机科学的术语模拟状态转换系统之间的关系,是有用的操作语义的研究。

从理论上讲,计算机模拟的是一个有趣的计算机模拟。在计算机结构体系中,通常被称为模拟器,通常被用来执行一个程序,必须运行在某些不方便类型的计算机,例如,一个新设计的计算机尚未建立或一个已不再可用的计算机,或在严格控制的测试环境中的计算机体系结构模拟器和平台虚拟化。例如,模拟器被用于调试程序或商业应用程序,在程序下载后到达目标机器。由于计算机的操作是模拟的,所有与信息有关的计算机的操作是直接可用的程序,其模拟的速度和执行方式都可以被改变。

模拟器也可以用来解释故障,或测试的超大规模集成电路逻辑的设计。符号模拟使用变量来代表未知值。

在优化领域,物理过程的模拟经常与计算进化相结合,以优化控制策略。

虚拟仿真代表了一个特定的模拟类别,利用模拟设备,为用户创建一个模拟世界。虚拟模拟允许用户与虚拟世界进行交互。虚拟世界的操作平台上的集成软件和硬件组件成为主要部分。在这种方式中,系统可以接受来自用户的输入,例如,身体跟踪、声音识别、物理控制器,并产生输出到用户的视觉显示、听觉显示和触觉显示。

"艺术的理想形态应当是发育完善、全信息的,亦即全视听的"。全视听意味着多方位的造像与造景,利用人类视觉暂留阈值的特性,接近一种稳定、持续的动态图像,在二维的界面中创造三维的数字化内容。利用一种理想的图式表达主客观世界的遐想,与其说是一种数字式造像,不如说是一种基于生活本身的数字式模拟。这类形式语言逼真、单纯和细腻。

一、形态模拟

在2011年国际新媒体艺术三年展上,中国艺术家王郁洋(1979—)的《人工月》是一个典型的利用电子设备、数字技术模拟造像的作品(图7-1)。作品运用10 000个不同型号的节能灯、钢制骨架以及电线和电缆塑造了一个圆月,在形式语言的运用上,旨在表现一种灯的秩序、月的形状、光的感官。

图7-1　王郁洋,《人工月》

图片来源:"延展生命"国际新媒体艺术三年展,中国美术馆,2011

在幽冷月光的释放下,灯泡设置得井然有序,衬托出月亮的形状,一个关于月亮的联想油然而生,跃然于人们心中,在一个现代文化的公共场地营造一轮明月以供观者享用的自然天象,是一种对于"明月"缺失的感怀。

荷兰艺术家戴欧·杨森(Theo Jansen)的"行走的动物"机械装置系列给人们创造了一个个古生物重生的深刻记忆(图7-2～图7-6)。其中一个大型的风力机械装置曾经被汽车生产商宝马看中,成为商业广告中的主打创意。《行走的动物——三叠纪动物》由七件化石组成,它们以各自的形式语言传达着远古动物的特征,成为旷野中罕见的行走异类。化石一:普通动物,错落有序的肢体建构出一个强健而又庞大的身躯,以线条为元素的肢体形式中隐藏着内在的能量,有着跃跃欲试大踏步的欲望。化石二:普通行走动物,一个阿塔利(Atari)电脑诞生后产生的作品,一根根管子搭建成的脚在预设的程序引导下进行赛跑,胜利者将获得选择与再造。化石三:基因动物,这个依据遗传密码制造的基因动物有375根尺寸一样的管子,意味着其所拥有的375个基因。通过在海滩上的赛跑比赛,具有优秀基因的怪兽将胜出,其基因将被复制到失败者的体内,以此培养出更好的基因动物。这个装置运用了整齐一体的线条方案,呈现了一个步履矫健的运动怪物。化石四:带皱的蠕动动物,这只能在水中浮游的海洋时代怪兽有着海浪般的曲线肢体,摇曳的触须在有规律的形态中变换长度,形成优美的张力,体现了它形态独特的地方。化石五:气压行走动物,在干燥的沙地里依靠压缩空气行走的怪物,有着坚实的结构,形如小型钢架建筑,刚强有力。化石六:普通蠕动动物,体态像蛇,背部安装了采风瓶,有了多年收集的风力后,可以走上一分钟。化石七:脊椎动物,又名沙粒动物,擅长收集沙子制造沙丘,胶纸质地的皮肤能够适应环境色,有着更为仿真的造型。七件化石分别用复制、排列、交叉、循环、跳跃、逶迤的直线构建怪物们的威武身姿,在新媒体机械装置的创作中实现了一种全新的视觉印象。①

图7-2　戴欧·杨森,《普通动物》,机器装置系列

图片来源:《身体·媒体》龚彦、理查德·卡斯特里,上海锦绣文章出版社,2007

图7-3　戴欧·杨森,《带皱的蠕动动物》,机器装置系列

图片来源:《身体·媒体》龚彦、理查德·卡斯特里,上海锦绣文章出版社,2007

图7-4　戴欧·杨森,《气压行走动物》,机器装置系列

图片来源:《身体·媒体》龚彦、理查德·卡斯特里,上海锦绣文章出版社,2007

图7-5　戴欧·杨森,《基因动物》,机器装置系列

图片来源:《身体·媒体》龚彦、理查德·卡斯特里,上海锦绣文章出版社,2007

---

① 马晓翔.新媒体装置艺术[M].南京:南京大学出版社,2013:97.

图 7-6 戴欧·杨森,《叠纪动物》,机器装置系列

图片来源:《身体·媒体》龚彦、理查德·卡斯特里,
上海锦绣文章出版社,2007

图 7-7 玛特·派克,克瑞斯·派瑞,西蒙·派克,《行走的城市》(一)

图片来源:HATJE CANTZ CYBER ARTS ARS ELECTRONICA,2014

图 7-8 《行走的城市》(二)

图 7-9 《行走的城市》(三)

图片来源:HATJE CANTZ CYBER ARTS ARS ELECTRONICA,2014

《行走的城市》是一个关乎宇宙万物的连续事件,包括需求的艺术线、观察人类运动、情绪设计、建筑和声音。它的灵感来源于行走在城市中的感觉,如何吸引你周边的事物转变其感受与情绪,如何使自己成为这个城市制造的一部分,一个人造的生态系统。参考了20世纪60年代以建筑实践为己任的建筑电讯派乌托邦版本,《行走的城市》逐步地加入了影像雕塑的成分。材质和形式的语言体现在激进的建筑变形中,作为游牧的城市以无止境的行走适应这周遭环境中的一切境遇。

3D人物是怎样的?身穿数字的服装,移动着、破碎着、再现形式、无止境地走在影像雕塑所呈现的屏幕中央:它所创造着的人工的形式是如此的生动,却并非合成的。它展示了在现代建筑中结构的过程,延展出众多审美的结果。《行走的城市》用渐变的方式转变着不同的服装,从面到形、从轮廓到野兽派,成为一件循环往复的行走作品(图 7-7~图 7-9)。

二、功能模拟

中国艺术家吴珏辉的作品《USB器官》是一个计算机设备模拟人类器官的装置。作品由头盔、头戴式显示器、USB摄像头、USB麦克风、计算机和程序所组成。作品表现出一种对人类器官延伸的意愿，受众可以通过"USB器官"视网膜（头戴式显示器）、眼睛（USB摄像头）、嘴（USB麦克风）、大脑（计算机程序）获得外界的信息，从而感受一种存在的体验。装置元素主要由计算机设备构成，因而在形式语言的运用上有着移花接木的效果，头盔圆柱形、摄像头与麦克风的圆形形成了三点一面的立体关联，装置呈现一种后工业时代的设备嫁接美学，是一种威猛、怪诞而又张扬的形式风格（图7-10、图7-11）。

声音由空气振动而来，这种振动被称为波。《波形媒体》是一个物理的装置，体现了声音数据的形式（图7-12）。换句话说，它就像一个音乐录音机，但它是动态的，可穿戴的和可定制的。它可以从数字声音数据中直接产生，并将数字制造工具作为激光切割机。

作品之一，即声音附件，是一个时尚附件与音乐录音之间的混合物。你可以戴着你祖先的声音信息，比如你的外祖母或是爱你的先人。无论你何时穿戴它，你都会获得真挚的物理信息的提醒。波形软件也可通过"波形媒体"网络摄像头截取的图像"回放"信息。

另一个产品是"声音阻力"，一个新玩具可以使我们播放"波形媒体"。你可以轻易地通过改变"小声阻力"的组合使用你最原始的"波形媒体"。

这个作品所使用的技术来源于所有简单的和低技术的对比，有着其他的音乐格式，如MP3、Wave和压缩数据。作者相信最简化的"波形媒体"格式比其他格式更长久，也许存在1 000年，媒体便成为记忆。

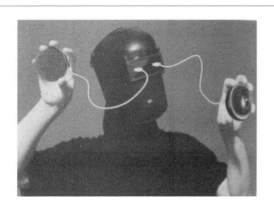

图7-10　吴珏辉，《USB器官》之一，2011

图片来源："延展生命"国际新媒体艺术三年展，中国美术馆，北京，2011

图7-11　吴珏辉，《USB器官》之二，2011

图片来源："延展生命"国际新媒体艺术三年展，中国美术馆，北京，2011

图7-12　社会制造中心（Social Fabrication Center），《波形媒体》（Wave Form Media），2013

图片来源：HATJE CANTZ TOTAL RECALL The Evolution of Memory ARS ELECTRONICA, 2013

图7-13　琳卓·艾尔里希（Leandro Erlich），《天窗》（Skylight, the clouds story），影像装置，2009

图片来源：上海国际画廊邀请展，上海，2009

图 7-14 詹姆斯·乔治、琼纳森·米纳(James George、Jonathan Minard),美国,《云》(Cloud),2014

图片来源:HATJE CANTZ CYBER ARTS ARS ELECTRONICA,2014

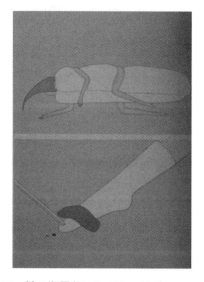

图 7-15 川口顺子(Yoriko Mizushiri),日本,《蒲团(一)》(Futon),2014

图片来源:HATJE CANTZ CYBER ARTS ARS ELECTRONICA,2014

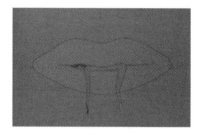

图 7-16 川口顺子(Yoriko Mizushiri),日本,《蒲团(二)》(Futon),2014

图片来源:HATJE CANTZ CYBER ARTS ARS ELECTRONICA,2014

三、意境模拟

阿根廷艺术家琳卓·艾尔里希(Leandro Erlich,1973—)的作品《天窗》(Skylight, the clouds story)用影像模拟了一片多变不测的天空,白云飘过蓝天依旧,天窗显示器被置于展览馆的天顶,有着强烈的现场感与真实感。作品用一种完美的手段再现了与人最为亲密的自然的现象,天窗中的景色让人遥不可及,一种眩晕与停滞给人一种宁静的遐想。作品的形式语言严谨而又感性,天窗的黑色硬边与蓝天白云的飘逸形成了强烈的视觉对比,是一种虚拟环境的意境模拟呈现(图 7-13)。

《云》是一个交互的、生成的纪录片,它能让观众在密码和文化的交集中开启不同的景象。影片运用了电影的新格式,名为 RGBD,并用开放源软件创造,《云》用数据驾驭"故事引擎"呈现一个无止境的、处于变换的对话。《云》里的访谈主题是超过 40 个艺术家、设计师、黑客和思想家之间的跨代的交流(图 7-14)。他们聚焦于新形式表现的发展与挑战,在深刻的人类水平上获得了共鸣。纪录片抓取了开放资源工具的合作创作故事,形成了一个全球创意文化的基金会。访谈的主题包括自由创意密码平台的创始人,如卡斯·瑞斯(Casey Reas)和扎希·利伯曼(Zach Lieberman),还有来自思想家的批评人事,如布鲁斯·斯特林(Bruce Sterling)和赫京·堤坝缇(Régine Debatty)。《云》不是一个线性的故事,但用 Real-Time 可执行播放,生成的对话结果基于交互的输入。每一个受访者都被编辑入个人的片段,有着丰富的标签。从文件夹到文件夹,算法创作了一个非线性的新的对话,保留了想法与主题的连续性。观者用姿势和空间交互隐喻通过根茎内容空间(Rhizomatic

Content Space)进行过程的记录。通过开放的帧工作,《云》的访问者与虚拟系统的镜头相接;Real-Time 的图形模块由指引计算机的艺术家和设计师创作而来。《云》被形容为完全的生成内容,其音色和主题由故事引擎控制。

《云》在展示时被设定为互动装置,观众可以根据各自的兴趣选择最初的问题作为检索故事的引擎。它们被呈现为一系列的访谈流和互动视频,展示了对主题的回应。面对巨大的屏幕,通过交互手势感应 Kinect 或是通过凝视运用 Oculus Rift 虚拟现实头盔展示。

四、概念模拟

抱成一个蒲团,记忆便袭上心头,未来是可想象的,知觉是可再次体验的,物理感受如同一个女人的深层本质……每一件事情都愉快地融合在一起。在蒲团里,身体在游荡,寻找这些知觉。

电影《蒲团》由相关的移动和知觉,以及梦幻与现实之间知觉的再现组成,就像淡入睡眠的运动。艺术家的焦点在于舒适和愉悦,它存在于紧接着的移动和柔软接触的感受之间自由的关联,来自于极少主义元素的表达,与所出现紧张感的平衡一致。倾向于简洁、安静和跨科学的飞跃,类似于传统的日本审美(图 7-15、图 7-16)。

"土地"这个词总是给我们深刻的印象。土地似乎无比广袤,但也很有限。土地,是安静的,然而也是充满活力的。某个人独自生活在土地上,那就是孤独的人类。

艺术家的意图是表达一段动画里的若干图像;用于动画的那些图像看似存于艺术家心中的微型花园,所以用动画去表达有着诗意般的世界印象。艺术家用 Photoshop 和 After Effects 绘制出所有元素却没有特殊的效果,一帧一帧地进行编辑,用一个手绘的动画表现动态图像和图像设计。3D 是艺术家的钟爱,但他仍然相信 2D 的诸多可能性(图 7-17、图 7-18)。

第二节 数字嫁接形式

技术的整合与使用涉及的技术嫁接,可作为一种工具,以提高内容领域或多学科设置的综合运用能力。能够选择技术工具,帮助人们及时获取信息,分析和合成信息,并呈现专业化的技术,有效地整合技术。这项技术应该成为一个功能组成部分,和其他嫁接工具一样,是可以访问的。每一个单元的焦点是形式的结果,而不是技术本身。

整合技术不仅能给艺术创作一种权力的意识,而且还可以让艺术创作在广泛的话题中进步。然而,这些技术需要基础设施,持续的维护和维修,一个确定的元素,在许多情况下,可以用于嫁接目的,促使其获得成功。基础设施所需的操作和技术支持集成具有基本电力水平,互联网服务供应商、路由器、调制解调器和人员,都将用以维持网络,超出了硬件和软件为初始成本。技术集成的标准,即可以提供先进的工具,在广泛的主题中得以运用。信息和通信技术的整合往往是密切监测和评估的结果。

图 7-17 马萨诺布(Masanobu Hiraoka),日本,《土地(一)》(Land),2014
图片来源:HATJE CANTZ CYBER ARTS ARS ELECTRONICA, 2014

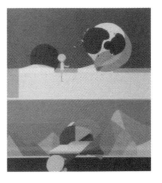

图 7-18 马萨诺布(Masanobu Hiraoka),日本,《土地(二)》(Land),2014
图片来源:HATJE CANTZ CYBER ARTS ARS ELECTRONICA, 2014

图7-19 艾·瓦达(Ei Wada),《布劳恩的爵士乐队》(*Braun Tube Jazz Band*),2010

图片来源:Repair Sind Wir Noch Zu Retten ARS ELECTRONICA HATJECANTZ,2010

图7-20 尼古拉·德沃(Nicolas Deveaux),法国,《5米80(一)》(*5 Mètre 80*),2014

图片来源:HATJE CANTZ CYBER ARTS ARS ELECTRONICA,2014

图7-21 尼古拉·德沃(Nicolas Deveaux),法国,《5米80(二)》(*5 Mètre 80*),2014

图片来源:HATJE CANTZ CYBER ARTS ARS ELECTRONICA,2014

技术集成在某些情况下是有问题的。一个高比例技术设备已被证明阻碍或减缓了应用任务。在一些情况下,以交互为中心的互动集成技术已经证明,发展更多的合作意识关乎社会关系。成功或失败的技术集成在很大程度上依赖于对技术因素的超越。由于集成技术的适当软件具有可用性,在软件访问和技术集成方面是有所限制的。技术有助于全球的发展和多样性的艺术,并有助于开发基本的构建模块,需要观念实现更复杂的想法。为了使技术在艺术中发挥其作用和影响,必须访问技术的语境内容,即与文化相关的,有所响应的和有意义的艺术实践,促进后现代观念和积极的艺术实践的相互合作。

"后现代"的艺术观念自20世纪中期就已根植于艺术创作之中,90年代中后期对国际当代艺术创作同样影响巨大。在数字艺术创作中对图像符号加以借用与混合是一种媒介时代对"后现代"艺术方式的延续,表达了一种对历史的反思和对现实、未来的关注。这类数字形式在社会文化语境与艺术创作本体方面都能够深刻地突出艺术家乃至艺术本位的哲学立场,通过数字式挪用、拼贴进行预设的隐喻,此类形式语言超验、别致、另类。

一、视听元素嫁接

《布劳恩的爵士乐队》(*Braun Tube Jazz Band*)作品的装置包括两个部分,一部分即以电缆为传输途径的音效创作的光模式,另一部分为可移动的图像模式,由音频文件转化为声音文件,作品巧妙地将视觉图像与听觉元素进行嫁接与整合。通过图式记录与应用,电影被转换为音轨文件,模式成为"声音的信息",逐渐简化,音频图像即刻被转化为声音。电视播放的光电效应转换为声音之后,将计算机运行行为转为听觉与视觉的源码,人们可以通过"记录"与"停止"控制计算机的行为(图7-19)。[①]

《5米80》是一部电影:一群长颈鹿被安排在高空杂技表演的队伍中。它们在斜坡上轻跳旋转,确定自己的位置;在奥林匹克的游泳馆内,第一个长颈鹿跑向跳台伸展着姿势;另一个则被倒立着悬挂在天花板上,它的工作是将跳台上的长颈鹿吊起悬于空中;下一个则间隔不远……长颈鹿们在跳入水中,游到泳池对岸之前,积极地执行着循环而又曲折的任务,然后它们跳起排成线准备下一次跳水(图7-20、图7-21)。

这部电影被认为是对于玩耍的阐释。荒诞所引发的是惊奇,并迅速地化解为阳光的幽默。值得注意的是长颈鹿的表演在视觉上显得十分丰富,我们没有感受到电影中恶作剧的意味,与此同时,我们感受到的是荒诞、趣味和诗意。

[①] 马晓翔.新媒体装置艺术[M].南京:南京大学出版社,2013:102.

二、界面嫁接

图 7-22　李庸白，韩国，《碎镜》，2008

图片来源："延展生命"国际新媒体艺术三年展，中国美术馆，北京，2011

韩国艺术家李庸白的互动作品《碎镜》借用了西班牙古典主义大师委拉斯贵兹的宫廷绘画镜框作为玻璃界面，通过红外感应装置实现观众面对镜子时镜子砰然砸碎的情景（图 7-22）。装置的形式中包括了完美的形式（古典优雅的油画镜框）、介入的形式（观众进入镜面并呈现之中）、破坏的形式（镜面上出现破碎的斑迹），使受众从好奇地参与到由自己身影所引发的碎片镜面而产生些许内疚。作品将原景（镜面）、变景（镜面中的身体）、碎景（破裂的镜面）通过技术手段进行有效的嫁接，产生了一个由进入诱惑从而产生罪恶感的语境。

《凝视的桌子》（图 7-23）是一个联系艺术与神经科学的项目。它由一个桌面的若干个屏幕组成，电子艺术节的参观者通过凝视可以在屏幕上看见肖像图像是如何生成的。参观者可以通过两种方式进行：他们的凝视可以被眼睛追踪实验装置捕捉或是贡献一张肖像画给自己。

参与者坐在屏幕的前方，几秒之后便显示了肖像的图像。眼睛追踪装置紧跟着眼睛的移动，定位周边的图像，这样眼睛可以短暂地休息即固定下来，扫视它们的轨迹。

凝视的人们参与了一种被记录和被存储的实验。大多数观众一次又一次地看见肖像，每一次特殊的凝视过程被加入前一个参与者的肖像中。

所有参与者肖像上的眼睛轨迹被集中在一起，然后在《凝视的桌子》的屏幕上被可视化。生成的图像显示了同一时间许多人们被凝视揭开的面部方式。

《凝视的桌子》目的在于用肖像的不同部分吸引人们，它们被真正的所见，不被看见的部分则聚焦于肖像的其他部分。

项目调查目的是使我们看见或关注何时可以创造一个人的肖像。面容通过不同参观者凝视的积累而确认其身份。"看"的行为有时反映了特殊的与世界或他人的互动方法，这可以被理解为人类历史中特殊时间的个性。正因为此，一天又一天，观众凝视肖像的巨大数据将再生为凝视的记忆积累，反映人们时间的特殊面貌。

图 7-23　马瑞阿诺·萨东，马瑞阿诺·西格蒙（Mariano Sardón, Mariano Sigman），阿根廷，《凝视的桌子》（*The Table of Gazes*），2013

图片来源：HATJE CANTZ TOTAL RECALL The Evolution of Memory ARS ELECTRONICA, 2013

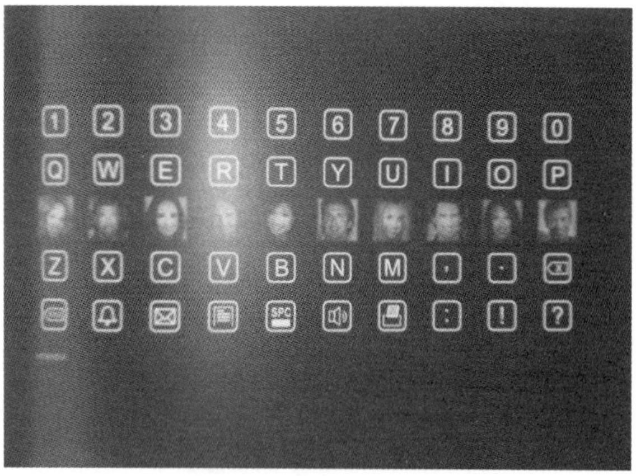

图 7-24 埃里卡(Erika),奥地利,《矩阵中的脸》(Faces in the MatriX),2013

图片来源:HATJE CANTZ TOTAL RECALL The Evolution of Memory ARS ELECTRONICA, 2013

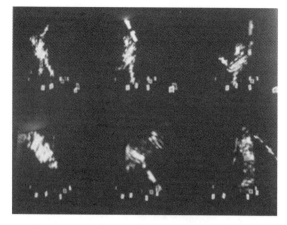

图 7-25 阿奇洛·西诺(Akilo Hino),《舞者信息》(Dancing Information),2010

图片来源:Repair Sind Wir Noch Zu Retten ARS ELECTRONICA HATJECANTZ, 2010

《矩阵中的脸》项目派遣观众进入一个矩阵,同时可以测试他们的脑电波,通过一个脑部计算机界面(BCI)分析并视觉化面孔(图7-24)。这个神经科学的实验被设计为建立主体的脑部反馈,根据不同的媒体个性特征产生反馈并产生名人的熟悉面孔。

当人们再次远距离地观看,人类的大脑可以存储各类所见与所视图像,以及其他人的面部特征。这种对面部的快速识别是逐渐进化的结果,也是这个研究的基本原理。面对外行,研究者看见的每一件事都作为神经元模式存储在大脑里。若是一张脸,被再次看见时,这将触发脑部的识别信息。这个神经元信息可以被脑电图(EEG)测试到。在三个脑部计算机界面站点,观众可以直接出现在数字的世界里,并被写下他们的脑电波。对于这个项目而言,他们进入的是一个特意设计的矩阵,他们面对的是无数张面孔。然后在逝去的时间里,神经元信号的强度将观众提出问题的回答传输进去。

这个矩阵研究的主导基础是一个基于脑电图的新的界面,矩阵在大脑皮层评估了脑信号。大脑计算机界面通过微阁技术将来源于大脑的直接信息视觉化。观众可以经历艺术技术站点,并自己尝试。他们可以观察自己的脑电波并参与奇妙的实验。

三、信息嫁接

《舞者信息》(Dancing Information)是一个媒体艺术形式,体现了参与者的极高热情,作品利用镜面揭示了一个有关趣味的概念(图7-25)。当参与者输入其个人的身份信息之后,其个人照片将通过网络上载的方式与人形结合,之后数字人形便开始舞蹈,上载的图片将汇集于主题的文档中,人们可以在线进行点击和浏览。作品中的人形变换基于信息的交替与嫁接,成为新媒体装置艺术的一种根植于技术之上的形态。

图 7-26 嘉科博·通斯基(Jacob Tonski),美国,《内部平衡》(Balance From Within),2014

图片来源:HATJE CANTZ CYBER ARTS ARS ELECTRONICA, 2014

平衡是微妙的,有时我们会因失去平衡而坠落。一个170年的沙发以一只腿为支点摇摇欲坠地平衡站立着,时常摇晃一下,间断地回应着外部的力量(图7-26)。

关系是平衡的结果,紧致的平衡树立在那里。这个想法转变为平衡的沙发,就像艺术家所思考的我们社会的互动关系是如何在一些简陋的家具中被找到的:晚饭、聊天、性、工作访谈,甚至死亡。值得惊奇的是人们创造了坚硬的腿用来支撑舞蹈中精致的关系,如此之倾斜以至于失去了节奏然后摔落。这些想法的根基和脆弱特性似乎是显而易见的,然而不可分的是艺术家沉迷于点亮它。其结果则是真诚而又荒谬的。

这个雕塑是沙发,半站立着,通过内部机器的结构,靠一只腿平衡着。一阵阵呻吟声低于普通的话语声,发动机间歇地发出声音努力保持着直立。地板上有着安装电池和控制器的盒子,联系着可弯曲的钢制电缆管道。

这个项目有两个单独的技术和艺术目标。第一个是创造一个活跃的动力学隐喻,预示着社会关系中的固有的风险,真实而非虚幻。第二个,是艺术家着迷于这个物件是否可以以一个固定的点完成感性的平衡。

雕塑内部的机器装置基于一个概念,即回应的轮子,一个常常运用在卫星中的技术可以确定空间地位。从其中心转移对应摔落的力量,或运用陀螺之力,自由地旋转发动机扭转沙发的运动帧,致使它向反方向旋转,影响地面腿部的移动重量。

"当你闪烁,我也闪烁;当你微笑,我也微笑"。

这段文字真实地体现了遍及整个欧洲和欧洲以外的LED建筑表面和城市显示器群组,它们是城市连接网络作品的一部分。在欧洲基金文化项目的架构下,电子艺术节未来实验室与高层伙伴结合,在德国开放艺术实验室、马德里普拉多媒体实验室、利物浦FACT或是柏林iMAL中心,将建筑表面媒体连接,用大尺寸的屏幕在城市之间构建实时交互窗口。显然,城市媒体屏幕的数量正在世界范围内增长。与典型的商业用途相比,连接城市将支持艺术信息的交换或是社会性相关事务。想象一下,一个城市屏幕的网络作品网格和灯光闪烁于15个城市,作为公共交流的平台提供服务,与人们的视觉进行互动,甚至同步发光。当建筑表面实时地穿过边界进行互动,这同样将促进当地艺术的交流,艺术家和观众将找到更多的欧洲的邻居(图7-27)。

通过一系列的城市连接项目,工作室、会议和程序,如艺术家和研究者,或是移动的城市媒体实验室,三种城市事务将被推动:

2013城市网络作品:通过城市媒体建筑进行城市与城市交流。

2014城市参与计划:通过公众的参与形成建筑社区。

2015可视化城市:不可视数据流成为媒体建筑上最敏感的内容。

在2013电子艺术节期间,林茨成为城市网络作品的会场。艺术项目的三个内容被呈现在电子艺术中心的交互LED界面上,或展示于展览空间内。

图7-27 《城市连接:一个欧洲的网络媒体》(*Connecting Cities: A Europe Network of Media Façades*),德国,2013,2013联网城市:奥胡斯-柏林-布鲁塞尔-德绍-赫尔辛基-伊斯坦布尔-林茨-利物浦-马赛-马德里-蒙特利尔-里加-圣保罗-维也纳-萨格雷布

图片来源:HATJE CANTZ TOTAL RECALL The Evolution of Memory ARS ELECTRONICA,2013

图7-28 《林茨音乐剧场》(*Musiktheater Linz*)，林茨音乐剧场互动装置之一
(*Interactive Installation at Linz's Musiktheater*)，2013
图片来源：HATJE CANTZ TOTAL RECALL The Evolution of Memory ARS ELECTRONICA，2013

图7-29 《林茨音乐剧场》(*Musiktheater Linz*)，林茨音乐剧场互动装置之二
(*Interactive Installation at Linz's Musiktheater*)，2013
图片来源：HATJE CANTZ TOTAL RECALL The Evolution of Memory ARS ELECTRONICA，2013

《林茨音乐剧场》(图7-28、图7-29)，是电子艺术创作的一系列互动装置，安放在大堂内。音乐剧场 Fries、SpielTisch、Hör 酒吧和 Cine 盒子给予观众一个复合类型作品的一瞥，它们创建了世界音乐剧场，与此同时提供了一种便捷的方式进入目前作品的信息空间。音乐剧场 Fries 混合了传统的历史挂毯叙事和数字媒体的沉浸世界：观众的光环出现在饰带处，像是闪光的幽灵，从15米长的织物音乐历史中带给主角。在 SpielTisch 那里，使用者可以获得关于这些主题的深层信息。而 Hör 酒吧和 Cine 盒子则提供了当前作品和音乐家的细节内容。

第三节 虚拟情境形式

面向编程对象，一个虚拟函数和虚拟方法是一个函数或方法的行为被重写和继承的相同功能。这个概念是面向编程对象中的多态性的部分，也是虚拟情境的一个重要组成部分。

情境艺术的营造体现在数字形式的空间化构成。数字内容、物态内容和观念内涵在此整合，以一种虚拟的氛围进行叙述。将艺术方案中的音乐、语言、声音、技术、媒体、政治、社会问题与概念作为视觉的根源。此时，多种媒材融为一体，电视和录像、多媒体与技术构成、绘画、素描、行为、装置，用表现的方式扩大了艺术的边界，改变了艺术的语言、内涵和实施方式。此类形式语言多元、跳跃、空灵。

一、光电情境

电子艺术中心(Ars Electronica Center)的《深度空间》(Deep Space)是一个具有互动、立体声和高清晰内容的大型空间项目(图7-30)。作品的构架观念与系统设计克服了早先虚拟现实技术的技术限制，关注于互动情节叙事中的多用户体验。16米×9米的墙壁与地面投影以及4个折叠平板电视硬件方案造就了一个深度空间，人们可以穿越时空，跨越时间在空间列车内行进。30～90人为小组的团队可以体验一个视觉的光谱：一种基于不同视觉图像技术的艺术作品,互动叙事的特征创建了一个新的互动方式,艺术的历史性、建筑性以及星象学的视觉结果。从形式与其实现方式来看,《深度空间》是一个具有前沿性的探索项目,

图 7-30 电子艺术中心(Ars Electronica Center),《深度空间》(Deep Space),2009

图片来源:HUMAN NATURE ARS ELECTRONICA HATJE CANTZ,2009

图 7-31 伯德兰·格兰钮勒,格瑞斯·卡森(Borderlands Granular, Chris Carlson),《[SJQ++]》,电子艺术节音乐日,2013

图片来源:HATJE CANTZ TOTAL RECALL The Evolution of Memory ARS ELECTRONICA,2013

图 7-32 铃木(Yasushiro Suzuki),日本,《闪烁的叶子》(Blinking Leaves),2003

图片来源:HATJE CANTZ TOTAL RECALL The Evolution of Memory ARS ELECTRONICA,2013

图 7-33　萨尔茨堡大学应用科学系＋电子艺术未来实验室（Fachhochschule Salzburg ＋ Ars Electronica Futurelab），奥地利，数字娱乐技术进步中心（CADET），2003
图片来源：HATJE CANTZ TOTAL RECALL The Evolution of Memory ARS ELECTRONICA，2013

光谱投射过程完全基于虚拟现实的基础，立足于人类计算机交互的作品。[①]

在145平方米的地面投影下，人们可以穿越其中，充分领略物理移动与屏幕动态之间的形式和谐关系。个体与群体在空间内的自由移动营造了一种虚拟世界中的沉浸式体验，空间边界的虚拟环境是一种真实空间的内在写照。伴随着人们在空间内不断变换的位置，同时也设定自身在互动与合作场景中的不同角色。

在作品《[SJQ＋＋]》中"声音是空间的记忆"。这里听到的是来自克朗沃克斯的高端行为声音系统，它提供声音艺术的创作、最后的音调和音乐创作。声音是空间的记忆，是一个声音记忆雕塑，其结构包括声音与音乐的结合，包括国际历史声音的元素。

在作品《闪烁的叶子》中一个雕塑被坚定地根植于展览空间，像是一棵巨大的树干，但是成千上万的纸树叶给人势不可挡的气势。白色的叶子被吹起，如同在柱子上唤起了树冠上华丽的树叶。叶子的一面印着睁开的眼睛，一面是闭着的眼睛，在它们回转飘落着地时看似眨着眼睛。同时邀请参观者重新储存树叶，因为叶子可以被聚集并反馈给雕塑，触发另一个季节的变化。日本艺术家铃木将其"飘动"与"闪烁"写入了2011年的书《马巴他奇至哈巴他奇》(Mabataki to Habataki)（图7-32）。

数字娱乐技术进步中心（CADET）的研究项目由FFG奥地利研究推广机构的创新（COIN）计划合作资助，萨尔茨堡大学应用科学系和电子艺术未来实验室组成团队进行技术应用开发和设计技术推广，以此加强奥地利作为创新工程商业基地的地位（图7-33）。数字娱乐技术进步中心的目标在于倡导孕育和提升混合现实娱乐领域内的技术和应用。它的主旨是扩大数字娱乐和交流领域的沉浸、参与和交互。尽可能地将个人的自身、动机和情感置入一个联网作品的虚拟世界，这显然可以改变人们对多媒体产品和娱乐的理解。

二、像素情境

伊夫·耐渣（1970—）的新媒体作品《主体复

图 7-34　伊夫·耐渣，瑞士，《主体复制项目》（Photogramme de Die Subjektivierung der Wiederholung Projekt B），2007
镜面墙体空间物、投射物、材质结构、天花板绘画、投影
12频道声音装置 Installation sonore sur 12 canaux 37:37秒
声音乐队（Bande sonore：Bernd Schurer）
图片来源：Wolf Lieser Digital Art h.f.ullmann，2009

[①] 马晓翔.新媒体装置艺术[M].南京：南京大学出版社，2013：103.

制项目》(*Photogramme de Die Subjektivierung der Wiederholung Projekt B*)(图 7-34)在形式语言的呈现上运用了大量的计算机图形语言,其中的规则与非规则图形由节点、直线和曲线在相关参数的描述下得以呈现,色彩的像素信息则与坐标点匹配,矢量造型在音效环境的陪衬下产生了动态的神秘情境。装置利用镜面、空间、物理材质、绘画和投影形成了整体的视觉表达,在物理质地与矢量质感的对比中营造了一个别样的形式空间。

一篇轻松愉快的文章是关于语境化的谦逊和对动物的熟知。Zeitguised 工作室的作品将这两个部分很好地融为一体(图 7-35)。一方面力求个性设计的非拟人化或是动物的特征,另一方面通过解构的 CG 图片现实主义手法模拟了图片的结构。作品的第一阶段草稿是两年前的作品,定位于电视频道的一个分支。回头看来,它实际上计划创作一部电影和记录真实飞鸟的轨迹,在建构中用 3D 增加了图片的效果。然而,当人们重新回顾其主题和手绘的鸟的图形,人们更希望看见的是纯粹的 CG 动画的作品系统,最后的主意则促成了一部真正的电影的诞生。最终电影的观念混合了鸟的真实动态,使之有着微妙的幽默感。由玛特·弗洛山姆(Matt Frodsham)手绘的效果有着强烈的超现实和逼真的质感,在野生的语境中,鸟儿有了与之相对应的特征。"语境化的个性",作为其创作背景和幽默元素的设计方式,形成了其自身参照的无处不在的当代艺术特质。

《工作实验室》是一个在欧洲范围倡导了 3 年的项目,将艺术家工作室与研究实验室合二为一(图 7-36)。由 2011 年 EC 第七框架计划资助,《工作实验室》是一个欧洲联网作品,提供创意项目的研发平台,在科学、艺术与设计之间搭建桥梁。

《工作实验室》的项目内容被称为"你的综合"(Yours Synthetically),是公式化文字结论的巧妙反映:"谨上"(Yours Sincerely)。实际上,生物学意义上的读与写是在综合生物学基础上的,通过 DNA 语言的自身合并而完成。

图 7-35　Zeitguised 工作室,德国,《鸟》(*Birds*),2014

图片来源:Hatje Cantz Cyber Arts Ars Electronica,2014

图 7-36　极性团队:尼纳德·珀珀吾,艾芬·阿德比(Nenad Popov, Erfan Adbi),《工作实验室》(*Studio Lab*),2011

图片来源:Hatje Cantz Total Recall The Evolution of Memory Ars Electronica,2013

图 7-37　彼得·科格勒(Peter Kogler),《山洞》(Cave)装置之一,电子艺术中心、林茨,1999

图片来源:Wolf Lieser Digital Art h.f.ullmann,2009

图 7-38　彼得·科格勒(Peter Kogler),《山洞》(Cave)装置之二,电子艺术中心、林茨,1999

图片来源:Wolf Lieser Digital Art h.f.ullmann,2009

三、镜像情境

《山洞》(Cave)(图 7-37、图 7-38)体现了一种虚拟现实环境,是一个具有文学气息的史前洞穴的虚拟场景。人们通过 3D 眼镜窥视的洞穴场景是一种三维的镜像情境,信息源可以根据不同角度将动态信息发射至入口处的接收设备,从而观看到人们的运动过程。影像在左眼与右眼之间相互转换,每秒钟播放九十六张图片。该作品第一次创造了一个封闭的虚拟环境,在各元素相互的作用中营造情境,眼镜镜面则在时间的进程中呈现情境的变化。

《云集》基于普通的兴趣、习惯和市场,利用社会媒体的逻辑性和组织社区的图像,将其展示给画廊的观众(图 7-39～图 7-41)。用四组监视器,产生画廊空间内的全景呈现,形成特殊群体的影像,20 个一组的男性或 50 个一组的女性,都是亚裔,人们穿着黑色的衣服,男人们留着胡须。每一组都生发了生动的影像,人们可以插入先前被观看的其他的"群体"。一些群体比其他中年白人女子的全体人数多,以全景的方式呈现出来,站在旁边,等待着某件事情的发生,可以将其放入旁边的拉美人男性人群。不同的人口统计群体按地区划分了画廊的空间,他们的人数可以扩大或伸缩。

《云集》的灵感来源于 1975 年詹姆斯·库贝·巴拉德的《高层建筑》(High Rise),一个关于上千人居住在一个现代公寓楼的小说。渐渐地,幽闭恐惧症的孤独压力使得高层公寓中的居民形成了基于人口统计群体的氏族。情况迅速地变得十分可怕,居民们为维护其控制环境的权力开始互相残杀。对于巴拉德而言,居民是冷酷的、无情的、不敏感的,在这个封闭的"恶毒动物园"的环境中对于隐私和生存能力的需要是极少的。

居民们没有对政府部门侵犯他们隐私和组织产生数据的疑虑,如果任何事被侵扰,他们将用它们满足自己的目的。这些人在第一时间抓住了 20 世纪后期全新生活的样式。他们使得熟人迅速增多,缺乏他人的介入,是一个完全自我满足的生活,无所需求,永不失望。

巴拉德的脚本是关于孤立情况的反论和在高层建筑中类似 21 世纪社会媒体的影响。因为他们的有效性和在我们日常生活中病毒的扩张,像脸书(Face Book)这样的虚拟环境成功地殖民了我们存在的社会。使用者可以有意地在社会媒体的系统中建立他们的隐私,因为他们将我们的社会生活的管理进行了简化。反过来说,我们正面对这样一个系统,它控制着我们所知道的一切、我们对它们的了解和这样的关系如何架构、回忆和前行。社会媒体技术包括基于人口统计学分割原则的身份再分配、社会排他性和社区呈现。就像《云集》和《高层建筑》一样,个人的碰撞和大众媒体介入心理病理的逻辑故障,通过技术再次布局。

《云集》(图 7-39～图 7-41)运用了四个立体声的摄像机和电脑视觉的算法,在画廊中呈现人群,计算他们的处所和他们的数据库。影像的全景由数据库分析和人群特殊性选择构成。人群由每一组人群的相对位置计算和无交合的表现而构成。群体是动态的和典型的选择产生,一个屏幕只能显示人口统计学的主体内容,一个是极少数的,另一个是一些族群作为画廊中的人而存在,有着在广泛动态选择的人口统计学中的旋转全景。

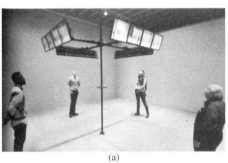

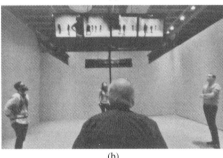

图 7-39　詹姆斯·库贝(James Coupe),英国,《云集》(*Swarm*)之一,2014

图片来源:Hatje Cantz Cyber Arts Ars Electronica,2014

图 7-40　詹姆斯·库贝(James Coupe),英国,《云集》(*Swarm*)之二,2014

图片来源:Hatje Cantz Cyber Arts Ars Electronica,2014

图 7-41　詹姆斯·库贝(James Coupe),英国,《云集》(*Swarm*)之三,2014

图片来源:Hatje Cantz Cyber Arts Ars Electronica,2014

图 7-42　医疗电子设备制造商(MED-EL),《音频世界》(*Audioversum*)之一,2013

图片来源:Hatje Cantz Total Recall The Evolution of Memory Ars Electronica,2013

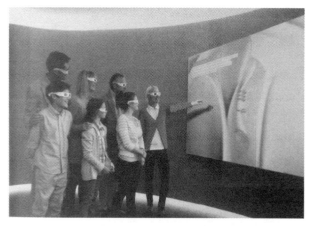

图7-43　医疗电子设备制造商(MED-EL)，《音频世界》(Audioversum)之二，2013
图片来源：Hatje Cantz Total Recall The Evolution of Memory Ars Electronica, 2013

图7-44　医疗电子设备制造商(MED-EL)，《音频世界》(Audioversum)之三，2013
图片来源：Hatje Cantz Total Recall The Evolution of Memory Ars Electronica, 2013

MED-EL，是一个蒂罗尔基础的医疗电子设备制造商，电子艺术孕育并生产了斯布鲁克《音频世界》(图7-42~图7-44)。这个互动展览有着1 000平方米的空间，在听觉方面提供给观众不寻常的内容。装置的创作是特地为此展览所定的，它定制了声音实验室，给观众一个趣味的创意方式获得在听觉方面的新的视野。在一定距离内，人们可以在双耳游戏中自由放飞虚拟鸟，在放大的头发细胞的样本上弹奏乐曲，创造一曲声音程序，数字音乐则配以阴影画面。交互的信息层次和多样的教学方式有效地穿越趣味的材质，获得关于世界的聆听。

第四节　非物质再现形式

文化包括物质文化和非物质文化。构成一种文化的思想或想法被称为非物质文化，与物质文化相反，非物质文化不包括任何物质或物品。非物质文化的例子包括任何思想、信仰、价值观、规范，以及可能有助于塑造社会的精神世界。

物质文化是日常生活中的物质或技术内容，表明社会的阶层和社会的生活。非物质文化是对物质文化的调整，或者是习俗、信仰、交际方式的体现，这包括：政治、经济、语言、规则、风俗、家庭、宗教或信仰、价值观和知识等。非物质文化价值观是如观念、思想、哲学、形而上学的"精神"，是价值观和信仰关系等。

当代社会文明是各种文化的碰撞与交融，各类文化中的图像、记号及图形，可以表明它们的渊源及意义，数字艺术家利用数字媒介在神话、宗教、传说、艺术及现代文化中对它们进行多方位的诠释。非物质视觉再现的范畴从最简单的形状、色彩，到传说中的怪兽、神圣祭典及神祇，再及全世界流行的大众品牌，数字符号与象征在此得以体现。主题性体系在数字象征的手法中更为直接，此类形式语言隐晦、复杂、多义。①

一、记号再现

《奥斯博客》(Ozbok)是一个有着娱乐性质和精神层面的作品，滑稽可笑的图形以一种记号的形式相互作用(图7-45)。作品更注重数字记号形式所蕴含的标识特质，在界面中游离的形式代表了记号在作品中的作用。强烈的识别性、色彩的导引性、类型的同一性、造型的趣味性以及记号意义的明晰性都在不同程度上表现出作品独树一帜的面貌。

曾经的Loophole4.com网站推广了超过20万开曼群岛匿名公司打折出售的真实身份，为的是让避税天堂中海外商业的特权民主化。帕欧罗·茨瑞欧(图7-46)黑了开曼群岛公司的政府网站，编译了一个主要在加勒比海外中心注册的公司名单。他于第一时间发布了数

---

① 马晓翔.新媒体装置艺术[M].南京：南京大学出版社，2013：106.

据,然后通过数字化创作每个公司假冒的合作证书揭露其信息,所有事件签署的是他的真实姓名和签名。

　　虚假的证书发布在 Loophole4.com 网站上,每个人都被邀请通过购买合作证书来操纵公司的身份信息,从 99 美分开始,使它们规避税收。大量的合作信息盗取于开曼公司合法的匿名信息:真实雇主的保密信息允许任何人冒充他们。简言之,这个想法让海外中心的主要事务变得不堪一击,紧接着又开发了合作证书。这个行为引起了国际媒体的注意,参与其中成为积极的观众,激怒了开曼群岛的当权者、全球银行、公司的真正拥有者、国际会计事务所和法律事务所。最后艺术家激起了十个国际法律威胁和两起来自中国公司的终止其艺术作品的投诉信。用侵犯性的商业战略抵制开曼合作服务,该项目形成了一个计划发布了偷取的信息,这些信息来自伦敦合作公司(Paolo Cirio Ltd.)和一个加利福尼亚数据中心,从出售到曼哈顿 Cirio 公司总部,开曼公司的身份信息被卖给了贝宝公司(Paypal)并获得盈利。这个计划利用了特殊的管辖权,服务于合法责任、金融事务和发行权力。艺术家用开曼、伦敦和纽约的物理邮箱展开一个计划,用他的护照通过其意大利身份最终庇护了个人的合法责权。这件观念作品出售三周后,形成了一个有限的公司身份编辑信息,Paypal 冻结了账目,声称售卖行为是接收政策的非法过程。这标志着出售行为的结束和基金的丢失,艺术家可以积累并拓展项目给其他的海外中心。附近的开曼群岛在两份报纸和国家电视台推出了关于项目的报道,访问了开曼公司的高级注册师,他公开贬低了这个行为和数据泄露事件,并指责艺术家为"诡计多端"的人。这期间,百慕大国家报纸以大标题警告艺术家勿用同样的计划损害国家的利益。这个项目的报道也出现在西班牙、希腊、意大利等国家,与影响欧洲的严重经济危机的起因相联系。

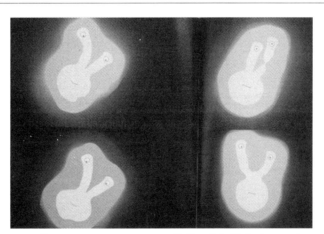

图 7-45　葛兰·雷文(Golan Levin),美国,《奥斯博客》(*Ozbok*),2001,网络艺术,截屏(L'art en réseau, capture d'écran)

图片来源:Wolf Lieser Digital Art h.f.ullmann,2009

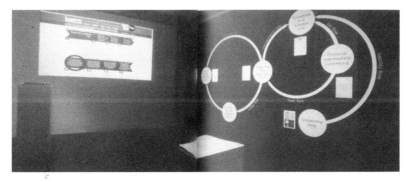

图 7-46　帕欧罗·茨瑞欧(Paolo Cirio),意大利,《所有漏洞》(*Loophole for All*),2014

图片来源:Hatje Cantz Cyber Arts Ars Electronica,2014

图 7-47　在线全球化声音组织（http://globlvoicesonline.org），《全球化声音》（*Global Voices Online*），2014

图片来源：HATJE CANTZ CYBER ARTS ARS ELECTRONICA，2014

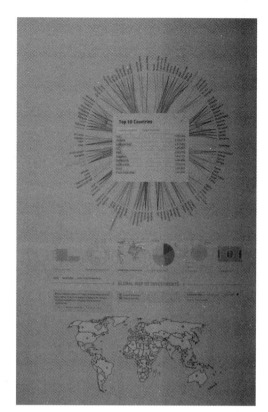

图 7-48　土地矩阵组织（http://www.landmatrix.org），《土地矩阵》（*Landmatrix*），2014

图片来源：HATJE CANTZ CYBER ARTS ARS ELECTRONICA，2014

《全球化声音》是一个没有边界的，拥有超过800位作家、分析师、在线媒体专家和翻译家的志愿者社团（图7-47）。他们策划、证实并翻译了来自博客的新闻和故事，独立的出版物和世界性的社会媒体。大多数重要的故事是散布在互联网上，贴在博客上，有着多国的语言。"声音"被翻译成30多种语言，包括孟加拉语、艾玛拉语和斯瓦希里语。他们没有办公室，通过多个时间区域在虚拟的社区中工作，常常在自家或是咖啡馆或公共图书馆里进行。《全球化声音》至今已有十多年的历史。他们于2005年开始时只有两个人。到了2008年已获得基于其全球化社区印象的电子艺术节年度奖荣誉奖。从那时起，他们便从在线的报道转化为上百个作家和翻译家撰写的新闻信息。社区的成员们已经成为数字领域中的先驱者和反在线审查制度的领导者。他们在一起工作，让更多的被忽视的故事传送给当地的人们，在社区中培养新的博客主。他们可以自由、开放地分享工作，与无数全球媒体成员一起用不同的语言贡献故事，让尽可能多的观众听到他们的声音。在线社区在2014年濒临生存困境，他们仍然擅长并继续将在线社区多元化、动态化和分配化。主流媒体转变为以声音博客和社会媒体成员为主的国际报道，但他们仍然忽视重要的信息，这些都存在于主流媒体的陈述之外。作者们是这个领域的专家，他们撰写了发布于《全球化声音》的每一个故事，由编辑团队成员进行审查。他们努力寻找来源于杂志和社区上最重要的故事。反对在线审查制度，并支持人们进入互联网的新方法。他们的目的是授权给人们价值公正、平等和同情。他们评估以互相理解和友谊为名的好奇心、诚实和互联。

《土地矩阵》是一个全球化的独立的土地监测计划。作者的目的是帮助建立一个开放发展的城市居民、研究者、政策制定者和技术专家的社区，从而促进土地的透明度和问责制以及投资决定（图7-48）。

《土地矩阵》监测计划灵感来源于以下内容：

去中心化：为了提供无偏见、更新的和有代表性的土地事务观察，《土地矩阵》基于去中心化的数据集成战略。这一成果通过地区创新和信息提供者的民族网络作品而来，与群体资源有异曲同工之妙。

独立：《土地矩阵》是一个独立的公共工具，任何单个利益的群体比一个常规条例更重要，因为他们的合作伙伴处于重要的开放数据中，并需要绝对的证据用于土地资源的决策。

开放：《土地矩阵》和视觉化被提供给任何人使用，可以用于任何目的且免费使用。目的是提供包含独立的包罗万象的模式，将与土地资源社区的非创新单位放弃合作。

相关：《土地矩阵》将与使用者有着强而有力的关联，与合作者与创新者关系紧密。《土地矩阵》被构想成一个服务提供者，提供申请支持：数据集合和研究，分散的群体资源战略，以及用数据战略影响政策。

网站 http://www.landmatrix.org 是该机构的瞭望台，一个开放的工具，用于大规模需求的数据集成和信息视觉化。作为一个开放的工具，瞭望台允许广泛地参与其时常的升级、纠错和提升内容的信息。另外，对于全球化瞭望台来说，《土地矩阵》监测计划支持其链接更多的特殊的土地事务的瞭望台，它将是一个国度、地区性的和主题性的。《土地矩阵》旨在为创新和开放发展的增长运动提供相应的方法。

基因组是记忆水平的基本，对我们而言，作为

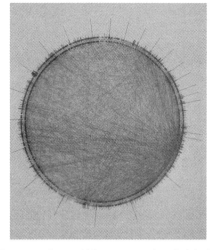

图 7-49　大卫·甘（David Gann），《未来记忆》（*Memories of the Future*），2013

图片来源：HATJE CANTZ TOTAL RECALL The Evolution of Memory ARS ELECTRONICA，2013

人类它包含了许多建筑计划。当我们开始理解基因密码时，它被越来越多地改变，是时候讨论对未来一代的潜在影响。在这件作品的触摸屏上，大多数使用者开启了与人类基因组视听地图的互动关系。大约 28 000 个基因被定位于环形中，呈现了基因组的样式。基因表达的程度被亮化，无数的线意味着它们彼此的互动。基因成为关于长音样本的一个个音波小粒子，包含了许多文化与文明的面貌。使用者可以通过发声连接他们的音频记忆，或得到更好的空间与视觉感受的关系。互动的使用者被记录并影响数据和发布的音乐创作（图 7-49）。

 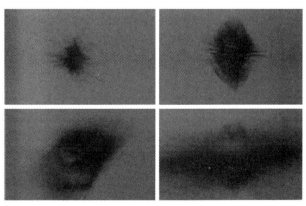

图 7-50　真希，丹尼斯·胡塞尔·戴维斯（Maki Nammekawa, Dennis Russell Davies），《春天仪式的记忆》（*The Memory of Le sacre du printemps*），电子艺术中心，深度空间实时可视化钢琴音乐会，2013

图片来源：HATJE CANTZ TOTAL RECALL The Evolution of Memory ARS ELECTRONICA，2013

图 7-51　由市罗·卡瓦古奇（Yoichiro Kawaguchi），日本，《蠕动的动画》（Wriggon Animation），截屏 Capture d'écran，1999

图片来源：Wolf Lieser DIGITAL ART h.f.ullmann, 2009

图 7-52　安迪·罗马斯（Andy Lomas），英国，《细胞形态》（Cellular Form），2014，

图片来源：HATJE CANTZ CYBER ARTS ARS ELECTRONICA, 2014

在斯特拉文斯基的《春天的仪式》第一幕一百周年纪念之际，如果没有首次亮相时的巨大丑闻，它也不会遭到热议（图 7-50）。

这唤起了一个古老俄国异教徒的回归，这不再是一个遥远的记忆，斯特拉文斯基不得不旅行至斯摩棱斯克（Smolensk）附近的民俗艺术中心，开始为其"莫大的牺牲"做研究的准备。他的工作开展于工业革命的进行时，世界也因此抓住了发展机会，他相信：钢不可灭和铁达尼号撞上了冰山，亨利·福特（Henry Ford）正在生产 T 型汽车，这些事件都同时发生，创造了现代时期的新兴的底特律，马里内蒂（Marinetti）开创了他的未来主义展览，并在整个欧洲进行宣言，此时邮件早已可以通过飞机传运了。

今天，对于我们而言，仪式不再是原始和野蛮的，但仍然是傲慢和喧闹的，可以庆祝革新的喜悦和现代的真理，伴随着旧世界的瓦解，跳跃到一个疯狂的阶段，这一活力未被打破，通过风骚调情抚平创伤接近了世界。

四只手弹奏钢琴是有趣的，在狂怒的曲调和快速的节奏中观察着视觉元素，乐队的音色不再是位音，一种狂怒在四只手、二十根手指的高超的技艺中流露出来。

二、图景再现

《蠕动的动画》（Wriggon Animation）以图形变换中的材质特征体现出水波荡漾的场景（图 7-51）。图形与场景的结合在现代动画创作中有着举足轻重的作用，借助图形图像的最佳处理方式表现动画中形状、色彩的属性，在景物环境的空间中表现动画的流畅与韵律，图景形式可以创造出更为浑厚一体的画面特征。

细胞形态用简化的生物模式形态，通过三维结构引申出互联细胞再现粒子（图 7-52）。每一个形式始于一个小的雏形细胞球体，它是由迭代的复杂层逐步递增而来的结构。其目的是创造自然发生的形式：开拓了自然中不同的形态与模仿特殊有机体之间的相似性，揭示宇宙中原型形态，这些形态来源于相似成长的过程，而非外部机器设计的结果。细胞分裂是由养分积累的高低控制。当这个水平超出了所给的细胞分裂阈值，多元的参数将控制父女细胞之间的再联系，并瞬间成为它们的周边细胞。这个规律也可以用来调整营养的产生,例如每个细胞少量的规律性的再生,或通过瞬间光射线的光子创造营养细胞。营养可以流入相邻的细胞。模拟过程通过阈值和上亿的粒子进行成千上万次的重复。内部的数量会迫使结构的效果,包括线性和扭转因子的跳跃促成了细胞之间的联系。外部的力量再次唤起细胞近乎零距离的排布而非直接的关联。

许多不同的复杂细胞结构被认为是源自微妙的变化,这一规律统一在系统中,形式的选择基于审美观点,而非规律性的优化功能。

所有的软件常常转换了模拟与表达,导致艺术家对C++的充分使用,编写和设计的图形便从此来。

对于这个生物艺术项目来说,来自于艺术家身体的细胞被技术化地改良,作为荧光的癌细胞,它们可以在文化媒介和持久的培养下存活很久。细胞们被激活了,通过光动力疗法中特殊的化学试剂被点亮。在这种方式中,细胞文化被改良并转化为9厘米×7厘米大小,一个铝箔框架和一个感光细胞层的形式。对于艺术作品而言,生动的图像纸被附加在一个盘面的相机中,并暴露在光线下。这个过程的转换将通过负片的过程展示于传统的暗房中。一旦可行之后,盘面被摄像并被观察数日,但细胞是活的,被描绘为不可控制的变化。对于面板上的图像,活细胞层被暴露在光下,通过显微镜扫描,其图像常被大尺度地打印出来。这里,可能认识到细胞是如何成为艺术家自身生物体系的一部分,作为图像生成装置定形并改良了图像。在这个过程中,一个单一的图像不会被同样的形式所创造。

现代技术操纵了边界。小小的故障将导致系统破坏或灾难。这同样被应用于极其脆弱的细胞相机的图像。艺术家自身培养的细胞若进行错误的移动将危及他的健康。细胞相机的图像将被描绘在电子艺术节的活动中,这将深印于他的记忆也进入其细胞:福岛灾难、一系列更糟的事情将导致深水地平线溢油、挑战的爆炸、单轮的失败,将使得靠近德国埃舍德的高速列车脱轨(图7-53)。

图7-53　莱因哈德·奈斯特巴奇(Reinhard Nestlbacher),《细胞相机》(*Cell Camera*),2013
图片来源:HATJE CANTZ TOTAL RECALL The Evolution of Memory ARS ELECTRONICA,2013

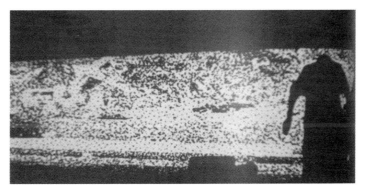

图7-54　亚历山大·西鲁(Alexander Schellow),《绘画》(*Drawing*),2011
图片来源:HATJE CANTZ TOTAL RECALL The Evolution of Memory ARS ELECTRONICA,2013

图 7-55　罗伯特·帕西·达洛(Roberto Paci Dalò),《夜上海》(Ye Shanghai),2012

图片来源：HATJE CANTZ TOTAL RECALL The Evolution of Memory ARS ELECTRONICA, 2013

个体绘画是一个严格管制的过程，作者用了很长时间，恒定地参考了绘画材料的过程。

在这个过程的帮助下，必定如看到的：是短暂的和有空间距离的，这可以获得相当的视觉记忆。这种方式游离于感受过程和记忆之间，就像一个记忆时刻带着意图被再激活。

再次构建的过程并非记忆物体的再生产绘画。换言之，是事物的修正，作为绘画中视觉的星座。这个作品的绘画方式是由点与点构成的，形成了持续的绘画视觉界面与回忆元素之间的对比。最终，视觉被写入记忆中，实现了再现能力中的又一次布局(图 7-54)。

随着这种方法的发展，许多事物被密集的内容所实现，相关视觉、参与政治和社会秩序可能性的问题被提出。个体的互惠铭文、记忆集合、实践和形式有关。

绘画上的作品与激活相关，必须以政治为名协商，作为一种表示它排除于已有内在的秩序，再现设想方案。代替了再现的形式，绘画成为图像，关注于图像生产的激活，成为实现的一种形式。

《夜上海》是一部由罗伯特·帕西·达洛编导的音乐视觉表演，由马西莫·妥瑞加尼(Massimo Toriginal)授权参与 2012 上海当代艺术展，并由大卫·夸德利欧(Davide Quadrio)和弗朗契斯卡·基莱利(Francesca Girelli)制作而成(图 7-55)。这个项目还原了 1949 年前老上海的生活。作品的中心是一个发生在上海的故事，形式上被认为"无国籍难民的限制部门"。Chetto 是一个最多 0.25 平方千米的地区，在日占虹口区的旁边。有 23 000 名犹太难民，在日本宣称了关于限制居住和无国籍难民业务的公告之后迁移过来，他们在二战期间逃离了德国占领的欧洲。国际定居点于 1941 年 12 月 8 日被日本军占领，直到 1945 年日本投降期间一直被其控制。

这件作品基于 1933—1949 年的视觉和听觉的元素。这些数据信息创造了历史性媒体，并被转变为基于实时影像投射和音乐的当代艺术。

标志性的材料，1918—1957 年周璇演唱的《夜上海》被用在作品的开端。这首1937年的曲子体现了周边的听觉和声音的环境。曲子的节选被打散和重组，创造了纹理并包容了整个表演。这首歌丰富的纹理之外，由逐渐出现的器乐声组成，来源于英语、依地语和中文的声音元素再次创造了从过去而来的声音空间，并伴随着电子声音。数据信息的图像来源于FBI英式电影学会的成就，构成了35毫米影片，英语旅行者穿越了30至40年代的上海时光。

第五节 科技平台的艺术形式

科技是关于生产、服务技术和工艺使用的知识，是一种更现代的技术方法。科技的历史是工具和技术的发明史，在人类历史上有着相似的历史。新的知识使人们能够创造新事物，科技的努力促成了技术的可能，帮助人类在旅行的过程中达到更远的时空。通过科学仪器，科技的研究性质将比自然更为高远。

由于技术应用于科学，因而技术史与科学史是相互联系的。技术往往要利用资源，因而技术史与经济史也紧密相连。从资源的角度可以看到，技术生产源于资源的供给，包括在日常生活中使用的技术工件。技术变革影响了社会的文化传统，它是经济增长的力量，是项目经济、政治和军事力量发展的手段。

科学技术是社会生产的重要生产力，是用复杂的工具手段简化日常劳动与生产的社会活动，艺术则是丰富人类精神世界，教化人类艺术性灵的文化活动。原本两者对立的姿态如今却在当代艺术的创作领域内得到了化解，出现水乳交融的境地。当艺术接受新媒体技术介入之后，当代新媒体艺术创作在淡化形式追求和意境营造的同时，使得艺术与非艺术的隔阂得以消解。当代艺术的"技术化"趋势，是一种从根本上利用科技手段驾驭造型形式和审美观念的结构元素，科技平台内的技术手段、技术材料与技术方式为艺术形式的呈现扫清了障碍，科技平台已成为一种"本体性"的存在支撑着新媒体艺术的创作，并悄悄地改变了人们的思维模式和审美习惯。①

一、液晶显示器介质形式

《可筛滤》旨在让人们通过物理和自然的方式与信息和媒体进行互动，这种互动是每一天我们与物理世界交互的方式(图7-56)。作为一个互动平台，《可筛滤》提供了来自无线感应网络作品到实实在在的用户界面的技术与方法。《可筛滤》是独立的、可感知的密集装置，它可以进行图式的展示，并具有无线交流的能力。它们可以被视为一个群体与数字信息和媒体互动，并被物理性地操纵。《可筛滤》常常执行一定数量的肢体交互语言和HCI应用。

图7-56 麻省理工实验室(MIT Media Lab David Merrill and Jeevan Kalanithi)，《可筛滤》(Siftables)，2009

图片来源：HUMAN NATURE ARS ELECTRONICA HATJE CANTZ，2009

图7-57 理查德·萨戴克(Richard Sadek)，《电子表情镜面》[(E)motion-mirror]，2014

图片来源：HATJE CANTZ CYBER ARTS ARS ELECTRONICA，2014

---

① 马晓翔.新媒体装置艺术[M].南京：南京大学出版社，2013：107.

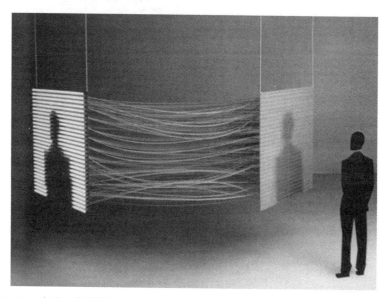

图 7-58　大东利保,比嘉(Daito Manable, Satoru Higa),《你的宇宙》(Yours-Cosmos),2013

图片来源:HATJE CANTZ TOTAL RECALL The Evolution of Memory ARS ELECTRONICA,2013

图 7-59　杰哈·森缪勒(Gebhard Sengmüller)、弗兰兹·布欣格(Franz Büchinger),《一段平行的图像》(A Parallel Image),2009

图片来源:HUMAN NATURE ARS ELECTRONICA HATJE CANTZ,2009

感觉是人类拥有的。世界上没有计算机是这样——无论有多么大的计算能力,它能带来一种支撑——可以超越我们形成一种感觉的演绎和对它们的回应。更有甚者,一个人甚至不得不学会如何感知。儿童和成人苦恼于无视出生时的哭闹和笑容,然后展示感觉,这些感觉通过《电子表情镜面》被清晰地再次唤起,《电子表情镜面》被设计为使我们重温人类的特性,它甚至不费吹灰之力让观众面对装置体悟了感觉(图 7-57)。换言之,面部的表情运动经过电脑化的分析被镜面反射出钢琴的音符。这个项目在相当的感觉中与影像相关或与镜面相连,单纯地反射感觉,并没有将其演绎成人造的智能应用系统。根据这一特性,被观众听到的装置声音是他们自己的感觉,这被一种纯粹的方式分析出来。但是,如果没有声音,人们将自然与表情关联,在一定距离中,一个笑容可能激起欢呼的笑声。《电子表情镜面》可以彻底地演绎各种情感,对于观众而言,他们可以通过观察演绎自己的表情,并使其转化为声音。

2013 电子艺术节上,电子艺术未来实验室展示了《你的宇宙》,这一项目通过来自于地球宇宙的未来馆的 LED 面板给予人们一个关于世界的新视角(图 7-58)。当原有的地球宇宙给予人们一种透视,通过建构的 LED 面板全景观看地球将是一个球形的视角,《你的宇宙》新媒体装置给予观众一种机会,可以任意地建构他们自己的视角。大东利保和比嘉两位日本的艺术家被邀请通过这个独特的装置创作这个作品。地球宇宙的视角将被转换为更多形式的"宇宙",该项目将提供新的视觉样式和理解世界的不同方法。《你的宇宙》是一个参与项目和装置,参与者可以链接LED面板并建构他们自己的世界。

未来馆的地球宇宙创建了一个视角,如同人们从太空观望地球,用LED面板进入一个巨大的球体。社会媒体的技术发展带来了人与人之间交流的戏剧性变化。世界的面貌如何改变?这些新的视角又是如何创造世界的?

《你的宇宙》提供给观众一个框架结构,通过类似乐高积木将LED拼合创造了LED面板世界。这不仅仅是理解人们的观点,也是关于经历和创造世界的方法。

互动展览中,《你的宇宙》同样呈现了思考的方式,这是电子艺术的特点:新形式和新世界的提议。

二、物理光电材质形式

杰哈·森缪勒(Gebhard Sengmüller)与弗兰兹·布欣格(Franz Büchinger)的《一段平行的图像》(A Parallel Image)的基础观念在于通过分割的线来进行图像传输,光脉被转为电子流,图像的传输与接收同步进行,传输的电子信号最终被转移至屏幕上的光电离子,图片织线可以同时被重新构成(图7-59)。图片被打散之后在第一时间成为一种图像的观念,这在早期的电子机械电视系统与电视中都曾被运用过。移动图像的断面通过架构、区域以及线性的介质成为电子图像媒介发展过程中全球化与能量的延续。图像传输是序列化的,因为同轴缆线或无线电频道满足了信号传输从发射处向接收处转移。

非同寻常的是,《一段平行的图像》中图像的传输技术完全取决于层级查看器。装置侧面前方的摄像头设置在监视器的旁边。信号路线通过简单的电线跟踪从相片造像源发布至发光的灯泡。由此产生的媒介实践具有一定的实验性,这将形成影片的样式,与传统的电视系统是相对的,在真实世界与传输之间建立了一种感性的经验与信息。电视图像灌输了影片架构的直接模式,舍去了用代码在基础图像与记录信号之间进行电视传输信号的融合性连接。在《一段平行的图像》中,图像的直接传输是一种全新的媒介样式,将视觉与理解的过程回归到电子图像的传输系统中。

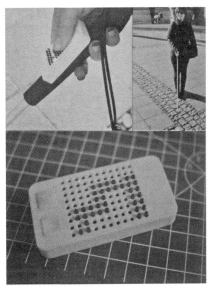

图7-60 马库斯·斯玫丢克,安朱·斯比茨,鲁本·凡·德·鲁滕(Markus Schmeiduch, Andrew Spitz, Ruben van der Vleuten),奥地利,《盲人地图》(Blind Maps),2014

图片来源:HATJE CANTZ CYBER ARTS ARS ELECTRONICA,2014

有着良好视力的人理所当然地可以在乡村野外直行游玩。当对周围环境的观察视力不再存在,导航变得无限复杂,《盲人地图》是一个解决这个问题的研究项目:如何使视觉功能提供拓展的自由和导航能力是一个未知的领域。《盲人地图》可以让有碍于视力的人们获得导航,并轻易地走自己的路。使用者通过声音输入法寻找道路。其有着触摸感应技术,界面上有着打孔的盲文钉,它可以移动并适应提醒如何在真实世界内导航(图7-60)。

《盲人地图》是一个计划,作为人群资源的导航服务,它建立了一个顶级的地图系统,就像开放的街区地图和智能手机的板载技术。如果用户遇到问题,它可以通过按钮进行报告,道路将转换为一个更安全的适应道路。运用智能手机上的感应器,智能服务将使得道路基于使用者的突然运动而自适应。越多的人使用这一道路,越多的准确生态系统将被完成。

2013年2月法斯特公司(Fast Company)提出此项目,自那以后许多人联系他们说对《盲人地图》很感兴趣,他们希望拥有一个。2013年11月,项目小组便决定继续他们的项目,这个项目作为创意区和欧盟创新项目在林茨、柏林和阿姆斯特丹得到进一步的发展。

小组成员通过用户研究和原型测试给盲人进一步定义界面和交互观念。平行发展的是，寻找的技术将在生产中得到有效的应用，例如智能界面。项目中的超级盲文、NIST触觉视觉显示、新型9000盲文针孔矩阵装置和MIT的动态图像显示器都为《盲人地图》提供了良好的技术基础。下一步，小组成员将用声控输入的方法控制地图数据和寻找道路。很重要的是进一步发展项目的开放数据语境、开放硬件和开放设计。

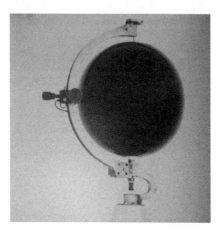

图 7-61　铃木悠里（Yuri Suzuki），日本，《地球的声音》（*The Sound of the Earth*），2013

图片来源：HATJE CANTZ TOTAL RECALL The Evolution of Memory ARS ELECTRONICA，2013

《地球的声音》是一个球体的黑胶唱片录音器，记录了演奏者可以回放的存储声音（图 7-61）。球体的表面被雕刻成普通的黑胶唱片，但却记录了 3D 声音，替代了扁平的表面，其沟槽体现了地球仪上陆地的外形。

在这个唱片上的每一个国家都刻录着不同的声音。当唱针划过之后，唱片便开始播放地域录音，这些录音是由铃木悠里在四年内从世界各地收集而来，包括传统的民乐、民族圣歌、流行音乐和口语广播。

录音播放器用套筒滚子链将唱针从北极移动到南极。地球的全程旅行需要大约 30 分钟。唱针有着微小的扬声器和声音扩音器。当声音播放器旋转着穿过地球时，《地球的声音》便分解为片段，正如你听见的，唱针从海洋移动到世界的边界。

我们花很多时间拍摄意想不到的事件，再将其发布在网上。它们是具体的时刻，并有一丝虚假，它们忽略了每日真实素材的间隙。《日常记录》意味着让一个人转换获取经验的方式（图 7-62）。

这个项目建立了作者整整一年的位置数据，来源于《开放道路》平台。数据的聚集是为了列举作者生活中的不同地方。每一个地方被设定为音乐中的一个区域，每一个城市是分配的关键。你所听到的主题是作者每日移动的个人音律签名。录音的循环对应的是每一天真实的时间。当录音回放时，如同一个 24 小时的钟的功能。一年变成了 11 分钟，这是一支声音的长度。标记意味着当作者旅游时，背景是纽约，但当人们看见作者从科罗拉多或韩国起飞时，或拨动了唱针，将会听到声音的变化。

地图的信息对于一些物理的事物而言强调的是真实的、主观的数据。每一支声音试图经历延长的转台记录，看见它的旋转，用唱针进行选择。唱片套的背面显示了每一个城市的计分，它描绘了作者旅游地点的网络作品。《日常记录》可以被收集和沉醉，与伴随着流行音乐文化历史的今日数据联系在一起。它体现的数据总是定性的，并意味着不同的事物，这些都基于在世界范围内的批评姿态，所积累的个人数据是不可避免的。

图 7-62　布瑞恩的房子（Brian House），美国，《日常记录》（*Quotidian Record*），2013

图片来源：HATJE CANTZ TOTAL RECALL The Evolution of Memory ARS ELECTRONICA，2013

图7-63 本田,《仿人机器人》(ASIMO by Honda),2010

图片来源:Repair sind wir noch zu retten ARS ELECTRONICA HATJE CANTZ, 2010

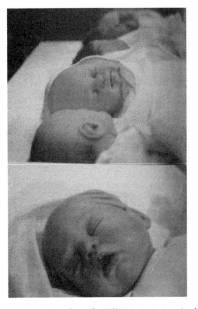

图7-64 阿吉·海尼斯(Agi Haines),英国,《变形》(Transfiguration),2014

图片来源:HATJE CANTZ CYBER ARTS ARS ELECTRONICA, 2014

三、机器人媒介形式

本田长久以来一直梦想研发出能与人类共存的移动机器人,为社会与大众提供服务。经过24年的探索,本田终于实现这个梦想。《仿人机器人》(图7-63)是一个从无以数计的人们的交互中探索而来的项目,不仅在东京,乃至全世界,本田一直在研究人类和机器人的合作关系。本田研制的仿人机器人是一种娇小体型适应人类的机器,高1.2米,重43千克,机器人可以摸到门的把手,可以坐在椅子上与人类平视进行交流。事实上,仿人机器人在人类生存空间中有着良好的协作性能。这个机器人的设计主题为创意的和谐与志同道合,创造一种航天员模型,是对下一代移动设备的拓展,以及对于人类所能接受的中性性别特征的体现。头盔下的面部留给人们无限的想象,头部、手臂、肢体的变化伴随着语言促进了与人类的交流,并体现了一种情感。在人类可变的生存环境中,机器人的手、足的移动体现了对空间调节与位移的适应过程。这种原创的机器人模型体现了全新的新媒体模式,在高科技的平台中孕育了新媒体的新艺术形态。

人类的身体由实用的元素组成,它们可以轻易地被操纵和工程化。通过外科手术,我们的身体可以被延伸、移除、缝合,并仍然有功能。什么能阻止人们寻找比现在更高的机体功能呢?这将潜在地利于青少年,更易受伤和更易锻造的一代。展览包括五个活灵活现的雕塑婴儿,每一个婴儿都有着不同的设计,用于体现人体扩展的潜在性,手术的实施有益于婴儿(图7-64)。每一次改良都用于解决未来潜在的问题,从医学的到环境的,以及社会流动问题。现实的、呼吸的、睡着的婴儿展现了一个手术过程的景象,被设计为互动的。抱着婴儿可以给观众一种真实的感受,一种隐藏于未来改良和提高中的道德难题:"未来即将面对强制的进化,是迅速前行的有效观点,这将益于你孩子的生命。"

当西方的孩子们想象着拥有Android一样的朋友,或是之前的2R-2D和C-3PO,黄奕预见性将这个最好的朋友置入了蓝色日本机器人帽子,机器猫。《黄奕和KUKA》呈现了一个在人类和机器人之间终身的兴趣(图7-65)。黄奕,是一位台湾的编舞者、舞蹈家、实验者和发明家,他创作的舞蹈作品有着丰富的技术与机器的视觉效果,包括在"交响曲项目Ⅰ小提琴(2010)"中创造的计算机化小提琴。他有着在摄影、影像和机械领域的多样能力,他的编舞超越了标准的行为艺术作品。他擅长于结合多层次图像和精致的肢体运动。

黄奕两次获得台北数字艺术行为大奖,并因其行为实验、速度和精度而著名。他的纯编舞运动激起了纽约时报的赞赏,将他看作"一个带有持续运动的旋转舞蹈机器"。黄奕创作的作品紧随他的肢体和意识,他是身体的编创者。当世界将机器人看作工具时,黄奕在关注自身的同时意识到它也是舞蹈的工具。他展示了如何将人性视觉化,用新观念和新技术绘画。KUKA公司①并不仅仅是"借了一只手",他借了一个手臂给黄奕,实现他的视觉创意,使得黄奕有可能用机器人的手臂进行舞蹈的创作。

　　"面对面的和KUKA机器人进行舞蹈,就像镜子里的我。我让KUKA模仿我的运动,我从它那里也有所学习,我使自己像机器一样跳舞"。

　　黄奕版的人类机器人伙伴舞者迷住了观众,在诗意的舞蹈与KUKA的行为中,人们感到了一种存在于两种生物中的化学作用。

　　现在许多人都看好高科技,也印证了这是一个高科技的时代。巴西艺术家伊万·亨瑞克的交互式生物机器开启了人类、活的有机体、机器与新事物交流的起点。他将热带植物改装为传感器。当装置的参观者触摸了千年健的叶子,天南星科植物的叶子以及整个植物可以记录这一刺激,将电能信号传给附件机器,并触发它的运动。这一原型的创作将由其他的研究引领,开发自主共生生物机,这样植物和机械装置将组合成为一体(图7-66)。

图7-65　黄奕(Huang Yi),台湾,《黄奕和KUKA》(*Huang Yi & KUKA*),2013

图片来源:HATJE CANTZ TOTAL RECALL The Evolution of Memory ARS ELECTRONICA, 2013

图7-66　伊万·亨瑞克(Ivan Henriques),巴西,《一个新的生物机器原型》(*Prototype for a New Biomachine*),2012

图片来源:HATJE CANTZ TOTAL RECALL The Evolution of Memory ARS ELECTRONICA, 2013

---

①　KUKA:一个世界范围的德国工业机器人制造商。

第八章
新媒体艺术主客体的争论

新媒体艺术是一种涵盖新媒体技术的艺术样式,包括数字艺术、计算机图形学、计算机动画、虚拟艺术、网络艺术、互动艺术、电子游戏、电脑机器人、三维打印、生物技术。这个术语区别于传统的文化对象和社会事件,被视为反对古老的视觉艺术(即传统绘画、雕塑等)的新兴艺术。对媒体的关注是当代艺术的一个重要特点,事实上许多艺术学校和主要大学都建立了"新类型"或"新媒体"的专业,越来越多的此类研究出现在国际视野中。新媒体艺术往往涉及艺术家和受众之间的互动。然而,一些理论家和策展人指出,相互作用的这种形式具有社会交流、参与、改造和区分新媒体艺术的共同特点,有着当代艺术实践的相似之处。这样的见解强调了文化实践中形式的问题,新兴的技术平台、科技媒体的焦点以及其本质的争论。

对新媒体的关注往往来自电信、大众媒体和数字互动作品的相关模式,从概念到虚拟的艺术,往往体现在各种形态的艺术中。

第一节 主体的创作

新媒体艺术的创作可以追溯到19世纪的西洋镜摄影发明(1834)、视镜活动(1877)和埃德沃德·迈布里奇(Eadweard Muybridge,1830—1904)的动物实验镜(1879)。从20年代到50年代,各种形式的运动和光的艺术便延展开来,从托马斯·威尔弗雷德(Thomas Wilfred,1889—1968)的"露米娅"(Lumia,1919)和《克拉维路克斯》(*Clavilux*)光,到让·汤格利(Jean Tinguely)的结构主义雕塑《向纽约致敬》(*Homage to New York*,1960),可以被视为新媒体艺术的鼻祖。艺术家彼得·利文斯顿(Peter Livingston Myer)的《轨道中的公交 ORB》(*Transit Orb of Lights in Orbit*)在纽约霍华德·怀斯的画廊(Howard Wise Gallery,1967)中显示了完全致力于动力学的艺术媒介作品。

1958年,沃尔夫·沃斯泰尔(Wolf Vostell,1932—)成为把电视融入作品的第一位艺术家。《黑色房间循环》(*The Black Room Cycle*)是一件由柏林画廊(Berlinische Galerie)收藏的装置作品(图8-1)。

图8-1 沃尔夫·沃斯泰尔(Wolf Vostell),《黑色房间循环》,1958—1963

图片来源:http://www.medienkunstnetz.de/works/deutscher-ausblick/2016-3-14

一根燃烧的木头、铁丝网、报纸上有关于苏联军队和军队组织的新闻,德国警察部队会唤起人们对当时的政治状况和德国存在的关注。"黑室"系列是由三个对象组成的蒙太奇。"德国观"的部分组成是一个内置的电视机与节目的运行,以及铁丝网、报纸、骨头和儿童玩具。

在60年代,视频新技术的发展提供了白南准新媒体艺术实验的可能,与沃尔夫·沃斯泰尔合作的装置《6台电视的解构》(*6 TV Dé-collage*)于1963年在纽约斯莫林画廊(Smolin Gallery)展出。米歇尔·诺尔(Michael Noll,1939—)和E.A.T.的多媒体表演,激浪派和偶发艺术同时产生。1983年罗伊·阿诗科特在他的全球远程项目《文本的皱褶》(La Plissure du Texte)中介绍了"分布式作者"(Distributed Authorship)（图8-2）。在巴黎现代艺术美术馆，弗兰克·波普尔(Frank Popper, 1918—2020)的《伊莱克特拉》(Electra)展出。在20世纪80年代晚期，计算机图形图像技术得到了有力的发展，90年代晚期琳·赫施曼·李森(Lynn Hershman Leeson, 1941—)、戴维·罗克比(David Rokeby)、肯·莱纳多(Ken Rinaldo, 1958—)、派瑞·霍伯曼(Perry Hoberman)将实时技术融入网络的传播和各种互动艺术的网络形式。罗伊·阿诗科特发展了远程艺术，维克·克思科(Vuk Ćosić, 1966—)、久第(Jodi)发展了网络艺术，杰夫瑞·肖、毛里斯·贝纳永发展了虚拟沉浸艺术（图8-3），拉斐尔·罗扎诺·黑莫(Rafael Lozano-Hemmer, 1967—)发展了大型城市装置。

同时，生物技术的进步也使得艺术家如爱德华多·卡克(Eduardo Kac, 1962—)开始探索DNA和基因，并将其作为一种新的艺术媒介。

新媒体对新媒体艺术的影响还体现在围绕超文本、数据库和网络的理论发展。在这方面重要的思想家有万那瓦·布什(Vannevar Bush, 1890—1974)和特奥多尔·内尔森(Theodor Nelson, 1937—)，而类似的思想可以在乔治·路易斯·博尔赫斯(Jorge Luis Borges, 1899—1986)、伊塔洛·卡尔维诺(Italo Calvino, 1923—)、胡里奥·科特扎(Julio Cortázar, 1914—1984)的文学作品中找到。这些元素特别体现了叙事的革命和反叙事研究领域，领先的探索领域有非线性和互动的叙述。

一、新媒体改变艺术生产

在《新媒体艺术》(New Media Art)一书中，马克·特锐步(Mark Tribe, 1966—)和瑞纳·加纳(Reena Jana)命名了几个主题，对当代新媒体艺术进行了阐释，包括计算机技术、协作、认同、拨款、开源、临场感、监控、企业的模仿，以及干预和黑客行为。在《后数字化》(Postdigitale)一书中，毛里齐奥·布洛里尼(Maurizio Bolognini, 1952—)提出新媒体艺术家有一个共同点，这是一个与新技术的自我指涉的关系，是自我发现的一个划时代的转变，是由技术发展而来的结果。作为一个复杂的领域，新媒体艺术并非是一套具有相同模板的实践，它汇聚了三个主要因素：(1)艺术系统，(2)科学与工业研究，(3)政治文化传媒活动。科学艺术家和纯艺术家之间有显著差异，激进的艺术家和善于

图8-2　罗伊·雅诗科特，《文本的皱褶》，1983

图片来源：http://www.medienkunstnetz.de/works/la-plissure-du-texte/2016-3-14

图8-3　毛里斯·贝纳永，《世界皮肤》，虚拟互动装置，1997

图片来源：https://en.wikipedia.org/wiki/Maurice_Benayoun#/media/File：Worldskin.jpg 2016-2-6

技术的艺术家更接近艺术系统,他们不仅有不同的训练和技术文化,还具有不同的艺术创作活动。这应该是在考察了几个主题之后对新媒体艺术的思考。

非线性可以被看作是一个重要的话题,新媒体艺术的艺术家发展了互动、生成、合作、身临其境的作品,如杰夫瑞·肖或毛里斯·贝纳永探索的方法,以寻找不同形式的数字项目,其内容总是基于用户的经验。这是一个关键的概念,人们需要获得这个概念的真实意义,它被认为是一个线性和明确方式的时尚元素。现在,艺术正从这种形式中走出,让人们在其作品中建造自己的体验。非线性描述了一个项目,从传统的线性叙述,以及从小说、戏剧和电影中游离出来。非线性艺术通常要求观众参与,事实上至少作为"参观者"应考量其展示的内容,从而改变显示的内容。新媒体艺术的参与性特征,对于艺术家而言成为整体,例如艾伦·卡普罗(1927—2006)的偶发艺术,成为互联网、当代艺术的一个重要组成部分。艺术不再作为一个完成的对象或产生的对象呈现给观众以供欣赏,它成为一个永久性的突变过程。

相互连接和互联网的互动性,以及企业之间的利益,争取了政府关注、公共利益,催生了今天的网络,吸引和激发很多新媒体艺术。

许多新媒体艺术项目还与政治和社会意识的主题相关,通过媒体的互动性让社会行动得到释放。新媒体艺术包括:代码和用户界面的探索、审讯的档案、数据库和网络、自动生成、过滤、克隆,和再合成技术,用户生成内容的应用(UGC)层,社会媒体平台大众思想,"自由"网站上的精确数字,它们关注著作权和挑衅性的表演,暗示了参与的观众。

新媒体艺术的一个重要主题是创建数据库的可视化视图。这一领域的先驱者包括丽莎·斯特拉菲尔德(Lisa Strausfeld,1964—)、马丁·瓦滕伯格(Martin Wattenberg,1970—)。数据库美学被认为至少有两点吸引着新媒体艺术家:正式、对非线性叙事的改变。政治作为一种手段颠覆了正迅速形成的控制和权威。

三维印刷术的出现,为新媒体艺术引入了新的桥梁,加入了虚拟和物理世界。这项技术的兴起使得艺术家能够将计算基础与传统的雕塑艺术形式融合在一起。在这一领域的先驱艺术家有久提·赫维兹(Jonty Hurwitz,1969—),他使用这种技术创造了第一个变体雕塑(Anamorphosis Sculpture)。

二、新媒体改变艺术传播

现代媒体不再局限于电视、广播节目、报纸或广告。相反,今天的媒体从文本到视频再到声音,可以被数字化的共享,从使用台式电脑到小型移动设备一切皆可。这种电子传播媒体的方式有强大的影响力,影响到人们沟通的方式、个人因素、学校甚至企业。

(一)更快的信息

多亏了新媒体,企业与机构可以在任何时候更快捷地向公众公开信息,可以通过电子邮件、社交网络、网站和网络广告让世界了解令人兴奋的信息。一个视频、摄像头与手机或更新脸谱网状态,让企业获得信誉。

(二)更大的企及

对于企业而言,数字新媒体给予一定机遇,意味着比以往任何时候都能接触到更多的客户。一个简单的促销,或免费的赠品可以给商家赚取数百或更多的脸书粉丝、电子邮件和短信用户,意味着企业只需触摸一个按钮就可以发送消息给这些消费者。然而,数字新媒体也意味着消费者可以回馈信息,消费者可以通过脸谱网和其他社交网站,如微博、博客,使用数字新媒体来进行投诉,否则将有可能导致双方的隔阂。

(三)更新的技术

利用数字新媒体的手段和新技术,可以创造和支持媒体的传输。新技术可以作为一项资产提供更为宏观的技术应用。采用智能手机、笔记本电脑,可以积极影响商业领域的发展。例如,移动技术使得员工之间的沟通变得更加容易。然而,新技术是昂贵的,互联网首先成为流行的媒介,给予沟通一个积极的影响。

(四)更多的选项

由于数字新媒体的出现,企业现在有更多的选择可以服务于企业的发展。电视、广播、商业广告或印刷广告已成为旧媒体,企业更多会选择一种视听、文本和互动媒体组合的媒体。这种混合媒体可以吸引更多的观众。若要跟上不断变化的技术，将是更为昂贵的选择，可以创造新的思维和创造新的数字策略。

第二节　客体的参与

一、客体即受众

在新媒体艺术审美系统中，新媒体艺术家是创作者，也是新媒体艺术的主体，参与审美或参与互动的受众是新媒体艺术的客体，也是将艺术欣赏的被动状态变为主动的参与的关键实体。

受众是一组参加展览或面对艺术作品的人，他们被称为"读者"，欣赏戏剧、音乐的人们被称为"听众"，参与视频游戏的人们被称为"玩家"，受众关注的内容还涉及任何媒介中的学术内容。受众以不同的方式参与到不同的艺术形式中，有些艺术事件还引起观众的参与，获得适度的掌声、批评和接受。

对媒介受众的探讨已成为新媒体艺术课题研究的一部分。受众理论为客体提供了学术上的洞察。这些见解塑造了新媒体知识，受众成为参与者影响着新媒体艺术以及不同的艺术形式。其实，在当今艺术领域，拥有最大艺术形式的是大众传媒。电影、视频游戏、广播节目、软件或硬件，以及其他格式的文件输出，还有其评论和建议都受大众传媒的影响。

在互联网的时代，受众的参与和公民新闻，是由专业的主体建立的分享空间。美国记者杰夫·贾维斯（Jeff Jarvis，1954—）说："给予人民媒体控制权，他们会使用它。由此推论：不要给人民媒体控制权，你将会失去它们。当公民可以行使控制权时，他们自然会的。"[1]同样，美联社的主席汤姆·科雷（Tom Curley，1948—）说："用户将决定什么被应用于媒体，以及什么设备、什么时间、什么地点。"[2]

二、受众的类型

（一）特定受众

在修辞中，特定的受众是依靠环境和情境构成受众的个体特征的。特定受众成为主体说服和参与了新媒体艺术家的构想。在规模和组成方面，特定受众可以聚集在一起，形成一个"复合"的受众与多个特定群体。

（二）直接受众

直接受众是一种特定的受众群体，是由面对面的主体个人、新媒体创作者的创作文本或新媒体创作主体所组成。这种类型的受众直接参与媒体中介消费旁观和旁听的连接和修辞文本。在测量即时性的受众的接受和反馈时，可以依赖于个人的采访、掌声和口头评论，以及之后的修辞。

（三）媒介受众

与直接受众相比，媒介受众是由不同于时间或地点的个人构成的，而新媒体主体呈现文本有所不同。媒介受众消费的文本或修辞内容通过电视、广播、互联网被认为是媒介观众，因为那些媒体具有独立的受众。理解媒介受众的规模和构成是很难的，因为诸如电视、广播、网络等媒介可以从修辞文本、言语的时间和环境中取代观众。在测量媒介观众的接受和反馈时，主要依赖于网站以及评论和论坛上的民意调查和评价。

（四）理论（想象）受众

理论受众是通过想象帮助新媒体创作者撰写或实践的受众，或是一位可以理解修辞文本或艺术内容的评论家。

（五）自我的受众（自我思考）

当一个修辞问题被深入思考，并传达思想的内容时，可以说这样的个体便是以自我为受众，以自我为评议。学者哈伊姆·佩雷尔曼（Chaim Perelman，1912—1984）和L.奥布莱恩·太替卡（L. Olbrechts Tyteca）在他们的书《新的修辞：议论文》（*The New Rhetoric: A Treatise on Argumentation*）中认为，修辞者"拥有比别人更好的位置用以测试自己的论点价

---

[1] Rosen Jay (June 27, 2006). The People Formerly Known as the Audience[J]. Think Press, August 5, 2012. https://en.wikipedia.org/wiki/Audience, 2016-2-8.

[2] 同上．

值"。① 自我的观众,不是为了所有的修辞目的或情况,而是作为一个类型的观众,不仅具有自助的功能,还有着手段进行有效的说服。

(六) 普遍受众

普遍受众是一个想象中的受众,作为一个伦理论辩的修辞试验。这也要求新媒体艺术创作能够想象包含不同背景的人的复合型听众,以及分辨出修辞文本或展示的内容是否吸引观众中的个人。学者佩雷尔曼和奥布莱恩·太替卡确定了写给一个普遍受众的信:"必须说服受众,由于引人注目的人物是不言而喻的,具有绝对的和永恒的有效性。"②普遍受众概念是一种理想,因为它可以被视为达到说服效果没有障碍并接受批评的特定观众。然而,作为有着道德引导的创作者和一个重要的评论工具,专为读者或观众设置,它仍然可能是有用的。

(七) 理想受众

一个理想的受众是一个修辞的想象,也是目标受众。在创建一个修辞文本时,一种修辞想象的目标受众将得到解决、说服或受其语言或修辞文本的影响。这种类型的受众不一定是想象中最能接受的受众,但在未来特定的观众中,将从事与修辞有关的活动。理想受众允许修辞者制订给予未来特定受众的成功参与。一个理想的听众、一个修辞的想象,未来的受众有着共同的信念和对受众说服的能力。

(八) 隐含受众

隐含受众是一个虚构的观众,由一名旁听者或读者决定,作为文本的构建观众。隐含受众不是真实的受众,而是通过阅读或分析文本来推断的。传播学者埃德温·布莱克(Edwin Black,1930—)在他的论文《第二个人》③中,提出的理论概念隐含读者有两个人的想法。第一个人是隐含的修辞,是由受众形成的新媒体艺术创作者的想法。其次是隐含的受众,在作品展示的情况下,受众的想法将是利用说服产生的想法。一个评论家也可以决定什么样的文本迎合观众或适应修辞的情况。

(九) 网络受众

网络受众在互联网上有大量的存在。通过互联网,每个人都有机会参与不同的互动方式。互联网给人们一个平台来书写和感动那些对所写的东西感兴趣的人。当作家们在网上写作时,他们就能够形成与他们有共同兴趣的人的社区。人们试图达到受众希望的一般的或特定的内容,这取决于作者在网上发表的内容。观众须时常看看作家发布的信息,以保持最新信息持续置顶。作家必须找到自己的位置,并努力工作,努力进入一个已经形成的社区。作者影响受众的方式是使得受众响应的作者的帖子,并可以给予反馈。互联网允许这样的联络形式。克莱·舍凯(Clay Shirky,1964—)写的书《每个都来了》(*Here Comes Everybody*)中,有各种例子体现了受众不仅是接收内容的人且实际上是创造了内容的作者。互联网创造了大众成为受众的机会,并在同一时间为创造者提供了机会。④

(十) 受众参与

一些前卫的观众参与的是最常见的新媒体作品,他们的参与行为打破了被动观看的局面。其中的例子包括传统的英国哑剧喜剧,创意的舞台表演,如蓝人组合(Blue Man Group)。

受众参与的艺术正在不断发展,作为一种新的品牌激活和品牌参与的工具,创建和加强品牌和消费者之间的特殊关系,企业正日益关注艺术事件,涉及受众积极地参与各项活动。通常,组织提供品牌对象的活动参与者,参与节目的受众则作为艺术事件的主体,创造持久的品牌联系。在"超级碗(Super Bowl)"的节目中,观众在现场展示灯光秀。百事可乐的观众获得"视频滑雪帽",在活动中产生了很好的视觉效果。人的情绪更具有直接的吸引力,品牌企业可以从消费者中获得反馈。提供或寻求这种体验的企业运用的是"人群

---

① Perelman Chaim, L. Olbrechts Tyteca. The New Rhetoric: A Treatise on Argumentation. Notre Dame[M]. Indiana: University of Notre Dame Press, 1969: 52.
② 同上。
③ Black Edwin The Second Persona//John Lucaites, Celeste Michelle Condit, Sally Caudill. Contemporary Rhetorical Theory: A Reader[M]. New York: Guilford, 1998: 331-340.
④ Shirky Clay. Here Comes Everybody[M]. London: Penguin Group, 2008: 121-122.

激活"的受众参与方式。例如,《有形的互动》(Tangible Interaction)将人群激活命名为群体活动的分支,皮克斯·莫波(Pix Mob)自称是专为网站上的人群进行激活的公司。最著名的例子之一是受众参与的图片和音乐运动:"洛基恐怖图片秀(The Rocky Horror Picture Show)",其早期为"洛基恐怖秀"。观众参与每个元素的创作,通常被视为图片最重要的一部分,在一定程度上,在光盘版的音频选项中包括各种可供选择的内容。

在观众参与的"洛基恐怖图片秀"中,观众打个"招呼",屏幕上便出现了部分的电影。此外,一些道具也被观众运用在影片的某些拍摄和使用中。这些道具包括:

米,用于婚礼现场;

水枪,模拟布拉德(Brad)和珍妮特(Janet)走在雨中;

卫生纸,当史葛博士(Dr. Scott)进入了实验室和布拉德呼喊着"伟大的史葛!";

噪音制作,在创建场景开始发出声音;

糖果,用于查尔斯·阿特拉斯歌的结尾;

面包,在晚宴现场烤面包,当弗兰克(Frank)大叫"干杯!";

晚宴帽,在宴会上使用,当弗兰克戴上了他的派对帽;

玩扑克牌,用在"我回家"的场景。

在英国的哑剧表演中,受众是一个表演的预期执行者,完成某些任务的关键情节,例如:

与"观众朋友"的互动,经常设计成喜剧和戏剧的人物;

反面人物的起哄与嘘声;

来回的参数,通常由简单的、重复的短语组成(如字符:"没有没有!"观众:"是的,有!");

"鬼笑话",受众大声告知迫在眉睫的危险,通常其角色很冷漠。

在《埃德温·德鲁德的神秘》(The Mystery of Edwin Drood)中,一部基于查尔斯·狄更斯(Charles Dickens,1812—1870)未完成作品的百老汇音乐剧上,受众必须通过投票选出他们认为的凶手,以及查找侦探和夫妇的真实身份。

在1984年夏季奥运会期间,奥运会的座位上配有互动卡。主持人给出一个倒计时,并告诉受众高举互动卡,同时揭开了所有参与国家旗帜的样貌。

托尼和缇娜的婚礼也是一个让受众参与的形式,在婚礼中整个过程像是叙事的过程,受众则在过程中扮演了"客人"的角色。

英国的智力竞赛节目QI常常让观众回答问题。当受众赢得一场节目后,下一场继续。魔术表演往往靠一些受众参与。德伦·布朗(Derren Brown,1971—),一个心理魔术师,在很大程度上依赖于他的现场观众参与节目。在《拉德茨基·玛奇》(Radetzky March)进行曲的表演中,随着受众的鼓掌,传统合唱重复(大声)的第二拍子拉开序幕。

再如博客经常让受众主持或自由评论也是受众参与的媒体艺术方式。

在电视剧《神秘科学剧场 3000》(Mystery Science Theater 3000)中,一个男人和他的机器人被关押成为伪观众,被强迫去看"坏"电影并受其折磨。它们保持了理智并诘问每个人。

同样,在线网站《没有怜悯的电视》(Television Without Pity)有着稳定的受众群和评论,这些观众评论胜似学者,有时表现得就像他们,也受到了诘问。

三、新媒体改变艺术体悟

艺术体悟是一个复杂、具体和动态的心理活动过程。这是一个主体的审美能力发生作用的过程,也是审美价值真正实现价值的过程。新媒体的出现改变了艺术体悟的全过程,艺术体悟作为个体活动,根据主体的审美追求不同、审美能力不同,面对纷繁复杂的新媒体世界,必然出现复杂的局面。作为一个动态的过程,新媒体下的艺术体悟必然具有依次展开的各个阶段。

根据《庄子·人间世》,庄子把对"道"的观照过程分为三个阶段。首先"听之以耳",即感官对具体感性事物的体会,这里指涉新媒体艺术中的听觉艺术需要主体的创作,更需要客体的全身心静听。其二"听之以心",即以心意对应主体,关联生活中的体验和领悟。新媒体艺术中的互动环节,不仅需要受众身体力行地参与作品,还需要受众以心对心体悟作品中创作主体的意识与传达。其三"听之以气",即对虚妄内心与世界的心灵观照。正如新媒体艺术中虚拟情境的空旷需要受众用心灵体悟其虚拟的境界与虚拟的发生。

传统的艺术体悟包括准备阶段，审美态度的形成；初始阶段，审美感受的获得；深入阶段，审美体验的展开；升腾阶段，审美超越的实现。① 媒体艺术体悟则出现了以下几个阶段：准备阶段，好奇与陌生；初始阶段，审美态度的无序；深入阶段，交互审美的展开；升华阶段，审美结果的完成。

在新媒体艺术的体悟过程中，创作主体对受众的参与了然于心，超越了新媒体作品本身，升华到一定的精神境界。体悟的心理素养成为理解作品的统帅，以猎奇与参与为动力，使得新媒体艺术体悟有了感性的特征，又有理性的加入，这是艺术体悟的至高境界。

四、新媒体改变艺术消费

艺术消费是一种以艺术作为交换的商业行为，这一商业行为一方面为了审美需求，另一方面则以经济为目的。当前，艺术消费已不仅是个别有钱阶层或者艺术家的事情，而是一种人们司空见惯的日常消费形态。艺术消费可以创造艺术产业，还会促进艺术生产，改变了艺术家的创作方式和生存状态。

新媒体环境下的艺术消费向大众化的趋势发展，涉及新媒体艺术的博物馆收藏、拍卖公司的拍卖、私人收藏、网络平台的出售等。虽然网站、影像、动画、装置等新媒体艺术的市场还未成熟，但新媒体艺术的艺术张力与其生命力使得优秀的作品得以获得市场和业内人士的关注和认可。

第三节 身份的替换

新媒体艺术中，主客体的身份往往是模糊的，作为创作主体的艺术家，由于其作品需要在受众参与的前提下才算完成，其从创作主体变为审美主体。而作为审美主体的受众在参与作品的互动过程中转换身份成为创作主体，完成了作品的互动环节，促成了作品的完整。在整个互动过程中，艺术家作为旁观者面对的是受众作为审美客体与作品的同时存在。除此之外，主观与客观之间的差异也会导致主客体身份的互换。

一、主客体身份的模糊

人们通过概念化和语言体验自己和世界作为主体和客体的关系。然而，这种二元对立只是精神上的，而不是真实的。思想产生了这种主客二元对立。思想的主体性影响到人们对自然科学的客观世界的看法。宇宙意识创造的精神和物质两方面，而个性化的形式属于同一基本事实。

人们的日常经验证实了一个明显的事实，即有一个双重价值的世界为主体和客体。作为意识，作为个性和经历生命的主体，人们可以提出一个名称或有关名称的一切，这便是客体，将与人们的主体相对立。物理客体只是世界客体的一部分。也有心理客体、人类情感的客体、抽象客体、宗教客体等，语言将人们经验客体化。每一个体验本身作为纯粹感性经验并没有使主体与客体有所区别。只有口头的思想将感觉具体化、概念化，并将给定的实体语言进行归档。

有些思想家认为，主体和客体都是经验的不同方面。体验到新媒体艺术创作个体，作为主体，有着自我反思的行为，自我将自己主体化，将受众客体化。作为一个主体意味着拥有客体对象。主体不能有意识地经历一些事情，而缺乏媒介的指引和理解。主体的经验被概念化的时候，便进入客体受众的意识。主体的经验是负面的，因为它破坏了原有的纯粹性。在辩证的合成过程中，最初的经验成为主体的对象。主体心中共同的状态是唯一能够感知的对象。客体的具体化便是负面的经验。对象客体化将消耗主体意识，但主体是因果和先后相连的物体。当新媒体艺术创作主体处理任何对象时，便意识到，这是主体将事物客观化的过程。只有主体能完成对象的客体化。没有主体，便没有任何事物；没有客体，也就没有主体。然而，这种相互依赖，是可理解的二元论，与客体与主体有关的物质是真实的。因为客体是通过主体的活动创造的，主体不是一个实体，而是心理和意识，主客二元论更接近纯粹的唯心主义。

勒内·笛卡儿（Rene Descarts，1596—1650）

---

① 王旭晓.美学通论[M].北京：首都师范大学出版社，2004：296-319.

的二元论认为主体和客体是单独的,是独立的和真实的物质,都有自己的起源地和上帝的最高的物质。然而,笛卡儿的二元论是自相矛盾的:事实上,笛卡儿提出的"我",是主体,是唯一确定的,他违背了唯物主义概念。物质的存在只是可能的,而精神上的东西是绝对的,必然是肯定的。主体比客体更为优越。客体仅是来源,主体则是原始的。这使得客体不仅逊色于实质性的质量和本质,也对主体具有依赖性。主体认识的客体意味着,客体不能有本质或未确认的存在问题。主体是世界第一位的,主体是假定上帝。在这两种不同物质的相互作用中,笛卡儿的二元论可以解释和理解新媒体艺术的主体客体关系。

通过笛卡儿的二元论和一元论的理论,分析个人或绝对唯心主义、唯物主义、实证主义,问题应该得到解决。什么是实证主义者所做的,只是通过语言形式表达的主客体关系。这不再是一个形而上学的问题,而是一个语言问题。语言已经形成了这个客体主体性的双重性。这些思想家的分析指出,行为不可避免地被认为是思维主体与客体。通过相对化的语言分析哲学的对象和主体,可以避免可望而不可即的主体、客体的难点问题,这也是哲学的根本问题。

因此,必须以一种新的方式来理解主体、客体的概念。在日常生活中人们可以体验到一种双重性。每个经历都是可通过这种二元模式进行阐释的。然而,问题是,这背后的主体、客体的二元性模式是否是真实的或唯一的精神。科学假定它是真实的。这个假设并不能证明人们的经验,但只有这种科学方法可以成功地解释人们的经验事实。另一方面,神秘主义者认为有一种原始的统一主体与客体。要达到这种结合是宗教和神秘主义的目标。现在,人类的任务就是重新回到正轨,努力实现这一最高成就。再次,提出上述结论,不得不承认,这也是思维的神秘方式的唯一模式,作为科学家,他们有自己的框架来解释超感觉的事实,以及最成功的参考和方法论。

如果有了主客体二元对立的发端,那么就不能在物质或精神层面上赋予更多的现实,也不能在其他方面否认这一事实。无论是主体、客体、思想和物质,都是虚幻和虚构的。假设只是一个虚幻的主题或虚幻的客体便产生死角和荒谬。这会带来一种极端的怀疑态度,其中每一件事都是相对的或主观的,而任何事情都是可以肯定的。这不仅毁灭了人的心灵,也是最可笑的。

主体和客体是一样的真实?这将再次创造一个真正的二元性。那么,这种二元性的一部分是不是真的?要回答这个问题,首先要探讨"现实"这个词的含义。现实来自于拉丁词"realitas",可以从字面上翻译为"物-质",即有"物物"的含义。物可以有很多其他拉丁的意义,它们中的大多数都没有实质性的含义,例如,活动、业务,在收集的任何一种情况下,这些所谓的情境等方面都是主观的,因此有着相关的思维方式和人的感觉。在人类以外的领域,现实根本没有意义。只有在意识和理性的背景下,现实才是有意义的。现实是所有的人类事务,因为这些都是与人们周围的世界有关的。现实是没有人的物质世界。现实是人类经验、思想与客观世界的总和。

那么客观世界,在人们的经验和思想中,遇到了一些存在的东西,或是依赖于人们自身的主体性。意识的主观方式影响到客观世界的看法,大多数科学家都承认了这一观点。然而,他们假设一个真实的客观世界,如果没有人活着或观察它,那也将不存在。解决这一问题的方法之一是康德的解决方案,即"事物自身",这是因为思想无法因为心灵的固有而具有局限性。另一方面,黑格尔否定了"自在之物",知识的世界因为自身是可以实现的,但通过"绝对知道"才能实现意识的最高形式。

一个独立客观世界的最有说服力的证据,是以下的理论:如果从一个摄像头到一个景观,其中没有人在场,人们便离开这个地方,让相机拍摄一些照片并通过一个计时器自动计时,人们回来后发现其图片与人们常看见的风景相同。常识告诉人们:发现自己所在的环境没有变化、没有差异是理所当然的事。

新媒体艺术问题也是主体和客体的关系。如果假设有一个潜在的现实,无论是身体上的,还是精神上的,既不是客体,也不是主体,而是创作的两个方面,新媒体艺术家最终以主体和客体的身份进行创作。只要有这种普遍的"真空",就没有什么区别。每一件作品都是这样的。通过一个辩证的过程的分裂或随机波动的真空,形成了基本的形式,发展成更复杂的形式,最终进入生活的精神和身体的世界。唯一的问题是,如何在这两个方面产生和发展。此外,因为心智并不是从物质中进化出来的,必然有一个伴随的心智和物质的进化,或者物质进化而心智却没有得到释放。因此,创作思想是有价值的,某种程度上优于物质。既然都是一个现实的方面,所以两者都是一样的重要。科学构建整个物质世界和人类已经从宇宙的原始真空状态逐渐演变而来。那么,过去的某个时候,新媒体艺术家脑子里就已经出现了世界中物质的复杂内容。一方面,思想有不同的属性和品质。这可以证明经验。人们不相信,人格是一种物质,情感是爱和恐惧的一种自然表达。感受性和意识的性质是完全不同的物质,是科学界定的性质。每一个方面的本质上,可以假设一个不同的辩证运动。而物质的性质是它的性质,它的性质必然会逐渐演化,并存在于一个永恒的运动和变化之中。另一方面,思想由其自身性质决定,必然会有不同的进化和存在。心如尚未进化,心灵的个性化的形式仍在人身上表现为主体,随时变化,以不同的方式超越物质的变化。两方面都有自己的规律和模式。因为思想也包括所有的个人思想。其实,只有一种意识,这只是人为地分割的心灵,它表现为意识的手段。这两个方面是相互依存的,构成了世界和所认识的人,也是新媒体艺术家的精神世界。

宇宙的心,创造精神和物质。在这个意义上的思想可以分为集体意识和个体意识,以及个人的思想。物质是实证对象总和。有基本的粒子或振动的弦,甚至力场,这是建筑的复杂形式和最后的宇宙。所有这些都只是概念,不能取代最高超理性知识的宇宙之心本身。

二、主观与客观之间的差异

在小说、报纸和口语上,世界各地的人们都在试图说服你去跟随他们的想法。他们轰击你的事实和数据、观点和预测。这取决于你在这个混乱中创造的秩序,并找到能帮助你理解什么是真实的,以及什么是彻头彻尾的错误。为了做到这一切,你需要有一个坚定的定力,指导什么是主观的,什么是客观的。

(一)主观和客观的定义

主观是一个说话人或作者的特征性陈述。它往往有一个现实的基础,但从反映的角度来看,是说话人对现实的意见,无法用具体的事实和数字来验证。

客观是一种完全无偏见的陈述。这不是由演讲者的经验或品味所感动的,而是通过查找事实或进行数学计算得到验证的。

(二)何时主观何时客观

主观:在新媒体艺术家构想时,没有任何限定的形式。当人们看一部电影或读一本书时获得的乐趣是主观的,使其经验更为愉快。再如,讨论任何类型的艺术时,每个人的意见也是针对一个特定的作品的主观表达。

客观:当人们做出合理的决定时,重要的是可参照的客观事实。它可能涉及新媒体艺术家选择媒材或决定哪项工作,在阅读时获取的新闻来源。

(三)简单的方法记住主观和客观

主观:指向主观的主题都存在于头脑和过去的经验中。主观意见是短暂的,受影响的因素,可以从事实到情绪的任何数量的因素。

客观:每当讨论一个对象,一个具体的东西,它可以被触摸,便是客观存在的物体。构成客观陈述的事实也应该是具体、固体的对象。

(四)主观客观的例子

主观:意见、解释和任何类型的数字演示都是主观的。

客观:科学的事实是客观的,是数学证明。基本上任何可以被支持的固体数据都是客观的。

概要:

(1)主观和客观的发言被各发言者使用,以获得他人的观点。

(2)主观陈述可能不是完全真实的,因为它们是经过说话人的意见渲染的;但客观陈述是可以被第三方核实的事实。

(3)主观陈述一般用来描述艺术,而客观陈述是最常见的硬科学。

三、主客体身份的互换

在哲学上,个人身份关注的是几个松散的相关问题,特别是持续性的,变化、相同和时间。个人身份体现了独特个性,并与特定的实体有关。

个人身份结构是一个人所产生的个性的个体特征,是公认的或已知的。

一般情况下,人们独特的数字身份,即一个人在同一时间和另一个时间的必要条件和充分条件,可以说是同一个人在现代哲学中的时间定位,一个人身份的概念有时被称为历史性问题。共时性问题是指个人在同一时间的特定特征或特征问题。

身份是一个大陆哲学和分析哲学的问题。大陆哲学的一个问题是在某种意义上得以维持的当代概念,而之前的很多命题、假设,以及对世界的预设是不同的。

(一) 物质的连续性

1. 身体物质

一段时间内一个人的持久性概念指的是身体的存在和连续性。然而,无生命的物体很难来自同一时间,决定身体的存在,因为那是另一个世界的客体存在。随着时间的推移,人类的身体和年龄都有所成长。因此,人们的身体不断在时间中存在,个人身份也持续存在。然而,将人类定义为一个生物有机体和断言的命题,是一个个人连续性的心理关系。这一个人身份本体论假设了生命维持过程的关系理论,它取代了身体连续性的概念。这对于新媒体艺术互动环节的身体因素设计至关重要。

2. 精神实质

在另一个概念中,认知能力的集合被认为是非物质的,独立于身体之外。如果一个人确定了他的思想而不是他的身体,如果一个人被认为其头脑和思想是非物质,那么个人身份在时间上可能植根于这种非物质的持久性,尽管思想与身体的物质本体在不断地变化。精神身体问题涉及"关系的解释",它存在于心智、精神过程、身体状态或过程中。正如新媒体艺术的肢体互动将有助于精神世界的阐释一样,这一领域的哲学家的目标之一是解释一个非物质的思想如何可以影响物质的身体,反之亦然。

然而,这不是没有争议的,将它作为解决问题的方法是有异议的。感性经验依赖于外界的各种感觉器官的刺激,这些刺激引起精神状态的改变,最终引起感觉认知。对食物的欲望,会导致一个人以一种方式移动自己的身体,并在一个方向上获得食物。问题是如何拥有有意识的经验,产生具有电化学性能的器官(人脑)。一个相关的问题是如何解释命题的态度(如信念和欲望),可以导致神经元的大脑和肌肉做出正确反应。这包括认识论和心灵哲学家以及笛卡儿时代的困惑。

(二) 意识的连续性

约翰·洛克(John Locke,1632—1704)[①]认为个人身份(或自我)是建立在意识上的,即记忆,而不是对灵魂或身体的附庸。一篇名为《对同一性和多样性》文章出自《人类理解》(*Human Understanding*,1689)被认为是第一个自我认同的现代概念,反复着对自我的确认。通过这种认同,道德责任归因于主体、惩罚和内疚是合理的。

根据洛克的理论,个人的身份(自我)"取决于意识,而不是物质",也不是灵魂。同一个人,在一定程度上,是有意识的过去、未来的思想和行动的统一,以同样的方式将意识、思想和行动关联在一起。如果意识是"思想","与物质一起去"……"这将创造同一个人",个人的身份是建立在反复的行为的意识之上:这可能表明,其中的个人身份不是其物质身份,而是意识的身份。例如,一个人将是自己的柏拉图,只有人有自己的意识,即柏拉图的思想和行动。因此,自我认同不是基于灵魂。一个灵魂可能有不同的个性。

无论是在身体物质上的自我认同,还是因为身体而改变,人仍然是相同的。甚至动物的身份也不是建立在它们身上的,"动物的身份被保存在生命的身份,而不是物质的",因为动物的身体在其成长中改变。另一方面,人类的身份是基于他们的意识。

这个有趣的边界案例导致了这样的思想问题:因为新媒体艺术中个人身份是基于意识的,只有自己可以意识到自己的意识,外部的人可能永

---

① 约翰·洛克,英语哲学家和广泛施舍的医生,作为18世纪最有影响力的思想家之一,被称为自由主义的"父亲"。他也是第一个英国经验论者,继传统大学弗朗西斯·培根爵士之后,他有着等量重要的社会契约理论。他的贡献是对古典共和与自由主义的理论,并被写入美国大学的独立宣言。

远不会知道。换言之，洛克认为，这可能只是对身体行为的判断，因为这是显而易见的。一个人不能对一个无意识的行为负责，因此也导致了有趣的新媒体哲学问题。

此后，洛克的个人身份概念是在物质或身体上体现出来，而在"同一意识"中，也有别于灵魂，因为灵魂本身就没有意识（如转世）。他创造了灵魂和身体之间的三分之一比例，洛克的理念跟随着科学家的思想，将很快确认大脑意识。对于大脑，身体和任何物质都会改变，而意识仍然是相同的。因此，个人身份不在大脑中，而在意识里。

（三）哲学直觉

伯纳德·威廉姆斯（Bernard Williams, 1929—2003）[①]提出了一个思想实验的概念，它来自于一个人的直觉，也有益于新媒体艺术的直觉。思想实验由两种方法获得相同的实验。

第一种方法，威廉姆斯认为，假设有一个过程，使两个人在其中，结果导致两个人有"交换"机体的可能。该过程投入的人物 B 的记忆、行为倾向和心理特征的身体，他经历的过程属于人物 A；反之，有人为了显示这是一个假设，在 A 和 B 之间创建了两个机体，a-body-person 或 b-body-person，他们希望得到惩罚和奖励。在经历的过程中，他们接受了惩罚或奖励，A 机体选择了 B 机体表达的记忆，B 机体则反之选择了 A 机体的记忆。这种思维实验的方法表明，由于人的心理特征来源于人物 A，所以直觉是心理连续性的个人身份的标准。

第二种方法是假设有人被告知，记忆将被抹去，并经历巨大的折磨，这人是否会因害怕而被折磨？直觉是，人们会害怕被折磨，因为失去记忆是痛苦的。接下来，威廉姆斯要求考虑几个类似的场景，直觉是，在所有的情况下，人是害怕被折磨并仍然是有意识的自我，尽管有一个人的记忆被抹去并可能接受新的记忆。然而，最后一个场景是第一个场景中的一个相同的场景。

在第一种方法中，直觉是表明了人的心理连续性是个人身份的标准，但在第二种方法中，直觉是一个人的身体的连续性，这也是个人身份的标准。为了解决这个矛盾，威廉姆斯觉得直觉在第二种方法里显得更强，如果给予他选择惩罚和奖励，他会希望他的身体接受奖励而另一个身体接受惩罚，即使另一个身体是有记忆的。

（四）心理连续性

在心理学上，个人的连续性，也叫做个人坚持，是关于他或她的私人生活和特定的个性。为了避免从一个时刻到另一个时刻不连续的结合，个人的连续性会影响所产生的人格。个人的连续性是身份的重要组成部分，这是确保思想素质的过程，如自我意识、情感、智慧、能力和感知自己和环境的关系，是关联和一致的。个人的连续性是一个持续连接时间的性质，所要做的就是一个人的身体与四维节奏的密切相关。一种思想理论相结合，在脑海中，让新媒体艺术事件或观点在相互关联，从而形成一种学习。联系则由邻近性、相似性，或对比关联。通过接触，一个想法通常是发生在同一时间的事件。其中一些事件是个人的记忆，另一些则是个人代表，即一般或特定的事件和个人的事实。

新媒体艺术中自我的完整性是自我的心理意识，自我的累积性保证了它的秩序和意义。自我认同是产生信心的内在同一性和连续性，过去的连续性意味着与其他人的匹配和职业承诺。

（五）自我理论

自我理论着手寻找心灵的问题和身体问题，考察了人的性格、人与动物的关系，以及机体的性质。人们倾向于认为，人类是同一个人。虽然在许多方面发生了变化，但目前的人类却在远古便出现了。人们可以思考哪些功能被改变，并改变了本质的自我。然而，否认一个人的各种特性和所谓的神秘的自我是有区别的特点。当人们开始反思，"没有意识到一个特别亲密的感觉源自人的不同看法，以难以想象的速度一个接一个在永恒地流动和运动中"。

在新媒体艺术创作的思维过程中，有着不断的变革，想象力很容易从一个概念到任何其他类

[①] 伯纳德·威廉姆斯（(Bernard Williams)，英国道德哲学家，被时代杂志描述为"他那个时代最伟大和最重要的英国道德哲学家"。他的出版物包括《自我问题》(Problems of Self)《道德运气》(Moral Luck)《伦理和哲学局限》(Ethics and Limits of Philosophy)《真理和真实性》(Truth and Truthfulness)。1999 年他被封为爵士。

似的概念,而这种品质本身就是一个充分的纽带和关联。同样显而易见的,因为感官改变了对象,必须定期更换,并把它们作为他们的谎言互相毗邻,想象必须通过漫长的习惯获得相同的思维方法,并在时间和空间的部分构思对象。

尤其是在新媒体艺术创作者看来,这些看法并不属于任何东西。类似于佛,比较的是灵魂,保留了其身份,而不是凭借一些持久的核心物质,由许多不同的、相关的,但不断变化的元素组成。个人身份的问题,成为一个松散特征的个人经验的问题。

总之,重要的不是"身份"的存在,而是因果关系、接触关系和相似性之间取得的认识。为了使各种状态和过程的思想相互统一,必须有团结、存在、神秘的个人身份。通过物质性质的属性解决了这个问题。

(六)无我理论

"无我理论"认为,自我不能被减少到极致,因为一个自我的概念是不符合一个捆绑的想法。根据命题,一系列的想法意味着身体或心理的关系紧密相连的概念。杰姆斯·吉尔斯(James Giles,1958—)[1]是这种观点的主要代表,认为无我的考察理论是还原理论的一致,即实质性自我并不存在。还原论的理论,按照吉尔斯的说法,是错误的复活观念在心理关系中的各种存在。无我理论,另一方面,"让自己在撒谎了",这是因为无我理论没有反对一切理论中的自我。

个人身份的佛教观念有时也出现在新媒体艺术中,这是一个无我的理论而不是还原理论,因为佛陀拒绝意识,感觉重建尝试,或在一个永恒的、不变的自我观念中维持身体。

四、主体间性

主体间性是一种哲学、社会学、人类学、心理学的术语,代表着人与人之间的心理关系。它通常用于对比唯我论的个人经验,强调固有的社会存在。

社会心理学家亚历克斯·吉莱斯皮(Alex Gillespie)和弗洛拉·康沃尔(Flora Cornish)至少列出了五个定义界定主体间性。

在其最薄弱的意识,主体间性是指协议,是在一个特定的含义或情境定义中的人与人之间的主体间性。同样,托马斯·雪夫(Thomas J.Scheff)[2]将其定义为"分享主体的两个或更多的个体"。

更微妙的主体间性可以参考以下概念:共享的意义由彼此相互作用的人、作为解释社会文化生活元素的含义、日常资源组成。如果人们分享常识,那么他们就分享了一个定义。

这个词也被用来指共享或部分共享,如自我展示、说谎、恶作剧和社会情绪。说谎是参与主体间的行为,它们是随着形势而变的不同定义的行为。说谎是真正的主体间性,在两个现实的主观定义之间具有操作感。

主体间性强调共享认知和共识,在影响人们的观念和关系上是必不可少的。语言,是典型的、公共的,而不是私人的。主体间性也可以理解为心理过程的能量,在两个或两个以上的主体之间移动。一个主体的心理承受重量取决于他如何应对他人的思想,从而创造一种主体间性的经验。

(一)精神分析学范畴内的主体间性

主体间性是现代精神分析学科的一个重要概念,它适用于分析家和分析者之间的相互关系的理论。采用心理分析的手段,是一种主体间视角。首先,罗伯特·斯托罗(Robert Stolorow,1942—)[3]和

---

[1] 吉尔斯·杰姆斯(James Giles),哲学家和心理学家。他写了关于个人身份和自我的著作,发表了对人类脱发和性欲原因研究的理论。

[2] 托马斯·J.雪夫(Thomas J. Scheff),UCSB社会学系名誉教授。他的研究领域是情感关系的世界、精神疾病、恢复性司法、集体暴力。他拥有亚利桑那大学物理学学士学位(1950)和加利福尼亚大学(伯克利)社会学的博士学位(1960)。1959—1963年,他在威斯康星大学从教,还加入了加利福尼亚大学圣塔巴巴拉学院。

[3] 罗伯特·D.斯托罗(Robert Stolorow),精神分析学家和哲学家,他著有主体间性理论、后笛卡儿精神分析和心理创伤著作。重要著作包括:《在云面》(Faces in a Cloud)《结构主体》(Structures of Subjectivity)《心理治疗:一种主体间性的方法》(Psychoanalytic Treatment: An Intersubjective Approach)《背景是》(Contexts of Being)《工作主体间》(Trauma and Human Existence)《世界的经验》《创伤和人类的存在》《与世界,情感创伤:海德格尔和笛卡儿之后的心理分析》(and World, Affectivity, Trauma: Heidegger and Post-Cartesian Psychoanalysis)。

乔治·E.阿特伍德（George E. Atwood, 1745—1807）[①]将其定义为"孤立心灵的神话"。在奥特罗若（Robert Stolorow）和阿特伍德的"主体间性理论"中，"主体间性"是指不以主观状态共享的，在不同组织的经验世界的相互作用的心理系统或领域。在他们看来，情感体验总是在这样的主体间性的系统内形成。

早期的作家在精神分析中探索这个概念，有着显式或隐式的方式，他们是美国、塞尔维亚和意大利的海因茨·考特（Heinz Kohut, 1913—1981）、罗伯特·奥特罗若、乔治·E.阿特伍德和杰西卡·本杰明（Jessica Benjamin, 1946—）[②]。

精神分析学家杰西卡·本杰明在《爱的纽带》（The Bonds of Love）中写道，"主体间性"概念源于社会理论家哈贝马斯（Jürgen Habermas, 1929—），她解释道："相互理解的主体间性指定一个个人能力和社会领域。"

自20世纪80年代末以来，精神分析学研究方向通常被称为关系精神分析（Relational Psychoanalysis），或简称为关系论（Relational Theory）。其理论的核心人物是丹尼尔·斯特恩（Daniel Stern, 1934—）。根据实证主义的观点，主体间性的学术受到婴幼儿、儿童和其父母的灵感激发，专门研究非语言交际研究。"关系主题"作为一个新媒体艺术的核心问题，在一个非语言的时尚范围以快速的方式得到了拓展。学者们强调了两个合作伙伴之间真正关系的重要性。杂志《精神分析对话》（Psychoanalytic Dialogues）则致力于关系精神分析。

精神分析学范畴内的主体间性为反映精神意识方面的新媒体艺术提供了良好的理论依据。

（二）哲学范畴内的主体间性

同时，主体间性是分析哲学和大陆哲学传统的一个重大课题。主体间性不仅在关系层面也在认识论和形而上学上是至关重要的。例如，假设建立主体间性是真理的命题发挥作用，并构成了所谓的客观对象。

在过去的50年里，意识研究的中心问题是他人意识的问题，如何证明人的信念，人的思想就像个体和他人的心理状态和行为的预测。当代哲学主体间性理论需要解决他人意识的问题。

在个人认知主义和大众认知主义之间的争论中，思维的某些方面不是个人的也不是完全通用的。认知学的支持者提出主体间性的社会认知视角，为人们提供了一个社会认知间性的个人和普遍观点之间的平衡的观点。这种方法表明的不是个人或普遍的思想家，而是"思想社区"，即不同信仰的社区。其范例包括教堂、职业、科学信仰、世代、民族和政治运动。这个观点解释了为什么每个人都有不同的想法。

主体间性思想认为，每个社区分享的社交体验，不同于其他思想的社区的社会经验，不同信仰的人有着不同的思想。这些经验超越人的主体性，这也解释了为什么人们可以通过整个思想获得共享。其支持者认为，主体间性支持个人信仰也常常思考社会信仰的结果，不只是个人的经验或普遍的和客观的人类的信仰。信仰重铸的标准是思想社区的形成。

哲学范畴内的主体间性为个人认知主义和大众认知主义之间的争论，以及分享思想社区的新媒体艺术创意提供了源头。

（三）现象学范畴的主体间性

埃德蒙·胡塞尔（Edmund Husserl, 1859—1938）[③]，现象学的创始人，提出了主体间性的重要性，并就此主题写了文章。在德国，他有关"主体间性"的理论集中在《胡塞尔全集》13～15卷。其

[①] "主体间性"是由乔治·E.阿特伍德和罗伯特在《精神分析》里做的介绍，他们认为这是一个"元"的精神分析理论。主体间性心理分析表明，所有的相互作用必须考虑的内容包括：病人、分析师或父母、孩子不能被看作是彼此分离的相互作用，而是必须考虑总是相互影响。这个哲学概念可以追溯到"德国理想主义"和现象学。

[②] 杰西卡·本杰明（Jessica Benjamin），精神分析学家，她对精神分析和社会思想有着重要的贡献。目前她正在纽约大学和史蒂芬·米切尔关系研究中心进行精神分析和心理治疗的博士后心理学研究。她也一直在关系精神分析领域做原创投稿，其内容包括：理论的主体间性，性别研究涉及精神分析和女性主义社会。

[③] 埃德蒙·胡塞尔（Edmund Husserl），德国哲学家，建立了现象学的学派。在他的早期作品中，他阐述了批判历史主义和基于分析意向性的逻辑主义。在他成熟的工作中，他试图建立一个系统的基础科学，以此为基础进行现象学还原。认为先验意识集有可能具有知识的局限，胡塞尔重新定义了现象学，并将其作为一种先验唯心主义哲学。胡塞尔的思想深刻地影响了20世纪哲学的景观，他仍然是当代哲学界具有超越性的人物。

英文作品中，他有关主体间性的著名的作品是《笛卡尔式的沉思》（Cartesian Meditations）。尽管胡塞尔现象学往往是方法论中的唯我论，但在《笛卡尔式的沉思》的第5部，胡塞尔试图解决主体间性问题，提出了他的先验主体间性理论——一神论。

胡塞尔的学生伊迪丝·斯坦（Edith Stein, 1891—1942）①在其基础上扩展了主体间性，她1917年的博士论文中谈到"移情"，其论文名为《关于移情的问题》（On the Problem of Empathy, Zum Problem der Einfühlung）。

现象学范畴的主体间性有助于构成客观性：在新媒体艺术的世界里，人们认识到经验不仅是为个体的，而且是为他人的，它可以搭建一个自我与他人、个人和共享之间的桥梁。

（四）心理学范畴的主体间性

在当代心理学中讨论和阐述的主体间性是一个十分突出的主题，通常包括心理学理论和意识的研究。主体间性的当代理论有三个：文本理论、仿真理论、互动理论。

理论家认为，人们解释和预测了运用民间心理学理论的行为表征。有了民间心理学理论，人们可以从一个目标的行为推断他或她的精神状态。从这些推论，再加上在理论与心理状态行为的心理学原理，就可以预测目标的行为。

另一方面，模拟论者认为，用自己的思想来解释和预测别人的行为是一种模式，"把自己放在别人的鞋子里"，这就是想象中的精神状态，以及在其他情况下的表现。更具体地说，模拟其他的精神状态可能会导致所观察到的行为，然后使用模拟的精神状态，通过自己的决策机制运行假装信仰，并假装渴望作为输入。人们把所得的结论归咎于其他人。近来，维托里奥·加莱希（Vittorio Gallese）提出了一个理论，是指在模拟镜像神经元和神经科学研究的现象学研究。

研究对话和用对话揭示语言是主体间性深刻的本源。人们说话时，总是强调对话，以他人的视角和面向人们想法。在这个传统的研究中，主体间性已被认为是个体的符号、符号的结构、语言的基础，是主体间性的自我反省的心理过程。对镜像神经元的研究和对人类心理的深刻性基础提供了证据，可以说是与心智移情理论直接关系的主体间性的理论。

心理学范畴的主体间性为新媒体艺术的开拓提供了个体的符号、符号的结构、语言的基础，并以心理状态的行为原理研究主客体之间的互动关系。

（五）跨文化的主体间性

主体间性的方式发生在不同的文化中。一些美国土著社区的非言语交际是如此普遍，在社区的交流可能是由于对"共同文化"的理解和共同努力的历史，所有会员都是承载主体间性的一分子。对"共同文化"的理解可能促进局部发展，美国土著社区里的孩子们长大后，他们的社会价值观、未来期望和谋生的学习中就嵌入对文化的认知。在这样的成长背景下可能导致社区成员被形容为一个"混合的社团"。如果社区或家庭成员有相同的目标，他们会因此在心灵重叠的状态时实施同样的行为。无论人是如何的存在，或者仅仅是同一社区内混合社团，都使主体间性在这个基础上努力生发。

网络文化的价值也可能有助于一些社区主体间性。其所指的是松散的相互体谅的活动，需要、想要等类似于"把自己放在一只鞋里"，在墨西哥和美国南部某些土著社区，可能把促进主体间性作为人的行为，符合考虑社会或个人需要的精神状态。

跨文化的主体间性突出的特征体现在对网络文化的价值诉求上，它有助于存在共同价值观、共同目标的人们相互分享文化的内涵，也有助于新媒体艺术在一定区域或平台上获得分享。

---

① 伊迪丝·斯坦（Edith Stein），被称为圣特蕾莎贝妮迪克塔的十字架，是德国犹太人哲学家，皈依罗马天主教会成为一个赤足的卡梅尔派修女。她是天主教的一个圣斗士。

第九章
新媒体艺术创造的探研

创造与进化时常是有着一定争论的话题,或被称为创造与进化的争论以及起源的争论。这个话题涉及一个反复出现的文化、政治和神学争议的起源,地球、人类和其他生命的关系。这场辩论肆虐了美国以及欧洲,较小程度上波及其他地方,其辩论常常被描绘成一场文化战争的一部分。科学界和学术界的发展速度是惊人的,95%的科学家为创造和进化做出了贡献。

基督教原教旨主义者争论说人类和其他动物的共同祖先,是作为现代古生物学、遗传学、基因表现、组织学及其他学科的创始者,是现代进化生物学、地质学的结论、宇宙学和其他相关领域的基础。他们是亚伯拉罕的创造,作为著名的科学框架("创造学")的发端。而有关创造的争论历史悠久,如今人们关注的是什么是好的科学教育,政治创新主义者则聚焦在教学创新和公共教育方面。

2014年的一项盖洛普(Gallup)民意调查表明,超过4/10的美国人仍然相信上帝创造了10 000年前的人类,人类目前的状态与过去60年前变化不大。一半的美国人相信人类的进化源自上帝指导进化的过程。

这一争论被描述为科学与宗教的妥协,但美国国家科学院则声称:

今天,许多宗教教派接受生物进化的学说,承认地球上数十亿年历史的生物产生的多样性。许多宗教团体发表了声明,认为观察进化和信仰原则上是兼容的。科学家和神学家所写的,是他们的敬畏和面对宇宙以及星球上生命的惊奇,说明他们对上帝的信仰和对进化学说的证据之间没有冲突。①

第一节 科技与艺术的研发之路

在新媒体艺术的创造探研之路上,早在20世纪50年代便出现了致力于推动新媒体艺术创作、研发的组织,他们对于艺术家与科学家的交流以及新媒体艺术创作的推动给予了资金、技术、学术等方面的全面的支持,使得西方的新媒体艺术在短短的几十年间得以发芽、开花、结果。

一、E.A.T.

"艺术与技术实验(E.A.T., Experiments in Art and Technology)"是一个非营利性和免税的组织,旨在建立艺术家和工程师之间的合作。该组织通过促进人与人之间的交流,定义一个正式的合作过程。E.A.T.发起和实施的项目,扩大了艺术家在当代社会中的作用,帮助消除技术与个体创作的分离。

(一)由来

E.A.T.于1967年正式推出由工程师比利·克鲁威(Billy Klüver)、弗莱德·沃豪尔(Fred Waldhauer)和艺术家罗伯特·劳申伯格、罗伯特·怀特曼(Robert Whitman)的合作项目。他们先前的合作始于1966年,他们一起组织了《9个夜晚:剧院和工程》等一系列的行为艺术展示,这是美国艺术家和工程师的合作,10位纽约艺术家与来自世界著名的贝尔电话实验室的30名工程师科学家合作,开创了新技术的开创性演出。参与《9个夜晚:剧院和工程》的艺术家包括:约翰·凯奇、露辛达·柴德斯(Lucinda Childs)、欧文·法斯多姆(Öyvind Fahlström, 1928—1976)、亚历克斯·黑(Alex Hay, 1986—)、德波拉·黑(Deborah

---

① Science News.4 in 10 Americans Believe God Created Earth 10,000 Years Ago[EB/OL]. http://www.nbcnews.com/science/science-news 2016-3-14.

Hay，1941—）、史提夫帕·克斯顿（Steve Paxton，1939—）、伊冯·雷纳（Yvonne Rainer，1934—）、罗伯特·劳森伯格、戴维·都铎（David Tudor，1926—1996）和罗伯特·怀特曼；著名工程师包括：贝拉·朱尔兹（Bela Julesz，1928—2003）、比利·克鲁威、马克思·马修斯（Max Mathews，1926—2011）、约翰·皮尔斯（John Pierce）、曼弗雷德·施罗德（Manfred Schroeder）和弗莱德·沃豪尔（Fred Waldhauer）。

视频投影、无线声音传输，和20世纪60年代以后出现的多普勒声呐（Doppler Sonar），这些艺术表演是今日的先行者，迅速发展了艺术家和技术之间的关系。纽约市第69团军械库举行的演出，在1913年军械库展的原址列克星敦大道第25街和第26街之间，以示敬意。在20世纪60年代，70年代和80年代，这样的合作打破了艺术和科学家之间的壁垒。

（二）历史

E.A.T活动的顶峰是在第70届世博会上百事可乐馆内的展示。在日本大阪，E.A.T的艺术家和工程师合作，利用程序设计了一个沉浸式的圆顶，包括日本艺术家由藤子矢（Fujiko Nakaya）的雾雕塑。E.A.T.的创始人比利·克鲁威和罗伯特·怀特曼组织了该项目，由一个核心设计团队包括罗伯特·布雷尔（Robert Breer，1926—）、福罗斯特·梅尔斯（Frosty Myers）、戴维·都铎，和来自美国和日本的75多位艺术家和工程师设计。原来的结构是由布克明斯特·富勒（Buckminster Fuller，1895—1983）式穹顶覆盖的水蒸气云的雕塑，由富士屋（Fujiko Nakaya）设计。建筑师约翰·皮尔斯想出了一个办法，将聚酯薄膜反射镜安装在结构中，球面反射镜的光学效应产生的真实图像类似全息图，由于镜子的尺寸，及观众看图像时可以走动，观众就可以从四面八方看到它。周围的百事可乐馆露台有罗伯特·布雷尔的"漂浮"，6英尺高的动力学雕塑围绕在周围，每分钟发出声音。当一个"漂浮"的物件碰触障碍时或被推向相反方向。该作品在展馆的电子艺术的历史中有所记载，参观世博会的人能够亲身体验到这一作品，它是20世纪最具纪念意义的沉浸式艺术和科技项目之一。

20世纪60年代后期，E.A.T.的28个工作区分布在整个美国，旨在促进艺术家和工程师的合作，与艺术家的角色之间的合作，扩大新技术相关的社会发展。2002年华盛顿大学举办聚会庆祝这些工作区的创建与发展，也为21世纪艺术家的新技术工作和工作区成为E.A.T.的遗产而欢呼。

E.A.T.活动进入了表演艺术的经典，实验噪音音乐和戏剧，通过数字艺术家的当代多媒体技术规范，缩小了达达主义、激浪和60年代的事件/行动的时代以来的差距。从E.A.T.试验导致了90年代媒体艺术的探索和超越年代的传统，具有同样的历史路径，导致了21世纪初的科学运动，E.A.T.融合了环境/生态运动，并扩大具有社会影响的科学实践本体论。

（三）艺术事件

1972年，比利·克鲁威、巴巴拉·罗斯（Barbara Rose）和朱莉·马丁（Julie Martin）编辑了《亭》（*Pavilion*）一书，记载了在日本大阪的第70届世博会上，E.A.T.的百事可乐馆的设计与施工。

2001年，比利·克鲁威创作了图文板的展板《E.A.T.的故事：艺术与科技的实验1960—2001》（*The Story of E.A.T.: Experiments in Art and Technology*，1960—2001）。展板第一次展出于罗马，2002年在宋纳贝（Sonnabend）画廊，同年春又到拉法耶特学院（Lafayette College），随后在利兹、英格兰和华盛顿大学、西雅图展出。2003年又在加利福尼亚的圣迭戈圣地亚哥州立大学（San Diego State University）展览，然后在三塔·玛利亚（Santa Maria）画廊、加利福尼亚由阿迪森·菲利普斯（Ardison Phillips）展出。2003年，日文版《E.A.T.的故事：艺术与科技的实验》在日本东京NTT通信中心的一个大型展览会（ICC）上展出，其中也包括一些文物和文献、E.A.T.海报，以及艺术作品。2004年9月一个类似的展示呈现瑞典诺尔雪平艺术博物馆（Norrköping Museum of Art）。2008年在史蒂文斯理工学院（Stevens Institute of Technology）为庆祝艺术与技术实验而再次展出。

《9个夜晚：剧院和工程》系列是一个重要的艺术事件，体现了艺术家和工程师之间的合作，他们使用这些新兴技术的合作创作了创新的作品。

二、班夫中心

班夫中心（The Banff Centre），前身为班夫继续教育中心。位于班夫阿尔伯塔,在始于1933年的班夫戏剧学院。班夫中心是阿尔伯塔高等教育体系的组成部分,1978年作为一种非学位授予教育机构具有充分的自治权。班夫中心是全球著名的艺术、文化、教育机构和会议中心,是在艺术和创作中提升科学、商业和环境的发展,提供艺术项目的表演艺术,以及领导力培训。班夫中心也是阿尔伯塔农村网络发展成员(Alberta Rural Development Network)。

(一) 历史

班夫中心隶属于卡尔加里大学(University of Calgary),1966年成为其重要的学生培训基地。该中心成立于1933年,由阿尔伯塔大学与美国卡耐基基金会资助,开始是在戏剧中教授单科的课程。

该课程成功拓展了额外的艺术项目。1935年该中心成为著名的班夫美术学校。随着艺术课程的不断成功和发展,1953年将会议和管理引入了学校的教学体系。1970年,开始了更广泛的教育,因学校对实验和创新中心的贡献,其更名为班夫继续教育中心。1978年阿尔伯塔政府立法授予班夫中心教育自制权,并给予了充分自主权,在指定的董事会治理下,作为不授予学位的教育机构。在20世纪90年代中期,班夫中心随着阿尔伯塔大部分的公共机构持续削减开始获得经营批准。该中心有了自己的创业方式,并发起了一个成功的资本活动(创意的边缘)筹集资金,用国家最先进的设施开展创收,并开设了新的音乐和复杂声音项目。1996年,新的设施对外开放,同年中心创建了第四个部分,山文化项目(Mountain Culture programming)。几年后,1999年,班夫中心由联邦政府国家培训学院授予超过300万美元培训资金。2003年,它成为数学创新与开发班夫国际研究站。2008年12月,正式更名为"班夫中心"。二十一世纪的今天,中心继续作为催化剂,对创造力产生了重要的作用。

(二) 艺术事件

作为一家专业的文化艺术机构,阿尔伯塔绘画的参与者来自加拿大和全球,班夫中心是其国内和国际著名创造力和艺术的卓越中心。班夫中心的任务涉及核心专业领域:应用研究、自主学习、创造、协作、制作、表演和传播新作品的特点。艺术课程提供了一个范围内的表演、视觉和文学艺术,包括:音乐、音响工程、戏剧生产、设计、舞蹈、戏曲、原住民艺术、绘画、数字电影、新媒体、摄影、陶瓷、版画、雕塑、诗歌、叙事与话语。

班夫中心的视觉艺术课程注重专业发展、研究和媒体与视觉艺术的培训。项目提供摄影、雕塑、版画、造纸、陶瓷、纺织、绘画、表演、媒体艺术、电影和视频,以及策展与批判研究等方面的访问。

班夫中心视觉艺术规划分为四个主要领域:

1. 创意

创造性的艺术家居计划提供一个独特的机会去探索、拓展,并在班夫中心工作室的环境中发展他们的实践。通过提供方便与协作团体合作,讲座、指导作用的理论和知识有所增长,同时提供工具和需要的培养创新过程的支持。艺术家们有机会探索其他视觉艺术设施,无论主要学科是哪一类的,开放的新的可能性和方向都是他们的工作目标。艺术家们被给予空间,满足他们个人实践的需要。定义为主题或班夫艺术家(拜尔)项目,班夫中心进驻艺术家有着国际上公认良好的规划和设施的质量。

2. 专题

主题游学提供一个结构化的项目,艺术家、策展人和其他艺术专业人士都汇聚在一个特定的主题研究中。

3. 班夫艺术家项目(BAiR)

班夫艺术家(拜尔)项目提供艺术家、策展人和其他艺术人士独立的研究时期,项目是自由的实验和探索工作的新方向。拜尔提供短期和长期的机会,从事日常生活约束下的自由工作。

4. 沃尔特·菲利普斯画廊(The Walter Phillips Gallery)

沃尔特·菲利普斯画廊,成立于1976年,致力于艺术品的创作、展示、收藏和当代视觉艺术与文化研究。画廊展示和收藏绘画,包括油画、版画、雕塑、陶瓷、纺织品、摄影和新媒体的基础工作。画廊大量收集视频艺术,并在保罗·D.班夫中心图书馆提供收藏供公众观赏。

(三) 班夫国际策展研究所(BICI, The Banff International Curatorial Institute)

班夫国际策展研究所为新兴市场和职业生涯

中的策展人提供居住、工作和学习课程，通过研讨会和出版给予策展人独特的支持和专业发展的机会。

（四）音乐

1936年，音乐成为项目的重要组成部分，至今仍然如此。1983年，班夫国际弦乐大赛在班夫艺术节上成立，班夫艺术节成立于1971年。在加拿大首映的包括米歇尔·多尔蒂（Michael Daugherty，1954—）的歌剧《杰基》（Jackie O）、约翰·梅特卡夫（John Metcalf）的《卡夫卡的黑猩猩》（Kafka's Chimp）和乔纳森·多夫（Jonathan Dove，1959—）的《塞壬之歌》（Siren Song）。1947年班夫中心从班夫国家公园隧道山搬至目前的位置。虽然中心全年运行，但其暑期学校是加拿大历史最悠久的专业暑期学校，被称为加拿大音乐百科全书（Encyclopaedia of Music in Canada）。梅特卡夫时期，班夫戏剧系音乐艺术总监有着许多歌剧，包括他自己的《托拉克》（Tornrak）。近年来中心已经支持了一批新的加拿大歌剧包括《费鲁么纳》（Filumena）和《弗罗比歇》（Frobisher）。

班夫中心还为年轻音乐家们经营职业生涯中所使用的乐器。

三、英特威尔研究公司

英特威尔研究公司（Interval Research）（区间研究）成立于1992年，由保罗·艾伦（Paul Allen）和大卫·李德（David Liddle）创建。这是一个帕洛阿尔托实验室，致力于互联网消费产品的应用和服务的技术孵化器。1997年公司的网页描述了其自身作为"一个研究制订和寻求定义的问题，映射出的概念和创造的技术，在未来将是很重要的……"一些早期技术和创新的寻求，足以促进周围的产业，为企业家带来机会，并突出了一种新的研究方法"。根据保罗·艾伦的一份备忘录，一篇1999年《连线》（Wired）杂志的文章称，公司在艾伦所发起的"更少的R和更多的D"致使间隔研究公司将于2000年4月正式关闭，而一小组前员工维持在间隔媒体的研究中继续一些具体的项目。区间媒体于2006年6月关闭。截至2008年6月，该interval.com域名由迪基欧（Digeo）注册，即另一个保罗·艾伦公司。

四、德国ART+COM

ART+COM工作室设计和开发新媒体装置和空间。工作室使用新技术作为一种媒介和艺术表达媒介，并将其用于复杂信息的互动交流。在这个过程中，工作室不断改进技术，探索他们的空间通信和艺术的潜力。ART+COM通讯设计和实现媒体装置和空间，以有针对性的方式传递复杂的内容，并将信息转化为一个引人入胜的体验。工作室为展览、博物馆和品牌空间创造展品。ART+COM研究探讨新媒体及其应用，无论是独立的还是与公司合作的学术机构，他们都有所合作。

（一）历史

ART+COM E.V.创建于1988年，即今天的ART+COM工作室，为国际商业、文化和研究领域的客户服务。

（二）团队

媒体设计师、媒体艺术家、IT开发人员、技术人员、程序员、通信和产品设计师、科学家、工程师和项目经理在ART+COM工作室携手合作。项目是从他们的个人背景中开发的，将小的、多学科团队汇集在一起。工作室的主旨在于用野心推动边界，并在一起创造新事物。

（三）董事会

自1998年以来，ART+COM工作室是一个非上市公司（AG），主要由其员工、先前的ART+COM公司成员和董事会成员组成，后者是安德烈亚斯·维克（Andreas Wiek）和约阿希姆·索特（Joachim Sauter）。安德烈亚斯·维克自2001年以来担任ART+COM公司主席和主要股东一职。约阿希姆·索特是ART+COM工作室的设计主管。他从1991年开始在柏林大学艺术设计系担任教授，并在2001年担任加利福尼亚UCLA大学媒体设计与艺术教授的职务。

（四）ART+COM艺术、交流、研究

ART+COM艺术，创作的媒体雕塑和装置，影响他们自身的位置，给他们一个超越建筑和功能的身份。这些作品利用新媒体手段进行表达，并通过复杂的行为和编码的意义进行计算。其艺术项目都是受公共空间、展览和收藏委托的，也有自我委托。

ART+COM交流,设计和实现媒体装置和空间,以有针对性的方式传授复杂的内容,并将信息转化为一个有形的经验。他们为展览、博物馆和品牌空间创造展品。内容大部分涉及前台的部分,从不涉及技术层面。

ART+COM研究,探讨新媒体及其应用,无论是独立的,还是与公司和学术机构的合作,都致力于发展计算的未来,是表达、沟通和与世界互动的新的手段。

五、意大利 F.A.B.R.I.CATORS

F.A.B.R.I.CATORS 总部设立在意大利,该组织建立的初衷是研究跨领域、跨学科的艺术表达的新方法,涉及艺术、文化、科技、建筑和设计。综合运用艺术和科技的交叉进行设计与制作项目、互动艺术作品、多媒体项目、虚拟现实装置、创新界面等课题的研发。该组织还整合了艺术、文化、科技、建筑和设计等多学科的资源,运用传统技术和高新科技进行新奇有益的项目发明。

六、日本 ATR 实验室

日本ATR是1986年3月在关西地区建立的一个独特的民营企业,以促进基础性和创新性的研发活动为主,以及提供范围广泛的电信领域的研究环境。

自成立以来,ATR在神经知识科学、生命支持机器人和无线通信等领域取得了突出的研究成果,专注于超级老龄化社会的医疗保健和社会支持的应用的研究。通过与日本不同大学、研究机构以及公司内部和外部的合作,所有这些成果都已基本完成。ATR也提升了在生命科学、环境工程、饮食和农业等领域的研发。

其主要研究项目包括:面部识别与姿势意识、互动电影技术、生动且可信的通信媒介。

七、日本佳能艺术实验室

佳能艺术实验室是佳能公司建立的名为社会文化项目执行中心(CAST)的分支机构,其初衷与职责是共生(Kyosei)。共生的理念是为了公共利益生活与工作,并在全球范围内促进社会的贡献与文化领域的各项活动。

例如多媒体艺术研究,即通过综合应用的艺术与科技开拓新的艺术领域,依赖佳能内部的艺术家和工程师共同开发新兴数字技术的创新。日本佳能艺术实验室的活动还包括各类展览、公共演讲、艺术作品在线展示、艺术家赞助研究等。

八、英国艺术催化剂

英国艺术催化剂(Arts Catalyst)的艺术主旨是与科学进行实验的和批判性的探索。该艺术机构提出具有挑衅和冒险的项目,以激发与不断变化的世界的动态对话。

艺术催化剂是英国最独特的艺术组织之一,其独特之处在于艺术科学实践的区别。其主要焦点是在英国和国际上的一系列博物馆、艺术画廊和其他公共空间中调试新的艺术家的项目。21年来,艺术催化剂机构已委托120多名艺术家包括托马斯·萨拉瑟诺(Tomas Saraceno)、艾力克山大·密尔(Aleksandra Mir)、批判艺术(Critical Art Ensemble)、简·法布勒(Jan Fabre,1958—)、尤里·莱德曼(Yuri Leiderman,1963—)、斯特凡·杰克(Stefan Gec)、耳石组(Otolith Group)、碧崔兹·达·科斯塔(Beatriz da Costa)、基拉·奥瑞利(Kira O'Reilly)和马尔科·佩尔汉(Marko Peljhan,1969—)的项目,产生了众多的展览、活动、演出和出版物,并与主要的艺术、科学和学术机构展开了合作。

艺术催化剂在艺术家参与科学的过程中起着主导作用,是这一领域的关键话语。该机构的目标、展览和活动,使人们具有独特的、令人深思的经验,超越了传统的艺术和科学的界限。

九、美国创造调查工作室

创造调查工作室(Studio for Creative Inquiry)是一个灵活的实验室,探讨新艺术研究模式的制作和演示。工作室成立于1989年,在卡内基梅隆大学(CMU)艺术学院,工作室作为一个混合型企业在CMU校园所在地、匹兹堡地区和国际范围都有分支。工作室的目标焦点在于超过20年经验的新媒体艺术建立,在丰富的世界级的科学和工程部门的环境下与跨学科的艺术家合作,通过其游学拓展项目。工作室提供了学习的机会、对话和研究,使得创新突破、新的政策和艺术家在快速变化的世界中的角色得以重新定位。

十、瑞典交互学会

瑞典交互学会(Interactive Institute,ICT)是一个实验性的信息技术与设计研究学会,致力于开创性的用户体验。学会提供专业的互动设计、可视化、用户行为、声音设计、游戏和娱乐。通过创造性和协作的过程,授权人们采用新的方式和新的思考。

研究学会开发新的研究领域、概念、产品和服务,并为企业和公共组织提供战略咨询。学会的研究结果与工业和社会密切合作,在世界范围内展出,并通过委托的工作、许可协议和分拆上市的公司回馈社会。

(一) 寻找边界

十多年来,交互学会进行了系统的研究,以确定新的研究领域,并开发具有巨大潜力的创新创业项目。这项研究已经衍生出更大的研究计划和资助计划,其创新在研究界得以更新,并成为瑞典的工业、区域发展和瑞典形象的重要组成部分,在这一创新中,国家发挥了重要的作用。

自1998年以来,学会工作的探索特点,即一直在工业和学术设置,以及公共和私营部门设计与技术之间的边界进行研发。学会以其专业知识带来了一个创新行业的优势,它将利益相关者连接在一起,产生非凡的协同作用,带来更新的政策工作,添加创意价值和创新思维的合作。学会的参与式创新和创造性的可视化知识创造了世界一流的研究成果,并带来了一套独特的技能,贡献给合作伙伴和瑞典的研究和创新部门。

(二) 学会的使命

具有开拓精神和勇气,在技术、业务和设计的普遍规范方面进行研究并挑战未来。通过创造性的过程,激励和授权合作伙伴,并使人们参与创造新的方式和思考。

(三) 学会的愿景

交互学会是领先组织的首选和研究、创新的合作伙伴,专注于全球范围的挑战和机会。学会提供了一个有竞争力的优势,通过世界一流的交互解决方案提供服务和产品,极大地改善甚至改变了人们的理解以及与他们周围世界的互动。

(四) 历史

交互学会源于20世纪90年代末,一个瑞典战略研究基金会信息技术组的组建(SSF),新技术很快侵入人们的家庭和工作场所,因为所有这些新的设备和系统基本上都由每个民众所使用,所以在这个领域发展更多的能力和思想变得很迫切。1997年,学会提出了一些建议,并提交给由瑞典大学和大学学院管理的这个小组。

这导致了1998年1月15、16日,在斯德哥尔摩的一个为期两天的研讨会,有200多人参与。研讨会随后由瑞典工业、大学和大学学院的代表组成的一个实验团体进行了阶段性的规划。规划阶段最终产生了一个正式的应用程序,并决定交互学会于1998年5月27日在战略研究基金会的基础上建立。1998年8月1日,第一个研究人员被聘用。

在2005年秋,交互学会有了新的老板,瑞典计算机科学研究所(SICS),成为瑞典ICT,即一个研究机构联盟的一部分,都在信息技术应用研究领域。自2009年以来,交互学会的所有权由瑞典信息和通信技术联盟直接拥有。

"交互学会是一个真正的、有独特的主动性的机构,它侧重于美学和创造力相结合的研发,关注艺术发展、设计和技术研究。此外,它致力于跨学科相结合的研究:艺术、设计、人类学、组织一个真实的实验计算机科学、交互设计、民族志等多个学科。很难确定什么使交互学会如此的不同,但我相信,秘密是:它是一个独特的平台,创造性的人追求他们的梦想和想法。结果就是创造,结合美学和新的信息技术,在几乎每一种情况下,都有故事可说。"

——斯特芬·特鲁韦(Staffan Truvé),交互学会主席

十一、加拿大卓越中心

卓越中心(Centres of Excellence)(COE)是一个团队,一个共享的设施或一个实体,提供领导、最佳实践、研究、支持和重点领域培训。重点领域可能是一个技术(例如java)、经营理念(例如BPM)、技能(如谈判)或大面积的研究(如妇女健康)。卓越中心旨在振兴停滞不前的举措。

在一个组织中,卓越中心可以指一组人、一个

部门或一个共享的设施。它也可以被称为一个实力中心或能力中心。该术语还可以指一个相互合作的机构,在一个特定领域追求卓越的网络中心,如罗切斯特地区学院(Rochester Area Colleges)的数学和科学卓越中心。

史蒂芬·詹纳(Stephen Jenner)和克雷格·吉尔夫(Craig Kilford)管理投资组合,将卓越中心作为协调功能机构,通过标准流程和高素质的员工以确保变革举措的良性循环。

在技术公司,卓越中心的概念往往与新的软件工具、技术或相关的业务概念相提并论,如在学术机构中面向服务的架构或商业智能。卓越中心往往是指一个团队明确专注于一个特定的研究领域,这样的中心可能会汇集来自不同学科的教师,并提供共享设施。

十二、苏力村宪章

1998年,电信艺术先锋东·佛瑞斯塔(Don Foresta)在期刊《莱昂纳多》上发表了《艺术与产业的苏力村宪章:一个合作框架》(Souillac Charter for Art and Industry: A Framework for Collaboration)。该宪章给艺术家和产业研究人员制订了一个合作框架。其中的"新交流空间",宣布了一种全新空间的发展,即苏力村宪章(Souillac Charter)。

在新交流空间中,研究者以自身逻辑、文化、社会和政治的统一性作为研究对象,利于思维和实验的发展。新交流空间被定义为视觉空间、组织空间、想象现实的空间。每一种交流模式必有自身的表达模式,作为密集的交流模式,艺术成为任何交流方式中最高的实验形式。通讯交流技术发展了这个新空间,让艺术成为一种表达,定义了交流空间的价值。[①]

十三、英国维康信托

英国牛津大学维康信托(Wellcome Trust)基金会是一家总部在英国伦敦的医学研究慈善机构,它成立于1936年,由制药巨头瑟·亨利·维康(Sir Henry Wellcome)遗产基金研究创建,旨在改善人类和动物健康。该信托的目的是"通过支持最聪明的头脑实现健康,提升非凡的改善",除了资助生物医学研究,它还支持公众对科学的理解。它有一个约180亿英镑的养老基金。

维康信托基金会已经被金融时报形容为英国最大的非政府资助的科学研究,是世界上最大的供应商。在医学研究领域,继比尔和梅林达·盖茨(Bill & Melinda Gates)基金会之后,它是世界上第二大私人基金。

2007年6月,维康建筑在整修后作为维康收藏,即公共场地惠康建筑重新开放,处于伦敦大学学院医学史和惠康图书馆维康信托中心。维康收藏的目的是提高医学科学和历史的公众理解。建筑包含美术馆、会议设施、空间的辩论,戏剧工作坊、咖啡馆和书店。一个小样本的画廊展示瑟·亨利·维康的收藏作品、举办的活动和展览计划。维康收藏和展览每周六天对公众免费开放。此外,还鼓励研究人员和艺术家在视觉、媒体以及行为方面的合作,从而取得"科学艺术"的成就。

第二节 艺术空间与艺术展览的展陈之路

一、威尼斯双年展主题与新媒体作品(见表9-1)

威尼斯双年展(La Biennale di Venezia),是堪称欧洲历史上最悠久的艺术展览。从1895年至今,已有一百多年的历史,是艺术界重要的国际嘉年华和当代艺术风向标,成为人们研究和探讨当代艺术及新媒体艺术的史实例证。

---

① 童芳.新媒体艺术[M].南京:东南大学出版社,2006:14.

表 9-1 威尼斯双年展主题与新媒体作品

日期	威尼斯双年展及主题	新媒体装置作品	科技手段	文化脉络与美学观念
2001年6月9日至8月15日	49届主题"人类高原"。并不只是一个主题,更是一项责任宣言——对历史的责任,对当代的宣言,它打开了一个无垠的天地①	《舞蹈与迪斯科》新媒体装置,意大利艺术家安娜·劳拉·阿丽斯,2000②	综合媒介:空间、紫外线光源、投影	模拟与再造存在主义生存环境(未来主义的唯美表现)
2003年6月15日至11月2日	50届主题"梦想与冲突——观看者独裁"。1963年8月28日,马丁·路德·金发表了他最著名的讲话《我有一个梦想》。他的梦想是一个种族隔离和歧视消灭的社会,每一个人最终都会说:"我是自由的。"四十年以后,他的梦想仍未实现。尽管我们是全球性的社会,但来自广阔范围的各种情形的隔阂与歧视——政治的、经济的、宗教的、种族的和地理的——看来一再出现③	《世界末日7》综合媒介装置,德国艺术家托比亚斯·雷贝,2003	天花板、悬挂111对彩色玻璃吊灯	隐喻世纪之交的危机情绪(达达与拼贴艺术)
2005年6月12日至11月30日	51届"处女花园—浮现"	《闪亮》大型灯光装置,中国艺术家刘鞾,2005	摄影棚、1 200瓦的闪光灯	手中的照片曝光过度或让人感觉越来越不舒服,强调互动性和体验性(行为作为受众的参与形式)
2007年6月9日至9月30日	52届"感受所以感知"	《军械库》综合媒介装置,中国女性艺术家尹秀珍,2007	100多个"电视塔武器"、汽油库、布料、刀子、盘子等日常用具、条码和字样,悬挂在巨大的汽油容器上	一种威胁的姿态呼唤人们重视过分都市化、经济发展和地缘政治的冲突现实(表现主义的隐喻)
2009年6月7日至11月22日	53届"制造世界"	《客人》影像装置,波兰艺术家克日什托夫·沃迪斯科,2009	综合媒介:空间、玻璃、投影、LED显示器	再现欧洲移民的"客人"与"异乡者"身份(极少主义)
2011年6月4日至11月27日	54届平行展"未来通行证——从亚洲到全球"。东方与西方、过去与未来、阴与阳、宇宙与个体、虚拟与现实及角色扮演,这些看似一分为二的概念,却在呈现作品时带来解答。"未来通行证"是不同文化、年龄、个性的汇集	《钟》影像装置,美国艺术家克里斯蒂安·马克雷,2011(金狮奖)	影像、剪辑、LCD显示器	无数经典电影中与时间有关的片段剪接而成的一部影像,与现实时间同步(影像拼贴、VJ艺术)
		《病态》,英国艺术家哈龙·米尔扎,2011(银狮奖)	光线、声音、视频综合装置	仿真的两个人头在互相交谈,眼珠嘴唇脖子都随着对话如真人般自如活动(达达主义)
2013年6月1日至11月24日	55届"百科全书式的宫殿"	《纠缠、纠缠、解开》,法国馆,法国艺术家安利·萨拉,2013	空间、声音、声控播放装置	三层叙事诠释"纠缠、纠缠、解开"(抽象表现主义)

---

① La Biennal di Venezia 49, Esposizione Internazionali d'Arte, 2001:30-31.
② 马晓翔.新媒体艺术透视[M].南京:南京大学出版社,2008:6.
③ 小咚.目击第50届威尼斯双年展[EB/OL]. http://www.douban.com/group/topic/6174094/2009-04-24.

(续表)

日期	威尼斯双年展及主题	新媒体装置作品	科技手段	文化脉络与美学观念
2015年5月9日至11月22日	56届"全世界的未来"	安德里安·派普(金银狮奖) Yim heung soon(金银狮奖) 《可能的信托注册台》	交互技术	通过个体的主体性,她自身、她的观众及大众革新了概念艺术的实践,邀请观众参与个体责任的终身表演
		《SAKIP SABANCI的肖像》,库特兰·阿塔曼,土耳其艺术家,2015	9 216块LCD显示屏组成,画面不断变换	屏幕拼接,描写不同人物的面貌(后现代主义)
2017年5月13日至11月26日	57届"艺术万岁"。Arte,即为艺术;前后夹击"艺术"一词,重复出现两次的单词Viva,则是生活,生存的意思。主题即:使艺术永存,把艺术带进生活。"艺术万岁",这也恰好诠释了艺术既是永生的又是积极的概念	作品位于"地球之馆"入口处,查尔斯·阿特莱斯(特别荣誉奖)	视频、电子钟	用日落的拼贴视频和两面不断倒计时的电子钟提醒人们珍惜眼前美好光景(叙事美学)
2019年5月11日至11月24日	58届"愿你生于有趣的年代"	《两张移动的床(灰色)》,卡斯滕·霍勒,英国,2019	机械、滚轮、床	诙谐幽默,致谢海沃德美术馆(后现代主义)

二、奥地利电子艺术节主题

奥地利电子艺术节是奥地利电子艺术中心举办的电子艺术盛会,以展示实验性艺术与科技艺术为宗旨,推动世界范围内新媒体艺术的交流与发展。位于林茨的奥地利电子艺术中心是最早支持和赞助实验性媒体艺术的机构之一。1979年奥地利国家广播和电视网络首次举办了新媒体艺术节,就此创建了电子艺术节活动,一年一度的"PRIX"大奖赛、各种主题艺术节成为活动的主打内容。我们可以从电子艺术节几十年的研讨主题诠释该活动的发展脉络。

1991 失去控制(Out of Control)

1992 纳米之内——从内部看到的世界(Endo Nano-The World From Within)

1993 遗传艺术——人造生命(Genetic Art-Artificial Life)

1994 智能环境(Intelligence Ambience)

1995 欢迎来到连线世界——信息神话(Welcome to the Wired World-Myths Information)

1996 Memesis——进化的未来(Memesis-Future of Evolution)

1997 人体因素——信息机器(Fleshfactor-Informations maschine Mensch)

1998 信息战争(Info War)

1999 生命科学(Life Science)

2000 下一个性——性在毋需生殖的时代(Next Sex-Sex in the Age of its Procreative Superfluousness)

2001 接管——谁在从事明天的艺术(Takeover-Who's Doing the Art of Tomorrow)

2002 拔掉插座——全球冲突场景的艺术(Unplugged-Art as the Scene of Global Conflicts)

2003 代码——我们时代的语言(Code-The

Language of Our Time)

2004 时间变换——二十五年间的世界(Timeshift-The World in Twenty-five)①

2005 混杂活在一个吊诡的年代(HYBRID-Living in a paradox)

2006 简约-复杂的艺术(SIMPLICITY-the art of complexity)

2007 隐私的终结-欢迎来到一个无畏的新世代(GOOD BYE PRIVACY-Welcome to the Brave New)

2008 新文化经济-知识产权的局限(A NEW CULTURAL ECONOMY-The Limits of Intellectual Property)

2009 人类本性(Human Nature)

2010 修复-我们还在挽救(Repair-Sind wir noch zu retten)

2011 起源(Origin-Wie alles beginnt)

2012 大格局-新世界的概念(THE BIG PICTURE-New Concepts for a New World)

2013 总回忆-记忆的进化(TOTAL RECALL-The Evolution of Memory)

2014 如何才能改变(What it takes to change)

2015 后城市-第二十一世纪的栖息地(Post City-Habitats for the 21th Century)

2016 未来的基原子和炼金术(Radical Atoms and the Alchemists of the Future)②

2017 人工智能-另一个我(AI-Artificial Intelligence Das andere Ich)

2018 错误-不完美的艺术(Error-the Art of Imperfection)

2019 开箱-数字革命的中年危机(Out of the Box-The Midlife Crisis of the Digital Revolution)

2020 "描绘'新世界'的全球漫游——在开普勒花园"(A global journey mapping the 'New' world: In Kepler & Aposs Gardens)

三、中国新媒体展览及作品(见表9-2)

进入二十一世纪,中国的新媒体艺术得到了蓬勃的发展,新媒体展览以其丰富的内涵和多样的形式展示着这一新艺术的魅力。

表9-2 中国新媒体展览及作品

时间	中国展览及主题	新媒体装置作品	科技手段	文化脉络与美学观念
2001年初	"关于时间的三种表达方式",藏酷新媒体艺术,北京,吴鸿策划	《皮三七日》网络(装置)作品,王波	网络软件、播放器、显示器	诙谐、顽皮的游戏风格构建出一个庞大的时间迷宫。每个七天周期中都要重复的日常活动。(感性与本我)
2002年10月20日	亚太多媒体艺术节(MAAP),北京	《生活之网》(Web of Life),杰夫瑞·肖(Jeffery Shaw)	网络、计算机	用虚拟的网络勾勒真实的生活
2003年12月20日	"冢"新媒体艺术展,杭州,著名多媒体设计师飞苹果AXANDA(德国)主持	《别惹我》行为影像装置,中国美术学院新媒体艺术系	行为、录像、电视	用影像记录的方式记录私人空间。(感性与本我)

---

① 童芳.新媒体艺术[M].南京:东南大学出版社,2006:15.
② 崔梦琳.新媒体艺术的演变趋势研究-基于历届奥地利林茨电子艺术节主题的分析[D].[硕士学位论文].武汉:华中科技大学,2016.

(续表)

时间	中国展览及主题	新媒体装置作品	科技手段	文化脉络与美学观念
2004年9月	第四届上海双年展独立单元"影像生存",上海	《希望树》装置,小野洋子	录像、电视	简朴、宁静、个人化,往往引人进入沉思冥想的境界(激浪派、真与本我)
		《向上向上》录像装置,胡介鸣	钢结构框架、二十五台电视机	一切勇于攀登的人都会因外界之无常而抑扬顿挫,在历史长河中,这种变化反而成为人生之日常。不但隐喻着上海城市日夜向上向前的雄心,也象征着中国当代艺术向上、向前的趋势。(真实)
		《标准和双重标准互动装置》,墨西哥艺术家拉斐尔·洛扎诺-汉默	皮带、钢丝、机械装置	致力于运用精密的电子技术探索与触觉相关的问题:父权的象征物——皮带会随着观众的行为引起一片混乱、波浪、漩涡,与相对的平静起伏交替。(无我)
2004年11月	"迷宫"新媒体艺术节,杭州,吴美纯策划	《变形记》互动影像,吴俊勇	影像、显示器	"身体和政治混杂体",几乎所有的图像都衍生和游离于生理学和社会学的交界地带。(政治波普)
2005年	大声展,上海,欧宁、吉吉、姜剑策划	电子媒体装置单元	界面交互技术、互动技术	新鲜、活泼、亲和力的环境下去发现、体验每件作品。(和谐之美)
2005年6月21日	第二届北京国际新媒体艺术展,北京,中华世纪坛、清华大学、荷兰多变媒体学会(V2)、德国艺术与媒体中心(ZKM)共同主办	烟筒式建筑及跑步机装置	互动技术	体会作品互动的概念。(和谐之美)
2005年6月25日	"电子园林"国际新媒体艺术展(上海证大现代艺术馆开馆展),上海,李园一策划	互动生长的植物,动画的树叶、电子竹林与山水、智慧雨点、互动的鱼池、环形流动的投影	互动技术、传感技术、数控技术、执行技术	重新解释中国传统园林——个神秘的让人陷入沉思的人文环境。体验高科技时代所独有的电子风味,以及人与世界的融洽共存,就像园林时代的古人曾经做到的那样。(古典和谐)

(续表)

时间	中国展览及主题	新媒体装置作品	科技手段	文化脉络与美学观念
2006年9月5日	"超设计"上海双年展，上海，城市雕塑艺术中心，2006上海双年展组委会主办、同济大学建筑与城市规划学院承办	《迎面而来的苏珊娜》，英国艺术家朱利安·奥贝	LED、墙面	探索"设计"现象背后复杂交错的社会牵连和文化内蕴，进而从美学形式、生活方式与社会历史模式三个层面剖析。（真、善、美）
2006年12月15日	"没事"当代艺术展，杭州，胡庆余堂中药博物馆	《向西N公里》声音装置，中国美术学院新媒体艺术系学生	电线、扬声器、球体	作品收集了甘肃一些地区几十种不同的声音片段，集中在一个直径约2米的球内播放。（天人合一）
2007年4月16日	中国美术学院新媒体艺术系首届本科毕业展，杭州，中国美术学院美术馆	互动装置、机械装置、录像装置	互动技术、传感技术、数控技术、执行技术	一份实验报告。（现实主义）
2007年10月	"大众的智慧"第一届上海电子艺术节，上海，上海东方艺术中心演奏厅、上海科技馆、上海美术馆、上海当代艺术馆、土山湾美术馆，巴黎蓬皮杜中心，上海世博会事务协调局、上海市科学技术委员会、上海市文化广播影视管理局、上海市浦东新区人民政府和上海文化发展基金会共同主办	互动装置、机械装置，录像装置	互动技术、传感技术、数控技术、执行技术	通过电子新媒体艺术这一载体，演绎本土传统文化的精髓，在大众参与中激发群体的创意，描绘出大众的智慧，体现城市和谐之美。（现代和谐、意境）
2007年10月19日	"叠化"中国美术学院新媒体系学生作品展，上海，浦东新区图书馆	互动装置、机械装置、录像装置	互动技术、传感技术、数控技术、执行技术	专注于新技术带来的新的可能性，渗透当代艺术领域，力图以自身的实验精神为当下现实和社会表层拓展新的观察方式，建立有效的沟通途径，并在这个过程中逐渐形成自己的态度并获得真正的认识。（真、善）
2008年1月31日	"新媒体·新观念·新生活"全国新媒体艺术系主任（院长）论坛新媒体艺术展，上海，同济大学传播与艺术学院，王荔策划	新媒体装置	互动技术、机械技术	通过论坛推动国内高校新媒体艺术的发展。（交流）
2008年6月10日	"合成时代"媒体中国2008——国际新媒体艺术展，北京，中国美术馆，中国美术馆主办，张尕策划	新媒体装置、网络作品	互动技术、机械技术	囊括国际新媒体艺术领域著名艺术家以及新生代艺术家，展览致力于扶持新的思考模式，努力推动新颖的表现形式，将艺术创作融入科技化社会和全球文化的环境中。（科技美学）

(续表)

时间	中国展览及主题	新媒体装置作品	科技手段	文化脉络与美学观念
2008年11月2日	"水木境天"北京电影学院新媒体艺术三年展,北京,北京电影学院C楼,王鸿海策划	影像作品、互动装置作品、摄影作品	互动技术、摄像技术、摄影技术	展览分为四个部分:浪漫、写意、文化、互动。水、木、天都是强调自然与环境,环境是人类在生存繁衍的过程中不可缺少也无法以其他方式取代的。"天"也包含着东方人文精神:天道、天人,是指人文的环境。(天人合一)
2008年11月9日	"失重"南京＋佛罗里达国际当代艺术双城展,南京,南京博物院,王舸(美)、马晓翔策划	互动装置、影像装置	互动技术、摄像技术、摄影技术	探讨人类的罪恶与社会不安定因素。(真、善、悟)
2009年5月5日	首届新媒体艺术研究生毕业展,杭州,中国美术学院	影像作品、互动装置作品、摄影作品	互动技术、摄像技术、摄影技术	第一届研究生的成果。(科技美学)
2009年7月10日	"我们的能力"国际新媒体艺术展,北京,中央美术学院,韩国多媒体艺术中心、中央美术学院美术馆联合主办	数字互动作品	互动技术	通过身体感官的创造性转换,来观看、感知身体的感觉。(本我)
2009年11月13日	第13届香港微波国际新媒体艺术节,香港,香港文物探知馆,香港郎豪酒店,王泊乔策划	Flash、3D数码、游戏、手绘动画	动画技术、网络技术	Nature Transformer,自然变形。(自然和谐)
2010年1月13日	"燃烧的青春"中国美院新媒体青年艺术展,杭州,滨江区金盛科技园	装置、摄影、录像、互动表演、动画	互动技术、摄像技术、摄影技术	"青春"频繁的出现率正同我们对其的陌生感成正比。它曾一度同理想主义、现代主义紧密相关,如今却伴随其他的宏大叙事一同离我们远去。(本我)
2010年4月16日	"兼容,和而不同"全国新媒体艺术系主任院长论坛作品邀请展,北京,北京航空航天大学新媒体艺术学院,龙泉策划	动画作品、互动装置作品、摄影作品	互动技术、摄像技术、摄影技术	通过论坛推动国内高校新媒体艺术的发展。(科技美学)
2010年5月9日	"元境"中国学院奖新媒体艺术装置展第一回,南京,南京南视觉美术馆、中国学院奖组委会主办,南京艺术学院传媒学院承办,马晓翔策划	互动装置、机械装置、影像装置	互动技术、传感技术、数控技术、执行技术	通过展览建立一个高校新媒体装置艺术交流平台。(和谐之美)

(续表)

时间	中国展览及主题	新媒体装置作品	科技手段	文化脉络与美学观念
2011年6月18日	"虚实同源"新媒体艺术展,北京,宋庄美术馆,Joel Kwong、李章旭等策划	《活嘴》新媒体装置	树脂、声、光、电	浅探新媒体艺术终极价值的本源。真实世界与虚拟世界都会是一把双刃剑,虚拟世界应以真实世界为依托,给真实世界以精神的补给。我们时刻需要在这两个领域独立地转换角色和身份,关注现实与未来新的现象和感受,更关注人类终极而永恒的精神本源,因此虚实同源,互相转换。(古典和谐)
2011年7月26日	"延展生命"国际新媒体艺术三年展,北京,中国美术馆,张尕策划	互动装置、机械装置、录像装置	互动技术、传感技术、数控技术、执行技术	通过创作表达了对人类生存方式的反思。(科技美学)
2012年6月21日至7月5日	"任我行"新媒体艺术展,北京,北京工人体育馆	动画视频、3D视频、影像装置、互动多媒体、网络实时互动媒体、手机及移动媒体和光媒体	各类新媒体技术	艺术对接大众,让艺术走进公共空间的现实典范。(真、本我)
2013年4月19日	"移位:动为行"国际新媒体艺术经典展,北京,中国美术馆,张尕策划	互动装置、机械装置、录像装置	互动技术、传感技术、数控技术、执行技术	运用多样性的媒介和策略触发不同的运动形态,从而诱发各种行动的可能。(科技美学)
2014年	"齐物等观"国际新媒体艺术三年展,北京,中国美术馆,张尕策划	互动装置、机械装置、录像装置	互动技术、传感技术、数控技术、执行技术	从"独白:物自体""对白:器物之间"和"合唱:物之会议"三个部分向观者诠释了整个展览概况。(科技美学)
2015年1月15日至3月1日	"创客创客:中国青年艺术的现实表征"第二届CAFAM未来展,中央美术学院美术馆	微博、iPad、3D数码打印、人机交互、网络征集	网络技术、移动媒体技术、3D打印技术、人机交互技术	CAFAM未来展的作用与功能是"温度计""催化剂"和"试验场",是一次青年艺术家创作方式和状态的"田野考察",同时让人感受到强烈的"头脑风暴"。(科技美学)
2014年12月27日至2015年3月22日	比尔·维奥拉:嬗变,林冠艺术基金会	《逆生》影像装置	影像技术、装置创作方式	在40年的艺术生涯中创作了许多史无前例的大体量超慢镜头影像作品,不仅是影像技术上的革命,更重新定义了视像装置艺术。(影像美学)

(续表)

时间	中国展览及主题	新媒体装置作品	科技手段	文化脉络与美学观念
2016年1月20日	"2016中国光影艺术展映",成都红美术馆,江伊岚策划	声音影像装置、声音可视化作品	录音技术、装置创作方式	当技术发展为艺术注入新鲜血液,人们对"艺术"的理解不再仅限于传统形式上的油画、雕塑等。(科技美学)
2016年9月1日	"互动时代——2016港澳视觉艺术双年展",民生现代美术馆,文化部、香港特别行政区政府民政事务局、澳门特别行政区政府社会文化司主办,香港特别行政区政府康乐及文化事务署、澳门特别行政区政府文化局、甘肃省文化厅、河南省文化厅协办,中国对外文化集团、中国对外艺术展览有限公司承办,香港特别行政区政府艺术推广办事处、香港城市大学互动媒体与电算应用中心、澳门设计师协会联合统筹	立体高清动画录像、电子游戏、录像、影像	动画、游戏、影像创作方式	在全球化的大背景下,处于不同文脉情境中的人们合作更为紧密,彼此间的相互关联、相互影响也愈加具有重要意义,"互动"所产生的效应甚至引导着时代的走向。(科技美学)
2017年10月1日至11月30日	"2017中法艺术交流 新媒体艺术展",武汉,Julien Taïb策划	"游戏"文化、专题数字艺术展览	游戏及数字艺术创作技术	巴黎两人团队的第一次专展,同时展览馆也通过四部作品也就是四个待解读的符号、一系列传授宗教奥义的仪式以及美学碰撞,给观众们提供了一次全方位的感官之旅。(科技美学)
2017年6月1日至8月31日	"2017 Artmooi国际新媒体艺术互动体验展"	数字互动艺术	交互技术、游戏创作技术	充满科技感的互动体验项目和快乐的"Worshop"课程。(娱乐主义)
2017年9月23日至2018年3月22日	"光影秘境"新媒体艺术展,上海万象城	互动装置、影像装置	电脑编程、交互技术、影像技术	关于科技X艺术X城市空间的未来实验。(科技美学)
2018年1月16日至5月20日	Digital Revolution"数码巴比肯"——亚洲首展,北京王府井大街王府中环地下一层及一层展厅,伦敦巴比肯艺术中心国际项目部策划	游戏艺术	游戏创作技术	"数字考古""全民创造""创意空间""声音与视觉""数字未来""代码艺术""独立游戏空间"。梳理了电子游戏的发展历史,对于年轻的数字时代原住民来说也是一次怀旧之旅

(续表)

时间	中国展览及主题	新媒体装置作品	科技手段	文化脉络与美学观念
2018年3月16日至6月15日	第零空间——反向折叠，黑川良一（Ryoichi Kurokawa），文森特·米尼俄艺术指导，上海市浦东新区世博大道1929号	声音、图像及振频	录音技术、图像处理技术、视频技术	将星辰及星系的形成、演化相关的诸多现象转译成声音、图像及振频。将艺术美感与科学技术完美结合。（科技美学）
2018年3月17日至6月17日	吉姆·坎贝尔&张培力：闪烁不定，张尕策划，新时线媒体艺术中心（CAC），上海市普陀区莫干山路50号18号楼	"低像素系列"、碰撞的和声	视频图像处理技术、影像处理技术	唤起审美经验上潜藏着的共同兴趣：将"低像素"作为一种视觉策略和感知中介，以此实践一种切身的观与看，并寻求把握现实在技术和心理层面上所彰显的错综复杂性。（媒介美学）
2018年5月26日至7月26日	邓悦君：对不可见的想象，上海市金科路3057号汇智国际商业中心2楼BETWEEN艺术实验室	机械装置、互动装置、水墨动画、声音装置	机械技术、人机交互技术、动画创作技术、录音技术	对于能量转化、维度空间等充满神秘未知的课题有着自己敏锐的感知，并不断深入探索研究。尝试运用不同的媒介阐释自己对那些不可见之物的想象与思考。（科技美学）
2018年5月23日至6月10日、6月12日至6月24日	第五空间/ROOM V，艺仓美术馆Modern Art Museum, Shanghai、瑞士世界虚拟现实论坛WORLD VR FORUM、上海纽约大学IMA NYU SHANGHAI策划，上海市浦东新区滨江大道4777号，艺仓美术馆第二展厅	虚拟实境影院、艺术装置、游戏	VR技术、装置创作技术、游戏创作技术	所谓"第五空间"并非在"四维"空间基础上增加新的维度，而是转入意识空间反映事物的本质，进而呈现意识世界和物质世界的相互转化。（维度空间美学）
2018年5月27日至7月22日	胡介鸣：超图像，董冰峰策展，保利时光里，上海市徐汇区瑞平路230号，B2-004/005拾光域、B2-003多余美术馆	大型媒体艺术装置作品、早期录像作品	物体、材料、影像、交互程序及智能化控制	作品相互交织，彼此覆盖，不断消解，又相互生成。其作品所传达的不仅仅是对物体的感受，实际上是与当下的空间和时间产生一种新的叙事关系。（媒介美学）
2018年9月5日至9月24日	"后生命"北京媒体艺术双年展，中央美术学院美术馆	动态影像、互动装置、沉浸式艺术、生物艺术、机械装置、声音视觉、网络艺术、声音艺术和混合媒介等	影像技术、交互技术、VR技术、生物技术、录音技术、网络技术等	"后生命"主题展览（"机械生命""数据生命""合成生命"）、视听演出、"艺术与科技"实验空间、超链接展、主题论坛、工作坊。（科技美学）
2018年7月5日至9月7号	寻梦海底两万里——深海之光 沉浸式艺术展（AQUARIUM BY NAKED），嘉德艺术中心	全五官互动体验作品	视觉技术、投影显示技术、灯光、音响设备	一个以"深海之光"为主题的全五官互动体验的新媒体艺术展。（科技美学）

(续表)

时间	中国展览及主题	新媒体装置作品	科技手段	文化脉络与美学观念
2018年7月7至9月7日	多媒体交互艺术展"水妖",北京市朝阳区酒仙桥路4号,798艺术区D-09-2	多媒体交互艺术的多元表现形式	视频、人体、音乐等综合交互手段	将视、触、听,由单一感官转向多维联动,从而达到令人耳目一新的互动体验。(科技美学)
2018年8月13日至10月14日	小米·时代艺术科技大展Xcelerator超级对撞,苏少禹、Charles Lindsay策划,北京时代美术馆1号—4号展厅	影像装置、互动装置、灯光装置	视频、音乐等综合交互手段	先锋艺术的呈现。(科技美学)
2018年3月25日至8月12日	道隐无名:埃利亚松中国最大规模个展,闫士杰,北京红砖美术馆	装置、绘画、摄影、电影等媒介创作	装置等媒介创作技术	呈现特定的自然现象如光、雾、影、水,以及天体空间、磁场引力等作品。(媒介美学)
2018年6月22日	"TeamLab——未来游乐园"大型沉浸式新媒体艺术展览,西口正人、王兆坤、王川、路超等策划,北京央·美术馆	大型沉浸互动项目	人机交互技术、媒介融合技术	作品延伸了"Digitized Environment(数字化自然)""Transcending Boundaries(弱化边缘)""Embodying Communication(具象化交流)"三大内容版块。(科技美学)
2018年9月21日至12月21日	漫步星际沉浸艺术展,艺术家赵旭,幻艺术中心798第一空间	影像、装置	媒介融合技术	通过科技媒介实现了艺术语言的转换,将对艺术的关注,对人类、自由、宇宙的终极关怀注入作品,为观者布置出一个交叠错落、迷离倘恍的视觉幻景。(科技美学)
2019年4月20日至6月16日	2019深圳新媒体艺术节——释放全景,深圳坪山文化聚落展览馆,华润置地有限公司、华润文化体育发展有限公司、深圳设计周组委会主办	影像、VR	影像技术、VR技术	艺术的新体验,科技的美学化,感官的多重刺激。(科技美学)
2019年6月1日至9月1日	新媒体艺术展"我Dē平行世界",北京朝阳区,灿艺术	大型沉浸互动项目	人机交互技术、媒介融合技术	通过视觉、触觉、听觉、思维、情绪等多个维度给予参观者不同的沉浸式体验。(科技美学)

四、新媒体艺术家

(一)奥古斯托·波尔(Augusto Boal)

奥古斯托·波尔(1931日3月6日—2009年5月2日)是巴西戏剧导演、作家和政治家(图9-1)。他是受压迫者戏剧(Theatre of the Oppressed)的创始人。"受压迫者戏剧"是一种戏剧形式,最初用于激进的大众教育运动。从1993到1997年,波尔曾担任一届巴西里约热内卢市议员,他在那里开发合法的剧场艺术。

图9-1 奥古斯托·波尔在受压迫者剧场展示他的作品,2008年5月13日

图片来源:https://en.wikipedia.org/wiki/Augusto_Boal#/media/File:Augusto_Boal_nyc5.jpg 20180607

（二）艾伦·卡普洛（Allan Kaprow）

艾伦·卡普洛（1927年8月23日—2006年4月5日）是一位美国画家，装置艺术家，也是一位建立行为艺术概念的先驱（图9-2）。在他的促进下，"环境"和"偶发"艺术在20世纪50年代末和20世纪60年代得到了长足的发展，在此基础上，他还进行了许多理论研究。他的"偶发"艺术在过去的岁月中大约涉及200人。渐渐地他将实践引入"活动"，致力于一种普通人类生活和活动的研究。激浪派、表演艺术、装置艺术，反过来又被他的作品所影响。

图9-2 艾伦·卡普洛作品

图片来源：https://baike.baidu.com/pic 2018-07-04

（三）亚伦·科布林（Aaron Koblin）

亚伦·科布林（生于1982年1月14日），是美国的一个数字媒体艺术家和企业家，他最为人知的创新是使用数据可视化和他在众包技术和互动电影领域的开创性工作。他是虚拟现实公司的共同创始人和首席技术官。他之前在加利福尼亚三藩市的谷歌创建和领导的数据艺术团队。

科布林的作品有一部分被永久珍藏在维多利亚和艾伯特博物馆（V&A）、现代艺术博物馆（MOMA）和乔治斯·蓬皮杜中心。他在世界经济论坛上展示了TED，他的作品还在国际电影节，包括电子艺术节、SIGGRAPH和日本媒体艺术节上展出。2006年，他的飞行模式项目，因其科学可视化贡献获得国家科学基金会的一等奖。2009年，他被任命为创意杂志的创意总监。2010年他成为杂志最好、最聪明和快速的公司里最有创意的人，2011年成为福布斯杂志上30岁以下的30个名人之一。科布林是"一瞥"展的（Eyebeam）参展艺术家。2014年获得互动设计的国家设计奖（图9-3）。

（四）安托瓦内特·拉法基（Antoinette LaFarge）

安托瓦内特·拉法基是新媒体艺术家和作家，她为人熟知的是混合现实绩效、探索视觉艺术项目以及小说（图9-4）。

图9-3 亚伦·科布林，《天空中巨大的互动雕塑》，2014，精心设计的实时移动设备，该雕塑是一种视觉艺术，即人群控制一个巨大的、飘动的画布。与珍妮特·埃切勒曼（Janet Echelman）合作首演于2014TED大会

图片来源：http://www.aaronkoblin.com/project/unnumbered-sparks/2016-7-19

图9-4 安托瓦内特·拉法基，《学院：尽在掌握》（*Institute*：*Under Hand*），2009.2.27—4.19

图片来源：http://www.antoinettelafarge.com/install.html 2018-07-04

图 9-5 安托万·施密特，《齐次多项式空间芭蕾舞》(*Quantic Space Ballet*)，2016
增强现实非材质雕塑，20 米×20 米×20 米，只有在智能手机的增强现实中才能看到
图片来源：http://www.antoineschmitt.com/quantic-space-ballet/ 2018-07-04

1995 年，拉法基在纽约计算机艺术与视觉艺术学校获得硕士学位，并从哈佛大学获得专业学位。1980—1981 年她还进入三藩艺术学院，师从吉姆·波默罗伊（Jim Pomeroy）、杰克·富尔顿（Jack Fulton）和罗伯特·科莱斯科特（Robert Colescott）。在哈佛大学，她的论文是关于普鲁斯特和隐喻的功能。

她是美国艺术家约翰·拉法基的玄孙女。自 1996 年以来，她一直是学院艺术协会会员，从 1989 至 1991 年则成为洛杉矶网站（Site）画廊的成员。她目前是加利福尼亚大学的数字媒体教授。1995—1999 年期间，她曾任教于纽约视觉艺术学校，在计算机艺术硕士班、摄影及相关媒体艺术硕士班执教。

（五）阿努斯卡·奥斯特惠斯（Anuska Oosterhuis）

阿努斯卡·奥斯特惠斯（1978 年出生在荷兰恩斯赫德）是一位荷兰媒体艺术家，生活和工作在鹿特丹。她是阿特蒙斯（Artememes）基金会的创始人，这个艺术组织的目的是反映由大众传媒图像主导的在社会中的人的位置。

（六）安托万·施密特（Antoine Schmitt）

安托万·施密特（1961 年出生在法国斯特拉斯堡）是一位当代艺术家、设计师、工程编程师。他 16 岁时便会自制编程器。

1984 年，他在巴黎获得工程师文凭，作为编程工程师专门从事人工智能和人机交互工作，并作为研发工程师在硅谷史蒂夫·乔布斯下属公司（NeXT）工作三年（1991—1994 年）。他随后成为电影制作者克里斯·马克（Chris Marker）的技术助理，并与公司 Hyptique、Incandescence、Virtools、英国广播公司等合作。他创建了专门的软件，特别是 Adobe 软件 Director 的 Xtras（插件），例如 Asfft Xtra 等。

我们身体的原子与整个宇宙的量子定律是一致的，并与之共振。在齐次多项式空间芭蕾舞中，1 000 个立方像素在空间中以明显的复杂性移动，但实际上它们都受同一量子类型方程（频率都是整数倍）的支配，从而创建了一个全局动态结构，观众沉浸其中，被包容、被保护、被激励、被解构和重构。齐次多项式空间芭蕾舞将我们与在感知现实的屏幕后面工作的量子方程和机制联系起来（图 9-5）。

（七）阿历克斯·舒利金（Alexei Shulgin）

阿历克斯·舒利金（1963 年出生在莫斯科）是一位俄裔当代艺术家、音乐家和在线策展人（图 9-6），在莫斯科和赫尔辛基工作。1988 年舒利金创办了即刻图片（Immediate Photography）集团，并开始了他在这一领域的职业生涯。1990 年后，他将其兴趣从摄影转移至互联网。最终，在 1994 年，创办了莫斯科-WWW 艺术实验室（Moscow-WWW-Art-Lab），与来自伦敦和斯洛文尼亚的艺术家合作。同年，艺术家创建了在线图片美术馆，名为"热图"。1997 年，舒利金继续他的形式艺术创作，年末开始了他的"简易的生命"网站（the easy life）的推广。在 1999 年，舒利金成为 FUFME 公司网站管理员。自 2004 年以来，又成为电子商铺

(Electroboutique)的共业者。

(八)比瑞兹·达科斯塔(Beatriz da Costa)

比瑞兹·达科斯塔(1974年6月11日—2012年12月27日)是一位跨学科的艺术家,她因在交叉科学、科技、工程与政治的当代艺术而广为人知(图9-7)。她的项目通常采取公共干预和工作坊、概念工具建设和批判性写作的形式。

比瑞兹·达科斯塔与简姆·舒尔特(Jaime Schulte)和布鲁克·辛格(Brooke Singer)是"抢占媒体(Preemptive Media)"的联合创始人,是"批判艺术组合(Critical Art Ensemble,CAE)"的前合作者。她凭借一种特殊的在艺术、科学、工程与政治交叉领域的兴趣,进行着自己的工作。达科斯塔的艺术作品无论以何种形式创作都有最好的样式,包括机器人、微电子、装置、雕塑、行为、互动性媒体、网络艺术、摄影和视频。她将生物材料和生物机体使用在干预试验和这些种间项目中,促进自然资源和环境的可持续发展。达科斯塔和她的合作者经常通过运行工作坊,翻译具有挑战性的新的技术,将科学发展到一个更容易被公众访问与参与的境地。

她的一些比较知名的项目包括刷卡、攻击和空气(抢占媒体);分子的入侵、自由放养的谷物、GenTerra(CAE)和鸽子博客(Pigeonblog)。达科斯塔参与的展览包括文献展、一瞥(纽约)、安迪·沃霍尔博物馆、塞维利亚新安达卢斯当代艺术中心(西班牙)、艺术和媒体中心(德国)、现代美术馆(塞尔维亚)、退出(Exit)艺术画廊(纽约)、角落之屋(Cornerhouse)(曼彻斯特,英国)、基金会(Foundation)中心(伦敦,英国)、赛耶·布朗夫曼(Saidye Bronfman)艺术中心(蒙特利尔)、约翰·汉萨德(John Hansard)美术馆(南安普顿,英国)和自然历史博物馆(伦敦)。

写作也是她工作的一个重要组成部分,加州大学欧文分校的历史学教授卡维塔·菲利普(Kavita Philip)与她共同编辑出版了《战术生命政治》。

达科斯塔继续工作,直到她去世。期间创作了一系列针对她的癌症并倡导一种"替代"的方法来治疗和通过健康饮食预防癌症的项目。她晚期的作品中,包括《生命的代价》,一个创意资本支持的项目;濒危物种寻找者和纪念生存物(艺术催化剂委托,伦敦);生命的花园和渴望其他(视觉艺术和技术中心,纽约);美味的药剂师。《抗肿瘤的生存工具》是《生命的代价》的一部分。

2012年9月,达科斯塔将《世俗的房子》献给文献展,它是多纳·哈拉维(Donna Haraway)作品的协作部分。

图9-6 阿历克斯·舒利金

图片来源:https://en.wikipedia.org/wiki/Alexei_Shulgin#/media/File:Alexei_Shulgin_(1987).jpg 2018-07-04

图9-7 比瑞兹·达科斯塔

图片来源:https://en.wikipedia.org/wiki/Beatriz_da_Costa#/media/File:Beatriz_da_Costa_Where_2.0_Conference,_San_Jose,_CA_2007.jpg 2018-07-04

图 9-8　芭芭拉·嘉努兹凯维兹画作

图片来源：http://www.barbaraj.info/portfolio.html 2018-07-04

（九）芭芭拉·嘉努兹凯维兹（Barbara Januszkiewicz）

芭芭拉·嘉努兹凯维兹（生于 1955 年 2 月 23 日）是一位美国画家、艺术家、导演和一个创造性的活动家，她最为著名的是她独立的问题风格。她吸收了波普艺术运动、概念艺术和前卫的元素，擅长混合风格的水彩绘画，模糊了绘画和绘画之间的界限。她的 21 世纪纸上作品是迄今为止最真实的混合风格，跨越了美国战后艺术的两个核心要素：色域绘画和抽象表现主义。

她的作品主要出现在华盛顿地区，包括菲利普美术馆、科伦美术馆、画廊、艺术联盟 K。她的作品也被发现于功能杂志、电影、有线电视和国际电视格式中（图 9-8）。1999 年，嘉努兹凯维兹创办"艺术心"，在社区里进行艺术推广计划。从 2001—2012 年，她是水彩辅导员并任华盛顿考克兰艺术 DC 设计学院客座教授。她最新的作品已经重塑并解释了艺术家合作、音乐与创造性思维。2012 年，她成为第一个展出于美国爵士乐博物馆，居住于堪萨斯城的视觉艺术家。

（十）迥·梅尔赫斯（Bjørn Melhus）

艺术家迥·梅尔赫斯（生于 1966 年的基希海姆），是一位德国挪威实验电影短片影像和装置艺术家（图 9-9）。

在他的作品中，梅尔赫斯集中了全球观念和主题，以及对人的直接影响。他的许多作品体现了其灵感来自自由、暴力或镇压之间的紧张关系。梅尔赫斯使用电影镜头、视频和电视过渡处理和解构传统的主题，通过夸张的人物和图案让人们获得感知。同时，他打破了一个看似固定的媒体和受众之间的关系，从而开启了人类互动的本质观。在他的作品中，他开发了一个独特的位置以扩大电影和电视的接受可能。他对大众传媒的碎片化、破坏和重构的实践，不仅是一个新的解释和批判的方式，而且还重新定义了大众传媒与观众的关系。

原本植根于实验电影的背景下，梅尔赫斯的作品已在许多国际电影节获奖。其作品在伦敦泰特现代美术馆、纽约现代艺术博物馆、巴黎蓬皮杜现代艺术中心放映。他的作品还被陈列于纽约惠特尼博物馆、第八届伊斯坦布尔国际双年展、伦敦蛇形画廊、汉诺威博物馆、科隆路德维希博物馆、ZKM 卡尔斯鲁厄、丹佛美术馆等。

图 9-9　迥·梅尔赫斯

图片来源：https://en.wikipedia.org/wiki/Bj%C3%B8rn_Melhus#/media/File：Bj%C3%B8rn_Melhus_Portrait.png 2018-07-03

自 2003 年以来,梅尔赫斯一直在德国卡塞尔艺术学院担任美术和虚拟现实的教授。自 1987 年以来,梅尔赫斯一直生活和工作在柏林。

(十一) 比尔·维奥拉 (Bill Viola)

比尔·维奥拉(生于 1951 年),是当代影像艺术家,其艺术表现取决于电子、声音和新媒体影像技术。他的作品专注于基本的人类经验,如出生、死亡和意识等(图 9-10)。

维奥拉的艺术主要关于人的意识和经验,出生、死亡、爱的主题、情感,具有一种人文精神。在他的整个职业生涯中,他已经将神秘主义的传统赋予意义和启示,特别是禅宗佛教、基督教、伊斯兰教的苏非派神秘主义。在他的一些作品中还有西方中世纪和文艺复兴时期的宗教艺术审美的方式。

他不断探索的一个持续的主题是"二元对立",你不知道你在看什么,除非你知道它的反面。例如,他的许多作品都关于生死、光明和黑暗的主题,强调平静、大声和安静等。

他的作品可以分为三种类型,概念、视觉和一个独特的组合。据"国家审查"(National Review)的艺术评论家詹姆斯·加德纳(James Gardner)的评论,维奥拉的观念作品就像大多数视频艺术一样容易被遗忘。然而,其不同的意见在于,加德纳认为维奥拉的视觉作品如"面纱",他作品的组合概念和视觉如"穿越"给人留下了深刻和难忘的印象。

维奥拉的作品往往表现出绘画的质量,他用超慢动作视频鼓励观众陷入图像和深深的连接意义中。这种质量使他的作品在当代艺术语境中显得很不寻常。他的工作最终得到了重要的荣誉。评论家马焦瑞·彭洛夫(Marjorie Perloff)表达了对他的赞美:维奥拉作为新技术的一个例子,可以用摄像机创造出全新的审美标准和可能性。

(十二) 卡洛斯·阿默拉尔 (Carlos Amorales)

卡洛斯·阿默拉尔(生于 1970 年)是墨西哥的视觉艺术家。他目前生活和工作在墨西哥市。阿默拉尔就读于格瑞特·瑞特维尔德学院(Gerrit Rietveld Academy),从 1992 年到 1996 年在阿姆斯特丹工作。他与表演艺术家加里奥·艾本斯楚兹(Galia Eibenschutz)结婚。阿默拉尔的作品涉及各种媒体,包括视频、动画、绘画、雕塑和行为。他的大部分作品分析了当代墨西哥文化和价值观(图 9-11)。

(十三) 科里·阿肯吉尔 (Cory Arcangel)

科里·阿肯吉尔(1978 年出生于美国),现在在布鲁克林工作生活。他的作品利用媒体等媒介体现了当下科技与文化之间的多重关联(图 9-12)。阿肯吉尔以其重新编写游戏程序和对过时的技术和作品的再创作而出名,特别是对任天堂的流行游戏的再创作,被人们称为"数字媒体艺术家"。

图 9-10　比尔·维奥拉,《探视·圣母往见节》(Visitation),2008,墙面等离子显示器、彩色高清视频
表演:帕姆·布莱克威尔(Pam Blackwell)、微巴·加瑞森(Weba Garretson),摄影:基拉·彭洛伍(Kira Perov)

图片来源:http://www.billviola.com/ 2016.8.5

图 9-11　卡洛斯·阿默拉尔,《黑云》,纽约费城博物馆,2013 这位艺术家在 14 位朋友的帮助下,做了 3 万多个黑色的纸蝴蝶,并把它们贴在墙上和天花板上。巨大的艺术品成为了热门话题,参观的人也络绎不绝

图片来源：http://www.ku-d.com/2013/01/21733.html. 2016-3-14

图 9-12　科里·阿肯吉尔,"做第一个朋友"展(Be the first of your friends),2015.4.24-8.22,德国慕尼黑路易·威登空间

图片来源：http://www.coryarcangel.com/shows/be-the-first-of-your-friends/ 2018-07-04

基于任天堂著名游戏《超级玛丽欧兄弟》(Super Mario Bros)的再创作：对于《超级玛丽》游戏,几乎无人不晓,显然,阿肯吉尔也是作者之一,他改编了这个游戏,创作了《Super Mario Clouds V2K3》(2002)和《Super Mario Clouds》(2004)。阿肯吉尔通过对游戏源程序进行调整改编来再创作,把游戏中除了云朵和蓝天外的一切图像都去除了,将它插入 NES 中后,新的游戏《超级玛丽云》开始了,但是只有云朵不断地在屏幕中循环着,永不停息。屏幕中还有一点点风景,极简主义、长久的忍耐力和幽默也蕴含在其中……①

---

① 邹爱兰.科里·阿肯吉尔(Cory Arcangel)artspy 艺术眼.[EB/OL]http://www.artspy.cn/html/news/3/3605.html 2010-9-14.

（十四）批判艺术组合（Critical Art Ensemble）

批判艺术组合是一个从事媒体创作的团体，其专业包括计算机图形和网页设计、电影与录像、摄影、文字艺术、书和行为（图9-13）。

自从1987年在佛罗里达州塔拉哈西成立以来，CAE经常被邀请参展和进行项目，涉及信息、通信和生物技术的博物馆和其他文化机构。其中包括惠特尼博物馆、纽约新博物馆、华盛顿可可拉博物馆、ICA、MCA、伦敦、芝加哥、法兰克福、巴黎现代美术馆、伦敦自然历史博物馆、卢塞恩美术馆和第13届文献展。

已出版作品册7本，并被翻译成18国语言。其作品已被众多美术期刊介绍，包括艺术论坛、肯斯特论坛和戏剧评论。批判艺术组合也是众多奖项的获得者，其中包括2007安迪·沃霍尔基金（Andy Warhol Foundation）、永利·克拉马士基自由艺术表达的补助（Wynn Kramarsky Freedom of Artistic Expression Grant）、2004约翰·兰斯顿（John Lansdown）多媒体奖、2004列奥纳多新视野创新奖。

（十五）查·戴维斯（Char Davies）

查·戴维斯（1954年出生于加拿大多伦多）是一位加拿大当代艺术家，她以创造身临其境的虚拟现实艺术作品而出名。她是Softimage公司的创始董事，是虚拟现实领域内的世界领导者和VR生物反馈先锋（图9-14）。

戴维斯本来是一个画家，以其绘画风格初涉虚拟艺术。她将其绘画风格发展成自己的符号语言和审美意识。早在20世纪80年代，戴维斯便开始计算机技术和三维虚拟空间的探索。1983年，她受丹尼尔·兰格罗斯（Daniel Langlois）计算机动画作品的启发，觉得电脑艺术能帮助她捕捉图像，并可以超越绘画。

她的《身体内部系列》（1990—1993年）是一个三维图像，探索艺术如何在虚拟空间中查看。《身体内部系列》在1994年的电子艺术节（Ars Electronica）上得到了国际性的展示。

2002年，她的母校维多利亚大学因其在媒体艺术领域的贡献授予戴维斯美术荣誉博士学位。2005年，戴维斯从普利茅斯大学获得博士学位。

（十六）克里斯汀·默勒（Christian Moeller）

克里斯汀·默勒是一位艺术家，也是加州大学洛杉矶分校设计媒体艺术系教授。

他在法兰克福应用科学学院和维也纳美术学院古斯塔夫·培希尔（Gustav Peichl）的带领下研究了建筑。在法兰克福斯图加特建筑师古瑟·班尼士（Günther Behnisch）的办公室工作后，开始在新媒体学院彼得·韦伯（Peter Weibel）手下作客座艺术家。1990年，他在法兰克福创办了自己的艺术家工作室和媒体实验室。从1995年到1997年，

图9-13 批判艺术组合，《献祭》，2008，视频装置，5分钟循环

图片来源：http://critical-art.net/？cat＝6 2018-07-04

图9-14 查·戴维斯，《转瞬即逝的森林流》（*Forest stream from ephémère*），1998，头盔显示器静帧捕捉沉浸系统

图片来源：http://www.immersence.com/ 2018-07-04

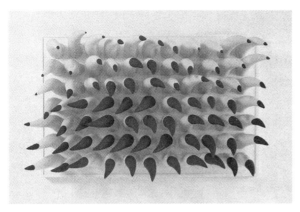

图 9-15　克里斯汀·默勒,《场域》,石膏、丙烯酸,29″×44″×12″

图片来源:http://www.christianmoeller.com/Cruella 2018-07-04

图 9-16　卡斯滕·尼古拉,《自动诺莫》(Autonomo),2017,混合媒体音响安装,9 个铝板悬挂,200 个网球和一台网球机维度变量

图片来源:http://www.carstennicolai.de/?c=works&w=autonomo 2018-07-04

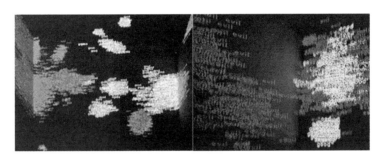

图 9-17　查尔斯·桑德森,《未来影像》,2006

图片来源:http://blog.sina.com.cn/s/blog_4ac26bb1010006hl.html 2018-07-04

领导了奥地利林茨的 ARCHEMEDIA 研究院。在 2001 年搬到美国之前,他是卡尔斯鲁厄州德国设计学院的教授。目前他在加州大学洛杉矶分校设计与媒体艺术系任教授,在银湖、洛杉矶和加利福尼亚拥有自己的工作室。他用当代媒体技术进行创新和物理活动,实现了手持物体建筑规模装置。在过去的二十年里,他的工作已经越来越注重公共艺术领域和监控技术(图 9-15)。

(十七) 卡斯滕·尼古拉(Carsten Nicolai)

卡斯滕·尼古拉(1965 年生于德国、萨克森、开姆尼茨,又称为 Alva Noto),是一位德国音乐家。他是欧拉夫·班德(Olaf Bender Byetone)钻石版音乐组会员。

他在追求艺术之前研究建筑和景观设计。1999 年他创办了电子音乐记录品牌 Raster-Noton。尼古拉曾与许多世界上最负盛名的艺术空间合作,包括纽约古根海姆博物馆、旧金山现代艺术博物馆、牛津现代艺术、东京 NTT、泰特现代艺术馆和意大利威尼斯双年展。作为电子音乐记录品牌 Raster-Noton 的成员,他负责收集广受好评的 CD 系列,2000 年在电子艺术大奖中赢得金尼卡奖。

尼古拉也是一位视觉艺术家。他经常利用可视化声音的原则进行创作。2013 年,尼古拉作为噪声视觉艺术家参加了第 55 届威尼斯双年展官方合作展(图 9-16)。

(十八) 查尔斯·桑德森(Charles Sandison)

查尔斯·桑德森(1969 年 4 月 24 日生于英国)是一位苏格兰视觉艺术家,生活和工作在芬兰坦佩雷。

桑德森的大部分工作涉及视频投影,创造身临其境的电脑数据装置,让观众面对不断变化的宇宙世界、中心标志和特征。桑德森的艺术作品将观众带入计算机和人心灵的世界。其灵感来自自然和他周围的环境,并试图捕捉生活在人类生活的要素和当前的世界。他在一次私人采访中说:"我不想做一个复制或事物的替代品,我不创造对象。我试图创造一个有自己的生活的东西。我想我是弗兰肯斯坦博士的艺术世界。"

桑德森已在重要艺术阶段呈现出作品的突破。总体上,他的作品是数字的表面,有看头,适当的简单、极简主义的重复,壮观,同时又美丽(图9-17)。

(十九)卡米尔·厄特巴克(Camille Utterback)

卡米尔·厄特巴克(1970年出生于印第安纳,布卢明顿)是一位互动装置艺术家。最初接受的是成为一个画家的训练,她的作品是绘画和互动艺术的交集。

她的作品包括《文字雨》(1999),是与罗米·阿奇图(Romy Achituv)合作作品,参与者可以用他们的身体运动来提升和下降投射在墙上的字母(图9-18、图9-19)。《转变时期》(2007),是在圣·何塞(San José)的一个公共设施,也是加利福尼亚基于行人运动创建的互动项目。海伦·勒斯克(Helen Lessick)描述了后者作为"20和21世纪混合屏幕的圣·何塞"中的"图像分割和编织、彩色和黑白之间移动、调用损失和可能性,以及网站和记忆"。

厄特巴克说,她是在让人们"想一些概念和物理的东西"和"对假设之间的差异感兴趣,然后用自己的身体测试"。她的作品已陈列在现代美术馆(纽约)、新移动影像博物馆(纽约)、美国国家艺术馆(华盛顿D.C.)、电子艺术中心(林茨,奥地利)和NTT通信中心(东京,日本)。

(二十)大安·山姆森(Daan Samson)

大安·山姆森(生于1973年)是一位荷兰艺术家。山姆森在鹿特丹生活和工作。与荷兰艺术家挺克贝尔(Tinkebell)和乔纳斯·斯塔尔(Jonas Staal)被看作是一类新媒体艺术家。在山姆森的作品中,艺术家将作品称为对罪恶观念的排斥。一些评论家认为他以玩世不恭的姿态与自由对应。山姆森称自己是一个精力旺盛的艺术家,认为一个物体材质应得到重新评价。在这种情况下,他反复指出经典绘画的双重主题,生活只会是暂时的事情,也充满了精神和物质的苦难。他经常寻求与奢侈品生产商的合作,通过他们赞助他艺术中的一部分作品,他挑战的是他的艺术自律的界限。与山姆森合作的赞助商包括鬼怪国际、SMEG的赞助商、伏特加和Magimix。

(二十一)戴维·恩姆(David Em)

戴维·恩姆出生在洛杉矶,在美国南部长大。他在宾州艺术学院学习绘画,在美国电影学院学习导演专业。

图9-18 卡米尔·厄特巴克,《文字雨》,1999
图片来源:https://en.wikipedia.org/wiki/Camille_Utterback 2016-8-6

图9-19 卡米尔·厄特巴克,《当前至关重要》,互动装置,2016
图片来源:http://camilleutterback.com/projects/vital-current-seeking-the-san-lorenzo/ 2018-07-04

图 9-20　戴维·恩姆，《阿酷》(Aku)，1977，数字图像

图片来源：https://www.wikipedia.org 2016-8-8

图 9-21　戴维·恩姆，《埃舍尔》，1979，数字图像

图片来源：https://cn.wikipedia.org/wiki/David_Em 2018-07-04

恩姆于 1975 年在施乐帕洛阿尔托研究中心 (Xerox PARC) 创造了数字绘画，是第一个完整的数字绘图系统。1976 年，他在国际信息公司创作了一个可链接的三维数字昆虫，该昆虫可以走路、跳跃、飞行，是由艺术家创造的第一个 3D 角色。

恩姆自 20 世纪 90 年代初便开始独立工作。1977 年，他以艺术作品《Aku》成为美国宇航局喷气推进实验室 (JPL) 通航虚拟世界的第一位艺术家，从 1977 年到 1984 年，他一直是那里的艺术家（图 9-20、图 9-21）。他还创建了加州理工大学的数字艺术（1985—1988）和苹果电脑（1991）体系。

（二十二）大卫·洛克比 (David Rokeby)

大卫·洛克比（1960 年生于安大略省），自 1982 年以来，是一位电子、视频和装置艺术家（图 9-22）。

他早期的作品《非常神经系统》(1982—1991) 被公认为先锋交互艺术作品，将物理的姿势传输为实时交互的声音环境。《非常神经系统》在 1986 年威尼斯双年展展出。

他的装置 N-CHA(N) 获得 2002 年电子艺术大奖（金电信互动艺术）。2002 年获总督视觉和媒体艺术奖。《非常神经系统》于 1991 年获得奥地利电子艺术大奖。1988 年其互动艺术获得加拿大佩特罗媒体艺术奖。2000 年，获得英国电影和电视艺术学院的互动艺术 BAFTA 头奖。

图 9-22　大卫·洛克比互动装置作品，2013

图片来源：https://www.wikipedia.org 2016-8-8

（二十三）电子干扰剧场 (Electronic Disturbance Theater)

电子干扰剧场，由表演艺术家和作家瑞卡多·多明格 (Ricardo Dominguez) 创建于 1997 年，他是一位网络活动家、理论批评家和表演艺术家，从事理论和在数字和非数字空间的非暴力行为实践的发展。EDT 由瑞卡多·多明格、布莱特·斯塔保 (Brett Stalbaum)、斯戴芬·瑞 (Stefan Wray) 和卡明·卡拉斯科 (Carmin Karasic) 共同构成。以 20 世纪 60 年代美国民权运动的思想为己任，EDT 成员总是用自己的真实姓名，用一个集体组织和程序的计算机软件来表明自己的观点，反宣传和

军事行动,并开始举办在线虚拟静坐和直接数字行为表演(图9-23)。

(二十四)艾娃和弗朗克·玛特(Eva and Franco Mattes)

艾娃和弗朗克·玛特都生于1976年的意大利,是纽约的两人艺术家。自1994年在马德里碰面以来,他们从未分开。他们是网络艺术运动的先驱之一,为他们的公共媒体颠覆而出名。他们自互联网的诞生便关注艺术所涉及的伦理和政治问题。他们的工作总部设在纽约布鲁克林区,也经常在整个欧洲和美国旅行(图9-24)。

(二十五)艾勒·梅芒德(Elle Mehrmand)

艾勒·梅芒德是一个新媒体艺术家和音乐家。其作品是身体和电子的结合体。她的表演艺术作品已在美国各地的博物馆、画廊和艺术节上展出。她是迷宫乐队(Band Assembly of Mazes)组合的成员。

艾勒·梅芒德最新表演是探索全息技术。在大学美术馆的《热档案》(Archive Fever)系列中,梅芒德使用透明屏幕表演全息图像(图9-25)。

(二十六)埃文·奥拉夫(Erwin Olaf)

埃文·奥拉夫(生于1959年7月2日),是一位荷兰摄影师。

奥拉夫最著名的是他的商业和个人的作品。他被委任为大的国际公司,如李维斯、微软和诺基亚做广告宣传活动。他最著名的摄影系列包括《悲伤》《雨》和《皇家血液》,其作品往往是大胆的和挑衅性的。他的作品获得了许多奖项,并在世界各地举行了展览(图9-26)。

图9-23 电子干扰剧场组合2.0

图片来源:https://en.wikipedia.org/wiki/Electronic_Disturbance_Theater#/media/File:Electronic-disturbance-theater.jpg 2018-07-04

图9-24 艾娃和弗朗克·玛特,《西比尔·肯普森:向十个被遗忘的天堂发出12声呐喊,每个冬至和春分到》,2018

图片来源:https://whitney.org/Exhibitions/SibylKempson 2018-07-04

图9-25 由艾勒·梅芒德参与的展览,《安盖琳与羽毛》(ANGELYNE × de plume),2018

图片来源:https://www.eventbrite.com/e/angelyne-an-art-exhibition-public-appearance-opening-tickets-46871960295?aff=erelexpmlt 2018-07-04

图9-26 埃文·奥拉夫,摄影系列,2010

图片来源:http://www.topit.me/album/100371/item/1793673 2018-07-04

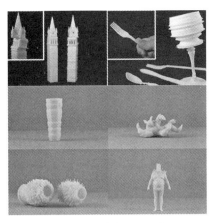

图 9-27 艾瑞克·保罗斯，*METAMORPHE*，2015

图片来源：http://www.paulos.net/research.html 2018-07-04

图 9-28 深度领域，2017 所有改变艺术的年轻女性与其他用户在公园一起设计和测试数据收集手势，这是与凌谭（Ling Tan）合作的超级大国工作坊的一部分

图片来源：https://www.furtherfield.org/editorial-platforming-finsbury-park/2018-07-04

奥拉夫曾在乌得勒支新闻学院学习新闻。他的作品在世界各地的画廊和博物馆展出，例如柏林瓦格纳＋合作伙伴、乌得勒支平地画廊、伦敦汉密尔顿画廊、巴黎马格达·丹尼斯画廊、马德里画廊空间。

奥拉夫设计了2014荷兰的欧元硬币上威廉·亚历山大国王（King Willem Alexander）的肖像。

（二十七）艾瑞克·保罗斯（Eric Paulos）

艾瑞克·保罗斯是美国计算机科学家、新媒体艺术家和发明家，他最出名的是早期作品网络遥感操作机器人，他还是城市计算领域的创始人。他目前的工作领域在公民科学、区域能源、DIY生物学、DIY文化、微志愿服务，通过新媒体策略和技术进行文化批判（图9-27）。

（二十八）艾兰纳·泰佳达·赫瑞拉（Elena Tejada-Herrera）

艾兰纳·泰佳达·赫瑞拉出生在秘鲁，是一位跨学科的艺术家，她以其行为作品和多学科艺术被众人所知。她的作品促进了公众的参与。

赫瑞拉原先研究绘画，通过一个有争议的方式获得了公众的注意。90年代末，她在秘鲁的表演、多媒体作品与秘鲁社会经济环境相关，体现了城市边缘的文化表达和流行文化。从那时起，她就对女性的身体和性别提出了不同的思考。她的作品有着规范性标准，是秘鲁当代艺术的代表。在过去的15年中，她的作品促进公众参与和集体审美体验的实现。

（二十九）浮点单元（Floating Point Unit）

浮点单元（FPU，俗称数字协处理器）是专门设计进行浮点数运算的计算机系统的一部分。典型的操作是加法、减法、乘法、除法、平方根。一些系统（尤其是老式，属于微架构）也可以执行各种各样的超函数，如指数或三角函数的计算，是最先进的处理器，这些都是做软件的数据库。

在通用计算机体系结构中，一个或多个浮点运算可能与中央处理单元集成，然而许多嵌入式处理器没有浮点运算的硬件支持。浮点单元是新媒体艺术家处理计算机运算的技术支持。

（三十）深度领域（Furtherfield）

furtherfield.org是艺术家主导的在线社区、艺术机构和在线杂志（图9-28）。它创建和支持了全球参与的项目与网络的艺术家、理论家和活动家，并提供了"为公众展示自己意见，进入或改变艺术话语的机会"。

1996年，深度领域成立于伦敦哈林格，由艺术家兼理论家茹斯·凯特洛（Ruth Catlow）和马克·盖瑞特（Marc Garrett）组织。灵感来自合作而不是个人的艺术天才及传统神话的文化价值，深度领域一直专注于发展"艺术品"的创作艺术，从事用户在协同软件平台上的创造性活动。

（三十一）弗朗西斯科·莫尼科（Francesco Monico）

弗朗西斯科·莫尼科是一位意大利教育家、

播音员、研究员和艺术家（图9-29）。

莫尼科从事视频到艺术的创作过程中改变了他的表达方式：互动装置、远程艺术、生物艺术、科学和各种艺术组合。

（三十二）吉勒莫·高梅兹-培纳（Guillermo Gómez-Peña）

吉勒莫·高梅兹-培纳是一位墨西哥奇卡诺的表演艺术家、作家、活动家和教育家（图9-30）。培纳已经创造了多个媒体作品，包括表演艺术、实验广播、视频、摄影和装置艺术。他的十本书中，包括散文、实验诗、行为脚本和编年史，分别用英语、西班牙语出版。他是集体边界艺术工作室的创始人，La Pocha Nostra 表演艺术团的主任。他的表现作品融合了实验美学、政治活动家、美国人的幽默和观众的参与，形成了观众/读者/观众所创造的"全体验"。

（三十三）灰色世界（Greyworld）

灰色世界是一个伦敦团体，其创建源于艺术家们对公共活动艺术、雕塑和互动装置的兴趣。虽然他们的创作材料经常变化，但他们的作品通常是微妙的、反馈环境的，往往给予参观者进入作品的机会（图9-31）。

（三十四）金科·顾岚（Genco Gulan）

金科·顾岚（1969年生于土耳其）是一个当代的概念艺术家和理论家，他在伊斯坦布尔生活和工作。他的传媒语境作品涉及绘画、拾得物、新媒体、素描、雕塑、摄影、表演和视频。他的作品常常带有政治、社会和文化信息，但从不转化为宣传内容。他拒绝的是现代主义和极少主义，他把自己的作品描述为观念艺术（图9-32）。

图9-29　弗朗西斯科·莫尼科

图片来源：https://en.wikipedia.org/wiki/Francesco_Monico 2018-07-04

图9-30　吉勒莫·高梅兹-培纳

图片来源：http://www.vdb.org/artists/guillermo-g%C3%B3mez-pe%C3%B1l-0 2018-07-04

图9-31　灰色世界的来源——伦敦政治经济学院的新大楼

图片来源：https://en.wikipedia.org/wiki/Greyworld 2018-07-04

图9-32　金科·顾岚，《爱马仕的散步者》（Hermès Walker），2009，50厘米×50厘米×90厘米，奥兹收藏

图片来源：https://www.wikipedia.org 2016-8-8

图 9-33　霍万基亚为 iMacs 创作的肥皂剧

图片来源：https://en.wikipedia.org/wiki/G._H._Hovagimyan 2018-07-04

图 9-34　葛兰·列维

图片来源：https://en.wikipedia.org/wiki/Golan_Levin 2018-07-04

（三十五）霍万基亚（G.H. Hovagimyan）

霍万基亚是一位生活在纽约的实验跨媒体、新媒体和行为艺术家（图9-33）。霍万基亚1950年出生在马萨诸塞州普利茅斯。1972年，从宾夕法尼亚费城艺术大学获得了学士学位，2005年从纽约大学获得了硕士学位。他是视觉艺术学院计算机艺术系教授。1993年他或为纽约开始网络艺术的第一位艺术家，其参与的在线组织有艺术网络网（ArtNetWeb）和根茎网（Rhizome）。

（三十六）葛兰·列维（Golan Levin）

葛兰·列维（生于1972年），是一位美国新媒体艺术家、作曲家、演奏家和工程师，长期致力于开发文物和事件，探索灵活的新模式的反应性表达（图9-34）。

列维的作品主要集中在创建系统设计、操作、同步图像和声音的表现，作为一个探究互动形式的语言部分和控制系统中的非言语交际。通过表演、数字文物和虚拟环境，与各种合作者创建创造性的应用数字技术，突出曲折与机器的关系，通过相互作用方式，探讨交流和互动的交集。2002年以来，列维和扎卡里·利伯曼（Zachary Lieberman）合作各种项目，用Tmema来命名他们的合作作品。列维的展览、表演和文稿曾广泛在欧洲、美国和亚洲展出。

（三十七）格雷厄姆·尼科尔斯（Graham Nicholls）

格雷厄姆·尼科尔斯（1975年7月30日出生于英国伦敦）是一位作家、装置艺术家和身体实验专家。他在伦敦科学博物馆等机构广泛演讲心理学、伦理和艺术，这是剑桥工会心理研究机构（图9-35）。

图 9-35　格雷厄姆·尼科尔斯（Graham Nicholls）可以让世界上任何一个人证实他所拥有一些最优秀的体外体验。——大卫·华特金森（David Watkinson）

图片来源：http://www.grahamnicholls.com/ 2018-07-04

（三十八）吉莉安·威尔琳（Gillian Wearing）

吉莉安·威尔琳（生于1963年），是英国观念艺术家，是当年英国最年轻的艺术家之一。1997年英国美术作品奖特纳奖的获得者，2007年当选英国伦敦皇家美术学院终身成员（图9-36）。

（三十九）海科·达克赛尔（Heiko Daxl）

海科·达克赛尔，德国媒体艺术家、策展人、画廊老板、艺术设计收藏家。生活工作在柏林和萨格勒布（图9-37）。

（四十）英格伯·夫莱普（Ingeborg Fülepp）

英格伯·夫莱普（出生于克罗地亚萨格勒布），克罗地亚艺术家、大学教师、电影编辑。

她在学院学习电影剪辑和电影分析戏剧，后在萨格勒布大学学习电影和电视教育，与卡罗尔·乔姆斯基（Carol Chomsky）和霍华德·加德纳（Howard Gardner）在剑桥的哈佛大学学习视频和互动媒体，和理查德·里柯克（Richard Leacock）、格罗瑞阿那·达文波特（Gloriana Davenport）在美国波士顿的麻省理工学院媒体实验室学习（图9-38）。

她参与了许多南斯拉夫电影和电视连续剧的剪辑，也有许多国际合拍影片作品。

（四十一）珍妮特·加的夫（Janet Cardiff）

珍妮特·加的夫（生于1957年3月15日）是加拿大艺术家，其作品主要是声音和音响装置，尤其是她称为"音响行走"的形式（图9-39）。她和她的丈夫及合伙人乔治·波斯·米勒（George Bures Miller）合作。加的夫和米勒目前生活和工作在柏林。1995年，珍妮特·加的夫凭借作品《声音行走》获得成功，首次获得国际艺术世界的认可。

图9-36　吉莉安·威尔琳，《一个真正的伯明翰家庭》

图片来源：https://en.wikipedia.org/wiki/Gillian_Wearing 2018-07-04

图9-37　海科·达克赛尔

图片来源：https://en.wikipedia.org/wiki/Heiko_Daxl 2018-07-04

图9-38　英格伯·夫莱普，参与《战争风云》的编辑，1983

图片来源：https://www.imdb.com/title/tt0085112/?ref_=nm_knf_i4 2018-07-04

图9-39　珍妮特·加的夫，《天堂研究所》（The Paradise Institute），装置，混合媒体，13分钟，维度：5.1米×11米×3米

图片来源：http://www.cardiffmiller.com/artworks/inst/paradise_institute.html 2018-07-05

图 9-40 杰瑞米·布莱克,《温彻斯特雷杜克斯》(*Winchester Redux*),一部 5 分钟的数字视频,带声音,连续循环,2004

图片来源:https://en.wikipedia.org/wiki/Jeremy_Blake 2018-07-05

图 9-41 让·贾可·艾比,《瞬间的音乐戏剧-同工同酬》gg244,CD 音频,2018

图片来源:http://www.drame.org/2/Musique.php?D=149 2018-07-05

图 9-42 约蒂·赫维茨,"倒推"出来的雕塑

图片来源:https://tieba.baidu.com/p/5092302387?red_tag=2654352392 2018-07-05

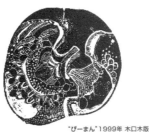
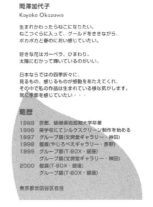

图 9-43 柿崎·顺的网页,2018

图片来源:http://www.kuruizaki.com/artwork.html 2018-07-05

(四十二)杰瑞米·布莱克(Jeremy Blake)

杰瑞米·布莱克(1971 年 10 月 4 日—2007 年 7 月 17 日)是美国数字艺术家和画家。他的作品包括投影装置、打印和合作的电影项目(图 9-40)。

(四十三)让·贾可·比奇(JeanJacques Birgé)

让·贾可·比奇是一个独立的法国音乐家和电影制片人,曾作为音乐作曲家参与戏剧音乐创作,他录制了 30 张专辑作为电影、戏剧、舞蹈、广播的创作;作为电影导演指导《海豹的夜晚》(*La nuit du phoque*)、《萨拉热窝被围困的街》(*Sarajevo a Street Under Siege*)、《狙击手》(*The Sniper*);作为多媒体创作者,运用纸箱、字母进行创作;作为声音设计师在展览、光盘、网站、方面配音等,还是唱片公司的创始人。他是声音与画面关系的专家,1973 年在法国他一直是早期合成器演奏家工作室创作者,1976 年 D.M.I.现场乐队的无声电影创作者。1995 年以来,他已经成为多媒体领域和互动领域的音效设计师(图 9-41)。

(四十四)约蒂·赫维茨(Jonty Hurwitz)

约蒂·赫维茨(1969 年 9 月 2 日生于约翰内斯堡),艺术家、工程师和企业家。他最出名的是其有着科学灵感的作品、变形的雕塑和小型的雕像(图 9-42)。

赫维茨的作品集中在人类感知背景下的艺术和美学。赫维茨早期的雕塑被艺术评论家埃斯特尔·洛瓦特(Estelle Lovatt)于 2011 年初第一次写在《英格兰艺术》杂志在一篇文章中:"稀释艺术和科学之间的鸿沟差距,赫维茨在我们的精神和自我操作之间用自然、舒服的方式认知两个整体。"

（四十五）柿崎·顺（Junichi Kakizaki）

柿崎·顺（1971年1月4日生于长野），日本艺术家、雕塑家、花卉艺术家、土地和环境的艺术家。他经常参加日本和国际展览。自2006年以来，他主要从事透视法。他把花卉设计引入当代艺术的领域（图9-43）。

（四十六）约翰·梅达（John Maeda）

图9-44 约翰·梅达

图片来源：https://en.wikipedia.org/wiki/John_Maeda 2018-07-05

约翰·梅达，美国高管、设计师、技术专家（图9-44）。他的作品探讨了区域业务、设计与技术的合并。他在麻省理工学院媒体实验室担任教授12年，然后在2008年至2013年期间，成为了罗德岛设计学院的主席。他服务于消费电子产品公司（Sonos）董事会和全球广告公司（Wieden + Kennedy），目前是 Kleiner Perkins Caufield & Byers 的设计合伙人，并建议公司进行有商业影响的设计。

作为一个艺术家，梅达的早期作品用传统艺术技术重新定义了电子媒体作为表达工具，通过结合计算机编程奠定了网络交互式动画的基础。他在伦敦、纽约和巴黎做了个人展览。他的作品被现代艺术博物馆、旧金山现代艺术博物馆和巴黎卡地亚基金会永久收藏。

（四十七）朱迪·马洛伊（Judy Malloy）

朱迪·马洛伊是诗人，其作品是超叙事性、魔幻现实主义和信息艺术的交集（图9-45）。1986年，马洛伊开始创作新媒体文学和超文本小说作品《罗杰叔叔》。她是在线互动和协作创作小说《油井和艺术线》（The WELL and ArtsWire）的早期创造者。

马洛伊担任书籍和网络项目的编辑和领导。她的文学作品在世界各地展出。她目前是普林斯顿大学电子文献（2014年秋季）和社交媒体诗学（2013年秋季）专业的客座讲师。

（四十八）约书亚·莫斯利（Joshua Mosley）

约书亚·莫斯利（生于德克萨斯州达拉斯），美国艺术家和动画师（图9-46）。他是宾夕法尼亚大学美术设计学院教授和主席。他的作品在芝加哥科贝特 VS 邓普西（Corbett VS Dempsey）展出。他获得了2007年约瑟夫·h.海森罗马视觉艺术奖（Joseph H. Hazen Rome Prize in Visual Arts）和2005年皮尤艺术奖学金（Pew Fellowship in the Arts）。

图9-45 朱迪·马洛伊，《坏消息》，装置，技术信息，索玛画廊空间，旧金山，1987，1981部分由国家艺术基金会资助

图片来源：http://www.judymalloy.net/artistsbooks/artbooks3.html 2018-07-05

图9-46 约书亚·莫斯利，《手掌游戏》（Jeu de Paume）

图片来源：http://joshuamosley.com/ 2018-07-05

图 9-47 约瑟夫·聂瓦塔,《病毒的诞生》(*birth Of the viractual*),计算机辅助布面丙烯,2001

图片来源:https://en.wikipedia.org/wiki/Joseph_Nechvatal 2018-07-05

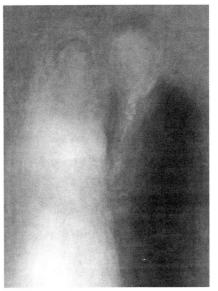

图 9-48 杰森·萨拉文,《100 个特殊时刻(新婚夫妇)》[100 *Special Moments (Newlyweds)*],2004,数字 C 印刷,42″×31.5″. Ed. 7+2 APs.

图片来源:https://en.wikipedia.org/wiki/Jason_Salavon 2016-8-8

(四十九)约瑟夫·聂瓦塔(Joseph Nechvatal)

约瑟夫·聂瓦塔(生于 1951 年),后观念数码艺术家和艺术理论家,他创造了计算机辅助绘画和电脑动画,通常使用定制方式创建计算机病毒(图 9-47)。

他在南伊利诺伊大学卡本代尔、康奈尔大学和哥伦比亚大学学习艺术和哲学,在那里他研究了极简主义作曲家拉蒙特·杨(La Monte Young)。从 1979 年开始,他开始在纽约展出作品,主要在理查德画廊(Galerie Richard)、布鲁克·亚历山大画廊(Brooke Alexander Gallery)和无限通用概念(Universal Concepts Unlimited)空间。他也在柏林、巴黎、芝加哥、亚特兰大、洛杉矶、科隆阿尔斯特、比利时、扬斯敦、隆德、图卢兹、都灵和慕尼黑举办个展。

(五十)吉姆·波默罗伊(Jim Pomeroy)

吉姆·波默罗伊(1945 年 3 月 21 日伊宾夕法尼亚州—1992 年 4 月 6 日德克萨斯州阿灵顿),是一位美国艺术家,其艺术实践跨越了各种媒体包括表演艺术、声音艺术、摄影、装置艺术、雕塑、和视频艺术。

(五十一)杰森·萨拉文(Jason Salavon)

杰森·萨拉文(1970 年出生于德克萨斯),是美国当代艺术家。他以自己设计的计算机软件操作和重新配置媒体和数据,从而创建新的视觉艺术作品(图 9-48,图 9-49)。

1993 年他在德克萨斯大学奥斯汀分校获得学士学位,1997 年从芝加哥艺术学院获得硕士学位。在学校期间和之后,萨拉文作为一位艺术家和程序员工作于视频游戏行业。他获得硕士学位后,还在芝加哥艺术学院设计和教授课程(2004)。萨拉文目前住在芝加哥,他是一个工作室艺术家、副教授和芝加哥大学的研究员。

图 9-49 杰森·萨拉文,装置视角,《150.河边》(150. *N Riverside*),芝加哥,2017

图片来源:http://www.salavon.com/work/untitled-150-n-riverside/image/712/ 2018-07-05

（五十二）杰弗瑞·肖（Jeffrey Shaw）

杰弗瑞·肖（生于1944年）是一位具有开创性的新媒体艺术家和研究者（图9-50）。从1965年到2002年，他住在米兰、伦敦、阿姆斯特丹和卡尔斯鲁厄，2003年回到澳大利亚担任新南威尔士大学的iCinema研究中心的负责人。从2009年9月开始，肖是香港城市大学创意媒体学院院长。

肖一直以来是新媒体艺术的领军人物，以其表演、电影和装置驰骋在20世纪70年代的艺术视野里。他是国际知名的开创性和创造性先锋人物，使用数字媒体领域的虚拟和增强现实，创造可视化沉浸、电影导航系统和交互式叙事。他的作品包括表演、雕塑、视频和各类互动装置。

（五十三）乔纳斯·斯塔尔（Jonas Staal）

乔纳斯·斯塔尔（1981年出生于兹沃勒）是一个荷兰视觉艺术家。他的作品主要关注艺术与民主、宣传和公开辩论之间的关系（图9-51）。

2012年5月斯塔尔在他的小册子里宣布"艺术在捍卫民主"。艺术和政治的组织"新世界峰会（New World Summit）"建立。这个组织旨在提供被置于民主之"外"无政治的自由状态。

（五十四）肯尼斯·法因戈尔德（Ken Feingold）

肯尼斯·法因戈尔德（1952年出生于美国），纽约当代美国艺术家（图9-52）。1974年以来，他一直展示他的作品，包括视频、绘画、电影、雕塑和装置。他获得古根海姆奖学金（2004）、洛克菲勒基金会媒体艺术奖学金（2003），并在普林斯顿大学库柏联盟学院教授艺术与科学进步学科。他的作品已在纽约现代艺术博物馆、巴黎蓬皮杜中心、利物浦泰特美术馆、美国纽约惠特尼艺术博物馆和许多其他的博物馆展出。

（五十五）肯·戈德堡（Ken Goldberg）

肯·戈德堡（生于1961年）是一位美国艺术家、作家、发明家和机器人与自动化领域的研究人

图9-50　杰弗瑞·肖，《易读的城市》（Legible City），1989，日本，名古屋合作者：德克·格罗讷威（Dirk Groeneveld）；软件：吉迪恩·梅（Gideon May），洛萨·施密特（Lothar Schmitt）；硬件：夏利·容格鲍尔（Charly Jungbauer），哈伊布·内利森（Huib Nelissen）

图片来源：http://www.jeffreyshawcompendium.com/portfolio/legible-city/ 2016-8-8

图9-51　乔纳斯·斯塔尔，《资本纪念碑》（Monument to Capital），装置，2017

图片来源：http://www.jonasstaal.nl/projects/monument-to-capital-installation/ 2018-07-05

图9-52　肯尼斯·法因戈尔德，《自画像·宇宙的中心》（Self Portrait as the Center of the Universe）局部，2001

图片来源：https://en.wikipedia.org/wiki/Ken_Feingold 2016-8-8

图9-53　肯·戈德堡

图片来源：https://baike.baidu.com/item 2018-07-05

图 9-54 金斯利 Ng,《每天学习》(*etudes of the everyday*),装置,103 本实践指南及公众参与在线平台,实践记录,2013—2015

图片来源:https://www.kingsleyng.com/wp/portfolio_page/etudes-of-the-everyday/ 2018-07-05

图 9-55 肯·莱纳尔多,《机器花园》(*Machine Garden*),生物艺术,1989

图片来源:http://www.kenrinaldo.com/portfolio/integrated-living-machine-garden/ 2018-07-05

员(图 9-53)。他是新媒体工业工程和运筹研究中心(IEOR)的特聘教授,同时任教于加州大学伯克利分校信息学院艺术实践系电气工程和计算机科学(EECS)。戈德堡还持有旧金山加州大学放射肿瘤学的一个委任。

(五十六)KMA

KMA 是英国媒体艺术家凯特·蒙克曼(Kit Monkman)和汤姆·威克斯勒(Tom Wexler)的组合。KMA 的作品主要集中在利用投射光变换空间,人们在这些空间中可以互动。KMA 最出名的是使用大型公共投影光和运动跟踪技术的交互式作品创造身临其境的数字"操场",形成现有的公共空间。

KMA 的作品旨在探索这个冲动的现代城市,结合复杂的交互技术和情感叙述作品为行人的运动构建、维持和发展复杂的物理网络、身体的关系、个人的人群和城市。

(五十七)诺波提克研究(Knowbotic Research)

诺波提克研究是一个德国和瑞士的电子艺术团体,成立于 1991 年。其成员有伊冯·威廉(Yvonne Wilhelm)、克里斯汀·胡布勒(Christian Hübler)、亚历山大·土恰克(Alexander Tuchacek)。他们在苏黎世大学媒体艺术系执教。

Knowbotic 将"知识"(knowledge)与"机器人"(robot)两词结合,意味着互联网上的知识代理。诺波提克研究已经开发了一些信息环境和计算机接口的项目主题。他们试验了技术、信息知识、接口、身临其境的虚拟现实和网络机构的综合创作。

(五十八)金斯利 Ng(Kingsley Ng)

金斯利 Ng(中文名:伍韶劲,生于 1980 年)是一位跨学科的艺术家,主要从事概念、特定站点和社区项目。Ng 的作品主要通过媒体和格式体现上下文之间的关系,其中包括互动装置、公共研讨会、声音、空间设计和体验设计(图 9-54)。

(五十九)肯·莱纳尔多(Ken Rinaldo)

肯·莱纳尔多(生于 1958 年),是一位美国艺术家和教育家,国际上公认的是他的交互式机器人和生物艺术装置。他创造互动艺术装置,探索自然和技术之间的交叉。他的机器人和生物艺术装置通过交互和运动达到有机体和机电无缝合并,表达一个温和的共生关系(图 9-55)。

他的作品受到了生命系统理论、种间通信、人工生命研究的各种想法影响,其作品也涉及因技术进步经常被忽视的生态问题。

莱纳尔多最著名的作品是《自我生产》(*Autopoiesis*,2000),一个活生生的机器人装置,探索团体意识的概念和鱼增强现实(2004),即一台鱼驱动机器人。

(六十)肯尼斯·洪天健(Kenneth Tin-Kin Hung)

肯尼斯·洪天健是一个美籍华人新媒体艺术家,在纽约生活和工作。他从旧金山州立大学获得了艺术学士学位。洪天健的作品是大众文化和时事结合的数字拼贴画。他使用的媒体包括高分辨率视频动画、视频游戏、网络艺术、数字图形和多媒体影像装置。洪天健被称为"数字时代的约翰·哈特菲尔德(John Heartfield)"。他将其艺术收入的5%借贷给低收入企业家,设立吉瓦微基金(Kiva Microfunds)。

(六十一) 六岛(Liu Dao)

六岛(图9-56)是一个国际多学科艺术收藏团队。六岛艺术中心成立于2006年,由法国策展人托马斯·夏伍瑞安(Thomas Charvériat)领导。六岛是一个由多媒体艺术家、工程师、画家、表演艺术家、摄影师、策展人和作家组成的电子艺术团体。他们的作品集中在互动装置艺术、探索"技术对人类感知和交流模式的影响",还在LED艺术、摄影、现代雕塑和绘画领域有所尝试。

(六十二) 林恩·赫什曼(Lynn Hershman)

林恩·赫什曼(生于1941年),是美国艺术家和导演。她的作品结合了艺术和社会评论,特别关注人和技术之间的关系。赫什曼基于媒体技术的作品推动了数字艺术形式合法化的进程(图9-57)。

赫什曼的作品主题:一个消费主义的时代身份、监视的时代的隐私、人类和机器的连接、现实和虚拟世界之间的关系。她的作品产生于装置艺术和表演传统,强调互动性。40多年的实践创作涉及表演、移动图像、绘画、拼贴、文本工作、特定站点干预、后期新媒体/数字技术和交互式网络作品。

(六十三) 列维·马诺维奇(Lev Manovich)

列维·马诺维奇(生于1960年),是新媒体理论书籍的作者,纽约城市大学计算机科学教授、瑞士萨斯费研究生院美国和欧洲的客座教授。马诺维奇的研究和教学聚焦于数字人文、社会计算、新媒体艺术理论和软件研究。

他最著名的书是《新媒体的语言》(*The Language of New Media*),它已被广泛地传播,并被翻译成十种语言,在世界各地的课堂上使用。根据评审意见,这本书提供了"一次严格的和深远的理论化的主体","书中的新媒体暗示着自马歇尔·麦克卢汉后广泛的媒体历史"。马诺维奇最新著作《软件命令》(*Software Takes Command*)由Bloomsbury出版社于2013年出版。

图9-56 六岛

图片来源:https://en.wikipedia.org/wiki/Lui_Dao 2018-07-05

图9-57 林恩·赫什曼,《荣誉军团的眩晕幽灵和年轻的博物馆》(*Vertighost at the Legion of Honor & De Young Museums*),2018

图片来源:http://www.lynnhershman.com/ 2018-07-05

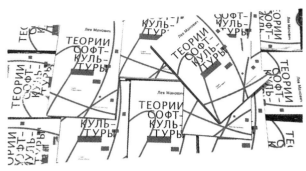

图9-58 列维·马诺维奇,《软件文化理论》
(*Theories of Software Culture*),2017
图片来源:http://manovich.net/index.php/projects/
theories-of-soft-cultures 2018-07-05

图9-59 莉莲·斯沃兹
图片来源:http://lillian.com/ 2018-07-05

他在实验室的软件研究计划开创了大量的图像和视频的计算分析(图9-58)。他的实验室受委托创建谷歌、纽约公共图书馆、纽约文化数据以及其他机构的可视化,同时获得国家科学基金会、美国国家人文基金会和安得烈梅隆基金会资助。

马诺维奇是《软件研究丛书》(麻省理工出版社)和《人文社会科学的定量方法》(Springer出版社)的编辑之一。

他目前的研究兴趣主要是文化分析、社会计算、大数据和社会、数据可视化、数字人文、媒体的历史和理论、软件研究。

(六十四)莉莲·斯沃兹(Lillian Schwartz)

莉莲·斯沃兹(生于1927年)是一位20世纪的美国艺术家,被认为电脑介导艺术的先锋和计算媒体的第一位艺术家。她的许多开创性项目创作于20世纪60年代和20世纪70年代,在桌面计算机革命创造计算机硬件和软件并广泛提供给艺术家之前(图9-59)。

(六十五)莱拉·谢林·萨克尔(Laila Shereen Sakr)

莱拉·谢林·萨克尔(生于1971年),是埃及-美国数字媒体理论家和艺术家。她是数字实验室(r-shief, Inc.)的创始人,一位安纳伯格研究员和南加州大学电影艺术学院媒体艺术+实践的博士候选人。

她在其宣言中写道:"我将进一步使新兴技术的过程成为创造性成果和批判性分析,并提供不同背景、不同政治行动者的洞察,人们不仅可以生存,而且能够创造一个日益网络化的文化变革。"

她拥有加利福尼亚大学数字艺术和新媒体硕士学位,圣克鲁斯和乔治城大学阿拉伯研究的硕士学位。

(六十六)李·沃尔顿(Lee Walton)

李·沃尔顿是一位美国视觉艺术家,其作品经常与体育运动有关。沃尔顿在国际上展出他的多种媒体作品,包括绘画、概念为基础的系统、表演艺术、视频艺术、网络艺术和公共项目。沃尔顿的几个项目被列入2013年纽约布法罗美术馆(CEPA Gallery)安排的视觉艺术体育艺术展(图9-60)。

图9-60 李·沃尔顿,电脑绘图
图片来源:http://www.leewalton.co.uk/ 2018-07-05

(六十七)李·威尔斯(Lee Wells)

李·威尔斯(生于1971年)是一位艺术家、独立的策展人、纽约技术和艺术顾问。他是纽约花生地下艺术项目的联合创始人。他是艺术机构(IFAC-arts)创始人和永恒艺术机器(Perpetual art machine)董事会的创始人之一。他帮助策划纽约2011年展览,其中他的装置也被展出。

（六十八）米莎·卡德纳斯（Micha Cárdenas）

米莎·卡德纳斯是华盛顿大学艺术与科学学院跨学科（Interdisciplinary Arts and Sciences at the University of Washington）助理教授。卡德纳斯是一个变性人艺术家和理论家。她创建和研究了数字媒体中的彩色运动，其中包括迁移、性能和移动性（图9-61）。

图9-61 米莎·卡德纳斯，2012年媒体联盟大会开幕式

图片来源：https://en.wikipedia.org/wiki/Micha_C%C3%A1rdenas 2018-07-05

（六十九）毛利兹·布洛里尼（Maurizio Bolognini）

毛利兹·布洛里尼（生于1952年7月27日）是后概念媒体（Post-conceptual Media）艺术家。他的装置作品探索影响新媒体技术的潜力，从极少主义、抽象的表现过程，超越了艺术家的控制，是交叉口、公共艺术和电子民主之间的生成艺术（图9-62）。

（七十）毛里斯·贝纳永（Maurice Benayoun）

毛里斯·贝纳永（1957年3月29日出生于阿尔及利亚）是法国先锋新媒体艺术家和理论家，在巴黎和香港生活工作。他的作品运用各种媒体，包括视频、沉浸式虚拟现实、网络、无线技术、性能、大型城市艺术装置和互动展览（图9-63）。

（七十一）迈克尔·费尔南德斯（Miguel Álvarez Fernández）

迈克尔·费尔南德斯是一个声音艺术家、音乐家、广播制作人和导演。自2008年以来，指导并提出了"艺术的每周广播节目的声音"，作为"无线经典"。从2012年开始了教师的经历，在马德里欧洲大学教授音乐创作。

在2002年和2005年之间，他在马德里享受奖学金。作为声音艺术家，他的工作遍及西班牙、法国、意大利、德国、丹麦、瑞典、立陶宛、马其顿、塞尔维亚、俄罗斯和美国。他已经开发了西班牙马德里盆地媒体中心 Medialab GME。2005年和2008年之间担任柏林工业大学电子音乐工作室的作曲家课程客座教授。

图9-62 毛利兹·布洛里尼，2004

图片来源：https://en.wikipedia.org/wiki/Maurizio_Bolognini 2018-07-05

图9-63 毛里斯·贝纳永，《国际大都市》（Cosmopolis），大型虚拟现实互动装置，2005

图片来源：https://en.wikipedia.org/wiki/Maurice_Benayoun 2016-8-9

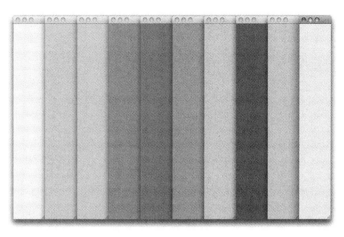

图 9-64　迈克·德莫,《色域绘画,浏览器》(*Color Field Paintings, Browser*),2009
图片来源：https://en.wikipedia.org/wiki/Michael_Demers 2016-8-9

图 9-65　米盖·切瓦里,《虚拟花园》
图片来源：https://mp.weixin.qq.com/s/OhIUSN9HjDp8Fku8tILR6A 2018-07-04

（七十二）迈克·德莫（Michael Demers）

迈克·德莫是一位新媒体艺术家和教育家。他的作品关注文化和文化认同。自 2007 年,他教授大学水平的数字艺术和新媒体课程（图 9-64）。

（七十三）米盖·切瓦里（Miguel Chevalier）

出生在法国的装置艺术家米盖·切瓦里主要从事虚拟艺术,利用科学的计算方法和各种类型灯光制作出跟随行人变化的各种装饰花纹。1978 年以来,米盖·切瓦里作为虚拟和数字艺术的先驱之一,从电脑尚未普及的时代开始专注于虚拟艺术的创作,时至今日米盖·切瓦里已将计算机作为他的艺术表达手段。他在世界范围内进行装置艺术的创作与展览,欧洲古老的教堂、博物馆、亚非新兴的公共广场都有过其浸入式的声光艺术的足迹,他总是用虚拟的手法与互动的效应表现他对现实世界的独特观察,并以诗意和隐喻的方式传递情感。

在米盖·切瓦里的作品中,《虚拟花园》呈现了超自然的意境,是一种在新的生成性和互动性之间的花园样貌（图 9-65）。该作品使用创建人造生命宇宙的算法,具有增长、扩散和消失等视觉效果。当受众通过红外传感器与作品互动时,植物会向左或向右倾斜。在这里,郁郁葱葱的虚拟花园将受众带入梦幻与现实交织的自然景观之中。虚拟植物随机出现,开花、摇曳、变色、拂动,然后褪色,随着花园不断更新和变换,其自身的情景与动态则将在不断变换中进行无穷无尽的重复与重构。

(七十四) 玛丽·弗拉纳根 (Mary Flanagan)

玛丽·弗拉纳根是一个艺术家、作家、教育家和设计师。她的艺术在世界各地展出,她出色的作品是8位视频游戏艺术纪录片。在文化和科技领域内,她因其《调侃文化理论》(Playculture)而知名。

弗拉纳根的艺术作品主要涉及如何使用技术揭示社会的见解,其他作品则是关注女性赛博文化的代表。她的作品在国际展馆展出,其中包括美国惠特尼艺术博物馆、SIGGRAPH、电子艺术节(Ars Electronica)、古根海姆博物馆等(图9-66)。

(七十五) 马克·霍洛维茨 (Marc Horowitz)

马克·霍洛维茨(1976年7月19日出生于俄亥俄韦斯特维尔)是位加利福尼亚洛杉矶艺术家。

八岁的时候,霍洛维茨创办了他的第一家公司,一个幽灵移除和清洁服务公司。九岁时,他为老年人组织了一个街舞大赛。

十五岁时,霍洛维茨离开了家。他住在一个演员朋友的地下室,参加了纽堡中学、印第安纳中学的足球和跑步。十七岁时,他进入布卢明顿印第安那大学,获得他的业务营销和经济学学位。后又进入旧金山艺术学院学习绘画。他于2012年在南加州大学取得了美术硕士学位。

(七十六) 马龙·克鲁格 (Myron Krueger)

马龙·克鲁格(1942年出生于印第安那加里)是一位美国计算机艺术家,是最早开发互动作品的艺术家之一,他也被认为是第一代虚拟现实和增强现实的研究人员之一。

他在威斯康星大学获得计算机科学的博士学位。克鲁格曾创作了相当可观的早期计算机交互艺术作品。1969年,他与丹·桑丁(Dan Sandin)、杰瑞·俄德曼(Jerry Erdman)和理查德·威尼斯基(Richard Venezky)创建了计算机控制的环境,称为"glowflow",即一个计算机控制的声光环境,可以回应人的运动。克鲁格继续发展metaplay,一个视觉、整合的声音和响应的技术融合的单一框架。在这一点上,计算机被用来创建一个独特的实时关系,即在画廊的参与者和另一个建筑中艺术家之间的关系。1971年,他的"精神空间"用一种感应地板来感知周围环境中参与者的运动。之后的项目,影像空间(Videoplace)由国家艺术基金资助,并于1975年在密尔沃基艺术博物馆(Milwaukee Art Museum)进行双向展览。后来的作品《小星球》(Small Planet) 在93Siggraph(美国)、97 Interaction(大垣,日本)、98 Mediartech(佛罗伦萨,意大利)展出(图9-67)。

他创作的艺术具有互动性,探索了人类和计算机之间的相互作用和有趣的空间。其重点是互动本身的可能性,而不是一个艺术项目,这恰好响应了用户的意愿。虽然他的作品不是主流,但多年来以"谷歌手套"为原型的开发和思考,使他经历了更多的趣味和最新的技术方法,如Powerwall的实现让克鲁格成为互动方式的专家。

图9-66 玛丽·弗拉纳根,《屋子》(The House),软件艺术,2006

图片来源:http://maryflanagan.com/work/house/ 2018-07-05

图9-67 马龙·克鲁格,《小星球》(Small Planet),98媒体艺术技术节,意大利佛罗伦萨

图片来源:https://en.wikipedia.org/wiki/Myron_W._Krueger 2016-8-9

图 9-68 马克·李,《1万个移动的城市》(10.000 Moving Cities),2013,韩国首尔国家现当代艺术馆

图片来源:https://en.wikipedia.org/wiki/Marc_Lee 2016-8-9

图 9-69 马瑞塔·琉雅,《无血不美》(There is No Beauty without Blood),2015

图片来源:https://en.wikipedia.org/wiki/Marita_Liulia 2018-09-05

(七十七)马克·李(Marc Lee)

马克·李(生于1969年3月17日),是一位瑞士新媒体艺术家,主要在互动装置艺术、互联网艺术、表演艺术和视频艺术等领域创作(图9-68)。

(七十八)马瑞塔·琉雅(Marita Liulia)

马瑞塔·琉雅(1957年10月27日生于芬兰佩尔霍)是一位视觉艺术家和交互式多媒体先驱。她的首张光盘《市长》(Maire)是她最早的艺术作品,在世界范围内发行。她的作品包括多平台媒体艺术作品、摄影、绘画、短片、书籍和舞台表演。她的作品曾在50个国家展演,并获得了无数的国际奖项。琉雅第一次对摄影、绘画、实验电影和文化史感兴趣,是在萨翁林纳高中学习艺术和音乐的时候,后来她继续在赫尔辛基艺术与设计大学学习,并扩大了她的视野,也研究美学、文学和政治史,于1986年在赫尔辛基大学毕业并获得艺术学士学位。

琉雅获得的众多奖项包括:莫必斯国际奖(Prix Möbius International)、电子艺术节奖(Prix Ars Electronica)、芬兰奖和芬兰文化基金奖(Finland Prize and the Finnish Cultural Fund Prize),这些奖项彰显了她的艺术成就(图9-69)。

(七十九)马赫菲尔德(Machfeld)

马赫菲尔德是奥地利艺术二重唱。1999年,由媒体艺术家迈克尔·马斯特洛托塔罗(Michael Mastrototaro)和萨宾·麦尔(Sabine Maier)在奥地利维也纳建立,他们在不同的领域从事创作:网络艺术、短片和实验电影、流媒体项目、互动装置、公共空间。他们的项目、展览和屏幕在非洲、欧洲、中美洲和美国展映(图9-70)。

图 9-70 马赫菲尔德,《渴望田园诗般的》(Sehnsucht nach dem Idyllischen),装置,2015

图片来源:https://www.machfeld.net/portfolio/atropa/ 2018-07-05

(八十)迈克尔·曼迪伯(Michael Mandiberg)

迈克尔·曼迪伯(生于1977年12月22日),美国艺术家、设计师、编程员和教官。曼迪伯形容自己有"投入所有的心,我的灵感来自网络视觉衍生物、艺术、设计。我的作品是正式的和诗意的。我用你的语言和符号工具折射我们的社会"。

他的作品展出地包括:纽约当代艺术博物馆、柏林艺术与媒体中心跨媒体艺术节、德国卡尔斯鲁厄ZKM媒体艺术中心、奥地利林茨ARS电子艺术节。他的作品同样出现在特瑞布和佳纳(Tribe and Jana)的《新媒体艺术》(New Media Art)、格林(Greene)的《网络艺术》(Internet Art)、布莱斯和伊波利托(Blais and Ippolito)的《艺术的边缘》(At the Edge of Art)中。他也得到纽约时报、洛杉矶时报、连线等媒体的宣传(图9-71)。

图9-71 迈克尔·曼迪伯,《后现代时代》(Postmodern Times),影像,2016—2017

图片来源：http://www.mandiberg.com/postmodern-times/ 2018-07-05

(八十一) 米尔托斯·马内塔斯(Miltos Manetas)

米尔托斯·马内塔斯(1964年10月6日生于雅典)是希腊画家和多媒体艺术家。目前生活和工作在波哥大。

自20世纪90年代末以来,马内塔斯创作的网络艺术有电缆绘画艺术、电脑、视频游戏和互联网网站。他的作品被查理·萨奇(Charles Saatchi)收藏。他也是"Neen"的创办者,2000年参与了纽约佳苟西恩(Gagosian)画廊的互联网的艺术运动。

马内塔斯参加了惠特尼双年展在线展览,挑战了2002年惠特尼双年展(图9-72)。

(八十二) 曼弗莱德·摩尔(Manfred Mohr)

曼弗莱德·摩尔(1938年6月8日出生于德国普福尔茨海姆)是数字艺术的先驱。自1981年以来,他工作生活在纽约(图9-73)。

摩尔的作品由巴黎蓬皮杜中心、约瑟夫阿伯斯博物馆、路德维希博物馆、科隆博物馆、英戈尔施塔特斯图加特艺术博物馆、现代艺术博物馆、蒙特利尔美术馆、阿姆斯特丹市立博物馆、瑞士爱丽舍宫博物馆和许多其他机构收藏。摩尔有过大量的个展,包括纽约、苏黎世、科隆、巴黎、阿姆斯特丹、斯图加特、柏林、蒙特利尔、圣保罗和首尔。另外,他还参加了利奥·卡斯泰利画廊(Leo Castelli Gallery)和纽约现代艺术博物馆的群展。

莫尔获得了许多奖项,包括ACM SIGGRAPH 2013奖(杰出数字艺术艺术家奖终身成就奖)、2006年科隆/柏林数字艺术奖、1997年纽约艺术基金会奖学金、1990年林茨电子艺术节黄金尼卡(Golden Nica)、1990年苏黎世卡米尔·格莱斯奖(Camille Graeser Prize)、1973卢布尔雅那打印双年展。在1994年,其第一本综合专著由瓦瑟·威拉格(Waser Verlag)出版社在苏黎世出版。

(八十三) 迈克尔·奈马克(Michael Naimark)

迈克尔·奈马克是媒体艺术家和研究者,常常扩展"展示空间"。

奈马克帮助建立了许多重要的研究实验室,包括MIT媒体实验室(1980年),Atari研究实验室(1982年)、苹果的多媒体实验室(1987年)、卢卡斯互动影业(1989年)和区间研究公司(1992年)。在麻省理工学院MIT实验室,奈马克帮助完成了Aspen电影地图,一个超媒体项目。

图9-72 米尔托斯·马内塔斯,在线艺术新闻,2018

图片来源：http://timeline.manetas.com/ 2018-07-05

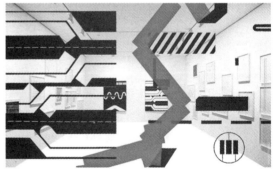

图9-73 曼弗莱德·摩尔,《数字几何艺术》,2016

图片来源：http://www.wow-trend.com/printing/detail/id/120527/gender/2.shtml#0 2018-07-05

奈马克的艺术作品被纽约影像博物馆、旧金山探索博物馆、德国卡尔斯鲁厄艺术与媒体中心ZKM永久收藏。他的大型装置包括喷白色画的生活房间和旋转的立体全景客房（图9-74）。

图9-74　迈克尔·奈马克，《圆形幻想　现实的房间》（*Cycloramas Re-Imagined reality rooms done right*），2013年11月发布

图片来源：http://www.naimark.net/projects/cyclo.html 2018-07-05

（八十四）曼迪 & 凯斯·奥巴迪克（Mendi & Keith Obadike）

曼迪 & 凯斯·奥巴迪克是尼日利亚美国已婚夫妇，他们主要以创作音乐和艺术为主。他们的音乐、演唱艺术与网络概念艺术在世界各地巡展。曼迪是诗人，凯斯是作曲家和音响设计师（图9-75）。

（八十五）玛丽莎·奥尔森（Marisa Olson）

玛丽莎·奥尔森（1977年出生于奥格斯堡）是一位新媒体艺术家、策展人、批评家和媒体理论家。2004年，她试镜美国流行电视节目《美国偶像》，即一个艺术项目。在三个月的日常训练的过程中，她具有不俗的表现，同时也利用自己网站的人气吸引读者投票。奥尔森在媒体理论和政治领域是一位活跃的作家和演讲家。她偶尔在纽约艺术学院教授互动电信项目的本科生课程，曾是新媒体助理教授，目前在数字和媒体部担任客座评论员。她的作品包括表演、视频、图形和装置，以体现科技文化的历史、经验、性别、流行文化和政治之间的关系。奥尔森是"网上冲浪俱乐部"的创始成员，一个基于网络的网络艺术和在线混音经验组织。通过肮脏网（Nasty Nets）与根茎（Rhizome）网的赞助，她在纽约地下电影节首演她的新DVD，成为2009圣丹斯电影节（Sundance Film Festival）的一个展览主题。

（八十六）马佳·培翠克（Maja Petrić）

马佳·培翠克是一个以光艺术为主的当代新媒体艺术家。1981年，她出生在克罗地亚萨格勒布（图9-76）。

图9-75　曼迪 & 凯斯·奥巴迪克，美国套装，《声音艺术/多媒体系列》，2013

图片来源：https://obadike.squarespace.com/#/americana/ 2018-07-05

图9-76　马佳·培翠克，在线课程《光、艺术、专辑》，菲利普·莱廷大学

图片来源：https://v.youku.com/v_show/id_XMjY1MTQxMzkyNA==.html 2018-07-05

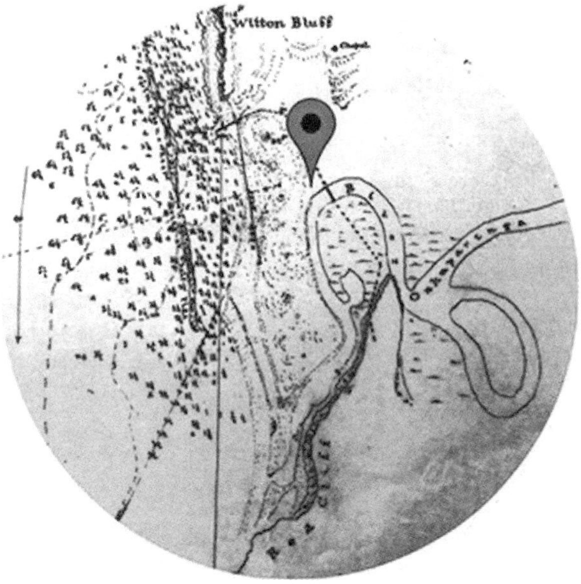

图 9-77　梅林达·莱克汉,粉饰展览,2016.8.13 开幕

图片来源：http://www.subtle.net/ 2018-07-05

图 9-78　玛丽·塞斯特,《告诉我真相》(*Tell Me The Truth*),2009—2010

图片来源：http://www.sester.net/tell-me-the-truth/ 2018-07-05

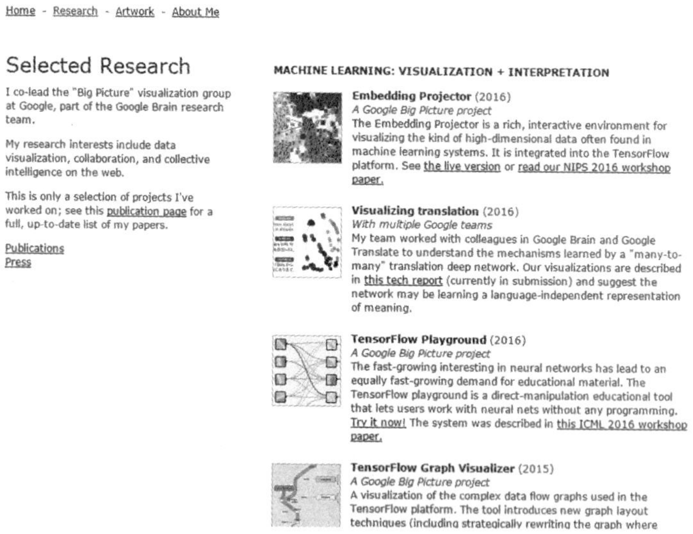

图 9-79　马丁·M.瓦滕伯格的研究,2018

图片来源：http://www.bewitched.com/research.html 2018-07-05

（八十七）梅林达·莱克汉（Melinda Rackham）

梅林达·莱克汉(生于 1959 年)是澳大利亚一位网络媒体艺术家、作家和策展人,也是有影响力的-empyre-在线媒体艺术论坛创始人,这成为她博士论文的一部分,即关于"在虚拟现实环境中的艺术与身份"(图 9-77)。

（八十八）玛丽·塞斯特（Marie Sester）

玛丽·塞斯特是一位法裔美国艺术家,其作品运用跨学科的创作方法和互动艺术中的实验系统,主要使用跟踪技术,光、音频、视频和生物反馈,专注于社会意识和个人承诺的责任(图 9-78)。

（八十九）马丁·M.瓦滕伯格（Martin M. Wattenberg）

马丁·M.瓦滕伯格(生于 1970 年)是一位美国科学家和艺术家,以可视化数据而闻名。在费南达·威佳斯(Fernanda Viégas)的帮助下,他曾在剑桥 IBM 的托马斯·J.沃森研究中心工作,作为视觉传播实验室的一部分,创造了许多的"眼睛"作品。2010 年 4 月,瓦滕伯格和威佳斯开始了一个新的合资企业,称为"流动媒体"公司,专注于面向消费者和大众的可视化作品。四个月后,他们都加入了谷歌,作为谷歌的"大图片"数据可视化组在剑桥的共同领导(图9-79)。

(九十)缪晓春

缪晓春(1964年出生于中国江苏无锡),1986年毕业于南京大学,获学士学位。1986—1989年毕业于中央美术学院,获硕士学位,1995—1999年毕业于德国卡塞尔美术学院,获硕士学位。2000年至今任教于中央美术学院摄影与数码媒体工作室。

曾参加第55届威尼斯双年展,第7届亚太三年展,首届基辅双年展,第4届广州三年展,广州摄影双年展,釜山双年展,首尔媒体双年展,上海双年展以及中国-面对现实,并在维也纳路德维希现代艺术博物馆和中国美术馆,艺术温跃层-亚洲新浪潮,德国ZKM媒体艺术中心,过去与未来之间-来自中国的新影像,纽约国际摄影艺术中心和亚洲协会,芝加哥斯马特博物馆和芝加哥当代艺术博物馆,西雅图博物馆,伦敦维多利亚和阿尔伯特博物馆展示作品。主要公共收藏包括纽约现代艺术博物馆、波士顿美术馆、大都会博物馆、法国当代艺术基金会等(图9-80)。

(九十一)尼克·克劳(Nick Crowe)

尼克·克劳(生于1968年),是一个约克郡艺术家。他的作品善于用一系列原材料表现生活喜剧的情境。他的一些早期作品是基于网络的艺术。他是伦敦大学金·史密斯艺术实践的高级讲师,生活在柏林,工作于伦敦和曼彻斯特(图9-81)。

(九十二)诺亚·沃德瑞普·弗鲁恩(Noah Wardrip Fruin)

诺亚·沃德瑞普·弗鲁恩是加利福尼亚大学圣克鲁斯计算媒体部教授,是表现智能工作室的顾问。他是布朗大学文学艺术系硕士项目和特殊研究生博士学位的毕业生。他在数字媒体、计算机游戏和软件方面的研究卓有成效,他还是电子文献组织的董事会成员。

(九十三)Nsumi

Nsumi或称"nsumi收藏"是一个艺术收藏机构,最初形成是在2001年秋季,作为新的校学生会"nsumiscope"。他们的项目持续了很多年,并不总是文献或出版(图9-82)。

图9-80　缪晓春,《从头再来》,影像,2008—2010

图片来源:http://www.cnicif.com/content/2017-09/14/content_17294240.htm 2018-07-05

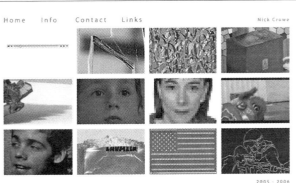

图9-81　尼克·克劳在线作品集,2018

图片来源:http://www.nickcrowe.net/sheet4.html 2018-07-05

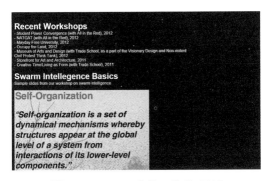

图9-82　Nsumi在线工作坊,2018

图片来源:http://www.nsumi.net/Swarming.html 2018-07-05

图 9-83　白南准在纽约，1983，
林阳坤（Lim Young-kyun）摄

图片来源：https://en.wikipedia.org/wiki/
Nam_June_Paik 2016-8-9

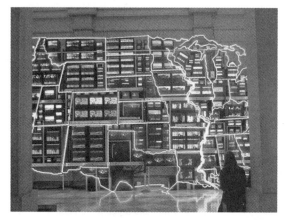

图 9-84　白南准，电子高速公路：美国大陆，阿拉斯加，
夏威夷，1995—1996，史密森美国艺术博物馆

图片来源：https://en.wikipedia.org/wiki/Nam_June_Paik
2016-8-9

图 9-85　奥列格·尤里耶维奇

图片来源：https://en.wikipedia.org/
wiki/Oleg_Buryan 2018-07-05

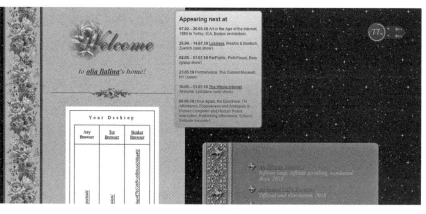

图 9-86　奥利亚·利亚利娜网站

图片来源：http://art.teleportacia.org/#
CenterOfTheUniverse 2018-07-05

　　Nsumi 的作品大多产生于艺术的世界里，其思想成为体现艺术的精髓。Nsumi 的成员声称该团体是先进集体和实验组合，涉及经济咨询项目和其他策略，如：研讨会、艺术展览、演出、杂志、游街、学术研究和公共干预。团体的成员包括教育工作者、艺术家、科学家、建筑师、景观设计师、策展人、收藏家和其他。

（九十四）白南准（Nam June Paik）

　　白南准（1932年7月20日—2006年1月29日）是一位韩裔美籍艺术家。他曾用各类媒体进行创作，被认为是视频艺术的创始人，被称为"影像艺术之父"，他被认为是最早在电信应用中使用"电子超级公路"术语的艺术家（图 9-83、图 9-84）。

（九十五）奥列格·尤里耶维奇（Oleg Buryan）

　　奥列格（1959年出生于乌克兰白采尔科维）是俄罗斯的艺术家，他生活在莫斯科。自2003年起，尤里耶维奇是莫斯科艺术家协会成员。奥列格是一个著名的艺术家，在国际背景下进行艺术创作，他属于第一代后苏联（post-Soviet）的创造者。

（九十六）奥利亚·利亚利娜（Olia Lialina）

　　奥利亚·利亚利娜（出生于莫斯科）是一位互联网艺术家和理论家，也是一个实验电影和视频评论家、策展人。利亚利娜在莫斯科大学学习电影评论和新闻，然后在布达佩斯和慕尼黑沃德塔进行艺术创作（图 9-86）。

（九十七）佩特拉·科特赖特（Petra Cortright）

　　佩特拉·科特赖特（生于1986年7月19日）是一位加利福尼亚洛杉矶艺术家，在视频、绘画和数字媒体领域工作。

科特赖特的作品有视频、绘画和数字媒体。她因在 Youtube 和画廊环境中展示自己的作品而被广泛关注。她的视频探讨视频软件和数字空间中身体表现形式的性质。科特赖特也使用数字软件融合具象与抽象的元素进行复杂的画作,往往印在织物上(图 9-87)。

(九十八)彼得·本杰明·格雷厄姆(Peter Benjamin Graham)

彼得·本杰明·格雷厄姆(1925 年 6 月 4 日—1987 年 4 月 15 日),是澳大利亚的视觉艺术家、打印员和艺术理论家。

1954 年,格雷厄姆开始探索澳大利亚本土野生动物(如袋鼠)和原住民文化相关的主题,以欧洲现代主义视觉语言的比喻和后来的几何抽象为代表。

1960 年,他开始开发一种与混沌理论相关的新的视觉几何,最终被称为主题编排(Thematic Orchestration)。这种新的视觉语言使得二维解构和合成成为主题,这种方式从根本上不同于传统的抽象。主题编排可以让艺术家"创意"形象,产生有着无限意识的创作(图 9-88)。

(九十九)菲尔·汉森(Phil Hansen)

菲尔·汉森(生于 1979 年),一位自学成才的美国艺术家(图 9-89)。

汉森具有突破性的作品是为期两天的延时视频项目。他在他的躯干上画了三十幅图画,一幅盖在另一幅上,每幅画都代表了他生活中所受的影响。完成后,他将其剥离开,并削减了他自己的轮廓。其上传的视频在网络上超过一百万次的点击,创作过程和最后的作品清晰可见。

图 9-87　佩特拉·科特赖特,《受损的流程图》(*Injury Flowchart*),数码绘画在比利时亚麻布上,2017,119.4 厘米×233.7 厘米

图片来源:https://www.artsky.com/exhibition/2660 2018-07-05

图 9-88　彼得·本杰明·格雷厄姆,《妇女头像》,纸面墨水与蜡笔,1949

图片来源:https://en.wikipedia.org/wiki/Peter_Benjamin_Graham#New_Epoch_Art_Notation 2018-07-05

图 9-89　菲尔·汉森在 TED 的讲演,《拥抱颤抖》(*Embrace the Shake*),2013

图片来源:https://www.ted.com/speakers/phil_hansen 2018-07-05

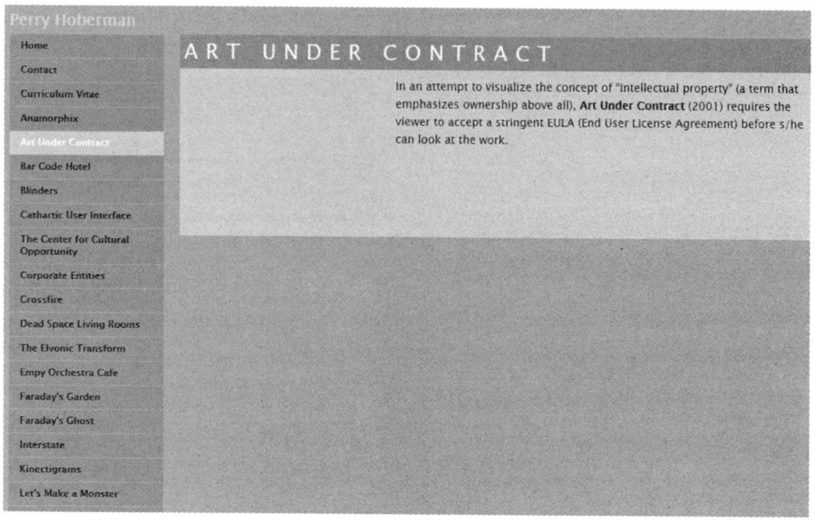

图 9-90　派瑞·霍伯曼网站，2018

图片来源：http://www.perryhoberman.com/page36/index.html 2018-07-05

（一百）派瑞·霍伯曼（Perry Hoberman）

派瑞·霍伯曼（生于1954年），是一位装置艺术家，曾广泛使用机器和媒体。他的职业生涯包括在劳瑞·安德森（Laurie Anderson）和南加州大学的互动媒体部门工作。

他曾在旧金山艺术学院艺术库珀联盟学校，以及纽约视觉艺术学校研究生计算机艺术系教学。他目前是南加州大学电影电视学院互动媒体部的副研究员，也是加利福尼亚艺术学院的客座艺术家（图9-90）。

（一百零一）罗伊·阿斯科特（Roy Ascott）

罗伊·阿斯科特（图9-91），生于1934年10月26日，是一位英国艺术家，是媒体艺术的先驱，60年代以来他就以艺术家和理论家的双重身份活跃在互动多媒体艺术领域。他的作品涉及控制论和信息技术，是一种对有关智力、注重数字和电信网络意识具有广泛影响力的艺术。

他是行星协会主席（Planetary Collegium），也是上海德滔大师学院（DeTao Masters Academy in Shanghai）德滔科技艺术大师班负责人。他是研究杂志《科技艺术》（The Research Journal Technoetic Arts）的创始编辑，也是列奥纳多杂志（Leonardo Journal）名誉主编，著作有《远程拥抱：有远见的艺术理论，技术和意识》（Telematic Embrace: Visionary Theories of Art, Technology and Consciousness）。

他因"那些男人和女人的艺术、技术和社会成就具有决定性的影响和推动新的艺术方向的发展"获得金尼卡奖。2014年他因其高瞻远瞩的先锋媒体艺术视野而获得Ars Electronica金尼卡奖。

图 9-91　罗伊·阿斯科特

图片来源：http://www.sohu.com/a/120630130_534000 2018-07-05

（一百零二）兰达尔·派克（Randall Packer）

兰达尔·派克（生于1953年），美国当代数字媒体艺术家（图9-92）。

派克在加利福尼亚艺术学院研究音乐创作，获得MFA硕士学位，在加利福尼亚大学的伯克利分校获得博士学位。他在巴黎完成研究生学业，学习电脑音乐。在那里，他成为乔治斯蓬皮杜现代艺术中心声学研究机构（IRCAM）的作曲家。1988年，他在旧金山创立了扎克罗斯区间音乐（Zakros InterArts），创作了大量的新作品，探讨了多媒体和现场表演融合。第一件事便是旧金山磁带音乐中心的回顾性研究,这导致了对多媒体和前卫历史的广泛研究。在整个20世纪90年代,派克继续创造新的作品,开拓性地将新的音乐剧场、装置和表演艺术,纳入新兴技术在计算机音乐、视频、动画和互动合作形式中。1995年,他成为旧金山州立大学多媒体研究项目的主任。在1997年,他成为加利福尼亚大学伯克利分校的教师,是第一个在艺术实践部门教数字媒体的教师。1999年,与肯·金伯格(Ken Goldberg)和格莱格瑞·坤(Gregory Kuhn)合作的声音装置"莫瑞"(Mori)首次在日本东京双年展交流中心(ICC)展出。"莫瑞"后来在美国展览博物馆以远程连接方式展出:《虚拟的拥抱》(The Virtual Embrace),由新媒体国际独立策展人斯迪文·戴兹(Steve Dietz)策划。1999年,他的网络作品《远程的宣言》(The Telematic Manifesto),包括开创性的网络艺术展,由彼得·韦伯(Peter Weibel)在德国卡尔斯鲁厄ZKM艺术和媒体中心策划展出。

(一百零三)瑞克·吉普森(Rick Gibson)

瑞克·吉普森(生于1951年),是加拿大雕塑家和艺术家。他出生于蒙特利尔,在维多利亚大学学习心理学。在1973至1974年间,他每周为学生报纸画漫画。1974年,他取得艺术学士学位后,搬到了温哥华。从1983年到1989年,他住在英国伦敦。2004年,他获得萨里西蒙·弗雷泽大学交互艺术与技术理学硕士学位(图9-93)。

(一百零四)罗纳德·戴维斯(Ronald Davis)

罗纳德·戴维斯(生于1937年),是一位美国画家,其作品与几何抽象、抽象的幻觉、抒情抽象、硬边绘画、形式绘画、色域绘画和三维计算机图形相关。他是举办过七十个个展和数百个群展的老手(图9-94)。

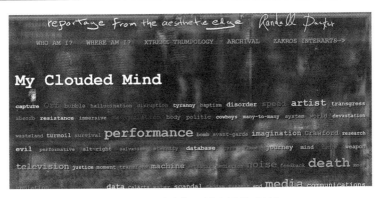

图9-92　兰达尔·派克网站,2018

图片来源:http://www.randallpacker.com/my-clouded-mind/ 2018-07-05

图9-93　瑞克·吉普森,《圣人》(Holy Man),2018

图片来源:https://www.rickgibson.net/holy_men-lang.html 2018-07-05

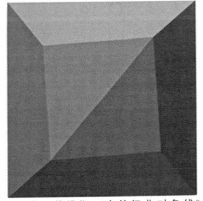

图9-94　罗纳德·戴维斯,《大的扭曲对角线》,2010,39 3/4×40×2/2英寸,PVC上的压克力

图片来源:http://www.irondavis.com/a_art/2000s_Art_Works/2009-10_Art_Works/2009-10_Square_on_PVC/2010_Square_Paintings_index.htm 2018-07-05

图9-95 池田亮司,数据8K增强电子版,第10届跨媒体展览

图片来源:https://en.wikipedia.org/wiki/Ryoji_Ikeda 2016-8-10

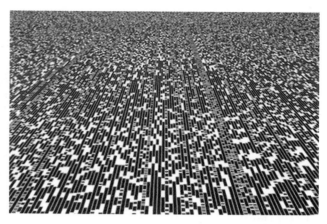

图9-96 池田亮司"连续体"个展由玛塞拉·利斯塔策划,蓬皮杜中心和日本基金会共同组织巴黎巴黎蓬皮杜中心,2018年6月15日—8月27日

图片来源:http://www.ryojiikeda.com/ 2018-07-05

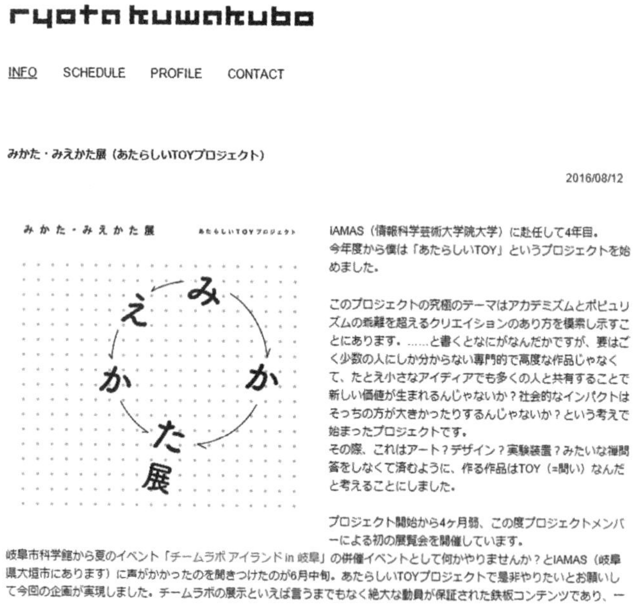

图9-97 良太·库瓦网站,2018

图片来源:http://ryotakuwakubo.com/ 2018-07-05

(一百零五)池田亮司(Ryoji Ikeda)

池田亮司(生于1966年),是一位日本的声音艺术家,他在巴黎生活和工作。池田的音乐主要关注各种各样的"原始"状态声音,如正弦波音调和噪音,通常使用人的听觉范围边缘的频率。他对于其专辑的结论有这样的论说:"高频率的声音在听众意识到的刹那便会消失。"池田音乐的节奏有着丰富的想象力,利用拍模式和各种离散音调和噪音来创建作品。他的作品涉及周围的音乐世界,他的专辑大多慢慢发展音景,很少有没有意义的脉冲(图9-95、图9-96)。

(一百零六)良太·库瓦(Ryota Kuwakubo)

良太·库瓦(生于1971年,栃木县)是一个日本多媒体艺术家。1998年,他与艺术联盟合作比特曼艺术项目。其作品有着不同的介质,通常采用数字或电子媒介,作品中心以对比关系为主,有典型的主题(图9-97)。

(一百零七)罗伊·拉·格罗尼(Roy LaGrone)

罗伊·拉·格罗尼(1966年生于美国)是一个数字媒体艺术家。他的作品主要以大规模的合成照片、动画和视频装置为主,往往涉及来自拾得物的复杂的三维空间构造。

格罗尼 1989 年就读于亚特兰大艺术学院,获学士学位,2000 年获萨凡纳艺术与设计学院计算机艺术 MFA 艺术硕士。

格罗尼的作品已在众多的场馆展出,包括史密森学院博物馆、SIGGRAPH 和林登·贝恩斯·约翰逊总统图书馆和博物馆(Lyndon Baines Johnson Presidential Library and Museum)。

(一百零八)拉斐尔·洛扎诺·赫姆(Rafael Lozano Hemmer)

拉斐尔·洛扎诺·赫姆(1967 年生于墨西哥城),是一位墨西哥的加拿大电子艺术家,其作品的灵感源于建筑、技术剧院和表演。他在蒙特利尔康戈迪亚大学获得物理化学理学学士学位。目前,在蒙特利尔和马德里生活和工作(图 9-98)。

(一百零九)莱恩·克雷卡丁(Ryan Trecartin)

莱恩·克雷卡丁(1981 年出生于德克萨斯韦伯斯特),是一位目前在洛杉矶发展的美国艺术家和电影制片人。他就读于罗得岛设计学校,2004 年获得学士学位。克雷卡丁一直生活和工作在新奥尔良、洛杉矶、费城和迈阿密。他创造性的合作伙伴和长期合作者是利兹·费奇(Lizzie Fitch),自 2000 年以来他一直与这位艺术家一起工作(图 9-99)。

(一百一十)兰登国际(Random International)

兰登国际是一支创建于 2005 年的艺术团队。其核心成员为德国艺术家弗罗里安·奥特克拉斯和翰尼斯·科柯。他们的沉浸式互动作品《雨屋》享誉世界。

(一百十一)沙龙·丹尼尔(Sharon Daniel)

沙龙·丹尼尔是电影和数字传媒系教授,担任圣克鲁斯加利福尼亚大学数字艺术和新媒体艺术硕士项目主席。在数字媒体艺术的教学过程中,丹尼尔研究了许多新媒体领域的项目。她的文章发表在分析和研究期刊《萨瑞》(Sarai)和《列奥纳多》(Leonardo)。丹尼尔选择的项目已经在各类艺术节上展出,包括林肯中心艺术节、荷兰电子艺术节、奥地利林茨电子艺术节和科科伦双年展(the Corcoran Biennial)。她还获得了来自各学院和基金会的资助和支持。她感兴趣的是公众和社区合作,给那些无法或不愿意讲述故事的人一个声音。

(一百十二)史提夫·兰伯特(Steve Lambert)

史提夫·兰伯特(生于 1976 年),是一位美国艺术家,其作品与广告和公共空间相关。他是一个反广告公司(the Anti-Advertising Agency)创始人,艺术家通过艺术批评广告的运行进行主动性干预和画廊预算。兰伯特的艺术实践包括图纸、表演、干预、文化干扰、公共艺术、视频和网络艺术。他曾在涂鸦研究实验室工作,是"一瞥"(Eyebeam)的高级视觉研究员(图 9-100)。

兰伯特是纽约自由艺术与技术实验室艺术家团体的成员,他赢得了几个奖项,包括湍流(Turbulence)、创造性工作基金(the Creative Work Fund)、根茎/新博物馆(Rhizome/The New Museum)、广告巴士媒体基金会(Adbusters Media Foundation)和加利福尼亚艺术理事会(The California Arts Council)。

图 9-98 拉斐尔·洛扎诺·赫姆,《脉冲指数》(Pulse Index),澳大利亚悉尼当代艺术馆,2011

图片来源:http://www.lozano-hemmer.com/ 2018-07-05

图 9-99 莱恩·克雷卡丁

图片来源:https://en.wikipedia.org/wiki/Ryan_Trecartin 2018-07-05

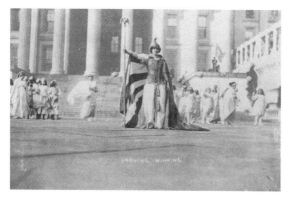

图 9-100　史提夫·兰伯特，《想象胜利》(*Imagine Wining*)，创建于 100 个版本的艺术激进主义中心年底筹款致谢活动

图片来源：https://visitsteve.com/made/imagine-winning/2018-07-05

图 9-101　史葛·斯尼布，《边界功能》(*Boundary Functions*)，1999，东京 NTT 通信中心

图片来源：https://en.wikipedia.org/wiki/Scott_Snibbe 2016-8-10

图 9-102　史葛·斯尼布，《深墙》(*Deep Walls*)，2002，旧金山现代艺术博物馆

图片来源：https://en.wikipedia.org/wiki/Scott_Snibbe 2016-8-10

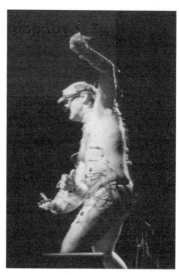

图 9-103　斯特拉克，《寄生虫：入侵和非自愿身体的事件》，电子艺术节，1997

图片来源：https://en.wikipedia.org/wiki/Stelarc 2018-07-05

（一百十三）塞尔吉奥·马尔塔利亚蒂(Sergio Maltagliati)

塞尔吉奥·马尔塔利亚蒂（1960 年生于意大利佩夏），是一位意大利互联网艺术家、作曲家和视觉数字艺术家。他的第一个音乐尝试，是在 70 年代初组建的加尔迪诺·加尔迪尼（Gialdino Gialdini）乐队。

（一百十四）史葛·斯尼布(Scott Snibbe)

史葛·斯尼布（1969 年生于纽约），是一位互动媒体艺术家、研究者和企业家。他是基于投影机互动创作的第一批艺术家之一。1998 年，他开发了由电脑控制的投影投射到墙壁或地板上以响应人体跨越其表面的变化，他因其全身互动作品的边界功能而著名，并于 1998 年在奥地利林茨电子艺术节上展出（图 9-101、图 9-102）。

（一百十五）斯特拉克 [Stelarc（Stelios Arkadiou）]

斯特拉克（1972 年生于利马索尔），是塞浦路斯的表演艺术家，其作品关注人体的延伸功能。他的大部分作品以此为中心概念，体现"人的身体是废弃的"。2007 年，他是英国诺丁汉特伦特大学数字研究中心英国表演艺术的主要研究员。他目前在澳大利亚西部科廷大学（Curtin University）做进一步的研究（图 9-103）。

(一百十六）D-128 系统（System D-128）

D-128 系统真名为布莱恩·托雷斯·科洛夫斯基（Brian Torres Korlofsky），是一个音乐视频和电影导演、编辑、视频艺术家、新媒体艺术家和制作人。

布莱恩·科洛夫斯基出生在纽约市，父母分别是波多黎各人和俄罗斯人。他后来在圣克罗伊岛、美属维尔京群岛和佛罗里达长大。

他第一次接触音频和视频是在 VCR 刚出现的时候。在父亲买了一台音视频器后，他为家人定期录制电视节目。他将材料存档，并将其用于音频和视频混合制作，并将其作为视觉背景材料的样品、装置进行巡回艺术家的展览。

(一百十七）蒂芬妮·霍尔姆斯（Tiffany Holmes）

蒂芬妮·霍尔姆斯（生于 1964 年），是生活在芝加哥的新媒体艺术家（图 9-104）。

在其研究和实践中，蒂芬妮·霍尔姆斯探讨了技术的潜力，促进了积极的环境管理。2005 年她创造了"生态可视化"（Eco-visualization）。她的创造性项目涉及国家超级计算应用中心的实验动画序列可视化实时应用。

她的论文详细介绍了这项工作，《生态可视化：结合艺术和技术，以减少能源消耗》赢得了 2007 年最佳创造力和认知论文奖，她于 2010 年获取了博士学位。她在世界范围内讲课和展览：芝加哥现代美术馆、洛杉矶 J. Paul Getty 博物馆、2001JS 双年展、2000SIGGRAPH、丹麦世界艺术、日本州名古屋 2001 互动艺术展。她是 1998 年密歇根研究员研究奖学金收获者，伊利诺斯艺术委员会个人奖、瑞士艺术家实验室居住奖获得者和 2010 根茎网委员会成员。

霍尔姆斯目前是芝加哥艺术学院艺术与技术研究系的教授。

图 9-104　蒂芬妮·霍尔姆斯作品大型装置通过可视化废弃或改造塑料玩具来解决可持续性问题

图片来源：https://tholme.myportfolio.com/tmt170209 2018-07-05

(一百十八）岩井·俊雄（Toshio Iwai）

岩井·俊雄（出生于 1962 年），是一位日本互动媒体和装置艺术家，他创造了许多商业视频游戏。此外，他还曾从事电视、音乐表演、博物馆设计和数字乐器设计（图 9-105）。

图 9-105　岩井·俊雄在巴塞罗那 Futura 艺术舞台上，2005

图片来源：https://en.wikipedia.org/wiki/Toshio_Iwai 2018-07-05

图 9-106　罗扬文，《清醒生活》（Waking Life），不锈钢，玻璃，LED，PCB 板，电线，CPU，1100 mm（H）×1 100 mm（W）×150 mm（D）

图片来源：http://www.teddylo.tv/artwork#/waking-life/ 2018-07-05

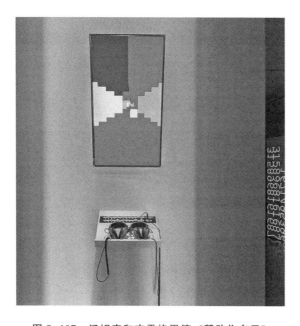

图 9-107　汤姆森和克雷格黑德，《帮助你自己》

图片来源：http://www.ucl.ac.uk/slade/slide/help_yourself.html 2018-07-05

图 9-108　蒂姆·图兹

图片来源：https://en.wikipedia.org/wiki/Timo_Toots 2018-07-05

（一百十九）罗扬文（Teddy Lo）

罗扬文是香港和纽约的 LED 艺术家，他被人们熟知的是"科技艺术"领域（图 9-106）。他在美国、欧洲和亚洲举办展览。罗扬文在帕萨迪纳加利福尼亚艺术中心设计学院学习广告设计，在那里他开始探索发光二极管在艺术中的运用。2001年毕业后他搬迁到纽约市，开始了他在广告业的职业生涯，并在同时采用 LED 作为他的艺术媒介。2003 年罗扬文在纽约举行了他的第一次个人画展《形态》（*Morphology*）。他被照明杂志命名为"2004 谁是谁的照明"，以体现他对照明行业的贡献。之后，罗扬文在不同地点举行个展，包括纽约如赛尔·西蒙艺术（Russell Simmons Art）、法兰克福照明节、2006 新加坡世博会滨海艺术中心和香港美术馆微波（a-glow-glow）户外媒体艺术展、内华达州"燃烧人"节（Burniningman）、巴塞尔米阿米（miaimi）艺术。他的作品还包括在香港美术馆的《承传与创造——水墨对水墨艺术》（*Legacy and Creations — Ink Art vs Ink Art and Art vs Art*）、新加坡《我点亮滨海湾》（*I Light Marina Bay*）和纽约的《嬗变》（*Transmutation*）。

（一百二十）汤姆森和克雷格黑德（Thomson & Craighead）

汤姆森（生于 1969 年）和克雷格黑德（生于 1971 年）是伦敦视觉艺术家，他们用视频、声音和网络创作（图 9-107）。

1993 年以来，他们一直在视频、声音和互联网领域工作。他们的作品探讨如何用技术改变感知世界的方式。他们使用现场数据创作艺术作品，包括"模板电影在线艺术作品"、画廊装置，在网络上进行电影的实时创建，如远程用户安全网络摄像头、音频对接和聊天室文本转录。

2008 年以来，他们创作永久性工程：装饰内容（Decorative Newsfeeds）和灯塔（Beacon），其作品强调的是生活的虚拟信息。在"灯塔"中，数据被投影到画廊的墙壁上，与物理空间的观众互动。在 2008 年，他们制作了一个动画纪录片，《平坦的地球》（*Flat Earth*），将网上来自博客的声音与公共领域的卫星图像相结合。2005 年，他们赢得了艺术基金奖。

（一百二十一）蒂姆·图兹（Timo Toots）

蒂姆·图兹（1982 年 9 月 15 日出生于塔尔图）是一位艺术家，主要活跃在互动艺术和新媒体艺术领域。他也是马佳（Maajaam）空间项目的创始人（图 9-108）。

(一百二十二) teamLab

teamLab 自 2001 年起开始新媒体艺术活动，是一个有着创新意识的艺术团队。他们通过创作来探索艺术、科学、技术和自然界交汇点的国际性跨域实验。团队由艺术家、程序员、工程师、CG 动画师、数学家和建筑师等各个领域的专家组成。

在成为活跃的艺术家之前，蒂姆·图兹在塔尔图大学爱沙尼亚艺术学院做研究。除了一系列的群展，图兹也做过多次个展，其中包括法国南特（2014 年）、塔尔图艺术家的房子、Memopolis 在 Edith Russ Haus、奥尔登堡、德国、塔尔图、爱沙尼亚、Y 画廊（Memopol-1 at Y-Gallery）和塔林。塔林库姆艺术博物馆（KUMU Art Museum）拥有他的作品，卡尔斯鲁厄媒体艺术中心也拥有他的媒体艺术作品。

(一百二十三) 厄休拉·安德李希（Ursula Endlicher）

厄休拉·安德李希是一位奥地利的多媒体艺术家，其作品主要在互联网艺术、表演艺术和装置艺术等领域。

她于1991年在维也纳美术学院获得美术硕士学位。1995 年，她在视觉艺术学院获得了美术硕士，研究重点是计算机艺术。她于 1993 年搬迁至纽约市并永久居住在那里。

安德李希创造了以技术为基础的表演和使用互联网数据的装置。在她的作品中反复出现的主题是"自然"的网站和用户的行为，通过互联网的固有结构开发解决网页的 HTML 语言和社会媒体网站的用户行为（图 9-109）。

(一百二十四) 由贝摩根（Ubermorgen）

UBERMORGEN.COM 是瑞士、奥地利、美国艺术家于1995年成立的组合。他们生活和工作在维也纳、巴塞尔和瑞士圣莫里茨。

他们的主要作品包括网络艺术、装置、录像艺术、摄影、软件艺术、表演和使用在线和离线的数字媒体作品（图 9-110）。

图 9-109　厄休拉·安德李希网站，2018

图片来源：http://www.ursenal.net/ 2018-07-05

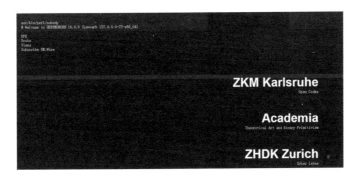

图 9-110　由贝摩根网站，2018

图片来源：http://www.ubermorgen.com/UM/index.html 2018-07-05

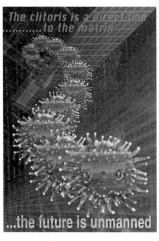

图 9-111　VNS.马特瑞斯,《阴蒂到矩阵是一条直线 未来是无人的》,ACCA 公共海报项目

图片来源：https://vnsmatrix.net/ 2018-07-05

图 9-112　瓦法·比拉尔,168：01 装置,加拿大,2018

图片来源：http://wafaabilal.com/ 2018-07-05

图 9-113　沃尔夫·沃斯德网站,2018

图片来源：http://www.wolf-vostell.com/ 2018-07-05

（一百二十五）VNS.马特瑞斯（VNS Matrix）

VNS.马特瑞斯是 1991 年成立于澳大利亚阿德莱德的一个艺术家集体,包括约瑟芬·斯塔尔（Josephine Starrs）、朱丽安·皮尔斯（Julianne Pierce）、弗朗西丝卡·达·里米尼（Francesca da Rimini）和弗吉尼亚·巴拉特（Virginia Barratt）。他们的作品包括通过互联网、杂志和广告发表的装置、事件和海报。他们研究的出发点在于性和社会中挑衅女性关系的作品,用颠覆性的话语质疑、支配和控制不断扩大的网络空间。他们被誉为用"赛博女性"（Cyberfeminism）表达实践的第一个艺术家团体（图 9-111）。

（一百二十六）瓦法·比拉尔（Wafaa Bilal）

瓦法·比拉尔,1966 年 6 月 10 日出生,是一名伊拉克裔的美国艺术家,目前在芝加哥艺术学院（School of the Art Institute of Chicago）担任教授,在纽约大学艺术学院（Tisch School of the Arts at New York University）担任助理教授。他最出名的作品是《内部紧张》（Domestic Tension）,这是一场行为表演,在这个行为艺术中他在画廊里生活了一个月,远程互联网用户通过一个网络摄像头观看他的状态(图 9-112)。

(一百二十七)沃尔夫·沃斯德(Wolf Vostell)

沃尔夫·沃斯德(1932 年 10 月 14 日—1998 年 4 月 3 日),是德国画家和雕塑家,被认为是早期的录像艺术、装置艺术和激浪派的先锋。模糊和三维拼贴技术是他作品的特点,在混凝土中嵌入对象,并用电视机呈现他的作品(图 9-113)。

(一百二十八)俞塞夫·麦奇(Yucef Merhi)

俞塞夫·麦奇(生于 1977 年 2 月 8 日),是一位委内瑞拉艺术家、诗人和计算机程序员,生活在纽约。他是委内瑞拉数字艺术的先驱(图 9-114)。

麦奇获得了一系列的补助和奖励,包括数字/电子艺术纽约艺术基金会,以及洛杉矶州立美术馆(Los Angeles County Museum of Art)、布朗克斯艺术博物馆(Bronx Museum of the Arts)、视觉艺术和技术中心(Eyebeam Art and Technology Center)的支持。

(一百二十九)扎文·帕瑞(Zaven Paré)

扎文·帕瑞(生于 1961 年),是一个法国新媒体艺术家。

1987 年,他为 N.I.M.E.S 工程工作,1991 年成为国家制造系统的画家。

1988 年,他为卡尔加里奥运会艺术节创造了第一个充气结构的编舞设计,并开始为爱德华·洛克(Edouard Lock)工作。1990 年,他把圆形的视频投影屏幕作为戴维·波恩(David Bowie tour)的巡演设计。1992 年,在蒙特利尔现代美术馆为莫瑞克·卡格(Mauricio Kagel)设计音响装置。1998 年,他在巴士底歌剧院为东·乔万尼(Don Giovanni)设计双坡楼梯布景。

后来,扎文·帕瑞成为海罗斯·伊斯古罗(Hiroshi Ishiguro)教授的机器人演员项目的研究人员。

(一百三十)张培力

张培力 1957 年出生于中国杭州一个医生家庭,1984 年毕业于浙江美术学院油画系(现中国美术学院),曾担任中国美术学院新媒体系主任与副教授,在录像领域里从事了大量的开拓性工作,是中国最早的录像专家。

2002 年以来,张培力任教于中国美术学院,现居杭州。作为"八五"新潮美术运动的活跃艺术家之一,他曾参与筹建了重要的"85 新空间"展和"池社"等团体,倡导"理性绘画"。1988 年他因创作了中国第一件录像作品《30×30》,被称为"中国录像艺术之父"(图 9-115)。1995 年开始放弃绘画,全力投入录像及相关摄影、装置艺术创作,不仅作品多被纽约现代艺术博物馆、蓬皮杜艺术中心等世界级艺术机构收藏,而且至今还保持着在纽约现代艺术博物馆开个展、三次受邀参加威尼斯双年展的唯一中国艺术家的殊荣。他的录像作品关注于展现人与世界关系的悖论,以隔离而中性的立场,自由和深刻地考虑人与世界的关系,创造出了一个大容量的、综合性的、强有力的艺术体系。同

图 9-114　俞塞夫·麦奇网站,2018

图片来源:http://cibernetic.com/ 2018-07-05

图 9-115　张培力,30×30,单视频录像,有声/彩色/32 分 09 秒/PAL 制式,1988

图片来源:http://www.mask9.com/node/32626 2016-8-11

时,他还潜心中国新媒体艺术教育,催生和推动了中国新媒体艺术的发展。①

五、策展人②

(一) 巴萨克·瑟诺瓦(Basak Senova)

巴萨克·瑟诺瓦(生于1970年)是一位土耳其伊斯坦布尔的艺术策展人、作家和设计师。

她在比尔肯(Bilkent)大学获得平面设计硕士学位和艺术博士学位,专业为设计和建筑,她积极参与国际艺术与技术相关的项目。2002年,她在阿姆斯特丹参加了第七届策展培训课程(Stichting De Appel)。她一直在写关于艺术、技术和媒体的开发项目,并于1995年开始策展。

瑟诺瓦是第53届威尼斯双年展土耳其馆的策展人。作为一个助理教授,她曾在各大学讲学,如伊斯坦布尔卡迪尔大学、比尔基大学和高克大学。目前,她在比尔肯大学讲学。瑟诺瓦自1996年起,便在土耳其和海外启动项目和策划展览。她的策展项目包括Ctrl+Alt+Del的声音艺术项目系列(2003年)、"NOMAD-TV. network 01"、"失去.Ctrl"(losing.ctrl)、"系列案件"(Serial Cases)、"下.Ctrl"(under. ctrl)、"s-network"、"排斥系列"(Rejection Episodes)、"昏迷的意识"(Conscious in Coma)、"记录"(Unrecorded)和"后果"(Aftermath)。瑟诺瓦策划卓鲁(Zorlu)中心收藏两年(2011—2012)。她共同策划了"发现"(UNCOVERED)(塞浦路斯)、第二届当代艺术双年展、"D-0方舟地下"(D-0 ARK Underground)(波斯尼亚和黑塞哥维那)。2014年,她作为艺术画廊(ACM)主持SIGGRAPH,同年,在温哥华担任赫尔辛基摄影双年展的策展人和耶路撒冷车展策展人。最近,她被任命为第56届威尼斯双年展马其顿共和国的策展人。

(二) 芭芭拉·伦敦(Barbara London)

芭芭拉·伦敦是美国的策展人、作家和声音艺术提倡者,因在纽约现代艺术博物馆(MOMA)建立影像收藏中心而出名。影像收藏中心收藏有白南准、劳瑞·安德森(Laurie Anderson)和琳达·本李斯(Lynda Benglis)的作品。

伦敦在希拉姆学院学习,1968年毕业获得学士学位,然后在纽约大学美术学院学习伊斯兰艺术,1972年获得硕士学位。

1970年,她作为一个策展助理加入了现代艺术博物馆的工作团队(1974—1977)。1977年,成为影像作品策展助理。她在现代艺术博物馆策划了许多大型展览,展示中国和日本的艺术家。1997年,伦敦创建了一个新的多媒体网站"Stir-Fry",这是一个映射的中国媒体。然后在2001年,伦敦创建了现代艺术博物馆的第一个网站艺术委员会,托尼·奥斯勒的时间流(Tony Oursler's Timestream)。经过在现代艺术博物馆的几十年工作,2013年伦敦从媒体和表演艺术部的助理策展人的职位上退休。自退休以来,她在耶鲁大学艺术学院任教。她还是《声音:当代的评分》的编辑。

(三) 克劳斯·比森巴赫(Klaus Biesenbach)

克劳斯·比森巴赫(生于1967年,)是纽约现代艺术博物馆(MoMA)PS1的主任,纽约现代艺术博物馆首席策展人。他也是柏林当代艺术学院肯斯特·威克学院(Kunst Werke)的创始主任。

1996年,比森巴赫加入了MoMA的PS1成为策展人,博物馆主任阿兰纳·黑斯(Alanna Heiss)聘他做兼职并保持其在柏林的领导地位。2004年,比森巴赫被任命为博物馆电影及媒体艺术部门的策展人。2006年,成为现代艺术博物馆新成立的媒体部门的首席策展人,后来扩大到媒体和表演艺术部。2009年,专注于博物馆收藏、保存、表演艺术展示。作为部门的总负责人比森巴赫有着一系列开创性的举措,包括一系列新的表演艺术展览的推出、一系列艺术家和策展人工作室、媒体和表演艺术的收购等。

(四) 劳伦斯·瑞德(Lawrence Rinder)

劳伦斯·瑞德是伯克利艺术博物馆和太平洋电影档案馆主任(BAM/PFA),这个职务是2008年以来一直由他担任的。

此前,他是旧金山加利福尼亚艺术学院院长。他还在惠特尼美国艺术博物馆担任策展人。他举办的展览包括"美国的影响"(The American

---

① 人物简介.百度百科[EB/OL].http://baike.baidu.com/link?url=uj038K2oF4CyvjfguReg7Vm9fLxNZ_ksqw3A1LgQGq6jLicsQfnBqtTXNE7YRAUIPc2XJgdqzIsJUOPDGtkap_ 2016-8-11.
② New media art.talk[EB/OL].https://en.wikipedia.org/wiki/New_media_art 2016-8-12.

Effect)、"比特流"(BitStreams)、"2002惠特尼双年展"(2002 Whitney Biennial)和"提姆·浩金森"(Tim Hawkinson),获得了2005年由国际艺术评论家协会授予的美国纽约博物馆最好专题展览的殊荣。到惠特尼之前,瑞德是旧金山当代艺术学院(CCA Wattis)的创始董事,并担任了伯克利艺术博物馆20世纪艺术和太平洋电影资料馆副馆长。他组织了许多展览,其中有"探照灯:千禧年的意识"(Searchlight: Consciousness at the Millennium,1999)、"更高的世界知识:鲁道夫·斯坦纳的黑板画"(Knowledge of Higher Worlds: Rudolf Steiner's Blackboard Drawings, 1997)、"路易丝·布尔乔瓦:图纸"(Louise Bourgeois: Drawings, 1996)、"异光"(In a Different Light, 1995)、"菲利克斯·高基利兹托雷斯"(Félix González-Torres, 1994)、"在那里:约翰·凯奇的照片"(Where There Is Where There: The Prints of John Cage, 1989)。

(五)李振华

李振华1975年出生于中国北京,现任北京皇城艺术馆执行馆长,列昂纳多学刊顾问。他成立了北京互动媒体实验室。主要策展:2008《中国 中国 中国!!!超越中国艺术市场的练习》(意大利);2007《可持续幻想》中国媒体艺术展览系列1999—2007(中国);2007综合媒体艺术实验室暨论坛,中艺博国际画廊博览会特别项目(中国);2006—2007《浪潮》中国实验短片1997—2004(中国—美国—匈牙利);2006《莫斯科摄影双年展》(俄罗斯);2004《窗外—散漫的空间》,多媒体展览,(日本东京/韩国汉城/中国北京);2001藏酷新媒体艺术节(北京);2001《报应》系列展览,由乌尔善、刘韦华、邱志杰、石青、张慧、王卫、赵亮参加(北京芥子园);2000《声音》中国当代美术馆(北京);1999《文化·生活》(北京)。

(六)马克·特赖布(Mark Tribe)

马克·特赖布(1966年出生于旧金山)是一位美国艺术家,根茎网的创始人。根茎网是纽约的非营利性艺术机构。

1994年他获得拉霍亚圣地亚哥加利福尼亚大学视觉艺术硕士,1990年获得布朗大学视觉艺术学士。2013年,他被任命为纽约市城市视觉艺术学院MFA项目主席。之前,他在布朗大学现代文化与媒体研究学院做助理教授,曾任教于哥伦比亚大学威廉姆斯艺术学院。他是休伦港项目(The Port Huron Project)作者,《历史抗议发言的重演》(Reenactments of Historic Protest Speeches)(2010, Charta出版)、《新媒体艺术》的合著者(2006, Taschen出版社)。

(七)彼得·韦伯(Peter Weibel)

彼得·韦伯(1944年5月出生于苏联敖德萨)是一位奥地利艺术家、策展人和理论家。

在奥地利长大的他在巴黎学习法语和摄影。1964年,他开始在维也纳学习医学,但很快就转专业为数学,主攻逻辑学。

彼得·韦伯的作品属于以下类别:观念艺术、表演、实验电影、录像艺术、计算机艺术。

(八)莎拉·库克(Sarah Cook)

莎拉·库克是一位加拿大学者、历史学家和新媒体艺术领域策展人。库克是桑德兰大学的研究员,在那里她参与新媒体研究(CRUMB)工作,是2000年她与柏瑞·格莱汉(Beryl Graham)共同创立的,并教授策展课程。2013年,她被任命为邓迪大学乔丹斯通艺术学院读者和邓迪研究员。多年来,她策划了多个新媒体艺术展览,新媒体艺术是建立在新兴媒体之上的一个学科,一个被公认的艺术形式工具。

(九)吴美纯

吴美纯现为中国美术学院跨媒体学院跨媒体艺术研究中心主持人、专职教师。2004年11月,策划中国美术学院"迷宫"新媒体艺术节;2002年,与邱志杰一起策划广东美术馆第一届广州三年展"中国录像艺术回顾专题";2001年9月,策划中国美术学院"非线性叙事"新媒体艺术节;2001年4月,和李振华、邱志杰共同策划藏酷新媒体艺术中心藏酷数码艺术节等。

(十)李元一(Won-il Rhee)

李元一(1960年11月2日—2011年1月11日)是一位韩国数字艺术策展人,他的出生和离世都在汉城。

李元一是2002年和2006年首尔媒体双年展(the Media City Seoul Biennale)艺术总监。他是1995年威尼斯双年展韩国馆总策展和协调员。同时,他担任第三届光州双年展(Third Gwangju Biennale)展览团队执行总监。是2009年第四届布拉格双年展(Prague Biennale)策展人之一。

从1996年到2002年,他是唱角艺术博物馆(Sung-Kok Museum of Art)首席策展人。2003年,他成为汉城艺术博物馆的首席策展人。他还担任艺术刊物的亚洲编辑,如《伦敦当代杂志》(Contemporary Magazine in London)和《米兰闪光艺术》(Flash Art in Milan)。

(十一)张尕

张尕,策展人、媒体艺术家、媒体艺术教授。其作品曾经在世界多个国家和地区展出。他组织过很多学术会议,撰写了诸多关于新媒体艺术实践和批评的文章,并作了相关讲座。他是中国美术馆2008奥运文化项目《合成时代-媒体中国2008》展、2011"延展生命"国际新媒体艺术三年展、2014"齐物等观"国际新媒体艺术三年展的艺术总监和策展人。此前,他曾分别于2004年、2005年及2006年担任《千年对话—北京国际新媒体艺术展览和论坛》的艺术总监和策展人。张尕策划过的项目还包括:《代码:蓝色,第三届北京国际新媒体艺术展》(中华世纪坛世界艺术馆,北京)、《文化容器——ISEA2006/零壹,全球边缘艺术节》(圣何塞)、《中国新方向》(plug-in,巴塞尔)、《海市蜃楼之路——虚拟幻像体》(切尔西美术馆,纽约)、《走向现实重组》(Alternative美术馆,纽约)等。张尕就读于柏林艺术大学,后于帕森斯(Parsons)学院获得艺术硕士学位。他从2005年起在纽约理工大学任教,此前他任教于纽约的帕森斯设计学院技术与设计硕士班,也是清华大学美术学院客座教授。①

第三节 教育机构的科研之路

一、澳大利亚艺术与技术网络工作室(Australian Network for Art and Technology)

澳大利亚艺术与技术网络工作室(ANAT),由澳大利亚实验艺术基金会于1994年成立。ANAT是一个组织,为澳大利亚艺术家提供了工具,特别是从事媒体艺术的创作者。其项目包括研讨会、出版物和身临其境的创作。

二、卡尔斯鲁厄艺术与媒体中心(Center for Art and Media Karlsruhe)

成立于1989年,ZKM艺术与媒体中心是卡尔斯鲁厄的一个文化机构,自1997年以来,一直位于卡尔斯鲁厄历史悠久的工业建筑群中,即德国以前的一个兵工厂。ZKM组织专题展览和专题活动,开展研究项目,创作新媒体领域的作品,提供公共以及个性化通信和教育计划。

ZKM建筑中,一个屋檐下有两个博物馆、三个研究所和一个媒体中心,在这样的团队中进行研究、创作、展览、活动和档案馆收藏。它专注于艺术和科学的界面研究,并在媒体技术方面有前沿的见解,以进一步发展他们的项目目标。自创始主任亨瑞奇·克罗兹(Heinrich Klotz)去世之后(1935—1999年),ZKM已由彼得·韦伯(Peter Weibel)教授管理。对于ZKM而言,还有卡尔斯鲁厄艺术与设计大学,以及卡尔斯鲁厄市斯塔迪希(STädtische)画廊也坐落在原兵工厂内,成为ZKM的辅助部分。

三、眼光艺术与技术中心(Eyebeam Art and Technology Center)

眼光艺术与技术中心是一个纽约非营利艺术与技术中心,由约翰·S.约翰逊三世(John S. Johnson III)与联合创始人大卫·S.约翰逊(David S. Johnson)和罗德瑞克·R.理查德森(Roderic R. Richardson)创立。

其最初是作为一个青少年数字效果和编码教育工作室和中心,后来成为一个研究发展、新媒体艺术作品策展和开放源技术中心。每年举办多达20个合作青年教育项目、展览、演出、座谈会、研讨会,各种形式的比赛和其他活动。该中心受到各种奖励和表彰,包括威布奖(Webby Awards)、古根海姆奖学金(Guggenheim Fellowships)和电子艺术大奖(the Prix Ars Electronica)。

四、"事实"艺术与科技创意基金会(FACT: Foundation for Art and Creative Technology)

"事实"艺术与科技创意基金会是一个在英国

---

① 张尕.知名策展人[EB/OL]https://www.douban.com/note/141854780/ 2016-8-14.

利物浦的新媒体艺术中心。它举办了艺术项目、展览和电影院。

"事实"艺术与科技创意基金会是利物浦的第一个艺术中心,已有60年的历史。它于2003年2月开业,由其创始执行董事艾迪·伯格(Eddie Berg)管理,斥资1 000万英镑打造。建筑与博得(Bold)街相连,它是利物浦的一个主要购物区,由一个公共广场、木材街和时光街组成。

五、收获作品数字媒体艺术中心(Harvestworks Digital Media Arts Center)

收获作品数字媒体艺术中心是一个位于纽约市的非营利性艺术机构。它成立于1977年,艺术家通过使用新技术来支持艺术作品的创作和展示,其重点是音频工程和数字技术。"收获作品"小组实验室(技术、工程、艺术和音乐)支持通过新的和不断变化的技术创作的艺术作品。2007年以来,"收获作品"主办了两年一度的纽约电子艺术节。该组织还资助了"电子音乐城市机器人联盟"(League of Electronic Musical Urban Robots)和"音乐表达的新界面"(New Interfaces for Musical Expression)等组织的活动。

六、NTT区间传媒中心(NTT Inter Communication Center)

NTT(ICC)是在日本东京新宿区东京歌剧城市大厦的媒体艺术画廊。它是由NTT为纪念日本电话服务一百周年而建立的,开幕于1997年。除了永久和临时举办日本和国际艺术家展览,画廊还举办国际商会、演出、座谈会和进行出版,促进了艺术家和科学家之间的沟通。

七、尼德兰媒体艺术研究所(Netherlands Media Art Institute)

尼德兰媒体艺术研究所是一家总部设在阿姆斯特丹的国际机构,专注于媒体艺术的展览、研究和收藏。

最早被称为蒙特影像(Monte Video),该研究所由瑞纳·科埃略(René Coelho)成立于1978年,作为荷兰第一个展览空间和创作工作室,为艺术家的创作和试验提供艺术和新技术。

现在尼德兰媒体艺术研究所担任着展示、传播和媒体艺术新技术研究的工作。作品目录包括超过2000件作品,有装置、视频表演、基于软件的网络艺术,并有大量的国际艺术家在此展览。

八、根茎艺术[Rhizome(art)]

根茎艺术是一个非营利的艺术组织,支持艺术家并为其提供一种新媒体艺术平台。

艺术家和策展人马克·特瑞布(Mark Tribe)于1996年创办了以"一个列邮件名单"为内容的根茎艺术,当时他生活在柏林。邮件名单中包括许多特瑞布曾在奥地利林茨电子艺术节上遇见的人。到了8月,根茎(Rhizome)推出了自己的网站,并在1998年成为网络艺术社区的一个重要的读者。1998年,Rhizome成为一个非营利组织,切换到域名后缀".org"。

1999年,根茎(Rhizome)建立了一个在线存档,叫做"艺术基石"(ArtBase),最初是网络艺术作品的数据库。今天,"艺术基石"(ArtBase)范围已扩大到其他形式的艺术与技术,包括游戏、软件、跨学科项目和在线元素。作品是由艺术家自己提交的。除了主持存档工作外,根茎(Rhizome)的数字保存工作还包括保护数字艺术和更新过时的代码。

2003年,根茎(Rhizome)开始与纽约新的当代美术馆合作。今天,根茎(Rhizome)的计划项目包括事件、在新博物馆和其他地方的展览、一个活跃的网站和2000多个新媒体艺术的档案。

九、芝加哥艺术学院学会(School of the Art Institute of Chicago)

芝加哥艺术学院学会是美国最大的艺术和设计独立学校之一,它位于芝加哥伊利诺斯的循环区中。学校与博物馆同一名称,为本科和研究生水平提供学位。芝加哥艺术学院学会作为全美最有影响力的艺术学校在美国有两个研究生艺术项目,并得到了美国新闻和世界报道。

芝加哥艺术学院学会于1936年由高等教育委员会认可,1944年由全国艺术与设计学校协会(会员)公认,并通过独立艺术与设计院校协会(私立艺术与设计学院协会)成立于1991年。此外,它还获得国家建筑认证委员会认可。

芝加哥艺术学院校区在市中心由七栋坐落在AIC大厦附近的建筑组成。芝加哥艺术学院学会是AIC的一个合作伙伴,分享了许多行政资源,如设计、施工和人力资源。校园位于环行道路之中，包括主要三楼：密歇根（112 美国密歇根大道）、夏普（37 美国沃巴什大道）和哥伦布（280 美国哥伦布博士）。芝加哥艺术学院学会还拥有贯穿整个芝加哥的额外建筑，作为学生画廊或投资使用。

十、V2 不稳定媒体学院（V2 Institute for the Unstable Media）

V2 不稳定媒体学院成立于 1981 年，是一个在鹿特丹（荷兰）跨学科的艺术和媒体技术中心。V2 从事关于艺术与新技术展览、创作、收藏和出版，鼓励对这些问题的辩论。它为艺术家、科学家提供了一个软件和硬件开发人员平台，来自不同学科的研究人员和理论家可以分享他们的研究成果。自 1987 年以来，荷兰电子艺术节的主要组织者逐渐为 V2 不稳定媒体组织效力。

十一、麻省理工学院媒体实验室（The MIT Media Lab）

麻省理工学院媒体实验室成立于 1980 年，是一个致力于科技、媒体、科学、艺术和设计融合的跨学科研究室，其使命为"创造一个更美好的未来"。实验室提供大学课程项目，这些学术项目与实验室的研究紧密相连，实验室关注"媒体艺术与科学"，以科技为中心，在跨界领域发展现代通信、计算机和人类科学的综合研究。

第四节　学术期刊与研究会议的探研之路

一、学术期刊

（一）LEONARDO［美国麻省理工学院（MIT）出版社《国际艺术与科技学会会刊 Leonardo》］

《列奥纳多》（LEONARDO）是由麻省理工学院出版社出版的一本同行评议的学术期刊，涵盖当代科技在艺术和音乐上的应用。

它是由艺术家和科学家弗朗克·马利纳（Frank Malina）于 1968 年在法国巴黎创立。《列奥纳多》已出版由艺术家与科学技术工作者的作品和艺术媒体超过 40 年。1981 年，弗朗克·马利纳去世后，该杂志由弗兰克的儿子天文学家和太空科学家罗杰·马利纳（Roger Malina）接管运营，后搬至旧金山湾地区。1982 年，国际艺术科学与技术协会成立，以进一步提供沟通的途径，为当代媒体艺术家工作成为《列奥纳多》的目标。该协会还出版《列奥纳多音乐杂志》（Leonardo Music Journal）、《列奥纳多电子年鉴》（the Leonardo Electronic Almanac）、《列奥纳多回顾》（Leonardo Reviews）和《列奥纳多系列丛书》（Leonardo Book Series）。所有的出版物都是与麻省理工学院出版社合作出版的。

该组织的其他活动包括一个奖励计划、年度会议和研讨会、空间和艺术研讨会以及年度学院艺术协会会议。《列奥纳多》在法国有一个姐妹组织，列奥纳多协会，出版"列奥纳多观察者网站"（Observatoire Leonardo Website）。在鼓励科技型艺术创新表现的同时，也成为艺术家、教育者、学生、科学家和媒体艺术爱好者在新媒体及当代艺术中的表达自我发挥作用的平台。

该组织的目标包括艺术家个人文献和创新技术文档，以及科学家的研究结果被记录在出版物期刊内。

（二）《闪光杂志》（FLASH）

《闪光杂志》为双月刊杂志，以关注当代艺术为主，于 1967 年成立于意大利的罗马，由出版商和艺术评论家奇安卡罗·波利提（Giancarlo Politi）主管。自 1971 年以来，该杂志在意大利米兰发展。原本是一个双语刊物，后分为两个不同版本，《意大利闪光艺术》（Flash Art Italia）和《国际闪光艺术》（Flash Art International）。1978 年，海伦娜·孔托瓦（Helena Kontova）加入编辑团队，发布了《捷克和斯洛伐克闪光艺术》和《匈牙利闪光艺术》。

《闪光杂志》被描述为"有信心的国际欧美当代艺术杂志，从欧洲的角度来看美国艺术的趣味观点和特点"。《闪光杂志》在 20 世纪 60 年代广泛地覆盖"贫穷艺术家"，在英语世界中声名显赫。

二、研讨会

（一）SIGGRAPH

SIGGRAPH 是计算机图形和交互式技术趣味组织的缩写（Special Interest Group on Computer GRAPHics and Interactive Techniques），也是由 ACM SIGGRAPH 组织的计算机图形（CG）年度会

议的名称。第一次 SIGGRAPH 会议召开于 1974 年。会议是由成千上万的计算机专业人员参加的。过去的 SIGGRAPH 会议曾在洛杉矶、达拉斯、新奥尔良、波士顿、温哥华及北美洲的其他地方召开。

会议的亮点在于剧场动画和电子影院的演示,最近创建了 CG 电影播放。这是一个大展示平台,在那里有几百家公司设立了展台并竞争获得关注。大多数公司都是工程、图形、动态影像或视频游戏行业的开拓者,也有许多专门从事计算机图形或交互的学校展位。

每年有数十篇研究论文在年会上被提出,SIGGRAPH 被广泛认为是计算机图形学研究领域最负盛名的论坛。SIGGRAPH 最近的论文接受率已不足 26%,提交的论文都需通过同行评审的单盲过程。一些评价认为,SIGGRAPH 论文审稿人对新结论的偏好胜于有用增量。2003 年以来,被接受论文呈现一个特殊的问题,聚焦于 ACM 交易和图形学报。1992 年之前,SIGGRAPH 将计算机图形学的一部分论文印刷出版,1993 年和 2001 年之间,有专门的 SIGGRAPH 会议系列出版物。

除了论文外,还有众多的行业专家小组讨论各种各样的话题,从计算机图形学到机器互动,再到教育。SIGGRAPH 在全国范围内也提供全天和半天的课程,教授最先进的计算机图形的主题,以及较短的"素描"表现,关于艺术家和研究者讨论他们最新作品。

SIGGRAPH 设有计算机图形学杰出贡献的奖项。最著名的是史提芬·安森·库斯奖(Steven Anson Coons Award),用于奖励计算机图形学杰出的创造性贡献。自从 1983 年设立以来,在计算机图形学中每两年就奖励一次。

(二)奥地利电子艺术节

奥地利电子艺术节是每年一度在奥地利林茨电子艺术中心举办的艺术盛会。

林茨电子艺术中心建筑也被称为"未来的博物馆",是林茨最重要的景点。博物馆从技术部门将最现代的技术呈现给众多游客。博物馆有六层,展示着来自世界各地的高科技实验室的创意作品,并于每年就当年的主题进行专题性研讨。

(三)国际电子艺术研讨会(ISEA International Symposium on Electronic Art)[①]

国际电子艺术研讨会是一年一度的活动,通常是展览节日模式。该研讨会每年由不同的组织和国家举行。

(四)波士顿网络艺术节(Boston Cyberarts Festival)

两年一度的波士顿网络艺术节创立于 1999 年,主旨是庆祝马萨诸塞州技术和艺术创新的悠久传统。波士顿网络艺术节展示了来自世界各地的艺术家和高科技专业人士作品,他们使用新技术提升了传统视觉艺术和表演艺术学科。

(五)新媒体电影节(New Media Film Festival)

新媒体电影节是在洛杉矶电影学校(Los Angeles Film School)举行的一年一度的颁奖典礼,展示提供电影的发行机会和奖项。

(六)纽约电子艺术节(New York Electronic Arts Festival)[②]

纽约电子艺术节是纽约市总督岛上的一个双年展,是匹兹堡最大的数字文化年度庆典活动。2012 年,一周的节目日程展示了数十名来自世界各地的艺术家的作品,其中展地有多个酒吧、俱乐部、画廊和街道,包括一个大型银行和志愿者活动空间。

(七)中国新媒体系主任(院长)论坛

中国国务院学位委员会办公室、教育部学位管理与研究生教育司领衔创办了全国新媒体系主任(院长)论坛。

2006 年 12 月 18 日国务院学位委员会、教育部学位管理与研究生教育司主办了首届"2006 新媒体艺术系主任(院长)论坛——学科建设与人才培养研讨会"。会议由中国教育电视台、中信集团华迪公司协办,40 余所高校、新媒体艺术系主任(院长)及有关部门负责同志出席了论坛。国务院学位办郭新立副主任主持了会议,会上教育部赵沁平副部长、文化部文化市场司张建新副司长、教育部高教司石鹏建副司长等领导发表了重要讲话。随后成立了由国内 9 所重点高校组成的论坛执委会,每年轮流主持承办。

[①] about.Resistance is futile[EB/OL]http://www.isea2013.org 2016-8-13.
[②] List of new media art festivals.talk[EB/OL]https://en.wikipedia.org/wiki/New_Media_art_festivals 2016-8-13.

论坛执行委员会成员名单按姓氏笔画排列如下：

王荔　同济大学传播与艺术学院　教授
邓启耀　中山大学传播与设计学院　教授
龙全　北京航空航天大学新媒体艺术与设计学院　教授
庄曜　南京艺术学院传媒学院　教授
孙立军　北京电影学院动画学院　教授
吴小华　中国美术学院传媒动画学院　教授
肖永亮　北京师范大学艺术与传媒学院　教授
鲁晓波　清华大学美术学院　教授
廖祥忠　中国传媒大学动画学院　教授

2007年9月召开的第二届论坛，目标直指中国新媒体的学术积累与学科建设，以"新媒体艺术教育创新与发展"为主题，引发了全国相关的100多位院系领导与7所外国大学院长的热烈研讨，为全国高校自主探索新媒体研究与教育道路的风气开了个好头。

2008年以"新媒体·新观念·新生活"为主题的全国新媒体艺术系主任（院长）论坛，11月8日至9日在上海同济大学举行。与会代表围绕"新媒体艺术与学科发展""新媒体艺术与创意文化产业""新媒体与和谐社会"等议题发表见解，交流各高校新媒体艺术最新教学实践、人才培养经验，并展开热烈讨论。

2009年由北京航空航天大学新媒体艺术与设计学院承办，论坛的主题为"兼容，和而不同"，旨在探索多元共生的新媒体艺术如何在现代艺术教育中科学有效地跨界融合，如何适应信息化时代经济社会发展需求，引导新媒体艺术教育的发展方向。

2011年12月20日至21日，由国务院学位委员会办公室、教育部学位管理与研究生教育司指导，全国新媒体艺术系主任（院长）论坛执行委员会主办，中国美术学院传媒动画学院承办的第五届全国新媒体艺术系主任（院长）论坛在杭州隆重召开。

本届论坛的主题是"万物的传媒主义"，旨在剖析我们正在面临的一场革新——"传媒主义"艺术时代。这场革新不仅能推动公众艺术品位的提升，更能让整个社会都参与到改写艺术的历史中来。

本次论坛的主持人是中国美术学院传媒动画学院院长刘正。来自中国传媒大学、同济大学、北京师范大学、浙江工业大学、北京航空航天大学、清华大学、浙江大学等20余所高等院校的新媒体艺术系主任（院长）、专家和中青年学者就"新媒体艺术在中国当代美术史的发展与早期尝试""新媒体艺术的策划展览与当今艺术世界""动漫教学的社会化与当今动漫时代"等10个议题作出精彩的演讲。

（八）中国新媒体艺术三年展（International Triennial of New Media Art）

中国新媒体艺术三年展三年一次在中国美术馆举办，在媒体艺术和文化话语研究的最新知识发展趋势中，中国新媒体艺术三年展为全球展示新媒体艺术和理论前沿提供一个良好的平台。已有2008《合成时代—媒体中国》新媒体艺术展、2011"延展生命"国际新媒体艺术三年展、2014"齐物等观"国际新媒体艺术三年展，2014年展出了22个国家的65位艺术家和艺术团体的58件作品。展览中的大部分作品是第一次在中国展出。

（九）香港克洛肯弗莱普音乐艺术节（Clockenflap Music and Arts Festival）

香港克洛肯弗莱普音乐艺术节，通常简称"Clockenflap音乐艺术"，是一年一度在香港举行的音乐艺术节。它融合了国际、地区和当地的现场音乐、电影、艺术装置、街道和儿童区。2015年60 000人参加了艺术节，被普遍认为是香港每年的招牌音乐事件。

克洛肯弗莱普音乐艺术节成立于2008年，由简·弗斯特(Jay Forster)、迈克·希尔(Mike Hill)和贾斯汀·斯威庭(Justin Sweeting)组织策划。他们的主旨是培养香港的艺术、音乐和电影的场景，"把城市置于亚洲当代媒体艺术的电路之上"。克洛肯弗莱普音乐艺术节已在培育中国独立和另类的音乐场景上起了开拓性的作用，并给中国观众带去了国际潜能。

（十）香港微波国际新媒体艺术节（Microwave International New Media Arts Festival）

这是一个基于香港的新媒体艺术节，创立于1996年，是每年一度的影像艺术节，用于展示本土的影像艺术。

2006年，微波国际新媒体艺术节成为独立的影像录映，并在2007年正式成为完全独立的政府行为。政府一直是此活动主要赞助商。

一年一度的节日一般包括在香港市政厅的主要展览,但规模较小,通常是比较另类的展览,有着单独的场地、主题会议、演出、筛选方案和其他特殊活动的举办。

2007年,由美国艺术集体涂鸦研究实验室(US art collective Graffiti Research Lab)组织"黑城"(hacked the city),他们的L.A.S.E.R.T.A.G与涂鸦艺术家迈克·彦(MC Yan)一同参与,取得了破纪录的成绩,在1200米的维多利亚港,詹姆斯·宝德雷(James Powderly)和迈克·彦等艺术家和文化中心前工作人员从中央码头出发到尖沙咀完成了活动。

第一个扩展活动,即年度十一月艺术节中,2008年4月微波还举行了"发光-发光"(a-glow-glow)微波互动媒体艺术展,这是由香港艺术发展局资助的,旨在服务于更多的大众。

微波艺术节的设计,由当地设计合作伙伴Milkxhake担任。自从成为合作伙伴以来,Milkxhake几乎每年都赢得设计奖。

附 录

中国新媒体艺术展概览[①]

1989年,张培力,录像作品《30×30》,中国现代艺术展,北京:中国美术馆。

1991年,张培力,录像装置《卫字三号》(洗鸡),上海车库展,上海。

1995年,王功新,录像装置《布鲁克林的天空》,北京:报房胡同家。

1996年9月,"现象与影像"中国录像艺术展,杭州:中国美术学院画廊,吴美纯策划。

1997年9月,1997中国录像艺术观摩,北京:中央美术学院画廊,吴美纯策划。

1997年8月,神粉1号:王功新个展,北京:中央美术学院画廊。

1997年9月,邱志杰个展:5个录像装置,北京:中央美术学院画廊。

1997年,看:宋冬个展,北京:中央美院附中当代美术馆。

1997年9月,汪建伟、冯梦波,新媒体作品,德国:第十届卡塞尔文献展。

1998年3月,邱志杰、赵亮、乌尔善等人,新媒体作品,德国:柏林录像节TVANSMEDIDE98。

1998年,陈少平、邱志杰,国际艺术家录像展,德国:科隆路德维希博物馆。

1998年,宋冬、汪建伟,"信息"特展,韩国:光州双年展,白南准策划。

1999年3月,快镜:中国录像艺术展,澳门:当代艺术中心,张颂仁策划。

2001年初,北京:藏酷新媒体艺术中心成立,王功新、林天苗策划。

2001年4月,藏酷数码艺术节,北京:藏酷新媒体艺术中心,李振华、邱志杰、吴美纯策划。

2001年9月,"非线性叙事"新媒体艺术节,杭州:中国美术学院,吴美纯策划。

2001年,首届中国独立影像节,北京:民间电影组织实践社举办。

2002年9月,杨福东,电影《陌生天堂》,德国:第十一届卡塞尔文献展。

2002年,第一届广州三年展"中国录像艺术回顾专题",广州:广东美术馆,邱志杰、吴美纯策划。

2002年10月20日,Jeffery Shaw(杰夫瑞·肖),《生活之网》(*Web of Life*),亚太多媒体艺术节(MAAP),北京:中华世纪坛多媒体数字艺术馆。

2003年9月,第一届中国独立影像年度展,南京,张亚璇、曹恺策划。

2003年12月20日,"冢"新媒体艺术展,杭州:灵隐路31号艺术空间,中国美术学院新媒体艺术系主办,著名多媒体设计师飞苹果AXANDA(德国)主持。

2004年9月,第四届上海双年展独立单元"影像生存",上海:上海美术馆。

2004年,首届北京国际新媒体艺术展暨论坛,清华美术学院、世纪坛、德国艺术与媒体中心(ZKM)、荷兰艺术大展协会(V2)共同主办。

2004年11月,"迷宫"新媒体艺术节,杭州:中国美术学院,吴美纯策划。

2005年,大声展,上海:先进艺术中心,欧宁、吉吉、姜剑策划。

2006年9月5日,"超设计"上海双年展,上海:城市雕塑艺术中心,2006上海双年展组委会主办、同济大学建筑与城市规划学院承办。

2005年6月21日,第二届北京国际新媒体艺

[①] Artda.中国新媒体艺术大事记[EB/OL]. http://www.artda.cn/xinmeitidangan-c-2635.html., 2009-12-05.

展,北京：中华世纪坛,清华大学、荷兰多变媒体学会(V2)、德国艺术与媒体中心(ZKM)共同主办。

2005年6月25日,"电子园林"国际新媒体艺术展（上海证大现代艺术馆开馆展）,上海：上海证大现代艺术馆,李园一策划。

2006年9月25日,"非线性叙事"新媒体艺术节,杭州：中国美术学院。

2006年12月15日,"没事"当代艺术展,杭州：胡庆余堂中药博物馆。

2007年,新媒体艺术空间——立方中心,北京：798艺术区,姚斌策划。

2007年4月16日,中国美术学院新媒体艺术系首届本科毕业展,杭州：中国美术学院美术馆。

2007年5月,"可持续幻想：中国新媒体艺术回顾"展览,北京：阿拉里奥画廊,新媒体艺术论坛,北京：北京画廊博览会,李振华策划。

2007年10月10日,第二届中国（北京）国际大学生动画节,北京：中国传媒大学动画学院,廖祥忠策划。

2007年10月,"大众的智慧"第一届上海电子艺术节,上海：上海东方艺术中心演奏厅、上海科技馆、上海美术馆、上海当代艺术馆、土山湾美术馆,巴黎：蓬皮杜中心,上海世博会事务协调局、上海市科学技术委员会、上海市文化广播影视管理局、上海市浦东新区人民政府和上海文化发展基金会共同主办。

2007年10月19日,叠化——中国美术学院新媒体系学生作品展,上海：浦东新区图书馆。

2008年1月31日,"新媒体·新观念·新生活"全国新媒体艺术系主任（院长）论坛新媒体艺术展,上海：同济大学传播与艺术学院,王荔策划。

2008年6月10日,合成时代：媒体中国2008——国际新媒体艺术展,北京：中国美术馆,中国美术馆主办,张尕策划。

2008年11月2日,"水木境天"北京电影学院新媒体艺术三年展,北京：北京电影学院C楼,王鸿海策划。

2008年11月9日,"失重"南京+佛罗里达国际当代艺术双城展,南京：南京博物院,王舸(美)、马晓翔策划。

2009年4月16日,北京学生国际数字媒体艺术节,北京市国际教育交流中心策划主办,ACG国际动画教育承办。

2009年5月5日,首届新媒体艺术研究生毕业展,杭州：中国美术学院。

2009年7月10日,我们的能力——国际新媒体艺术展,北京：中央美术学院,韩国多媒体艺术中心、中央美术学院美术馆联合主办。

2009年9月25日,"求索"中国美术学院新媒体回归展,中国美术学院创意产业发展公司、西湖当代美术馆、中国美术学院新媒体系共同主办,张培力、范厉、童雁汝南策划。

2009年11月13日,第13届香港微波国际新媒体艺术节,香港：香港文物探知馆、香港郎豪酒店,王泊乔策划。

2009年12月28日,创"逸"中国美术学院青年艺术家新媒体作品展,深圳：深圳画院,梁超策划。

2010年1月13日,"燃烧的青春"中国美院新媒体青年艺术展,杭州：滨江区金盛科技园。

2010年4月16日,"兼容,和而不同"全国新媒体艺术系主任（院长）论坛作品邀请展,北京：北京航空航天大学新媒体艺术学院,龙泉策划。

2010年4月25日,ACG国际新媒体艺术节大师论坛,北京：清华大学美术学院,中央电视台数字频道、ACG国际动画教育主办,清华大学美术学院、东南大学艺术学院共同承办。

2010年5月9日,"元境"中国学院奖新媒体艺术装置展第一回,南京：南京南视觉美术馆,中国学院奖组委会主办、南京艺术学院传媒学院承办,马晓翔策划。

2011年6月18日,"虚实同源"新媒体艺术展,北京：宋庄美术馆,Joel Kwong、李章旭等策划。

2011年7月26日,"延展生命"国际新媒体艺术三年展,北京：中国美术馆,张尕策划。

2011年9月8日,中国影像艺术20年,上海：上海民生现代美术馆,何炬星、周铁海、郭晓彦策划。

2012年3月2日,"2012新媒体艺术卓越奖"艺术展,台湾：关渡美术馆。

2012年11月9日,微波国际新媒体艺术节2012,香港：香港大会堂—低座展览厅。

2013年5月13日,首届"艺术新闻亚洲艺术贡献奖",香港:亚洲协会香港中心。

2013年5月22日,"因脑维新族"新媒体艺术展览,上海:K11艺术空间,邝佳玲策划。

2013年5月25日,"真实、美、自由和金钱"新媒体艺术展,上海:K11艺术空间,李振华策展。

2013年,11月1日,"自律与思辨"第三届北京电影学院国际新媒体艺术三年展,北京:北京电影学院四度空间美术馆,刘旭光策展。

2014年6月11日,"齐物等观"国际新媒体艺术三年展,北京:中国美术馆,张尕策展。

2014年11月,"多重宇宙"群展,上海:二十一世纪民生美术馆,李振华策划。

2014年12月12日,"昼鸣曲/Sunatine"第一届深圳·新媒体艺术节,深圳:深圳市南山区蛇口海湾路8号价值工厂,南山区政府、招商局蛇口工业区主办,南山区文产办、里外·艺文创展、招商产业承办,Joel Kwong策划。

2015年6月12日,"絮语"台湾数字艺术展,南京:德基广场一期一楼中庭,台湾艺数网主办,南京艺术学院传媒学院国家数字示范中心互动媒体实验室协办,曾钰涓策展、马晓翔协办。

2015年11月22日,艺术创新能量:2015年度"艺术新闻亚洲艺术贡献奖"颁奖盛典,上海:上海民生二十一世纪美术馆,豪华汽车品牌林肯汽车独家赞助。

2016年12月30日,"维度跨越"2016云南新媒体艺术展,昆明:108智库美术馆,马宁、林路学术主持,云南艺术学院美术学院云南美术家协会主办,云南艺术学院美术学院新媒体艺术系协办。

2016年1月20日,2016中国光影艺术展映,成都:红美术馆(开幕),江伊岚总策展,成都市人民政府主办,成都国际文化艺术中心、艺术云图承办。

2016年9月1日,2016港澳视觉艺术双年展,北京:民生现代美术馆,文化部、香港特别行政区政府民政事务局、澳门特别行政区政府社会文化司主办,香港特别行政区政府康乐及文化事务署、澳门特别行政区政府文化局、甘肃省文化厅、河南省文化厅协办,中国对外文化集团、中国对外艺术展览有限公司承办,香港特别行政区政府艺术推广办事处、香港城市大学互动媒体与电算应用中心、澳门设计师协会联合统筹,北京民生现代美术馆支持。

2017年9月23日,"光影秘境"国际新媒体艺术特展,上海:上海万象城,Eric Shiner、Natalie Kovacs策展。

2017年9月30日,中法艺术交流 新媒体艺术展,武汉:时代·新世界艺术中心,法国数码艺术家Julien Taïb策展总监。

2017年11月12日,在路上·2017中国青年艺术家(媒体艺术)作品提名展,深圳:关山月美术馆。

2018年1月16日,数码巴比肯展览亚洲首展,北京:王府井大街王府中环地下一层及一层展厅。

2018年5月19日,青春国戏毕业季·中国戏曲学院新媒体艺术系2018届毕业生作品展,北京:悦·美术馆,商长松策展,中国戏曲学院主办。

2018年6月6日,中国传媒大学2018新媒体艺术专业毕设作品展,北京:中国传媒大学动画与数字艺术学院101展厅。

2018年7月20日,文艺复兴2018"心临奇境"沉浸式多媒体艺术展,广州:天河区珠江新城海心沙展馆。

2018年9月15日,"未来折叠"今日未来馆苏州2018新媒体艺术群展,苏州:金鸡湖美术馆,晏燕策展。

国外当代艺术展概览①

威尼斯双年展

1895年,首届威尼斯双年展于威尼斯的卡斯特罗-吉亚蒂尼举行,以历史悠久、参展作品前沿而闻名。

惠特尼双年展

成立于1930年的纽约惠特尼美国艺术博物馆,以推广美国当代艺术为宗旨,并于1931年开始

---

① 张朝晖.艺术大展时代·策划时代丛书[M].南京:江苏美术出版社,2003.

组织双年展。

里昂双年展

法国举办的重要的国际当代艺术展，1989年开始在法国里昂举办，关注第三世界及跨领域的实验艺术。

瓦伦西亚双年展

2001年6月13日开幕，首届瓦伦西亚双年展成为一个独特的当代艺术与文化语言相遇碰撞的实验场所。

卡塞尔文献展

始创于1955年，第一届文献展旨在把欧洲的主流中心放在德国，后来开始关注世界范围内政治与文化背景的关系。

光州双年展

创立于1995年，对于韩国的艺术界有着重要的意义，后来逐渐成为一个国际艺术的展览。

横滨国际现代美术三年展

2002年开幕的第一届横滨三年展，成为提高日本国内对当代艺术认识的场所和社会化推广的重要契机。

圣保罗双年展

1951年由原籍意大利的实业家马塔拉佐（Francisco Ciccillo Matarazzo Sobrinho）创立，以"运动中的城市""乌托邦"等为主题的展览赢得了世界范围的关注。

卡耐基国际展

北美最重要的国际当代艺术展之一，它与纽约的惠特尼美国艺术双年展齐名。由当时最著名的工业家——安德鲁·卡耐基于1896年创办于美国宾夕法尼亚州的匹兹堡，随后新建的卡耐基学院便开始每年一度地举办展览，展览大多关注当代艺术的最佳呈现方式及其教育意义。

达卡亚洲艺术双年展

1981年，孟加拉国总统齐亚·拉赫曼在首都达卡发起第1届亚洲艺术双年展，其目的在于使来自全亚洲的艺术家聚集一堂，互相交流艺术经验和理念。

约翰内斯堡双年展

第一届约翰内斯堡双年展于1995年举行，开创了一个西方大都市以外进行文化诠释的平台，这加速了对不断拓展中的非西方当代艺术（非洲艺术）的探讨。

伊斯坦布尔双年展

首届伊斯坦布尔双年展于1987年举办，并成为土耳其共和国历史上最引人注目的国际艺术盛事。

悉尼双年展

1973年悉尼双年展首次在悉尼歌剧院举办，成为澳大利亚接触国际艺术舞台的一个主要窗口。

奥地利电子艺术节

国际顶尖的科技艺术家在一起竞技、交流的盛会，自1979年在林兹创立以来，每年都在那里举办。奥地利电子艺术节的宗旨是展示一些对人类社会产生，或者可能产生重大、长期影响的艺术和科技。同时，奥地利电子艺术节也致力于研究、发展和普及科技艺术。

参考文献

一、中文文献

[1] 李泽厚.中国思想史论[M].合肥:安徽文艺出版社,1978.

[2] 朱光潜.西方美学史[M].2版.北京:人民文学出版社,1979.

[3] 杨身源,张弘昕.西方画论辑要[M].南京:江苏美术出版社,1992.

[4] 叶朗.中国美学史大纲[M].上海:上海人民出版社,1985.

[5] 黄鸣奋.电脑艺术学[M].上海:学林出版社,1998.

[6] 张朝晖.什么是新媒体艺术[J].美术观察,2001(10).

[7] 熊澄宇.新媒介与创新思维[M].北京:清华大学出版社,2001.

[8] 王强.网络艺术的可能:现代科技革命与艺术的变革[M].广州:广东教育出版社,2001.

[9] 邱志杰.后感性的缘起和任务[J].美苑,2001(5):2-5.

[10] 潘知常.美学的边缘[M].上海:上海文艺出版社,2001.

[11] 张敏.克罗齐美学论稿[M].北京:中国社会科学出版社,2002.

[12] 彭吉象.影视美学[M].北京:北京大学出版社,2002.

[13] 王秋凡.西方当代新媒体艺术[M].沈阳:辽宁画报出版社,2002.

[14] 范景中.美术史的形状[M].杭州:中国美术学院出版社,2003.

[15] 范景中,邵宏.美术史的观念[M].杭州:中国美术学院出版社,2003.

[16] 许江,吴美纯.非线性叙事:新媒体艺术与媒体文化[M].杭州:中国美术学院出版社,2003.

[17] 舒可文.相信艺术还是相信艺术家[M].北京:中国人民大学出版社,2003.

[18] 张法.20世纪西方美学史[M].成都:四川人民出版社,2003.

[19] 邱志杰.重要的是现场[M].北京:中国人民大学出版社,2003.

[20] 张朝晖,徐翎.新媒介艺术[M].北京:人民美术出版社,2004.

[21] 黄鸣奋.数码艺术学[M].上海:学林出版社,2004.

[22] 周宪.模仿、复制、虚拟:视觉文化的三种形态[C]//中国首届视觉文化传播国际研讨会论文集.上海:复旦大学,2004.

[23] 黄鸣奋.数码艺术50年:理念、技术与创新[J].文艺理论研究,2004(6).

[24] 邱志杰,吴美纯.影像与后现代[M].长沙:湖南美术出版社,2004.

[25] 范景中.艺术词典[M].殷企平,严军,张言梦,译.北京:生活·读书·新知三联书店,2005.

[26] 邱志杰.摄影之后的摄影[M].北京:中国人民大学出版社,2005.

[27] 谷时雨.多媒体艺术:后影视展望[M].北京:文化艺术出版社,2005.

[28] 张燕翔.新媒体艺术[M].北京:科学出版社,2005.

[29] 盛希贵.影像传播论[M].北京:中国人民大学出版社,2005.

[30] 张献民.看不见的影像[M].上海:上海三联书店,2005.

[31] 鲁晓波,张尕.飞越之线[M].北京:清华大学出版社,2005.

[32] 朱其.VIDEO:20世纪后期的新媒介艺术[M].北京:中国人民大学出版社,2005.

[33] 范景中,曹意强.美术史与观念史[M].南京:南京师范大学出版社,2006.

[34] 廖祥忠.数字艺术论[M].北京:中国广播电视出版社,2006.

[35] 许鹏,陆达,张浩达.新媒体艺术论[M].北京:高等教育出版社,2006.

[36] 李四达.数字媒体艺术概论[M].北京:清华大学出版社,2006.

[37] 贾秀清.重构美学[M].北京:中国广播电视出版社,2006.

[38] 童芳.新媒体艺术[M].南京:东南大学出版社,2006.

[39] 顾丞峰.乘着意象的翅膀[M].成都:四川美术出版社,2006.

[40] 廖炳惠.关键词200:文学与批评研究的通用词汇编[M].南京:江苏教育出版社,2006.

[41] 李建盛.艺术学关键词[M].北京:北京师范大学出版社,2007.

[42] 张燕翔.当代科技艺术[M].北京:科学出版社,2007.

[43] 陈玲.新媒体艺术史纲:走向整合的旅程[M].北京:清华大学出版社,2007.

[44] 博文斯荔.当代新媒体艺术探讨[J].大众DV,2007(2).

[45] 权英卓,王迟.互动艺术新视听[M].北京:中国轻工业出版社,2007.

[46] 赵凯,复旦大学新媒体研究中心.解码新媒体[M].上海:文汇出版社,2007.

[47] 马晓翔.新媒体艺术透视[M].南京:南京大学出版社,2008.

[48] 张廷远.语境修辞论[M].北京:中国言实出版社,2008.

[49] 石炯.构图:一个西方观念史的个案研究[M].杭州:中国美术学院出版社,2008.

[50] 冯雷.理解空间:现代空间观念的批判与重构[M].北京:中央编译出版社,2008.

[51] 王林.绘画与观念[M].重庆:重庆出版社,2008.

[52] 李德庚.观念越狱[M].兰州:甘肃人民美术出版社,2008.

[53] 王祖龙.楚美术观念与形态[M].成都:巴蜀书社,2008.

[54] 杨继红.新媒体生存[M].北京:清华大学出版社,2008.

[55] 陆小华.新媒体观:信息化生存时代的思维方式[M].北京:清华大学出版社,2008.

[56] 李四达.数字媒体艺术史[M].北京:清华大学出版社,2008.

[57] 张屹.新媒体艺术.陌生化与日常性的统一[J].艺术百家,2009(1).

[58] 段炼.观念与形式:当代批评语境中的视觉艺术[M].北京:文化艺术出版社,2009.

[59] 张文俊.数字新媒体概论[M].上海:复旦大学出版社,2009.

[60] 许德民.中国抽象艺术学[M].上海:复旦大学出版社,2009.

[61] 张玉能.席勒美学论稿[M].武汉:华中师范大学出版社,2009.

[62] 何桂彦.形式主义批评的终结[M].北京:文化艺术出版社,2009.

[63] 石磊.新媒体概论[M].北京:中国传媒大学出版社,2009.

[64] 王荔.新媒体艺术发展综述[M].上海:同济大学出版社,2009.

[65] 胡友峰.康德美学的自然与自由观念[M].杭州:浙江大学出版社,2009.

[66] 肖永亮.中国动画教育启示录[M].北京:电子工业出版社,2011.

[67] 黄鸣奋.数码编程的艺术潜能[M].上海:学林出版社,2011.

[68] 黄鸣奋.数码文化的艺术影响[M].上海:学林出版社,2011.

[69] 黄鸣奋.数码现实的艺术渊源[M].上海:学林出版社,2011.

[70] 黄鸣奋.数码媒体的艺术功能[M].上海:学林出版社,2011.

[71] 黄鸣奋.数码文本的艺术价值[M].上海:学林出版社,2011.

[72] 黄鸣奋.数码进化的艺术取向[M].上海:学林出版社,2011.

[73] 门罗.走向科学的美学[M].滕守尧,译.北京:中国文联出版公司,1985.

[74] 诺曼·N.霍兰德.后现代精神分析[M].潘国庆,译.上海:上海文艺出版社,1995.

[75] 巴特.一个解构主义的文本[M].汪耀进,武佩荣,译.上海:上海人民出版社,1996.

[76] 鲁道夫·阿恩海姆.艺术心理学新论[M].郭小平,翟灿,译.北京:商务印书馆,1996.

[77] 鲁道夫·阿恩海姆.艺术与视知觉[M].滕守尧,朱疆源,译.成都:四川人民出版社,1998.

[78] 朗格.情感与形式[M].北京:中国社会科学出版社,1986.

[79] 贡布里希.艺术发展史[M].范景中,译.天津:天津美术出版社,1992.

[80] 冈特·绍伊博尔德.海德格尔分析新时代的技术[M].北京:中国社会科学出版社,1993.

[81] 本雅明.机械复制是带的艺术品[M].王才永,译.杭州:浙江摄影出版社,1993.

[82] 格拉海姆.录像和建筑的关系[J].录像艺术文献,1996.

[83] 卑斯.录像装置艺术:物体、形象和交互空间[J].录像艺术文献,1996.

[84] 尼葛洛庞帝.数字化生存[M].海口:海南出版社,1997.

[85] 福瑞斯.交流美学、交互参与、交流与表现的艺术系统[M]//马克·第亚尼.非物质社会:后工业世界的设计、文化与技术.腾守尧,译.成都:四川人民出版社,1998.

[86] 汤因比.艺术的未来[M].桂林:广西师范大学出版社,2002.

[87] 拉什.20世纪后期的新媒介艺术[M].天津:天津社会科学院出版社,2001.

[88] 阿瑟·丹托.艺术的终结[M].欧阳英,译.南京:江苏人民出版社,2001.

[89] 贡布里希.贡布里希论设计[M].范景中,译.长沙:湖南科学技术出版社,2001.

[90] 康德.判断力批判[M].邓晓芒,译.北京:人民出版社,2002.

[91] 阿道夫·希尔德布兰德.造型艺术中的形式问题[M].潘耀昌,译.北京:中国人民大学出版社,2004.

[92] 约翰·帕夫利克.新媒体技术:文化和商业前景[M].周勇,张平锋,景刚,译.北京:清华大学出版社,2005.

[93] 谢林.艺术哲学 德国古典美学的经典[M].魏庆征,译.北京:中国社会出版社,2005.

[94] 马尔科姆·巴纳德.理解视觉文化的方法[M].常宁生,译.北京:商务印书馆,2005.

[95] 史蒂文森.认识媒介文化:社会理论与大众传播[M].王文斌,译.北京:商务印书馆,2005.

[96] 马克·西门尼斯.当代美学[M].王洪一,译.北京:文化艺术出版社,2005.

[97] 克劳瑟.20世纪艺术的语言:观念史[M].刘一平,译.长春:吉林人民出版社,2007.

[98] 威廉·弗莱明,玛丽·马里安.艺术与观念[M].宋协立,译.北京:北京大学出版社,2008.

[99] 马茨·艾尔维森,卡伊·舍尔德贝里.质性研究的理论视角:一种反身性的方法论[M].陈仁仁,译.重庆:重庆大学出版社,2009.

二、英文文献

[1] ASCOTT R. Moistmedia, technoetics and the three VRs.[EB/OL][2015-08-14]. https://www.plymouth.ac.uk/staff/roy-ascot.

[2] Wikipedia. Mixed media.[EB/OL][2015-08-14]. https://en.wikipedia.org/wiki/Mixed_mediaSandia.

[3] Sandia National Laboratories. Art and science of science and technology proceedings of the forum and roundtable.[EB/OL](2014-09-17)[2015-08-14]. http://belfercenter.ksg.harvard.edu/files/asst-web-final.pdf.

[4] QUARANTA D. What's (really) specific about new media art? Curating in the information age.[EB/OL](2012-12-06)[2015-08-14]. http://rhizome.org/editorial/2012/dec/6/whats-really-specific-about-new-media-art-curating.

[5] Internet Encyclopedia of Philosoph. Aesthetic formalism.[EB/OL][2015-08-14]. http://www.iep.utm.edu/aes-form.

[6] ISEA. The 17th intenational symposium on eletronic art.[EB/OL](2011-09-18)[2015-08-14]. http://isea2011.sabanciuniv.edu/content/collaborating-through-interactive-media.

[7] AGGER B. Cultural studies[M]. London: Falmer Press, 1992.

[8] ANG I. Watching dallas[M]. New York: Metheun, 1985.

[9] ANG I. Living room wars. rethinking media audiences for a postmodern world [M]. London and New York: Routledge, 1996.

[10] BRUNSDON C, MORLEY D. Everyday television: "nationwide." [M]. London: British Film Institute, 1978.

[11] Centre for Contemporary Cultural Studies. On ideology[M]. London: Hutchinson, 1980.

[12] DE CERTEAU M. The practice of everyday life[M]. Berkeley: University of California Press, 1984.

[13] DURING S. Cultural studies[M]. London and New York: Routledge, 1992.

[14] FISKE J. British cultural studies and television[M]// Allen R C. Channels of discourse. Chapel Hill: University of North Carolina Press, 1986: 254-289.

[15] FISKE J. Television culture[M]. New York and London: Routledge, 1987.

[16] FISKE J. Reading the popular[M]. Boston: Unwin Hyman, 1989.

[17] FISKE J. Understanding popular culture[M]. Boston: Unwin Hyman, 1989.

[18] FISKE J. Power play power works[M]. London: Verso, 1993.

[19] GROSSBERG L. The formations of cultural studies: An American in Birmingham[M]. Strategies, 1989(22): 114-149.

[20] GROSSBERG L, Nelson C, Treichler P. Cultural studies[M]. New York: Routledge, 1992.

[21] HALL S, et al. Culture, media, language [M]. London: Hutchinson, 1980.

[22] HALL S. On postmodernism and articulation: an interview [J]. Journal of Communication Inquiry, 1987(10): 45-60.

[23] JENKINS H. Textual poachers[M]. New York: Routledge, 1992.

[24] JOHNSON R. What is cultural studies anyway? [J]. Social Text 16, 1987: 38-80.

[25] KELLNER D. Ideology, marxism, and advanced capitalism[J]. Socialist Review 42, 1978(11-12): 37-65.

[26] KELLNER D. TV, Ideology, and emancipatory popular culture[J]. Socialist Review 45, 1979(5-6): 13-53.

[27] KELLNER D. Television and the crisis of democracy[J]. Westview, 1990.

[28] KELLNER D. The persian gulf TV war[J]. Westview, 1992.

[29] KELLNER D. Media culture. cultural studies, identity, and politics between the modern and the postmodern[M]. London and New York: Routledge, 1995.

[30] KELLNER D. Critical theory and British cultural studies: The missed articulation [M]//McGuigan J. Cultural methodologies. London: Sage, 1997: 12-41.

[31] KELLNER D. Grand theft 2000 [M]. Lanham, Md.: Rowman and Littlefield, 2001.

[32] KELLNER D, Ryan M. Camera politica: the politics and ideology of contemporary hollywood film [M]. Bloomington, Ind: Indiana University Press, 1988.

[33] LEWIS L A. Adoring audience. fan culture and popular media[M]. New York: Routledge, 1992.

[34] MCCHESNEY R. Rich media, poor democracy: communications politics in dubious times [M]. New York: New Press, 2000.

[35] MORLEY D. Family television [M]. London: Comedia, 1986.

[36] O'CONNOR A. The problem of American cultural studies[J]. Critical Studies in Mass Communication, 1989(12): 405-413.

[37] RADAWAY J. Reading the romance[M]. Chapel Hill: University of North Carolina Press, 1983.

[38] STAIGER J. Film, reception, and cultural studies[J]. Centennial Review, 1992, 26

(1): 89-104.

[39] THOMPSON J. Ideology and modern culture[M]. Cambridge and Stanford: Polity Press and Stanford University Press, 1990.

[40] TURNER G. British cultural studies: An introduction [M]. New York: Unwin Hyman, 1990.

[41] THURSTON S. The central intelligence agency and the New York Times [J]. Computers and Automation, 1971.

[42] PROUTY L. Fletcher, the secret team, the cia and its allies in control of the United States and the world[J]. Prentice Hall, 1973.

[43] POLICOFF J. The media and the murder of John Kennedy[J]. New Times, 1975(10).

[44] Who killed JFK? Just one assassin[J]. Time Magazine, 1975(11).

[45] Up front — Did one man with one gun kill John F. Kennedy Eight skeptics who say no [J]. People, 1975(11).

[46] Author's discussion with Jerry[J]. Policoff, 1975(11).

[47] Warren panel aide calls for 2nd inquiry into Kennedy killing[J]. New York Times, 1975(11).

[48] Transcript of gerald ford press conference[J]. New York Time, 1975(11).

[49] PHELAN J R. The assassination[J]. New York Times Magazine Section, 1975(11).

[50] THURSTON S F. The central intelligence agency and the New York Times [J]. Computers and Automation, 1971(7).

[51] O'CONNER J J. TV: CBS News is presenting two hour-long programs on the assassination of President Kennedy[J]. New York Time, 1975(11).

[52] Dallas: New questions and answers [N]. Newsweek, 1975-04-28.

[53] SCHONFELD M W. The shadow of a gunman[J]. Columbia Journalism Review, 1975(7-8).

[54] COHEN J. Conspiracy fever [J]. Commentary, 1975(10).

[55] D.C. Digs deep into tv news ties with CIA [J]. Variety, 1975(11).

[56] PROUTY L F. The fourth force[J]. Gallery, 1975(11).

[57] CIA will keep more than 25 journalist-agents [J]. New York Times, 1976(4).

[58] Wilson R A, Frank C K. The MIT encyclopedia of the cognitive science[M]. Cambridge, MA: The MIT Press, 1999.

[59] GREENBERG J D, DICKELMAN G J. Distributed cognition: a foundation for performance support [J]. Performance Improvement, 2000, 39(6): 18-24.

[60] HUTCHINS E. Cognition in the wild[M]. Cambridge, MA: The MIT Press, 1994.

[61] MCLUHAN M. Understanding media: the extensions of man[M]. New York: New American Library, 1966.

[62] KIRSH D. The intelligent use of space[J]. Artificial Intelligence, 1995, 73 (1/2): 31-68.

[63] NORMAN D. Emotional design: why we love (or hate) everyday things[M]. New York: Basic Books, 2004.

[64] FAUCONNIER I G, TURNER M. Conceptual integration networks[J]. Cognitive Science, 1998, 22(2): 133-187.

[65] VARELA F J, THOMPSON E, ROSCH E. The embodied mind[M]. Cambridge, MA: The MIT Press, 1991.

[66] MARCUSE H, SHEROVER E. Die permanenz der kunst: wider eine bestimmte marxistische ästhetik[M]. Munich: Carl Hanser Verlag, 1977.

[67] FASTE R A. The role of aesthetics in engineering[J]. Japan Society of Mechanical Engineers (JSME) Journal, 1995(winter).

[68] MUNSTER A. Materializing new media: Embodiment in information aesthetics[M]. Hanover: Dartmouth College Press, 2006.

[69] SIMON B. Ruling passions[M]. Oxford: Oxford University Press, 1998.

[70] BUDD M. The pure judgement of taste as an aesthetic reflective judgement[J]. The British Journal of Aesthetics, 2001, 41(3): 247-260.

[71] EDMUND B. A philosophical enquiry into the origin of our ideas of the sublime and beautiful [M]. Harmonsworth: Penguin, 1998.

[72] BURTON S. Thick concepts revised [J]. Analysis, 1992, 52(1): 28-32.

[73] COHEN T. A critique of sibley's position [J]. Theoria, 1973, 39: 113-152.

[74] DICKIE G. Beardsley's phantom aesthetic experience[J]. The Journal of Philosophy, 1965, 62(5): 129-136.

[75] DAVIDSON D. Mental events[M]//Essays on actions and events. Blackwell: Oxford, 1980.

[76] FINE K. Essence and modality [J]. Philosophical Perspectives, 1994(8): 1-16.

[77] HUME D. Of the standard of taste[M]// Miller E. Moral, political and literary. Indianapolis: Liberty, 1985.

[78] KANT I. Critique of judgment [M]. Oxford: Oxford University Press, 1928.

[79] PETER K. What makes "aesthetic" terms aesthetic? [J]. Philosophy and Phenomenological Research, 1975, 36(2): 197-211.

[80] JERROLD L. Aesthetic properties, evaluative force, and differences of sensibility [M]// Contemplating Art. Oxford: Oxford University Press, 2006: 315-355.

[81] LEVINSON J. Musical beauty[J]. Teorema, 2012, 31(3): 127-135.

[82] MOTHERSILL M. Beauty restored [M]. Oxford: Oxford University Press, 1984.

[83] NIETZSCHE F. On the geneology of morals. Clarke M, Swensen A J Trans [M]. Indianapolis, IN: Hackett, 1998.

[84] SCRUTON R. Art and imagination [M]. London: Methuen, 1974.

[85] SCHIER F, SCRUTON R. The aesthetics of architecture[M]. London: Methuen, 1979.

[86] SIBLEY F. Aesthetic concepts [J]. The Philosophical Review, 1959, 68(4): 421-450.

[87] SIBLEY F. Aesthetic and nonaesthetic [J]. The Philosophical Review, 1965, 74(2): 135-159.

[88] ZANGWILL N. The beautiful, the dainty and the dumpy[J]. The British Journal of Aesthetics, 1995, 35(4): 317-329.

[89] ZANGWILL N. Feasible aesthetic formalism [J]. Nous, 1999, 33(4): 610-629.

[90] ZEMACH E. Real beauty[M]. University Park: Penn State Press, 1995.

[91] BENDER John. General but defeasible reasons in aesthetic evaluation: The particularist/generalist dispute [J]. The Journal of Aesthetics and Art Criticism, 1995, 53(4): 379-392.

[92] DICKIE G. Evaluating art[M]. Philadelphia: Temple University Press, 1988.

[93] GOLDMAN A. Aesthetic value [M]. Boulder, Colorado: Westview, 1995.

[94] GREENBERG C. Homemade esthetics[M]. Oxford: Oxford University Press, 1999.

[95] HANSLICK E. On the musically beautiful [M]. Indianapolis: Hackett, 1986.

[96] HOPKINS R. How to be a pessimist about aesthetic testimony [J]. The Journal of Philosophy, 2011, 108(3): 138-157.

[97] KIVY P. Aesthetic aspects and aesthetic qualities [J]. The Journal of Philosophy, 1968, 65(4): 85-93.

[98] LEVINSON J. Pleasure and the value of works of art [M]// The pleasures of aesthetics. Ithaca: Cornell University Press, 1995.

[99] MCCLOSKEY M. Kant's aesthetic[M]. New York: SUNY Press, 1987.

[100] SAITO Y. Everyday aesthetics [J]. Philosophy and Literature, 2001, 25(1): 87-95.

[101] SAITO Y. Everyday aesthetics [M].

Oxford: Oxford University Press, 2007.

[102] SCRUTON R. Understanding music[M]// The aesthetic understanding. London: Carcanet, 1983.

[103] ZUCKERT R. Kant on beauty and biology[M]. Cambridge: Cambridge University Press, 2007.

[104] Stanford Encyclopedia of philosophy[J]. The Concept of the Aesthetic., 2009.

[105] Aesthetic judgment. [EB/OL] [2016-01-16]. http://plato.stanford.edu/entries/aesthetic-judgment.

[106] MANOVICH L. Information as an aesthetic event[EB/OL]. http://manovich.net/index.php/projects/information-as-an-aesthetic-event.

[107] MORLEY M. Demand media. the positive & negative impact of digital media on business [EB/OL]. [2016-02-07]. http://smallbusiness.chron.com/positive-negative-impact-digital-media-business-20910.html.

[108] WORSHAM S L. Media's influence on social norms and identity development of youth[EB/OL]. (2011-11-01)[2016-02-09]. http://www.personal.psu.edu/bfr3/blogs/applied_social_psychology/2011/11/medias-influence-on-social-norms-and-identity-development-of-youth.html.

[109] FONAGY P, KRAUSE R, LEUZINGER-BOHLEBER M. Identity, gender and sexuality: 150 years after freud (book review)[J]. Lora Heims Tessman, 2009, 29(3): 58-61.

结 论

正如在《艺术的故事》中，英国艺术史家恩斯特·贡布里希（Ernst hans josef Gombrich）所说，"整个艺术发展史不是技术熟练程度的发展史，而是观念和要求的变化史"。中外艺术史学家对美术史中有关观念的理论逐一整理论述。从这些艺术史研究的理论精华来看，我们获知美术史是基于视觉方式脉络得以发展，美术史的视觉方式与观念紧密不可分。新媒体艺术作为艺术的存在方式，其范畴远比美术的领域更为宽广，它的视觉方式基于跨学科的综合范式，不仅包含传统的绘画、雕塑、音乐，还包括设计艺术、计算机图形图像技术、编程语言、传媒硬件材料等各类学科，甚至包括生物学、物理知识，是一个依赖技术、重视观念、强调实验、追求应用的综合艺术。新媒体艺术这门新兴的艺术，伴随着科技的进步和艺术理念的更新而不断完善自己，于是在新媒体艺术的范畴内，涌现了许多与传统艺术观念大相径庭的新的观念。新媒体艺术的兴起也使得艺术范畴的学术环境和思维有所转变，新兴艺术理论的研究者主张将当下的社会环境、知识语境以及艺术史研究结合起来。如果说因为新媒体及其技术的发展还有长足的空间，对新媒体艺术史的论断尚且过早，那么在当下新媒体艺术的盛期，诸多成熟的新媒体艺术作品的背后已显现了有关新媒体艺术概念、分类、关系、审美理念、审美范畴、审美经验、形式、主客体的观念脉络。

一、纵观新媒体艺术的发展史，新媒体艺术所涉概念可分为三个阶段：前新媒体时期的概念期；新媒体时期的概念转变期；后新媒体时期的概念争议期。新媒体艺术概念发展的三个阶段须臾不可脱离相关艺术语境而独立存在，前新媒体时期是在现代艺术的发展中孕育而生，新媒体时期则在后现代艺术的思潮中积淀而来，而后新媒体时期则在当代艺术的蓬勃中得以繁荣。从时间上看，"现代艺术"大约在20世纪初开始发生，"后现代艺术"则始于二战后的哲学和建筑学领域，"当代艺术"广义上指当下进行的艺术思潮和艺术实践，狭义上则是指全球化趋势下社会格局中正在产生的艺术形式。

二、新媒体艺术的分类经过了漫长的起始期、过渡期和发展期，新媒体艺术分类的角度也随着科技媒介的不断发展而呈现新的样式。综合媒介又被称为混合媒介，本义上是指视觉艺术，是艺术创作过程中超过一种媒材在创作过程中的综合运用。多媒体特指不同媒体形式内容的集合，这里的媒体包括用电脑显示文本、传统的印刷或是手工材料等。多媒体则包括文本、静态图像、音频、动画、视频或交互性的内容形式。数字媒体指在一个电子或数字格式中的任何类型的媒体，它在数字格式的便捷和娱乐的消费者那里得到体现。它包含了所有音频呈现（听觉）或视频呈现（视觉）的形式，这些形式可以被看到或听到。新媒体最常见的是指通过互联网可按需提供的内容，可在任何数字设备上访问的内容，通常包含交互式用户反馈和创造性参与。新媒体的常见例子包括网站如在线报纸、博客或视频游戏以及社交媒体。新媒体的一个定义的特点是"对话"。新媒体通过连接和会话传送内容。它使世界各地的人们分享、评论，并讨论各种各样的主题。与以往任何一种技术不同，新媒体都是以一个互动社区为基础的。

三、新媒体艺术与科技是不可分离的两个范畴。科技与媒体同根同源，科技介入媒体后产生了多媒体表演，给予受众"诗意般"现场的体验；科技介入艺术后，产生了数字图像及影像的数字化记录方式，有了观念与叙述的视觉体验；科技与媒体艺术融合后，非线性叙事的交互式媒体成为可能，有了关于现象学中身份与性别的感官体验。

四、新媒体艺术审美理念伴随着艺术目的的改变、艺术观的演变在内容、主题、形式、原则、材料方面发生了重要的变革。"韵味"的消失、科技艺术对传统美学的挑战使得当代传媒技术影响下的美学在传统审美理论式微下逐渐自成一体。数字化审美体现了非物质审美、非叙事审美、非主体审美和非经验审美的特质。媒体审美的本体理论出现端倪。新媒体艺术的审美应用体现在跨界融合中,具体表现在媒体中发掘创意、技术中彰显人文、跨学科研究和跨领域实践、当代艺术与创意媒体、视觉文化与创意文化的领域中。

五、新媒体艺术将无限的审美观念呈现于有限的艺术形态,将有限的审美范畴付诸于无限的媒体样式,使其成为一种具有某种象征意义的特殊艺术类别,而审美范畴是新媒体艺术拓展其深邃意义的必要方式,也是其审美观念喻义性表达的关键内涵。在中西文化碰撞的历史背景下,中西两大艺术文脉对新媒体艺术创作有着重要的影响,新媒体艺术的审美范畴便由此而来,分别是认知审美、维度审美、技术审美、机械审美、信息审美、沉浸审美、肢体审美、生物审美。

六、审美经验是审美主体在审美活动中感受、知觉审美对象时所产生的愉快的心理体验,其审美对象包括艺术作品、审美产品和自然,是人的内在心理生活与审美对象在艺术表面形态及艺术深刻内蕴之间相互交流、相互作用的结果。审美经验通常又包括"审美趣味""审美判断""趣味知觉""趣味能力""趣味判断"等。审美对象的感性特征对于审美经验至关重要,审美经验的过程是直接感受审美对象的外形、色彩、线条和质地等的过程。新媒体艺术的审美经验是在当代经验主义审美嬗变中触发的,它涉及审美事件、审美行为和审美互动。

七、新媒体艺术的观念内涵离开了形式语言将无从探源,只有通过形式语言的表现,观念内涵方能达意抒情。新媒体艺术的形式语言,是一种数字抽象符号的系统,运用形式模型对数字语言、数字语义进行理论上的分析和实践上的描写,用以实现观念内涵的数字化设想。新媒体艺术的形式语言带来了从传统美学向媒体艺术融入的最恰当的语境关系,是一个起承、转换和扩张的境界,在媒介形式主义的指引下赋予"光质""信息""时间""声音""空间"以新的内涵。新媒体艺术的形式包括数字拟像形式、数字嫁接形式、虚拟情境形式、非物质再现形式、科技平台的艺术形式。

八、新媒体艺术往往涉及艺术家和受众之间的互动。然而,一些理论家和策展人指出,相互作用的这种形式具有社会交流、参与、改造和区分新媒体艺术的共同特点,有着当代艺术实践的相似之处。这样的见解强调了文化实践中形式的问题,新兴的技术平台、科技媒体的焦点以及其本质的争论。新媒体艺术的主客体之争论涉及主体的创作、客体的参与和身份的替换。

九、新媒体艺术的创造涉及科技与艺术的研发,20世纪50年代便出现了致力于推动新媒体艺术创作、研发的组织,使得西方的新媒体艺术在短短的几十年间得以发芽、开花、结果。艺术空间、艺术展览的展陈与新媒体艺术家和新媒体艺术策展人的贡献密不可分。教育机构的科研之路仰仗于各类艺术机构对新媒体艺术的支持。学术期刊与研究会议的探研旨在通过学术的道路推进新媒体艺术的良性发展。

致　谢

本书致力于"新媒体艺术史"的探讨与研究，是在新媒体艺术日益兴盛和成熟前提下对新媒体艺术发展脉络的梳理与考量，是对新媒体艺术萌芽期、发展期和成熟期艺术样态的理论阐释，也是对新媒体艺术观念的剖析与解读。

本书是本人长期以来对新媒体艺术理论建树的综合尝试，在写作过程中得到了众多师长、同学、朋友的关心与帮助。首先衷心地感谢我的合作导师，东南大学艺术学院凌继尧教授。在研习过程中我常遇到困惑与难题，其间凌教授给予了悉心的指导与重要的点拨，本人从本书所研究课题的开题到撰稿，以及最终书稿呈现出完整面貌与合作导师的谆谆教导息息相关。其次感谢东南大学艺术学院各位领导、老师与行政管理人员，他们在本人做博士后研究期间付出了辛勤的劳动并给予了真挚的帮助。最后感谢家人在本人做博士后研究期间给予的无微不至的关怀与精神上的支持。

本书的如期完成凝聚了本人研究道路中的艰辛与执著，它的最终完稿是对师长、同学、朋友、家人期望的最好报答。

2019 年 3 月 25 日

后 记

　　本书的撰写与成型历经了十年的磨炼与积累，涉猎资讯及图片众多，在这里就图片来源进行简要的说明。首先，非常感谢张培力、缪晓春、赫尔穆特·莱德（Helmut Leder）等新媒体艺术家为此书提供的作品原始图片，这些珍贵的图文为拙作增色不少。其次，书中还引用了大量的网络资源，作为本书的例证缺一不可，但由于此书的撰写周期较长，许多网络资讯已被更新替换，因而书中所涉及国外与国内的图片来源（网址）将无法正常浏览，若给读者带来阅读不便，敬请海涵！

个人简历

马晓翔 女 1976年生 祖籍江苏无锡

法国巴黎蓬皮杜现代艺术中心会员、中国美术家协会会员、中国艺术学理论学会比较艺术学专业委员会会员、全国高等院校计算机基础教育研究会会员、江苏省艺术评论学会会员、教育部学位与研究生教育评估工作通讯评议专家、中国学院奖评审专家。

东南大学艺术学院艺术学理论博士后、南京艺术学院传媒学院数字媒体艺术博士、法国新媒体观念硕士。南京艺术学院教授、硕士生导师，传媒学院国家级数字媒体艺术实验教学示范中心互动媒体艺术实验室主任。

2010南京艺术学院"薪火321计划"培养人选；2016江苏省第五期"333高层次人才培养工程"第三层次培养对象；2021江苏高校"青蓝工程"中青年学术带头人。

先后出版专著《新媒体艺术透视》（南京大学出版社）、《新媒体装置艺术》（南京大学出版社，江苏高校优势学科建设工程资助项目PAPD南京艺术学院学术著作出版基金资助）、《新媒体艺术研究范式的创新与转换》（东南大学出版社，江苏高校优势学科建设工程资助项目PAPD南京艺术学院学术著作出版基金资助）。

主编2006江苏省普通高校精品教材建设项目之《数字媒体艺术概论》《网络媒体艺术》；2007江苏省教育厅重点教材项目之《数字媒体艺术实践学程》；2016南京艺术学院本科教材建设基金资助出版教材《当代艺术思潮》；2018南京艺术学院本科教材建设基金资助出版教材《交互展示设计》。

2011—2014年主持江苏省教育厅高校哲学社会科学研究指导项目《江苏互动媒体产业发展现状研究》；2011—2012年主持江苏省博士研究生创新计划（资助项目）《新媒体装置艺术的美学形态研究》；2011—2014年主持江苏省高等教育教学改革研究课题重点项目《互动媒体艺术课程体系整体优化研究与实践》；2013—2014年主持江苏省文化科研课题《当代艺术语境下新媒体装置艺术的文脉研究》；2015—2016年主持第57批中国博士后科学基金面上资助（二等资助）课题《新媒体艺术研究范式的创新与转换》；2018—2020年主持江苏省社会科学基金项目重点项目《新媒体艺术史研究》；2021—2024年主持江苏省高校"青蓝工程"中青年学术带头人资助项目《国家精神在中国新媒体艺术隐喻方式中的表达研究》；2021—2024年主持江苏省高等教育学会"十四五"高等教育科学研究规划课题一般项目《新时代国家级数字媒体艺术实验教学示范中心内涵建设与学生创新能力培养研究》；2021—2023年主持南京艺术学院教学改革研究重点课题《新文科背景下互动媒体艺术专业实验课程的拓展——以学习为中心的教学范式改革研究》；2012—2021年参编国家出版基金项目《数字出版词语库》。

作品先后入选《中国中青年美术家作品选集》（"优秀艺术家"荣誉称号）、《当代中国美术》、"江苏省美术家协会首次新人美术作品展览"、"吴韵汉风——第六届江苏省油画展"、"南京+弗罗里达国际当代艺术双城展"、"江苏省首届高校百名青年艺术家联展"、"庆祝中国民主同盟成立七十周年书画作品展"、《中国设计年鉴》第九卷（2012—2013版）、"'携手奋进六十年'庆祝民盟江苏省委成立六十周年美术展"、"江苏省首届高校百名青年艺术家联展"、"'融通并茂'——2020第四届江苏省高校设计作品展"、"'壮阔百年·艺心向党'

南京艺术学院美术书法设计作品展"等展览。新媒体作品荣获2004年中国数码艺术设计奖技术应用奖、2005中国之星设计艺术大奖多媒体设计网络类最佳设计奖、2006第十届中国华东大奖设计艺术展多媒体银奖、2008中国之星设计艺术大奖多媒体类最佳设计奖、2009江苏省教育厅高等学校优秀多媒体教学课件遴选二等奖、2009中国学院奖第三届动画摄影新媒体艺术大赛新媒体作品三等奖、2011江苏之星艺术设计大赛成人组铜奖、2011中国之星设计艺术大奖标志类优秀奖、2014江苏省工艺美术艺术设计大赛专业组金奖、2017—2018年度(第十三届)中国之星设计奖·入围作品、2019—2021第二届第四届全国高校数字创意教学技能大赛数字媒体交互类三等奖、2019 MANA全球新媒体艺术平台"现未来"科技艺术之星奖交互类优秀作品奖、2019年江苏之星艺术设计大赛银奖、2019—2021第七届第九届全国高校数字艺术设计大赛三等奖。

1998—2007年期间,先后参与策划广州、台湾、香港书画作品展,两岸三地及岭南画家个展,法国巴黎油画个展;2008年担任《失重》(南京+弗罗里达"失重"国际当代艺术双城展,南京博物院)中方策展人;2010年担任《元境》(中国学院奖新媒体艺术装置作品展第一回,南京南视觉美术馆)策展人;2014年担任南京艺术学院实验艺术教学汇报展联合策展人;2015年协办台湾艺数网主办的"絮语"台湾数字艺术展等。